Bernd Nolte

Auswirkungen des Strukturwandels auf die Personalentwicklung in Sparkassen

GABLER EDITION WISSENSCHAFT

Bernd Nolte

Auswirkungen des Strukturwandels auf die Personalentwicklung in Sparkassen

Eine theoretische und empirische Untersuchung

Deutscher Universitäts-Verlag

Bibliografische Information Der Deutschen Nationalbibliothek
Die Deutsche Nationalbibliothek verzeichnet diese Publikation in der Deutschen Nationalbibliografie; detaillierte bibliografische Daten sind im Internet über <http://dnb.d-nb.de> abrufbar.

Dissertation Universität Lüneburg, 2006

Gedruckt mit freundlicher Unterstützung der Wissenschaftsförderung der Sparkassen-Finanzgruppe e.V. sowie des Vereins zur Förderung der bank- und finanzwirtschaftlichen Lehre und Wissenschaft an der Universität Lüneburg e.V. (FVBF)

1. Auflage Dezember 2006

Lektorat: Brigitte Siegel / Britta Göhrisch-Radmacher

Der Deutsche Universitäts-Verlag ist ein Unternehmen von Springer Science+Business Media.
www.duv.de

Umschlaggestaltung: Regine Zimmer, Dipl.-Designerin, Frankfurt/Main
Druck und Buchbinder: Rosch-Buch, Scheßlitz
Gedruckt auf säurefreiem und chlorfrei gebleichtem Papier
Printed in Germany

ISBN 978-3-8350-0627-0

Vorwort

iucundi acti labores
(Cicero)

Die deutsche Kreditwirtschaft befindet in einem tief greifenden Wandel. Allgemeine gesellschaftliche bzw. sozio-demografische Entwicklungen, technologische Fortschritte sowie Veränderungen der Rahmenbedingungen wirken sich in verschiedener Weise auf Kundenbedürfnisse, das Kundenverhalten, die Kundenbeziehung und mithin auf das Bankgeschäft aus.
Einhergehend mit einer weit verbreitet wahrgenommenen Komplexitätszunahme und der Schnelllebigkeit sehen sich daher viele Kreditinstitute mit neuen Herausforderungen konfrontiert. Daraus ergeben sich auch personalpolitische Implikationen, nicht zuletzt im Hinblick auf das fachliche und methodische Qualifikationsprofil der Bankangestellten. Dies erscheint zwar nahe liegend, ist aber bisher kaum systematisch analysiert worden.

Mit dieser Analyse beschäftigt sich die vorliegende Arbeit, die auf einer umfassenden empirischen Untersuchung basiert. Für die Betreuung und die über den gesamten Zeitraum gewährte Unterstützung danke ich Herrn Prof. Dr. Ulf G. Baxmann sehr herzlich. Für die Übernahme des Zweitgutachtens bin ich Herrn Prof. Dr. Egbert Kahle dankbar.
Ohne die Auskunftsbereitschaft der an dieser Untersuchung teilnehmenden Sparkassen und die Unterstützung der Wissenschaftsförderung des DSGV wäre die Arbeit jedoch nicht möglich gewesen. Auch ihnen gilt daher mein besonderer Dank. Überdies habe ich weitere mannigfaltige Unterstützung erhalten, wofür ich Frau Anja Bröhan, Frau Sabine Schmidt sowie Herrn Ingo Schmuckall und Herrn Arne Seesemann sehr verbunden bin.

Der größte Dank gilt jedoch meiner lieben Familie, die in vielfacher Hinsicht meinen akademischen Bildungsweg uneingeschränkt unterstützt und somit diese Dissertation erst ermöglicht hat.

Bernd Nolte

Inhaltsverzeichnis

Abbildungsverzeichnis

Abkürzungsverzeichnis

AC	Assessment Center
AGVBanken	Arbeitgeberverband Banken
BBiG	Berufsbildungsgesetz
BFuP	Betriebswirtschaftliche Forschung und Praxis
BSC	Balanced Scorecard
CBE	Computer Based Education
CBL	Computer Based Learning
CBT	Computer Based Training
CUU	Computergestützter Unterricht
DBW	Die Betriebswirtschaft
DSGV	Deutscher Sparkassen- und Giroverband
GP	Gliederungspunkt
GPB	Geschäftspolitischer Bereich
HRM	Human Resource Management
IAB	Institut für Arbeitsmarkt- und Berufsforschung
i. e. S.	im engeren Sinne
IMF	International Monetary Fund
IWF	Internationaler Währungsfonds
i. w. S.	im weiteren Sinne
LFB	Liquiditätsmäßig-Finanzieller Bereich
MAK	Mindestanforderungen für das Kreditgeschäft
NSGV	Niedersächsischer Sparkassen- und Giroverband
o. Jg.	ohne Jahrgang
ÖBA	Österreichisches Bankarchiv
OSGV	Ostdeutscher Sparkassen- und Giroverband
PEM	Personalentwicklungsmaßnahmen
S.	Seite
SGVSH	Sparkassen- und Giroverband Schleswig-Holstein
TOB	Technisch-Organisatorischer Bereich
WiSt	Wirtschaftswissenschaftliches Studium
WISU	Das Wirtschaftsstudium
ZfB	Zeitschrift für Betriebswirtschaft
ZfbF	Zeitschrift für betriebswirtschaftliche Forschung
ZfgK	Zeitschrift für das gesamte Kreditwesen
ZfO	Zeitschrift für Organisation
ZfP	Zeitschrift für Personalforschung

1. Einleitung

Zentraler Erfolgsfaktor einer jeden Unternehmung sind die Menschen, die in ihr arbeiten. Diese Menschen, im Unternehmenskontext Mitarbeiter, stellen die elementaren Ressourcen dar, die als zentrale Werttreiber unternehmerischen Erfolgs zu bezeichnen sind. Aufbauend auf ihrem Wissen und Können, ihrer Motivation und ihrem Vermögen mit Kunden und Kollegen zielorientiert zu interagieren ermöglicht das Personal einer Unternehmung, sich von Wettbewerbern zu differenzieren und Wettbewerbsvorteile zu generieren. Dies gilt insbesondere für den Dienstleistungsbereich, der durch einen überproportionalen Humanfaktoreinsatz gekennzeichnet ist.

Dem Begriff „Dienstleistung“[1] werden unter anderem Kreditinstitute zugerechnet, denn trotz der teilweisen Technisierung der bankbetrieblichen Leistungserstellungsprozesse werden in Banken und Sparkassen primär Dienstleistungen von Menschen an Menschen erbracht. Hierbei stellen Sparkassen in Deutschland bezüglich der Kunden- und Mitarbeiteranzahl die größte Kreditinstitutsgruppe innerhalb der Bankenlandschaft dar.[2] Allerdings befindet sich die Bankenlandschaft in Deutschland zu Beginn des 21. Jahrhunderts vor großen Herausforderungen: Sich abzeichnende neue Rahmenbedingungen werden das wirtschaftliche Handeln aller Banken, das der Sparkassen allerdings insbesondere, auf eine neue Basis stellen und implizieren große Anforderungen an das Personalmanagement.

Diese neuen Rahmenbedingungen werden in der vorliegenden Arbeit anhand demografischer, technischer, gesellschaftlicher sowie wettbewerbspolitischer Entwicklungen dargestellt und ihre Implikationen auf die Personalarbeit im Sparkassensektor aufgezeigt. Denn Sparkassen sind zumeist doppelt vom Strukturwandel betroffen: Zum einen wirkt der Strukturwandel (indirekt) auf die Ansprüche und Anforderungen der Kunden, denen Kreditinstitute entsprechen müssen. Zum anderen sind Sparkassen (direkt) betroffen, da die eigenen respektive zukünftigen Mitarbeiter sich ebenfalls dem Strukturwandel nicht entziehen können und beispielsweise mit veränderten Ansprüchen den Sparkassen als Arbeitgeber begegnen und somit Auswirkungen auf die Personalwirtschaft induzieren.

Hierbei verweist der Stamm „Wirtschaft“ im Wort Personalwirtschaft im ökonomischen Sinne auf eine Form der Knappheit. Denn Knappheit ist der Ursprung allen Wirtschaftens und beinhaltet die Differenz zwischen Erwünschtem und Verfügbarem.[3] Jedoch ist die Ressource Personal in Sparkassen und Banken heutzutage nicht per se knapp. Ansonsten stünde das Thema Personalabbau nicht auf der Agenda fast aller deutschen Kreditinstitute. Personal ist daher nicht grundsätzlich knapp, vielmehr wird Personal umso knapper, je spezieller, umfangreicher und höher Kenntnisse und Fähigkeiten sind, die zur Erzeugung der Unternehmensleistungen eingesetzt werden müssen.[4] Die Tatsache aber, dass Sparkassen nach wie vor selektiv Personal einstellen, verdeutlicht diesen nur scheinbaren Widerspruch. Denn diese perso-

---

[1] Vgl. Meffert, H., Bruhn, M. (1997), S. 23–30.

[2] Vgl. Schmidt, S., (2005), S. 8.

[3] Vgl. Weise, P., Brandes, W., Eger, T., Kraft, M., (1991), S. 11.

[4] Vgl. Drumm, H.J., (2000), S. 9–10.

nalpolitische Differenz zwischen Erwünschtem und Verfügbarem induziert vor dem Hintergrund eines tendenziellen Personalabbaus, dass Sparkassen zum gegenwärtigen Zeitpunkt nicht uneingeschränkt über jene Mitarbeiterqualifikationen verfügen, die zur Leistungserstellung vonnöten sind.[5] Hieraus leitet sich die zentrale Aufgabe der Personalentwicklung ab, Mitarbeitern jene Qualifikationen zu vermitteln, die nicht nur im Alltagsgeschäft, sondern darüber hinaus auch zur Bewältigung des Strukturwandels erforderlich sind.

Gerade vor dem Hintergrund zunehmender Veränderungen im Bankensektor und der Zunahme kaum einschätzbarer Unwägbarkeiten ergibt sich aus sparkassenbetriebswirtschaftlicher Sicht die Frage, wie der Erhalt und die Sicherung der Wettbewerbs- und Entwicklungsfähigkeit gewährleistet werden können. In der wissenschaftlichen Literatur dominiert allerdings eine einseitige Orientierung an externen Faktoren, die eine Reflexion unternehmensinterner Potenziale kaum berücksichtigt.[6] Im Rahmen dieser Arbeit wird dagegen aufgezeigt, dass Sparkassen bei Nutzung der unternehmensimmanenten Potenziale Wettbewerbsvorteile erzielen können, die jedoch eine optimale Know-how-Allokation auf die jeweiligen Mitarbeiter erfordern.

Ein personalwirtschaftliches Thema, wie es diese Arbeit darstellt, die auf der Idee des Mitarbeiters als Individuum basiert und größtenteils Erfahrungswissen zum Inhalt hat, kann naturbedingt nicht den hohen Abstraktionsgrad aufweisen, der in zahlreichen anderen betriebswirtschaftlichen (und vor allem volkswirtschaftlichen) Arbeiten vorzufinden ist. Gerade volkswirtschaftliche Arbeiten vermögen beispielsweise gesamtwirtschaftliche Handlungsempfehlungen zu geben, die unter Unsicherheit und einer ungleichen Verteilung des Wissens aus der Annahme von Planungssicherheit oder risikoneutralen Verhaltens durch Explikation entscheidungslogischer Rationalität entstanden sind.[7] Entsprechend findet in dieser Arbeit keine Konzentration auf einen einzigen theoriegebundenen Ansatz statt, denn kaum ein Gebiet der Betriebswirtschaftslehre ist so heterogen wie die Personalwirtschaft.[8] Der Heterogenität wird im Folgenden insoweit Rechnung getragen, als das mit ressourcenorientierten, neoinstitutionellen sowie faktortheoretischen Ansätzen Module geliefert werden, die nicht nur einzelne sparkassenspezifische personalwirtschaftliche Aufgaben in einen theoriegebundenen Kontext stellen, sondern darüber hinaus auch praxisrelevante Handlungsempfehlungen ermöglichen, denn die Personalwirtschaftslehre ist im Kern eine angewandte Wissenschaft, die vorhandene Theorien verschiedener Provenienz kontextspezifisch nutzt.[9] Aus diesem Grund wird im Rahmen der vorliegenden Arbeit die institutionelle vor allem aber die funktionale Seite der Personalplanung und Personalentwicklung in Sparkassen situationsorientiert dargestellt und auf raumzeitlich uneingeschränkte Hypothesen im Sinne von Popper verzichtet.[10]

[5] Vgl. Bontrup, H.-J., (2004), S. 1050.

[6] Vgl. Fahy, J., (1996), S. 25.

[7] Vgl. Schneider, D., (2000), S. 432.

[8] Vgl. Drumm, H.J., (2000), S. 2.

[9] Vgl. Weibler, J., Wald, A., (2004), S. 261.

[10] Vgl. Drumm, H.H., (2000), S. 1.

Ziel dieser Arbeit ist es jene personalwirtschaftlichen Faktoren herauszuarbeiten, die Sparkassen helfen, den Strukturwandel zu bewältigen und Wettbewerbsvorteile zu generieren. Zur Zielerreichung wird folgende Vorgehensweise gewählt. Die Arbeit gliedert sich in sieben Teile, wobei den fünf Hauptteilen jeweils eine Einführung vorangestellt und ein Zwischenfazit nachgeschaltet ist. Im Anschluss an diese Einleitung (Kapitel 1) geht der folgende Teil überblickartig auf begriffliche Grundlagen ein. Konkret werden im Kapitel 2 neben der Darstellung des Strukturwandelbegriffs in der wirtschaftswissenschaftlichen Theorie faktortheoretische, ressourcenökonomische und neoinstitutionelle Ansätze sowie Grundlagen der Personalwirtschaft dargestellt und erste Implikationen für den weiteren Verlauf der Arbeit aufgezeigt. Kapitel 3 zeigt die Entwicklungen der wichtigsten Rahmenbedingungen, konkretisiert die für Sparkassen relevanten strukturellen Änderungen und gibt erste Handlungsempfehlungen. Aus der daraus resultierenden Notwendigkeit einer Neudefinition der Personalarbeit werden im Kapitel 4 diese Handlungsempfehlungen weitergeführt und in einen generellen Rahmen gestellt, der die Auswirkungen des Strukturwandels auf die Aufgaben der Personalarbeit in Sparkassen betrachtet. Hierbei wird die Bandbreite von der Personalbeschaffung über die Personalentwicklung bis zur Personalfreisetzung dargestellt. Kapitel 5 baut auf dem vorangehenden Kapitel auf und zeigt Maßnahmen einer antizipativen Personalentwicklung, die im Wesentlichen darauf beruhen, zukünftige Mitarbeiterqualifikationen und deren Vermittlung aufzuzeigen. Auch werden Ansätze präsentiert, wie im Rahmen dieser Qualifikationsmaßnahmen ein Personalentwicklungscontrolling in Sparkassen implementiert werden kann.

Stellen insbesondere die Kapitel 4 und 5 theoretische Handlungsweisen dar, so wird im Kapitel 6 mittels einer empirischen Untersuchung überprüft, inwieweit verschiedene Maßnahmen der Personalentwicklung von Personalverantwortlichen aus der Sparkassenpraxis als zukünftig bedeutend eingeschätzt werden. Hierzu werden insbesondere zu jenen Personalentwicklungsmaßnahmen Fragen gestellt, die der Erreichung eines gewünschten Qualifikationszieles dienen sollen beziehungsweise die Organisation der Personalentwicklung betreffen. Die Arbeit endet mit einer zusammenfassenden Schlussbetrachtung und einem Ausblick (Kapitel 7).

Die Vorgehensweise in der Arbeit ist in Abbildung 1 übersichtsartig dargestellt.

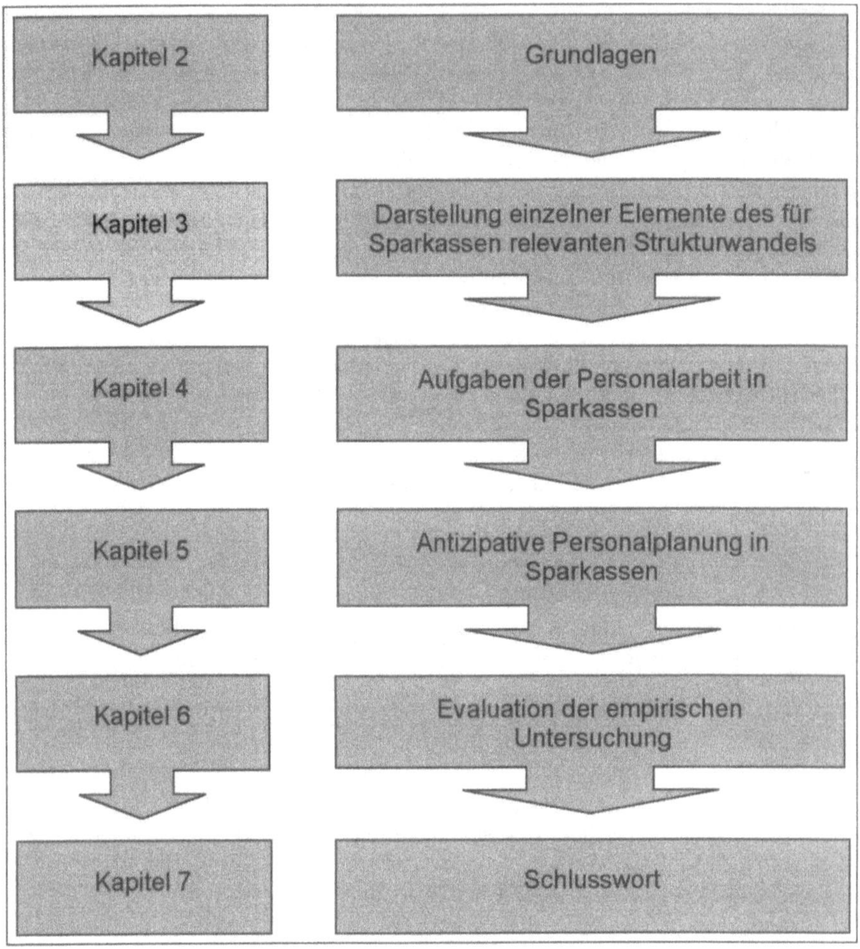

Abb. 1. Übersicht über die Vorgehensweise in dieser Arbeit

2. Begriffliche Abgrenzungen und Grundlagen

Im vorliegenden Kapitel werden die grundlegenden Begrifflichkeiten der Arbeit erläutert. Neben einer eher theoretischen Darstellung des Strukturwandels, die im dritten Kapitel noch zu konkretisieren ist, erfolgt vor allem die Darstellung faktortheoretischer- und neoinstitutioneller Grundlagen, auf die im weiteren Verlauf der Arbeit insbesondere in den Kapiteln vier und fünf zurückgegriffen werden wird. Der Grund, mit der Faktortheorie und der Institutionenökonomik zwei Theoriegerüste zu liefern, ist neben ihrer inhaltlichen Verwandtschaft besonders die Tatsache, dass mit ihnen die eher praxisorientierte Thematik der Personalplanung und der Personalentwicklung in einem theoretischen Gesamtkontext greifbar gemacht werden kann. Im Rahmen dieser Arbeit wird deshalb zur Untersuchung des Ressourcenaspektes primär der ressourcenorientierte Ansatz und zur Analyse möglicher Koordinationsaspekte im Rahmen der Personalplanung und Personalentwicklung primär die neue Institutionenökonomik verwendet.

2.1. Wesen des Strukturwandels

Kaum ein Terminus findet in Wissenschaft und Praxis eine häufigere Verwendung als der Begriff des Strukturwandels. Allerdings bleibt der Begriff Strukturwandel selbst häufig anonym und nebulös, da er weder präzisiert noch erläutert und zumeist als Ursache unspezifischer Änderungen aufgeführt wird. Deshalb wird im Folgenden zunächst ein allgemeiner Überblick darüber gegeben, was unter Strukturwandel zu verstehen ist. Eine weitere Konkretisierung dieses Begriffes auf die Sparkassen folgt im Kapitel 3.

2.1.1. Voraussetzungen und Ursachen des Strukturwandels

Das Verhältnis heterogener Elemente eines Ganzen wird zumeist als Struktur, Änderungen der Relationen zwischen diesen Elementen als Strukturwandel bezeichnet.[11] In pluralistischen Gesellschaftssystemen bedarf es dabei der Klarheit gesellschaftlicher Möglichkeitsbedingungen des Handelns von Individuen, um jene Basis entstehen zu lassen, die den Strukturwandel in modernen Gesellschaften erst möglich macht.[12]

Aus der zumeist volkswirtschaftlich geprägten Betrachtungsweise heraus verliert jedoch das Individuum seinen ureigenen Charakter und reduziert sich zu einem Element oder Subsystem, welches Träger und Betroffener des Wandels ist, den es zumeist in einer ökonomischen Dimension erlebt bzw. gestaltet.[13] Der Zusammenhang

---

[11] Vgl. Knottenbauer, K., (2000), S. 29.

[12] Vgl. Nolte, B., Nolting, R., Stummer, F., (2003), S. 295–298.

[13] Vgl. Caspar, S., (1997), S. 29.

von wirtschaftlicher Dynamik und strukturellem Wandel stand daher bereits im Zentrum von Analysen der ökonomischen Klassiker Smith[14] und Ricardo[15], deren Wachstumstheorien im Kern strukturelle Ansätze sind, da wirtschaftliches Wachstum notwendigerweise einen Wandel ökonomischer und gesellschaftlicher Strukturen impliziert.[16] „Allgemein lassen sich Strukturwandlungen kennzeichnen als dauerhafte Veränderungen, die entweder plötzlich oder stetig vor sich gehen und deren Trend stabil ist.“[17] Diese Definition veranschaulicht den Unterschied zu dem mitunter leicht zu verwechselnden Begriff der Konjunkturschwankungen. Konjunkturschwankungen sind periodische Bewegungen, die i. d. R. zu einem a priori nicht feststellbaren Zeitpunkt eintreten und oftmals in die Phasen Aufschwung, Boom, Rezession und Depression einteilbar sind. Strukturwandlungen dagegen sind dauerhafter Natur und zeigen eine (zumindest langfristig) irreversible Entwicklung an.

Strukturelle Wandlungen können kontinuierlich beziehungsweise diskontinuierlich verlaufen respektive induziert sein.[18] Diskontinuierlicher Strukturwandel kann beispielsweise durch Krieg oder Naturkatastrophen ausgelöst werden, wohingegen kontinuierlicher Strukturwandel sich durch Wachstums- beziehungsweise Rückbildungsstetigkeit auszeichnet und die Betonung auf der langfristigen relativ sanften Entwicklung liegt.[19] Die Ursachen des Strukturwandels werden in diesem Zusammenhang auch als endogen oder exogen bezeichnet.

Die endogenen Ursachen, die im Regelfall einen kontinuierlichen Strukturwandel induzieren, lassen sich untergliedern in nachfragebedingten, angebotsbedingten sowie technologiebedingten Strukturwandel.[20]

Der *nachfragebedingte Strukturwandel* charakterisiert divergierende Entwicklungen verschiedener Wirtschaftszweige, die durch unterschiedliche Einkommenselastizitäten der Nachfrage bedingt sind. Grundlagen sind die von Engel[21] für die Determinanten „Ausgaben für Nahrungsmittel“ und „Realeinkommen“ festgestellten Elasti-

[14] Bei Adam Smith kann die Arbeitsteilung in relevanten volkswirtschaftlichen Sektoren mit unterschiedlicher Rate ausgedehnt werden und somit den relevanten Beitrag jedes einzelnen Sektors zum Anstieg der gesamtwirtschaftlichen Arbeitsproduktivität und zum Volkseinkommen verändern. Vgl. Krelle, W., (1985), S. 33–34 und vgl. Prisching, M., (1990), S. 64–66.

[15] Bei David Ricardo führt die Existenz nichtreproduzierbarer natürlicher Ressourcen zu einer Verbindung von Wachstum und Strukturwandel, die durch abnehmende Erträge gekennzeichnet sind. So wird der von Ricardo geprägte stationäre Endzustand von der Vorstellung beeinflusst, dass ein ökonomisches System mit konstanter Struktur determiniert ist, in eine Phase des Nullwachstums einzumünden. Vgl. Erber, G., Hagemann, H., (2002), S. 333–337. Zum Einfluss der internationalen Handelsbeziehungen auf den Strukturwandel vgl. Hertel, J., (1994), S. 233–235.

[16] Vgl. Gehrke, C., (1990), S. 144–146.

[17] Peters, H.-R., (1988), S. 29.

[18] Vgl. Wagemann, E., (1928), S. 45.

[19] Vgl. Peters, H.-R., (1988), S. 32–34.

[20] Vgl. Essig, H., (1994), S. 16–18.

[21] Vgl. Reiß, W., (1990), S. 242–290.

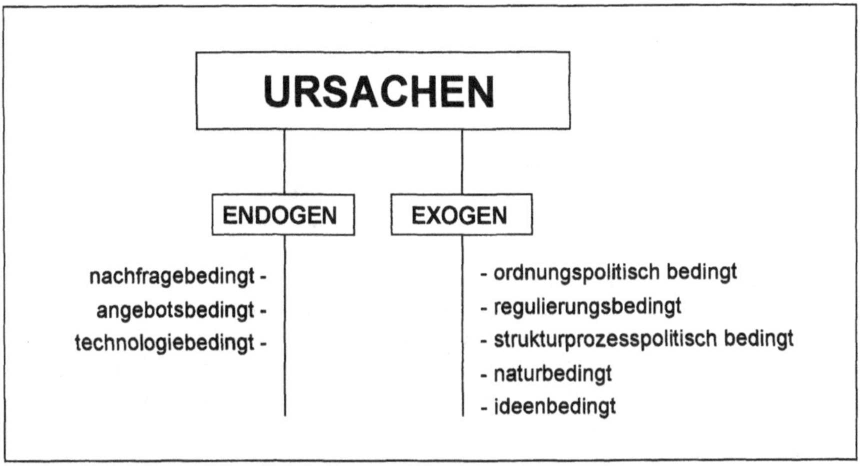

Abb. 2. Ursachen des Strukturwandels[22]

zitäten, die jedoch auf weitere Bereiche übertragen werden können.[23] Die unterschiedliche Einkommenselastizität der Nachfrage kann bei Produkten und Dienstleistungen im Zuge von Einkommenssteigerungen zu schnelleren respektive langsameren Wachstumsraten als der gesamtwirtschaftliche Durchschnitt führen und so strukturelle Änderungen bedingen.[24]

Der *angebotsbedingte Strukturwandel* kennzeichnet marginale Änderungen ansonsten heterogener Güter, die jedoch vom Nachfrager als bedeutend eingestuft werden. Es werden keine grundlegend neuen Güter geschaffen, mitunter genügt eine geschickte Werbekampagne, um diese Güter respektive Leistungen als superior erscheinen zu lassen. Hierzu zählt beispielsweise die Etablierung von Marken.

Im Gegensatz zum angebotsbedingten Strukturwandel ist der *technologiebedingte Strukturwandel* durch gänzlich neue Produktionsverfahren beziehungsweise Substitutionsmöglichkeiten gekennzeichnet und ist nach Ansicht Kantzenbachs[25] und Clarks[26] Aufgabe des Wettbewerbs. Ihrer Ansicht nach werden durch den Wettbewerb die Entstehung, der Einsatz und die Verbreitung des technischen Fortschritts in Gestalt neuer Produkte und Produktionsmethoden beschleunigt.

Die exogenen Ursachen des Strukturwandels, die im Regelfall einen diskontinuierlichen Strukturwandel induzieren, setzen sich aus ordnungspolitisch bedingtem, regulierungsbedingtem, strukturprozesspolitisch bedingtem, naturbedingtem und

[22] In Anlehnung an: Nolte, B., Nolting, R., Stummer, F., (2003), S. 295.

[23] Vgl. Varian, H.R., (1999), S. 95–115.

[24] Vgl. Rudolph, H., (1994), S. 201.

[25] Vgl. Kantzenbach, E., (1967), S. 16–19 und vgl. Kantzenbach, E., Kallfass H.H., (1981), S. 108–110.

[26] Vgl. Clark, J.M., (1961), S. 72–74.

ideenbedingtem Strukturwandel zusammen. Wird durch ordnungspolitische Maßnahmen, die wiederum strukturelle Wandlungen implizieren, die Marktformenstruktur der Wirtschaft beeinflusst, so wird dieser Prozess als *ordnungspolitisch bedingter Strukturwandel* bezeichnet. Die Ordnungspolitik[27] regelt Grundsätze und Kompetenzen des wirtschaftlichen Handelns in einer Volkswirtschaft sowie direkte staatliche Eingriffe in den Wirtschaftsprozess.

Dagegen wird *regulierungsbedingte Strukturwandel* durch wettbewerbsreduzierende Sonderordnungen für bestimmte Sektoren beziehungsweise Ausnahmen für bestimmte Unternehmen charakterisiert. Diese Änderungen können Innovations- und Wachstumsschwächen zur Folge haben.[28]

Wird durch exogene Ursachen wie strukturpolitische Maßnahmen, die der Erhöhung der Faktormobilität dienen, oder durch das Schaffen spezifischer Anreize die Forschungs- und Innovationstätigkeit sektoral erhöht, so wird dies als *strukturprozesspolitisch bedingter Strukturwandel* bezeichnet.[29] Hier sollen Strukturwandlungen in einer Gesamtwirtschaft prozesspolitisch ausgelöst, verstärkt, abgeschwächt beziehungsweise unterbunden werden.

Naturkatastrophen oder das Versiegen von Rohstoffquellen können zu *naturbedingten Strukturwandlungen* führen. Diese Form der Änderungen ist zwar relativ selten, führt jedoch oft zu kaum vorhersehbaren Wandlungen, da in den meisten Fällen Folgen und Interdependenzen nicht erkennbar sind.[30]

Letztlich werden Änderungen der Gesellschafts- und/oder Wirtschaftsstruktur, die durch gesellschaftliche Ideen zu strukturverändernden Umbrüchen führen, als *ideenbedingter Strukturwandel* bezeichnet. Hierunter werden Ideen verstanden, die komplette Gesellschaftsschichten beeinflussen (z. B. Marxismus). Bahnbrechende Ideen in der Form von Innovationen zählen nicht hierzu, sie sind dem technologisch bedingten Strukturwandel zuzuordnen.[31]

Im Rahmen dieser Arbeit wird der Schwerpunkt auf die Darstellung der Folgen der kontinuierlichen respektive endogenen strukturellen Wandlungen gelegt, denn trotz der häufig hervorgebrachten Behauptung, dass der Strukturwandel sich in den letzten Jahren stark beschleunigt habe, kann dies (aus bankwissenschaftlicher Sicht) nicht ohne weiteres belegt werden. Neben der subjektiven Wahrnehmung der Individuen, die Änderungen besonders in ihrer Schaffenszeit als gravierend betrachten, ohne jedoch über einen langfristigen Erfahrungshorizont zu verfügen, wird gerade dem technischen Fortschritt der letzten Jahre durch Entwicklungen in der Telekommunikation und des Internets ein starker Einfluss auf die Beschleunigung des strukturellen Wandels zugesprochen. Dagegen behaupten Kritiker, dass bahnbrechende Entwicklungen wie die der Elektrizität und die des Telefons bereits im 19. Jahrhundert gemacht worden sind. „Will man sich nicht auf subjektive Wertungen verlassen, muss man nach objektiven

---

[27] Vgl. Cox, H., Hübner, H., (1981), S. 21.

[28] Vgl. Schmidt, I., (1996), S. 35–45.

[29] Vgl. Peters, H.-R., (1981), S. 98.

[30] Vgl. Peters, H.-R., (1981), S. 98.

[31] Vgl. Krüsselberg, H.-G., (1999), S. 440–443.

Kriterien suchen, die eine Messung der Geschwindigkeit von Strukturveränderungen möglich machen. Empirische Untersuchungen, bei denen Geschwindigkeitsreihen des Strukturwandels bezogen auf verschiedene Bereiche und unterschiedliche Aggregatstufen errechnet wurden, haben bisher keinen Nachweis für eine lang anhaltende generelle Beschleunigung der Strukturwandlungen der Wirtschaft erbracht."[32] So wies bereits Marshall darauf hin, dass die Welt der Wirtschaft das Produkt der menschlichen Natur sei und sich nicht schneller ändern könne als der Mensch selbst.[33]

Dies bedeutet aber auch, dass Strukturerhaltungspolitik zu einer Fehlallokation von Kapital und zu Wohlfahrtsverlusten führt, sofern ein in dieser Hinsicht notwendiger Strukturwandel verhindert wird.[34] Strukturwandel ist daher nicht nur eine Begleiterscheinung, sondern die Voraussetzung wirtschaftlichen Wachstums und wird vor allem aus diesem Grund häufig mit konjunkturellen Schwankungen gleichgesetzt. Dass große strukturelle Änderungen immer wieder Wachstumsschübe ausgelöst haben, zeigen beispielsweise die von Schumpeter nach dem russischen Ökonomen Kondratieff benannten und im Folgenden erläuterten Kondratieff-Zyklen.[35]

2.1.2. Ausgewählte Theorien des Strukturwandels

2.1.2.1. Zyklentheorie

Strukturwandel und sektorspezifisches Wirtschaftswachstum gehen mitunter Hand in Hand. Das ein solches sektorspezifisches Wachstum nicht nur kurzfristiger Natur ist, sondern anhand bestimmter lang anhaltender Zyklen festgemacht werden kann, zeigte Kondratieff. Er erhob empirische Daten aus England, Frankreich, Deutschland und den USA und ermittelte Zyklen[36], an deren Anfang jeweils Basisinnovationen standen, die das ökonomische Geschehen der folgenden Perioden maßgeblich beeinflussten. Diese so genannten Initialkräfte waren die Erfolge der Dampfmaschine (ca. 1800), der Eisenbahnausbau (ca. 1850), die Entwicklungen der Chemie und die Nutzung der Elektrizität (ca. 1900) sowie die Bedeutungszunahme des Automobils und des Erdöls (ca. 1950). Die zurzeit stattfindende fünfte Kondratieff-Welle gründet sich primär auf der Informations- und Kommunikationstechnologie.

Sicherlich sind die Erkenntnisse Kondratieffs kein verlässliches Gesetz, nach dem sich der Gang der Ökonomie richtet. Doch gelang ihm der Nachweis, dass sich periodische Auf- und Abbewegungen wirtschaftlichen Wachstums nicht nur auf kurze Sicht im Bereich weniger Jahre vollziehen, sondern auch über wesentlich längere

---

[32] Peters, H.-R., (1988), S. 34.

[33] Vgl. Oltmanns, T., (1994), S. 31.

[34] Beispiele für eine solche Strukturerhaltungspolitik, die zu Wohlfahrtsverlusten führt, liefert Butterwegge. Vgl. Butterwegge, C., (1976), S. 71–107.

[35] Vgl. Tinbergen, J., (1984), S. 14.

[36] Anlass für seine Untersuchungen waren Analysen amerikanischer Wissenschaftler, die zu Beginn der zwanziger Jahre des 20. Jahrhunderts einen 40-Monats-Zyklus ausmachten, der nach Kitchin benannt wurde. Vgl. Tichy, G., (1994), S. 57–62.

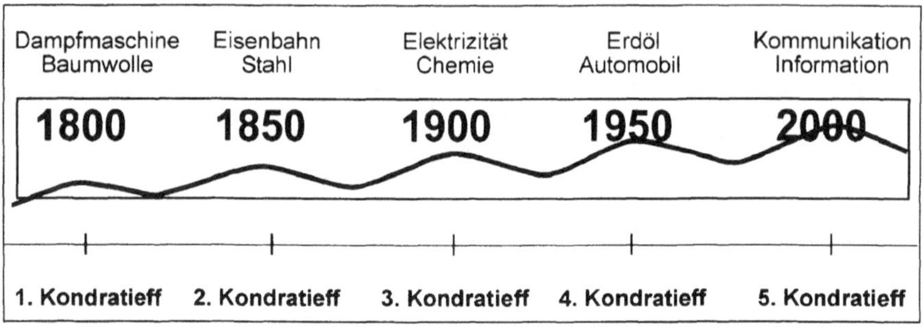

Abb. 3. Kondratieffzyklen[37]

Zeitabschnitte mit vergleichbaren Ausprägungen feststellbar sind.[38] Hinter diesen Erkenntnissen steht die Idee, dass sich technische Innovationen als Folge relativ sinkender Gewinnmöglichkeiten auch in einem gesellschaftlich bedeutungsvolleren Rahmen wiederfinden. Für Kondratieff sind dabei die langen Wellen nicht das Ergebnis externer Faktoren, sondern das Ergebnis revolutionärer Veränderungen der Produktivkräfte und der gesellschaftlichen Institutionen. Zu Beginn einer neuen Welle steht jeweils ein neues technologisches Paradigma mit einem Bündel von Basisinnovationen, das zum Träger eines neuen ökonomischen Aufschwungs wird.[39] Da jedoch den verschiedenen Innovationen ihrem Wesen nach jeweils eine unterschiedliche Bedeutung zukommt, differenzierte Schumpeter neben den Kondratieffzyklen zusätzlich so genannte Juglarzyklen von ca. 10 Jahren Dauer sowie Kitchinzyklen von ca. 3,5 Jahren Dauer.[40] Auf Grund der Unterteilung in Zyklen wird der von Schumpeter weiterentwickelte Ansatz[41] auch als Zyklentheorie bezeichnet.

Zyklentheoretische Ansätze untersuchen im Allgemeinen Existenz und Ursachen regelmäßiger Schwankungen der Konjunktur einer Volkswirtschaft respektive einzelner Branchen, wobei die Konjunkturschwankungen und die damit aus Sicht der Zyklentheoretiker einhergehenden Strukturwandlungen auf die gleichen Ursachen zurückgeführt werden. Ihre Stärken liegen in der Betonung von Innovationen im Rahmen des Strukturwandels; allerdings vermögen sie den ständig ablaufenden intersektoralen Strukturwandel nicht zu erfassen.[42] Dies leisten dagegen so genannte Stadien- und Sektorentheorien.

---

[37] In Anlehnung an: Nefiodow, L.A., (2001), S. 3.

[38] Vgl. Nefiodow, L.A., (2001), S. 1–9.

[39] Vgl. Freeman, C., (1987), S. 301–306.

[40] Vgl. Schumpeter, J., (1961), S. 171–184.

[41] Konkret führte Schumpeter die Entstehung und den Ablauf struktureller Wandlungen auf Innovationen zurück, die von schöpferischen Unternehmern am Markt erfolgreich durchgesetzt werden. Vgl. Schumpeter, J., (1926), S. 207–239.

[42] Vgl. Corsten, H., (2001), S. 1.

2.1.2.2. Stadien- und Sektorentheorie

Stadientheorien versuchen aus beobachtbaren Regelmäßigkeiten in derlangfristigen Entwicklung von Volkswirtschaften universell gültige Entwicklungsgesetze herzuleiten, da Volkswirtschaften zeitlich aufeinander folgende Stadien durchlaufen. Jede Volkswirtschaft soll hier identische Stadien vom Urzustand bis zum höchsten Entwicklungsniveau einnehmen, wobei unterschiedliche Volkswirtschaften sich entsprechend ihres jeweiligen Niveaus zum gleichen Zeitpunkt in einer anderen Phase befinden können.[43] Das bekannteste Beispiel einer Stadientheorie liefert Rostow. So hat Rostow[44] beispielsweise die Entwicklung der heutigen Industrieländer untersucht und fünf aufeinander folgende Stadien lokalisiert: die traditionelle Gesellschaft, die Übergangsperiode, die Periode wirtschaftlichen Aufstiegs, die Entwicklung zum Reifestadium sowie das Zeitalter des Massenkonsums.[45] Da jedes der zu durchlaufenden Stadien durch spezifische Produktionssektoren oder Produktionstechniken charakterisierbar ist, geben Stadientheorien Informationen über den Status einer Volkswirtschaft und den intersektoralen Strukturwandel. Hervorzuheben bei der Rostowschen Stadientheorie ist vor allem die Berücksichtigung so genannter nichtprimärer ökonomischer Einflussfaktoren, die jedoch ökonomisch wirksam werden können, wie beispielsweise eine positive Einstellung der Bevölkerung zur wirtschaftlichen Entwicklung eines Landes.[46] Kritiker zweifeln jedoch, ob in der Realität Entwicklungen immer nach gleichem Muster verlaufen müssen oder ob Volkswirtschaften nicht auch Stadien überspringen können, da Stadientheorien letztlich auf einem deterministischen und realitätsfernen Geschichtsbild basieren.[47] Ferner bleibt die Frage offen, was mit Volkswirtschaften geschieht, die die höchste Entwicklungsstufe erreicht haben.

Ähnlich wie die Stadientheorien gehen auch Sektorentheorien von der Hypothese bestimmter Entwicklungsmuster in Volkswirtschaften aus. Während die Stadientheorie diesen Prozess in verschiedene Entwicklungsstufen unterteilt, konzentriert sich die Sektorentheorie auf die Erfassung und Erklärung der langfristigen Tendenzen innerhalb von Sektoren einer Volkswirtschaft.[48] „Die bekannteste Sektortheorie ist die von Allan G. B. Fisher aufgestellte und von Jean Fourastié weiterentwickelte Drei-Sektoren-Hypothese [...]. Diese Hypothese besagt, dass im langfristigen Entwicklungsprozess von Marktwirtschaften mit steigendem Pro-Kopf-Einkommen zunächst der anfangs dominierende primäre Sektor durch den rasch wachsenden sekundären Sektor zurückgedrängt wird, und dass sich im weiteren Entwicklungsverlauf die relative Bedeutung des sekundären Sektors wegen eines dann einsetzenden nachhaltigen Wachstums des tertiären wieder verringert, so dass schließlich der tertiäre Sektor

---

[43] Vgl. Feldmann, H., (1993), S. 42–45.

[44] Vgl. Rostow, W.W., (1960), S. 18–32.

[45] Vgl. Feldmann, H., (1993), S. 42. Ob allerdings diese deterministische Zwangsläufigkeit immer derart vonstatten geht, sei angezweifelt. Vgl. Kuznets, S., (1963), S. 35–43.

[46] Vgl. Feldmann, H., (1993), S. 45.

[47] Vgl. Tichy, G., (1994), S. 58.

[48] Vgl. Peters, H.-R., (1981), S. 110–114.

eine Volkswirtschaft bei hohem Pro-Kopf-Einkommen dominiert."[49] Da die Hypothese die volkswirtschaftliche Produktion in lediglich drei definierte Sektoren aufteilt, führt sie zu einer hohen Aggregationsstufe. Ihre Kernaussage, dass der Entwicklungsprozess vom Primärsektor (Forst- und Landwirtschaft) über den Sekundärsektor (Industrieproduktion) hin zum tertiären Sektor (Dienstleistungen[50]) erfolgt, ist auch empirisch (beispielsweise anhand der Zahl der Beschäftigten pro Sektor) zu belegen. Dabei treten allerdings zwischen dem sekundären und tertiären Sektor zunehmend hybride Ausprägungen auf, was eine klare Zuordnung nicht immer ohne weiteres ermöglicht. Zusätzlich führt die hohe Aggregationsstufe zu einer Vernachlässigung der intrasektoralen Änderungen. Dass Banken als zentraler Bestandteil des Finanzdienstleistungsbereichs dem tertiären Sektor zugerechnet werden, ist evident und insofern liefert die Drei-Sektoren-Theorie diesbezüglich Erklärungsmuster, die im Kapitel 3 weiter betrachtet werden.[51] Jedoch wird, um die Wandlungen auf Bankenebene aufzuzeigen, die hoch aggregierte homogene Betrachtungsweise des Strukturwandels teilweise aufgebrochen und um eine eher mikroökonomische Betrachtungsweise ergänzt. Dies gleicht einer Erweiterung der sich ansonsten rein auf die Wirtschaftsstruktur beziehenden Theorie des Strukturwandels, da im Rahmen dieser Arbeit Wandlungen, die auch unter dem Begriff der Marktdynamik subsumiert werden, dem Strukturwandel zugerechnet werden und insbesondere auf ihren Einfluss auf die Personalwirtschaft in Kreditinstituten untersucht werden.[52]

2.2. Personalwirtschaft in Kreditinstituten

Personalwirtschaft kennzeichnet eine betriebswirtschaftliche Funktion, deren zentraler Gegenstand die Bereitstellung und den zielorientierten Einsatz sowie die Steuerung des Verhaltens des Personals umfasst.[53] Unter Personal werden Menschen in Unternehmen verstanden, wobei die Personalwirtschaft nur in soweit soziologische Aspekte berücksichtigt, wie diese für Interaktionen in Unternehmen von Interesse sind.[54] Die Begriffe Personalwirtschaft, Personalwesen, Personalmanagement sowie Human Resource Management werden zumeist synonym verwendet, wobei die inhaltlichen Schwerpunkte hauptsächlich im Bereich der Personalbeschaffung, des Personalabbaus, der Personalqualifizierung, der Kompensation sowie der Personal-

---

[49] Feldmann, H., (1993), S. 45.

[50] Für einen Überblick verschiedener Dienstleistungsdefinitionen und spezifischer Merkmalsausprägungen der Dienstleistungen vgl. Pepels, W., (2004), S. 883–886.

[51] Beispielsweise hat Pasinetti unter Zuhilfenahme der Sektorentheorie die große Bedeutung der Qualifizierung und Mobilität aufgezeigt. Vgl. Pasinetti, L.L., (1981), S. 94–97 und 226–229.

[52] Vgl. Picot, A., Reichwald, R., Wigand, R.T., (2001), S. 1–76 und vgl. Merk, H.G., (1994), S. 13.

[53] Vgl. Weber, W., (1996), S. 280.

[54] Vgl. Ridder, H.-G., (1996), S. 319.

führung gesehen werden.[55] Zusätzlich wird mitunter auch die Regelung von Konflikten zwischen Arbeitgeber und Arbeitnehmer angeführt.[56] Die Aufgaben der Personalwirtschaft werden durch primär technisch-organisatorische Hilfsfunktionen unterstützt.[57] Dazu zählen zum einen die Personalverwaltung, die größtenteils in so genannten Personalabteilungen durchgeführt wird, und zum anderen die personalwirtschaftliche Informationsverarbeitung.

Die Personalwirtschaft versucht Antworten auf Fragen nach bewusster Planung und Führung zu finden, wobei diese stets vor dem Hintergrund der globalen Unternehmenspolitik stehen sollten[58], d. h. dass Personalwirtschaft und Organisationsentwicklung letztlich zwei Seiten ein und derselben Medaille darstellen.[59] Dies geschieht immer vor dem Hintergrund der Aufgabe der Personalwirtschaft, ein Gleichgewicht zwischen Unternehmens-, Kunden- und Mitarbeiterbedürfnissen herzustellen, was zumeist durch eine Homogenisierung der persönlichen sowie der Unternehmensinteressen zu erreichen versucht wird.[60] Auch wenn die Personalwirtschaft durch einen Methoden- und Theoriepluralismus gekennzeichnet ist, so lassen sich die meisten funktionalen Kernaufgaben den Begriffen Personalplanung sowie Personalentwicklung zuordnen, die im weiteren Verlauf der Arbeit besonders berücksichtigt und in einen kreditwirtschaftlichen Kontext gestellt werden.[61]

2.2.1. Personalplanung

Unter Planung wird die gedankliche Vorwegnahme möglicher zukünftiger Entwicklungen, Ereignisse und Situationen, um Entscheidungen fundieren und Vorbereitungen beziehungsweise Maßnahmen treffen zu können verstanden. Planung ist ein formalisierter Prozess, um ein klares Ergebnis in Form eines integrierten Systems von Entscheidungen zu generieren. Personalplanung ist in diesem Verständnis ein formalisierter Prozess, um hinsichtlich des Personalmanagements zu integrierten und konsistenten Entscheidungen zu gelangen. Primäre Aufgabe der Personalplanung ist die optimale Allokation von Humankapital auf spezifische Unternehmenseinheiten.[62] Personalplanung kann in strategische, taktische und operative Personalplanung unterschieden werden (s. Abb. 5).

---

[55] Eine mögliche inhaltliche Differenzierung dieser Bezeichnungen liefert Drumm, in: Drumm, H.J., (1996), S. 1–18.

[56] Vgl. Weber, W., (1993b), S. 220–221.

[57] Vgl. GP 2.3.1.2.2.

[58] Vgl. Scholz, C., (2000), S. 1.

[59] Vgl. Barnard, C.I., (1968), S. 161–184.

[60] Vgl. Jung, H., (2001), S. 4–8.

[61] Vgl. Backes-Gellner, U., (1996), S. 299.

[62] „Generell kann die Aufgabe der Personalplanung darin gesehen werden, das Unternehmen durch die Analyse vergangener und zukünftiger Entwicklungen vor den Auswirkungen unerwarteter Ereignisse wie etwa Personalengpässe oder teuere Personalüberhänge bzw. nutzlose Redundanzen zu schützen."; Wimmer, P., Neuberger, O., (1998), S. 5.

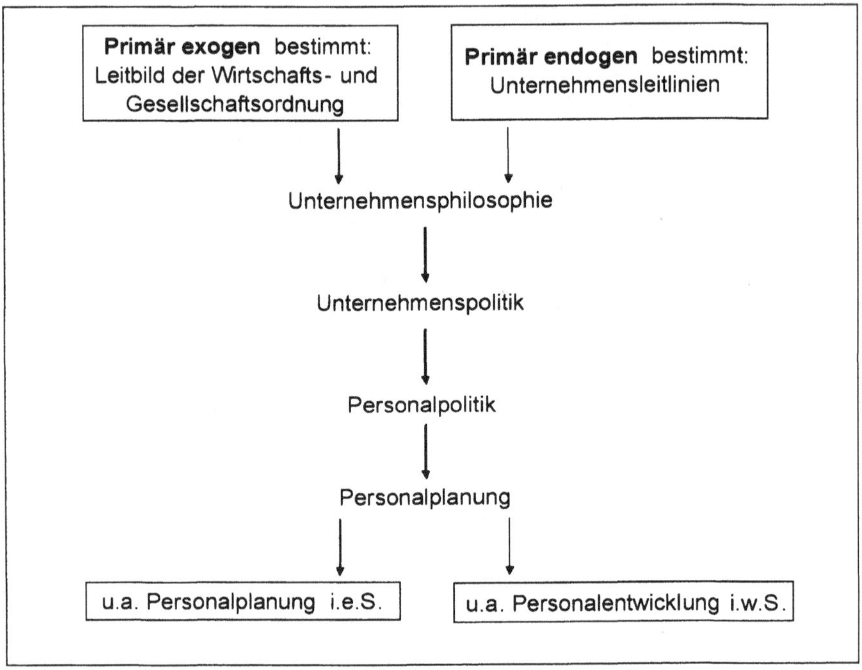

Abb. 4. Einflussfaktoren der Personalpolitik

Die *strategische Personalplanung* ist primär von exogenen Faktoren abhängig. Sie versucht zukünftige Entwicklungen zu antizipieren und bereits in der Gegenwart das Personal zu rekrutieren beziehungsweise fortzubilden, welches in der Zukunft (Planungshorizont 3–10 Jahre) zur Erreichung der unternehmensspezifischen Ziele benötigt wird. Die strategische Personalplanung ist aus diesem Grund eng mit der strategischen Unternehmensplanung verknüpft.

Unter *taktischer Personalplanung* versteht man die Umsetzung der strategischen Personalplanung in mittelfristige personalwirtschaftliche Programme. Hier sind die Ziele und Inhalte personalwirtschaftlicher Maßnahmen wesentlich konkreter als in der strategischen Personalplanung formuliert.[63]

Die taktische Personalplanung stellt wiederum Leitlinien und Rahmenvorgaben für die *operative Personalplanung* dar. Die operative Personalplanung ist kurzfristig

[63] Häufig wird auf eine Untergliederung und Systematisierung in eine taktische Personalplanung verzichtet und nur zwischen strategisch und operativ differenziert. Vgl. diesbezüglich Maasch, J., (1996), S. 48–51.

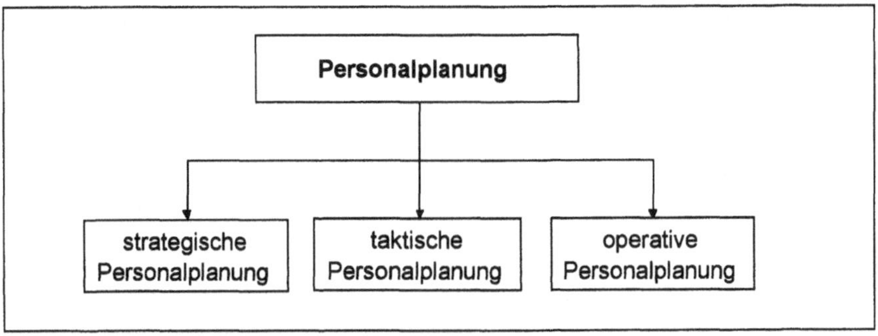

Abb. 5. Gliederung der Personalplanung

orientiert, i. d. R. unterjährig. Ergebnis der operativen Personalplanung sind handlungsbezogene Maßnahmen, um die Aufgaben des Personalmanagements erfüllen zu können.[64]

Sowohl strategische, taktische als auch operative Personalplanung sind i. d. R. derivater Natur, da sie sich aus den Absatz-, Leistungs-, Beschaffungs- und Finanzplänen der Unternehmung ableiten. Inhaltlich kann die Personalplanung[65] in folgende Personalplanungsfelder untergliedert werden:

- Personalbedarfs, -bestands- und -beschaffungsplanung
- Personalfreisetzungsplanung
- Personalausbildungs- und -entwicklungsplanung.

Ad Personalbedarfs, -bestands- und -beschaffungsplanung

Aufgabe der *Personalbedarfsplanung* ist die Bestimmung desjenigen Personals, welches zur Unternehmenszielerreichung gebraucht wird. Dies beinhaltet eine qualitative und eine quantitative Komponente. Der qualitative Bedarf „umschreibt die Fähigkeiten und Kenntnisse, über die ein Mitarbeiter bei seinem Einsatz verfügen soll und spiegelt so die Anforderungen der vom Mitarbeiter auszufüllenden Stellenaufgaben wider."[66] Die qualitative Personalbedarfsplanung ist wiederum Voraussetzung der quantitativen Personalbedarfsbedarfsplanung. Diese sorgt für eine Aufteilung der Mitarbeiter je Personalkategorie auf einzelne Bereiche innerhalb eines Unternehmens und Zeitraumes.[67]

---

[64] Vgl. Hentze, J., (1994), S. 84–91.

[65] Drumm führt mit der „Planung und Sicherung von Akzeptanz und Implementation der Personalplanung" noch ein weiteres Personalplanungsfeld ein, was in dieser Arbeit jedoch nicht Gegenstand der Betrachtung ist. Vgl. auch: Drumm, H.J., (2000), S. 221–223.

[66] Drumm, H.J., (2000), S. 229.

[67] Vgl. Scholz, C., (1989), S. 92–156.

Kennzeichen der *Personalbestandsplanung* ist die Feststellung des Status quo der Kenntnisse und der demografischen Charakteristika zu einem bestimmten Planungszeitpunkt und eine darüber hinaus gehende Prognose der künftigen Entwicklung dieser Struktur für das Szenario, dass diesbezüglich nicht gestaltend eingegriffen wird.[68] Sind demografische Faktoren relativ einfach festzustellen und zu kategorisieren, ist dies bei der konkreten Mitarbeiterfähigkeitsdetermination schon schwieriger. Gerade das Feststellen von personenidentifizierenden Merkmalen wie physische, psychische, kognitive sowie soziale Fähigkeiten[69] erweist sich i.d.R. als problematisch.[70] Sind qualitative Merkmale erfasst, so können durch Clusterung verschiedene Kategorien[71] gebildet werden, die wiederum geordnet werden können.[72]

Ziel jeder *Personalbeschaffungsplanung* ist die rechtzeitige Bereitstellung von benötigtem und geeignetem Personal aller Kategorien für die Erfüllung von Aufgaben vakanter Stellen. „Mit Bereitstellung ist nicht nur die Anwerbung, Auswahl und Einstellung von Arbeitskräften gemeint. Vielmehr umfasst Bereitstellung auch die Einarbeitung von Personal in die neue Stelle."[73] Die Beschaffung kann auf dem unternehmensinternen beziehungsweise unternehmensexternen Arbeitsmarkt erfolgen.

Die unternehmensinterne Beschaffung rekrutiert geeignete Mitarbeiter aus dem eigenen Unternehmen.[74] Damit verbunden sind mitunter Personalbewegungen, d.h. Mitarbeiter nehmen neue Stellen ein, da sie sich in einer Laufbahnplanung befinden, die zumeist durch Personalentwicklungsplanungen flankiert wird. Diese Form der unternehmensinternen Beschaffung ist zumeist auf Führungskräfte begrenzt.[75] Dagegen wird die unternehmensinterne Beschaffung ohne Personalbewegung[76] in der Pra-

[68] Vgl. Drumm, H.J., (1992), Sp. 1758–1769.

[69] Einen Überblick über verschiedene Fähigkeiten und deren Ausprägungen liefert Scholz in: Scholz, C., (1989), S. 59–68.

[70] Vgl. Rumpf, H., (1979), S. 43–48.

[71] Nur Bestandsänderungen aufzuzeigen kann jedoch nicht einzige Aufgabe der Personalbestandsplanung sein, da ebenfalls die Ursachen der Änderungen bekannt sein müssen.

[72] Vgl. Drumm, H.J., (2000), S. 277–279.

[73] Drumm, H.J., (2000), S. 317.

[74] Vgl. Maasch, J., (1996), S. 156–160.

[75] Vgl. Barnard, C.I., (1968), S. 215–234.

[76] Bei dieser Form der Personalbeschaffung ist zumeist das Einverständnis der Arbeitnehmervertreter erforderlich. Die betriebliche Mitbestimmung ist allerdings nicht auf betriebliche Fragen beschränkt. Sie wirkt sich fast immer auch auf unternehmerische Entscheidungen aus. Versteht man den Betrieb als eine organisatorische Einheit zur Erreichung eines arbeitstechnischen Zwecks und das Unternehmen als übergeordnete, meist einen wirtschaftlichen Zweck verfolgende Instanz, dann wird erkennbar, dass bedeutsame betriebliche Entscheidungen Einfluss auf die übergeordnete Ebene haben. Die Mitbestimmung des Betriebsrates bei Kurzarbeit oder Sonderschichten (§ 87 Abs. 1 Nr. 3 BetrVerfG), bei der Einführung und Anwendung von Entlohnungsmethoden (§ 87 Abs. 1 Nr. 11 BetrVerfG), bei Betriebsstilllegung (§§ 111–113 BetrVerfG) und in vielen anderen Fällen betrifft nicht nur betriebliche Fragen, sondern kann auch auf der dem Betrieb übergeordneten Unternehmensebene erhebliche Auswirkungen haben.

xis bei allen Mitarbeitergruppen angewendet. Hierzu zählen u. a. Mehrarbeit, Verlängerung der wöchentlichen Arbeitszeit, Urlaubsverschiebung aber auch Maßnahmen wie Qualifizierung und Umschulung. Die unternehmensexterne Beschaffung bezeichnet demgegenüber Aktivitäten, in deren Rahmen neue Mitarbeiter außerhalb des bisherigen Unternehmens rekrutiert werden und die gleichzeitig einen passiven sowie aktiven Charakter aufweisen können. Bei starkem Arbeitsplatzmangel agiert ein Unternehmen eher passiv, indem es auf Eigenbewerbungen wartet beziehungsweise Dienste der Arbeitsämter oder Zeitarbeitsfirmen in Anspruch nimmt. Dagegen werden unter der externen Beschaffung mit primär aktivem Charakter jene Tätigkeiten subsumiert, bei denen eine Unternehmung Informationen über Personalbedarf gezielt in potenziellen Bewerberkreisen platziert.[77]

Ad Personalfreisetzungsplanung

Geplante *Personalfreisetzung* verfolgt das Ziel, personelle Überkapazitäten in qualitativer, quantitativer und örtlicher Hinsicht zu vermeiden respektive zu beseitigen und dabei die im Rahmen der Personalbedarfsplanung konstatierten Daten durch Änderung beziehungsweise Beendigung bestehender Arbeitsverhältnisse umzusetzen. Ursachen der Personalfreisetzung können unternehmensintern beziehungsweise unternehmensextern sowie mitarbeiterbezogen sein.

Zu den unternehmensinternen Ursachen zählen insbesondere Rationalisierungsmaßnahmen sowie technische Neuerungen im Leistungserstellungsprozess. Gesamtwirtschaftliche Absatzrückgänge, die strukturell- oder konjunkturspezifisch bedingt sind, gehören zu den unternehmensexternen Ursachen. Mitarbeiterbezogene Ursachen führen zu Freisetzungen, die der Mitarbeiter zumeist selbst zu verantworten hat, beispielsweise durch unangemessenes Verhalten oder durch die mangelnde Bereitschaft, seine Fähigkeiten zu erweitern.[78] Hierzu zählt auch mangelndes körperliches beziehungsweise intellektuelles Leistungsvermögen.[79]

Ad Personalausbildungs- und -entwicklungsplanung

Die Wissensvermittlung innerhalb des so genannten Dualen Systems der *Personalausbildung* ist zweigeteilt. Zum einen wird im Berufsschulunterricht theoretisches und allgemeingültiges Wissen vermittelt, zum anderen findet im Ausbildungsbetrieb selbst eine spezifische Wissensweitergabe statt. Die *Personalentwicklung* versucht Mitarbeitern erforderliche Kenntnisse und Fähigkeiten zu vermitteln, über die diese noch nicht verfügen, die sie jedoch zur Verrichtung ihrer (zukünftigen) Arbeit benötigen.[80] Sowohl für die Personalausbildung als auch für die Personalentwicklung ist

---

[77] Hierzu zählen beispielsweise Stellenanzeigen, Nutzung von Head Huntern, Hochschulmarketing, Öffentlichkeitsarbeit und die Anwerbung durch eigene Mitarbeiter. Die hier aufgeführten Aufgaben werden schwerpunktmäßig im GP 4.1. behandelt.

[78] Vgl. Jung, H., (2001), S. 308–309.

[79] Eine weitere Konkretisierung der Personalfreisetzung erfolgt im GP 4.3.

[80] Hier wird sowohl die Bedeutung der Personalausbildung als auch die der Personalentwicklung deutlich.

charakteristisch, dass die Unternehmung Fähigkeitspotenziale selbst aufbaut und nicht bereits fertig ausgeformte Fähigkeitspotenziale bezieht.[81]

2.2.2. *Personalentwicklung*

„Die Personalentwicklung verfolgt das Ziel, Mitarbeiter aller hierarchischen Stufen für die Bewältigung der gegenwärtigen und zukünftigen Anforderungen zu qualifizieren. In diesem Sinne werden unter Personalentwicklung Programme und Systeme verstanden, die sich mit Personalfördermaßnahmen sowie Methoden der Aus-, Fort- und Weiterbildung im Unternehmen befassen."[82] Die Personalentwicklung ist Bestandteil der Personalplanung, wird jedoch aufgrund ihrer Bedeutung in dieser Arbeit separat behandelt und dargestellt, da sie darauf abzielt, Belegschaftsmitgliedern aller hierarchischen Stufen Qualifikationen zur Bewältigung der gegenwärtigen und zukünftigen Anforderungen zu vermitteln.[83] Gerade diese Thematik ist Schwerpunkt der Arbeit und verdient es demzufolge, ausführlicher abgehandelt zu werden. Aufgabe und Zweck der Personalentwicklung ist die Förderung der Kompetenz-Kompetenzen[84] im Hinblick auf die Verfolgung betrieblicher Ziele. Hierzu zählt auch die Beschäftigung bestimmter Mitarbeitergruppen. Personalentwicklung ist so verstanden keine altruistische Personalfunktion, sondern versucht den betrieblichen Output den Unternehmenszielen anzugleichen.

Personalentwicklung kann aus „institutioneller, inhaltlicher und methodischer Sicht betrachtet werden. Der *institutionelle Aspekt* befasst sich mit der Einordnung der Personalentwicklung in das Organisationsgefüge der Bank. Der *inhaltliche Aspekt* behandelt die Aufgabenfelder der Personalentwicklung. Der *methodische Aspekt* beschreibt die Umsetzung der Personalentwicklung."[85] Der Schwerpunkt wird im Folgenden auf der Darstellung der inhaltlichen und methodischen Aspekte liegen, auch wenn eine rein destillierte Untersuchung nicht möglich ist, da alle Aspekte stark miteinander verzahnt sind.

Als Träger der Personalentwicklung sind die Führungskräfte, die Personalabteilung sowie insbesondere die Mitarbeiter selbst zu sehen. Entwicklungswillige Mitarbeiter fordern ihren konkreten Bildungsbedarf selbstständig ein und sichern damit ihre eigene Beschäftigungsfähigkeit. Die Aufgaben der Führungskräfte liegen primär darin, ihre Mitarbeiter in deren Entwicklung nicht zu blockieren, sie aktiv zu fördern und über die Unternehmensstrategie zu informieren. Demzufolge ist es primäre Auf-

---

[81] Vgl. Drumm, H.J., (1989), S. 208–238. Hierauf wird besonders im GP 4.2. eingegangen; eine nähere Spezifikation erfolgt bereits im folgenden Abschnitt.

[82] Jung, H., (2001), S. 244.

[83] Vgl. Hentze, J., (1994), S. 315.

[84] Unter Kompetenz – Kompetenzen wird all das bezeichnet, was im weitesten Sinne als Know-how verstanden wird und nicht jene Begriffsdeutung, die in Kreditinstituten auch als Allowance bezeichnet wird.

[85] Becker, M., (1999), S. 415.

gabe der Personalabteilung im Sinne eines internen Dienstleisters[86], administrative und organisatorische Aufgaben zu bündeln. Einen Überblick der verschiedenen Aufgaben vermittelt Abbildung 6.

<table>
<tr><th colspan="3">Trägeraufgaben der Personalentwicklung</th></tr>
<tr><th>Führungskräfte</th><th>Personalabteilung</th><th>Mitarbeiter</th></tr>
<tr><td>- Informationen über Unternehmensziele
- Festlegung der Personalentwicklungspolitik
- Ressourcenbereitstellung
- Entscheidung über die Personalentwicklungskonzeption
- Festlegung der Funktionsbereichserfordernisse</td><td>- Unterstützung bei der Entwicklung und Aktualisierung des Personalentwicklungskonzeptes
- Planung, Entwicklung und Durchführung von Personalentwicklungsmaßnahmen
- Koordination und Organisation der Personalentwicklungsmaßnahmen</td><td rowspan="2">- Einfordern von Entwicklungsmaßnahmen
- Aktive Beteiligung an der individuellen Personalentwicklungsplanung
- Teilnahme an Personalentwicklungsmaßnahmen
- Einbringen von Freizeit
- Beteiligung an der Finanzierung der individuellen Personalentwicklung</td></tr>
<tr><td colspan="2">- Berufs- und Qualifikationsstrukturentscheidungen
- Konkrete Planung und Realisierung von Personalentwicklungsmaßnahmen
- Berufs- und Karriereberatung, Anforderungs- und Qualifikationsanalyse
- Festlegung von Funktionsbereichserfordernissen</td></tr>
</table>

Abb. 6. Trägeraufgaben der Personalentwicklung[87]

Die Ausprägungen der inhaltlichen Form der Personalentwicklung dienen den spezifischen Zielen des jeweiligen Kreditinstituts und des Mitarbeiters. Die Personalentwicklung muss sowohl für die Organisation als auch für den einzelnen Mitarbeiter Nutzen stiften.[88] Dies bedeutet gleichzeitig, dass Personalentwicklung lediglich im Rahmen von Sinnangeboten[89] Handlungs- und Beeinflussungsspielräume besitzt und aus diesem Grund „Menschen und Unternehmen dort abgeholt werden müssen, wo sie stehen".[90] In der neueren (bank)betriebswirtschaftlichen Personalentwicklungsforschung tritt jedoch mit der Teamentwicklung eine dritte Dimension in den Vorder-

[86] Gerade verwaltende Abteilungen in Großunternehmen, die nicht im aktiven Geschäft tätig sind, möchten ihre Tätigkeit als interne Dienstleistung verstanden wissen. Kollegen werden so zu internen Kunden, denen es (zumindest) theoretisch frei gestellt bleibt, die konkrete Leistung auf dem Markt oder intern zu beziehen. Die Geschäftsbeziehung reduziert sich auf die spezifische Transaktion. Diese Sichtweise unterstützt die Divisionalisierung und Profit-Center-Bildung, die in vielen Unternehmen festzustellen ist.

[87] In Anlehnung an: Becker, M., (1999), S. 418–419.

[88] Vgl. Sattelberger, T., (1991), S. 15–37.

[89] Vgl. Rother, G., (1996), S. 120.

[90] Becker, M., (1993), S. 38.

grund. Sie impliziert, dass sich die Personalentwicklung zwar auch weiterhin auf jeden einzelnen Mitarbeiter bezieht, darüber hinaus aber ebenso die Entwicklung von Gruppen und der Organisation als Ganzes betrifft.[91] Dies führt zu einem personalentwicklungstechnischen Mehrebenenkonzept, das Individuen, Gruppen und Organisationen insgesamt erfasst und die Frage zu beantworten hat, wie die Fähigkeiten der Mitarbeiter in einem Team im Hinblick auf den bestehenden respektive zukünftigen qualitativen Personalbedarf gehalten beziehungsweise erhöht werden können.[92] Um Fähigkeiten zu erhalten beziehungsweise zu erhöhen, werden neben Personalentwicklungsmaßnahmen, wie der beruflichen Qualifikation und der Weiterbildung, auch Maßnahmen zur konkreten Aufgabenzuweisung und der individuellen Laufbahnplanung ergriffen.[93]

Dabei ist das generelle Ziel der Personalentwicklung aus betrieblicher Perspektive die optimale Nutzung der persönlichen Ressourcen des Kreditinstituts, welche mit einer relativ günstigen Humankapitalallokation einhergeht. Personalentwicklung ist somit ebenfalls eine Antwort auf die klassische Make-or-Buy-Frage, d. h. im Kontext dieser Arbeit, dass die Fähigkeiten des Mitarbeiters auf das arbeitsplatzspezifische Know-how gebracht werden. Da die Personalentwicklung aber auch aus Sicht des Mitarbeiters als Mittel zur beruflichen Weiterbildung und persönlichen Entfaltung sowie zur Realisierung individueller Aufstiegsziele dient, beinhaltet die Personalentwicklung gleichzeitig eine motivierende Funktion.[94] Bezogen auf die Make-or-Buy-Frage bedeutet dies für eine Bank, dass es mitunter trotz direkter absoluter Kostennachteile günstiger sein kann, eigene Mitarbeiter auf das geforderte Know-how zu bringen, als einen neuen Mitarbeiter einzustellen, der bereits über das Niveau verfügt, da dies unter Umständen nicht nur der individuellen Motivation eines Mitarbeiters dient, sondern durch das Aufzeigen von Entwicklungsperspektiven die Arbeitszufriedenheit im Gesamtunternehmen gesteigert werden kann.[95] So werden Mitarbeiter zu spezifischen Ressourcen ganz im Sinne des ressourcenorientierten Ansatzes[96] beziehungsweise der Transaktionskostentheorie[97], da sie zentral zum Gesamtunternehmenserfolg beitragen. Deshalb ist es Aufgabe der Personalentwicklung, eine Zielhomogenität zwischen den Interessen des Mitarbeiters und dem Kreditinstitut als Organisation herzustellen. Personalentwicklung als Teil der Organisationskultur ist demzufolge ein systematisch zu gestaltender Prozess, der die gezielte Förderung und Entwicklung der Beschäftigten entsprechend den Notwendigkeiten des Arbeitgebers und unter Berücksichtigung der Qualifikationen und Bedürfnisse der Mitarbeiterinnen und Mitarbeiter darstellt.

---

[91] Vgl. Krautwurst, O., (2000), S. 91–95.

[92] Vgl. Scholz, C., (1989), S. 8–15.

[93] Vgl. Cornelsen, C., (1994), S. 83–85 und vgl. Sturn, R., (1990), S. 112–116.

[94] Vgl. Weber, W., (1993a), S. 208–209.

[95] Vgl. Milgrom, P., Roberts, J., (1992), S. 25 und vgl. Reese, J., (1994), S. 151.

[96] Vgl. GP 2.3.1.3.

[97] Vgl. GP 2.3.1.4.2.

2.3. Theoretische Grundlagen

In jeglichem personalpolitischem Kontext ist das Humankapital von essentieller Bedeutung. Aus diesem Grund werden im folgenden Abschnitt Ansätze dargestellt, die eine Einordnung der Humanressourcen in einen (bank-)betriebswirtschaftlichen Theoriekontext ermöglichen.

2.3.1. Faktortheoretische und ressourcenorientierte Sichtweise

Im Folgenden werden faktortheoretische und ressourcenorientierte Ansätze vorgestellt, die (zumindest partiell) aufeinander aufbauen respektive sich bedingen und letztlich zum Faktor Humankapital als Kernelement im Produktions- beziehungsweise Leistungserstellungsprozess führen. Somit wird die Einordnung des Themas in einen betriebswirtschaftlichen Kontext ermöglicht. An dieser Stelle wird daher insbesondere das GPB-LFB-TOB-Konzept von Deppe vorangestellt, welches in der bankbetrieblichen Literatur einen breiten Raum einnimmt.[98] Fundamentale Grundlage des Konzeptes ist hierbei der klassische faktortheoretische Ansatz von Gutenberg, der aufgrund des besseren Verständnisses kurz skizziert wird.

2.3.1.1. Der klassische faktortheoretische Ansatz

Die meisten faktortheoretischen Konzepte der Betriebswirtschaftslehre im deutschsprachigen Raum lassen sich auf Gutenberg[99] zurückführen. In der Wirtschaftstheorie wird eine an der Erzeugung wirtschaftlicher Güter mitwirkende Größe als Faktor bezeichnet. Gutenberg versteht den Betrieb als Gesamtheit der betrieblichen Teilfunktionen Produktion, Absatz und Finanzen. Ihm kommt es dabei weniger auf die einzelnen betrieblichen Teilbereiche als auf das Zusammenwirken dieser Funktionen an. Die Einheit der Funktionen wird durch das Ausgleichsgesetz der Planung, durch das finanzielle Gleichgewicht und durch das Prinzip der Wirtschaftlichkeit gewahrt, wobei der Betrieb als ein „System produktiver Faktoren“[100] interpretiert wird. Produktionsfaktoren sind Güter, die im Produktionsprozess kombiniert werden, um andere Güter hervorzubringen. Merkmale eines Produktionsfaktors sind

- die Gutseigenschaft,
- die Funktion des causa efficiens für das Entstehen eines neuen Gutes und
- der mit einem Güterverzehr verbundene Einsatz im Produktionsprozess.[101]

Die *Elementarfaktoren* bezeichnen diejenigen Produktionsfaktoren, die nicht dem dispositiven Faktor zuzurechnen sind. Zu den Elementarfaktoren zählen die objekt-

[98] Vgl. Körnert, J., (1998), S. 30–39 und vgl. Benner, W., (1978), S. 341–390 sowie vgl. Liebau, G., (1989), S. 27–150.

[99] Vgl. Gutenberg, E., (1972), S. 11–455.

[100] Hopfenbeck, W., (1998), S. 38.

[101] Vgl. Corsten, H., (2001), S. 121.

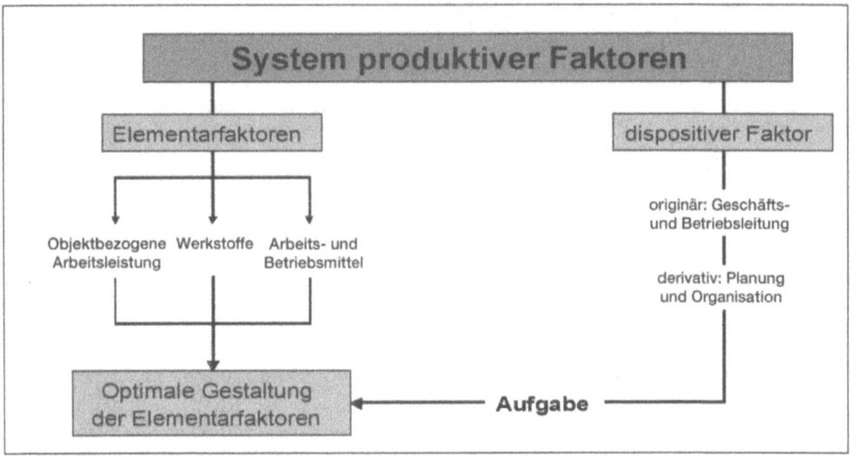

Abb. 7. System produktiver Faktoren nach Gutenberg[102]

bezogene menschliche Arbeit, Betriebsmittel (z. B. Gebäude, Maschinen) sowie Werkstoffe (Roh-, Hilfs- und Betriebsstoffe). Dem *dispositiven Faktor*, der die Betriebs- beziehungsweise die Geschäftsleitung verkörpert, obliegt die Kombination der Elementarfaktoren.[103] Die Produktivität als Grundphänomen der betriebswirtschaftlichen Analyse des Produktionsprozesses ergibt sich aus dem Ertrag des Faktoreinsatzes als Ergebnis der Kombinationsprozesse.

Der dispositive Faktor übt dabei die Funktion der Leitung, der Planung sowie der Betriebsorganisation aus.[104] Die Leitung bezeichnet die Kombination der drei Produktionsfaktoren. Das Zusammenwirken von Mensch und Maschine unterliegt rationaler Planung in allen betrieblichen Teilbereichen und führt zu einer Effizienz, Wirtschaftlichkeit und Produktivität des Faktoreinsatzes. Die Planung als rationales Element umfasst alle Teilbereiche. Der Betriebsorganisation obliegt die Aufgabe der instrumentellen Durchsetzung der aus der Planung folgenden Entscheidungen durch fallweise oder generelle Regelungen. Das Ersetzen fehlender oder fallweiser Anweisungen wird von Gutenberg als das Substitutionsprinzip der Organisation bezeichnet.[105] Der betrieblichen Leistungserstellung folgt Leistungsverwertung (Produktion und Absatz). Der Leistungserstellungsprozess wird durch die Kombination verschiedener Produktionsfaktoren bewirkt.[106] Diese Faktortransformation ist zentraler Gegenstand der Produktionstheorie, die die funktionale Beziehung zwischen Faktoreinsatz (Input) und Faktorertrag (Output) aufzeigt. Darüber hinaus ist nach Guten-

---

[102] In Anlehnung an: Hopfenbeck, W., (1998), S. 39.

[103] Vgl. Hopfenbeck, W., (1998), S. 38.

[104] Vgl. Hopfenbeck, W., (1998), S. 38 und vgl. Klein, S., (1989), S. 109–112.

[105] Vgl. Gutenberg, E., (1972), S. 239–240.

[106] Vgl. Gutenberg, E., (1972), S. 96–98.

berg jeder konkrete Betriebstyp das Ergebnis systembezogener und systemunabhängiger Tatbestände. Systembezogene Tatbestände resultieren aus der jeweils geltenden Wirtschaftsordnung, systemunabhängige Tatbestände gelten für jeden Betriebstyp unabhängig davon, in welches Wirtschaftssystem er eingebettet ist.[107]

Gutenbergs Differenzierung in elementare und dispositive Faktoren ist in seiner produktionstheoretischen Sichtweise begründet und zeigt in einem ersten Schritt auf, wie menschliche Arbeit im Leistungserstellungsprozess zu berücksichtigen ist.[108] Es wird zwischen Produktionsfaktoren, die als Bestandteil in den Produktionsprozess einfließen und „untergehen" sowie den Produktionsfaktoren, die die Produktion organisieren, unterschieden. Das Faktorsystem von Gutenberg - und darauf kommt es hier an - ist ausschließlich auf die Produktion von Sachleistungen ausgerichtet, wobei die Faktoren durch einen konkreten Bezug auf den Produktionsprozess und eine konkrete Produkterstellung gekennzeichnet sind.[109] Darüber hinaus lässt Gutenberg Dienstleistungen in seinem Produktionsfaktorsystem unberücksichtigt. Der Terminus „Produktion" bezieht sich bei ihm explizit auf Sachgüter, während er von der „Bereitstellung" einer Dienstleistung spricht. „In dieser sprachlichen Differenzierung kommt deutlich zum Ausdruck, dass er die Herstellung von Dienstleistungen nicht, wie heute weit verbreitet, als Produktion betrachtet und sie folglich konsequenterweise nicht in seinem Ansatz berücksichtigt."[110] Das GPB-LFB-TOB-Konzept behebt einige dieser Mängel.

2.3.1.2. Das GPB-LFB-TOB-Konzept

Das von Deppe entwickelte bankbetriebliche Faktorsystem geht auf das Faktorsystem Gutenbergs zurück, berücksichtigt aber humanspezifische Aspekte in starker Abstraktion speziell auf den Bankbetrieb. Sein Konzept erweitert klassische Input-Output-Modelle, wie sie beispielsweise (später) auch bei Heinen[111] oder Corsten[112] anzutreffen sind.

Deppe definiert den Bankbetrieb als „einzelwirtschaftliches, zielgerichtetes, soziotechnisches Subsystem der Tauschwirtschaft in Form der Geldwirtschaft, das Produktionsfaktoren bzw. deren Nutzung gegen monetäre Leistungen (Entgelte) beschafft, durch Kombination dieser Produktionsfaktoren bzw. deren Nutzung Marktleistungen in Form monetärer Problemlösungen für den Zahlungs-, Kredit- und Kapitalverkehr zur Erstellung anbietet, um durch Absatz dieser Leistungen die übergeordnete Zielsetzung des Bankbetriebs zu realisieren".[113]

---

[107] Vgl. Hopfenbeck, W., (1998), S. 39.

[108] Vgl. Corsten, H., (2001), S. 122.

[109] Der Grund, weshalb es dennoch relativ ausführlich an dieser Stelle behandelt wird, liegt in der fundamentalen Bedeutung für das folgende GPB-LFB-TOB-Konzept.

[110] Corsten, H., (2001), S. 121–122.

[111] Vgl. Heinen, E., (1992), S. 115.

[112] Vgl. Corsten, H., (2001), S. 132–133.

[113] Deppe, H.-D., (1978), S. 9.

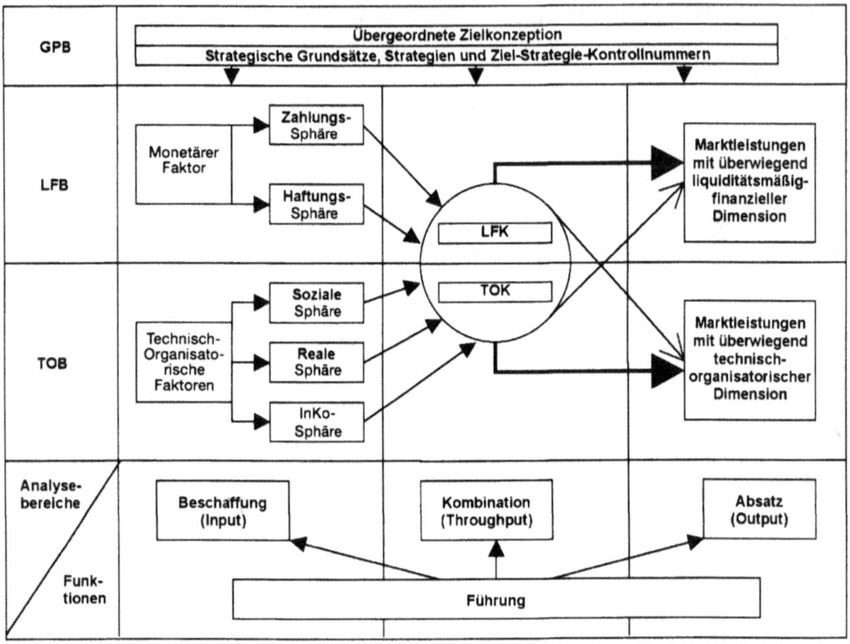

Abb. 8. Vereinfachtes Modell eines Bankbetriebs als „GPB-LFB-TOB-System" und als „Input-Output-System"[114]

[114] In Anlehnung an: Körnert, J., (1998), S. 35.

Der Bankbetrieb kann nach Deppe in den Geschäftspolitischen Bereich (GPB), den Liquiditätsmäßig-Finanziellen Bereich (LFB) und den Technisch-Organisatorischen Bereich (TOB) gegliedert werden. Jede Bankleistung setzt sich aus Teilleistungen einer liquiditätsmäßig-finanziellen (z. B. Zahlungs- und Haftungszusammenhänge) und einer technisch-organisatorischen Sphäre (z. B. Menschen, Sachmittel und Informationen) zusammen. Der GPB als gedankliche Einheit aus betrieblichen Entscheidungs- und Kontrollnormen dient als Leitfaden für Entscheidungen im LFB und TOB.

2.3.1.2.1. Der Geschäftspolitische Bereich (GPB)

Wirtschaften entsteht aus Knappheit.[115] „Es gehört zu den vom einzelnen selbst überprüfbaren Grundtatbeständen der ökonomischen Wirklichkeit, dass Menschen Knappheit empfinden, wenn sie ihre Bedürfnisse an den zu ihrer Befriedigung verfügbaren Gütern messen."[116] Knappheit führt wiederum dazu, dass wirtschaftlich gearbeitet werden muss. Um wirtschaftlich zu arbeiten, werden übergeordnete Ziele (Normen) formuliert, die den Kern des GPB bilden. „Die gedankliche Einheit aller dieser dem Betrieb gesetzten übergeordneten Normen, die aus ihnen abgeleiteten Handlungsanweisungen (Strategische Grundsätze) und die Kontrollmaßstäbe zur Überprüfung der Effektivität der Strategien für die Zielerreichung werden hier als GPB des Bankbetriebs bezeichnet."[117] Aus systemtheoretischer Sicht ist der Geschäftspolitische Bereich als ein aus Normen bestehendes Subsystem des Betriebs zu verstehen, mit denen dieser gesteuert und kontrolliert wird.[118]

Der Geschäftspolitische Bereich wird dementsprechend aus der betrieblichen Zielkonzeption, den strategischen Grundsätzen und Strategien sowie den Ziel-Strategie-Kontrollnormen gebildet.[119] Neben Zielen, die letztlich auf dem Gewinnstreben beruhen (z.B. Eigenkapitalrentabilität, Aktienkursentwicklung), können auch Ziele wie Marktanteil, Prestige, Kundenzufriedenheit oder Personalqualifikation Bestandteil einer Zielkonzeption sein.[120] Im Gegensatz zum LFB und TOB handelt es sich beim GPB nicht um einen betrieblichen Leistungsbereich. „Den GPB bilden die betriebliche Zielkonzeption und sämtliche aus der Zielkonzeption abgeleiteten bzw. mit der Zielerreichung in Verbindung stehenden Normen des Betriebs zur Steuerung und Kontrolle seiner Leistungsbereiche LFB und TOB. Insofern ist der GPB den Leistungsbereichen LFB und TOB übergeordnet."[121]

2.3.1.2.2. Die betrieblichen Leistungsbereiche (LFB und TOB)

Die betrieblichen Leistungsbereiche LFB und TOB können im Kern als Systeme von Mechanismen und damit als gegebene Zusammenhänge zwischen Produktionsfakto-

[115] Vgl. Kapitel 1.

[116] Picot, A., Dietl, H., Franck, E., (2002), S. 1.

[117] Deppe, H.-D., (1978), S. 19 und vgl. Gabele, E., Kretschmar, H., (1986), S. 25–40.

[118] Vgl. Körnert, J., (1998), S. 33–34.

[119] Vgl. Deppe, H.-D., Lohmann, K., (1989), S. 28–29.

[120] Vgl. Nolte, B., Stummer, F., (2002), S. 212–213.

[121] Liebau, G., (1989), S. 40–41.

ren, Faktoreinsatzmengen und Faktorleistungen gesehen werden. Der *Liquiditätsmäßig-Finanzielle Bereich* eines Bankbetriebs ist die gedankliche Einheit aller im Zusammenhang mit dem monetären Faktor stehenden Bestands- und Veränderungsgrößen mit geldlicher Dimension.[122] „Liquiditätsmäßig" ist als Zahlungsmittelebene und „finanziell" als finanzielle Haftungsebene zu interpretieren.

Der unter dem Konzept des LFB zusammengefasste monetäre Problemzusammenhang des Bankbetriebs kann insofern in die Problemkreise der Zahlungsfähigkeit und der Schuldendeckungsfähigkeit gegliedert werden. Der Monetäre Faktor wird als der Faktor verstanden, dessen Zufluss dem Betrieb die Verfügungsmacht über Liquidiätspotenzial und/oder Haftungspotenzial verschafft. „Das Liquiditätspotenzial erfasst rechnungsmäßig die Leistungen, die den Betrieb zur Zahlung bzw. zur Aufrechterhaltung der Zahlungsfähigkeit befähigen. Den Kern des Liquiditätspotenzials bilden die Zahlungsmittel."[123] Den Kern des Haftungspotenzials macht das Reinvermögen[124] aus. „Deppe spricht, bezogen auf die Zuführung von Liquiditätspotenzial, auch von der Zahlungsqualität und bezogen auf die Zuführung von Haftungspotenzial von der Haftungsqualität des Monetären Faktors."[125]

Die Funktion des liquiditätsmäßig-finanziellen Kombinationsprozesses besteht im Wesentlichen darin, die zur Leistungsbereitschaft und Leistungserstellung der Bank benötigten Mengen und Qualitäten des monetären Faktors rechtzeitig und am rechten Ort zu Minimalkosten bereitzustellen, um durch diese liquiditätsmäßig-finanziellen Kombinationen die Zielerreichung des Bankbetriebs zu ermöglichen. Der Bankbetrieb benötigt also zur Leistungserstellung Haftungspotenzial und Liquiditätspotenzial. Der monetäre Faktor ist gekennzeichnet durch die Merkmale eines produktiven wirtschaftlichen Gutes: knapp, mit einem Preis versehen und Nutzen stiftend.[126]

Der *Technisch-Organisatorische Bereich* ist ein auf eine Zielsetzung ausgerichtetes sozio-technisches System aus menschlichen Handlungen, naturwissenschaftlicher Technik, Mitteln zur Sachgestaltung sowie Mechanismen formeller Verhaltens- und Funktionsregelung. Der TOB lässt sich in die Sozialsphäre (menschliche Arbeitskraft und menschliche Beziehungen im Bankbereich), die Realsphäre (Grundstücke, Gebäude, Geschäftsausstattung) und die Informations- und Kommunikationssphäre unterscheiden.[127] Jede bankbetriebliche Marktleistung ist ohne Nutzung technisch-organisatorischer Kapazitäten nicht möglich. Fast jede Nutzung einer technisch-organisatorischen Kapazität eines Kreditinstitutes setzt die Nutzung des LFB voraus, was auch als Dualismusthese bezeichnet wird. Bei der Erstellung einer Bankleistung werden jedoch nicht nur die beiden Leistungsbereiche TOB und LFB

[122] Vgl. Körnert, J., (1999), S. 34.

[123] Liebau, G., (1989), S. 37.

[124] Reinvermögen ist entweder die Differenz aus betrieblichem Gesamtvermögen und betrieblichen Schulden oder (in derselben Höhe) das Eigenkapital als monetäres Äquivalent des Reinvermögens in der Bilanz.

[125] Liebau, G., (1989), S. 37.

[126] Vgl. Weise, P., Brandes, W., Eger, T., Kraft, M., (1991), S. 10–27.

[127] Vgl. Pretzsch, C., (1990), S. 109–114.

gleichzeitig genutzt, es wirken auch verschiedene Sphären innerhalb des TOB zusammen. Aufgrund der ganzheitlichen Betrachtung der technisch-organisatorischen Leistungszusammenhänge ist die Wirtschaftlichkeitsbedingung als existentieller Mechanismus des gesamten TOB zu charakterisieren. Lange Zeit wurde im TOB ein reiner Hilfsbereich des dominanten LFB gesehen. Doch bereits Pomian[128] verwies auf den TOB als relativ autonomes Subsystem, welches er u. a. dadurch rechtfertigte, dass „die Bank auch Marktleistungen erbringt, die überwiegend aus internen TOB-Leistungen bestehen und für die der Leistungsbeitrag des LFB vor allem in der Bereitstellung der finanziellen Existenz – und damit der Produktionsbasis zu sehen ist. Dies trifft auch für die technisch-organisatorischen Leistungen und darüber hinaus für Dienstleistungen zu, die im Wesentlichen durch menschliche Arbeit konstituiert werden und Leistungen aus dem LFB nur als Potentialleistung benötigen (Vermögensberatung, Versicherungs- und Immobilienvermittlung) [...]".[129] Unter Berücksichtigung der Entwicklung im Bankbereich hat die relativ autonome Bedeutung des TOB in den letzten Jahren kontinuierlich zugenommen. „Der Mensch ist der Hauptträger des Leistungsvollzuges im arbeitsintensiven Bankbetrieb. Ihn täglich von neuem für seine Arbeit zu gewinnen und ihm hierzu das notwendige geistige Rüstzeug zu geben, bedeutet nichts anderes als bei dem Produktionsfaktor Arbeit die Entwicklung zur Rationalisierung nachzuholen, wie sie im technischen Sektor seit langem selbstverständlich ist."[130]

Steht bei geschäftspolitischen Dispositionen über den Faktoreinsatz im Bankbetrieb das Wirtschaftlichkeitsprinzip im Vordergrund, so ist es bei der geschäftspolitischen Steuerung und Kontrolle des Mitarbeitereinsatzes die Sicherung von Leistungsfähigkeit und Leistungsbereitschaft. Letztlich gilt auch hier das Wirtschaftsprinzip, allerdings kann das Verhalten der Mitarbeiter im Leistungserstellungsprozess nicht so präzise durch direkte Funktionalzusammenhänge im mathematischen Sinne erfasst werden. Jedoch können qualitative Aussagen getroffen werden, die sich unter bestimmten Annahmen wiederum auch quantifizieren ließen. Der Faktor Arbeit wird aus der humanen Sicht gesehen, d.h. der Mitarbeiter im Bankbetrieb ist mehr als ein Wesen, das seine Arbeitskraft zur Verfügung stellt. Für den Humanfaktor Arbeit gilt deshalb im weiteren Verlauf, dass er unabdingbar an Personen gebunden ist und nicht vollständig substituiert werden kann. Diese Personen werden ganzheitlich in den Betrieb integriert, sprich der einzelne Mitarbeiter wird nicht auf seine reine Leistung reduziert, wobei eine Leistung i. d. R. nur durch das Zusammenwirken mehrer Bankmitarbeiter entstehen kann. Die Bedeutung, die der Leistung beziehungsweise dem Mitarbeiter im Gesamtkontext eines Bankbetriebs zukommt, wird besonders durch die ressourcenorientierte Sichtweise deutlich.

[128] Vgl. Pomian, L., (1978), S. 484.

[129] Pomian, L., (1978), S. 484.

[130] Bösel, F., (1981), S. 970–971.

2.3.1.3. Ressourcenorientierte Sichtweise

2.3.1.3.1. Grundlagen der ressourcenorientierten Sichtweise

Als Begründerin der ressourcenorientierten Sichtweise (Resource-based-View) gilt Penrose mit ihrer 1959 veröffentlichten Arbeit „The Theory of the Growth of the Firm", in der sie die Einzigartigkeit eines Unternehmens auf die firmenimmanente Heterogenität von Ressourcen zurückführt.[131] Penrose betont, dass die Ressourcen, die sie als Bündel von Leistungen unabhängig von ihrer Verwendung charakterisiert, erst durch eine optimale Kombination zum Erfolg einer Unternehmung beitragen, d. h. es reicht nicht aus, nur im Besitz der Ressourcen zu sein, sondern Unternehmen müssen über die Fähigkeit verfügen, diese optimal einzusetzen.[132] Insofern bestehen sehr starke Überschneidungen zur faktortheoretischen Herangehensweise, denn der Terminus der Ressource ist nicht erst seit Penrose, sondern seit jeher Bestandteil der Wirtschaftswissenschaften. Mitunter bestehen jedoch unterschiedliche Ansichten darüber, was als Ressource zu verstehen ist. So wird in der Volkswirtschaftslehre beispielsweise zwischen den Ressourcen Arbeit, Boden und Kapital differenziert und damit eine allokationstheoretische Sichtweise in den Vordergrund der wissenschaftlichen Betrachtung gerückt.[133] In der Betriebswirtschaftslehre wurde lange Zeit unter dem Begriff Ressource eine Ökonomie natürlicher Ressourcen verstanden, wobei diese in erschöpfliche[134] (beispielsweise Öl, Kohle, Gas) und regenerierbare[135] (Wald- und Fischbestände) Ressourcen differenziert wurde.[136] Auch aus faktortheoretischer Sicht wird von Ressourcen gesprochen und zwar dann, wenn im Rahmen produktionswirtschaftlicher Überlegungen der Input für die Leistungserstellung betrachtet wird.[137] Diesbezüglich ist zuvorderst Gutenberg zu nennen. Doch ist bei seinem (faktortheoretischen) Kontext[138] Vorsicht geboten, da die ressourcenorientierte Sichtweise weder mit den volkswirtschaftlichen Interpretationen noch mit den Ressourcen respektive Faktoren der Produktionstheorie vollständig übereinstimmt. Denn gerade in der Produktionstheorie sind die Ressourcen durch einen konkreten Bezug auf den Produktionsprozess sowie eine konkrete Produkterstellung gekennzeichnet und darüber hinaus besteht ein quantitatives Faktoreinsatzmengengerüst.[139] Jedoch könnten der Philosophie dieses Ansatzes folgend insbesondere die im Deppe-Konzept vorhandenen Bereiche des GPB und TOB als aggregierte Ressourcen auf Metaebene bezeichnet werden, da die Mitarbeiter umfassender betrachtet werden.[140]

---

[131] Vgl. Rugman, A., Verbeke, A., (2002), S. 769.

[132] Vgl. Penrose, E., (1995), S. 65–87.

[133] Vgl. Freiling, J., (2002), S. 5.

[134] Vgl. Gray, L.C., (1914), S. 467–469 und vgl. Hotelling, H., (2001), S. 83–86.

[135] Vgl. Munro, G.R., Scott, A.D., (1985), S. 623–624 und vgl. Endres, A., Querner, I., (2000), S.101–109 sowie vgl. Siebert, H., (1983), S. 1–4.

[136] Vgl. Endres, A., Pakhomova, N., Richter, K., (2004), S. 454.

[137] Vgl. Steven, M., (1998), S. 126–173.

[138] Diese Aussage bezieht sich konkret auf das Faktorsystem von Gutenberg und nicht auf das von Deppe.

[139] Vgl. Steven, M., Behrens, S., (2000), S. 441–444.

[140] Vgl. GP 2.3.1.2.

2.3.1.3.2. Der Ressourcenansatz im Rahmen des strategischen Managements

Strategisches Management basiert auf der Überzeugung, dass die Zukunft aktiv gestaltet werden kann.[141] Dementsprechend wird die gesamte Organisation darauf ausgerichtet, im Wettbewerb die Initiative zu ergreifen. Eine konsequente Anwendung und Durchsetzung strategischen Denkens auf allen Ebenen der Organisation ist hierbei wesentliches Kriterium des strategischen Managements, welches im Kern dem GPB entspricht.[142] Ziel des Ressourcenansatzes im Rahmen des strategischen Managements ist deshalb die Identifikation von Ressourcen und Fähigkeiten der Unternehmung sowie die Analyse der Bedingungen, unter denen Unternehmensressourcen einen anhaltenden Wettbewerbsvorteil generieren.[143] Hierbei wird keine in sich geschlossene Theorie für das strategische Management geliefert, sondern allenfalls Heuristiken.[144] Dieser Befund gleicht Gutenbergs Äußerungen zu den Grenzen wissenschaftlicher Betätigung.[145]

Im Gegensatz zu der einseitigen Ausrichtung[146] der industrie-ökonomischen Ansätze auf externe Größen sowie der primär auf Industrieunternehmen beziehungsweise produzierende Firmen abzielenden Theorie liefert dazu die ressourcenorientierte Sichtweise der Unternehmung („Resource-Based-View of the Firm") im Rahmen des strategischen Managements primär interne für den Unternehmenserfolg ausschlaggebende Faktoren. Vor dem Hintergrund des ressourcenorientierten Ansatzes der Strategietheorie[147] werden die gezielte Nutzung intellektueller Ressourcen der Mitarbeiter wie auch des Managements als zentrale Erfolgsfaktoren betrachtet, wobei ein er-

---

[141] Das strategische Management bedient sich nicht so sehr falsifizierbarer Theorien im Sinne des kritischen Rationalismus als vielmehr einfacherer Forschungsperspektiven, die einen Blick auf Realphänomene ermöglichen. Vgl. Steven, M., Behrens, S., (2000), S. 441.

[142] Vgl. Kreilkamp, E., (1987), S. 3.

[143] Vgl. Dibbern, J., Güttler, W., Heinzl, A., (2001), S. 678–681.

[144] Vgl. Amit, R., Shoemaker, P., (1993), S. 40.

[145] So betont Gutenberg im Vorwort der Unternehmensführung: „Auch sei an dieser Stelle ausdrücklich gesagt, dass es nach meiner Auffassung keine wissenschaftliche Lehre von der Unternehmensführung geben kann. Von verantwortlicher Stelle aus weitreichende und richtige Entscheidungen für das Unternehmen zu treffen – diese Kunst ist im Grunde weder lehrnoch lernbar." Gutenberg, E., (1962), S. 5. Überdies betont er, dass das Geheimnis richtiger Entscheidungen mit betriebswirtschaftlichen Methoden allein nicht aufzuhellen sei. Vgl. Gutenberg, E., (1972), S. 131.

[146] Allerdings führen auch Hofer und Schendel mit dem Faktor Markentreue eine weiche Ressource in ihrem sonst nur auf harten Faktoren basierenden Industrial-Organization-Model auf. Konkret unterscheiden sie fünf Typen von Ressourcen: „(1) financial resources, such as cash flow, debt capacity, and new equity availability, (2) physical resources, such as office buildings, manufacturing plants and equipment, warehouses, inventories, and service and distribution facilities, (3) human resources, such as scientists, engineers, production supervisors, sales personnel, and financial analysts, (4) organizational resources, such as quality control systems, short term cash management systems, and corporate financial models, and (5) technological capabilities, such as high quality products, low cost plants, and high brand loyalty." Vgl. Hofer, C., Schendel, D., (1978), S. 145.

[147] Vgl. zu Knyphausen, D., (1993), S. 774–775.

gebnisorientierter Führungsstil und ein offener Informationsaustausch Voraussetzungen für die Entwicklung und Nutzung informationeller und intellektueller Ressourcen darstellen.[148] Aus diesem Grund geht der ressourcenorientierte Ansatz mit einer anderen Betrachtungsweise heran: „This view shifts the emphasis from the competitive environment of firms to the resources that firms have developed to compete in that environment."[149] Darüber hinaus betont Mehra: „According to the resource-based theorists [...] bundles of resources, rather than the product market combinations chosen for their deployment, lie at the heart of a firm's competitive advantage."[150] Und Fahy kommt deshalb zu der Aussage, dass „the normative implication of this view is that the firm should base its strategy on its own resources and capabilities."[151] Im Mittelpunkt der Steigerung des Unternehmenserfolges steht deshalb nicht mehr die Positionierung des Unternehmens oder einzelner Geschäftsfelder, sondern die Reflexion der im Unternehmen vorhandenen Potenziale.[152] Dies sind vor allem unternehmensspezifische Faktoren, die den Bedingungen der Nichthandelbarkeit, Unnachahmbarkeit und Nichtsubstituierbarkeit genügen, welche zu nachhaltigen Wettbewerbsvorteilen führen.[153] Deshalb betont Wernerfeldt, dass „by a resource is meant anything which could be thought of as a strength or weakness of a given firm", wobei er sich primär auf so genannte Potenzialfaktoren konzentriert, da die meisten anderen Faktoren über offene Faktormärkte beschafft werden können und somit allen Marktteilnehmern zur Verfügung stehen und keinen Vorteil und damit auch keine Ressource darstellen.[154]

2.3.1.3.3. Überblick verschiedener Ressourcenverständnisse innerhalb des Ressourcenansatzes

Im Rahmen des strategischen Managements lautet die Kernaussage des Ressourcenansatzes, dass „the key concept is resources, and the key question is which resources generate a sustainable rent potential at the level of the firm, group or industry."[155] Auch wenn auf die Spezifität der Ressourcen bereits hingewiesen wurde, wird in einer Vielzahl von Publikationen die terminologische Unschärfe bezüglich der Begriffsabgrenzung und Klassifizierung dieser Ressourcen kritisiert.[156] Unterschiedliche Bezeichnungen werden mit annähernd gleichen substanziellen Inhalten verwendet, wobei zumeist die Begriffe Ressourcen (resource deployments), Kompeten-

---

[148] Vgl. Klein, S., Teubner, R.A., (1999) S. 420–424.

[149] Miller, D., Shamsie, J., (1996), S. 519.

[150] Mehra, A., (1996), S. 307.

[151] Fahy, J., (1996), S. 26.

[152] Vgl. Vukelic, (2000), S. 6 und vgl. Rasche, C., Wolfrum, B., (1993), S. 502.

[153] An dieser Stelle wird in ganz besonderer Weise die Verbindung zu den neoinstitutionellen Ansätzen deutlich. Vgl. GP 2.3.2.

[154] Vgl. Müser, M., (2000), S. 63–64.

[155] Maijoor, S., Witteloostuijn, A., (1996), S. 549–569.

[156] Vgl. Jürgens, V., (1998), S. 23, und vgl. Freiling, J., (2000), S. 35 sowie vgl. Freiling, J., (2001), S. 76.

zen und Kernkompetenzen (distinctive competencies), Fertigkeiten und Fähigkeiten (skills and capabilities), tangible and intangible (invisible) assets Verwendung finden.[157] Diese Begriffe werden zwar unterschiedlich charakterisiert, sind jedoch vielfach nicht überschneidungsfrei und meinen meistens dasselbe. Die am häufigsten angewandte Differenzierung separiert in materielle und immaterielle Unternehmensressourcen.[158]

Materielle Ressourcen, die auch als physische oder physikalische Ressourcen bezeichnet werden, beinhalten

- „the physical technology used in a firm,
- a firm's plant and equipment,
- its geographic location,
- and its access to raw materials."[159]

Immaterielle Ressourcen, die im weiteren Verlauf im Mittelpunkt stehen werden, umfassen dagegen „reputation, technology, and human resources; the latter include culture, the training and expertise of employees, and their commitment and loyalty. As these resources are not productive on their own, the analysis also needs to consider a firm`s organizational capabilities – its abilities to assemble, integrate and manage these bundles of resources".[160]

Einen Überblick über die Einordnung der Ressourcenverständnisse vermittelt Abbildung 9.

Jahr	Autor	Ressourcenverständnis
1959	Penrose[161]	The physical resources of a firm consist of tangible things – plant, equipment, land and natural resources, raw materials, semifinished goods."
1965	Learned et al.[162]	„Resources are strengths that firms can use to conceive of and implement their strategies."
1984	Wernerfelt[163]	„By a resource is meant anything which could be thought of as a strength or a weakness of a given firm. More formally, a firm's resources at a given time could be defined as those (tangible and intangible) assets which are tied semipermanently to the firm."

Abb. 9. Übersicht verschiedener Ressourcenverständnisse im Rahmen des Ressourcenansatzes[164] (Fortsetzung auf S. 32)

[157] Vgl. Hammann, P., Freiling, J., (2000), S. 4.

[158] Vgl. Vukelic, S., (2000), S. 9–11.

[159] Barney, J., (1991), S. 101.

[160] Russo, M.V., Fouts, P.A., (1997), S. 537.

[161] Penrose, E., (1995), S. 24.

[162] Learned, E., Christensen, C.R., Andrews, K., Guth, W., (1965), S. 53.

[163] Wernerfelt, B., (1984), S. 172.

[164] Eigene Darstellung.

Jahr	Autor	Ressourcenverständnis
1991	Barney[165]	„[...] firm resources include all assets, capabilities, organizational processes, firm attributes, information, knowledge, etc. controlled by a firm that enable the firm to conceive of and implement strategies that improve its efficiency and effectiveness.“
1991	Chatterjee/ Wernerfelt[166]	„Following a substantial tradition in literature (Teece 1982, Macdonald 1984; Montgomery and Hariharan 1990) we consider three classes of resources: (a) physical resources, (b) intangible assets, and (c) financial resources.“
1991	Grant[167]	„Resources are inputs into the production process, they are basic units of analysis. The individual resources of the firm include items of capital equipment, skills of individual employees, patents, brand names, finance, and so on. But, on their own, few resources are productive. Productive activity requires the cooperation and coordination of teams of resources.“
1993	Amit/ Schoemaker[168]	Resources: „will be defined as stocks of available factors that are owned or controlled by the firm.“
1994	Black/Boal[169]	„Resources can be viewed as a configuration or network of factors“
1995	Barney[170]	„A firm's resources and capabilities include all of the financial, physical, human, and organizational assets used by a firm to develop, manufacture, and deliver products or services to its customers.“
1995	Wolfsteiner[171]	„Ressourcen sind all diejenigen Faktoren, die als Input in die Produktion von Gütern und Dienstleistungen eingehen. [...] Ressourcen gehören dem Unternehmen oder unterliegen zumindest seiner Kontrolle. Durch ihre Kombination mit anderen Ressourcen werden sie zu Endprodukten verknüpft.“
1996	Bamberger/ Wrona[172]	Ressource: „wird der Begriff [...] sehr weit gefasst, so dass fast alle internen materiellen und immateriellen Güter, Systeme und Prozesse als interne Ressourcen definiert werden können.“

Abb. 9. (Fortsetzung) (Fortsetzung auf S. 33)

[165] Barney, J.B., (1991), S. 101.

[166] Chatterjee, S., Wernerfelt, B., (1991), S. 34.

[167] Grant, R.M., (1991), S. 118–119.

[168] Amit, R., Schoemaker, P.J.H., (1993), S. 35.

[169] Black, J.A., Boal, K.B., (1994), S. 131–148.

[170] Barney, J.B., (1995), S. 50.

[171] Wolfsteiner, W., (1995), S. 44.

[172] Bamberger, I., Wrona, T., (1996), S. 132.

Jahr	Autor	Ressourcenverständnis
1996	Sanchez et al.[173]	„Resources are assets that are available and useful in detecting and responding to market opportunities or threats."
1997	Schneider[174]	„in Märkten beschaffte Produktionsfaktoren, verändert bzw. veredelt durch Findigkeit und Können von Unternehmungsleitungen, Mitarbeitern oder externen Spezialisten zu unternehmungseigenen Merkmalen für Wettbewerbsfähigkeit. Während Produktionsfaktoren von allen Konkurrenten in Märkten zu kaufen sind, verkörpern Ressourcen unternehmensspezifische materielle und vor allem immaterielle Wirtschaftsgüter. Deren hauptsächliche Eigenschaften sind ein erschwerter Erwerb durch Mitbewerber"
1997	Teece et al.[175]	„Resources are firm-specific assets that are difficult if not impossible to imitate."
1997	Thiele[176]	Ressource: „jeder immaterielle oder materielle Faktorposten [...], der in irgendeiner Form zu einer Wertschöpfung beitragen kann."
1999	Capron/ Hulland[177]	Resources: „[...]stocks of knowledge, physical assets, human capital, and other tangible and intangible factors that a business owns or controls [...] which enable the firm to produce, efficiently and/or effectively, marketing offerings that have value for some market segments."
2001	Freilig[178]	„Zusammenfassend ist von Ressourcen im Kontext des Resource-based View dann zu sprechen, wenn (in Märkten beschaffbare) Inputgüter durch Veredelungsprozesse zu unternehmungseigenen Merkmalen für Wettbewerbsfähigkeit weiterentwickelt worden sind und die Möglichkeit besteht, Rivalen von der Nutzung dieser Ressourcen in nachhaltiger Weise auszuschließen."

Abb. 9. (Fortsetzung)

Fast alle Ansätze betonen bei dieser so genannten Inside-Out-Betrachtungsweise die Bedeutung nicht-tangibler Potenziale. Dies geht mit einer expliziten Forderung nach einer unternehmensspezifischen Internalisierung und Kultivierung dieser „soft facts" als Quelle für dauerhafte Wettbewerbsvorteile einher[179], da gerade im Dienstleistungssektor die intangiblen Ressourcen eines Unternehmens von immenser Be-

173 Sanchez, R., Heene, A., Thomas, H., (1996), S. 8.

174 Schneider, D., (1997), S. 60-61.

175 Teece, D.J., Pisano, G., Shuen, A., (1997), S. 516.

176 Thiele, M., (1997), S. 39.

177 Capron, L., Hulland, J., (1999), S. 42.

178 Freiling, J., (2001), S. 87.

179 Rasche, C., Wolfrum, B., (1993), S. 17–26.

deutung sind.[180] Deshalb stellt der Aufbau und Erhalt von Humankapital den zentralen Erfolgsfaktor des ressourcenorientierten Ansatzes dar.[181] Alles andere kann zumeist mehr oder weniger identisch auf dem Markt erworben werden.[182] Der Betrachtungsschwerpunkt soll deshalb nicht so sehr auf der Positionierung des Unternehmens beziehungsweise einzelner Geschäftsfelder in der ökonomischen und technologischen Umwelt liegen, auch die Produkte und Absatzmärkte nehmen keine besondere Stellung ein, sondern der Schwerpunkt liegt auf der Analyse der Stärken und Schwächen eines Unternehmens sowie auf einer Auseinandersetzung mit den für die Stärken und Schwächen verantwortlichen unternehmensimmanenten Ressourcen.[183]

Der Ressourcenansatz soll deshalb Entstehen und Beständigkeit von Wettbewerbsvorteilen erklären; hierbei wird versucht zu analysieren, warum Firmen sich unterscheiden, und warum die einen unter ähnlichen Voraussetzungen langfristige Wettbewerbsvorteile erzielen und andere nicht.[184] Die Vertreter des Ressourcenansatzes führen dauerhafte Wettbewerbsvorteile auf verschiedene Eigenschaften der Ressourcen zurück. „Dass Ressourcen unvollkommen handelbar sind, beruht darauf, dass Ressourcen und Fähigkeiten des Unternehmens nicht erhältlich, knapp, eingeschränkt mobil sowie nicht imitierbar oder substituierbar sein können. Denn ist das Leistungsvermögen des Unternehmens leicht durch den Wettbewerb imitierbar, so ist in engen Märkten eine Positionierung gegenüber dem Wettbewerb ein Vorteil von kurzer Dauer."[185] Die Quellen dauerhafter Wettbewerbsvorteile können deshalb u. a. die

- Dauerhaftigkeit der Ressourcenheterogenität[186],
- Knappheit am Faktormarkt[187],
- schlechte Imitierbarkeit/Substituierbarkeit[188] und
- Immobilität[189]

sein.[190]

---

[180] Vgl. Bharadwaj, S.G., Varadarajan, P.R., Fahy, J., (1993), S. 83–99.

[181] Vgl. Lienemann, C., Reis, T., (1996), S. 257–260 und Montgomery, C.A., (1996), S. 256–260.

[182] Vgl. die Definition von Schneider in Abbildung 9.

[183] Vgl. zu Knyphausen, D., (1993), S. 771–792.

[184] Vgl. Jürgens, V., (1998), S. 17.

[185] Jürgens, V., (1998), S. 18.

[186] Dies bedeutet, dass die Ressource an sich nicht am Faktormarkt erhältlich ist. „[…] the asset is a cumulative result of an idiosyncratic history of events […]." Dierickx, I., Cool, K., (1988).

[187] Ursache hierfür ist beispielsweise der Mangel an hochqualifiziertem Personal.

[188] Beispielsweise kann mitunter Intransparenz Ursache besonders effizienter Prozesse sein.

[189] Dies bedeutet, dass die Ressource besonders an eine Unternehmung gebunden ist. Häufig können bestimmte Fähigkeiten nur in einem besonderen Umfeld erbracht werden.

[190] Vgl. Jürgens, V., (1998), S. 18–21.

Aus diesem Grund besitzen Ressourcen einen Wert schaffenden Charakter, wenn sie Effektivität und Effizienz des Unternehmens erhöhen.[191] So betont auch Barney: „understanding that, say an organizational culture with certain attributes or quality relations among managers can improve a firm's efficiency and effectiveness does not necessarily imply that firms without these attributes can engage in system efforts to create them."[192] Dies bedeutet, dass nur ganz bestimmte unternehmensinterne Ressourcen, so genannte strategische Ressourcen, Unternehmungen in die Lage versetzen, anhaltende Wettbewerbsvorteile zu erzielen.[193] Solche strategischen Ressourcen werden auch als „Crown Jewels" bezeichnet.[194]

Für Sparkassen und andere Kreditinstitute ergibt sich daraus, dass aufgrund der beschränkten Handelbarkeit vieler (Human-)Ressourcen eine Form der Immobilität entsteht, die primär in den idiosynkratischen Eigenschaften der kreditinstitutsspezifischen Unternehmensressourcen bedingt ist, da die Unternehmensspezifität einer Ressource durch ihre organisatorische Einbindung hervorgerufen wird. Mit zunehmender organisationaler Spezifität einer Ressource wird folglich eine Steigerung der mit einer potenziellen Transferierung verbundenen Kosten impliziert, weil derartige Ressourcen außerhalb der Organisation an Wert verlieren. Ressourcen weisen in diesem Zusammenhang Quasi-Renten-Potenzial[195] auf, das sich als Differenz zwischen ihrem optimalen Einsatz und dem nächstbesten Verwendungszweck ergibt.[196]

Zusammenfassend sind Ressourcen für die Wettbewerbsstellung eines Unternehmens dann von Relevanz, wenn sie überlegenen Kundennutzen stiften und durch „Barrieren" geschützt sind. Diese Barrieren bewahren das Unternehmen davor, dass Mitbewerber die entsprechenden Ressourcen am Markt oder durch Imitation erwerben.[197] „Die Geschichte des Unternehmens entscheidet hierbei einerseits über die existierende Ressourcenausstattung als Ausgangsbasis, andererseits prägt sie die Fortentwicklung des Unternehmens."[198] Der Schwerpunkt liegt dabei auf den Humanressourcen, auf die sich im Weiteren dieser Arbeit konzentriert werden soll. Slogans wie „it's all about people" oder „Banking is people" scheinen auch aus Sicht der Praxis die Humankapitalfaktorbedeutung zu unterstreichen, die als spezifische Ressource die Grundlage der Erreichung von Wettbewerbsvorteilen gegenüber anderen Unternehmen ermöglicht.[199] Aus diesem Grund sollen im weiteren Verlauf neoinstitutionelle Ansätze dargestellt werden, die das Verhalten eines Individuums innerhalb

---

[191] Unter Effektivität wird zumeist „doing the right things" und unter Effizienz „doing the things right" verstanden. Vgl. Luthans, F., (1996), S. 329–330 und vgl. Goldberg, V.P., (1980), S. 342 sowie vgl. Milgrom, P., Roberts; J., (1992), S. 23.

[192] Barney, J.B., (1991), S. 110.

[193] Vgl. Duschek, S., Sydow, J., (2002), S. 426 und vgl. Hunt, S.D., Morgan, R.M., (1995),S. 5–8.

[194] Vgl. Montgomery, C.A., (1995), S. 256.

[195] Vgl. Windsperger, J., (2001), S. 157–158.

[196] Vgl. Castanias, R.P., Helfat, C.E., (1991), S. 158–163.

[197] Vgl. Börner, C., (2000), S. 73.

[198] Börner, C., (2000), S. 74.

[199] Vgl. Kobi, J.-M., (2000), S. 31–32.

einer Organisation beziehungsweise den Umgang einer Organisation mit einem Individuum verdeutlichen.

2.3.2. *Neoinstitutionalistische Ansätze*

Institutionen stehen im Mittelpunkt der neoinstitutionalistischen beziehungsweise neoinstitutionellen Ansätze.[200] Sparkassen stellen solche Institutionen dar. Institutionen werden in diesem Rahmen als Normen oder Regeln aber auch als kooperative Gebilde verstanden, die sowohl überwachungsbedürftig als auch selbsterhaltend[201], formlos oder formgebunden[202], bewusst geschaffen oder evolutionär entstehend, von fundamentalem oder sekundärem Charakter beziehungsweise von niedrigem oder hohem erwarteten Nettonutzen sind.[203] Institutionen können Verträge stützen, indem sie Vertragsprobleme koordinieren und damit Transaktionskosten reduzieren, und sie können Verhaltenssicherheit vermitteln, indem sie als Regeln den Wahlbereich limitieren.[204] Die neoinstitutionalistischen Ansätze, die u.a. durch große Übereinstimmung der Annahmen charakterisiert sind, werden zumeist unter dem Begriff der „Neuen Institutionenökonomik“[205] subsumiert und in die drei Teilströme der Property-Rights-Theorie, der Transaktionskostentheorie sowie der Principal-Agent-Theorie differenziert.[206] Grundlegende gemeinsame Annahme[207] aller drei Teilströme ist der methodologische Individualismus[208], der in seiner Theoriekonstruktion grund-

---

200 Eine intensive Behandlung der neoinstitutionellen Ansätze wird aufgrund der zahlreichen Arbeiten zu diesem Thema nicht stattfinden. Jedoch erfolgt eine Behandlung der für das Verständnis der Neuen Institutionenökonomik im Rahmen der personalwirtschaftlichen Aspekte dieser Arbeit relevanten Aussagen. Für einen weiteren Überblick vgl. Cezanne, W., Mayer, A., (1998), S. 1345–1353 und vgl. Furubotn, E.G., Richter, R., (1991), S. 1–32.

201 Vgl. Kunz, H., (1985) S. 1–8.

202 Vgl. North, D.C., (1992), S. 43–64.

203 Vgl. Picot, A., Fiedler, M., (2002), S. 244.

204 Vgl. North, D.C., (1992), S. 65–84.

205 Das Adjektiv „neu“ der neuen Institutionenökonomik impliziert, dass es andere institutionenökonomische Forschungsrichtungen gegeben haben muss. Bereits die Klassiker der Wirtschaftswissenschaft, wie beispielsweise Adam Smith, hatten sich mit der Institutionenproblematik beschäftigt. Allerdings befand diese sich in einem gewissen Vakuum bezüglich der Entstehung von Unternehmen. Die (heute so genannte) „alte“ Institutionenökonomik hatte ihre Blütezeit in der ersten Hälfte des 20. Jahrhunderts, ihre bekanntesten Vertreter waren Veblen, Commons und Mitchell. Aus diesem Grund spricht man bei den zum Großteil im 20. Jahrhundert (weiter) entwickelten Theorien auch von der neuen Institutionenökonomik, die im Wesentlichen von Williamson geprägt wird und sich explizit mit der Entstehung von Unternehmen beschäftigt. Vgl. Schanz, G., (1997), S. 640–654, vgl. Reuter, N., (1994), S. 5–23 und Enger, H., Voigt, S., (2002), S. 149 sowie vgl. Kurz, H.D., (1990), S. 16–18.

206 Diese Einteilung ist in der Literatur nicht einheitlich. So unterscheidet North beispielsweise den Transaktionskosten-, den Property-Rights- und den Public-Choice-Ansatz. Vgl. North, D.C., (1986), S. 235.

207 Die neue Institutionenökonomik basiert im Wesentlichen auf den Annahmen der Neoklassik.

208 Vgl. Büschges, G., (1985), S. 7–10 und vgl. Richter, R. (1990), S. 573.

sätzlich vom individuellen Akteur ausgeht.[209] Das Individuum verhält sich entsprechend des methodologischen Individualismus eingeschränkt rational, da es zum einen unvollständig informiert ist und zum anderen opportunistisch agiert.[210] Auch Institutionen, die als normatives Regelsystem zu verstehen sind[211], werden als das Ergebnis der Handlungen und Entscheidungen individueller Akteure verstanden, d. h., dass Aussagen über soziale Sachverhalte letztlich auf Aussagen über Individuen rückführbar sind, da alles Soziale sich aus einzelnen individuellen Bedürfnissen, Motiven und Handlungen ergibt.[212] Geht die Neoklassik allerdings von vollständiger Information und Rationalität der ökonomischen Akteure aus, spielt gerade die Beschränkung der Rationalität aufgrund der unvollkommenen Information in der neuen Institutionenökonomik eine zentrale Rolle, die zu weiteren Analysen führt.[213]

2.3.2.1. Property-Rights-Theorie

Auf Märkten werden Property-Rights (Verfügungsrechte) transferiert, da der Begriff Gut beziehungsweise Dienstleistung nur eine unscharfe Beschreibung des Gegenstandes einer Transaktion ist.[214] Verfügungsrechte sind nicht notwendigerweise an Eigentumsrechte gebunden, Eigentumsrechte wiederum umfassen nicht alle denkbaren Verfügungsrechte.[215] Die Gestaltung und Verteilung der Property-Rights, die als die Gesamtheit der Handlungsoptionen[216] von Individuen, die institutionell, d. h. durch Recht und Gesetz, festgelegt sind, stellen den zentralen Gegenstand der ökonomischen Analyse dar, wobei die Property-Rights in Anlehnung an die Rechtswissenschaft in vier Gruppen von Verfügungsrechten unterteilt werden können:

- das Recht, ein Gut zu nutzen (Usus)
- das Recht, ein Gut hinsichtlich Form und Substanz zu ändern (Abusus)
- das Recht, sich aus dem Gut entstehende Gewinne anzueignen, beziehungsweise die Pflicht, aus dem Gut resultierende Verluste zu übernehmen (Usus Fructus)
- das Recht, ein Gut teilweise oder vollständig zu veräußern (Usus Successiones).[217]

Diese vier Verfügungsrechtstypen oder Kombinationen sind Gegenstand von Markttransaktionen.[218] Hierbei gilt es zu beachten, dass der Wert eines Gutes nicht nur durch dessen physikalische Eigenschaften determiniert wird, sondern darüber

[209] Vgl. Zimmermann, H., Krenzer, M., (2001), S. 266.

[210] Vgl. Richter, R., Furubotn, E., (1996), S. 3 und vgl. Richter, R., Bindseil, U., (1995), S. 133.

[211] Vgl. Richter, R., (1990), S. 572.

[212] Vgl. Picot, A., Dietl, H., Franck, E., (2002), S. 37–39.

[213] Vgl. Richter, R., Bindseil, U., (1995), S. 132–140 und vgl. Erlei, M., (1998), S. 8–19.

[214] Vgl. Riekhof, H.-C., (1984), S. 43–75.

[215] Vgl. Fritsch, M., Wein, T., Ewers, H.-J., (2001), S. 8–10.

[216] Vgl. Leipold, H., (1978), S. 518–519.

[217] Vgl. Fritsch, M., Wein, T., Ewers, H.-J., (2001), S. 9–10.

[218] Vgl. Jost, P.-J., (2001), S. 22-25 und vgl. Picot, A., Schuller, S., (2001), S. 82–85.

hinaus und insbesondere durch die ausübbaren Handlungs- und Verfügungsrechte bestimmt ist.[219] Die Nähe der Theorie zu rechtlichen Fragestellungen impliziert Änderungen der rechtlichen Rahmenbedingungen bei ökonomischen Prozessen.[220] So ist beispielsweise die Voraussetzung für einen Tausch von Property-Rights die Definition eben dieser Rechte, verbunden mit der Möglichkeit ihrer Durchführung.[221] Letztlich bestimmen die Transaktionskosten, die bei der Herausbildung, Zuordnung, Übertragung von Eigentumsrechten entstehen, das Verhalten der ökonomischen Akteure.[222] Aus der Perspektive der Property-Rights-Theorie erfüllen Verträge zwischen Wirtschaftssubjekten die Funktion, Handlungs- und Verfügungsrechte an Gütern zu übertragen, wobei jedoch innerhalb von Organisationen die Handlungs- und Verfügungsrechte durch organisatorische Regelungen zugeordnet werden.[223] Hierfür kann beispielsweise eine Unternehmensverfassung[224], die als konstitutioneller Vertrag Handlungs- und Verfügungsrechte für die hierarchische Bildung derivativer Institutionen bestimmt, die Grundlage bilden.[225] Die Property-Rights-Theorie achtet hierbei darauf, welche Auswirkungen unterschiedliche Formen der Gestaltung und Verteilung von Verfügungsrechten auf das Verhalten ökonomischer Akteure und die Faktorallokation haben und befasst sich mit der Entstehung, der Verteilung und dem Wandel von Verfügungsrechten.[226] Insgesamt wird in der Theorie der Verfügungsrechte der Frage nachgegangen, welche institutionellen Arrangements am Vorteilhaftesten sind; dabei wird im Hinblick auf die Bevorzugung marktlicher oder hierarchischer Transaktionen auf die jeweils niedrigeren Transaktionskosten geachtet.[227]

2.3.2.2. Transaktionskostentheorie

Coase[228] stellte bereits 1937 die Frage, warum in der ökonomischen Realität komplexe hierarchisch strukturierte Unternehmen existieren, wohingegen die neoklassische

---

219 Vgl. Picot, A., Dietl, H., Franck, E., (2002), S. 55–66 und vgl. Coase, R., (1960), S. 43–44 sowie vgl. Alchian, A.A., Demsetz, H., (1972), S. 777–795.

220 Vgl. Posner, R.A., (1977), S. 467–474.

221 Bereits Adam Smith betonte, dass die drohende Hand des Rechts gut sichtbar sein muss, damit die unsichtbare Hand des Marktes auch funktioniert, vgl. Fritsch, M., Wein, T., Ewers, H.-J., (2001), S. 9–10.

222 Vgl. Ganske, T., (1996), S. 105–151.

223 Vgl. Picot, A., Dietl, H., Franck, E., (2002), S. 56.

224 Einen Überblick über Bestimmungsfaktoren, Inhalte und Entwicklungen der Unternehmensverfassungen liefert Macharzina, in: Macharzina, K., (1993), S. 104–148.

225 Beispielsweise wird rechtlich bestimmt, dass der Vorstand einer Aktiengesellschaft die Geschäfte derselben zu führen hat. Jedoch entstehen durch Delegation bestimmter Handlungs- und Verfügungsrechte des Vorstandes interne Organisationen.

226 Vgl. Ebers, M, Grotsch, W., (1999), S. 200–209 und vgl. Riekhof, H.-C., (1984), S. 9–41.

227 Vgl. Schüller, A., (1983), S. VII–XX.

228 Bereits vor Coase führte Commons 1931 den Begriff der Transaktion in die wirtschaftwissenschaftliche Diskussion ein. Versteht Coase unter einer Transaktion primär den Austausch von Gütern, so versteht Commons die Übertragung und den Erwerb von Eigentumsrechten. Vgl. Brand, D., (1990), S. 80–88.

Wirtschaftstheorie von der Überlegenheit der marktlichen Koordination aller Wirtschaftsprozesse ausgeht, und betonte die Bedeutung der Transaktionskosten bei der Leistungserstellung.[229] Basis der Transaktionskostentheorie sind die mannigfaltigen Austauschbeziehungen, die zwischen Akteuren bestehen, wobei als Akteur situativ sowohl ein Individuum als auch eine Organisation verstanden wird. Von zentraler Bedeutung ist die Art und Weise des Tausches, also die Koordination der Wirtschaftssubjekte. Die möglichen Formen dieser wirtschaftlichen Austauschbeziehungen werden durch ein Kontinuum hybrider Kooperationsformen zwischen den beiden Extrema Markt und Hierarchie geprägt.[230]

Allerdings betrachtet die Transaktionskostentheorie heutzutage[231] weniger den Gütertausch als vielmehr die davon zu trennende Übertragung der Verfügungsrechte (vgl. GP 2.3.2.1.) und orientiert sich eher an der von Commons geprägten Sichtweise.[232] Im Rahmen einer solchen Übertragung entstehen für alle Beteiligten Kosten, die als Transaktionskosten bezeichnet werden.[233] Elemente der Transaktionskosten, die nicht nur rein monetär erfassbare Größen[234], sondern auch mitunter schwer quantifizierbare Kosten wie Einsatz, Mühe und Ärger beinhalten, sind:

- Anbahnungskosten,
- Vereinbarungskosten,
- Abwicklungskosten,
- Kontrollkosten und
- Anpassungskosten.[235]

Transaktionskosten werden wiederum durch bestimmte Einflussgrößen definiert, welche in Anlehnung an Williamson in die Verhaltensannahmen, die Umweltfaktoren sowie die Transaktionsatmosphäre unterschieden werden können.[236]

Kernelemente der Verhaltensannahmen sind die begrenzte Rationalität sowie der Opportunismus der Akteure.[237] *Begrenzte Rationalität* bedeutet eine begrenzte rationale Informationsverarbeitung, die primär dadurch bedingt ist, dass die Wirtschaftssubjekte nicht immer über ausreichende Informationen verfügen, um bestmöglich zu handeln, obwohl sie dieses anstreben.[238] Gründe hierfür können zum einen in der begrenzten Informationsverabeitungskapazität[239] des menschlichen Verstandes liegen.

---

[229] Vgl. Coase, R.H., (1937), S. 386–405 und vgl. Riekhof, H.-C., (1984), S. 65–67.

[230] Vgl. Langerfeldt, M., (2002), S. 653 und vgl. Sydow, J., (2001), S. 243–245.

[231] Vgl. Sydow, J., (2001) und Picot, A., Dietl, H., Franck, E., (2002).

[232] Vgl. Tietzel, M., (1981), S. 207–243.

[233] Vgl. Grossmann, S.J., Hart, O.D., (1986), S. 691–719 und vgl. Erlei, M., Jost, P.-J., (2001), S. 38–41.

[234] Vgl. Sauter, (1985), S. 62–63.

[235] Vgl. Picot, A., Dietl, H., (1990), S. 178.

[236] Vgl. Sauter, F., (1985), S. 55.

[237] Vgl. Williamson, O.E., (1990), S. 21–48.

[238] Vgl. Simon, H.A., (1986), S. 210–212.

[239] Vgl. Picot, A., Dietl, H., Franck, E., (2002), S. 70.

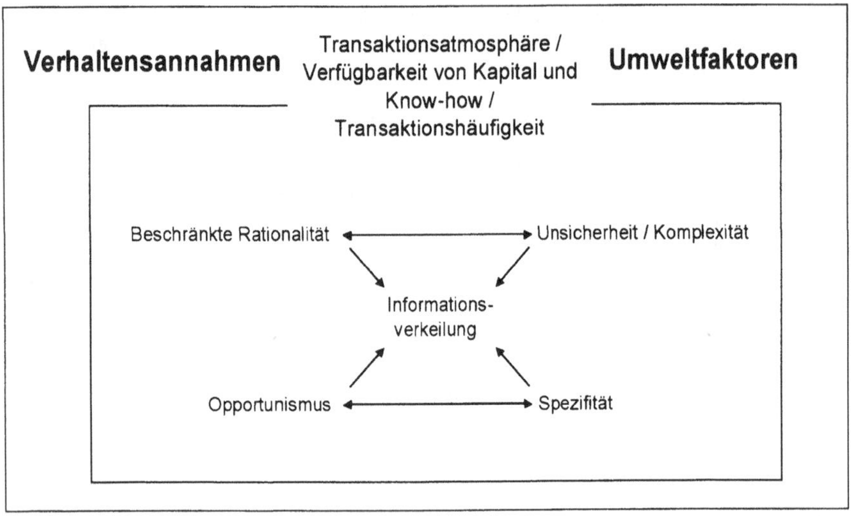

Abb. 10. Einflussgrößen auf die Transaktionskosten[240]

Zum anderen führt tazites (implizites) Wissen auch dazu, dass Know-how nicht ohne weiteres weitergegeben werden kann.[241] So lassen sich gewisse Fähigkeiten und Fertigkeiten weder verbal vermitteln noch beschreiben.[242] Die *Opportunismusannahme* besagt, dass Akteure mitunter ihre eigenen Interessen auch unter Inkaufnahme des Schadens Dritter durchsetzen.

Kernelemente der Umweltfaktoren sind Unsicherheit beziehungsweise Komplexität und Spezifität.[243] *Unsicherheit* eröffnet unvorhersehbare diskretionäre Verhaltensspielräume, da a priori nicht alle möglichen Entwicklungen berücksichtigt werden können.[244] So stellt Unsicherheit ein Maß für die Nichtvorhersehbarkeit und die Anzahl möglicher Änderungen der Leistungsvereinbarungen während einer Transaktion dar.[245] Je größer die Unsicherheit ist, desto größer sind i. d. R. auch die Transaktionskosten, da die Anbahnung, Vereinbarung, Durchführung, Kontrolle und Abwicklung einer Transaktion komplizierter werden.

Die spezielle Widmung der im Rahmen der Transaktion benötigten Ressourcen wird als *Spezifität* bezeichnet.[246] Je größer die Differenz zwischen der beabsichtigten

[240] In Anlehnung an: Picot, A., Dietl, H., Franck, E., (2002), S. 69.

[241] Vgl. Polanyi, M., (1962), S. 174–184 und vgl. Scheuble, S., (1998), S. 21–27.

[242] Franck, E., (1992), S. 641–642.

[243] Hier wird wiederum der Bezug zum Ressourcenansatz deutlich. Denn Leistungen sind immer dann als strategisch zu bewerten, wenn sie einen nachhaltigen Differenzierungsvorteil gegenüber anderen Unternehmen ermöglichen.

[244] Vgl. Erdmann, G., (2001), S. 20–21.

[245] Vgl. Picot, A., Dietl, H., Franck, E., (2002), S. 70.

[246] Vgl. Vogt, J., (1997), S. 23–25.

und der zweitbesten Ressourcenverwendung ist, desto höher ist die Spezifität einer Transaktion.[247] Williamson[248] gliedert die Spezifität in folgende Teilaspekte:

- Site specifity (Investitionen der Transaktionspartner in ortsgebundene Einrichtungen),
- Physical Asset specifity (Investitionen der Transaktionspartner in spezielle Maschinen und Technologien),
- Human Asset specifity (Investitionen der Transaktionspartner in spezifische Mitarbeiterqualifikationen) und
- Dedicated Assets (Investitionen der Transaktionspartner in nichtspezifische Anlagen, die aber nur für die geplante Transaktion erfolgen und bei deren Wegfall Überkapazitäten entstehen).

Die Teilaspekte treten häufig auch in Kombination auf, wobei die Bedeutung der Spezifität durch die strategische Implikation in gewisser Weise relativiert beziehungsweise verstärkt wird.

Als drittes Kernelement neben den Verhaltensannahmen und den Umweltfaktoren hat die Transaktionsatmosphäre einen Einfluss auf die Höhe der Transaktionskosten. Zur Transaktionsatmosphäre zählen beispielsweise Freundschaften, Reputationen beziehungsweise kulturell oder religiös bedingte Werte und Normen, die i. d. R. zu einer Senkung der Transaktionskosten beitragen, da man dem Partner vertraut beziehungsweise das Handeln und Denken des Gegenüber kennt, versteht und zumeist auch respektiert.[249] Die faire Interaktion ist ein Wert an sich, da bei Nichteinhalten irreparable Schäden entstehen können.[250]

Eng mit der Spezifität verbunden ist die Häufigkeit einer Transaktion.[251] Bei hoher spezifischer Vorleistung kann erst eine große Wiederholungshäufigkeit der Austauschvorgänge zur Amortisation führen.[252]

Problematisch ist jedoch, wie Transaktionskosten im Einzelfall operationalisiert und quantifiziert werden können.[253] Unter den von Williamson aufgeführten Teilaspekten der Spezifität besitzt die Humankapitalspezifität besondere Bedeutung für eine transaktionskostentheoretische Betrachtung der Personalplanung und Personalentwicklung in Kreditinstituten.[254] Die transaktionskostentheoretische Behandlung der Problematik spezifischer Investitionen in das Humankapital ist weitgehend identisch mit der Diskussion von Hold-up-Problemen der Principal-Agent-Theorie, wobei die für ein Beschäftigungsverhältnis typischen transaktionsspezifischen Investitionen zu einer Bindung der Transaktionspartner aneinander führen und einen Anreiz

---

[247] Vgl. Klein, B., Crawford, R.G., Alchian, A.A., (1978), S. 298–302.

[248] Vgl. Williamson, O.E., (1989), S. 135–182.

[249] Die Elemente der Transaktionsatmosphäre werden so wiederum zu bedeutenden Unternehmensressourcen.

[250] Vgl. Picot, A., Dietl, H., Franck, E., (2002), S. 73.

[251] Vgl. Wolff, B., (2000), S. 36–41.

[252] Vgl. Hohberger, S., (2001), S. 30.

[253] Vgl. Eigler, J., (1996), S. 46–51.

[254] Vgl. Williamson, O.E., (1993), S. 13–14.

zur Einhaltung impliziter und informaler vertraglicher Vereinbarungen zwischen Bank und Mitarbeiter darstellen können.[255]

2.3.2.3. Principal-Agent-Theorie

Die Principal-Agent-Theorie[256] kann als Spezifizierung der Transaktionskostentheorie aufgefasst werden.[257] Während die Transaktionskostentheorie Leistungsbeziehungen zwischen ökonomischen Akteuren aus einer generellen Sichtweise betrachtet, spezifiziert die Principal-Agent-Theorie die von ihr untersuchten Leistungsbeziehungen als Auftraggeber-Auftragnehmer-Beziehungen.[258]

Grundlegend für das Bestehen einer Principal-Agent-Beziehung ist, dass Handlungen des Auftragnehmers (Agent) das Nutzenniveau des Auftraggebers (Principal) beeinflussen und dass der Agent diskretionäre Verhaltensspielräume opportunistisch nutzen kann.[259] Diese Verhaltensspielräume entstehen, da vollkommene Informationen über das Handeln der Agenten nicht vorliegen beziehungsweise der Agent nicht vollständig kontrolliert werden kann. Die unvollständig und ungleich verteilte Information führt in der Realität zu so genannten Second-Best-Lösungen, da First-Best-Lösungen nur in der Theorie bei vollständiger und kostenloser Information vorliegen. Die Differenz zwischen First-Best- und Second-Best-Lösungen wird als Agency-Kosten bezeichnet. Diese Agency-Kosten[260] können unterteilt werden in

- die Signalisierungskosten des Agenten,
- die Kontrollkosten des Principals und
- den verbleibenden Wohlfahrtsverlust.

---

[255] Vgl. Schrüfer, K., (1988), S. 160 und vgl. Gabele, E., Kretschmar, H., (1986), S. 54–55.

[256] Wirtschaftswissenschaftliche Definitionen der Principal-Agent-Theorie liegen in einem breiten Spektrum und reichen von „whenever on individual depends on the action of another, an agency relationship arises", Pratt, J.W., Zeckhauser, R.J., (1985), S. 2 bis zu „wird hier als Principal-Agent-Beziehung [...] die vertragliche Beziehung zwischen zwei Personen (einem Auftraggeber und einem Beauftragten) verstanden, bei der der Beauftragte gegen einen Entlohnungsanspruch die Verpflichtung zur Erfüllung einer Dienstpflicht für den Auftraggeber eingeht," Meinhövel, H., (2004), S. 470–471. Im Rahmen dieser Arbeit wird der zweiten enger gefassten Definition gefolgt, da Mitarbeiter in Kreditinstituten konkrete Arbeitsverträge mit ihren Arbeitgebern abgeschlossen haben. Denn der Definitionsbestandteil der vertraglichen Beziehung betont die Notwendigkeit einer Übereinkunft zwischen den Beteiligten, so dass z.B. externe Effekte außerhalb einer bilateralen Markt- oder Vertragsbeziehung nach dieser Definition nicht als Principal-Agent-Phänomen erfasst werden. Vgl. Meinhövel, H., (2004), S. 471.

[257] Vgl. Jensen, M.C., Meckling, W.H., (1976), S. 305–360. Für einen generellen Überblick vgl. Meinhövel, H., (2004), S. 470–475.

[258] Vgl. Picot, A., Dietl, H., Franck, E., (1999), S. 85.

[259] Aufgrund mannigfaltiger Beziehungen kann ein- und derselbe Akteur Principal und Agent sein.

[260] Vgl. Jensen, M.C., Meckling, W.H., (1976), S. 305–360.

Zu den Signalisierungskosten des Agenten zählen beispielsweise alle Anstrengungen, die dieser unternimmt, um Informationsasymmetrien zwischen ihm und dem Principal zu verringern.[261] Die Initiative geht vom Agenten aus. Er trägt die Signalisierungskosten, obschon die Informationsasymmetrien zu seinen Gunsten bestehen. Jedoch muss auch der Agent bei Vorliegen zu hoher Asymmetrien ein Versagen des Marktes und ein Nichtzustandekommen der Beziehung zum Principal fürchten.[262]

Bei den Kontrollkosten des Principals geht hingegen die Initiative vom Principal aus, da sie all jene Anstrengungen bezeichnen, die der Principal auf sich nimmt, um seinen Informationsnachteil gegenüber dem Agenten zu minimieren. Trotz aller Bemühungen seitens der Akteure, Informationsasymmetrien zu verringern, entstehen jedoch zumeist Wohlfahrtsverluste, da selten eine optimale Allokation erreicht wird. Die Informationsasymmetrie kann in die drei Grundtypen Hidden characteristics, Hidden action beziehungsweise Hidden information und Hidden intention unterschieden werden.[263]

Bei *Hidden characteristics* kennt der Principal (negative) Eigenschaften des Agenten beziehungsweise der vom Agenten bereitgestellten Leistung nicht von vornherein, sondern erfährt diese erst ex post, so dass es unter Umständen zum Problem der adversen Selektion kommen kann.[264] Die Gefahr der adversen Selektion, sprich die Gefahr der Wahl unerwünschter Vertragspartner, lässt sich vor Vertragsabschluss durch Signalling, Screening und Self Selection verringern. Beim Signalling versucht der Agent den Principal von seiner Leistungsfähigkeit zu überzeugen. Hier geht die Aktion vom Agenten aus. Dagegen versucht sich der Principal beim Screening bereits im Vertragsvorfeld ein genaues Bild vom Agenten zu machen.[265] Im Rahmen der Self selection ist der Principal bemüht, einen gepoolten Markt aufzuspalten, da in diesem unterschiedliche Verhaltensmerkmale a priori nicht sichtbar sind.[266]

Hidden action beziehungsweise *Hidden information* entwickeln sich im Verlauf einer Principal-Agent-Beziehung.[267] Ist es dem Principal nicht möglich, alle Handlungen seines Agenten kontrollieren, so liegt Hidden action vor. Kann der Principal zwar die Handlungen des Agenten beobachten, sie aber nicht beurteilen, so wird von Hidden information gesprochen, da dem Agenten spezifische Kontextinformationen zur Bewertung fehlen. Die opportunistische Nutzung der durch Hidden action respektive Hidden information entstehenden Informationsasymmetrie vom Agenten wird als Moral hazard bezeichnet. Je größer der Verhaltensspielraum des Agenten ist, desto größer ist gleichzeitig die Gefahr des Moral hazard. Allerdings ist der Principal durch Monitoring-Aktivitäten in der Lage, die Verhaltensspielräume des Agenten einzugrenzen.

---

[261] Vgl. Neuberger, D., (1998), S. 11.

[262] Vgl. Akerlof, G.A., (1970), S. 490–492.

[263] Vgl. Spremann, K., (1990), S. 561–586.

[264] Vgl. Akerlof, G.A., (1970), S. 493 und vgl. Arrow, K.J., (1985), S. 40–45.

[265] Vgl. Spremann, K., (1989), S. 30–35.

[266] Vgl. Picot, A., Dietl, H., Franck, E., (2002), S. 93–95.

[267] Vgl. Franck, E., Bagschik, T., Opitz, C., (1997), S. 209.

Im Gegensatz zu Hidden action beziehungsweise Hidden information spricht man von *Hidden intention*, wenn der Principal das opportunistische Verhalten seines Agenten zwar erkennen jedoch nicht verhindern kann. Hidden intention wird dann zum Problem, wenn der Principal irreversible Investitionen getätigt hat und aufgrund dessen in ein Abhängigkeitsverhältnis zum Agenten gerät. Diese mit den irreversiblen Investitionen verbundenen Kosten werden auch als Sunk Costs bezeichnet. Da sich bei Vorliegen von Hidden intention dem Principal erst ex post die Absichten des Agenten offenbaren, ihm jedoch Sanktionsmöglichkeiten fehlen, um den Agenten zu loyalem Verhalten zu bewegen, führt das opportunistische Verhalten des Agenten zu einem Hold up.[268]

Neben der Kontrolle des Agenten zur Einschränkung von Informationsasymmetrien und diskretionären Verhaltensspielräumen stellt auch die Angleichung der Interessen von Principal und Agent eine Lösungsmöglichkeit für Moral hazard und Hold up dar. Damit ist es möglich, opportunistisches Verhalten zu vermindern, weil sich annähernde Interessen in der Regel zu weniger schädigendem Verhalten führen. Insbesondere dient der Auswahlprozess bereits im Vorfeld einer Principal-Agent-Beziehung (z. B. ein Bewerbungsgespräch) dem Abgleich der Annäherung der Interessen.[269]

Die neoinstitutionalistischen Ansätze stellen eine einheitliche und allgemeine Theoriekonstruktion dar, die für Untersuchungen der Personalplanung und Personalentwicklung in Kreditinstituten wertvolle Hilfeleistungen liefern können. Auch wenn Transaktionskosten in den seltensten Fällen exakt quantifizierbar sind, so können doch relative Vorteilhaftigkeitsvergleiche gezogen werden, die im weiteren Verlauf dieser Arbeit zu normativen Aussagen führen werden. Darüber hinaus wird insbesondere die Principal-Agent-Theorie Ansätze für die Personalarbeit in Sparkassen liefern.

2.4. Konsequenzen für den weiteren Verlauf

Raumzeitlich uneingeschränkt gültige Hypothesen für die Personalwirtschaft können und werden in der Personalwirtschaftslehre nicht existieren, da die jeweiligen Erfahrungsobjekte solcher Hypothesen respektive Theorien einer zu raschen Veränderung unterliegen.[270] Dennoch ist es auch Ziel dieser Arbeit, Bedingungen und Alternativen des Einsatzes von Personal in Kreditinstituten unter Berücksichtigung einiger Theoriebausteine darzulegen. Deshalb wurden und werden ausschließlich Realtheorien verwendet, die Aussagen über die Wirklichkeit der Welt geben, indem sie diese partiell erklären und aus der Erklärung der Welt Empfehlungen zu deren Gestaltung geben.[271]

[268] Vgl. Erlei, M., (2001), S. 257–265.

[269] Vgl. Stummer, F., (2002), S. 50–52.

[270] Vgl. Drumm, H.J., (2000), S. 1.

[271] Im Gegensatz zu Realtheorien machen Idealtheorien Aussagen über einen Sachverhalt, der nicht Bestandteil der Wirklichkeit der Welt ist. Idealtheorien haben für die Personalwirtschaft keine Bedeutung. Vgl. Drumm, H.J., (2000), S. 12.

Bisher wurden im Rahmen des zweiten Kapitels zentrale Begriffe und Realtheorien der Arbeit in ihren Grundzügen erläutert. Eine tiefer gehende Betrachtung beziehungsweise Verknüpfung der Begriffe und Theorien mit der Personalentwicklung in Kreditinstituten blieb bisher größtenteils unberücksichtigt. Aus diesem Grund werden im vorliegenden Abschnitt einige Konsequenzen für den weiteren Verlauf der Arbeit skizziert. Eine intensivere Betrachtung, vor allem im Hinblick auf Handlungsempfehlungen, erfolgt ab dem Kapitel 4.

Da die Humanressourcen die entscheidenden Potenziale für die Wettbewerbsfähigkeit von Banken sind, muss es Kreditinstituten gelingen, diese Potenziale zu erschließen, in Markt- und Wettbewerbsvorteile zu bündeln, um somit nachhaltige Wettbewerbsvorteile zu erzielen. Im Rahmen des ressourcenorientierten Ansatzes wird Personal als Quelle nachhaltiger Wettbewerbsvorteile verstanden, die nicht nur aus den Besitzrechten an den Ressourcen, sondern ganz besonders aus der Beschaffung und ihrer spezifischen Nutzung herrührt.[272] Verfügten alle Banken und Sparkassen über in ihrer Struktur gleich qualifiziertes Personal, so würde dies zunächst keinen Wettbewerbsvorteil darstellen. Gelänge es jedoch einem Kreditinstitut, das spezifische Humankapital optimal zu allokieren, so könnte dies zu einem Wettbewerbsvorteil führen. Ähnliches gilt für Szenarien, in denen höher qualifizierte Mitarbeiter für ein Institut gewonnen und hier gleichzeitig optimal eingesetzt werden könnten. Diese höherqualifizierten Mitarbeiter wären beispielsweise in der bankbetrieblichen Leistungserstellung[273] einsetzbar.

Das Leistungsangebot im deutschen Bankenmarkt ist zum Großteil sehr homogen und Produkte können schnell kopiert werden. Dennoch gelingt es einigen Instituten immer wieder, innovative Leistungen zu entwickeln. Aufgrund der Tendenz in der deutschen Bankenlandschaft, Vertrieb und Produktion von Bankleistungen stärker zu trennen, kann dies beispielsweise in den produzierenden Banken zu einem Wettbewerbsvorteil führen. Auch wenn entsprechende Produkte in der Regel schnell kopiert werden können, ist das Kreditinstitut aufgrund der vorhandenen Kernkompetenzen in der Lage, Standards zu setzen, Image zu gewinnen und somit Wettbewerbsvorteile zu generieren.

Desgleichen können Kreditinstitute auf der Absatzseite durch optimales Eingehen auf die Kundenwünsche Vorteile erzielen. Die Beispiele verdeutlichen, dass zum einen Personal zur Erzielung nachhaltiger Wettbewerbsvorteile in der Theoriebildung als eigenständige Ressource aufgefasst werden und dass zum anderen die Personalentwicklung eine wichtige Rolle in diesem Kontext einnehmen kann.[274] Aufgrund dessen widmet sich Kapitel 5 einer antizipativen Personalentwicklung, die es Sparkassen ermöglichen soll, über spezifische Ressourcen zu verfügen. Sowohl Faktortheorie als auch die Ressourcenperspektive haben die betriebliche Leistungserstellung im Blick. Zwar liegt der Ressourcenperspektive eine eher längerfristige Be-

---

[272] Vgl. Ridder, H.-G., Conrad, P., Schirmer, F., Bruns, H.-J., (2001), S. 25–75.

[273] Im weiteren Verlauf dieser Arbeit werden die Termini Leistung und Produkt synonym verwendet.

[274] Vgl. Dyer, L., Reeves, T., (1995), S. 656–670 und vgl. Lado, A.A., Wilson, M.C., (1994), S. 699–727.

trachtungsweise zugrunde, doch sollte sie, so weit wie möglich, auf die in der Faktortheorie übliche Beharrung weitgehender Quantifizierungen setzen, um die Durchführung und Kontrolle von Strategien zu unterstützen, denn nur bei quantifizierten Zielen kann ein Zielerreichungsgrad gemessen werden.[275] Hierauf wird insbesondere im GP 5.4. verwiesen.

Insbesondere spezifische Ressourcen verbinden die ressourcenorientierte mit der institutionenökonomischen Sichtweise.[276] So verdeutlicht beispielsweise die Property-Rights-Theorie die Delegation von Verfügungsrechten im Rahmen einer arbeitsteiligen Verfolgung der Ziele einer Bank. Hintergrund ist, dass der Eigentümer einer deutschen Bank in keinem Fall die Unternehmensziele erreichen kann, da er zum einen (meistens) aufsichtsrechtlich dazu gezwungen ist, zum anderen es darüber hinaus in der Praxis auch nicht möglich ist, da Verfügungsrechte an das Personal delegiert werden müssen.[277] Deshalb lautet die allgemeine Organisationsempfehlung der Property-Rights-Theorie, dass Handlungs- und Verfügungsrechte in der Weise zu verteilen sind, dass möglichst vollständige Rechtebündel mit der Nutzung ökonomischer Ressourcen verbunden und dem Handelnden dort zugeordnet sind, wo immer die Transaktionskosten dieses erlauben.[278] Dies bedeutet u. a. für Sparkassen, dass Mitarbeiter mit den zur Lösung ihrer Aufgabe notwendigen Entscheidungsrechten auszustatten sind und sie direkt an den Folgen ihrer Entscheidungen beispielsweise durch Boni oder Mali beteiligt werden sollen. Neben der Reduzierung der Transaktionskosten, die mit der fallweisen Übertragung von Verfügungsrechten bei weisungsorientierten, hierarchischen Koordinationsformen verbunden sind, wird ein Impuls zu selbstverantwortlichem und effizientem Handeln gegeben.[279] Jedoch beschränkt sich eine Konzentration der Property-Rights in den seltensten Fällen auf die Ebene eines Arbeitsplatzes. Der Trend der Divisionalisierung von Banken mit relativ unabhängigen Organisationen (Module[280]) führt zu einer Übertragung der Property-Rights auf die jeweiligen Organisationen, ganz besonders im Hinblick auf die Nutzung der zur Verfügung gestellten Ressourcen.

An dieser Stelle knüpft ebenfalls die Transaktionskostentheorie an, die sich neben der Delegation auch auf die Frage der richtigen Arbeitsteilung und Spezialisierung unternehmensübergreifend wie auch unternehmensintern in einer Bank anwenden lässt.[281] Dies gilt gerade zu Zeiten, in denen bankinterne Profitcenter in Konkurrenz zu anderen Unternehmen stehen und sich die Frage stellt, wie Leistungen auf aggregierter Bankebene bestmöglich (= transaktionskostenneutral) ausgetauscht werden können.

Die Arbeitsteilung verursacht mindestens drei verschiedene Formen an Transaktionskosten im Bankenbereich. Zum einen zählen hier alle personalwirtschaft-

---

275 Vgl. Steven, M., Behrens, S., (2000), S. 459.

276 Vgl. Burr, W., (2004), S. 451–454.

277 Vgl. Drumm, H.J., (2000), S. 14–19.

278 Vgl. Picot, A., Dietl, H., Franck, E., (1999), S. 55–66.

279 Vgl. Picot, A., Reichwald, R., Wigand, R.T., (2001), S. 227–286.

280 Vgl. Franck, E., Jungwirth, C., (2001), S. 284–289.

281 Vgl. Eigler, J., (2001), S. 338–340.

lichen und organisatorischen Maßnahmen zur Vertragsabsicherung, wie beispielsweise die Auswahl der Vertragstypen (Arbeitsvertrag bei interner und Werkvertrag bei externer Leistungserstellung), die auch als Transaktionskosten der ersten Ebene bezeichnet werden.[282] Hierauf wird im GP 4.1.3. eingegangen. Zum anderen gehören dazu auch die Transaktions-kosten der zweiten Ebene. Diese werden u. a. durch die Vorbereitung und Kontrolle einzelner personalwirtschaftlicher Maßnahmen wie beispielsweise der Personalentwicklung verursacht, da diese die Mitarbeiterqualifikation halten beziehungsweise steigern und somit eine Arbeitsvertragserfüllung gewährleisten sollen (vgl. GP 4.2.).[283] Als Transaktionskosten der dritten Ebene werden all jene Kosten bezeichnet, die bereits im Vorfeld eines Vertrages entstehen, da die Transaktionskosten der ersten und zweiten Ebene erst nach Vertragsabschluss anfallen. Hierzu zählen insbesondere die Personalbeschaffungskosten (vgl. GP 4.1.).

Das Beispiel der Personalbeschaffung demonstriert, wie nahe die drei im Rahmen dieser Arbeit verwendeten institutionenökonomischen Theorien miteinander verwandt sind. Personalbeschaffungskosten sind gleichzeitig typische Transaktionskosten der Principal-Agent-Theorie, die ebenso als Agency-Kosten bezeichnet werden.[284] Selbige setzen sich aus den Signalisierungskosten des Agenten, den Kontrollkosten des Principals, den Kosten zur Angleichung der Ziele beziehungsweise Interessen und dem verbleibenden Wohlfahrtsverlust zusammen.[285]

Beispielsweise zählen zu den Signalisierungskosten des Agenten seine Anstrengungen zur Reduktion der Informationsasymmetrie. So wird ein Bewerber im Rekrutierungsverfahren dem Principal seine Arbeits- beziehungsweise (Hoch)schulzeugnisse vorlegen, um ihn von sich zu überzeugen (Signalling). Die Bank als Principal wird in Ergänzung dessen beispielsweise ein Assessment Center durchführen, um sich zwischen verschiedenen Bewerbern zu entscheiden (Screening).[286] Kommt es trotz dieser Aktivitäten zu einer suboptimalen Stellenbesetzung, so entstehen als dritte Agency-Kostenart Wohlfahrtsverluste, weil die Bank nicht alle Eigenschaften eines Bewerbers vor Vertragsabschluss kennen kann. Dies führt gegebenenfalls zur adversen Selektion. Neben Screening und Signalling versucht der Principal zusätzlich durch Self Selection einen gepoolten Markt aufzuspalten, indem er beispielsweise bewusst Absolventen unterschiedlicher Hochschulen einstellt beziehungsweise für Führungspositionen eigene Mitarbeiter und neue Mitarbeiter auswählt.[287] Diese Thematik wird im GP 4.1.1. behandelt.

Verhält sich ein Bankmitarbeiter nach Einstellung opportunistisch, indem er beispielsweise die geforderten Leistungen nicht erbringt, da sein Vorgesetzter nicht in der Lage ist, ihn permanent zu beobachten, kommt es zum Problem des Moral hazard, jener negativen Ausnutzung diskretionärer Entscheidungsräume, die durch

---

282 Vgl. Eigler, J., (1996), S. 91–95.

283 Vgl. Drumm, H.J., (2000), S. 19–24.

284 Vgl. Burr, W., (2004), S. 451–454.

285 Vgl. Abschnitt 2.4.3.

286 Vgl. Kreps, D.M., (1990), S. 651.

287 Vgl. Barnard, C.I., (1968), S. 235–257.

Hidden action entstehen kann. Kann die Bank als Principal das opportunistische Verhalten des Agenten zwar erkennen aber nicht verhindern, so kommt es zu Hidden intention. Die Bank hat irreversible Investitionen in einen Mitarbeiter getätigt und gerät in ein Abhängigkeitsverhältnis, was als Hold up bezeichnet wird. So kann beispielsweise ein Mitarbeiter, der über spezifisches Wissen verfügt, die Bank bei Erhalt eines wichtigen Auftrages erpressen, indem er eine höhere Provision verlangt. Der Bank fehlen in diesem Augenblick die Alternativen, sie wird erpressbar.

Informations-asymmetrie / Kriterium	Hidden Characteristics	Hidden Action/ Hidden Information	Hidden Intention
Informations-problem der Bank (Principal)	Leistungsvermögen eines neuen Mitarbeiters ist unbekannt	Arbeitsleistung eines Mitarbeiters ist nicht beobachtbar beziehungsweise nicht beurteilbar	Absichten des Mitarbeiters sind unbekannt
Problemursache	Möglichkeit des Vertuschens von negativen Eigenschaften des Mitarbeiters	Mangelnde Überwachungs-möglichkeiten	Abhängigkeit vom Mitarbeiter
Verhaltensspielraum des Mitarbeiters (Agent)	Vor Vertrags-abschluss	Nach Vertrags-abschluss	Nach Vertrags-abschluss
Problem	Adverse Selektion	Moral hazard	Hold up
Art der Problem-bewältigung	Beseitigung der Informations-asymmetrie durch Signaling/ Screening und Interessenangleichung	Beseitigung der Informations-asymmetrie durch Monitoring und Interessen-angleichung	Reduzierung durch Interessen-angleichung
Beispielhafte Möglichkeiten der Problembegrenzung	Zeugnisse und Bewerbungs-auswahlverfahren	Berichtswesen und variable Vergütung	Variable Vergütung und Beteiligung am Unternehmen

Abb. 11. Mögliche Gestaltungsempfehlung der Principal-Agent-Theorie

Personalwirtschaftliche Elemente sollten jedoch nicht nur ressourcen- und neoinstitutionenökonomisch betrachtet werden, sondern ebenfalls dort, wo es sich anbietet, auch faktortheoretisch analysiert werden. Da es kein in sich geschlossenes Theoriegebilde in der Personalwirtschaft gibt, ist es sinnvoll, vorhandene betriebswirtschaftliche Theorien dort zu verwenden, wo sie Erklärungsbeiträge liefern können.[288]

Interessiert im Gutenbergschen Faktorsystem der Mensch als Produktionsfaktor und nicht als Individuum, so ist im Deppe-Konzept eine partielle Öffnung zu verhaltenswissenschaftlichen Aspekten auszumachen. Bereits Gutenberg hat festgestellt, dass zwar Funktionen in die Unternehmen gerufen werden, jedoch Menschen kommen, und dass die Problematik der Unterscheidung von Mensch und Funktion nicht ohne weiteres lösbar ist.[289] Allerdings besitzt jede Unternehmung und damit auch jede Bank mehr als nur eine Produktionsfunktion. Gerade bei Deppe wird innerhalb des TOB auf die soziale Sphäre als Input der bankbetrieblichen Leistungserstellung verwiesen. So hat das Gewicht des autonomen Leistungsbereiches des TOB ständig zugenommen und wird weiterhin zunehmen, da es ein Element der Ertragssteigerung darstellt.[290] Nicht nur im Hinblick auf die Arbeitgeberfähigkeit von Banken (jener Fähigkeit, dass ein Kreditinstitut respektive die Bankleitung als Arbeitgeber akzeptiert wird) kommt der sozialen Sphäre eine große Bedeutung zu. Eine antizipative Personalentwicklung ist nichts anderes als die Stärkung des Leistungserstellungsfaktors TOB, da auf den Bankmitarbeiter nicht nur (im Gutenbergschen Sinne) die Kriterien eines produktiven Wirtschaftsgutes zutreffen – „knapp, mit einem Preis versehen und Nutzen stiftend",[291] sondern in ihm ein „soziales Wesen"[292] im Betrieb gesehen wird.

Als eine Art Klammer zwischen den faktortheoretischen und neoinstitutionellen Sichtweisen kann insbesondere das Verhalten der Mitarbeiter unter der Prämisse des eigennützigen Handelns der Beschäftigten gesehen werden. Steht bei geschäftspolitischen Dispositionen über den Faktoreinsatz im Bankbetrieb das Wirtschaftlichkeitsprinzip im Vordergrund, so nimmt bei der geschäftspolitischen Steuerung und Kontrolle des Mitarbeitereinsatzes die Sicherung von Leistungsfähigkeit und Leistungsbereitschaft die erste Stelle ein.[293] Letztlich gilt auch hier das „Wirtschaftsprinzip", allerdings kann das Verhalten der Mitarbeiter im Leistungserstellungsprozess nicht durch direkte Funktionalzusammenhänge im mathematischen Sinne erfasst werden. Jedoch können qualitative Aussagen getroffen werden, die sich unter bestimmten Annahmen wiederum quantifizieren lassen. Der Faktor Arbeit wird hierbei aus der humanen Sicht gesehen, d.h. der Mitarbeiter im Bankbetrieb ist mehr als ein Wesen, das seine Arbeitskraft zur Verfügung stellt. Für den Humanfaktor Arbeit gilt deshalb im weiteren Verlauf, dass er unabdingbar an Personen gebunden und nicht vollständig substituierbar ist.[294]

All dies soll im Rahmen des Strukturwandels dargestellt werden, denn ohne eine Wertung der verschiedenen Theorien vorzunehmen, leisten sowohl Zyklentheorien

---

288 Vgl. Drumm, H.J., (2000), S. 1–5.

289 Vgl. Ridder, H.-G., (1996), S. 317–339.

290 Hierauf wies Manfred Pomian bereits 1978 hin. Vgl. Pomian, M., (1978), S. 477–494.

291 Mag, W., (1975), Sp. 1882–1894.

292 Karbach, R., (1986), S. 87–93.

293 Vgl. Gebauer, H., (1991), S. 165–214.

294 Vgl. Gaugler, E., (1975), Sp. 2956–2966.

als auch Stadien- respektive Sektorentheorien eine Erfassung intersektoraler Strukturwandlungen. Der zumeist stetig verlaufende Wandel bedarf einer Einordnung, um ihn sichtbar zu machen, und die genannten Theorien stellen hierbei eine Möglichkeit dar. Da konjunkturelles Wachstum in der Regel notwendig für den Strukturwandel und Strukturwandel wiederum notwendig für konjunkturelles Wachstum ist, bedingen sie sich gegenseitig.[295] Sie sind somit zwei Seiten ein- und derselben Medaille, wobei persönliche Präferenzverschiebungen der Individuen eine starke Wirkung auf konjunkturelle Entwicklungen ausüben. Insofern könnte, um den Wandel auch auf Individualebene aufzuzeigen, die hoch aggregierte homogene Betrachtungsweise des Strukturwandels um eine mikroökonomische Betrachtungsweise erweitert werden.[296]

Auch wenn die Drei-Sektoren-Hypothese intrasektoralen Strukturwandel unberücksichtigt lässt, hilft diese Theorie im Rahmen dieser Arbeit, den Bankenbereich dem tertiären, dem Dienstleistungssektor, zuzuordnen.[297] So zeigt beispielsweise Pasinetti unter Zuhilfenahme der Sektorentheorie die große Bedeutung der Qualifizierung und der Mobilität auf. Gerade der erstgenannte Aspekt wird im weiteren Verlauf der Arbeit besonders berücksichtigt werden (vgl. GP 4.2.2.).[298]

[295] Vgl. Nowack, M., (1994), S. 41–42.

[296] Vgl. Nolte, B., Nolting, R., Stummer, F., (2003), S. 298.

[297] Vgl. Fisher, A., (1939), S. 24–38 und Fourastié, J., (1969), S. 124–127.

[298] Vgl. Pasinetti, L., (1981), S. 226–229.

3. Charakterisierung und Darstellung ausgewählter Facetten des Strukturwandels und deren Auswirkungen auf das Kreditgewerbe

Finanzintermediäre sind Organisationen, die sich im institutionellen Wandel befinden. Hierbei nehmen Banken bei der Evolution des deutschen Finanzsystems eine Doppelrolle ein: Zum einen müssen sie auf Veränderungen ihrer institutionellen Umwelt reagieren, zum anderen prägen sie mit ihrer Existenz und ihrem Verhalten eben diese sie umgebenden Rahmenbedingungen.[299] Zu den generellen Wettbewerbsparametern zur Generierung von Wettbewerbsvorteilen gehören hierbei Fähigkeiten und Strategien sowie deren Koordination.[300] Die so genannte evolutorische Effizienz einer Bank, also ihre Kraft und Überlebensfähigkeit im Wettbewerb, ergibt sich aus der Kombination dieser drei Elemente.[301] Ob sich ein Kreditinstitut im Wettbewerb behaupten kann, hängt deshalb entscheidend davon ab, ob es eine passende Kombination dieser drei Faktoren findet.[302] Von zentraler Bedeutung ist in diesem Zusammenhang die Interdependenz der Wettbewerbsparameter zu den Ressourcen einer Unternehmung. Diese finden insbesondere im ressourcenorientierten Ansatz Widerhall, der wiederum die Wichtigkeit des Faktors Personal betont.[303] Denn ohne qualifizierte und motivierte Mitarbeiter werden Kreditinstitute die gegenwärtigen strukturellen Umwälzungen nicht bewältigen können, da der Wettbewerb Organisationen zwingt, in ihr Humankapital zu investieren.[304]

Im GP 2.1. wurden Strukturwandlungen allgemein als dauerhafte Veränderungen gekennzeichnet, die entweder plötzlich oder stetig vor sich gehen und deren Trend stabil ist. In Erweiterung dessen werden in diesem Kapitel einige Elemente des gegenwärtigen Strukturwandels konkretisiert und ihre Implikationen für das Kreditgewerbe unter besonderer Berücksichtigung der Sparkassen aufgezeigt. Aufgrund der mannigfaltigen Ausprägungen erfolgt eine selektive Darstellung jener Wandlungen, die für Banken von besonderer Bedeutung sind. Diese Entwicklungen oder auch Trends sind dadurch charakterisiert, dass sie zum einen Gegenstand gesellschaftspolitischer Diskussion sind und zum anderen im Mittelpunkt zahlreicher bankspezifischer Diskurse stehen. Da häufig fast jeder Trend einen Gegen-Trend impliziert, werden denkbare Entwicklungen nur insoweit berücksichtigt, als dass lediglich klar sichtbare Entwicklungen beschrieben werden, die in ihrer Struktur irreversibel er-

---

[299] Vgl. Polster, D., (2001), S. 227–228.

[300] Vgl. North, D., (1990), S. 5.

[301] Vgl. Polster, D., (2001), S. 228.

[302] Vgl. Nelson, R.R., (1991), S. 91.

[303] Vgl. GP 2.3.1.3.

[304] Vgl. Polster, D., (2001), S. 19.

scheinen.[305] Des Weiteren erfolgt primär eine Darstellung von Hauptströmen, die deutschlandweit Gültigkeit besitzen.[306]

Grundlegend für all diese noch zu beschreibenden Entwicklungen ist, dass sie vor dem Hintergrund der Globalisierung stattfinden.[307] Die Globalisierung ist gleichsam Motor wie auch Folge der strukturellen Änderungen. Jedoch ist der Begriff der Globalisierung nicht einheitlich definiert.[308] Zumeist wird unter ihm ein Prozess fortschreitender weltwirtschaftlicher Integration verstanden, der insbesondere durch ein hohes Maß internationaler Handels- und Kapitalströme sowie durch rapiden technologischen Wandel gekennzeichnet ist.[309] Friedman versteht unter diesem Terminus dagegen die Freiheit aller Individuen, sich auf der ganzen Welt nach Belieben zu bewegen und zu interagieren, ohne dass sie eine höhere Instanz davon abhält oder einschränkt, und berücksichtigt hierbei explizit den Menschen.[310] Es ist offensichtlich, dass Globalisierung keinen Istzustand, sondern einen Prozess bezeichnet, der zunächst von der Einsicht geprägt war, dass Staaten, die sich wirtschaftlich nicht abschließen, sondern in einen offenen Austausch mit anderen Volkswirtschaften treten, davon profitieren und Wohlstandsgewinne erzielen.[311] Mit Bezug auf die erstgenannte Definition und die Aussage Friedmans sowie einer zusätzlichen Anlehnung[312] an die OECD (Organization for Economic Cooperation and Development) soll in dieser Arbeit Globalisierung einen Prozess bezeichnen, durch den Märkte und Produktion in verschiedenen Ländern zunehmend miteinander verzahnt werden – dank der Dynamik des Handels mit Gütern und Dienstleistungen und durch die Bewegungen von Menschen, Kapital und Technologie.

Insofern gehören die Begriffe Globalisierung und Strukturwandel unzweifelhaft zusammen, sind jedoch nicht deckungsgleich. Bezeichnet Strukturwandel einen Prozess struktureller Änderungen, so beinhaltet die Globalisierung bereits das Ergebnis dieses Prozesses, jedoch mit der Folge auf weitere strukturelle Änderungen auszustrahlen und diese zu beeinflussen.

---

[305] Vgl. Korte, K.-R., Weidenfeld, W., (2001), S. 8. Aufgrund ihrer Irreversibilität werden die beschriebenen Entwicklungen auch dem entscheidenden Kriterium des Strukturwandelbegriffs gerecht. Vgl. GP 2.1.1.

[306] Aus diesem Grund wird auf eine tiefergehende Diskussion, wie beispielsweise Unterschiede zwischen Ost- und Westdeutschland, in diesem Kapitel verzichtet.

[307] Vgl. von Weizsäcker, E.U., (2001), S. 2–3 und vgl. Koch, E., (2000), S. 17–23.

[308] Nach Humbert werden mit dem Begriff Globalisierung aus einem Mangel an besseren theoretischen Konzepten bislang unverstandene Prozesse bezeichnet. Er wird soziologisch, kulturell, politologisch und ökonomisch verwendet. Vgl. Humbert, M., (1995), S. 5 und vgl. BdB, (2003a), S. 5–7.

[309] Vgl. Klau, A., (1999), S. 1.

[310] Vgl. Horn, K., (2001), S. 23.

[311] Vgl. von Plate, B., (2000), S. 3.

[312] Vgl. von Plate, B., (2000), S. 3.

3.1. Grundzüge struktureller Änderungen

Fourastiés Drei-Sektoren-Theorie[313] des sozioökonomischen Wandels beschreibt und erklärt grundlegende langfristige Veränderungen in Wirtschaft und Gesellschaft, wobei die Schwerpunktverlagerung zum tertiären Sektor wichtige Veränderungen der Sozialstruktur und der Lebens- und Arbeitsbedingungen impliziert.[314] Abbildung 12 verdeutlicht, dass sich Deutschland in den letzten Jahrzehnten von einer Industrie- zu einer Dienstleistungsgesellschaft gewandelt hat.[315] Grund ist die relative Verlagerung der Nachfrage der Bevölkerung, bedingt durch das steigende Einkommen, da nach Sicherstellung der Ernährung das Einkommen zunächst für industrielle Güter verwendet wird. Besteht auch bei den Industriegütern ein relativ hoher Sättigungsgrad, steigt die Nachfrage an Dienstleistungen.[316] Eine weitere Ursache für den Wandel zur Dienstleistungsgesellschaft ist durch die Verlagerung vieler Arbeitsplätze des primären und sekundären Sektors in das Ausland bedingt.

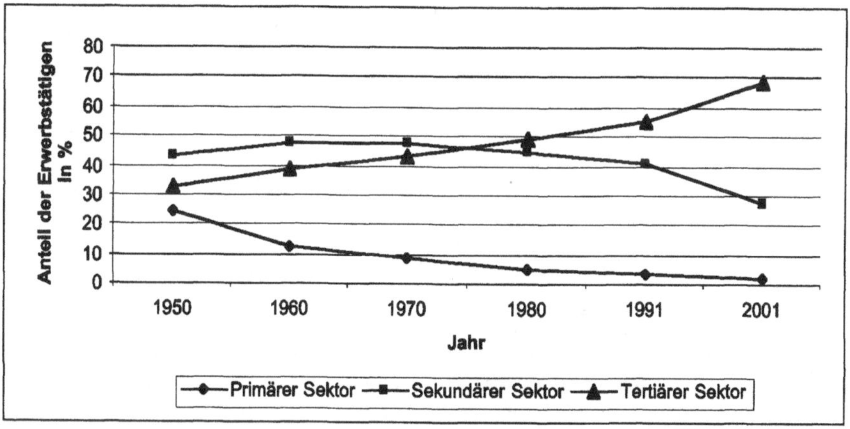

Abb. 12. Anteil der Erwerbstätigen nach Produktionssektoren[317]

Seit den späten 70er Jahren dominiert der tertiäre Sektor bezüglich der Anzahl der Erwerbstätigen.[318] Jedoch muss berücksichtigt werden, dass eine klare Trennung zwischen den einzelnen Sektoren nicht ohne weiteres möglich ist, weil ein großer Teil der Dienstleistungen der Planung und Durchführung von Güterproduktionen

313 Vgl. GP 2.1.2.2.

314 Vgl. Geißler, R., (2001), S. 107.

315 Vgl. Klodt, H., (1995), S. 297–298.

316 Vgl. Summers, R., (1985), S. 31–37 und vgl. Schimmelpfennig, A., (1997), S. 184–186.

317 Vgl. Statistisches Bundesamt, (2002), S. 91–92 und vgl. Geißler, R., (2001), S. 107, wobei rundungsbedingt die Summe teilweise ungleich 100 ist.

318 Vgl. Lichtblau, K., Meyer, B., Ewerhart, G., (1996), S. 2–4 und vgl. Rowthorn, R., Ramaswamy, R., (1997), S. 7–9 sowie vgl. Klodt, H., (1998), S. 394–395.

dient und somit „produktionsbezogen“ verstanden wird. Daher rührt auch die Bezeichnung der „industriellen Dienstleistungsgesellschaft“.[319]

Die seit Jahren zu beobachtenden Entwicklungen der Informations- und Kommunikationstechnologien (IuK-Technologien) haben dazu geführt, dass bereits heute, bei steigender Tendenz, mehr als 50 Prozent der Arbeitsplätze durch sie beeinflusst werden. Um diese Entwicklung zu demonstrieren, hat beispielsweise die OECD das klassische Drei-Sektoren-Modell um einen vierten Sektor, der alle Informationstätigkeiten beinhaltet, erweitert.[320]

Denn die Informatisierung ist jene Grundlage[321] die die Globalisierung erst ermöglicht. Die Einführung des Euros gilt beispielsweise als sichtbares Zeichen der Folgen der Globalisierung und wird diese auch in Zukunft verstärken, da der Wegfall des Devisentausches internationale Handels- und Finanztransaktionen bei Nutzung informationstechnischer Systeme wesentlich erleichtert.[322]

Die Tertiärisierung der Wirtschaft führt jedoch in keiner Weise zu der Tendenz der Entqualifizierung der Arbeitsaufgaben.[323] Das Gegenteil ist der Fall, „die Ausweitung des tertiären Sektors schafft qualifizierte Arbeitskräfte und zerstört unqualifizierte.“[324] Eine entsprechende Aussage gilt insbesondere auch (gerade aus volkswirtschaftlicher Sicht) für eines der wichtigsten Segmente des tertiären Sektors: das Kreditgewerbe.

Hierbei stellen u. a. demografische, technische, gesellschaftliche und wettbewerbsspezifische Kräfte – gemeinsam mit der Globalisierung – die treibenden Kräfte dar, die auf die Personalentwicklung in Banken wirken, jedoch auch von ihr (zumindest partiell) beeinflusst werden können. Dieses dynamische Spannungsfeld beinhaltet gleichzeitig Handlungsrahmen und Aufgabe des Personalmanagements und hat u. a. zur Folge, dass die Personalverantwortlichen in Banken unternehmerisch denken und handeln müssen. Denn der Engpassfaktor Personal beschreibt nicht nur in vielen Unternehmen, sondern insbesondere im dienstleistungsorientierten Banksektor die Achillesferse des wirtschaftlichen Erfolgs.[325] Dies gilt in besonderem Maße für Kreditinstitute, denn Banken und Sparkassen sind nicht mehr rein physisch reduzierte Organisationseinheiten, sondern ihre klassischen Grenzen beginnen zu verschwimmen. Sie sind dabei sich nach innen wie nach außen zu verändern oder sogar aufzulösen, da an die Stelle gestaffelter Unternehmenshierarchien zunehmend dezentral, modular zerlegbare Gebilde, die von relativer Autonomie, Kooperation und indirekter Führung geprägt sind, treten.[326]

---

[319] Vgl. Geißler, R., (2001), S. 108.

[320] Vgl. Dostal, W., (1995), S. 529.

[321] Weitere Ursachen, die die Globalisierung in den letzten Jahren getragen haben, sind die zunehmende Liberalisierung des Handels und der Finanzmärkte, der Wandel ehemals sozialistischer Länder zu marktwirtschaftlich orientierten Volkswirtschaften sowie das Entstehen von Handelsblöcken wie der EU-Binnenmarkt oder der NAFTA.

[322] Vgl. Herdt, H.K., (2001), S. 328.

[323] Vgl. Löhr, D., (1999), S. 129.

[324] Cohen, D., (1998), S. 86.

[325] Vgl. Fröhlich, W., Maier, W., (1991), S. 11.

[326] Vgl. Picot, A., Reichwald, R., Wigand, R., (2001), S. 2.

3.2. Elemente

In vier Abschnitten sollen jene Rahmenbedingungen charakterisiert werden, die für das personalwirtschaftliche Gestalten und Handeln in Banken von besonderer Bedeutung sind. In aggregierter Form handelt es sich um demografische (GP 3.2.1.), technologische (GP 3.2.2.), gesellschaftliche (GP 3.2.3.) sowie bankwettbewerbsspezifische Entwicklungen (GP 3.2.4.), die für Personalverantwortliche den Rahmen setzen, der ihr Handeln im Wesentlichen determiniert.

Demografische Entwicklungen wirken auf Kreditinstitute in mindestens zweierlei Hinsicht. Zum einen bestimmen sie das Volumen der am Markt absetzbaren Leistungen und damit zum anderen den Umfang und die Qualität des zur Leistungserstellung erforderlichen Personals.

Bei technischen Entwicklungen geht es im Kontext der bankbetrieblichen Personalarbeit primär darum, dass seitens der Mitarbeiter korrespondierende Fähigkeiten und Kenntnisse vorhanden sein müssen, um mit den zum Einsatz kommenden Betriebsmitteln adäquat umgehen zu können.[327] Zugleich bedingt dies auch einen Wandel der Organisation der Arbeit.

Gesellschaftliche Entwicklungen führen im Rahmen des Wertewandels zu Veränderungen des Leistungsverhaltens der Mitarbeiter. Aufgabe der Personalarbeit ist es, die daraus entstehenden Zielkonflikte zwischen der Organisation und dem Individuum möglichst gering zu halten und die normative Kraft des Faktischen im Bankbetrieb verantwortungsbewusst umzusetzen.

Auch wettbewerbliche Entwicklungen stellen Banken vor immer neue Herausforderungen. Hier ist die abnehmende Bedeutung räumlicher und zeitlicher Distanzen zu nennen, die Unternehmen einerseits einen vereinfachten Zugang zu Absatz- und Beschaffungsmärkten ermöglichen, andererseits aber auch Konkurrenten in angestammte Märkte eintreten lassen. Als Folge erhöht sich die Dynamik der Bankbranche zwangsläufig, die personalpolitisch nicht nur flankiert, sondern auch aktiv gestaltet werden muss.[328]

Die kurz skizzierten Entwicklungen machen deutlich, dass der Bankmitarbeiter nicht länger als reiner Produktionsfaktor und die Personalarbeit als reine verwaltende Tätigkeit zur Unterstützung der bankbetrieblichen Kernleistungserstellung gesehen werden können, sondern dass die Personalentwicklung zu einem aktiven und integrierten Teil des gesamten Managementprozesses gehört, in dessen Mittelpunkt immer der Mensch stehen sollte.[329]

3.2.1. Demografische Entwicklungen

In diesem GP sollen ausgewählte demografische Entwicklungen dargelegt werden, die von direkter Bedeutung für die Personalentwicklung in deutschen Banken sind. Daher werden global zu beobachtende demografische Strukturveränderungen nur in

[327] Vgl. Schanz, G., (2000), S. 207–208.

[328] Vgl. Porter, M.E., (1980), S. 84–86.

[329] Vgl. Scholz, C., (2000), S. 1.

dem Maße berücksichtigt, als dass sie direkte und klar erkennbare Auswirkungen auf die deutsche Bankenlandschaft haben.

Die drei demografischen Haupttrends in Deutschland, die sich gegenseitig bedingen, sind der Geburtenrückgang, die steigende Alterung und die daraus resultierende abnehmende einheimische Bevölkerung. Diese Haupttrends lösen wiederum, um das ökonomische und demografische Niveau Deutschlands zu sichern, mit dem Zuwanderungsbedarf sowie der Änderung der Altersbeschäftigung einen vierten und fünften Trend aus.

Gegenwärtig leben in Deutschland ca. 82 Millionen Menschen, wobei in Westdeutschland die Bevölkerung seit dem Ende des 2. Weltkriegs kontinuierlich gestiegen ist.[330] Gründe waren verschiedene Wachstumsschübe.[331] Der erste Wachstumsschub erfolgte aufgrund zahlreicher Zuwanderungswellen nach dem Verlust des Krieges aus den ehemaligen Ostgebieten. Weitere Schübe stellten die zahlreichen Übersiedler aus der DDR dar, die vor dem Mauerbau nach Westdeutschland gingen sowie die angeworbenen Arbeitsmigranten aus Südeuropa.[332] Diese Schübe implizierten mit dem Geburtenhoch während des so genannten Babybooms in den späten 50er- und frühen 60er Jahren einen weiteren Schub. Der vorerst letzte Schub erfolgte im letzten Jahrzehnt des vergangenen Jahrtausends und ist ausschließlich auf weitere Zuwanderungen zurückzuführen.[333]

3.2.1.1. Geburtenrückgang und Alterung

Die Fertilität, die durch die Größe „Lebendgeburten pro Frau" bestimmt wird, ist in Deutschland seit Jahrzehnten abnehmend.[334] Der Rückgang „richtiger" Familienbetriebe, der Ausbau der sozialen Sicherungssysteme, die Höherqualifizierung und Emanzipation der Frau sowie die Ausbreitung eines tendenziell hedonistisch-anspruchsvollen Lebensstils führten und führen zu einer Minderung der Bedeutung, die Eltern Kindern beimessen.[335] Hinzu kommen Fortschritte in der Pharmazie, die zumindest in der Theorie dafür sorgen, dass nur „Wunschkinder" geboren werden.[336]

Seit dem Babyboom in den späten 50er und frühen 60er Jahren sinkt tendenziell die Zahl der Lebendgeborenen. Ein Effekt, der sich selbst verstärkt. Brachten beispielsweise im Jahr 1965 100 Frauen in ihrem Leben noch durchschnittlich 250 Kin-

[330] Vgl. Statistisches Bundesamt, (2003), S. 38.

[331] Vgl. Durth, R., (2001), S. 877–878.

[332] Vgl. Dinkel, R.H., Lebock, U., (1994), S. 29–33.

[333] Vgl. Statistisches Bundesamt (2003), S. 20–25.

[334] Vgl. Münz, R., Ulrich, R.E., (2000), S. 43–44.

[335] Untersuchungen zeigen zwar, dass dreiviertel der kinderlosen Paare sich durchaus Kinder wünschen. Allerdings bleibt es unzureichend erforscht, warum dieser Wunsch nicht verwirklicht wird. Sicherlich haben lange Ausbildungszeiten, Individualisierung, Berufsmöglichkeiten oder die Qualität einer Partnerschaft Einflüsse auf die Kinderlosigkeit. Ein Hauptproblem scheint aber darin zu liegen, dass Kinder in der aktuellen Debatte vor allem als ökonomischer Faktor (finanzielle Belastung der Familien, Bedeutung als Rentenzahler) nicht aber als Bereicherung des Lebens eine Rolle einnehmen. Vgl. Klingholz, R., (2004), S. 92.

[336] Vgl. Höpflinger, F., (1997), S. 64–96.

der zur Welt, so sind es heutzutage ca. 140 Kinder.[337] Um jedoch den Bevölkerungsbestand zu halten, müssten 100 Frauen im Durchschnitt 208 Kinder zur Welt bringen.[338] Die geringe Geburtenrate führt dazu, dass jede Kindergeneration um ca. ein Drittel im Vergleich zur Elterngeneration sinkt.[339]

Die geringe Anzahl an Neugeborenen bedingt ebenfalls, dass die Gesamtbevölkerung im Schnitt immer älter wird.[340] Dieser Trend wird durch die steigende Lebenserwartung verstärkt.[341] So nahm die durchschnittliche Lebenserwartung der Frauen von 1950 bis zum Jahr 1999 von ca. 68 Jahre auf 80,7 Jahre um 12 Jahre zu.[342] Die Lebenserwartung der Männer erhöhte sich im gleichen Zeitraum um ca. 10 Jahre auf knapp 75 Jahre.[343] Das Statistische Bundesamt rechnet damit, dass bis zur Mitte dieses Jahrhunderts der Anteil der unter 20-Jährigen an der Gesamtbevölkerung von heute ca. 21 Prozent auf ca. 16 Prozent sinken wird, der Anteil der über 60-Jährigen von heute 23 Prozent auf 36 Prozent steigen wird und der Anteil der „mittleren Generation", jener Altersgruppe der 20- bis 59-Jährigen, von derzeit ca. 56 Prozent auf 48 Prozent sinken wird. Begleitet wird die tendenzielle relative Alterung mit einer absolut abnehmenden Gesamtbevölkerung.[344]

Mit der steigenden Lebenserwartung wird beispielsweise die Zahl der über 80-Jährigen erheblich zunehmen. Leben derzeit 3,2 Millionen dieser Altersgruppe in Deutschland, was einem Anteil an der Gesamtbevölkerung von 4 Prozent entspricht, so wird damit gerechnet, dass der Anteil, bei weiter steigender Tendenz, im Jahr 2010 bei gut 5 Prozent und im Jahr 2030 bereits bei knapp 8 Prozent liegen wird.[345] Die zunehmende Alterung führt auch zu einem Anstieg des Altersquotienten, der besagt, wie viele Menschen im Erwerbsalter denen im Rentenalter gegenüber stehen. Im Jahr 2001 lag dieser Quotient bei 44, dies bedeutet, dass 100 Menschen im Erwerbsalter 44 Menschen im Rentenalter gegenüber standen.[346] In Jahr 1995 lag der Altersquotient beispielsweise noch bei 37.[347] Die Erhöhung folgt aus dem Aufrücken starker Geburtenjahrgänge in das Renten- und dem gleichzeitigen Hineinwachsen schwach besetzter Geburtenjahrgänge in das Erwerbsalter. Dies impliziert, dass immer weniger junge Menschen in das Erwerbsalter rücken, dagegen immer mehr ältere Menschen das Erwerbsalter verlassen und in das Rentenalter überwechseln. Im Jahr 2030 wird mit einem Altersquotient von 71 und im Jahr 2050 mit einem von 78 gerechnet.[348]

---

[337] Vgl. Statistisches Bundesamt, (2003), S. 26–28.

[338] Vgl. Geißler, R., (2001), S. 115.

[339] Vgl. Geißler, R., (2001), S. 115.

[340] So betitelte die Deutsche Bank Research treffenderweise auch ein Kapitel eines Aufsatzes mit „Die Alte Welt macht ihrem Namen alle Ehre". Vgl. Bräuniger, D., Gräf, B., Gruber, K., Neuhaus, M., Schneider, S., (2002), S. 8.

[341] Vgl. Curtler, D.M., Poterba, J.M., Sheiner, L.M., Summers, L.H., (1990), S. 1–73.

[342] Vgl. Geißler, R., (2001), S. 116.

[343] Vgl. Geißler, R., (2001), S. 116.

[344] Vgl. Rürup, B., (2001), S. 255.

[345] Vgl. Statistisches Bundesamt, (2003), S. 28–31.

[346] Vgl. Statistisches Bundesamt, (2003), S. 31.

[347] Vgl. Statistisches Bundesamt, (2003), S. 31.

[348] Vgl. Statistisches Bundesamt, (2003), S. 31.

Gerade für die Alterssicherung ist das Verhältnis der Bevölkerung im Rentenalter, als Gruppe potenzieller Empfänger von Leistungen der Rentenversicherung oder anderer Alterssicherungssysteme, wesentlich.

3.2.1.2. Entwicklung der Bevölkerung und des Erwerbspersonenpotenzials

Eine Abnahme der Wohnbevölkerung, d.h. der Gesamtzahl aller in Deutschland lebenden Menschen unabhängig von ihrer Nationalität, ist seit langem unbestritten.[349] Als Folge der geringen Fertilität ist davon auszugehen, dass die Wohnbevölkerung Deutschlands innerhalb der nächsten 50 Jahre von derzeit 82 Millionen auf 65 Millionen zurückgehen wird.[350]

Diese Entwicklung basiert auf Annahmen über Migrationsgewinne und -verluste sowie der Fertilität und der Mortalität.[351] Die Berechnung zukünftiger Wanderungsbewegungen ist jedoch schwer zu kalkulieren, da die Immigration von Ausländern und Aussiedlern von politischen und ökonomischen Entwicklungen in ihren jeweiligen Heimatländern beeinflusst wird.[352] Es ist jedoch davon auszugehen, dass aufgrund des wirtschaftlichen Ost-West-Gefälles, der EU-Osterweiterung sowie von Liberalisierungstendenzen in Ost- und Südeuropa weitere Zuwanderungen erfolgen werden. Diese Zuwanderungen dürften zumindest in quantitativer Sicht die Abwanderungen überkompensieren und so einen Migrationsgewinn entstehen lassen.[353]

Aus volkswirtschaftlicher Sicht ist jedoch die Entwicklung des Arbeitskräfte- beziehungsweise Erwerbspersonenpotenzials wichtiger als die Bevölkerungsentwicklung insgesamt, da sie Erwerbstätige und Erwerbslose sowie die Personen der so genannten „Stillen Reserve“[354] und damit die Zahl der einer Volkswirtschaft potenziell zur Verfügung stehenden Arbeitskräfte umfasst.[355]

---

[349] Vgl. Smeral, E., (1990), S. 47.

[350] Vgl. Rürup, B., (2001), S. 255.

[351] Vgl. Bräuniger, D., Gräf, B., Gruber, K., Neuhaus, M., Schneider, S., (2002), S. 29–30.

[352] Vgl. Geißler, R., (2000a), S. 29–36.

[353] Vgl. GP 3.2.1.3. und vgl. Kreilkamp, E., (1995) S. 39.

[354] Zur Stillen Reserve gehören die so genannten entmutigten Arbeitskräfte. Zu entmutigten Arbeitskräften wird jener Personenkreis gezählt, der die aktive Arbeitssuche aufgegeben hat, weil er für sich am Arbeitsmarkt keine Chancen mehr sieht. Darüber hinaus zählen hierzu auch jene Personen, die sich in kurzfristigen Warteschleifen des Bildungs- und Ausbildungssystems oder in Maßnahmen der beruflichen Weiterbildung befinden beziehungsweise diejenigen, die aus Arbeitsmarktgründen vorzeitig aus dem Erwerbsleben ausgeschieden sind. Die Einbeziehung der Stillen Reserve in das Konzept des Erwerbspersonenpotenzials ist insofern wichtig, da die Statistiken zur Erwerbstätigkeit beziehungsweise Arbeitslosigkeit nicht alle Bewegungen am Arbeitsmarkt erfassen. Deshalb wird im Konjunkturabschwung ein Teil derjenigen, die ihren Arbeitsplatz verlieren und sich nicht mehr „arbeitssuchend“ melden, nicht mehr statistisch erfasst. Dieser Teil ist nicht mehr erwerbstätig, wird aber auch nicht in der Arbeitslosenstatistik geführt. Dagegen kommen im Konjunkturaufschwung Personen in den Arbeitsprozess, die vorher nicht als arbeitslos registriert waren. Das IAB (Institut für Arbeitsmarkt und Berufsforschung) schätzt die Stille Reserve auf rund 2 Mio. Menschen. Vgl. Fuchs, J., (2002), S. 4–6.

[355] Vgl. Gräf, B., (2003), S. 8.

Das Erwerbspersonenpotenzial basiert auf den sich im Erwerbsalter befindlichen Personen, zu denen üblicherweise Personen im Alter zwischen 15 und 65 Jahren gezählt werden.[356] Dazu gehören derzeit 55 Millionen von 82 Millionen Einwohnern Deutschlands, wobei nicht alle Personen im erwerbsfähigen Alter dem Arbeitsmarkt zur Verfügung stehen.[357]

Gerade Frauen, die sich für die Erziehung der Kinder und gegen einen bezahlten Arbeitsplatz entschieden haben sowie Personen im vorgezogenen Altersruhestand zählen hierzu. So gab es in Deutschland im Jahr 2001 rund 40 Millionen Erwerbspersonen, die sich auf 36 Millionen Erwerbstätige und 4 Millionen Erwerbslose aufgeteilt haben.[358] Die Relation wird als Erwerbspersonenquote bezeichnet und beschreibt den Anteil der erwerbsfähigen Bevölkerung, der einer Arbeit nachgeht beziehungsweise eine Arbeitsstelle sucht und damit prinzipiell dem Arbeitsmarkt zur Verfügung steht.[359] Diese Quote beträgt in der Bundesrepublik derzeit knapp 72 Prozent und verteilt sich auf 79 Prozent der männlichen und 64 Prozent der weiblichen Bevölkerung.[360]

Die Entwicklung des Erwerbspersonenpotenzials wird bis zum Jahr 2015 in etwa parallel zur Gesamtbevölkerung verlaufen, um danach jedoch drastischer als diese abzunehmen.[361] Dies liegt daran, dass die geburtenstarken Jahrgänge der etwa von 1955 bis 1970 Geborenen zwar in der Alterspyramide nach oben wandern, sich bis 2015 aber noch im Erwerbsleben befinden.[362] Nach 2015 gehen die so genannten „Babyboomer" erwartungsgemäß peu à peu in Rente. Die Lücke, die sie reißen, kann durch die nachfolgenden geburtenschwachen Jahrgänge nicht mehr ausgeglichen werden. Das Erwerbspersonenpotenzial beginnt daher beschleunigt zu schrumpfen.[363] Ohne Zuwanderung und bei unveränderter Erwerbspersonenquote wird das Arbeitskräftepotenzial ab 2015 durchschnittlich um gut 1 $^1/_4$ Prozent p.a. abnehmen und 2050 nur noch 24 Mio. (–16 Mio. gegenüber 2002) betragen.[364] Dabei erreicht der Rückgang etwa 2030 mit gut 1 $^3/_4$ Prozent p.a. seinen Höhepunkt, um sich danach zu verlangsamen (weil die geburtenstärksten Babyboomer-Jahrgänge dann in Rente sind) und wieder parallel zur Entwicklung der Gesamtbevölkerung zu verlaufen.[365]

---

[356] Die Begrenzung des Erwerbspersonenpotenzials auf den Personenkreis der 15- bis 65-Jährigen stellt zwar eine übliche Abgrenzung dar. Sie ist allerdings willkürlich, da beispielsweise mit Blick auf das tatsächliche Renteneintrittsalter durchaus auch die Begrenzung auf 16- bis 60-Jährige sinnvoll sein könnte.

[357] Vgl. Gräf, B., (2003), S. 8.

[358] Vgl. Gräf, B., (2003), S. 8.

[359] Vgl. Gräf, B., (2003), S. 9.

[360] Vgl. Gräf, B., (2003), S. 9.

[361] Vgl. Statistisches Bundesamt, (2003), S. 28–29.

[362] Vgl. Statistisches Bundesamt, (2003), S. 30.

[363] Welche Auswirkungen die demografische Entwicklung impliziert, zeigt u. a. die Krise der staatlichen Finanzhaushalte. So wurde beispielsweise im September 2003 die Kreditwürdigkeit des Bundeslandes Sachsen-Anhalt von der Rating Agentur Standard & Poor's erstmals explizit auch aus demografischen Gründen herabgestuft. Vgl. Klingholz, R., (2004), S. 91.

[364] Vgl. Gräf, B., (2003), S. 9.

[365] Vgl. Statistisches Bundesamt, (2002), S. 85–110.

3.2.1.3. Einwanderung

Eine Möglichkeit, dem abnehmenden Erwerbspotenzial entgegenzuwirken, ist eine Zunahme der Einwanderung (Migration). Dabei wird die Wohnsitzveränderung natürlicher Personen über Staatengrenzen hinweg als Migration bezeichnet und hat aufgrund des bisherigen positiven Saldos (mehr Zuzüge als Abzüge) zu Wanderungsgewinnen geführt. Auch wenn Deutschland sich lange Zeit dagegen gewehrt hat, sich als Einwanderungsland zu bezeichnen, so ist es ein solches de facto seit den späten 1960er Jahren.

Die Zuwanderung ethnischer Minderheiten (ohne Spätaussiedler) in die Bundesrepublik lässt sich hierbei in drei Phasen untergliedern. Die erste Phase erfolgte während des Wirtschaftswunders als Anwerbungsphase zwischen den Jahren 1955 und 1973.[366] Mit vielen Staaten wurden spezielle Einwanderungsabkommen geschlossen und die Zahl der in der Bundesrepublik lebenden Ausländer stieg von knapp 700.000 (1,2 Prozent der Bevölkerung) auf vier Millionen (6,4 Prozent der Bevölkerung). Aufgrund der Ölkrise und einer langsam steigenden Arbeitslosigkeit verhängte die Bundesregierung 1973 einen Einwanderungsstopp. Dieser führte zu einer zweiten Phase, die durch Konsolidierung geprägt war (1973–1980). Sie ist durch erste Integrationsversuche, Familiennachzug und hohe Fertilität der als Gastarbeiter bezeichneten Bevölkerung gekennzeichnet.[367] So stieg der Anteil der Ausländer auf 4,5 Millionen, was ungefähr 7,2 Prozent der bundesrepublikanischen Gesamtbevölkerung entsprach.[368] Es wurde erkannt, dass der Begriff „Gastarbeiter" falsch war, da die Menschen dauerhaft bleiben wollten und nicht innerhalb eines ursprünglich gedachten Rotationsprinzips nach kurzer Zeit durch neue Arbeitskräfte ersetzt wurden.[369] „Man hat Arbeitskräfte gerufen und es kommen Menschen", dieser Frisch zugesprochene Satz charakterisiert am besten die damalige Situation.[370]

Die dritte und bis heute andauernde Phase begann 1980. Diese Zeit ist geprägt von der Attraktivität Deutschlands als Asylland für Flüchtlinge aus aller Welt. So stieg die ausländische Bevölkerung von 4,5 Millionen in 1980 auf 7,3 Millionen im Jahr 2000, was 8,9 Prozent der Gesamtbevölkerung ausmacht; hinzu kommt ca. eine Million Angehörige ethnischer Minderheiten, die die deutsche Staatsbürgerschaft erworben haben.[371]

Seit 1950 lagen die Nettozuwanderungen durchschnittlich bei jährlich knapp 200.000 Personen.[372] Die Wohlfahrtsgewinne der Migration hängen entscheidend von der Struktur der zugewanderten Arbeitskräfte ab, so dass beachtet werden muss,

---

[366] Diesbezüglich wurden bilaterale Abkommen mit Ländern getroffen, um die Einwanderung zu regeln. Das erste Abkommen wurde mit Italien 1955 getroffen, danach folgten Spanien (1960), Griechenland (1960), Türkei (1961), Marokko (1963), Portugal (1964), Tunesien (1965) und Jugoslawien (1968).

[367] Vgl. Münz, R., Ulrich, R.E., (2000), S. 23–28.

[368] Vgl. Geißler, R., (2001), S. 118.

[369] Vgl. Santel, B., Weber, A., (2000), S. 128–135.

[370] Frisch, M., (1965), S. 7.

[371] Vgl. Geißler, R., (2001), S. 118–119.

[372] Vgl. Bräuniger, D., Gräf, B., Gruber, K., Neuhaus, M., Schneider, S., (2002), S. 14.

ob die Zuwanderer über das gleiche oder etwa ein besseres Ausbildungsniveau als die inländischen Arbeitskräfte verfügen.[373] Nur dann können Zuwanderer den Rückgang des Erwerbspersonenpotenzials ausgleichen. Dies gilt insbesondere vor dem Hintergrund der Tertiärisierung der Wirtschaft, die durch eine Zunahme der Qualifikationsanforderungen der Beschäftigten geprägt ist.[374] Derzeit bewegt sich das Qualifikationsniveau[375] von Zuwanderern deutlich unter dem Niveau der einheimischen Bevölkerung, was u. a. auf die eher restriktive und nicht an ökonomischen Kriterien orientierte Zuwanderungspolitik Deutschlands zurückzuführen ist.[376] So ist zwar der Anteil des Familiennachzugs und der Asylsuchenden an der Gesamtzuwanderung gestiegen, während die ökonomische Komponente, die während der Gastarbeiteranwerbung noch im Vordergrund stand, eher in den Hintergrund gerückt ist.[377] Bedingt durch die Migration verläuft der Alterungsprozess der Gesellschaft allerdings gedämpfter, da es sich bei den Zuwanderern überwiegend um jüngere Personen handelt. Bei netto rund 200.000 Zuwanderern p.a. nimmt das Durchschnittsalter bis 2050 lediglich von 42 auf 48 $^{3}/_{4}$ Jahre zu, ohne Migration würde es auf etwas mehr als 50 Jahre ansteigen.[378]

3.2.1.4. Geringe Altersbeschäftigung

Die Erwerbspersonenquote[379] ist zwar in Deutschland in der letzten Dekade merklich gestiegen, im internationalen Vergleich liegt sie allerdings mit 79 Prozent bei Männern und rund 64 Prozent bei Frauen immer noch unter dem Durchschnitt.[380] Folglich gelingt es anderen Ländern besser, das Erwerbspotenzial zu nutzen. Dies liegt primär darin begründet, dass in vielen Ländern stärkere Anreizmechanismen für die Aufnahme beziehungsweise Beibehaltung einer Beschäftigung bestehen.[381]

Jedoch ist nicht in allen Altersschichten eine Erhöhung der Erwerbspersonenquote ohne weiteres möglich. Bei Betrachtung der Erwerbspersonenquote verschiedener Altersgruppen von Männern und Frauen in Deutschland ist festzustellen, dass sich

373 Vgl. Engelken, E., (2004), S. 5.

374 Vgl. GP 3.1.

375 Allein die Zahl der Einwanderer kann die Lücke, die der (deutsche) Geburtenrückgang bewirkt, nicht lösen. Seit Ende der 1980er Jahre tragen die Zuwanderer nicht zu einer Sanierung, sondern zu einer Belastung der Sozialkassen bei, da der Anteil der Erwerbstätigen unter den Ausländern deutlich gesunken ist. So ist beispielsweise die Arbeitslosigkeit unter Ausländern doppelt so hoch wie unter der deutschen Bevölkerung. Darüber hinaus erfolgt in vielen Fällen keine Assimilation. Junge Migranten der dritten Generation sprechen im Schnitt schlechter Deutsch als jene der zweiten. Vgl. Klingholz, R., (2004), S. 93.

376 Vgl. Hinte, H., Zimmermann, K., (2003), S. 36–58.

377 Vgl. Hinte, H., Zimmermann, K., (2003), S. 36–58.

378 Vgl. Oberndörfer, D., (2000), S. 206–216.

379 Vgl. GP 3.2.1.2.

380 Vgl. OECD, (2002), S. 17.

381 In der Schweiz stehen beispielsweise fast 90 Prozent der Männer sowie 73 Prozent der Frauen dem Arbeitsmarkt zur Verfügung. Vgl. Gräf, B., (2003), S. 17.

die Quote der 25- bis 54-jährigen Männer mit ca. 94 Prozent wahrscheinlich schon am oberen Ende der Möglichkeiten bewegt.[382] Das gleiche Bild zeigt sich auch bei der Erwerbspersonenquote der 25- bis 54-jährigen Frauen, die im Jahr 2001 gut 78 Prozent betrug.[383] Auch hier bestehen realistisch betrachtet kaum Steigerungsmöglichkeiten, zumal eine Anhebung der Erwerbsquote dieser Gruppe, beispielsweise auf das Niveau der Männer, aus demografischer Sicht kontraproduktiv wäre.

Signifikante Differenzen bestehen jedoch in der Gruppe der 55- bis 64-Jährigen. Im Jahr 2001 waren in Deutschland nur ca. 41 Prozent der 55- bis 64-Jährigen beschäftigt, was deutlich unter dem OECD-Durchschnitt von knapp 51 Prozent lag.[384] Mit 68 Prozent ist die Alterserwerbspersonenquote in der Schweiz in Europa am höchsten, da hier Frühverrentungsanreize nahezu gänzlich fehlen. Die niedrige Quote in Deutschland passt zu der Feststellung des Institutes für Arbeitsmarkt- und Berufsforschung, wonach jedes zweite Unternehmen in Deutschland keine Arbeitnehmer mehr über 50 Jahren beschäftigt.[385] Dies ist die Folge einer von vielen Unternehmen verfolgten Strategie, die durch eine entsprechende Gesetzgebung zusätzlich forciert wurde, Mitarbeiter in den vorzeitigen Ruhestand zu schicken, um ihre Belegschaften zu verjüngen und das durch zu hohe Lohnkosten und mangelnde Flexibilität entstandene Überangebot auf dem Arbeitsmarkt zu reduzieren.[386]

So liegt das gesetzliche Renteneintrittsalter in Deutschland bei 65 Jahren, das tatsächliche durchschnittliche Alter bei Rentenbeginn beträgt dagegen lediglich rund 60 Jahre.[387] In diesem Bereich besteht in Deutschland ein erheblicher beschäftigungspolitischer Reformbedarf. Aufgrund der Probleme der Bevölkerungs- beziehungsweise Erwerbsentwicklung ist deshalb eine Erhöhung des Renteneintrittsalters nicht nur aufgrund der steigenden Rentenlasten und der damit verbundenen drohenden Schwierigkeiten des Rentensystems erforderlich. Vielmehr ist eine Erhöhung der Erwerbsquote älterer Arbeitnehmer das Mittel, um das Wirtschaftswachstum in Deutschland zu sichern beziehungsweise die demografisch bedingte Abschwächung zumindest teilweise zu kompensieren. Reformpolitische Ansatzpunkte für eine Verlängerung der Lebensarbeitszeit wären u. a. die Verbesserung der Qualifikationen älterer Arbeitnehmer, die Förderung altersgerechter Arbeitsplätze und vor allem der Abbau von Frühverrentungsanreizen.[388]

---

[382] Die Erwerbspersonenquote in diesem Bereich liegt in Deutschland damit nur leicht unter der schweizerischen Quote, die mit ca. 96 Prozent die höchste in Europa ist und innerhalb der Gruppe der Industrieländer nur noch von Japan leicht übertroffen wird. Selbst die amerikanische Quote liegt in dieser Altersklasse unter der deutschen. Vgl. Gräf, B., (2003), S. 17.

[383] In der Schweiz betrug die Erwerbsquote in dieser Altersgruppe gut 79 Prozent und in den USA ca. 76,4 Prozent. Vgl. Gräf, B., (2003), S. 17.

[384] Vgl. OECD, (2002), S. 18.

[385] Vgl. Koller, B., (2003), S. 8–9. Unter Berücksichtigung der Tatsache, dass die Erhebung dieser Daten noch vor dem letzten Konjunkturabschwung stattgefunden hat, dürfte de facto mit einer noch geringeren Quote zu rechnen sein.

[386] Vgl. Gräf, B., (2003), S. 17.

[387] Vgl. Koller, B., (2003), S. 14.

[388] Vgl. Bräuninger, D., (2003), S. 11.

3.2.1.5. Demografische Konsequenzen

Geburtenrückgang, steigende Lebenserwartung mit der Folge der demografischen Alterung aber auch diskontinuierliche Erwerbsbiografien führen zu zahlreichen Problemen und zwar besonders im Bereich der sozialen Sicherungssysteme. Ausgehend von einem Rentenanspruch mit 65 Jahren hatte ein Mann zur Mitte des letzten Jahrhunderts kaum Anspruch auf dieselbe, da er vorher verstarb. Entfielen 1950 auf einen Rentner über 60 Jahren vier Personen im erwerbsfähigen Alter von 20 bis 60 Jahren, so sank dieser Wert, trotz der Einwanderung auf weniger als drei und wird in Zukunft auf unter 2 sinken.

Der größer werdende Anteil älterer Menschen sorgt nicht nur für steigende Kosten im Gesundheitswesen, sondern es ist absehbar, dass der traditionelle Generationenvertrag zur Alterssicherung[389] nicht mehr bezahlbar ist. Als eine Folge muss die private Altersvorsorge zunehmen, sodass Banken und Sparkassen ihren Kunden zukünftig vermehrt Dienstleistungen im Bereich der privaten Altersvorsorge anbieten werden. Hierfür benötigen sie Mitarbeiter. Sie benötigen aber insbesondere Mitarbeiter für das Geschäft mit älteren Menschen, die mitunter lieber von „gestandenen" Mitarbeitern betreut werden, als von (aus ihrer Sicht) eventuell zu jungen Angestellten. Mit einem durchschnittlichen Alter von beispielsweise 37 Jahren per 31. 12. 2002 bei der Commerzbank korrespondiert der Bankenbereich weder mit dem der Bevölkerung noch mit dem der arbeitenden Bevölkerung.[390]

All dies hat wiederum Implikationen auf den Personalbedarf in Banken: Mitarbeiter müssen befähigt werden mit älteren Kunden umzugehen. Häufig schaffen ältere Mitarbeiter dieses aufgrund ihrer persönlichen Lebenslage besser als jüngere Kollegen. Gleichzeitig erhöhen sich hierdurch auch die Anforderungen an Führungskräfte in den Kreditinstituten. Denn immer häufiger wird die betriebliche Realität so aussehen, dass jüngere Führungskräfte zum Teil erheblich ältere Mitarbeiter führen werden. Die Anforderungen an die Sozialkompetenz der Führungskräfte und an ihr Repertoire an Führungsstilen werden damit größer.[391]

Aufgrund der niedrigen Geburtenrate ist damit zu rechnen, dass die Bevölkerung Deutschlands ohne Zuwanderung von 82 Millionen im Jahr 2002 auf 59 Millionen im Jahr 2050 zurückgeht.[392] Soll die Zahl der in Deutschland lebenden Menschen konstant gehalten werden, so hat die Bundesrepublik in Zukunft einen Zuwanderungsbedarf von ca. 200.000 Menschen per anno.[393] Die Einwanderung vieler Ausländer impliziert jedoch häufig Integrationsprobleme.[394] Gesetzgebung, eine teilweise vorhan-

---

[389] Der Generationenvertrag besagt, dass die erwerbstätige Generation über ihre Beiträge zur Rentenversicherung im Wesentlichen die Renten der Ruhestandsgeneration mittels eines Umlageverfahrens finanziert.

[390] Vgl. Internetseite der Commerzbank.

[391] Vgl. Rumpf, J., (2004), S. 13.

[392] Statistisches Bundesamt, (2000), S. 18.

[393] Vgl. Enquete-Kommission „Demographischer Wandel" des deutschen Bundestages, (1998), S. 59.

[394] Vgl. Kreckel, R., (1992), S. 175–184.

dene Abwehrhaltung sowohl der deutschen Bevölkerung als auch der ethnischen Minderheiten führen zu Herausforderungen, mit denen sich auch die Banken auseinandersetzen müssen. Denn besonders Banken im Retailbereich sollten im gewissen Umfang die Strukturen der Gesamtbevölkerung berücksichtigen. Gerade Ausländer stellen ein gewaltiges Kundenpotenzial dar, welches adäquat, d.h. unter Umständen auch in der jeweiligen Muttersprache, angesprochen werden sollte. Eine Aufgabe der Personalarbeit in Kreditinstituten sollte es deshalb sein, Arbeitnehmer zu rekrutieren, die diese Herausforderungen annehmen können, wozu i. d. R. Ausländer gehören.

3.2.2. Technische Entwicklungen

Der Fähigkeit des Menschen, Informationen aufzunehmen, zu speichern und zu verarbeiten sind kognitive Grenzen gesetzt, weshalb in der Neuen Institutionenökonomik von begrenzter Rationalität der Akteure gesprochen wird.[395] Technische Entwicklungen und hier insbesondere Informations- und Kommunikationstechnologien ermöglichen es diese Beschränkung partiell abzubauen.[396] Damit tragen sie zur Erweiterung der menschlichen Leistungsgrenzen in Bezug auf Raum, Zeit und Geschwindigkeit bei, wobei sie primär dann einsetzbar sind, wenn Informationen formalisierbar sind.[397] Demgegenüber sind sie jedoch bei der Verarbeitung und Weitergabe spezifischen Wissens zumeist nicht verwendbar.[398] In jenen Bereichen hingegen, in denen Informations- und Kommunikationstechnologien gut nutzbar gemacht werden können, sind sie in der Lage zu einer drastischen Senkung der Transaktionskosten beizutragen.[399] Generell sind technische Entwicklungen respektive technischer Fortschritt eng mit Strukturwandel verbunden und sind diesbezüglich endogener Natur.[400]

3.2.2.1. Inhalt und Bedeutung des Technikeinsatzes

Unter Technik werden Maßnahmen, Tätigkeiten, Verfahren und Arbeits- oder Produktionsmittel verstanden, „mit deren Hilfe die Natur (im weiten Sinn) menschlichen Zwecken nutzbar gemacht wird. Eine Beziehung zur Natur ist auch insofern gegeben, als naturwissenschaftliche Erkenntnisse vielfach eine wesentliche Voraussetzung für die Entwicklung der Technik und ihrer vielfältigen Anwendungen darstellen.“[401] Technik ist somit integraler Bestandteil des TOB.[402] Der Schwerpunkt des Technikeinsatzes in Banken geht einher mit der Verfolgung u. a. folgender Ziele[403]:

---

395 Vgl. Polster, D., (2001), S. 156 und vgl. GP 2.3.2.

396 Vgl. Herz, B., (2001), S. 113.

397 Vgl. Polster, D., (2001), S. 156.

398 Vgl. Miegel, M., (1998), S. 70–72.

399 Vgl. Picot, A., (1993), S. 733.

400 Vgl. GP 2.1.1. und vgl. Deutsche Bundesbank, (2004a), S. 57.

401 Schanz, G., (2000), S. 258.

402 Vgl. GP 2.3.1.2.2.

403 Vgl. Schanz, G., (2000), S. 266.

- Verbesserung der internen und externen Kommunikation,
- Beschleunigung der Arbeitsabläufe,
- Erhöhung der Transparenz des Betriebsgeschehens,
- Senkung der Informationsbeschaffungskosten,
- Erhöhung der Dienstleistungsqualität,
- Senkung der Verwaltungs- und Personalkosten.

Bedeutendstes Element des technischen Strukturwandels ist hierbei die Digitalisierung der Information, die mitunter auch als Demokratisierung der Information bezeichnet wird.[404] Diese durch Internet, Computer und Mobiltelefon begründete Informationsplattform ermöglicht es, dass Menschen in der ganzen (angeschlossenen) Welt miteinander kommunizieren und Wissen, Nachrichten, Arbeit und Meinungen untereinander austauschen können.[405]

So hat in den letzten Jahren der Einzug der IuK-Technologien in das Bankgeschäft die Beziehung von Kunden und Banken auf eine neue Basis gestellt. Die klassische Bankfiliale ist längst nicht mehr der einzige Vertriebsweg für Bankdienstleistungen. Telefon- und Internetbanking haben den Vertrieb von Bankdienstleistungen grundlegend verändert.[406] Es wurden beispielsweise im Jahr 2003 40 Millionen Konten online geführt und immer mehr Kunden nutzen das Internet bei Wertpapiergeschäften.[407] Der Technikeinsatz bildet hierbei die Voraussetzung, um Multikanalstrategien[408] zu implementieren und die Kommunikation ist als jene Bedingung zu verstehen, die Arbeitsteilung erst ermöglicht.[409] So hat sich mit dem Einzug neuer Technologien in den Geschäftsverkehr auch die Mentalität der Kunden geändert.[410] Der Einsatz von Technik ist im Finanzsektor nicht nur akzeptiert, sondern wird geradezu erwartet. „Dass technische Geräte wie Geldautomaten und Kontoauszugsdrucker zunehmend im Bankensektor Verwendung gefunden haben, bewerteten im August 2000 nahezu 80 Prozent der Deutschen als positiv. 1995 befürworteten erst 66 Prozent der Deutschen den Einsatz der Geräte. Wenn heute 57 Prozent der Deutschen über 18 Jahren zudem in Umfragen angaben, dass ihnen der Computer und andere elektronische Geräte „einfach Spaß“ machen, dann ist das Ausdruck einer neuen, modernen Lebenseinstellung, die auch Rückwirkungen auf den Finanzsektor hat.“[411]

Durch das Internet werden die Wettbewerbspositionen der Banken verändert, da die neue Technik Marktzugangsbarrieren verringert und den Zugang für Anbieter aus

[404] Vgl. Turek, J., (2001), S. 220.

[405] Vgl. Wißkirchen, C., Heideloff, F., von Braun, V., (2001), S. 341–342.

[406] Vgl. Baxmann, U.G., (2002), S. 23.

[407] Vgl. BdB, (2004), S. 90.

[408] Vgl. Instenberg-Schieck, G., (1999), S. 605–607 und vgl. Ambros, H., (2001). S. 189.

[409] Vgl. Leidhold, W., (2001), S. 440.

[410] Vgl. Pape, C., (1999), S. 79–82.

[411] Weber, M., (2001), S. 347.

anderen Regionen beziehungsweise Bereichen[412] vereinfacht.[413] Als Folge der größeren Konkurrenz und einer höheren Markttransparenz droht eine abnehmende Kundenloyalität, weil Konsumenten die für sie beste Lösung wählen können und dieses „Rosinen-Picking" die tradierte Hausbankfunktion gefährdet.[414] Kreditinstitute versuchen auf ein entsprechendes Verhalten u. a. mit so genannten Allfinanzkonzepten zu reagieren, um Kunden möglichst viele Produkte aus einer Hand zu offerieren und die Cross-Selling-Rate zu erhöhen.[415] Teilweise führt diese Entwicklung auch zu einer Entstehung ganzer Allfinanzkonzerne, wie beispielsweise die Allianz, die Versicherungs-, Bank- und Anlageleistungen im Konzern vereint hat.[416]

Aber nicht nur auf der Absatzseite, sondern auch auf der Produktionsseite bietet die zunehmende Technisierung neue Möglichkeiten, denn eine weitere Folge der Technisierung ist der Trend zur Standardisierung und Auslagerung von Geschäften bei deutschen Banken. Dies gilt für Privatbanken, Sparkassen[417] und Genossenschaftsbanken gleichermaßen und zumal für das auf das Massengeschäft ausgelegte Retail Banking, denn die Fertigungstiefe in der Kreditwirtschaft ist mit über 70 Prozent Eigenfertigungsquote vergleichsweise hoch.[418] Gleichzeitig bieten aber auch neue Vertriebswege die Möglichkeit, Einsparungen im relativ kostenintensiven Filialnetz vorzunehmen.[419] Darüber hinaus ermöglicht die Technisierung auf Leistungserstellungsebene u. a. die Neugestaltung der Arbeit, sei es beispielsweise durch Telearbeit oder durch reine Heimarbeit.

3.2.2.2. Technische Konsequenzen

Bedingt durch den verschärften Margen- und Kostendruck kommt der Bündelung von Geschäftsvolumina und der Realisierung von Größenvorteilen eine zentrale Rol-

412 Zu nennen sind hier insbesondere Non- und Near Banks. „Unter Near Banks, also banknahen Finanzierungsinstitutionen, können insbesondere Unternehmen verstanden werden, die im Sinne der EU-Sprachregelung als „Finanzinstitute" klassifiziert werden, also etwa Leasing-, Factoring- und Forfaitierungsgesellschaften, Pfandleihanstalten, Unternehmensbeteiligungsgesellschaften, Vermögensverwalter, Anlageberater und Finanzmakler. Versicherungsunternehmen – vor allem Lebensversicherungen, die regelmäßig das Darlehensgeschäft betreiben und damit an sich Banken gemäß KWG wären – können ebenfalls unter den Near Banks subsumiert werden. Non Banks sind Nichtbankenunternehmen, die gleichwohl komplementäre oder zumeist substitutive Leistungen zu Bankleistungen anbieten. [...] der Terminus „Non-Bank" betrifft daher im Wesentlichen etwa Nebenaktivitäten industrieller Unternehmen im Bereich des Geld- oder Derivatehandels." Büschgen, H.E., (1999), S. 178 und vgl. Bürkner, H.-P., Grebe, M., (2001), S. 119–120.

413 Vgl. Remsperger, H., (2000), S. 3–4.

414 Vgl. Steevens, C., (2004), S. 8.

415 Vgl. Dörig, R., (2001), S. 244–250 und vgl. Meyer, L., (2001), S. 322–323.

416 Vgl. Baxmann, U.G., (2002), S. 20 und vgl. Wittkowksi, B., (2004), S. 4.

417 Vgl. Bierer, H., Fabricius, M., (2000), S. 30.

418 So beträgt beispielsweise die Fertigungstiefe in der Automobilindustrie ca. 20 Prozent. Vgl. Grafenmeyer, A., (2003), S. 17.

419 Vgl. Grote, M., (2000), S. 16–17.

le zu.[420] Unabhängig von Fusionen bieten sich aufgrund der hohen Fixkostendegression im TOB Kooperationen an, die auch über die klassische Dreisäulenstruktur hinausreichen.[421] Durch Outsourcing lassen sich die Gesamtkosten im Regelfall senken und Fixkosten können in variable Kosten gewandelt werden.[422] Gerade der technische Fortschritt im Bereich der EDV und der Informations- und Kommunikationstechnik hat die Möglichkeiten zur Auslagerung von Bankaktivitäten erheblich erhöht.[423] Kreditinstitute werden daher weniger die gesamte Wertschöpfungskette abdecken müssen und können.[424] Dies bedeutet, dass Banken sich aufgrund der technischen Veränderungen zunehmend auf jene Bereiche der Wertschöpfungskette konzentrieren werden, in denen ihre Kernkompetenzen liegen und in denen sie komparative Vorteile gegenüber Wettbewerbern haben.[425] Alle weiteren Leistungen, die zur Abrundung des Produktportfolios notwendig sind, werden dann extern bezogen.

3.2.3. Gesellschaftliche Entwicklungen

Im Einzelnen sind demografische sowie gesellschaftliche Entwicklungen sehr eng miteinander verwoben, und es kann nicht ohne weiteres ausgemacht werden, ob demografische Entwicklungen Ursache beziehungsweise Folge der gesellschaftlichen Entwicklungen sind oder umgekehrt. In diesem Abschnitt werden langfristige gesellschaftliche Trends in drei ausgewählten Bereichen der Sozialstruktur dargelegt: Bildung, soziale Annäherung der Geschlechter sowie Individualisierung.

3.2.3.1. Bildung

Schon seit jeher ist jede Gesellschaft eine Wissensgesellschaft, da Wissen immer wesentliches Merkmal menschlicher Lebensformen war und ist.[426] Dies kann auch anhand der griechischen Mythologie charakterisiert werden, da dem Gott Apollo Wissen als Weisheit und Selbsterkenntnis zugeordnet war, dem Götterboten Hermes das Wissen als kommunizierende Botschaft und dem Titanensohn Prometheus die Förderung menschlicher Künste und Wissenschaften oblag.[427] Nicht umsonst wurde zu ihrem Beginn die industrielle Gesellschaft, also der sekundäre Sektor, als

[420] Vgl. BdB, (2002), S. 35.

[421] Ein Beispiel hierfür ist die gemeinsame Wertpapierplattform vieler Sparkassen, der DZ-Bank sowie der Dresdner Bank. Vgl. Internetseite der DWP.

[422] Zu beachten ist hierbei jedoch die Gefahr eines möglichen Hold up, da Nutzer von Outsourcingleistungen sich in eine gewisse Abhängigkeit des Outsourcinganbieters begeben. Vgl. GP 2.3.2.3.

[423] Vgl. Bréchignac, C., (2000), S. 387–390.

[424] Vgl. Schierenbeck, H., Schäfer, F., (2001), S. 78.

[425] Vgl. BdB, (2002), S. 36.

[426] Der Begriff geht auf den amerikanischen Soziologen Lane zurück, der 1966 den Terminus der „Knowledge Society" prägte. Vgl. Lane, R.E., (1966), S. 650.

[427] Vgl. Leidhold, W., (2001), S. 430.

prometheussches Zeitalter bezeichnet, da es Prometheus war, der den Menschen das Feuer (zurück) brachte. Erst ab dem 20. Jahrhundert geht mit der Elektrifizierung und später mit der Digitalisierung von Informationen das prometheussche Zeitalter allmählich in das hermetische Zeitalter über, jener Bereich der zum Großteil den tertiären Sektor umfasst und Wissen vermehrt als fundamentale Ressource benötigt.[428] Dieses benötigte Wissen ist jedoch nicht ohne weiteres zu konstatieren. Gemeinhin wird es derivativ anhand des formalen Qualifikationsniveaus bestimmt.

Seit Jahrzehnten steigt das formale Qualifikationsniveau in der Bundesrepublik Deutschland kontinuierlich an. Hauptgrund dieser Entwicklung ist vor allem die zunehmende Bedeutung des tertiären Sektors. Wissenschaftlicher und technischer Fortschritt sowie eine zunehmende Durchdringung der Arbeitswelt mit Technik erhöhen den Bedarf an Wissen und besserer Bildung.[429] Deshalb wird auf der Ebene des Bildungssystems diese Entwicklung auch als „Bildungsexpansion" bezeichnet, wogegen es sich aus der Perspektive der Sozialstrukturanalyse um eine Höherqualifizierung der Bevölkerung beziehungsweise eine „Umschichtung nach oben" handelt, da eine positive Korrelation zwischen der Qualität eines Ausbildungsabschlusses und dem erzielten Einkommen besteht.[430] So hat sich beispielsweise der Anteil der Akademiker unter den Erwerbstätigen von drei Prozent in den 50er Jahren auf neun Prozent im Jahr 2000 erhöht.

Der Akademikeranteil hat sich somit verdreifacht und wird aller Voraussicht nach auch weiterhin zunehmen.[431]

Auf der anderen Seite stellten die Ungelernten in den 60er Jahren noch ca. zwei Drittel der Erwerbsbevölkerung dar, heute ist ihr Anteil auf 25 Prozent geschrumpft.[432] Als Folge und Ursache der Tertiärisierung, gekoppelt mit dem steigenden Bildungsniveau, geht ein Wandel der gesellschaftlichen Schichten einher. War die Arbeiterschaft über ein Jahrhundert quantitativ die dominierende Schicht, so stellen sie im Jahr 2000 nur noch ein Drittel der Erwerbsbevölkerung. Dagegen machen Angestellte und Beamte mehr als 55 Prozent der deutschen Erwerbstätigen aus. Elf Prozent arbeiten als Selbstständige und ein Prozent als mithelfende Familienangehörige.[433] Im Zuge der Tertiärisierung fand jedoch nicht nur eine quantitative Stärkung dieses Sektors statt, sondern auch innerhalb des tertiären Sektors erfolgte ein Anstieg der Qualifikationsanforderungen in Richtung mittlerer und höherer Dienstleistungsschichten.[434] Dabei sind die Trends der Tertiärisierung und der Höherqualifi-

---

[428] Vgl. Leidhold, W., (2001), S. 430.

[429] Dies verdeutlicht einmal mehr die enge Verzahnung der Elemente des Strukturwandels.

[430] Vgl. Krismann, G., (2004), S. 7.

[431] Seit Mitte des 17. Jahrhunderts bis zum Ende des 18. Jahrhunderts waren an deutschen Universitäten ca. 8.000 Studenten pro Jahr immatrikuliert. Von ca. 15.000 Studenten Anfang des 19. Jahrhunderts über ca. 50.000 Studenten Anfang des 20. Jahrhunderts bis zu ca. 1,8 Mio. Studenten Anfang des 21. Jahrhunderts war das relative Studierendenwachstum wesentlich stärker als das Bevölkerungswachstum. Vgl. Leidhold, W., (2001), S. 451–452.

[432] Vgl. Geißler, R., (2001), S. 109.

[433] Vgl. Geißler, R., (2001), S. 110.

[434] Vgl. Geißler, R., (2001), S. 110.

zierung zwei eng zusammenhängende Prozesse, da der sozioökonomische Strukturwandel eine Ausdehnung der qualifizierten mittleren und höheren Dienstleistungsschichten impliziert.[435]

3.2.3.2. Soziale Annäherung der Geschlechter

Eng verknüpft mit dem steigenden formalen Qualifikationsniveau ist die soziale Annäherung der Geschlechter. In Deutschland hatte sich lange eine besondere Form der geschlechtertypischen Arbeitsteilung in der Arbeitswelt herausgebildet, die die Frauen strukturell benachteiligte.[436] Allerdings sind Ansätze zu erkennen, diese Benachteiligung zu verringern. Die größte Veränderung ist diesbezüglich im Bildungssystem erzielt worden.[437] So stellen die Mädchen unter den Schulabgängern ohne Abschluss mit 36 Prozent und mit Hauptschulabschluss mit 42 Prozent der Schulabgänger im Jahr 2000 die Minderheit. Dagegen stellen sie unter den Realschulabschlussabsolventen mit 52 Prozent und unter den Abiturienten mit 56 Prozent die Mehrheit im Jahr 2000. Diese Tendenz hat sich auch an den Hochschulen fortgesetzt. Waren 1965 fast drei Viertel der Studierenden an bundesrepublikanischen Hochschulen männlich, so liegt der Anteil der Frauen heutzutage bei ca. 52 Prozent.[438]

Die Angleichung beziehungsweise sogar Überholung in Bezug auf das formale Bildungsniveau hat gleichzeitig Auswirkungen auf die Rolle der Frau im Berufsleben.[439] So gehört die Erwerbstätigkeit inzwischen zum Lebensentwurf der meisten Frauen.[440] Die Erwerbsquote der Frauen stieg von 46 Prozent im Jahr 1970 auf 62 Prozent (alte Länder) im Jahr 2000.[441] Bei den unter 50-Jährigen ist der relative Anteil noch größer.[442] Dennoch sind die Männerprivilegien in der Arbeitswelt stärker ausgeprägt als im Bildungssystem. Am deutlichsten wird dies beim durchschnittlichen Bruttomonatslohn. Zwar sank der durchschnittliche Minderverdienst der Frauen um durchschnittlich 20 Prozentpunkte zwischen den Jahren 1950 und 2000, allerdings kommen Frauen im Schnitt nach wie vor lediglich auf drei Viertel des Verdienstes ihrer männlichen Kollegen.[443]

Gründe hierfür sind neben älteren weiblichen Erwerbstätigen, die noch über einen niedrigeren Bildungsabschluss verfügen, der zumeist zu geringeren Verdienstmöglichkeiten führt, vor allem die Schwierigkeit, Familie und Beruf zu vereinbaren.[444] Gerade beim beruflichen Aufstieg sind Frauen besonders benachteiligt. So gilt nach

---

435 Vgl. Koschatzky, K., (1997), S. 218–219.

436 Vgl. Geißler, R., (2001), S. 120.

437 Vgl. Geißler, R., (2000c), S. 45–51.

438 Vgl. Geißler, R., (2001), S. 121.

439 Vgl. Geißler, R., (2000b), S. 39–45.

440 Vgl. Helwig, G., (1997b), S. 27–38.

441 Vgl. Geißler, R., (2001), S. 121.

442 Vgl. Helwig, G., (1997a), S. 16–26.

443 Vgl. Geißler, R., (2001), S. 122.

444 Vgl. Börsch-Supan, A., Ludwig, A., Winter, J., (2002), S. 8.

wie vor, dass je höher die berufliche Position in der Hierarchie ist, sich der Anteil der Frauen umso niedriger darstellt und die Dominanz der Männer umso ausgeprägter ist. Viele Schwierigkeiten der Frauen im Beruf liegen auch im familiären Bereich, da eine Arbeitsteilung innerhalb der Familie häufig nicht unbedingt gewährleistet ist.[445] Untersuchungen zeigen, dass obwohl Frauen immer häufiger berufstätig sind, ihnen weiterhin die klassische Hausarbeit wie Waschen, Putzen und Kochen sowie der überwiegende Teil der Kindererziehung obliegt.[446] Dies führt zu gesellschaftlich unerwünschten Folgen. So bleiben beispielsweise ca. 50 Prozent aller studierten Frauen kinderlos.[447] Diese Kinderlosigkeit ist zugleich sichtbares Zeichen der Individualisierungstendenz, jener Strömung (zumeist) kurzfristiger Gestaltungsoptimierungen, die die eigenen Bedürfnisse allen anderen Anforderungen überordnet.

3.2.3.3. Individualisierung

Beck sieht als Folge des Übergangs zur Dienstleistungs- und Wissensgesellschaft[448] die These der so genannten Individualisierung[449], die er anhand zweier Tendenzannahmen festmacht.[450] So stellt er zum einen eine Heterogenisierung der sozialen Lagen durch entstandardisierte Lebenslaufmuster und neue Ungleichheiten nach Geschlecht, Alter und Ethnie fest. Zum anderen erkennt er einen Bindungsverlust, einer Lösung der jüngeren Generationen von traditionellen Herkunftsmilieues infolge der Mobilität in neue Wohnorte und Berufe, in denen Bindungen lockerer und frei wählbar sind.[451] Ob Becks These in Gänze stimmt, sei infrage gestellt. Zumindest weist sie jedoch gesellschaftliche Entwicklungen auf.[452] Der Trend zur Individualisierung muss nicht als völlige Neuanschaffung, sondern als Rekonversion[453], als ein relativer Umbau der Mentalitäten verstanden werden. Der Wandel folgt nicht einem allgemein evolutionären Automatismus und erfolgt nicht konsequent homogen, sondern erfolgt

[445] Vgl. Helwig, G., (1997c), S. 39–41.

[446] Vgl. Kreckel, R., (1992), S. 246–269 und vgl. Geißler, R., (2001), S. 124.

[447] Untersuchungen zeigen, dass neben den Frauen mit Hochschulabschluss Frauen ohne jeglichen Schulabschluss die zweitgrößte Gruppe der kinderlos Wirtschaftenden stellen. Eine der Ursachen für diese Beobachtung dürften die hohen Opportunitätskosten sein, die für beide Gruppen signifikant sind. Studierte Frauen mit relativ hohen Einkommen sehen sich mit Einkommensverlusten konfrontiert, die die Erziehung eines Kindes mit sich bringt, da die Karriere zumindest unterbrochen ist. „Auch die kinderlose Frau ohne Schulabschluss macht eine Kosten-Nutzen-Rechnung auf. Absolut gesehen mag ihr mit einer Geburt nicht viel Gehalt entgehen, aber dieses Wenige wiegt bei schlechter Einkommenslage extra viel“, Sparmann, A., (2004), S. 101.

[448] Vgl. Bell, D., (1985).

[449] Vgl. Vester, M., (2001), S. 143–144.

[450] Vgl. Beck. U., (1988), S. 265.

[451] Vgl. Kreckel, R., (1992), S. 212–269.

[452] Vgl. Osterdiekhoff, G.W., (2001), S.191–200.

[453] Bourdieu, P., (1993), 669–678.

der jeweiligen Situation entsprechend.[454] Thatcher umschrieb diese Entwicklung: „Es gibt keine Gesellschaft, sondern lediglich einzelne Individuen."[455] Deutschland bewegt sich immer mehr einer „Gesellschaft" zu, die eher einer Ansammlung von innerlich und äußerlich isolierten Individuen gleicht und durch Kosten-Nutzen-Überlegungen bestimmt ist. Jederzeit stellt sich diesen Leuten die Frage: „Was bringt mir das?"[456] Eine entsprechende Einstellung führt dazu, dass das Vorläufige, die Beliebigkeit, die Unsicherheit und schnelle Trennungen in einer hedonistischen Gesellschaft immer ausgeprägter werden und letztlich sogar zu einem Identitätsverlust führen können, da in der Regel die persönliche Identität eines Menschen an Werte und Normen gebunden ist, die jedoch scheinbar obsolet werden bzw. sich im Wandel befinden.[457]

3.2.3.4. Gesellschaftliche Konsequenzen

Waren die 80er Jahre durch den Trend der Arbeitszeitverkürzung, insbesondere bei der Wochenarbeitszeit gekennzeichnet, so wird seit Mitte der 90er Jahre in Deutschland generell und im Bankgewerbe insbesondere versucht, mit einer Flexibilisierung der Arbeitszeit den strukturellen Änderungen zu begegnen. Mit der Flexibilisierung geht seitdem ein Prozess des Abbaus tradierter Arbeitsverhältnisse einher, der mit einer sukzessiven Auflösung arbeitsrechtlicher und tarifrechtlicher Standards verbunden ist, da hierfür die lebenslange stabile Vollzeitbeschäftigung immer noch Norm ist.[458] So haben im Jahr 1999 bereits 18,2 Millionen Erwerbstätige flexible Arbeitszeiten, was der Hälfte aller Erwerbstätigen entspricht.[459] Eng verknüpft ist mit dieser Zahl der Aspekt der Teilzeitarbeit. Offensichtlich ist die Teilzeitbeschäftigung zum Großteil frauenspezifisch, da lediglich 4,9 Prozent aller männlichen, dagegen aber 37,8 Prozent aller weiblichen Beschäftigungsverhältnisse auf Teilzeit basieren.[460] Wahrscheinlicher Grund hierfür ist, dass viele Frauen nur in einer Teilzeitbeschäftigung Beruf, Familie und Haushalt akzeptabel miteinander vereinbaren können und deshalb auf ein höheres Einkommen, höhere Sozialleistungen und Karrierechancen verzichten.[461]

---

[454] So sagt beispielsweise die Zahl der Einzelhaushalte (13 Millionen) relativ wenig über den Wandel partnerschaftlicher Lebensformen aus, denn der Anteil der Personen, die ohne feste Partnerschaft leben ist trotz des „Individualisierungsschubes" seit den 1960er Jahren weitgehend konstant geblieben. Beziehungen sind nicht seltener, dafür aber instabiler geworden. „Am Beginn einer Partnerschaft denkt kaum jemand direkt an Kinder. Kündigt sich das Ende einer Beziehung an, hüten sich die meisten Leute ein Kind in die Welt zu setzen." Sparmann, A., (2004), S. 102.

[455] Thatcher, M., (2001), zitiert nach: Duerr, H.P., (2000), S. 53.

[456] Duerr, H.P., (2000), S. 53.

[457] Vgl. Hillmann, K.-H., (2001), S. 26.

[458] Vgl. Hielscher, V., (2000), S. 14.

[459] Vgl. Rürup, B., Sesselmeier, W., (2001), S. 263.

[460] Vgl. Rürup, B., Sesselmeier, W., (2001), S. 263.

[461] Vgl. Hielscher, V., (2000), S. 28.

Ferner wird der „Normallebensverlauf", der durch die drei Phasen der Vorbereitung, der Aktivität und des Ruhestandes geprägt ist, aufgeweicht. U. a. bedingt durch eine höhere Flexibilität und Mobilität verliert der Beruf seine institutionelle Stabilität und seine Bedeutung für die normale Erwerbstätigkeit.[462] Feste Wochen-, Monats- und Jahresarbeitszeiten, als Anker der Dreiteilung der Aktivitätsphase, verlieren zunehmend an Bedeutung. Stattdessen wird die Lebensarbeitszeit immer wichtiger. Sie ermöglicht beispielsweise das Ansparen von Freizeit, um für eine bestimmte Zeit die Erwerbstätigkeit zu unterbrechen. Darüber hinaus wandelt sich gleichzeitig das typische Arbeitsverhältnis. Ein Normalarbeitsverhältnis ist geprägt durch die o. a. Einbettung in ein dreiteiliges Lebensschema, ein prinzipiell unbefristetes und dauerhaftes Arbeitsverhältnis, die gesetzlichen Schutz- und Teilhaberrechte sowie kollektivvertragliche wöchentliche und monatliche Regelarbeitszeitplätze im Rahmen einer Vollbeschäftigung.[463] Ein atypisches Arbeitsverhältnis weicht in mindestens einem der aufgezeigten Aspekte vom typischen Arbeitsverhältnis ab. Zu atypischen Arbeitsverhältnissen zählen insbesondere Teilzeitarbeit, Telearbeit, geringfügige und befristete Beschäftigung sowie Personalleasing.

Eine weitere Folge der gesellschaftlichen Entwicklungen ist die steigende Qualifizierungsanforderung an die Beschäftigten. Generell gilt, dass je geringer die berufliche Qualifikation ist, die Chancen auf dem Arbeitsmarkt ebenfalls abnehmen. Hierfür gibt es mindestens zwei Gründe. Zum einen verdrängen höher Qualifizierte niedriger Qualifizierte auf „unterwertigen" Arbeitsplätzen, für die beispielsweise ein Hochschulstudium nicht notwendigerweise Bedingung gewesen wäre.[464] Die angebotsorientierte Sichtweise erklärt diese Entwicklung aber nur teilweise, da zum anderen auch der bedeutendere nachfrageseitige Aspekt zu berücksichtigen ist. Der nachfrageseitige Aspekt ist dadurch begründet, dass durch die Globalisierung und einen intensiveren Einsatz der IuK-Techniken Einfacharbeitsplätze vermehrt wegfallen, im Gegenzug aber neue Arbeitsplätze mit einem höheren Qualifikationsniveau entstehen. Dies führt zu dem Erfordernis so genannten lebenslangen Lernens.

3.2.4. Wettbewerbspolitische Entwicklungen

Die Rahmenbedingungen im deutschen Bankgewerbe haben sich in den letzten Jahren grundlegend geändert.[465] Fundamentale Änderungen, die Ausprägungen u. a. der Globalisierung sind, stellen z. B. die zunehmende Deregulierung beziehungsweise Liberalisierung besonders auf der europäischen Ebene, die Disintermediation respektive die Verbriefung und die Sophistifizierung dar.[466]

Die Deregulierung übt einen entscheidenden Einfluss auf den Wettbewerb unter Banken sowie ihre Handlungs- und Innovationsmöglichkeiten aus. Seit der Schaffung des gemeinsamen europäischen Binnenmarktes im Jahr 1993 haben die Deregu-

---

462 Vgl. Rürup, B., Sesselmeier, W., (2001), S. 263.

463 Vgl. Hinrichs, K., (1996), S. 103.

464 Vgl. Berger, S., (2000), S. 87–89.

465 Vgl. Baxmann, U.G., (2000), S. 2 und vgl. Gerlach, R., (2003), S. 208–209.

466 Vgl. Bizer, R., (2002), S. 548.

lierungen auf nationaler Ebene und Angleichungen der rechtlichen, steuerlichen und politischen Systeme auf EU-Ebene grenzüberschreitende Transaktionen innerhalb der EU gefördert und zu einem Zusammenwachsen der europäischen Geld- und Kapitalmärkte geführt.[467]

Disintermediations- und Verbriefungstendenzen führen dazu, dass Banken in ihrer klassischen Funktion als Finanzintermediäre gar nicht beziehungsweise in geringerem Umfang in Anspruch genommen werden.[468] Insbesondere gilt dies seit der Einführung der gemeinsamen Währung im Jahr 1999. Eine sich ändernde Kundenstruktur beziehungsweise eine Wandlung des Kundenverhaltens[469], intensiver Wettbewerb, Überkapazitäten und steigende Refinanzierungskosten führten zu sinkenden Margen im Bankgeschäft.[470]

Daneben hat die Sophistifizierung dazu beigetragen, dass viele Anleger aufgrund sinkender Informationsasymmetrien und eines höheren Bildungsniveaus zunehmend professioneller und anspruchsvoller bezüglich ihrer in Anspruch genommenen Finanzdienstleistungen werden.[471] Dies führt häufig zu einer bewussten Diversifizierung der Anlagegelder, oftmals einhergehend mit der Nutzung verschiedener Finanzdienstleister, was wiederum in eine sinkende Kundenloyalität mündet.

3.2.4.1. Sinkende Profitabilität

Banken haben auf diese Entwicklung mit einer partiellen Änderung ihrer Geschäftspolitik reagiert. So hat zwar die verstärkte Hinwendung der Kreditinstitute und ihrer Kunden zu kapitalmarktorientierten Aktivitäten die Provisionseinnahmen der Banken tendenziell positiv beeinflusst, allerdings reichte dieser Zuwachs nicht aus, um den Rückgang der Zinsmarge auszugleichen.[472] Entsprechend hat sich die Ertragslage der deutschen Kreditinstitute in den letzten 20 Jahren über alle Bankengruppen hinweg kontinuierlich verschlechtert.[473] So liegt auch die Ertragskraft der deutschen

---

[467] Vgl. Büschgen, H.E., (2001), S. 17.

[468] „Neben der direkten Inanspruchnahme des Euromarktes über die Verbriefung von Forderungen („Securization") führt auch die Verbesserung des konzerninternen Finanzausgleichs bis hin zum „Inhousebanking" dazu, dass die traditonellen Dienstleistungen der Banken weniger in Anspruch genommen werden." Büschgen, H.E., (2001), S. 18.

[469] Vgl. Baxmann, U.G., (1999b), S. 5–7.

[470] Vgl. Statistisches Amt der europäischen Gemeinschaften (2000), S. 32–38 und Frühauf, M., (2004a), S. 4.

[471] Vgl. Büschgen, H.E., (2001), S. 18.

[472] Vgl. Weber, M., (2002b), S. 456.

[473] Die Eigenkapitalrendite der Kreditinstitute sank von gut 20 Prozent im Jahr 1983 auf 4,4 Prozent im Jahr 2002. Ursächlich hierfür sind im Wesentlichen die sinkenden Erträge im zinsabhängigen Geschäft. Der Zinsüberschuss der Banken in Prozent der durchschnittlichen Bilanzsumme ging zwischen 1983 und 2002 um 1,1 Prozentpunkte zurück. Andere Einnahmequellen, wie beispielsweise die Provisionseinnahmen, konnten diese Ertragseinbußen nicht ausgleichen. Vgl. BdB, (2004), S. 8 . Vgl. Welteke, E., (2002), S. 2, vgl. Welteke, E., (2003), S. 3 und vgl. Sanio, J., (2003), S. 6. Für einen Vergleich auf europäischer Ebene: Vgl. Kirmße, S., Loch, U., (2001), S. 31–34.

Kreditinstitute seit Jahren hinter der europäischer Banken.[474] Die deutschen Banken versuchen u.a. mittels Fusionen diesem Trend zu begegnen.[475] Die Zahl der Banken ist beispielsweise in den letzten Jahren tendenziell über alle Bankengruppen hinweg in der Bundesrepublik stetig zurückgegangen und es wird angenommen, dass diese Entwicklung noch nicht abgeschlossen ist.[476]

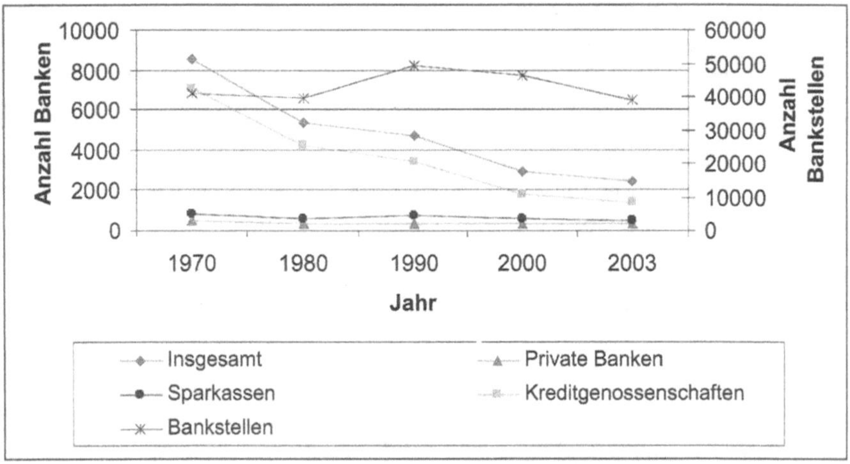

Abb. 13. Anzahl der Banken und Bankstellen in Deutschland jeweils am Jahresende[477]

Alle Bankengruppen unterziehen sich in Deutschland diesem Umstrukturierungsprozess, der sich nicht zuletzt in erheblichen Personalfreisetzungen sowie einer deutlichen Reduzierung der Zahl selbstständiger Banken und der unterhaltenen Banken äußert.[478] So reduzierte sich beispielsweise von 1990 bis 2003 die Zahl der Zweigstellen bei den Sparkassen um fast 27 Prozent, bei den Genossenschaftsbanken um

---

[474] Vgl. Weber, M., (2002c), S. 518 und vgl. Rathmann, C., (2004a), S. 4 sowie vgl. Maudos, J., Pastor, J.M., Pérez, F., Quesada, J., (2002), S. 34–37.

[475] Vgl. Groeneveld, J.M., (1999), S. 378–389 und vgl. Baxmann, U.G., (1999a), S. 11–21 sowie vgl. Borchert, M., (2000), S. 68–70.

[476] Bisher fanden Fusionen immer innerhalb der jeweiligen Institutsgruppe statt. Der Rückgang war insbesondere bei Kreditgenossenschaften und Sparkassen ausgeprägt, da diese häufig über sehr kleine und den Markterfordernissen nicht immer angemessene Größe verfügten. Vgl. Rathmann, C., (2004b), S. 1.

[477] Vgl. Deutsche Bundesbank, (1988), S. 178 und vgl. Deutsche Bundesbank, (2004b), S. 104. Bankstellen repräsentieren rechtlich selbstständige Kreditinstitute und deren Zweigstellen. 1990 inklusive 5134 ostdeutsche Bankstellen. Ohne Filialen der Postbank. Zuzüglich der Filialen der Postbank beträgt die Anzahl der Bankstellen per 31.12.2003 49710 Bankstellen. Vgl. Deutsche Bundesbank, (1988), S. 178 und vgl. Deutsche Bundesbank, (2004b), S. 104 und vgl. Heintzeler, F., (2001b), S. 41–43.

[478] Pessimisten verweisen darauf, dass die Frankfurter Bankentürme geschlossen werden könnten wie einst die Kohlegruben im Ruhrgebiet, vgl. Siedenbiedel, C., (2002), S. 16.

fast 28 Prozent und bei den Großbanken um gut 33 Prozent. Im gleichen Zeitraum sank die Zahl der selbstständigen Institute im Sparkassensektor um 33 Prozent und im Genossenschaftssektor um 56 Prozent.[479]

Dieser Trend wird sich in den nächsten Jahre fortsetzen, da Deutschland noch immer (im Sinne der Zweigstellendichte) als „overbanked" gilt und Bankleistungen nicht mehr nur in der Filiale, sondern zunehmend per Internet abgewickelt und stationäre Einheiten damit zum Teil obsolet werden.[480] Der Wegfall der Gewährträgerhaftung und Anstaltslast der öffentlich rechtlichen Institute ab dem Jahr 2005 könnte (theoretisch) auch sektorübergreifende Zusammenschlüsse fördern beziehungsweise zu einer Privatisierung der Sparkassen führen.[481]

3.2.4.2. Sparkassen im Wandel

Gerade die Sparkassen-Finanzgruppe befindet sich im Wandel.[482] Mitunter wird sogar ihre Existenzberechtigung angezweifelt.[483] Der Wandel manifestiert sich beson-

---

[479] Vgl. Deutsche Bundesbank, (2003b), S. 46 und vgl. Deutsche Bundesbank, (2004b), S. 104.

[480] Mit 15246 Bankstellen verfügen die Sparkassen über das dichteste Bankstellennetz in Deutschland. Ihr Anteil beträgt 39 Prozent an den insgesamt 39064 Bankstellen in Deutschland per 31.12.2003 und ohne Einbezug der Postbank. Dahinter folgen die genossenschaftlichen Primärbanken mit 37,4 Prozent, die Regionalbanken mit 7,9 Prozent und die Großbanken mit 5,7 Prozent. Im Schnitt kommen auf eine Bankstelle 2113 Einwohner. Vgl. Frühauf, M., (2004b), S. 3.

[481] Vgl. Engerer, H., Schrooten, M., (2004), S. 73–82 und vgl. Arnold, W., (2003), S. 518–519.

[482] Vgl. Meister, E., (2000), S. 6 und vgl. Fleck, G., (2000), S. 1.

[483] Vgl. IMF, (2003). „Eine Kernthese des IWF-Papiers ist, dass sich die unbefriedigende Ertragslage des deutschen Bankensystems auf die Drei-Säulen-Struktur und insbesondere auf die Rolle der öffentlichen Banken zurückführen lässt. Es wird die Vermutung geäußert, dass die am Gemeinwohl orientierte Geschäftspolitik der Sparkassen eine Fehlallokation von Ressourcen und Effizienzeinbußen tendenziell fördert, woraus sich negative ökonomische Konsequenzen wie Wohlfahrts- und Stabilitätsverluste ergeben können. Allerdings bleibt es auch nach Würdigung der Argumentation des IWF eine offene Frage, ob die trendmäßige Ertragsverschlechterung im deutschen Bankensystem im Wesentlichen auf die Drei-Säulen-Struktur zurückgeführt werden kann beziehungsweise ob diese das entscheidende Hindernis für eine Besserung der Lage darstellt. Die unbefriedigende Ertragskraft ist gemeinsames Merkmal praktisch aller Bankengruppen. Tatsächlich hängt zumindest in den letzten Jahren die Ertragsschwäche in erheblichem Umfang mit der geringen Wachstumsdynamik der deutschen Wirtschaft und den daraus folgenden rückläufigen Erlösen sowie hohen Kreditausfällen zusammen. Doch hat die wirtschaftliche Stagnation dazu beigetragen, auch strukturelle Ertragsprobleme offener zu Tage treten zu lassen." Deutsche Bundesbank, (2003b), S. 45–46. „Im Vergleich zu den privaten Großbanken haben die Sparkassen in ihrer Gesamtheit in den zurückliegenden Jahren relativ stabile und gute Erträge erwirtschaftet. Für die schwache Performance der privaten Banken kann also nicht allein der Wettbewerb mit den Sparkassen als Begründung herangezogen werden, sonst hätte es dort ähnlich trübe aussehen müssen. Wie in anderen Ländern haben die zurückliegenden Jahre gezeigt, dass traditionelles Bankgeschäft mit starkem Fokus auf dem Heimatmarkt ein Erfolgsmodell sein kann. Neben ihrer stabilisie-

(Fortsetzung Fußnote 483 auf S.75)

ders in verschiedenen Formen der Neuorganisation. Neben horizontalen Zusammenschlüssen im Sparkassensektor wird auch vertikal kooperiert: So gehen beispielsweise Landesbanken Haftungsverbünde mit Sparkassen ein, um auf diese Weise einen Geschäfts- und Haftungsverbund zu schaffen und ein gemeinsames Rating zu erhalten.[484] Insbesondere auf der Kostenseite dürfte bei Sparkassen weiteres Einsparpotenzial durch eine stärkere Risikoorientierung in der Kreditvergabe[485], Nutzung von Synergien vor allem in den Back-Office-Tätigkeiten und durch eine weitere Konsolidierung zu erzielen sein.[486] Generell stellt die Globalisierung für die eher regional verankerten Sparkassen eine ernste Herausforderung dar.[487] Die Offenheit der Märkte verlangt von den Sparkassen ein Höchstmaß an Wettbewerbs- und Anpassungsfähigkeit.[488] Beispielsweise richtet sich die Gestaltung (inter)nationaler Rahmenbedingungen zumeist an international agierenden Banken aus, wobei bei der Konkretisierung dieser Gestaltungsvorschläge zur Reform von Finanzsystemen diese häufig keine oder nur kritische Berücksichtigungen lokaler und regionaler Strukturen beinhalten.[489]

Parallel zu einer wachsenden weltweiten wirtschaftlichen Verflechtung sind die Banken Triebkraft und Getriebene zugleich, da deutsche Banken auch mit ausländischen Instituten (nicht nur im Ausland) stärker konkurrieren werden.[490] Mit der Citi-

---

483 *(Fortsetzung)* renden Wirkung für das Bankensystem haben die weniger volatilen Sparkassen-Gewinne auch volkswirtschaftliche Bedeutung. Denn die öffentlichen Banken setzen sich bei der Kreditvergabe einem größeren konjunkturellen Risiko aus als die privaten Kreditbanken. Nach Erhebungen der Deutschen Bundesbank fahren die öffentlichen Banken im Konjunkturabschwung ihre Kreditvergabe nur unterproportional zurück und wirken damit stabilisierend, während die privaten Banken sie überproportional einschränken und damit prozyklisch wirken. Was bleibt den öffentlichen Instituten mit ihrer starken regionalen Retailverankerung auch anderes übrig, als in Abschwungphasen den Kredithahn offen zu halten? Die Folgewirkungen eines vielleicht dem gestiegenen Risiko angemessenen restriktiven Verhaltens schlügen ins eigene Kontor, weil auch Lieferanten, Kunden und Mitarbeiter eines zahlungsunfähig werdenden Unternehmens oft zu den Sparkassenkunden zählen. Rosinenpicken ist nicht drin. Der volkswirtschaftliche Wert dieses stabilisierenden Kreditvergabeverhaltens, das sich manchmal in entsprechend hoher Vorsorge niederschlägt, wird in der Debatte um bevorzugte öffentliche Banken und Sparkassen gern vergessen." Döring, C., (2004), S. 8 und vgl. BdB, (2003b), S. 9–19.

484 Vgl. Karsch, W., (2004), S. 33.

485 Vgl. Baxmann, U.G., (2001), S.23–26.

486 Vgl. Deutsche Bundesbank, (2003b), S. 43, vgl. Broecker, T., Klein, D., Schmidt, M., (2002), S. 50–52 und vgl. Fieseler, B.M., (2003), S. 428.

487 Vgl. Weizsäcker, E.U., (2000), S. 349–350.

488 Vgl. Berndt, H., (2003), S. 448.

489 Vgl. Berndt, H., (2003), S. 448.

490 „Es ist eine Pointe des Jahrhunderts, dass unsere Universalbanken unter der andauernden Behauptung, die Amerikaner würden sie am liebsten kopieren, sich den Initiativen der Amerikaner nach und nach angepasst haben, schließlich so schnell das ging. Und es geht – vielleicht mit einer Ausnahme – zu langsam, weil es sehr teuer ist, weil Erfahrungen fehlen und weil Deutsche nun einmal keine Amerikaner, nicht einmal Briten sind." Baehring, B., (1999), S. 10.

bank und der General Electric Money Bank existieren beispielsweise zwei potente Kreditinstitute amerikanischer Provenienz am deutschen Markt, die gerade im Bereich des breiten Privatkundengeschäfts, dem so genannten Retail Banking, aktiv sind. Mittlerweile haben alle Bankengruppen erkannt, dass das breite Privatkundengeschäft, zu dem u. a. der Zahlungsverkehr, das Einlagen- und Kreditgeschäft, Bauspar-, Versicherungs- und Fondsprodukte gehören, die Basis des Bankgeschäfts bildet und ertragreich betrieben werden kann.[491]

Neben gesellschaftlichen und kundenspezifischen Veränderungen spielen für den Strukturwandel im Bankgewerbe vor allem Entwicklungen der Informations- und Kommunikationstechnik eine wichtige Rolle.[492] Diese führen u. a. dazu, dass Banken ihre einstige fast monopolartige Rolle in der Finanzintermediation[493] verloren haben und sie sich zahlreichen Wettbewerbern ausgesetzt sehen, die ursprünglich nicht dem Bankensektor entstammen.[494]

Zusätzlich hat sich das Spar- und Anlageverhalten der deutschen Bevölkerung in den letzten Jahren grundlegend geändert. So beschränkten sich die Ansprüche der Bevölkerung an das Finanzgewerbe früher primär auf grundlegende Dienstleistungen des Zahlungsverkehrs und einige überschaubare Anlageformen. Beispielsweise legten in den 50er Jahren die privaten Haushalte 60 Prozent ihrer Ersparnisse bei Banken an, drei Viertel davon waren Spareinlagen.[495] In den 90er Jahren machten Bankeinlagen nur noch 35 Prozent der Geldvermögensbildung aus und die privaten Haushalte investierten vermehrt im Stile des Portfolio-Managements.[496]

Neben dem zunehmenden Interesse an Wertpapieren wandten sich die Anleger in den letzten Jahren immer stärker der Kapitallebensversicherung als Form der Geldvermögensbildung zu. Inzwischen dienen Bankeinlagen der privaten Sparer vorrangig zur Liquiditätssicherung.[497] Ferner haben Privatanleger auch bei Spareinlagen ein steigendes Renditebewusstsein entwickelt: Spareinlagen werden primär als Sondersparformen getätigt, als Einlagen mit Sondervergütung, die für eine bestimmte Summe und/oder Frist gezahlt wird.

Auf der Kostenseite wurden in den letzten Jahren einschneidende Maßnahmen von den Banken vorgenommen.[498] Neben einer Straffung des Filialnetzes wurden Geschäftsbereiche im Rahmen einer verstärkten Fokussierung auf Kernkompetenzen ausgelagert.[499]

---

[491] Vgl. Steevens, C., (2003), S. 18.

[492] Vgl. Allen, F., Santomero, A.M., (1997), S. 1463–1472 und vgl. Goldberg, L.G., Hanweck, G.A., Keenan, M., Young, A., (1991), S. 91–99.

[493] Vgl. GP 3.2.4.

[494] Vgl. Allen, F., Gale, D., (1997), S. 542–544 und vgl. Berger, P.G., (1995), S. 52–55 sowie Mester, L.J., (1993), S. 271–275.

[495] Vgl. Weber, M., (2001), S. 330.

[496] Vgl. Markowitz, H.M., (1952), S. 77–91.

[497] Vgl. Weber, M., (2002a), S. 399.

[498] Vgl. Amely, T., (2003), S. 582–584.

[499] Vgl. Deutsche Bundesbank, (2004a), S. 55 und vgl. Danckwerts, G., (2004), S. 100–102.

3.2.4.3. Wettbewerbliche Konsequenzen

Die Entwicklungen im Kreditgewerbe haben signifikante Auswirkungen auf das Personal. Generell hat sich die Situation auf personeller Ebene am deutschen Bankenmarkt seit dem Jahr 2000 dramatisch geändert. So wurden allein bei den vier Großbanken 50.000 Stellen abgebaut.[500] Derartige Personalfreisetzungswellen gibt es bei den Sparkassen, die ebenfalls Umstrukturierungsbedarf haben, nur in geringerem Umfang. Von 2000 bis 2003 ist der Personalbestand zwar um knapp 5 Prozent gesunken, er liegt aber weiter unter dem Durchschnitt des privaten Bankgewerbes (–14 Prozent) und ebenso unter dem Durchschnitt des gesamten Kreditgewerbes (–7 Prozent) und erfolgte primär durch natürliche Fluktuationen.[501]

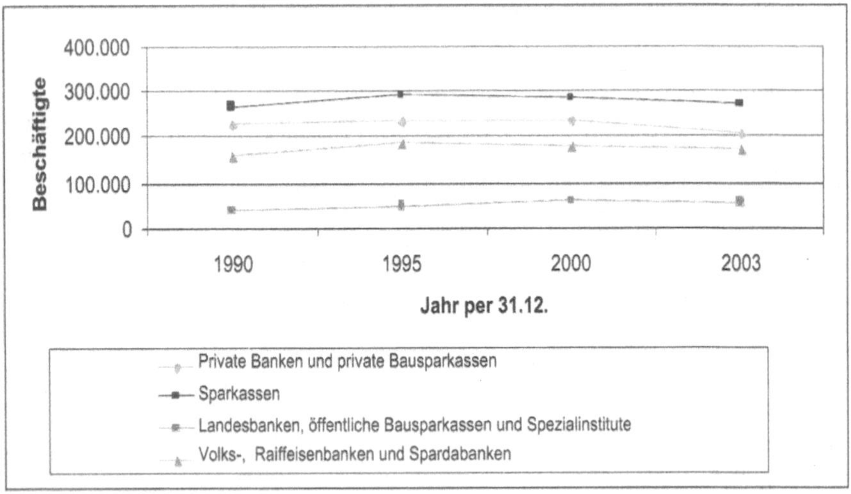

Abb. 14. Beschäftigte im Kreditgewerbe[502]

Bei der Umstrukturierung im Sparkassensektor wird viel auf Personalumbau gesetzt, etwa vom Back- in das Front-Office.[503] „Wichtig erscheint dabei aus betriebswirtschaftlicher Sicht, dass hier keine panikartigen Ad-hoc-Einschnitte vorgenommen werden und nicht nach dem „Rasenmäher-Prinzip" undifferenzierte Kürzungen

500 Vgl. Lang, C., (2004), S. 3.

501 „Durch sozial verträgliche Maßnahmen, wie die Nichtbesetzung frei werdender Stellen, Altersteilzeit oder Teilzeitangebote, wird die Zahl der Beschäftigten schrittweise reduziert werden müssen. Betriebsbedingte Kündigungen sollen dabei vermieden werden. Massenentlassungen können wir als Gruppe heute ausschließen." Hoppenstedt, D.H., (2003a), S. 59 und vgl. Hoppenstedt, D.H., (2003b), S. 273–277.

502 Alle Angaben ohne die Beschäftigten der Postbank und der Bundesbank, vgl. Internetseite des AGV Banken (2004).

503 Vgl. Lang, C., (2004), S. 3.

vorgenommen werden. Stattdessen bedarf es eines strategischen Personalmanagements, beginnend mit der Fixierung quantitativer und qualitativer Personalziele und, daran anknüpfend, einer zielgerichteten Personalentwicklung. Andernfalls besteht die in der Kreditwirtschaft leider verbreitete Gefahr, mit dem Personalabbau kurzfristige (Kostensenkungs-)Erfolge zu Lasten der mittel- und langfristigen Ertragskraft zu erzielen.“[504] Abbildung 14 verdeutlicht neben der Darstellung der Entwicklung der Beschäftigten im Kreditgewerbe, dass dem von Cartellieri bereits vor 15 Jahren beschriebenen Szenario, dass die Banken die Stahlindustrie der neunziger Jahre seien[505], auch zu Beginn des 21. Jahrhunderts zumindest bezüglich der Anzahl der Beschäftigten nicht ohne weiteres zugestimmt werden kann.[506] Auch wenn in einigen Bereichen wie denen der Großbanken[507] enorme Personalüberhänge abgebaut worden sind, so kann dies weder auf der Sparkassen- noch auf aggregierter Kreditinstitutsmitarbeiterebene festgestellt werden.

3.3. Generelle Konsequenzen für das Kreditgewerbe

Die in diesem Kapitel aufgeführten strukturellen Änderungen sind dem kontinuierlichen Strukturwandel in einer primär endogenen Ausprägung zuzuordnen.[508] Generell kann aufgrund der beschriebenen Szenarien der demografischen Entwicklung davon ausgegangen werden, dass dem bankgeschäftlichen Bereich der Altersvorsorge eine besondere Bedeutung zukommen wird. Dies gilt in besonderem Maße für die betriebliche und private Altersvorsorge sowie das Asset Management als diejenigen Geschäftsbereiche in Kreditinstituten, die am stärksten von der Alterungswelle profitieren werden. So ist beispielsweise in Deutschland das Volumen der institutionell verwalteten Vermögen im Verhältnis zum BIP wesentlich geringer als in den angelsächsischen Ländern.[509] Gegenwärtig stammen noch ca. 95 Prozent der durchschnittlichen Einkommen der deutschen Rentner aus staatlichen Kassen, wohingegen dies in den USA 59 Prozent und in Großbritannien 43 Prozent sind.[510] Mit dem verstärkten Aufbau einer privaten kapitalgedeckten Altersvorsorge dürfte die Vermögensplanung und -verwaltung in Deutschland, welches bisher fast ausschließlich auf das umlagefinanzierte Rentensystem gesetzt hat, einen kräftigen Aufschwung erfahren.[511]

---

504 Baxmann, U.G., (2003), S. 21.

505 Vgl. Cartellieri, U., (1990), S. 36–37.

506 Über einen Zeitraum von 40 Jahren ist die Anzahl der Beschäftigten in der Stahlbranche um über 75 Prozent zurückgegangen, wohingegen die Anzahl der Beschäftigten sich in der deutschen Kreditwirtschaft nahezu verdoppelt hat. Vgl. Middelmann, U., (2003), S. 236.

507 Vgl. Bizer, R., (2003), S. 363.

508 Die Änderungen, die aus dem EU-Beihilfestreit resultieren, sind allerdings exogener Natur. Vgl. GP 2.1.1.

509 Vgl. Gruber, K., (2003), S. 587.

510 Vgl. Gruber, K., (2003), S. 587 und vgl. Gruson, M., (2000), S. 153–155.

511 Vgl. Gruber, K., (2003), S. 587.

Die deutsche Kreditwirtschaft erschien über lange Zeit hinweg in sich gefestigt, mit weitestgehend konstanten Marktanteilen der einzelnen Bankengruppen und relativ unempfindlich gegenüber Konjunkturschwankungen und Strukturveränderungen in anderen Sektoren der Wirtschaft.[512] Dies hat sich grundlegend geändert, denn die Banken befinden sich in einem umfassenden Umstrukturierungsprozess.[513]

Fast alle deutschen Kreditinstitute sind Universalbanken, die noch immer sämtliche Teile der Wertschöpfungskette – Produktion, Vertrieb und Administration – selbst besetzt haben.[514] In Ansätzen wird jedoch von einigen Instituten bereits das ein oder andere Glied der Wertschöpfungskette abgegeben.[515] Eine zunehmende Auslagerung und Spezialisierung bedeuten aber gleichzeitig den Abschied von einigen Geschäftsbereichen und damit vom traditionellen Universalbanktypus.[516] In Zukunft wird es neben monolithischer Universalbanken primär spezialisierte Kreditinstitute geben.[517] Sparkassen, die aufgrund der Verbundstruktur des Sparkassensektors in diesem Bereich bereits relativ gut aufgestellt sind, sollten sich allerdings in Zukunft noch stärker als Vertriebsexperten spezialisieren, die optimal auf die Kundenbedürfnisse eingehen.[518] Denn je stärker die Aufgaben innerhalb der Verbünde oder auch darüber hinaus konzentriert werden, desto effizienter können die Primärinstitute arbeiten.[519] Dies geht explizit aus der Sparkassen-Strategie 2010 hervor, die die Sparkassen im Herbst 2002 verabschiedet haben und deren Kernaussage mit dem Motto des preußischen Generalfeldmarschalls Graf von Moltke „getrennt marschieren, vereint schlagen" umschrieben werden kann.[520]

Die Sparkassen-Strategie 2010 versucht eine Antwort auf die sich im deutschen Bankensektor abzeichnenden Änderungen zu geben.[521] Denn der Wandel[522] der deutschen Bankenwirtschaft ist als Prozess zu begreifen, der sich interdependär von real-

[512] Vgl. Weber, M., (2002a), S. 398.

[513] Zu einem Zukunftsszenario der Sparkassen: Vgl. Möschel, W., (2000), S. 85–89 und vgl. Stickler, R., (2001), S. 16–17 sowie vgl. Marliere-Farnschläger, A., (1999), S. 839.

[514] Vgl. Polster, D., (2002), S. 289 und vgl. Dörig, H.-D., (1997), S. 21–34.

[515] So hat beispielsweise die Dresdner Bank den Zahlungsverkehr an die Postbank abgegeben. Zu verschiedenen Formen der Zusammenarbeit im Zahlungsverkehr: Vgl. Pöhler, A., (2003), S.129–134.

[516] Vgl. Eckhardt, J., (2000), S. 569–570.

[517] Vgl. Heintzeler, F., (2001a), S. 246–247.

[518] Diese Spezialisierung innerhalb eines in sich intakten Verbundes ermöglicht eine gewisse Spezialisierung, ohne sich jedoch gleichzeitig der Gefahr auszusetzen „sich später auf dem Rücken des verkehrten Pferdes wiederzufinden", Baxmann, U.G., (2004), S. 19 und vgl. Vogelsang, H., (2003), S. 78–88. Damit wird die Hold-up-Gefahr minimiert.

[519] Vgl. Rathmann, C., (2003), S. 18.

[520] Vgl. Hamm, M., (2003), S. 15.

[521] Vgl. Betsch, O., (2003), S. 424 und vgl. Körner, M., (2001), S.183–188.

[522] Gleichwohl dürfen Kreditinstitute nicht den Fehler machen, nur kurzfristig zu handeln, denn es gilt nach wie vor die Aussage des ehemaligen Vorstandsvorsitzenden der Deutschen Bank Christians: „Banking business is not a day-to-day-business but a generation-to-generation-business". Vgl. Baehring, B., (1999), S. 11.

Strategische Leitlinien

1. Selbstverständnis
- Durch Verbundzusammenarbeit allen Bürgern Finanzdienstleistungsangebote machen.
- Alle Finanzdienstleistungen anbieten.
- Länder und Kommunen in ihrer Verantwortung für die Region unterstützen.
- Rückgrat der Finanzierung des Mittelstandes bleiben.

2. Organisationspolitische Umsetzung
- Eigenständigkeit der Gruppe sichern.
- Arbeitsteilung im Verbund effizienter organisieren.
- Arbeitsteilung der Verbände verbessern.
- Gemengelagen beseitigen, notwendige Fusionen durchführen.
- Regeln für die Zusammenarbeit der Sparkassen-Gruppe im Vertrieb angesichts neuer Medien schärfen.

3. Umsetzung in Betriebswirtschaft und Markt
- Lebenslanges Beziehungs-Banking mit Geschäftsstellen und Online-Zugang sicherstellen.
- Vertriebskraft deutlich stärken.
- Geschäftsfelder der Sparkassen fokussieren.
- Einheitlichen Marktauftritt sicherstellen.
- Kosten durch Standardisierung und aktives Kostenmanagement senken.
- Umbau statt Abbau.

Handlungsfelder

1. Ertragspotenzial der Sparkassen-Finanzgruppe ausschöpfen
- Wachstumsfelder mit Ertragspotenzial besetzen.
- Vertrieb intensivieren.
- Pricing-Modelle erarbeiten und einführen.
- Vertriebs- und Kommunikationsmaßnahmen besser verzahnen.
- Personalauswahl und -weiterbildung im Hinblick auf die Vertriebsfähigkeiten verbessern.
- Vertriebscontrolling weiterentwickeln und einführen.
- Eigenanlagen der Sparkassen optimieren.

2. Kosten senken
- Nachhaltig wirkende Kostensenkungsprogramme entwickeln.
- Produktentwicklung und -abwicklung bündeln.
- Standardisierung von Geschäftsprozessen vorantreiben.
- Kosten der Informationstechnologie begrenzen.
- Konzept für einen notwendigen Personalum- bzw. -abbau erstellen.
- Risiko und Eigenkapitalkosten steuern.
- Verbesserte Arbeitsteilung der Verbände beschreiben.
- DSGV effizienter gestalten.

3. Verbund der Sparkassen-Finanzgruppe organisieren und profilieren
- Arbeitsteilung in der Gruppe effizient organisieren.
- Verbundzusammenarbeit von Sparkassen und Landesbanken verstärken.
- Haftungsverbund organisieren.
- Gemeinwohlorientierung verstärkt kommunizieren.
- Gemeinsame Philosophie der Unternehmen der Sparkassen-Finanzgruppe als Bindeglied einsetzen.

Abb. 15. Strategien der Sparkasse[523]

[523] In Anlehnung an: Hamm, M., (2003), S. 16. Vgl. Bodin, M., (2003), S. 1080–1083.

wirtschaftlicher Entwicklung und Veränderungen der individuellen Einstellungen vollzieht. „Wenn die privaten Haushalte, die Unternehmen oder der Staat ihr Wirtschaftsverhalten ändern, dann wirkt sich das stets darauf aus, in welchem Umfang und in welcher Form Geld genutzt wird und wie dies wahrgenommen wird. Und umgekehrt wirken individuelle Einstellungen – und die sich daraus gleichsam als „Kollektivphänomen" ergebende Finanzkultur – auf realwirtschaftliche Vorgänge zurück. Die Finanzkultur lässt sich deshalb nicht isoliert als sozialpsychologisches Konstrukt betrachten, sondern sie muss stets im Zusammenhang mit dem Finanzmarkt und seiner realwirtschaftlichen Fundierung gesehen werden."[524]

Das Aufzeigen genereller Tendenzen ist wichtig, da sie auch die Kreditinstitute Banken und damit gleichzeitig die Personalarbeit beeinflussen. Um in Zukunft am Markt bestehen zu können, ist vor allem eine Arbeitsmarktflexibilität[525] wichtig, die u. a. folgende Kriterien beinhalten sollte:

- Arbeitszeitflexibilität (vgl. GP 4.2.1.2.),
- Qualifikatorische Flexibilität: Einstellungs- und Kündigungskosten, berufliche Ausbildung, Fortbildung und Umschulung (vgl. GP 4.2.2.2.2.),
- räumliche Mobilität (vgl. GP 4.2.1.1.4.).

Generell wird es besonders um Neuerungen der Lebensarbeitszeit gehen, da diese in Kombination mit Bildungsmaßnahmen flexibler und länger werden wird.[526] So manche Vorruhestandsregelungen im Bankbereich erscheinen anachronistisch, da die Altersstrukturen der Belegschaften sich analog zur Bevölkerung verändern werden. In den letzten Jahren wurde die Belegschaft der Banken massiv verjüngt, wohingegen die Bevölkerung immer älter wird.[527] Aus diesem Grund wird sich die altersselektiv jugendzentrierte Personalpolitik in den Banken ändern müssen.

Auch im Hinblick auf die Alterung ist die Weiterbildungspraxis suboptimal, da ältere Teilnehmer verhältnismäßig selten daran teilnehmen. „Und wenn Ältere teilnehmen, dann meist als Reaktion auf eine befürchtete Herabstufung beziehungsweise Freistellung. Will man ältere Teilnehmer stärker zur Weiterbildung motivieren, sollte versucht werden, schulähnliche Situationen zu vermeiden und stattdessen die Qualifizierungsprozesse über lernfördernde Arbeitsprozesse und Arbeitsmittel direkt in die Organisation der täglichen Arbeit einzubeziehen."[528] Das Know-how darf nicht automatisch der Jugend überlassen werden, denn eine breite Humankapitalbasis ist für die wirtschaftliche Zukunft der Banken entscheidend. Gerade infolge der demografischen Entwicklung ist langfristig mit einem rückläufigen Angebot an Arbeitskräften aller Qualifikationsstufen zu rechnen; mittelfristig könnte es jedoch zu einem Überhang bei den Geringqualifizierten und zu Engpässen bei den mittleren und höheren Qualifikationen kommen.[529] Infolge der niedrigen Geburtenrate kommt es zu einem

524 Weber, M., (2001), S. 328.

525 Vgl. Dohse, D., Krieger-Boden, C., (1998).

526 Vgl. Rürup, B., Sesselmeier, W., (2001), S. 279.

527 Vgl. Bräuniger, D., Gräf, B., Gruber, K., Neuhaus, M., Schneider, S., (2002), S. 25–28.

528 Rürup, B., Sesselmeier, W., (2001), S. 279. Vgl. Bante, A., Hofstetter, N., (2002), S. 62–63.

529 Vgl. Foders, F., (2003), S. 3.

geringeren Anteil junger Menschen an der Gesamtbevölkerung und, angesichts der gleichzeitig zunehmenden Lebenserwartung, zu einem Anstieg des Durchschnittsalters der Bevölkerung. Für die Sparkassen bedeutet dies, dass die Nachfrage der Inländer nach Ausbildungsplätzen im herkömmlichen Bildungssystem rückläufig ist.[530] Dies impliziert ferner, dass Sparkassen Maßnahmen ergreifen müssen, um das Bildungsniveau innerhalb der Sparkassen-Finanzgruppe auf jenes Niveau zu steigern, welches als notwendig erachtet wird. Es kann nämlich nicht unbedingt davon ausgegangen werden, dass in der Zukunft der Markt quantitativ und qualitativ ausreichende Ressourcen bereithält.

Um Mitarbeiter auf diesem Weg von Anfang an zu begleiten, ist es gerade wegen des technologischen Wandels und der Internationalisierung der gesamten Wirtschaft und des Finanzwesens im Besonderen vonnöten, Berufe nicht zu eng zu definieren, um Qualifizierungsfallen zu vermeiden. Daher wird eine breite Grundausbildung wichtiger, da im Zuge der rascheren Entwertung spezifischen Humankapitals der allgemeinen Grundausbildung als Voraussetzung für eine stetige Wissenserneuerung und eine qualifikatorische Flexibilität der Arbeitnehmer eine größere Bedeutung als der engen beruflichen Spezialisierung zukommen wird.[531] Gerade im Bankenbereich erschwert die Spezialisierung auf ein relativ enges Spektrum an Qualifikationen und Fähigkeiten die Einführung moderner Formen der Arbeitsorganisation, die eine Befähigung zur berufsfeldübergreifenden Kommunikation und Aufgabenintegration nahe legt.[532]

Durch Standardisierung und Automatisierung werden nicht zwangsläufig die Ansprüche auf Beratung und persönliche Betreuung zurückgehen. Standardisierung und Individualisierung sind zwei Seiten ein- und derselben Kundenbeziehungsmedaille. Vielfach wünscht der Kunde Bankgeschäfte selbstständig abzuwickeln, benötigt jedoch auf der anderen Seite bei komplexeren Transaktionen Unterstützung.[533] Dies wird auf der technischen Seite dazu führen, dass Kreditinstitute multikanalfähig sein müssen, d.h. der Kunde verschiedene Kommunikationswege zur Bank, entsprechend seiner temporären Interessen nutzen kann. Auf der Personalseite ergibt sich daraus, dass akademische Nachwuchskräfte insbesondere für die Sparkassen-Finanzgruppe immer bedeutender werden.[534] „Die weitreichenden MAK-Vorschriften, die vielfältigen Arbeiten im IT- und Logistikbereich, die Umstellung auf die neuen Baseler Eigenkapitalvorschriften oder die anspruchsvollen Aufgaben im Wertpapiergeschäft erfordern vor allem hoch qualifizierte, zunehmend auch akademisch gebildete Mitarbeiter."[535]

---

[530] Vgl. Foders, F., (2003), S. 8.

[531] So stellt sich die Frage, ob die Implementierung des neuen Berufsausbildungsganges als Investmentfondskaufmann richtig war. Vgl. Danne, H., Nolte, B., (2003), S. 80 und vgl. Franz, H., (1998).

[532] Vgl. Foders, F., (2003), S. 12.

[533] Vgl. Siekmann, M., Solf, M., (2001), S. 86–87.

[534] Vgl. Rohrmeier, D., (2002), S. B1.

[535] O.V., (2002b), S. B8.

Die Banken müssen jedoch gleichzeitig auf technologische Veränderungen reagieren.[536] Denn die Technologiedynamik wirkt sich sowohl auf die Leistungserstellung als auch auf den Absatz der Leistungen aus.[537] Insbesondere die Qualifikationsanforderungen an Mitarbeiter sind daher differenziert auf die Technologiedynamik auszurichten.[538] Darüber hinaus wird eine lebenslange Arbeitsplatzgarantie und die Beförderung nach dem Senioritätsprinzip allerdings zurückgehen und die Position des einzelnen Bankmitarbeiters determiniert sich primär durch seine individuellen Kompetenzen und seine individuelle Wettbewerbsfähigkeit.[539] Dies wird auch dazu führen, dass im Wettbewerb um das Humankapital mit einer stärkeren Lohndifferenzierung zu rechnen ist, denn veränderte Knappheiten schlagen sich in der Regel in den Preisen nieder. Die sich am Arbeitsmarkt abzeichnenden Veränderungen dürften daher zu einer Streckung und größeren Differenzierung der Lohnskala in Kreditinstituten führen.[540]

Diese Entwicklungen gehen mit dem sich in Deutschland diversifizierenden Bildungssystem einher, das vor allem dadurch gekennzeichnet ist, dass die private Wirtschaft Alternativen zum öffentlich geprägten System sucht und aufbaut. So entwickeln sich Bildungsangebote privater Anbieter sowie so genannte „corporate universities“. Der Sparkassensektor betreibt u. a. mit der „Hochschule der Sparkassen-Finanzgruppe“ eine solche Einrichtung. Der Schwerpunkt dieser corporate universities liegt primär in der Vermittlung passgenauen Anwendungswissens[541], welches möglichst direkt für die Praxis nutzbar ist.[542]

Das Interesse von Unternehmen und damit auch von Sparkassen ist es, Wissen zur Handelsware zu machen, d. h. von seinem klassischen Träger – dem menschlichen Geist – abzulösen. Wissen in der modernen Wissensgesellschaft ist verdinglichtes Wissen.[543] Dies bedeutet, dass Informationen innerhalb einer Bank, so lange sie nicht optimal genutzt werden, implizit bleiben und nicht zum „Allgemeinwissen“ werden. In Anlehnung an Nietzsche[544] kann man sagen, dass das Wissen erst zu zweit beginnt. Wissen wird somit zu einem kritischen Faktor, da es weder umfassend noch leicht zugänglich ist.[545]

---

[536] Vgl. Tietmeyer, H., (2001), S. 144–146.

[537] Vgl. Rehm, H., (2000), S. 85.

[538] Vgl. Scholz, C., (2000), S. 275.

[539] Vgl. Scholz, C., (2000), S. 277.

[540] Vgl. Bräuniger, D., Gräf, B., Gruber, K., Neuhaus, M., Schneider, S., S. 25–26.

[541] Neben dem Anwendungswissen kannte das alte Bildungsideal noch drei weitere Formen des Wissens: das Bildungswissen, das die Form der Persönlichkeit bezweckte, das Orientierungswissen, das primär allgemein kulturelle Maßstäbe implizierte sowie das Erbauungswissen, das die spirituelle beziehungsweise religiöse Seite der menschlichen Existenz zum Inhalt hatte. Jedoch sind unter dem Aspekt des Anwendungsinteresses diese Formen nicht unmittelbar nützlich beziehungsweise ist der Nutzen kaum messbar.

[542] Vgl. Encarnacao, J.L., (2000), S. 257–262.

[543] Vgl. Leidhold, W., (2001), S. 434.

[544] Vgl. Nietzsche, F., (1980), S. 517.

[545] Vgl. Leidhold, W., (2001), S. 437.

Darüber hinaus gilt es zu berücksichtigen, dass die heutige Wissensgesellschaft durch ein zunehmendes Innovationstempo gekennzeichnet ist, da in den meisten technischen, naturwissenschaftlichen und sonstigen ökonomisch relevanten Gebieten davon ausgegangen wird, dass das Wissen sich etwa alle drei Jahre erneuert.[546] Dies bedeutet, dass das Lernen zu einer lebenslangen Aufgabe wird, denn das Wissen der Wissensgesellschaft ist weniger das aristokratisch und bürgerlich geprägte Orientierungs- und Bildungswissen, sondern das ökonomisch relevante Anwendungswissen, was durch seine geringe Halbwertzeit charakterisiert ist. Welche Formen des Anwendungswissens in Sparkassen zukünftig von Bedeutung sein werden und welche generellen Kompetenzen Sparkassenmitarbeiter in Zukunft aufweisen müssen, damit Sparkassen gestärkt aus dem gegenwärtigen Strukturwandel hervorgehen und sich somit Wettbewerbsvorteile schaffen können, wird im weiteren Teil dieser Arbeit beleuchtet. Hierbei gilt es zu berücksichtigen, dass Sparkassen zumeist doppelt vom Strukturwandel betroffen sind: Zum einen wirkt der Strukturwandel (indirekt) auf die Ansprüche und Anforderungen der Kunden, denen die Kreditinstitute entsprechen müssen. Zum anderen sind die Sparkassen (direkt) betroffen, da die eigenen respektive zukünftigen Mitarbeiter sich ebenfalls dem Strukturwandel nicht entziehen können und beispielsweise mit veränderten Ansprüchen dem Arbeitgeber begegnen. Aus diesem Grund wird in den folgenden Kapiteln aufgezeigt, welche Auswirkungen der Strukturwandel auf den Bereich der Human Resources in Sparkassen hat und welche Maßnahmen Sparkassen insbesondere im Bereich der Personalentwicklung ergreifen können, um dem Strukturwandel antizipativ zu begegnen.

[546] Vgl. Leidhold, W., (2001), S. 437.

4. Auswirkungen des Strukturwandels auf ausgewählte Aufgaben der Personalarbeit in Sparkassen

Der Übergang von der Industriegesellschaft zu einer Dienstleistungs- und Wissensgesellschaft[547] hat die Rahmenbedingungen und Einflussfaktoren für die im System agierenden Unternehmen verändert.[548] Dies hat u. a. zur Folge, dass Sparkassen vor der Aufgabe stehen, ihre Wettbewerbsfähigkeit zu überprüfen und ihre strategische Geschäftsausrichtung (neu) zu bestimmen. Besonders die Globalisierung und Deregulierung der Finanzdienstleistungsmärkte[549] sowie die dynamische Entwicklung in der Informations- und Kommunikationstechnologie[550] sind wesentliche Bestimmungsfaktoren des verschärften Wettbewerbs im deutschen Bankenmarkt[551], die die Arbeitswelt grundlegend verändert haben und dazu führen, dass berufliche Anforderungen vielschichtiger beziehungsweise differenzierter werden. Dies führt nicht nur zu einer stärkeren Arbeitsteilung[552] sondern auch dazu, dass Kreditinstitute vermehrt nach breit ausgebildeten Mitarbeitern suchen, die jedoch gleichzeitig über detailliertes Spezialwissen verfügen sollen.[553]

Auf dem Arbeitsmarkt werden Strukturänderungen oft durch einen Wandel der Qualifikationsanforderungen angezeigt.[554] Es ändert sich aber nicht nur das Qualifikationsprofil der Mitarbeiter, sondern Kreditinstitute müssen ihre Arbeitgeberfähigkeit zusätzlich stärken, um attraktiv auf qualifizierte Bewerber zu wirken. Um diese konkreten Ausführungen explizit auf die Anforderungen der Sparkassen darzustellen, wird dieses Kapitel bewusst „praxisrelevanter" dargestellt.

Die Ressource „gute Mitarbeiter" ist knapp.[555] Die Aufrechterhaltung der Arbeitgeberfähigkeit ist letztlich Existenzberechtigung im TOB. Denn sowohl die Ansprü-

---

547 Vgl. Serres, M., (2001), S. 46.

548 Vgl. Dahrendorf, R., (2001), S. 6.

549 Vgl. GP 3.2.4.

550 Vgl. GP 3.2.2.

551 Vgl. Bordemann, H.-G., (2000), S. 307–308.

552 Vgl. GP 3.3.

553 Vgl. Schulz, C., (2003a), S. 3.

554 Vgl. Toller, A., (2003), S. B4.

555 Die Eignung des ressourcenorientierten Ansatzes für die Gestaltung der Personalarbeit ist dadurch begründet, dass dieser Ansatz die humanen Ressourcen explizit als Kategorie der spezifischen und einzigartigen Ressourcen eines Unternehmens nennt. Denn der Wert der humanen Ressourcen besteht darin, dass es für Sparkassen mit relativ hohem zeitlichen und finanziellen Aufwand verbunden ist, die Mitarbeiter fachlich und persönlich in das Unternehmen zu integrieren. Darüber hinaus besteht die Seltenheit der humanen Ressourcen darin, dass Mitarbeiter mit bestimmten, für ein Unternehmen relevanten Fähigkeiten und Qualifikationen nicht unbegrenzt auf dem Arbeitsmarkt zur Verfügung stehen. Eine geringe Imitierbarkeit der humanen Ressourcen ergibt sich daraus, dass die Mitarbeiter einer Sparkasse eine

(Fortsetzung Fußnote 555 auf S. 88)

che an die Sparkasse als Arbeitgeber, als auch die Anforderungen der Sparkasse an ihre (potenziellen) Arbeitnehmer haben sich geändert und erfordern von beiden Seiten einen kontinuierlichen Veränderungsprozess.[556] Arbeitnehmer können beispielsweise nicht mehr (wie bisher in Sparkassen) mit einem lebenslang gesicherten Arbeitsplatz rechnen und müssen neben lokaler und mentaler Flexibilität gleichzeitig die Bereitschaft zu lebenslangem Lernen aufweisen. Die Sparkassen als Arbeitgeber hingegen müssen aufgrund des Strukturwandels und der geänderten Anforderungen ihrer Beschäftigten die traditionelle Personalpolitik überprüfen und unter Umständen überarbeiten.[557]

Insbesondere im Hinblick auf die Ausgestaltung von Arbeitsplätzen, Arbeitszeiten, Weiterbildung, Arbeitsklima und Unternehmenskultur gilt für Sparkassen, sich mit anderen Arbeitgebern zu vergleichen und über eine mitarbeiterorientierte Gestaltung der Personalpolitik eine den strukturellen und wirtschaftlichen Herausforderungen von Gegenwart und Zukunft gewachsene Unternehmung zu formen.

Ziel einer jeden Sparkasse muss es dabei sein, ein Personalmanagement zu vollziehen, das sich proaktiv handelnd präsentiert, das Personalarbeit strategisch und vorausschauend plant und diese letztlich zusammen mit allen Beteiligten im Einklang mit den vorherrschenden Umweltbedingungen umsetzt.[558] Die Personalarbeit deckt hierbei auf operativer Ebene die gesamte Prozesskette von der Beschaffung über die Entwicklung bis zur Freisetzung ab. Diese Arbeit ist als Wertschöpfung zu betrachten, da es Mitarbeiter-Wertbeiträge aufzubauen gilt.[559]

Aus diesem Grund werden mit der Personalbeschaffung, der Personalentwicklung und der Personalfreisetzung einige ausgewählte Aufgaben der Personalarbeit dargestellt, die gegenwärtig eine dominante Rolle in der sparkassenbetriebswirtschaftlichen Praxis einnehmen. Hierbei werden die Auswirkungen des Strukturwandels, die im Kapitel 3 aufgezeigt worden sind, in besonderer Weise in Bezug hierzu gesetzt. Die Auswirkungen werden jedoch nicht rein ex post betrachtet, sondern implizieren auch für die Gegenwart und Zukunft unternehmerische Handlungen, die ebenfalls (ansatzweise) in diesem Kapitel dargelegt werden. Darüber hinaus gilt, dass nicht jede dargestellte Handlung von Grund auf neuartig ist, da vieles bereits seit Jahren oder gar Jahrzehnten (erfolgreich) ein- und umgesetzt wird.

---

[555] *(Fortsetzung)* häufig über Jahre hinweg entwickelte Kultur leben. In der Regel ist Humankapital zumindest kurzfristig nicht zu substituieren, da es einer gewissen Einarbeitungszeit bedarf, bevor ein Mitarbeiter eine Aufgabe eigenständig bearbeiten kann. Vgl. Stock, R., (2004), S. 242–243.

[556] Gerade in diesem Zusammenhang wird die Weiterentwicklung des Deppe-Modells im Vergleich zu Gutenberg deutlich. Bei Gutenberg herrscht in seiner Produktionsfaktorkombination noch ein quasimechanistisches Menschenbild vor, das eine Trennung von Entscheidungsträgern und ausführenden Mitarbeitern vorsieht und in dem die sozialen Ziele und Bedürfnisse der „Produktionsfaktoren" in den Hintergrund treten. Bei Deppe hingegen werden in Ansätzen bereits Ergebnisse der Behavioral Sciences berücksichtigt, die explizit soziale Umfeldfaktoren zum Inhalt haben.

[557] Vgl. Honegger, J., (2001), S. 50.

[558] Vgl. Ehmann, H. M., Eisele, D.S., (2003), S. 35.

[559] Vgl. Scholz, C., (2003), S. 4.

4.1. Personalbeschaffung

Aus institutionenökonomischer Sicht lassen sich Sparkassen als „eine auf Dauer angelegte kooperative Veranstaltung von Individuen mit nicht notwendigerweise identischen Interessen zur Sicherung von höchst prekären Vorteilen gemeinsamen und koordinierten Verhaltens"[560] charakterisieren.[561] Im Mittelpunkt stehen hierbei die Mitarbeiter, deren Ziele durch die Unternehmenspolitik kanalisiert werden sollen. Unter Unternehmenspolitik werden demgemäß all jene Maßnahmen verstanden, die zur Erreichung der Ziele einer Unternehmung eingesetzt werden. Sie umfasst alle Maßnahmen, die zur Realisation der von der Unternehmenspolitik vorgegebenen Ziele im Personalbereich einer Unternehmung zu treffen sind.[562] Die Maßnahmen der Personalpolitik lassen sich aus institutionenökonomischer Sicht kaum eingrenzen, da bei allen personalpolitischen Entscheidungen Rückwirkungen auf Anreizbedingungen und Risikoverteilungen unausweichlich sind.[563] Dennoch gilt es diese von Anfang an abzuschätzen und einzugrenzen. Eine entsprechende Aufgabe beginnt jedoch bereits vor der Einstellung eines Mitarbeiters.[564] Durch die Beschaffung von Personal auf dem unternehmensinternen oder -externen Arbeitsmarkt wird nämlich diejenige Ressource bereitgestellt, ohne die keine Sparkasse erfolgreich arbeiten kann.[565] Der Erfolg einer Sparkasse hängt somit letztlich von der Qualität der Personalbeschaffung ab. Aus Sicht der Transaktionskostentheorie ist die Personalbeschaffung Voraussetzung für den Abschluss eines Arbeitsvertrages. Hierbei ist die Personalbeschaffung dann transaktionskostenminimal, wenn sie als Mittel zur Vorbereitung des Arbeitsvertrages möglichst effizient gehalten werden kann.[566] Dies ist in aller Regel bei der internen eher der Fall als bei einer externen Beschaffung, da gerade bei höheren Qualifikationen und den damit verbundenen spezifischen Kenntnissen und Fähigkeiten diese intern zumeist bekannt sind. Das (zugrunde liegende) Menschenbild der Transaktionskostentheorie, „compared to neoclassical economies, individuals are, on the one hand, better liars, cheaters and shirkers and, on the other (hand), less competent optimizers"[567] verdeutlicht jene Gefahren, die gemäß der Principal-Agent-Beziehung bestehen[568] und damit die Bedeutung einer sorgfältigen Personalbeschaffung.[569]

Angesichts der empirisch beobachtbaren Langfristigkeit vieler Beschäftigungsverhältnisse ist eine Auseinandersetzung mit dem Investitionscharakter einer Ausbil-

---

[560] Schauenberg, B., Schmidt, R.H., (1983), S. 249.

[561] Vgl. GP 2.3.2.

[562] Vgl. Schauenberg, B., (1996), S. 346–347.

[563] Vgl. Schauenberg, B., (1996), S. 347.

[564] Vgl. Graf, A., (2001), S. 1121–1122.

[565] Vgl. Drumm, H.J., (2000), S. 315.

[566] Vgl. Drumm, H.J., (2000), S. 318.

[567] Masten, S.E., (1986), S. 446.

[568] Vgl. Bernhardt, W., Witt, P., (1999), S. 838–840.

[569] Vgl. Neubäumer, R., Kohaut, S., (2002), S. 405.

dung beziehungsweise die Frage nach der Finanzierung von Investitionen in spezifisches Humankapital sowie nach Konsequenzen von Unsicherheit und Informationsverteilungen zentral für eine Analyse der Personalbeschaffung.[570] Da sich die Qualität von Humankapital Außenstehenden gegenüber nicht direkt offenbart, werfen Stellenbesetzungen in Sparkassen erhebliche Probleme auf. Diesbezüglich weisen Humankapitalanbieter die typischen Eigenschaften von Erfahrungs- beziehungsweise Vertrauensgütern auf.[571] Deshalb können Informationsasymmetrien zwischen Nachfragern und Anbietern von Humankapital zu einer Negativauswahl führen.[572]

Die Aufgabe der Personalbeschaffung begründet sich folglich primär in der Suche und Selektion von Personal.[573] Demnach sollen die benötigten Mitarbeiter in der geforderten Anzahl und Qualifikation zum geeigneten Zeitpunkt für die nachgefragte Funktion zu marktgerechtem und leistungsorientiertem Einkommen beschafft werden.[574] Bedeutend ist in diesem Zusammenhang das akquisitorische Potenzial, sprich die Arbeitgeberfähigkeit einer Sparkasse, um überhaupt geeignete Bewerber für das Unternehmen zu gewinnen.[575]

Entsprechende Voraussetzungen für eine erfolgreiche Personalrekrutierung sind klare sparkasseninterne Zieldefinitionen, die beispielsweise fragen, welche Berufsbilder ausgebildet werden sollen beziehungsweise können, wie viele Auszubildende einzustellen sind, wie hoch der Nachwuchskräftebedarf in den Fachbereichen ist und welche Anforderungen die Bewerber generell zu erfüllen haben.[576] Hierbei ist die Frage, wie Fehlwahlprobleme auf Märkten für Humankapital durch die Produktion von Signalen und den Einsatz von Screeningmechanismen entschärft werden können, eine der Hauptaufgaben der Personalbeschaffung.[577]

Die Personalbeschaffung in Sparkassen beginnt bereits mit der Auswahl der Auszubildenden. In allen Sparkassen stellen Mitarbeiter mit einer Berufsausbildung nicht nur die volumenmäßig größte Mitarbeitergruppe dar, sondern ehemalige Auszubildende werden darüber hinaus auch auf allen Hierarchiestufen eingesetzt. Um adäquate Auszubildende zu gewinnen, muss sich eine Sparkasse im Rahmen ihrer Personalbeschaffungsstrategie hinsichtlich ihrer Wirksamkeit auf das Verhalten potenzieller Bewerber überprüfen, damit sie als attraktiver Arbeitgeber akzeptiert wird.

---

[570] Vgl. Schauenberg, B., (1996), S. 348.

[571] Vgl. Nelson, P., (1970), S. 312.

[572] Vgl. Franck, E., Opitz, C., (1999), S. 1315.

[573] Vgl. Scholz, C., (2000), S. 455.

[574] Vgl. Jung, H., (2001), S. 128.

[575] Vgl. GP. 2.3.1.2.2.

[576] Vgl. Töllner, T., (2003), S. 14.

[577] „Es ist unbestritten, dass Berufseinsteiger – gerade was ihr unternehmensspezifisches Know-how betrifft – im Verlauf ihrer Zugehörigkeit zum Unternehmen hinzu lernen und somit auch ihr Humankapital weiter entwickeln können. [...] Dennoch erleichtert eine gute Vorauswahl [...] eine spätere Zuordnung im Unternehmen erheblich. Darüber hinaus können beschränkte Ressourcen etwa für die unternehmensinterne Aus- und Weiterbildung viel gezielter und effizienter eingesetzt werden, wenn sie auf den vielversprechendsten Kandidaten konzentriert werden." Franck, E., Opitz, C., (1999), S. 1316.

Gerade in den letzten Jahren hat aber das gesamte Kreditgewerbe an Attraktivität für Schulabgänger eingebüßt.[578] Da diese die Inhalte und Ausprägungen ihres zukünftigen Arbeitsumfeldes nicht in Gänze kennen können, sollte ihnen bereits im Vorfeld ein realistisches Szenario des zukünftigen Arbeitsumfeldes vermittelt werden, um mögliche Enttäuschungen zu vermeiden.[579] Hierauf aufbauend besteht eine weitere Aufgabe der Personalbeschaffung in der Rekrutierung jener Bewerber, die ein tatsächliches Interesse an finanziellen Geschäften und Freude im Umgang mit anderen Menschen aufweisen.[580]

Den für die Beschaffung beziehungsweise Gewinnung neuen Personals notwendigen Input erhält die Personalbeschaffung aus der Personalbedarfsermittlung und kann darauf aufbauend mit der Personalsuche, der Personalvorauswahl, den Eignungstests[581] sowie abschließend mit der Auswahl, Einarbeitung und Einstellung der entsprechenden Personen fortfahren.[582]

4.1.1. Personalbedarfsermittlung und Personalsuche

Im Rahmen der Personalbedarfsermittlung in Sparkassen geht es um die Feststellung des tatsächlich benötigten Personals[583], also um die Spezifizierung einer zeitlichen, räumlichen, quantitativen beziehungsweise qualitativen (zukünftigen) Personalunterdeckung im Unternehmen.[584] In den letzten Jahren ist in Sparkassen die Tendenz auszumachen, dass der quantitative Bedarf sinkt, dagegen der qualitative Bedarf gestiegen ist.[585]

Bei der Suche beziehungsweise Beschaffung neuer Mitarbeiter besteht stets die Gefahr asymmetrischer Informationsverteilung. Eine Form dieser asymmetrischen Informationsverteilung stellt die Qualitätsunsicherheit für die Sparkassen bezüglich des Leistungsvermögens des Arbeitsplatzbewerbers dar, bei deren Vorliegen sich Screening und Signaling als entsprechende Maßnahmen zur Reduktion derselben anbieten.[586] Die Maßnahmen zum Abbau der Qualitätsunsicherheit lassen sich nach der

---

[578] Vgl. Haase, D., (2001), S. 112.

[579] Zufriedene Auszubildende sind gleichsam die beste Werbung für die Rekrutierung neuer Auszubildender. Vgl. Ashauer, G., (2000a), S. 323–324.

[580] Vgl. Stock, R., (2004), S. 239–240.

[581] Vgl. Müller, S., (1999), S. 571.

[582] Aus diesem Grund ist es für eine Sparkasse nicht sinnvoll über Bedarf auszubilden, um beispielsweise strukturpolitischen Anforderungen gerecht zu werden, die eine höhere Auszubildendenquote zur Verringerung der Jugendarbeitslosigkeit verlangen. Ein solches Verhalten wirkt mittelfristig kontraproduktiv und kann zu einer unzufriedenen Belegschaft führen, da Mitarbeiter häufig nicht gemäß ihren Qualifikationen eingesetzt werden können.

[583] Vgl. Schanz, G., (2000), S. 319..

[584] Vgl. Scholz, C., (2000), S. 455.

[585] Diese Beobachtung deckt sich mit dem im GP 3.2.3.1. beschriebenen Trend zur Höherqualifikation und der im GP 3.2.4.2. dargestellten partiellen Personalreduktion.

[586] Vgl. GP. 2.3.2.3.

Art der Informationsübermittlung unterscheiden.[587] So kann einerseits die besser informierte Marktseite und dies ist in aller Regel der Bewerber selbst, Aktionen durchführen, die seine Qualität glaubhaft signalisieren. Andererseits kann die schlechter informierte Marktseite, dies ist im Regelfall die Sparkasse, einen Bewerber mit Entscheidungssituationen konfrontieren, aus deren Ergebnis auf seine Qualität geschlossen werden kann.[588] Aus spieltheoretischer Sicht unterscheiden sich beide Möglichkeiten nur darin, dass im ersten Fall der besser informierte Spieler (Signaling) den ersten Zug hat, während im zweiten Fall der uninformierte Spieler (Screening) zuerst zieht.[589] Im Regelfall sendet der Bewerber auf eine Stelle von sich aus die ersten Signale, um Informationen über sein Leistungsvermögen zu geben.

Zur Erfüllung der betrieblichen Personalrekrutierung stehen Sparkassen diverse Wege zur Auswahl: Angefangen bei potenziellen Arbeitnehmern, die unaufgefordert ihre Arbeitskraft anbieten (Initiativbewerbung) über eine systematische externe Beschaffung bis zur internen Beschaffung.[590] Im Einzelfall muss entsprechend der jeweiligen Situation entschieden werden, da beispielsweise die Bedarfsdeckung über den innerbetrieblichen Arbeitsmarkt auf anderen Voraussetzungen basiert als die Bedarfsdeckung über den außerbetrieblichen Arbeitsmarkt.[591] So ist das benötigte Know-how häufig im eigenen Haus vorhanden und im Sinne der Personalkontinuität ist es wichtig, bisherigen Arbeitnehmern interne Perspektiven aufzuzeigen. Andererseits kann es vorkommen, dass benötigte Qualifikationen nicht in der gewünschten Form von bisherigen Mitarbeitern bereitgehalten werden. Die Rekrutierung externer Personen kann dann dazu beitragen, eine gewisse „Betriebsblindheit" zu vermeiden und neue Impulse zu erhalten.

Darüber hinaus gibt es auch einen (hybriden) Arbeitsmarkt innerhalb der S-Finanzgruppe, der Elemente der internen und externen Personalbeschaffung aufweist. Die Rekrutierung zukünftiger Mitarbeiter von anderen Sparkassen hat zum einen den Vorteil, dass in gewisser Form externes Know-how gewonnen wird. Darüber hinaus verfügen diese Mitarbeiter jedoch gleichzeitig über das Wissen vieler sparkassenspezifischer Abläufe, das eine schnellere Eingewöhnung in ihre neue Arbeitsumgebung ermöglichen sollte.[592]

4.1.1.1. Interne Personalbeschaffung

Mit Ausnahme von starken Wachstumsprozessen, in denen sich das Kreditgewerbe im Generellen und Sparkassen im Speziellen nicht befinden[593], fließen einer Unter-

[587] Vgl. Kaas, K.-P., (1991), S. 357–370.

[588] Vgl. Roth, S., (2001), S. 372.

[589] Vgl. Rasmusen, E., (1989), S. 249.

[590] Vgl. Scholz, C., (2000), S. 456.

[591] Vgl. Jung, H., (2001), S. 130.

[592] Da diese hybride Form Elemente der internen und externen Personalbeschaffung aufweist, soll im weiteren Verlauf hierauf nicht dezidiert eingegangen werden.

[593] Vgl. GP 3.2.4.

nehmung vom externen Arbeitsmarkt vorwiegend Berufsanfänger zu.[594] Die geringe Geburtenrate hat allerdings dazu geführt, dass sich immer weniger Berufsanfänger bei Sparkassen bewerben. Dagegen ist zu beobachten, dass aufgrund des wettbewerblichen Strukturwandels, der insbesondere durch einen Abbau der Personalkapazitäten in den Großbanken geprägt ist, sich verstärkt freigesetzte Mitarbeiter dieser Banken um einen Arbeitsplatz in der Sparkassen-Organisation bewerben.

Jedoch sprechen eine Minimierung eventueller Einarbeitungskosten, die synergetische Nutzung von Kenntnissen des vorhandenen Personals über die Unternehmung und das in ihr geltende Wertesystem der Unternehmenskultur sowie die Realisation von Aufstiegsangeboten als Teil der Arbeitgeberfähigkeit für eine interne Personalbeschaffung in Sparkassen.[595] So ist für bereits beschäftigte Mitarbeiter als Folge einer in der Regel geplanten längeren Verweildauer in einer Sparkasse die Relevanz von internen Arbeitsmärkten und damit auch die von Karrieremöglichkeiten immanent.[596]

Innerhalb von Kreditinstituten kommt es regelmäßig zu Personalbewegungen, die dazu führen, „dass an einer Stelle ein Personalbedarf gedeckt wird, während sich gleichzeitig an einer anderen Stelle [...] eine personelle Lücke auftut."[597] Die systematische Gegenüberstellung von veränderungswilligen Mitarbeitern mit den gegenwärtig beziehungsweise künftig zu besetzenden Stellen lässt dabei einen institutsinternen Arbeitsmarkt entstehen.[598] Dieser interne Arbeitsmarkt dient zum einen der Erhöhung der Spezifikation der Karrierewünsche[599] der Mitarbeiter, andererseits ist er aber auch notwendig, da der externe Arbeitsmarkt nicht immer Arbeitskräfte mit den entsprechenden und gewünschten Qualifikationen bereithält.[600] Darüber hinaus ist eine externe Stellenbesetzung im Regelfall mit höheren Kosten verbunden sowie arbeits- und zeitaufwändiger. Es ist daher oftmals von Vorteil, vor einer Stellenbesetzung zu prüfen, inwieweit eine bereits im Unternehmen beschäftigte Arbeitskraft hierfür in Betracht kommt.[601]

Generell stehen einer Sparkasse zur internen Personalbeschaffung verschiedene, sich zum Teil ergänzende beziehungsweise aufeinander aufbauende Möglichkeiten zur Verfügung. So kann über zusätzliche Arbeitsleistungen wie die Einführung von Mehrarbeit beziehungsweise Überstunden ein vorübergehender Arbeitskräftebedarf ausgeglichen werden, indem beispielsweise die betriebsübliche Arbeitszeit verlängert wird.[602] Aus Sicht der Sparkassen sind diese Formen der innerbetrieblichen Personal-

---

[594] Vgl. Drumm, H.J., (2000), S. 315.

[595] Vgl. Drumm, H.J., (2000), S. 321–322.

[596] Vgl. Schauenberg, B., (1996), S. 348.

[597] Schanz, G., (2000), S. 347.

[598] Vgl. Jochmann, W., (1999), S. 216.

[599] Vgl. Mayrhofer, W., Meyer, M., Steyrer, J., Iellatchitch, A., Schiffinger, M., Strunk, G., Erten-Buch, C., Hermann, A., Mattl, C., (2002), S. 395–401.

[600] Vgl. Jung, H., (2001), S. 130.

[601] Vgl. Olfert, K., Steinbuch, P.A., (2001), S.117.

[602] Vgl. Jung, H., (2001), S. 130.

beschaffung von Vorteil, weil die Zahl der Arbeitnehmer im Unternehmen nicht erhöht werden muss und folglich Einstellungen beziehungsweise neue arbeitsrechtliche Bindungen vermieden werden können.[603] Zu beachten sind hierbei jedoch negative Auswirkungen auf die Mitarbeitermotivation aufgrund von Freizeitverlusten beziehungsweise möglicher gesundheitlicher und sozialer Probleme, die aus einer eventuellen Überbelastung resultieren und so eine auf Dauer wenig effektive Arbeitsausführung bewirken können.[604] Daraus kann sich ein so genanntes „Burnout" der Mitarbeiter entwickeln,[605] so dass diese Maßnahmen nur temporärer Natur sein sollten und letztlich nie im Sinne einer strategischen Personalplanung zu verstehen sind.[606]

Durch eine innerbetriebliche Stellenausschreibung kann den Betriebsangehörigen eine offene Stelle sparkassenintern bekannt gemacht werden.[607] Einem Unternehmen ist es zwar grundsätzlich freigestellt, auf welchem Wege es eine freie Stelle besetzt, der Betriebsrat beziehungsweise Personalrat kann jedoch nach § 93 BetrVG eine innerbetriebliche Stellenausschreibung verlangen, um damit Betriebsangehörige auf frei werdende oder neu geschaffene Arbeitsplätze hinzuweisen.[608] Eine Ausschreibung sollte alle für den potenziellen Bewerber wichtigen Informationen enthalten, die organisatorische Einbettung der Stelle festlegen, Kompetenzen abgrenzen, die Zusammenarbeit mit anderen Stellen regeln sowie alle Aufgaben und Tätigkeiten des Stelleninhabers beschreiben.[609]

Zumeist wird die innerbetriebliche Stellenausschreibung durch den Abschluss von Betriebsvereinbarungen[610] geregelt und bietet damit allen Arbeitnehmern gleicher oder ähnlicher Qualifikation unter identischen Voraussetzungen an, sich auf die ausgeschriebene Position zu bewerben.[611] Ist die interne Bewerbung erfolgreich, kommt es zu einer Versetzung.

Die Versetzung stellt die Möglichkeit zur internen Bedarfsdeckung dar und bedeutet im Regelfall eine Zuweisung zu einer gleich- oder höherwertigen Stelle.[612] Bei Versetzungen handelt es sich um „Maßnahmen der Aufgabenumverteilung, durch die sich personelle Defizite in einem oder mehreren Teilbereich(en) durch den Abbau von Überhängen in einem oder mehreren anderen [Teilbereichen] auffüllen lassen."[613] Um auf eine höherwertige Stelle versetzt werden zu können, erfolgt zumeist

---

[603] Vgl. Olfert, K., Steinbuch, P.A., (2001), S.123.

[604] Vgl. Jung, H., (2001), S. 131.

[605] Vgl. Homburg, C., Stock., R., (2001), S. 483–484.

[606] Vgl. GP 2.2.1.

[607] Vgl. Horsch, J., (2000), S. 43.

[608] Vgl. Schanz, G., (2000), S. 348–349.

[609] Vgl. Martin, A., (2001), S. 330–331.

[610] Vgl. Jung, H., (2001), S. 136.

[611] Vgl. Olfert, K., Steinbuch, P.A., (2001), S.118.

[612] Es kann aber auch eine geringerwertige Stelle in Betracht kommen. Vgl. Horsch, J., (2000), S. 44.

[613] Schanz, G., (2000), S. 353.

bereits im Vorfeld eine Qualifizierung der Mitarbeiter im Rahmen der Personalentwicklung. Der Mitarbeiter erhält so die Chance eines beruflichen Aufstiegs und das Unternehmen kann dem Mitarbeiter im Bedarfsfall anspruchsvollere Aufgaben übertragen. Ergo trägt die Personalentwicklung[614] dazu bei, den künftigen Bedarf an qualifizierten Arbeitnehmern in Sparkassen zu decken.

Die langfristige Personalbeschaffungsplanung ist daher fast immer mit einer Karriere- oder Laufbahnplanung in den Sparkassen verbunden.[615] Auch wenn eine solche Planung grundsätzlich für alle Arbeitskräfte durchführbar ist, so wird sie jedoch aufgrund der Probleme der Abschätzung von Fähigkeitsbarrieren und der Ressourcenbegrenzung bei Personalentwicklungsmaßnahmen im Regelfall auf Fach- und Führungskräfte begrenzt.[616] Aufgrund der schwierigeren Substitution bei tendenziell höherer Arbeitsplatzwechselbereitschaft dieser Mitarbeitergruppen betreiben heutzutage fast alle Arbeitgeber einen größeren Aufwand bezüglich ihrer Mitarbeiterbindung. Neben direkten finanziellen Anreizen üben insbesondere Karrieremöglichkeiten eine große Attraktivität auf (zukünftige) Führungskräfte aus.[617]

Um die Qualität der Mitarbeiter innerhalb der S-Finanzgruppe rechtzeitig zu identifizieren, werden Potenzialanalysen verwendet.[618] Mit diesen Potenzialanalysen ist es einer Sparkasse möglich, für verschiedene Zielgruppen wichtige personalpolitische Erfordernisse zu realisieren. „Hierzu gehören u. a.:

- Eine individuelle, auf die Stärken und Schwächen der Mitarbeiter zugeschnittene Personalentwicklung.
- Rechzeitiges Erkennen von High-Potentials im Personal-Portfolio.
- Rechtzeitiges Aufzeigen von Perspektiven und Karrieremöglichkeiten, insbesondere im Vertrieb.
- Gewinnung und Sicherung eines fähigen und homogenen Teilnehmerkreises für Studiengänge der Sparkassen-Finanzgruppe [...] durch vorgeschaltete Potenzialanalyse.

---

[614] Ausführlich wird diese Thematik im GP 4.2. behandelt.

[615] „Mitarbeiter, die Verantwortung für Abteilungen, Kunden sowie Produkte und Dienstleistungen oder Projekte übernehmen, müssen abteilungsübergreifendes Denken und Handeln lernen. Dabei helfen hierarchie- und bereichsunabhängige Karrieren: heute Gruppenleiter, morgen Senior-Manager Produktentwicklung, übermorgen Projektleiter Qualitätsmanagement oder Abteilungsleiter. Für Fachkräfte gilt der systematische Wechsel zwischen Kunden-, Produkt-, Projekt- oder Prozessverantwortung entsprechend. Traditionell ist der Karrierebegriff in unserer Gesellschaft mit dem Automatismus Karriere = Titel = Kompetenz gekoppelt. Diese Abhängigkeiten müssen zu Gunsten individueller und variabler Entwicklungen aufgelöst werden. Flache Hierarchien und dynamische Organisationen lassen ohnehin weniger traditionelle Führungspositionen – und vor allem dauerhafte Karrierepositionen – zu." Meier, H., (2001), S. 62.

[616] Vgl. Drumm, H.J., (2000), S. 323.

[617] Neben Aspekten wie Prestige und sozialem Status kann eine Karriereplanung aus Sicht der Mitarbeiter auch als Barwertmaximierung verstanden werden, da diese im Regelfall im Rahmen des beruflichen Aufstiegs auch mit höheren Entgelten verbunden ist.

[618] Vgl. Becker, K., Diemand, A., (2003), S. 15.

- Leichtere Beurteilung von Bewerbern aus anderen Sparkassen, die Potenzialanalyseergebnisse ihrer Bewerbung beifügen.
- Reduktion von Personalrisiken. Durch rechtzeitige Förderung qualifizierten Personals wird das Personalaustrittrisiko reduziert. Gleichzeitig wird das Motivationsrisiko, das nach Ansicht vieler Experten bei Sparkassen am stärksten ausgeprägt ist, reduziert, indem rechtzeitig Unter- und Überforderung erkannt wird und fähigkeitsbezogene Personalentwicklungsmaßnahmen eingeleitet werden [...].
- Die Möglichkeit von Institutsvergleichen über Mittelwertvergleiche mit anderen Sparkassen [...].“[619]

Dieses Potenzialverfahren weist für Sparkassen und Mitarbeiter zahlreiche Vorteile auf. Denn trotz aller Subjektivität in der Bewertung von Mitarbeitern, die auch dieses Verfahren nicht vollständig eliminieren kann, findet dennoch in standardisierter und danach objektivierter Form eine Analyse von Stärken, Entwicklungsbereichen und Interessen statt. Die Ergebnisse helfen somit, persönliche Über- und Unterforderungen zu vermeiden und die Mitarbeiter vor unrealistischen Erwartungen bezüglich eventueller Karriereschritte zu schützen.[620] Darüber hinaus werden personelle Entscheidungen aus Sicht der Mitarbeiter oftmals transparenter und fairer erlebt.[621]

4.1.1.2. Externe Personalbeschaffung

Ziele der unternehmensexternen Personalbeschaffung sind die Nutzung von Fähigkeitspotenzialen als Ressource, wenn diese Potenziale innerhalb der Unternehmung nicht entwickelt werden können beziehungsweise die Anwerbung von Berufsanfängern und Auszubildenden, um bei ihnen Fähigkeitspotenziale aufzubauen.[622] Deshalb beziehen sich diese Beschaffungswege auf jenen Teil des Arbeitsmarktes, der außerhalb des eigenen Instituts liegt, und werden primär dann genutzt, wenn eine innerbetriebliche Personalbeschaffung nicht möglich ist oder unzweckmäßig erscheint.[623] Sie verfolgen das Ziel, eine neue Arbeitskraft in das Unternehmen einzugliedern und diese in Abhängigkeit von der Arbeitsmarktsituation, der Bedeutung der zu besetzenden Stelle und der jeweiligen Qualifikation für die eigene Sparkasse zu gewinnen.[624]

Die Sparkasse kann bei der externen Suche nach potenziellen Arbeitnehmern passiv oder aktiv vorgehen. Bei der passiven Vorgehensweise unternimmt sie von sich aus kaum Anwerbungsmaßnahmen und greift eher auf Personalleasing oder die Dienste einer Arbeitsverwaltung zurück.

---

[619] Vgl. Diemand, A., Becker, K., (2004), S. 7.

[620] Diemand, A., Becker, K., (2004), S. 7–8.

[621] Wie aus Potenzialanalyseergebnissen mögliche Personalentwicklungsmaßnahmen abgeleitet werden, zeigt Diemand. Vgl. Diemand, A., (2003), S. B4.

[622] Vgl. Drumm, H.J., (2000), S. 325.

[623] Vgl. Olfert, K., Steinbuch, P.A., (2001), S. 124.

[624] Vgl. Scholz, C., (2000), S. 459.

- Die Arbeitsverwaltung vermittelt der anfragenden Sparkasse durch Zwischenschaltung der Bundesagentur für Arbeit[625] und der ihr untergeordneten Arbeitsagenturen entsprechende Arbeitskräfte und ermöglicht so eine Unterstützung der betrieblichen Personalbeschaffung durch Beratung von Arbeitnehmern und -gebern.[626]
- Im Gegensatz zur Arbeitsverwaltung stellt das Personalleasing eine Arbeitnehmerüberlassung dar, bei der ein selbstständiger Unternehmer als Verleiher einen Arbeitnehmer, mit dem er bereits einen Arbeitsvertrag geschlossen hat, einer Sparkasse als Entleiher überlässt und zwar befristet zwecks Einbringung von Arbeitsleistungen.[627] Diese Form der externen Personalbeschaffung hat in den letzten Jahren in Sparkassen enorm an Bedeutung gewonnen. Das Personalleasing bietet sich insbesondere für absehbare, zeitlich begrenzte Bedarfssituationen an, lässt sich sehr flexibel handhaben und ermöglicht die Beschaffung kurzfristiger Arbeitskräfte, die vorzugsweise bei Schreibarbeiten im Verwaltungsbereich eingesetzt werden.[628] Nicht selten erhalten bewährte (externe) Mitarbeiter bei einem sich abzeichnenden ständigen Personalbedarf einen direkten Arbeitsvertrag bei der Sparkasse.

Bei aktiven Maßnahmen der externen Personalbeschaffung wendet sich die Sparkasse direkt an den Arbeitsmarkt, gibt Informationen über ihren konkreten Personalbedarf und wirbt aktiv für die zu besetzenden Stellen. Sie versucht u. a. mittels Stellenanzeigen, Personalberatern und (Hoch-)Schulrekrutierungsmaßnahmen Bewerber zu gewinnen.

- Stellenanzeigen werden von Sparkassen in Form eines Stellenangebotes aufgegeben.[629] Als Kerninhalte enthält eine Stellenanzeige Aussagen über das Unternehmen, die vakante Stelle, die gestellten Anforderungen und den Bewerbungsvorgang.[630] Sie sollte inhaltlich so gestaltet sein, dass sie mittels eines ausgewählten Mediums die Aufmerksamkeit der visierten Zielgruppe erreicht.[631] Die Stellenanzeigen erfolgen meist in Regionalzeitungen beziehungsweise werden im Internet veröffentlicht. Bei höheren Positionen wie beispielsweise der Stelle als Vorstandsmitglied erscheinen die Stellenanzeigen auch überregional, im Regelfall in der SparkassenZeitung beziehungsweise der Frankfurter Allgemeinen Zeitung.
- Personalberater werden besonders dann eingesetzt, wenn Arbeitskräfte der höheren Hierarchieebenen gesucht werden.[632] Durch ihre Zusammenarbeit mit einer Viel-

---

625 Das Arbeitsamt steht in dem Ruf, tendenziell für weniger attraktive Stellen und schwer vermittelbare Personen zuständig zu sein. Dieser Verdacht kann weniger theoretisch untermauert werden, als dass er vielmehr historisch gewachsen scheint. Im Sinne des Signaling kommt es in diesem Fall zu einem negativen Signal über die Qualität von Arbeitnehmern, die sich über das Arbeitsamt auf eine neue Stelle bewerben. Vgl. Grund, C., (2001), S. 522.

626 Vgl. Scholz, C., (2000), S. 459.

627 Vgl. Olfert, K., Steinbuch, P.A., (2001), S.135.

628 Vgl. Scholz, C., (2000), S. 465.

629 Vgl. Horsch, J., (2000), S. 48.

630 Vgl. Schanz, G., (2000), S. 459.

631 Vgl. Martin, A., (2001), S. 134.

632 Vgl. Jung, H., (2001), S. 144.

zahl von Unternehmen verfügen Personalberater über zumeist weitreichende Kenntnisse und Erfahrungen in den jeweiligen Branchen und können so gezielt Bewerber ausfindig machen, die dem Profil einer Sparkasse entsprechen.[633]

- Die (Hoch-)Schulrekrutierung beinhaltet eine intensive Werbung durch Sparkassen an Schulen und/oder Hochschulen[634], um schon frühzeitig bei potenziellen Bewerbern Interesse zu wecken und geeignete Kandidaten zu gewinnen.[635] So kann u. a. über Praktikumsangebote[636], Unterstützung von Diplomarbeiten und Dissertationen[637], Kontaktmessen, Fachvorträge, Firmenpräsentationen, Einsatz von Werkstudenten und Förderpreisen frühzeitig Kontakt zu zukünftigen Mitarbeitern aufgebaut werden.[638] Gerade in diesem Bereich haben Sparkassen in den letzten Jahren ein starkes Engagement gezeigt, da viele Sparkassen von der Bedeutung von Akademikern für den unternehmerischen Erfolg überzeugt sind.[639]

Sonstige Beschaffungswege im externen Personalbeschaffungsbereich stellen im Regelfall Anwerbungen durch Betriebsangehörige oder aber auch durch eine geschickte Öffentlichkeitsarbeit dar.[640] Diese Form der Personalrekrutierung wird von den Sparkassen im Regelfall durch die Zahlung einer Prämie im Fall einer Einstellung honoriert. Sparkassen fordern häufig ihre Mitarbeiter zur Personalrekrutierung auf.[641] Die Erfahrung hat gezeigt, dass diese Form tendenziell günstiger und weniger arbeitsintensiv als alle anderen Formen der Personalbeschaffung ist. Darüber hinaus haben Sparkassen festgestellt, dass Mitarbeiter nur jene Kandidaten vorschlagen, von denen diese selbst überzeugt sind. Dazu gehört, dass die Vorschlagenden im Vorfeld ein intensives Screening durchführen, um einen eventuellen Misserfolg, der unweigerlich auf sie selbst zurückfallen würde, zu vermeiden.

4.1.2. Personelle Vorauswahl

Die Personalvorauswahl ist eine zentrale personalwirtschaftliche Aufgabe, da der unternehmerische Erfolg ganz entscheidend von ihrer Lösung abhängt.[642] Die Aus-

---

633 Vgl. Olfert, K., Steinbuch, P.A., (2001), S.135.

634 Ziel für ein Unternehmen muss es sein, sich nicht mehr nur auf seinen „guten Ruf" zu verlassen, sondern durch ein klar definiertes und aktives Rekrutierungsmarketing die richtigen potenziellen Bewerber frühzeitig anzusprechen und so den Bedarf an qualifizierten Nachwuchskräften zu decken, damit diese schließlich als Auszubildende beziehungsweise Fachkräfte langfristig an die Sparkasse gebunden werden können. Vgl. Zedler, R., (2004), S. 21.

635 Vgl. Jung, H., (2001), S. 144.

636 Vgl. Renner, K., (2002), S. 213.

637 Vgl. Groß, P., (2003), S. 42–43.

638 Vgl. Scholz, C., (2000), S. 460.

639 Vgl. Uttitz, P., (2003), S. 9.

640 Vgl. Jung, H., (2001), S. 145.

641 Vgl. Grund, C., (2001), S. 521.

642 Vgl. Drumm, H.J., (2000), S. 342.

wahl geeigneter Bewerber minimiert mögliche Transaktionskosten der (übermäßigen) Einarbeitung oder gar der einer Trennung. Aus diesem Grund verfolgen Sparkassen mit der Bewerberauswahl das Ziel, einen geeigneten Bewerber aus der eigenen Unternehmung oder vom externen Arbeitsmarkt zur Besetzung der entsprechenden Stelle zu finden.[643] Im Mittelpunkt steht das Bestreben, die Eignung eines möglichen künftigen Mitarbeiters im Hinblick auf die Erfüllung der ihm zugedachten Aufgaben festzustellen.[644] Dabei liegt eine prinzipielle Eignung des Bewerbers dann vor, „wenn eine hinreichende Übereinstimmung zwischen aufgabenbezogenen Anforderungen und bewerberbezogenen Leistungsvoraussetzungen besteht."[645] Das Anforderungsprofil umfasst die grundlegenden Begabungen und Talente, über die jeder Mensch in unterschiedlicher Ausprägung und Zusammenstellung verfügt.

Für Sparkassen ist besonders die Analyse des Bewerberpotenzials wichtig sowie eine Überprüfung hinsichtlich der vielfältigen Anforderungen, um eine bedarfs- und potenzialorientierte, zielgerichtete und fundierte Personalpolitik zu realisieren.[646] Je mehr Talent ein Bewerber aufweist, umso größer sollten auch seine Aussichten auf den Erhalt eines Ausbildungs- beziehungsweise Arbeitsplatzes sein.[647] Diesbezüglich zählen vor allem soziale Kompetenzen im Umgang mit Kollegen, Mitarbeitern und Kunden, eine so genannte Dienstleistungsmentalität sowie heutzutage in besonderer Weise die Vertriebsorientierung. Grundvoraussetzungen hierfür sind Kontaktfähigkeit und -bereitschaft, Selbstbewusstsein, ein konstruktiver und angemessener Umgang mit Mitmenschen, Konfliktfähigkeit sowie ein Gespür für die Unterschiedlichkeit von Situationen und Menschen gepaart mit dem Vermögen, sein Verhalten entsprechend steuern zu können.[648] Aus diesem Grund sind Ausgaben für seriöse Auswahl- und Potenzialanalyseverfahren eine lohnende Investition in die Zukunft und haben sich in Sparkassen als ein grundlegender Baustein der Personalpolitik etabliert.[649] Hierbei sind Screening und Signaling von großer Bedeutung, um adverse Selektion, sprich die Einstellung eines suboptimalen Bewerbers, zu vermeiden.[650] All jene Aktivitäten, die ein Bewerber von sich aus vornimmt, um seine Person in einem möglichst positiven Licht erscheinen zu lassen, lassen sich dem Signaling zuordnen.[651] Dagegen sind all jene Maßnahmen, die Sparkassen vollziehen, um einen potenziellen neuen Mitarbeiter vor Einstellung auf seine Befähigung hin zu überprüfen, als Screening zu bezeichnen. So haben Sparkassen feststellen müssen, dass trotz (oder wegen) des gestiegenen formalen Bildungsniveaus[652] beispielsweise ein Abitur

---

[643] Vgl. Horsch, J., (2000), S. 70.
[644] Vgl. Schanz, G., (2000), S. 366.
[645] Schanz, G., (2000), S. 366.
[646] Vgl. Renner, K., (2003a), S. 12.
[647] Vgl. Töllner, T., (2003), S. 14.
[648] Vgl. Töllner, T., (2003), S. 14 und vgl. Renner, K., (2003a), S. 12.
[649] Vgl. Brodersen, H., (2003), S. 15.
[650] Vgl. Mroß, M., (1999), S. 1275.
[651] Vgl. Alewell, D., (1996), S. 667.
[652] Vgl. GP 3.2.3.1.

bei Ausbildungsplatzbewerbern als Signaling-Instrument nicht ausreichend ist, um über eine mögliche Einstellung zu entscheiden. Aus diesem Grund werden beginnend mit einer Vorauswahl die Bewerberqualitäten untersucht. Zu der Vorauswahl zählt vor allem die Bewertung der eingegangenen Bewerbungsunterlagen.

4.1.2.1. Bewerbung und Vorstellungsgespräch

Eine Bewerbung geht üblicherweise in schriftlicher Form per Post oder in den letzten Jahren zunehmend als E-Mail in der Sparkasse ein und kann aufgefordert oder unaufgefordert eintreffen.[653] Zunächst ist eine grobe Durchsicht vorzunehmen, die erkennen lässt, welche Bewerber von vornherein nicht für die zu besetzende Stelle in Betracht kommen, weil sie bestimmten Mindestanforderungen beziehungsweise -erwartungen nicht gerecht werden.[654]

Nachdem die Bewerber darüber informiert wurden, ob sie bei der weiteren Auswahl berücksichtigt werden oder nicht, erfolgt die konkrete Auswertung der vorliegenden Bewerbungsunterlagen.

Für die Auswahl der Bewerber besitzen die Bewerbungsunterlagen eine unterschiedliche Bedeutung, was sowohl auf ihre Aussagefähigkeit als auch auf die Art der zu besetzenden Stelle zurückzuführen ist.[655] Diese Unterlagen geben erste Hinweise auf Karrieremuster, formale Qualifikationen und weitere Zielsetzungen der Bewerber und werden anhand bestimmter Auswahlrichtlinien untersucht.[656] Für die Personalbeschaffung sind beispielsweise fachliche Voraussetzungen, deren Vorliegen durch Zeugnisse, Arbeitsproben beziehungsweise Tests zu belegen ist, sowie persönliche Voraussetzungen von Bedeutung, die z. B. in der geistigen, körperlichen oder charakterlichen Eignung liegen können.[657]

Die größte Anzahl an Bewerbungen, die Sparkassen im Regelfall erhalten, stellen Initiativbewerbungen für einen Ausbildungsplatz dar. Allerdings haben viele Personalabteilungen der S-Finanzgruppe in den letzten Jahren feststellen müssen, dass die durchschnittliche Qualität der Bewerber im Vergleich zu früheren Jahren zurückgegangen ist.[658] Die Gründe hierfür sind vielfältiger Natur. Unbestritten ist es aller-

[653] Vgl. Olfert, K., Steinbuch, P.A., (2001), S.139.

[654] Vgl. Jung, H., (2001), S. 148.

[655] Vgl. Jung, H., (2001), S. 149.

[656] Vgl. Schuler, H., (1999), S. 246–247.

[657] Vgl. Olfert, K., Steinbuch, P.A., (2001), S. 141.

[658] „Den steigenden Anforderungen an das Personal auf Seiten der Sparkassen steht eine spürbar sinkende Nachfrage nach den Ausbildungsplätzen für Bankkaufleute gegenüber. Die Branche hat bei jungen Menschen generell an Attraktivität verloren und Schlagzeilen der Wirtschaftspresse über einen vehementen Personalabbau im Bankensektor bilden keine gute Voraussetzung, um gute Kräfte am Markt zu werben. Auch wenn sich der quantitative Personalbestand in den nächsten Jahren weiter reduzieren wird, unter betriebswirtschaftlichen Gesichtspunkten sich sogar weiter reduzieren muss, bleibt der Bedarf der Sparkassen an qualfizierten Mitarbeitern dennoch bestehen und wird sich qualitativ eher erhöhen. Es ist daher besonders wichtig, den vorhandenen Mitarbeitern, aber auch potenziellem Nachwuchs am

(Fortsetzung Fußnote 658 auf S. 101)

dings, dass aufgrund des gesellschaftlichen Strukturwandels, in der Ausprägung einer höheren formalen Qualifikation der Schulabgänger diese tendenziell einen Studienplatz an einer Hochschule anstreben und nicht den Weg einer Bank- beziehungsweise Sparkassenausbildung einschlagen.[659] „So beklagen viele Sparkassen und Landesbanken, dass es zunehmend schwieriger wird, alle angebotenen Ausbildungsplätze mit geeigneten Bewerbern zu besetzen. In einem stetig kleiner werdenden Pool von Ausbildungsplatzbewerbern lassen sich immer weniger identifizieren, die den Anforderungen des Berufs Bankkaufmann wirklich gewachsen sind."[660] Aus diesem Grund hat der DSGV ein Personalmarketing-Konzept für Ausbildungsplatzbewerber erarbeitet, das Jugendliche von einer Sparkassenausbildung überzeugen soll, um die Institute in die Lage zu versetzen, verstärkt leistungsfähigen Nachwuchs akquirieren und binden zu können.[661] Darüber hinaus hat der Niedersächsische Sparkassen- und Giroverband (NSGV) für seine Mitgliedssparkassen eine Online-Lösung entwickelt, auf der sich Interessenten detailliert informieren und bewerben können. Umfragen haben gezeigt, dass viele Bewerber ihre Stellensuche zunächst im Internet beginnen, bevor sie auf Printmedien zurückgreifen.[662] Diese Maßnahmen der Sparkassen im Sinne eines Personalmarketings Auszubildende zu gewinnen, helfen dabei bestehende Informationsasymmetrien abzubauen und stellen eine Signaling-Maßnahme dar, die auf die von potenziellen Arbeitnehmern gewünschten Arbeitsplatz- und Unternehmensmerkmale hinweist.[663]

Nach Sichtung und Bewertung der Bewerbungsunterlagen folgt als nächster Schritt das Vorstellungsgespräch. Es soll der Sparkasse persönliche Eindrücke und Informationen über den Bewerber vermitteln, eine Überprüfung der schriftlichen Unterlagen ermöglichen und dabei helfen, etwas über die Zielvorstellungen in Erfahrung zu bringen.[664] Generell soll der Bewerber näher kennen gelernt und ein persönlicher Eindruck von seinen Fähigkeiten und seinem Auftreten verschafft werden.

Hierbei sollte das Vorstellungsgespräch weitgehend von subjektiven Einflüssen freigehalten und in einer freundlichen und entspannten Atmosphäre geführt werden.[665] Erst so kann das Vorstellungsgespräch als unentbehrliches Mittel der Personalauswahl fungieren und zum gegenseitigen Kennen lernen, Informationsaustausch, Aufbau von Sympathie, Wissenstransfer und Vereinbaren von Bedingungen beitra-

---

658 *(Fortsetzung)* Arbeitsmarkt moderne Perspektiven bieten zu können. Herkömmliche Karrieremuster, die früher stark auf klar gegliederte Hierarchien ausgerichtet waren, sind dabei allerdings kaum noch relevant, weil die Aufbauorganisation im Markt und in den Stäben deutlich schlanker geworden sind. Sie entwickeln sich vielmehr zu einer sinnvollen Kombination von persönlicher Entwicklung und der Erschließung unterschiedlicher Aufgabenfelder im Laufe eines Berufslebens." Schäfer, B., Nilgens, U., (2002), S. 199.

659 Vgl. Ludolph, H., Stoltze, K., (2000), S. 333.

660 Renner, K., (2003b), S. 15.

661 Vgl. Tritschler, M., (2003), S. 15.

662 Vgl. Schneider, A., Sartzetaki, S., (2003), S. 73.

663 Vgl. Schmidtke, C., (2003), S. 60–62.

664 Vgl. Horsch, J., (2000), S. 81–82.

665 Vgl. Olfert, K., Steinbuch, P.A., (2001), S.160–165.

gen. Denn gerade in einem sprachbetonten Kontaktberuf wie der Finanzdienstleistung stellt das Gespräch „eine unentbehrliche Form der Interaktion mit dem Bewerber dar“[666], um so anhand der Antworten des Bewerbers und der weiteren Eindrücke aus dem Gesprächsverlauf in intuitiver Kombination und Gewichtung ein Gesamturteil zusammenzufassen.[667]

Oftmals ermöglicht das Vorstellungsgespräch jedoch lediglich die Prüfung des Leistungs- und Ausdrucksverhaltens eines Bewerbers. Fragen der Einordnungsfähigkeit in eine Gruppe oder Fragen der Persönlichkeitsentwicklung bleiben jedoch meist nur schwer einschätzbar.[668] Aus diesem Grund und der damit einhergehenden mitunter geringen Prognosefähigkeit von Vorstellungsgesprächen haben sich in Sparkassen zusätzliche Testverfahren und Eignungstests entwickelt, die eine gezieltere Bewerberauswahl zulassen.

4.1.2.2. Eignungstests

Die Einstellung neuer Mitarbeiter ist zumeist mit erheblichen Investitionen verbunden und stellt die suchende Sparkasse vor die Herausforderung, durch die Trefflichkeit der Einstellungsentscheidung den Erfolg der Unternehmung positiv zu beeinflussen. Eignungstests sollen diesem Anspruch gerecht werden und das Bild über den Bewerber vervollständigen. Dabei sollten sie bei ihrer Durchführung folgenden Anforderungen entsprechen:

- die Testperson muss in der Lage sein, ihr typisches Verhalten zeigen zu können,
- das Verfahren muss erprobt und zuverlässig sein und
- die Ergebnisse müssen für ein zukünftiges Verhalten gültig sein.[669]

Gute Eignungstests behalten jedoch nur dann ihre Prognosekraft, wenn sie regelmäßig gepflegt und stetig an die aktuellen Erfordernisse (beispielsweise aufgrund des im GP 3.2.2. dargestellten technischen Strukturwandels) angepasst werden und wenn es mit ihrer Hilfe gelingen kann, die Anforderungsprofile und Auswahlverfahren hinsichtlich ihrer Tauglichkeit zu überprüfen beziehungsweise entsprechend zu aktualisieren.[670] In der Praxis der Auswahlverfahren von Sparkassen haben sich speziell abgestimmte Berufseignungstests bewährt. Sie liefern u.a. verlässliche Aus-

---

[666] Schuler, H., (1999), S. 255.

[667] Vgl. Schuler, H., (1999), S. 254.

[668] Vgl. Jung, H., (2001), S. 165.

[669] Vgl. Olfert, K., Steinbuch, P.A., (2001), S. 165.

[670] Neben der Abfrage fachspezifischen Wissens geht es auch immer um die Berücksichtigung gesellschaftspolitischer Entwicklungen, wie z.B. Umwelt-, Daten- und Verbraucherschutz sowie um ein marktorientiertes Denken, das sich beispielsweise in einer intensiven Kundenorientierung niederschlägt. Zusätzlich sind die Art und Weise der Wissensabfrage zu aktualisieren. So stand früher lediglich die Reproduktion von Wissen im Vordergrund, während heutzutage vom Prüfling gefordert wird, vorgegebene Sachverhalte analysieren, kreative Lösungsmöglichkeiten entwickeln und diese kompetent darstellen zu können. Daneben gilt es verstärkt die Bedeutung von Flexibilität und Kreativität zu unterstreichen und diese Fähigkeiten mittels Problemlösetests abzufragen. Vgl. Müller, S., (2003), S. 12.

sagen zu Deutschkenntnissen, zur kognitiven Leistungsfähigkeit, zur Genauigkeit beim Arbeiten, zu wirtschaftlichen Kenntnissen beziehungsweise zur Konzentrationsfähigkeit und signalisieren, welche Fähigkeiten beziehungsweise Fertigkeiten zum erfolgreichen Bestehen der Ausbildung benötigt werden und ob diese in ausreichendem Maße vorhanden sind.[671] Die zur Bewerberauswahl eingesetzten Tests werden meist in Form von Persönlichkeits- und Fähigkeitstest oder Assessment-Centern durchgeführt.[672]

4.1.2.2.1. Persönlichkeits- und Fähigkeitstests

Persönlichkeitstests geben Aufschluss über Interessen, Neigungen, innere Einstellungen, soziale Verhaltensweisen und charakterliche Einstellungen von Bewerbern und durchleuchten bestimmte Persönlichkeitsmerkmale beziehungsweise die Persönlichkeitsstruktur.[673] Sie sollen Merkmale des Bewerbers erfassen, die hauptsächlich situationsabhängig sowie zeitlich konstant sind, und zielen darauf ab, bei den Kandidaten freie beziehungsweise offene Reaktionen hervorzurufen.[674] Anwendung findet diese Form von Tests, wenn Informationen über den Bewerber benötigt werden, die durch andere Verfahren nicht gewonnen werden können.[675] Persönlichkeitstests lassen zwar relativ genaue Aussagen über die zu messenden Eigenschaften zu, ihre Durchführung erfordert jedoch hohes psychologisches Geschick, da die ermittelten Eigenschaften nicht direkt messbar sind, sondern im Rahmen der psychologischen Theorie gedeutet werden.[676] Im Gegensatz zu den Fähigkeitstests wird vorab nicht auf eine vorgeschriebene Leistung abgestellt, vielmehr liegt der Schwerpunkt der Persönlichkeitstests auf dem „Wie" der Problemlösung im Test und führt dadurch zu der Schwierigkeit der Erfassung und Abgrenzung der zu messenden Eigenschaften.[677] Aus diesem Grund finden Persönlichkeitstests in der S-Finanzgruppe allerdings kaum Einsatz.

Fähigkeitstests dagegen haben sich in der Praxis der Sparkassen eher bewährt und kommen besonders dann zum Einsatz, wenn es sich um Auswahltests für einfachere Tätigkeiten handelt. So lassen sich die allgemeine Leistungsfähigkeit, die Intelligenz, spezielle Begabungen sowie spezielle Leistungsfähigkeiten untersuchen.[678] Die allgemeinen Leistungstests dienen der Erfassung der geistigen Leistungsmerkmale des Bewerbers und konzentrieren sich beispielsweise auf die Belastbarkeit, Konzentration, Aufmerksamkeit oder den Willenseinsatz.[679] Spezielle Leistungstests untersuchen hingegen das Verhalten in einer experimentellen Arbeitssituation und wollen

---

[671] Vgl. Benedikt, H. P., Mittmann, S., (2003), S. 13.

[672] Vgl. Jung, H., (2001), S. 166–174.

[673] Vgl. Jung, H., (2001), S. 166.

[674] Vgl. Scholz, C., (2000), S. 477.

[675] Vgl. Olfert, K., Steinbuch, P.A., (2001), S. 166.

[676] Vgl. Olfert, K., Steinbuch, P.A., (2001), S. 166.

[677] Vgl. Scholz, C., (2000), S. 477.

[678] Vgl. Jung, H., (2001), S. 166–167.

[679] Vgl. Scholz, C., (2000), S. 479.

z. B. sensorische beziehungsweise motorische Funktionen, technisches Verständnis oder Rechtschreib- und Rechenfähigkeiten testen. Intelligenztests wiederum beschäftigen sich mit der Begabung zum Denken, also der Fähigkeit unterschiedliche gedankliche Probleme zu erkennen und zu lösen.[680] Gerade als Kriterium für die Auswahl von Auszubildenden nehmen Fähigkeitstests in Sparkassen mittlerweile eine nicht mehr wegzudenkende Bedeutung ein. Sie werden im Regelfall von den Verbänden konzipiert und den einzelnen Sparkassen zur Verfügung gestellt.

4.1.2.2.2. Assessment-Center

Assessment-Center[681] stellen komplexe, systematisierte Verfahren zur qualifizierten Ermittlung und Feststellung von Verhaltensleistungen und Verhaltensdefiziten bei Bewerbern dar.[682] Es werden

- mehrere Kandidaten (ca. 8–12),
- von mehreren geschulten Beobachtern,
- in einer Vielzahl von Beurteilungssituationen,
- über einen längeren Zeitraum,
- im Hinblick auf wichtige Managementkriterien,
- nach festgelegten Regeln

beurteilt.[683] Assessment-Center stellen die „aufwendigste und anspruchsvollste Form des Gruppengespräches“[684] dar. Im Gegensatz zum Vorstellungsgespräch, in dem ein Fragenkatalog erörtert wird, ist ein Assessment-Center als Arbeitsprobe des Bewerbers zu verstehen.[685] Gegenwärtige oder zukünftige Berufstätigkeiten werden im Hinblick auf wichtige Anforderungen möglichst realitätsnah in Spiel- und Testsituationen unter Laborbedingungen modelliert.[686] Neben praxisnahen Übungen mit spezifischen beziehungsweise problemorientierten Situationen werden auch Einzelgespräche, psychologische Tests, Rollenspiele oder Gruppendiskussionen durchgeführt, die die spezifischen Fähigkeitsmerkmale des Kandidaten herausstellen sollen.[687] Als Beispiele für Assessment-Center-Übungen gelten

- Postkorb-Übungen,[688]
- Gruppendiskussionen,[689]

---

[680] Vgl. Schanz, G., (2000), S. 368–370.

[681] Assessment-Center finden nicht nur im Rahmen der Personalbeschaffung Verwendung, sondern werden auch in Verbindung mit der Personalentwicklung (vgl. Kapitel 4.2.) eingesetzt, insbesondere zur gezielten Förderung von Führungs- und Nachwuchskräften. Vgl. Martin, A., (2001), S. 174.

[682] Vgl. Schanz, G., (2000), S. 374.

[683] Vgl. Scholz, C., (2000), S. 484–485.

[684] Jung, H., (2001), S. 169.

[685] Vgl. Jung, H., (2001), S. 169.

[686] Vgl. Drumm, H.J., (2000), S. 123.

[687] Vgl. Schanz, G., (2000), S. 375.

[688] Vgl. Scholz, C., (2000), S. 485.

[689] Vgl. Olfert, K., Steinbuch, P.A., (2001), S. 169.

- Rollenspiele,[690]
- schriftliche Übungen,[691]
- Präsentationen.[692]

Trotz aller Regeln und Vorschriften bleibt das Assessment-Center ein offenes Verfahren, das sich nicht vollständig standardisieren lässt, da es immer von den beteiligten Menschen abhängt. Soll ein Assessment-Center gelingen, „muss die jeweilige Anwendungssituation immer wieder neu als einzigartig begriffen werden – aus dem schlichten Grund, weil sie einzigartig ist, und zwar nicht zuletzt wegen der stets einzigartigen Menschen, die sich in einem Assessment-Center begegnen“.[693]

Sparkassen nutzen das Assessment-Center als Instrument der Bewerberselektion lediglich in begrenztem Umfang. Nur von größeren Sparkassen ist der Einsatz bekannt, da für kleinere Institute der Aufwand im Verhältnis zum Resultat zu groß ist.[694] Kleinere Sparkassen präferieren diesbezüglich intensivere Personalauswahlgespräche, die gerade mit Fachabteilungen geführt werden.[695] Darüber hinaus wurden von Personalverantwortlichen Anleitungen zur erfolgreichen Teilnahme an Assessment-Centern kritisiert, da diese die Selektionsergebnisse verfälschen können und somit zu mangelnder Objektivität beitragen.

4.1.3. Einstellung und Eingliederung neuer Mitarbeiter

Aufgrund der durchgeführten Personalbeschaffungsmaßnahmen, d.h. aufgrund der Bewerbungsunterlagen, der geführten Vorstellungsgespräche oder der vorliegenden Ergebnisse aus den Eignungstests, kann die Sparkasse die Entscheidung treffen, welcher der Bewerber eingestellt werden soll. Zu beachten sind in diesem Zusammenhang neben der Eignung des Bewerbers und seiner Verfügbarkeit zum erforderlichen Zeitpunkt auch verschiedene rechtliche und personalpolitische Gesichtspunkte.[696]

Hat eine Sparkasse einen Bewerber ausgewählt, erfolgt die Einstellung des neuen Mitarbeiters durch Abschluss eines Arbeitsvertrages. Im Rahmen der Personalbeschaffung von Banken sind Probezeitregelungen von besonderer Bedeutung. Sie ermöglichen Korrekturen bei eventuellen Fehlentscheidungen, da Kündigungsschutzregelungen während der Probezeit nicht greifen.[697] Zum einen dient die Probezeit

---

690 Vgl. Schanz, G., (2000), S. 375.

691 Vgl. Schanz, G., (2000), S. 375.

692 Vgl. Jung, H., (2001), S. 171.

693 Martin, A., (2001), S. 181.

694 So wird das Assessment-Center-Verfahren beispielsweise für die Besetzung von Vorstandspositionen in Sparkassen angewendet. Vgl. Fischer, F., Marsch, S., Reinhold, H.J., (2005), S. 18–23.

695 Einige Institute nutzen auch Conjoint-Verfahren zur Personalselektion. Diese gleichen einem Bewerberscoring, bei dem Entscheidungskriterien wie beispielsweise Notenschnitt, Praktika gewichtet und bewertet werden. Vgl. Franke, N., (1999), S.1074–1075.

696 Vgl. Schanz, G., (2000), S. 386.

697 Vgl. Decker, W., (1999), S. 581.

dem Unternehmen zur Überprüfung des neuen Mitarbeiters und zum anderen zum Kennenlernen des Tätigkeitsfeldes durch den Mitarbeiter.[698]

Zu unterscheiden sind die beiden Ausgestaltungsmöglichkeiten des unbefristeten und des befristeten Arbeitsverhältnisses. Unbefristete Arbeitsverträge können für die Anfangszeit, die meist bei 3 bis 6 Monaten liegt, eine Probezeit vereinbaren.[699] Innerhalb dieser bestehen sowohl für das Unternehmen als auch den Bewerber erleichterte Kündigungsbedingungen, die sich in einer kurzen Kündigungsfrist von zwei Wochen und dem Verzicht auf die Angabe von Gründen darstellen.[700] Der befristete Arbeitsvertrag beschränkt sich hingegen auf einen festgelegten Zeitraum und wird meist für 3 bis 6 Monate als Probearbeitsvertrag abgeschlossen. Diese Maßnahme dient vor allem dazu den Hidden characteristics, also in diesem Fall ungewollten Verhaltensmaßnahmen, die erst nach Einstellung erkennbar geworden sind, Einhalt zu gebieten.[701] Nach Ablauf der vereinbarten Frist endet das Arbeitsverhältnis, ohne dass es einer Kündigung bedarf.[702] Eine ordentliche Kündigung kann in diesem Zusammenhang nur dann erfolgen, wenn eine solche ausdrücklich zwischen den Parteien vereinbart ist, ansonsten ist die Kündigung während der Befristungsphase ausgeschlossen.[703] Für den Fall einer Fortführung des Arbeitsverhältnisses ist ein unbefristeter Arbeitsvertrag abzuschließen.[704]

Beendet wird der Prozess der Personalbeschaffung mit der Zuweisung des Mitarbeiters auf seine Stelle (Implacement), mit seiner Einarbeitung und mit dem Ablauf der vereinbarten Probezeit.[705] Die Phase nach dem eigentlichen Stellenantritt ist als Sozialisierungsprozess zu verstehen, der zum einen das Hineinwachsen des neuen Mitgliedes in die Organisation und zum anderen die optimale Gestaltung der Beziehung, also die Integration, zwischen Unternehmen und Mitarbeiter zum Ziel hat.[706]

Der Sozialisierungsprozess beginnt in der Orientierung im neuen Umfeld, d. h. in der Information über Rechte und Pflichten, in der Aneignung von Kenntnissen über Kompetenzregelungen und der Betrachtung betrieblicher beziehungsweise formalisierter Abläufe.[707] Der neue Mitarbeiter soll sich die organisationsspezifischen Werte und Normen aneignen und lernen, sich innerhalb des Stellengefüges zu qualifizieren und zu platzieren sowie Verhaltensweisen zu entwickeln, die ihn zu einem akzeptierten Mitglied machen.[708] Die Sozialisation versteht sich damit als ein ständiger und wechselseitiger Anpassungsprozess zwischen Mitarbeitern und Sparkasse.[709]

---

698 Vgl. Jung, H., (2001), S. 176.
699 Vgl. Olfert, K., Steinbuch, P.A., (2001), S. 180.
700 Vgl. Schanz, G., (2000), S. 389.
701 Vgl. GP 2.3.2.3.
702 Vgl. Jung, H., (2001), S. 176.
703 Vgl. Decker, W., (1999), S. 583.
704 Vgl. Olfert, K., Steinbuch, P.A., (2001), S. 180.
705 Vgl. Jung, H., (2001), S. 176.
706 Vgl. Martin, A., (2001), S. 37.
707 Vgl. Knecht, H., Spillmann, S., (1999), S. 304.
708 Vgl. Martin, A., (2001), S. 38.
709 Vgl. Schwager, S., (2002), S. 1222.

Die Integration beziehungsweise Eingliederung des neu eingestellten Bewerbers konzentriert sich hauptsächlich auf die möglichst reibungslose fachliche und persönliche Eingliederung.[710] Die Eingliederung kann dann als abgeschlossen und erfolgreich angesehen werden, wenn der neue Mitarbeiter durch Instruktionen über genaue Kenntnisse seiner Tätigkeit verfügt, wenn es ihm gelungen ist, Wissens- und Fähigkeitsdefizite auszugleichen, wenn er sich mit der Unternehmung vertraut gemacht hat und ihm die Eingliederung in das soziale Netz gelungen ist:[711] „kurz gesagt, wenn der neue Mitarbeiter seine Aufgaben, Kompetenzen und Verantwortungen selbstständig im Sinne des Unternehmens wahrnehmen kann".[712]

4.2. Personalentwicklung

Im Rahmen der Personalentwicklung sollen Mitarbeiter innerhalb eines breiten Spektrums für gegenwärtige und zukünftige Anforderungen befähigt und qualifiziert werden.[713] Dieses Spektrum lässt sich in eine *Personalentwicklung im weiteren Sinn* und eine *Personalentwicklung im engeren Sinn* unterscheiden. Bezeichnet die Personalentwicklung im engeren Sinn primär Aktivitäten, die unter „Weiterbildung" subsumiert werden können, so handelt es sich bei der Personalentwicklung im weiteren Sinn um Maßnahmen der „Personaleinsatzplanung".

4.2.1. Personalentwicklung im weiteren Sinn

Zentraler Aspekt der Personalentwicklung im weiteren Sinne ist die Fragestellung, wie Arbeitgeber und Arbeitnehmer Anreize so gestalten können, dass ein möglichst lang andauerndes Beschäftigungsverhältnis gesichert werden kann. Da gerade bei längeren Beschäftigungsverhältnissen der Einsatz von personalpolitischen Instrumenten zu beobachten ist, die in einem Arbeitsvertrag nicht explizit ex ante vereinbart worden sind, ist es für eine Sparkasse nicht nur von Bedeutung entwicklungsfähige Mitarbeiter zu identifizieren, sondern im Rahmen der Personalentwicklung Fähigkeitspotenziale selbst aufzubauen. Hierbei sollen Mitarbeiter für gegenwärtige und zukünftige Anforderungen qualifiziert werden. Zentraler Aspekt ist die Personaleinsatzplanung. Die Personaleinsatzplanung wird insbesondere dann der Personalentwicklung zugerechnet, wenn davon ausgegangen werden kann, dass eine Stelle, auf der sich ein Mitarbeiter befindet, der Qualifizierung für höhere Aufgaben dient.

4.2.1.1. Personaleinsatzplanung

Im Rahmen der Personaleinsatzplanung geht es primär um die Zusammenführung von Mitarbeitern und Stellen unter Berücksichtigung der Arbeitssituation und des Ar-

---

710 Vgl. Schanz, G., (2000), S. 401.

711 Vgl. Jung, H., (2001), S. 176–178.

712 Knecht, H., Spillmann, S., (1999), S. 304.

713 Vgl. GP 2.2.2.

beitsablaufes, also um die Zuweisung von konkreten Arbeitsaufgaben und Stellen in quantitativer, qualitativer, temporärer und lokaler Hinsicht an die in einer Sparkasse vorhandenen Mitarbeiter.[714] Die entsprechenden Anforderungen der Stellen müssen dabei mit den Fähigkeiten, Bedürfnissen und Entwicklungspotenzialen der jeweiligen Mitarbeiter korrespondieren, da nur so eine sinnvolle Integration in den Leistungserstellungsprozess gewährleistet ist.[715] Die Planung des Personaleinsatzes erfordert zum einen eine kurzfristige zeitliche und kapazitätsmäßige Einordnung der Arbeitskräfte, die die Berücksichtigung von qualitativen[716] und quantitativen[717] Gesichtspunkten beinhaltet, und zum anderen die mittel- bis langfristige Anpassung[718] der Arbeitsplätze und Arbeitsbedingungen an die Sparkassenmitarbeiter.[719]

Die geschäftspolitischen Entscheidungen und Maßnahmen haben in der Vergangenheit möglicherweise nicht immer alle von einer Sparkasse gesetzten Kriterien und Trends berücksichtigt, und die Personalpolitik lief teilweise als eigenständiger Bereich neben der Geschäftspolitik.[720] „Angesichts der herrschenden Bedingungen am Finanzdienstmarkt ist es heute jedoch mehr denn je erforderlich, auch die mitarbeiterbezogenen Entscheidungen konsequent an den Kriterien für die Gesamtsteuerung des Unternehmens auszurichten."[721] Dabei stellt die Einsatzplanung ein vielseitiges und insbesondere komplexes Instrument der Personalplanung dar, dem für die effiziente Gestaltung sämtliche Personal- und Arbeitsanforderungsdaten sowie Informationen über Personalentwicklungstrends zur Verfügung gestellt werden müssen.[722] Hierbei sollten auch menschlich-soziale Aspekte einen wesentlichen Einfluss auf die Planung nehmen, denn erst die übergreifende Betrachtung der Themengebiete ermöglicht die Planung eines effektiven Personaleinsatzes und die Gestaltung der Arbeitsplätze in einem unternehmens- und mitarbeiterbezogenen Sinne, die auch ge-

[714] Vgl. Horsch, J., (2000), S. 212.

[715] Vgl. Jung, H., (2001), S. 180.

[716] Der qualitative Personaleinsatz ordnet die Mitarbeiter anhand eines Vergleichs von Anforderungsprofil des Arbeitsplatzes und Fähigkeitsprofil des Mitarbeiters unter gleichzeitiger Berücksichtigung der Interessen, Wünsche und Neigungen des Einzusetzenden zu. Vgl. Olfert, K., Steinbuch, P.A., (2001), S. 193.

[717] Der quantitative Personaleinsatz legt fest, wie viele Arbeitskräfte mit einer bestimmten Qualifikation zu einem bestimmten Termin eingesetzt werden müssen, um personelle Über- beziehungsweise Unterkapazitäten zu vermeiden, setzt jedoch die Übereinstimmung von Anforderungen und Fähigkeiten bereits voraus. Vgl. Beck, M., Oechsler, W. A., (2001), S. 60.

[718] Die Anpassung beschäftigt sich mit ökonomischen und sozialen Einflussfaktoren auf den Personaleinsatz, die insbesondere eine Berücksichtigung von betrieblichen wie auch individuellen Aspekten erfordern. Dazu zählen beispielsweise die Vermeidung von Unter- beziehungsweise Überforderung, die humane Arbeitsplatzgestaltung, die teilautonome Arbeitsablaufgestaltung sowie die Bereitstellung von Entwicklungsmöglichkeiten. Vgl. Jung, H., (2001), S. 181.

[719] Vgl. Bertelsmann-Stiftung, (1999), S. 80.

[720] Vgl. Strothmann, H., (2001), S. 106.

[721] Strothmann, H., (2001), S. 106.

[722] Vgl. Jung, H., (2001), S. 182.

sellschaftliche Entwicklungen wie beispielsweise die Individualisierungstendenz berücksichtigen sollte.[723]

4.2.1.1.1. Zielsetzungen

Die Beachtung der nachfolgenden Ziele ist wesensbestimmend für die Durchführung der Personaleinsatzplanung in Sparkassen:

- Wirtschaftlichkeit: Die Mitarbeiter müssen primär gemäß den betrieblichen Erfordernissen eingesetzt werden. Ihre unterschiedlichen Qualifikationen müssen den verschiedenen Tätigkeitsbereichen und Arbeitszeiten so zugeordnet werden, dass ein optimales Verhältnis zwischen Personalkosten und Leistungsergebnis erbracht wird, somit der Einsatz als wirtschaftlich rentabel zu bezeichnen ist.
- Stabilität und Flexibilität: Nicht die Beachtung der Personalkosten soll im Vordergrund der Personaleinsatzplanung stehen, sondern die Verlässlichkeit und Dauerhaftigkeit der durchzuführenden Maßnahmen muss ausschlaggebend sein. Berücksichtigung finden in diesem Zusammenhang Maßnahmen bei Fehlzeiten, Urlaub, Mutterschaft, Schwangerschaft etc. und Überlegungen, welche Mitarbeiter gewisse Tätigkeiten längerfristig und zuverlässig ausüben können.
- Berücksichtigung von Anforderungs- und Eignungsprofil: Die Übereinstimmung der Eignungsprofile der Mitarbeiter mit den Anforderungsprofilen der jeweiligen Stellen soll dazu beitragen, dass die eignungs- und anforderungsgerechte Besetzung der Arbeitsplätze zu einer gesteigerten Arbeitszufriedenheit führt, weil die Gefahr von Unter- beziehungsweise Überforderungen eingedämmt und somit das Leistungsspektrum optimal ausgeschöpft wird.
- Vermeidung der Überforderung/Unterforderung: Wird ein Anforderungsprofil noch nicht von dem Eignungsprofil des Mitarbeiters gedeckt (Überforderung), kann die entsprechende Stelle erst nach der Durchführung von Personalentwicklungsmaßnahmen besetzt werden. Alternativ kann die Stellenanforderung an die Fähigkeiten des Mitarbeiters angeglichen oder die Versetzung beziehungsweise Kündigung angestrebt werden. Für den Fall der Unterforderung, also der Übererfüllung des Anforderungsprofils durch das Eignungsprofil, ist ebenso eine Versetzung anzustreben, allerdings auf eine höherqualifizierte Position, oder ebenfalls die Änderung des Stellenprofils vorzunehmen.
- Mitarbeiterzufriedenheit: Die Mitarbeiter sollten so eingegliedert werden, dass nicht nur ihre leistungsbezogenen Fähigkeiten, sondern auch ihre individuellen Interessen und Bedürfnisse Berücksichtigung finden. Um Leistung am Arbeitsplatz und Arbeitszufriedenheit herstellen zu können, müssen die Mitarbeiter folglich ihre Aufgaben kennen, akzeptieren und erlernt haben und über Veränderungen frühzeitig unterrichtet werden.[724]

Die Personaleinsatzplanung muss hierbei Aufgaben erfüllen, die sich von der Einarbeitung neuer Mitarbeiter über die Analyse der Umweltbedingungen, die Zuordnung der Arbeitskräfte zu den Arbeitsplätzen, die Planung der Aufgabenverteilung

[723] Vgl. Köhler, H.-D., (2000), S. 672–673.

[724] Vgl. Horsch, J., (2000), S. 213–214.

bis hin zu der Regelung der Arbeitszeiten und der Schaffung optimaler Voraussetzungen für den Einsatzort der Arbeitnehmer erstrecken.[725]

4.2.1.1.2. Arbeitsaufnahme

Der Personaleinsatz beginnt mit der Arbeitsaufnahme durch den Arbeitnehmer und ist abhängig von fachlichen, rechtlichen und sozialen Aspekten, die sich bei bereits beschäftigten Mitarbeitern und neuen Arbeitnehmern durchaus unterscheiden können.[726] Die mit der Arbeitsaufnahme verbundenen Aufgaben wurden größtenteils im GP 4.1.3. (Einstellung und Eingliederung neuer Mitarbeiter) dargestellt.

Für Sparkassen kommt es in dieser Phase auf die schnelle Identifizierung der Potenziale des neuen Mitarbeiters an, um eine frühzeitige Kündigung zu umgehen, die wiederum den erneuten kosten- und zeitintensiven Aufwand des Personalbeschaffungs- und -auswahlprozesses notwendig machen würde.[727] Zudem müssen Verhalten, Sprache, Handlungsweise und der Umgang mit den Kunden besonders kritisch betrachtet werden, da der Bankangestellte die Sparkasse repräsentiert. Neben seiner Fachkompetenz rückt hier der Mitarbeiter als Mensch ins Interessenfeld des Arbeitgebers. Durch seine Integration in die Unternehmung und seiner Identifikation mit der Unternehmenskultur erfolgt ein einheitliches Bild der Unternehmung in der Außenwelt.[728]

Die bereits in der Unternehmung befindlichen Mitarbeiter nehmen eine neue Tätigkeit auf, indem sie mittels Versetzung einen neuen Arbeitsplatz zugewiesen bekommen. Diese Form des Personaleinsatzes erfolgt meist per Weisung oder Änderungskündigung beziehungsweise -vereinbarung und erübrigt die Aufgaben der Mitarbeitereinführung, da der versetzte Arbeitnehmer häufig an dem Stellenwechsel interessiert ist und somit genügend Motivation mitbringt, effizient zu arbeiten, insbesondere dann, wenn mit der Versetzung eine berufliche Besserstellung verbunden ist.[729]

Der Mensch als entscheidender Wettbewerbsfaktor im Dienstleistungsbereich steht folglich auch in der Personaleinsatzplanung im Vordergrund. Denn erst mit der Fachkompetenz der Mitarbeiter, ihrer Kundenorientierung, Leistungskraft, Professionalität, Teamfähigkeit und ihrem Qualitätsbewusstsein können das Erscheinungsbild und die Leistung einer Sparkasse dauerhaft und positiv geprägt und als Markenzeichen determiniert werden.[730] Für diesen Mitarbeiter, seine im sich wandelnden Umfeld steigenden Erwartungen und veränderten Bedürfnisse, gilt es Voraussetzungen zu schaffen, die ihm eine bestmögliche Verrichtung der Arbeitstätigkeiten gewährleisten und die die Arbeitsaufgabe beziehungsweise -inhalte so gestalten, dass beim Mitarbeiter Motivation, Identifikation und Qualifikation hervorgerufen werden.[731]

---

[725] Vgl. Pfeffer, M., (2002), S. 57.

[726] Vgl. Olfert, K., Steinbuch, P.A., (2001), S. 197.

[727] Vgl. Horsch, J., (2000), S. 121.

[728] Vgl. Jochmann, W., (1999), S. 305.

[729] Vgl. Olfert, K., Steinbuch, P.A., (2001), S. 200.

[730] Vgl. Jochmann, W., (1999), S. 300.

[731] Vgl. Kobi, J.-M., (2002), S. 281.

4.2.1.1.3. Arbeitsinhalte

Die Aufgabe von Banken und Sparkassen besteht in der Erbringung einer Gesamtleistung, die sich in der Erstellung von Dienstleistungen beziehungsweise im Vertrieb der angebotenen Einzelleistungen äußert. Diese Gesamtaufgabe ist durch eine Vielzahl von Mitarbeitern zu erledigen, die den entsprechenden Stellen zuzuordnen sind und denen folglich einzelne Arbeiten zugeteilt werden müssen, sodass eine Aufteilung der Arbeit im Sinne einer Arbeitsstrukturierung durchzuführen ist.[732] In Verbindung mit der Zielsetzung der Arbeits- beziehungsweise Mitarbeiterzufriedenheit wird deutlich, dass die Gestaltung der Arbeitsinhalte wesentlich zur Zufriedenheit der Mitarbeiter beitragen kann und die Aufgaben der jeweiligen Stelle den einzelnen Mitarbeiter intellektuell fordern müssen, um ihm Gelegenheit zur Bestätigung und Anerkennung seiner eigenen Leistungen zu geben.[733]

Arbeitsflexibilität und Individualisierung nehmen dabei gerade aufgrund des beschriebenen Strukturwandels einen immer höheren Stellenwert ein, der sowohl aus den gestiegenen Erwartungen der Mitarbeiter an die Arbeitsplätze in Bezug auf Mitgestaltung, Mitverantwortung, Autonomie und Selbstentfaltung als auch aus den Anforderungen der Unternehmen an die Arbeitnehmer resultiert. Zielsetzung einer Ausdehnung des Arbeitsinhaltes soll neben der stärkeren Anpassung an die psychischen und physischen Bedürfnisse des Menschen eine intensive Humanisierung des Arbeitsprozesses sein. Dies beinhaltet gleichzeitig die Förderung eines ganzheitlichen und prozessorientierten Denkens, wie auch den Abbau der Aufgabenspezialisierung, die Vergrößerung der Entscheidungs- und Kontrollspielräume und die Reduzierung der menschlichen Isolation im Arbeitsprozess.[734] So werden heutzutage in Sparkassen vermehrt selbstständig denkende, handelnde, mitgestaltende und flexible Arbeitnehmer gesucht.[735]

4.2.1.1.4. Arbeitsorte

Der Arbeitsort ist jener Platz, an dem der Arbeitnehmer vertragsmäßig seine Arbeitsleistung erbringt und umfasst alle erforderlichen Einrichtungen und Mittel, mit denen der Mitarbeiter die ihm zugewiesenen betrieblichen Aufgaben erfüllen kann.[736] Der Arbeitsort oder auch der Arbeitsplatz kann räumlich innerhalb oder außerhalb der Sparkasse liegen.

Arbeitsplatz innerhalb der Sparkasse

Ein Arbeitsplatz innerhalb der Sparkasse bedeutet, dass dieser sich in den Räumlichkeiten beziehungsweise auf dem Gelände der Sparkasse befindet. Für den Personaleinsatz ergeben sich zwei Arten von Arbeitsplätzen, die folgendermaßen unterschieden werden können:

---

[732] Vgl. Olfert, K., Steinbuch, P.A., (2001), S. 201.

[733] Vgl. Horsch, J., (2000), S. 215.

[734] Vgl. Jung, H., (2001), S. 206.

[735] Vgl. Horsch, J., (2000), S. 215.

[736] Vgl. Olfert, K., Steinbuch, P.A., (2001), S. 208.

- nach Gruppenarbeitsplätzen oder Einzelarbeitsplätzen, also nach der Zahl der an einem Arbeitsplatz tätigen Arbeitnehmer,
- nach stationären und wechselnden Arbeitsplätzen, also nach der räumlichen Veränderlichkeit des Arbeitsplatzes.

Bei der Gestaltung der jeweiligen Arbeitsplätze sollte darauf geachtet werden, dass die Tätigkeiten bestmöglich ausgeführt werden können und menschengerechte Bedingungen vorherrschen, d. h. dass eine Arbeit auch ausführbar und erträglich sowie zumutbar und zufriedenstellend sein sollte.[737] Die verschiedenen Formen menschlicher Arbeit können nach unterschiedlichen betriebswirtschaftlichen, organisatorischen oder ergonomischen Gesichtspunkten betrachtet werden und lassen die Arbeitsplatzgestaltung unter dem Aspekt der Wechselwirkung zwischen Mensch und Arbeit in Verbindung mit Effektivität und Produktivität erscheinen, durch die eine Gesamtoptimierung des Arbeitssystems geschaffen werden soll.[738] Damit menschengerechte Bedingungen geschaffen werden können, sind zuvorderst die Aspekte der Ergonomie zu berücksichtigen, die versuchen, die Arbeit an die Fähigkeiten und Fertigkeiten des Menschen anzupassen.[739] Dabei wird zwischen verschiedenen Arbeitsplatzgestaltungsansätzen differenziert, die jedoch im Rahmen der vorliegenden Arbeit nur eine kurze Behandlung erfahren:

- Anthropometrische Arbeitsplatzgestaltung strebt die Anpassung des Arbeitsplatzes an die Abmessungen des Menschen an und zielt darauf ab, einen möglichst belastungs- und ermüdungsarmen Arbeitsplatz zu schaffen.[740]
- Physiologische Arbeitsplatzgestaltung versucht die individuelle Leistungsfähigkeit des Menschen über das gesamte Arbeitsleben hinweg zu erhalten, indem Arbeitsverfahren und Arbeitsbedingungen den körperlichen Merkmalen des Menschen angepasst werden. Im Vordergrund stehen hier physische Belastungen durch muskuläre Beanspruchung und die Verbesserung des Wirkungsgrades menschlicher Arbeit beziehungsweise die Schaffung günstiger Umgebungseinflüsse.[741]
- Psychologische Arbeitsplatzgestaltung verfolgt das Ziel, eine angenehme Umwelt für den Mitarbeiter zu schaffen. Dazu können optische Annehmlichkeiten, wie die Farbgestaltung der Räumlichkeiten oder das Aufstellen von Pflanzen u. ä. gehören.[742]
- Informationstechnische Arbeitsplatzgestaltung betrifft Erleichterungen für die menschlichen Sinnesorgane in ihrem Einsatz zur Informationsaufnahme, ohne die

---

737 Vgl. Jung, H., (2001), S. 198.

738 Vgl. Jung, H., (2001), S. 202.

739 Mit dem Begriff der Ergonomie ist die komplexe Erforschung und Gestaltung der Arbeitstätigkeit unter Einbeziehung von Arbeitsinstrumenten und -hilfsmitteln gemeint. Sie gibt die Rahmenbedingungen des humanen Arbeitseinsatzes als Konsequenz aus Belastung und Beanspruchung vor und soll zur Ausführbarkeit und Erträglichkeit der Arbeit beitragen. Mit der Berücksichtigung ergonomischer Grundsätze ist es zudem möglich, körperliche und psychische Belastungen zu verhindern und in der Folge die ökonomische und die soziale Effizienz einer Organisation zu erhöhen. Vgl. Berthel, J., (2000), S. 337–342.

740 Vgl. Berthel, J., (2000), S. 337.

741 Vgl. Schanz, G., (2000), S. 543.

742 Vgl. Olfert, K., Steinbuch, P.A., (2001), S. 214–215.

der Beginn oder Vollzug von Arbeitstätigkeiten nicht möglich ist. Zu beachten ist hierbei, durch welche Signale (z. B. akustisch, optisch), in welcher Stärke (z. B. Lautstärke), in welcher Zeitfolge (z. B. permanent oder periodisch) und in welcher räumlichen Anordnung Informationen übermittelt werden sollen.[743]

- Sicherheitstechnische Arbeitsplatzgestaltungen stellen Maßnahmen zur Erhöhung des Arbeitsschutzes und zur Vermeidung und Verringerung von Unfällen dar. Dazu sind sämtliche potenzielle Gefährdungen zu identifizieren und mit Hilfe von Schutzbestimmungen, Hilfsmitteln und Verhaltensregeln im Gefahrenfall zu bekämpfen.[744]

Zu berücksichtigen ist in diesem Zusammenhang, dass in Arbeitssystemen von Bankbetrieben starke Belastungen aus muskulärer Arbeit eine eher untergeordnete Rolle spielen. Allerdings sind die Probleme, die aufgrund statischer Muskelarbeit[745] verursacht werden, nicht zu unterschätzen.

Besonders eine intensive Haltungsarbeit und die Vermittlung von Ausgleichsbewegungen beziehungsweise die Gewährung von erforderlicher Fußfreiheit zur Vermeidung des gebeugten Stehens werden im Hinblick auf die Zwangshaltungen im Bankbetrieb zukünftig eine wesentliche Rolle bei der Mitarbeiterorientierung im Rahmen einer effizienten Personaleinsatzplanung spielen.[746] Zusätzlich gilt es zu bedenken, dass Tätigkeiten mit einer kontinuierlichen Informationsverarbeitung für den Bankbetrieb typisch sind, dem Mitarbeiter folglich optimale Voraussetzungen für das Erkennen und Verknüpfen von Signalen vermittelt werden müssen und weiterhin Belastungen auf ihn warten, die sich aufgrund wechselnder Objekte der Aufmerksamkeit, wechselnder Arbeitsschwierigkeit und reizstarker Umgebungseinflüsse ergeben.[747] Aus diesem Grund sollte in der Kreditwirtschaft häufiger über den Einsatz so genannter Salutogeneseverfahren nachgedacht werden.[748]

Im Gegensatz zu pathologischen Ansätzen, die erklären, warum Menschen erkranken, versucht die salutogenetische Sichtweise zu erklären, warum Menschen gesund bleiben. Untersuchungen haben ergeben, dass Menschen auch unter hohen Belastungen gesund bleiben, wenn der Wandel beziehungsweise die sich daraus ergebenden

---

[743] Vgl. Jung, H.,(2001), S. 204–205.

[744] Vgl. Berthel, J., (2000), S. 341–342.

[745] Unter statischer Muskelarbeit wird der Einsatz von Muskelgruppen nur zum Zwecke der Fixierung von Gelenk- und Körperstellungen und/oder zur Abgabe von Kräften nach außen verstanden. Es kommt in Folge der Bewegungsarmut zu einer schnellen Ermüdung der Muskulatur. Vgl. Landau, K., (1999), S. 348.

[746] So wurden beispielsweise in den letzten Jahren Sparkassenfilialen in der Form umgebaut, dass mehr Beratungsleistungen an einem Stehtisch erbracht werden. Diese Stehtische sind primär auf den größentechnisch durchschnittlichen Sparkassenmitarbeiter beziehungsweise Kunden ausgelegt. Gerade für größere Mitarbeiter ist ein längerer Aufenthalt an einem solchen Stehtisch verbunden mit dem Ausfüllen zahlreicher Formulare gesundheitlich nicht unbedenklich.

[747] Vgl. Landau, K., (1999), S. 349.

[748] Salus bedeutet gesund, Genese bedeutet entstehen. Dementsprechend kann unter Salutogenese die Entmystifizierung der Gesundheit verstanden werden. Vgl. Sauer, H., (2001), S. 207.

Anforderungen vorhersehbar und einordbar sind, darüber hinaus Einfluss auf neue Konzepte genommen werden kann und generell, wenn bei strategischen Neuausrichtungen persönliche Ziele eingebracht und mit den Zielen der Unternehmung vereinbart werden können.[749] Ist dies nicht der Fall, kann es zu Stressphänomenen kommen, die sich wiederum auf die kognitive Ebene (Denk- und Wahrnehmungsprozesse), emotionale Ebene (Gefühlsempfindungen), vegetative Ebene (vegetatives Nervensystem und der von ihm gesteuerten Organe) sowie muskulärer Probleme (Skelettmuskulatur) niederschlagen können.[750] Gerade bei den im Bankbereich wichtigen Soft Skills wie Kreativität, Teamfähigkeit und Empathie, die im Wesentlichen auf der kognitiven und emotionalen Ebene anzusiedeln sind, wirkt sich der Stress negativ auf den Mitarbeiter, seine Umwelt und letztlich den Unternehmenserfolg aus.[751] Die salutogenetische Sichtweise verdeutlicht wie bedeutend eine offene Kommunikation innerhalb einer Sparkasse ist, wobei ihre Bedeutung auch für Arbeitsplätze, die sich außerhalb der Räumlichkeiten der Sparkasse befinden, zutrifft.

Arbeitsplatz außerhalb der Sparkasse

Im Gegensatz zu den Arbeitsplätzen innerhalb des Unternehmens befinden sich die angesprochenen Arbeitsplätze nicht auf dem Gelände oder innerhalb der Räumlichkeiten einer Sparkasse. Gerade der technische Strukturwandel in Form neuer Möglichkeiten der Informations- und Kommunikationstechnik sowie gesellschaftlicher und demografischer Strukturwandel ermöglichen und bedingen die Entstehung solcher Arbeitsplätze außerhalb einer Sparkasse.[752] Wettbewerbliche Änderungen, die zum Teil durch verändertes Kundeninteresse bedingt sind, spielen eine weitere Rolle. So ist es heutzutage selbstverständlich, dass intensive Beratungsleistungen auch außerhalb der Räumlichkeiten einer Sparkasse und außerhalb der offiziellen Öffnungszeiten erbracht werden.

Generell lassen sich sowohl Gruppen- und Einzelarbeitsplätze als auch stationäre und wechselnde Arbeitsplätze unterscheiden. Die stationären Plätze beziehen sich auf so genannte Heimarbeitsplätze oder auch Telearbeitsplätze. Die wechselnden Plätze sind mobiler Natur, befassen sich allerdings mit Bewegungen in der Unternehmensumwelt (z. B. Außendienstmitarbeiter).[753] Vermehrt streben Sparkassen die Verlagerung von Arbeitsplätzen nach außen an, um so unter Einfluss der Auswirkungen des Strukturwandels den Mitarbeitern Arbeitsbedingungen zu ermöglichen, die sie in ihrer Motivation, Entwicklung, Selbstentfaltung und -verwirklichung unterstützen.[754]

[749] Vgl. Sauer, H., (2001), S. 207.

[750] Vgl. Kairies, K., Schrott, E., (2002), S. 63.

[751] Vgl. Kubacki, P., (1998), S. 698.

[752] Durch die soziale Angleichung der Geschlechter sind Frauen in Relation zu früheren Zeiten qualifizierter. Um dennoch Familie und Beruf miteinander in Einklang zu bringen, möchten viele Frauen von zu Hause aus arbeiten. Vgl. GP 3.2.3.2.

[753] Vgl. Gibson, N., (2001), S. VI.

[754] Vgl. Heitmüller, H.-M., (1999b), S. 8.

Der Heimarbeitsplatz sieht die Erledigung der Arbeitsaufgaben innerhalb der eigenen Wohnung vor und wird durch das Heimarbeitsgesetz geregelt. Den Betroffenen werden damit ein verbindlich festgesetztes Mindestentgelt, Urlaubs- und Feiertagsgeld, Zuschläge zur Vorsorge bei Krankheiten sowie Heimarbeitszuschläge zur Abgeltung entstandener Kosten zugesichert. Diese Arbeitsform ist insbesondere für Frauen mit jüngeren Kindern eine interessante Alternative gegenüber dem Arbeitsplatz innerhalb der Sparkasse, da sie sowohl ihre beruflichen als auch ihre familiären Interessen besser miteinander verbinden können.[755]

Ein Telearbeitsplatz subsumiert alle Formen verteilter Aufgabenbewältigung unter Nutzung raum- und zeitüberbrückender Telemedien zwischen dezentral verteilten Aufgabenträgern, Organisationseinheiten oder Organisationen und unterstützt die Arbeitsplätze beziehungsweise Arbeitsformen durch entsprechende Informations- und Telekommunikationstechnologien.[756] Hierbei bietet die Telearbeit einer Sparkasse die Möglichkeit, Qualitäts- und Produktivitätssteigerungen aufgrund einer höheren Flexibilität, Mobilität und Motivation der Telearbeiter zu erreichen.[757] Sie kann so die Attraktivität des Unternehmens für Mitarbeiter, die auf diese Weise Beruf und Privatleben miteinander vereinbaren möchten, steigern.[758] Gleichzeitig bedeutet die Durchführung von Telearbeit ein neues Maß an Selbstverantwortung für die Angestellten und bedarf daher eines Umdenkprozesses im Unternehmen, der einen veränderten Mitarbeiterführungsstil[759] initiiert sowie neue Informations- beziehungsweise Kommunikationstechnologien generiert.[760]

Aufgrund der Immaterialität der Leistungen bietet sich das mobile beziehungsweise nicht unternehmensgebundene Arbeiten geradezu an und ermöglicht den Sparkassenmitarbeitern, eine individuelle Autonomie durch die freie Arbeitsplatz- und Arbeitszeitgestaltung zu entfalten.[761] Ferner sind Telearbeitsmaßnahmen oftmals kostengünstigere Alternativen im Vergleich zu der Gestaltung und Entwicklung traditioneller Arbeitsplätze und tragen zu einer Erhöhung der Mitarbeiterproduktivität bei.[762] Begünstigt von einer erhöhten Arbeitseffizienz durch konzentriertere Arbeit

---

[755] Vgl. Olfert, K., Steinbuch, P.A., (2001), S. 217–218.

[756] Vgl. Scholz, C., (2000), S. 645.

[757] Vgl. Kubiak, K.-P., (2001), S. 12.

[758] Vgl. Schmidt, A., (2000), S. 572.

[759] Die erfolgreiche Einführung der Telearbeit setzt voraus, dass Vorgesetzte die Anforderungen der Telearbeit erfüllen und sich folglich von einer verhaltensorientierten Kontrolle durch Beobachtung lösen, um sich auf eine ziel- und insbesondere ergebnisorientierte Führung einzustellen. Diesbezüglich hat sich das Führen durch Zielvereinbarungen als Instrument zur Organisation und Bewertung der Telearbeit etabliert. Es geht dabei um die gemeinsame Vereinbarung von Zielen zwischen direkter Führungskraft und Mitarbeiter, deren Erreichung als Grundlage der Leistungsbewertung gilt. Auf diese Weise gelingt es den Mitarbeitern, sich mit den Zielen, an deren Formulierung sie selbst mitgewirkt haben, besser zu identifizieren sowie eine größere Motivation beziehungsweise einen zielgerichteten Arbeitseinsatz an den Tag zu legen. Vgl. Schmeisser, W., Eckstein, P., Boden, B. (2002), S. 52.

[760] Vgl. Kufer, L., (2002), S. 25 und vgl. Ackermann, K.-F., Heckel, M., (2001), S. 666.

[761] Vgl. Pfeffer, M., (2000), S. 58.

[762] Vgl. Scholz, C., (2000), S. 646.

und bessere Auslastung technischer Ressourcen sowie von selteneren Krankmeldungen gewinnt der Arbeitsplatz mit Verbindung zur Außenwelt immer größere Bedeutung für die Sparkassen und ermöglicht die bedürfnisgerechte tägliche oder wöchentliche Anpassung der Arbeitszeit an den persönlichen Arbeitsrhythmus.[763]

Abbildung 16 gewährt eine Übersicht über mögliche Vor- und Nachteile der Telearbeit für den einzelnen Telearbeiter, die durchführende Sparkasse sowie für die gesamte Gesellschaft an sich.

Telearbeiter	Sparkasse	Gesellschaft
	Erwartete Vorteile	
– Verringerung beziehungsweise Wegfall der Pendelzeit	– Direkte Kostenersparnis bei Büroflächen usw.	– Reduzierung von Berufsverkehr und Energieeinsparung
– Bessere Vereinbarkeit von Beruf und privaten Aktivitäten	– Höhere Produktivität und Kreativität der Mitarbeiter	– Minderung des Siedlungsdrucks auf die Ballungsräume
– Zeitsouveränität, Arbeiten nach individuellem Arbeitsrhythmus	– Erhalt und Zugang von/zu qualifizierten Mitarbeitern	– Schaffung von Arbeitsplätzen u.a. in strukturschwachen ländlichen Räumen
– Angenehme Arbeitsatmosphäre	– Größere Kundennähe, besserer Kundenservice	– Beschäftigungsmöglichkeiten für spezielle Zielgruppen (Frauen mit kleinen Kindern, Behinderte)
– Größere Wahlfreiheit bei der Wohnortwahl	– Bedarfsgerechter Einsatz freier Mitarbeiter	
	Mögliche Nachteile	
– Ungeschützte Beschäftigungsverhältnisse	– Unwirtschaftlichkeit	– Abwandern von Arbeitsplätzen ins Ausland
– Soziale Isolation	– Mangelnde Datensicherung beziehungsweise Datenschutz	
– Karriereeinbußen	– Reibungen mit traditionellem, unflexiblem Management	
– Fehlende Trennung von Beruf und Privatleben	– Höherer Koordinierungsbedarf	

Abb. 16. Mögliche Vor- und Nachteile der Telearbeit für Individuum, Sparkasse und Gesellschaft[764]

[763] Vgl. Dahms, R., Reuter, B., (1999), S. 341.

[764] In Anlehnung an: Chrobok, R., (1999), S. 235.

Letztendlich wird der Wettbewerb trotz der sich ankündigenden tief greifenden Veränderungen im Bankensektor durch die Fähigkeit bestimmt, den Kunden an jedem Ort und zu jeder Zeit kompetent und individuell beraten zu können. Die Kundennähe wird damit zu einem wettbewerbsentscheidenden Faktor, den es auch im elektronischen Markt, beispielsweise mittels Telearbeit, auszubauen gilt, um die Zielsetzung einer optimalen Abstimmung der Arbeitsbedingungen auf den Menschen zu verwirklichen und damit den Personaleinsatz in Übereinstimmung mit den Arbeitsanforderungen an den Bedürfnissen der Kunden auszurichten.[765] Deshalb wird das Nutzenpotenzial der Telearbeit erst dann in vollem Umfang ersichtlich, wenn auch die qualitativen, nicht monetären Faktoren in die Kosten-Nutzen-Analyse einbezogen werden.[766] Hierbei stehen einerseits die Kundenzufriedenheit und andererseits die Mitarbeiterzufriedenheit im Mittelpunkt der Betrachtung.[767]

4.2.1.2. Planung der Arbeitszeiten

Die anhaltende Arbeitslosigkeit, der gesellschaftliche Wertewandel und der Konkurrenzdruck verschaffen inzwischen auch der Arbeitszeitgestaltung im Rahmen der Personalentwicklung eine verstärkte Betrachtung und machen es notwendig, bedarfs- und vor allem interessenorientierte Arbeitsmodelle zu entwerfen.[768] In den letzten Jahren ist daher zunehmend eine Abkehr von traditionellen Arbeitszeitmodellen und eine Hinwendung zu Individualisierung und Flexibilisierung der Arbeitszeit zu verzeichnen, die sich zum einen aus der Notwendigkeit der Sicherung und Förderung der Wettbewerbsposition der Sparkassen begründet und zum anderen von Mitarbeitern immer stärker erwartet[769] beziehungsweise vorausgesetzt wird.[770]

Viele Kreditinstitute versuchen bisher mittels Überstunden, Anreizgestaltung, Einsatz von Aushilfskräften, befristeter Verträge oder gar Entlassungen den veränderten Anforderungen gerecht zu werden und die notwendige Flexibilität zu organisieren.[771] Jedoch sind derartige Regelungen aufwändig zu organisieren und zumeist kostenintensiv in ihrer Umsetzung.[772] Den Sparkassen muss unter diesen Voraussetzungen

[765] Vgl. Klein, W., (2000), S. 451.

[766] Vgl. Schulz, C., (2004a), S. 3.

[767] Vgl. o.V., (2001), S. 13.

[768] Vgl. Scholz, C., (2000), S. 666.

[769] So führt der gesellschaftliche Wertewandel zu einer Veränderung des Anspruchsniveaus an die berufliche Tätigkeit. Nicht zuletzt die Steigerung von Lebensstandard und Bildungsniveau resultieren in einem Umdenken innerhalb der Bevölkerung, die immer mehr Freiräume beansprucht und weniger Anweisungen, dafür mehr Kompetenz und Eigenverantwortung fordert. Auch die Berücksichtigung persönlicher Belange soll aus Arbeitnehmersicht verstärkt in eine Arbeitszeitgestaltung einfließen, da sich der Stellenwert der Freizeit inzwischen deutlich gewandelt hat und ebenso die Frau als Arbeitnehmer eine neue Rolle im Erwerbsleben einfordert, bei der der Wunsch nach besserer Vereinbarkeit von Familie und Beruf im Vordergrund steht. Vgl. Dahms, R., Reuter, B., (1999), S. 320–321.

[770] Vgl. Olfert, K., Steinbuch, P.A., (2001), S. 222.

[771] Vgl. Sliwka, D., (2003), S. 300–303.

[772] Vgl. Fauth-Herkner, A., Wiebrock, S., (2001), S. 91.

die Entwicklung von Arbeitszeitregelungen gelingen, die eine Ausrichtung an kundenorientierten Ansprech- und Öffnungszeiten gestatten und gleichzeitig vertriebsorientiert und mitarbeiterfreundlich sind, damit die Sparkassen als Organisation beweglich, flexibel und qualifiziert auftreten.[773] Zielsetzung einer Flexibilisierung der Arbeitszeiten ist die Entkoppelung von Arbeits- und Betriebszeiten. Die Betriebszeiten bezeichnen hier die Zeiträume, in denen eine Sparkasse in dem Sinne produktiv arbeitet, als das ihre Abteilungen ansprechbar sind. Die Betriebszeit wirkt sich auf die ökonomischen Unternehmenszielgrößen aus, während die Arbeitszeit die Mitarbeiterbedürfnisse im Hinblick auf Einkommen und Freizeit beeinflusst.[774]

Die Arbeitszeitflexibilisierung umfasst alle Formen der Arbeitszeitgestaltung mit veränderlicher Dauer und Lage der Arbeitszeit, unabhängig davon, auf welchen Bezugszeitraum sie sich beziehen.[775] Im Gegensatz zu den eher starren Gestaltungen einer festen Arbeitszeit steht hier der Gedanke flexibler Maßnahmen im Vordergrund, die sowohl den Sparkassen als auch den Mitarbeitern Spielräume für die Wahl zwischen mehreren Regelungen gewähren und die eine an den Kundenwünschen orientierte und kostengünstige Ausgestaltung ermöglichen.[776] Der Erfolg solcher innovativer Arbeitszeitmodelle ist jedoch auch immer von diversen betrieblichen Rahmenbedingungen abhängig, die sich sowohl auf die Unterstützung in der Führungsetage als auch auf die Akzeptanz im Mitarbeiterkreis und die Anpassungsfähigkeit der Kunden beziehen.[777]

Für die Personalpolitik von Sparkassen bedeutet das, ihre Instrumente immer flexibler auszugestalten, um den Mitarbeitern „in einer individualisierten Welt, gekennzeichnet durch den Wunsch nach Entscheidungssouveränität, gerecht zu werden."[778] So existieren seit Anfang der 1990er Jahre beispielsweise deutliche Tendenzen zur Arbeitsflexibilisierung mittels Teilzeitarbeit oder Telearbeit in Sparkassen, die ganz besonders von Arbeitnehmerseite gewünscht werden.[779] Als Variante zur Gestaltung der Dauer von Arbeitszeiten (Chronometrie, z. B. 8 Stunden pro Tag) wird im Rahmen der vorliegenden Arbeit die Teilzeitarbeit vorgestellt. Eine weitere Möglichkeit der Flexibilisierung von Arbeitszeiten besteht in der Gestaltung der Lage von Arbeitszeiten (Chronologie, z. B. von 8 bis 16 Uhr), die von so genannten Gleitzeitmodellen verkörpert wird. Zusätzlich können auch Mischformen unterschieden werden, die eine Kombination der eben genannten Modelle darstellen und beispielsweise durch Einführung einer variablen Arbeitszeit zu einem Höchstmaß an Flexibilisierung führen.

---

[773] Vgl. Dahms, R., Reuter, B., (1999), S. 321.

[774] Vgl. Jung, H., (2001), S. 221.

[775] Vgl. Schanz, G., (2000), S. 415.

[776] Vgl. Berthel, J., (2000), S. 345.

[777] Vgl. Vedder, G., (1999), S. 21–22.

[778] Fischer, H., Steffens-Duch, S., (2002), S. 484.

[779] Vgl. Ashauer, G., (2002), S. 49.

4.2.1.2.1. Teilzeitmodelle

Teilzeitarbeit[780] leistet ein Arbeitnehmer, dessen regelmäßige Beschäftigungsdauer sich von anderen Beschäftigungsverhältnissen durch eine kürzere Arbeitszeit als die betriebsübliche beziehungsweise tarifgeregelte unterscheidet.[781] Zur Gestaltung von Arbeitszeitmodellen bieten sich drei verschiedene Ansätze an, die eine Verkürzung der täglichen, der wöchentlichen oder der monatlichen Arbeitszeit vorsehen.[782] Teilzeitarbeit kann hierbei starr, also mittels genauer Festlegung von Dauer und Lage geplant werden, oder aber als flexible Vereinbarung gelten, bei der Dauer und Lage der Arbeitszeit variabel bleiben und damit Variationsmöglichkeiten beziehungsweise Potenziale zu größerer Beweglichkeit und Individualisierung geboten werden.[783]

Als Sonderform der Teilzeitarbeit tritt das so genannte Job Sharing auf.[784] Ihm liegt eine Teilung des Arbeitsplatzes zu Grunde, d.h. dass sich mindestens zwei Arbeitskräfte die Rechte und Pflichten eines Vollzeitarbeitsplatzes teilen und folglich gemeinsam Verantwortung für die Erfüllung der jeweiligen Arbeitsaufgabe übernehmen sowie dem Arbeitgeber gegenüber als Team auftreten.[785]

Das Job Sharing[786] unterscheidet sich jedoch von der reinen Form der Teilzeitarbeit insofern, als es den Mitarbeitern in gewissen Grenzen eine freie Bestimmung über ihren Tagesablauf ermöglicht beziehungsweise die Aufteilung und Lage der individuellen Arbeitszeiten weitgehend den Arbeitskräften überlässt.[787] Die betroffenen Arbeitnehmer füllen den jeweiligen Arbeitsplatz in Abstimmung miteinander und auf Grundlage eines von ihnen selbst vereinbarten Arbeitszeitplanes während der betriebsüblichen Arbeitszeit aus und können so ihre spezifischen Bedürfnisse bezüglich

---

[780] Teilzeitarbeit wird von einem Arbeitnehmer geleistet, dessen regelmäßige Wochenarbeitszeit kürzer ist als die eines vergleichbaren vollzeitbeschäftigten Arbeitnehmers beziehungsweise wenn seine regelmäßige Arbeitszeit im Durchschnitt eines bis zu einem Jahr reichenden Beschäftigungszeitraums unter der eines vergleichbaren vollzeitbeschäftigten Arbeitnehmers liegt. Vgl. §2 Abs. 1 TzBfG.

[781] Vgl. Horsch, J., (2000), S. 227.

[782] Vgl. Drumm, H. J., (2000), S. 175–176. So genannte (verzinste) Arbeitszeitkonten, Konten denen ein Mitarbeiter seine Überstunden gutschreibt, um dann gegebenenfalls früher in den Ruhestand zu treten, werden aufgrund ihrer nahezu vollkommenen Bedeutungslosigkeit in der Praxis nicht weiter betrachtet. Vgl. Kisker, M., (2003), S. 37.

[783] Vgl. Schanz, G., (2000), S. 425.

[784] Vgl. Herrndorf, U., Schwaab, M.-O., (1995), S. 206–208.

[785] Vgl. Berthel, J., (2000), S. 350.

[786] Als weitere Unterformen des Job Sharing sind das Job Pairing und das Job Splitting zu nennen. Ersteres umfasst den gemeinsamen Abschluss eines Arbeitsvertrages mit den betreffenden Arbeitnehmern, der diese in eine gemeinsame Verantwortung stellt, das Treffen gemeinsamer Entscheidungen erfordert und somit ein einheitliches Arbeitsverhältnis entstehen lässt, das auch nur gemeinsam kündbar ist. Im Gegensatz dazu bekommt beim Job Splitting jeder Arbeitnehmer einen unabhängigen Arbeitsvertrag, welcher keinen Interaktions- und Kooperationsbedarf bei den Partnern hervorruft und der die Verantwortung des Einzelnen auf seine eigene Tätigkeit reduziert. Vgl. Scholz, C. (2000), S. 666.

[787] Vgl. Schanz, G., (2000), S. 433.

Freizeitgestaltung, Familienverpflichtungen, Arbeitsplatzdefinition oder Vorbereitung des Ruhestands verwirklichen.[788]

Sparkassen versuchen heutzutage zunehmend ihr Angebot von Teilzeitarbeitsplätzen zu optimieren[789] und den Einsatz von Teilzeitarbeitskräften entsprechend den betrieblichen Möglichkeiten sowie den Wünschen und Anforderungen von Mitarbeitern und Kunden in allen Qualifikationsstufen zu verbessern.[790] So kann sich die Teilzeitbeschäftigung positiv hinsichtlich ihrer Effizienz und bezüglich des Krankenstandes auswirken und in Zeiten notwendiger Kapazitätsanpassungen durch die Reduzierung der Arbeitszeiten zum Erhalt von Arbeitsplätzen und zur Sicherung des im Unternehmen vorhandenen Know-hows beitragen.[791] Darüber hinaus bietet sich die Möglichkeit, durch den Einsatz von Teilzeitkräften eine Optimierung der Beratungs- und Ansprechzeiten herbeizuführen.[792] Teilzeitarbeit wird damit zu einem schnell einsetzbaren und wirksamen Ansatz gegen Arbeitslosigkeit und Personalkostendruck.[793] Sie verspricht Erfolg zu haben, wenn sowohl die Interessen des Unternehmens als auch der Mitarbeiter gleichermaßen berücksichtigt werden, also wenn die vorhandenen Arbeitsplätze teilbar sind und aus Arbeitnehmersicht Teilzeit gewünscht wird.[794]

Arbeitnehmer stehen der Verwendung von Teilzeitarbeitsmodellen vermehrt positiv gegenüber, was aus einem sich ändernden individuellen Bedürfnis der Mitarbeiter bezüglich ihrer Arbeitszeiten resultiert. Nicht mehr nur die klassische Kindererziehung ist ein Grund für den Wunsch nach Arbeitszeitreduzierung, sondern auch das Bedürfnis nach Vereinbarkeit von Familie und Beruf, die Pflege von Angehörigen, mehr Zeit für Hobbys, die Erhöhung der Lebensqualität, die Rücksichtnahme auf die Gesundheit oder eine mangelnde altersbedingte Belastbarkeit.[795] Aus diesem Grund bieten progressive Sparkassen so genannte „Schnupperteilzeitmodelle“ an.[796] Hier können Mitarbeiter verschiedene Formen der Teilzeit ausprobieren, ihre Erfahrungen[797] werden analysiert und bei Missgefallen garantiert ihnen ihr Arbeitgeber wieder die Rückkehr zur bisherigen Normalarbeitszeit.

Trotz des eintretenden Wertewandels existiert allerdings noch eine Vielzahl gesellschaftlicher Vorurteile gegenüber der Einführung von Teilzeitarbeit. Neben Wider-

788 Vgl. Olfert, K., Steinbuch, P.A., (2001), S. 226.

789 Die Teilzeitquote der bankspezifischen Beschäftigten in den Sparkassen hat sich von 17,1% im Jahr 1992 auf 23,6% im Jahr 2002 erhöht. Vgl. Schulz, C. (2004b), S. 26.

790 Vgl. Lindena, B., (1996), S. 397.

791 Vgl. Dahms, R., Reuter, B., (1999), S. 335–336.

792 Vgl. Lindena, B., (1996), S.416–417.

793 Die entstehenden Transaktionskosten der Teilzeitarbeit können unter Umständen zunächst über denen der Vollzeitarbeit liegen. Allerdings werden die höheren Kosten (auch nach zusätzlicher Erhöhung des Personalbestandes) zumeist von starken Leistungsanstiegen und damit von einer erhöhten Produktivität überkompensiert. Vgl. Drumm, H. J., (2000), S. 177–178.

794 Vgl. Kobi, J. M., (1999), S. 107.

795 Vgl. Dahms, R., Reuter, B., (1999), S. 336.

796 Vgl. Reuter, B., (1999), S. 851–852.

797 Vgl. Wolf, S.A., Prüssing, M., (1998), S. 350.

ständen gegen eine Veränderung der gewohnten Zeitplanung wird Teilzeitarbeit häufig als ein „Arbeitsverhältnis 2. Klasse“[798] angesehen, bei dem die Arbeitsleistung des Einzelnen wesentlich an der Dauer seiner individuellen Arbeitszeit gemessen wird und damit derjenige der Fleißigste und Erfolgreichste ist, der auch die längste Arbeitszeit vorweisen kann.[799] Darüber hinaus wird der Teilzeitarbeit vorgehalten, dem beruflichen Fortkommen zu schaden, Qualifizierungschancen zu vereiteln, nur auf die Bedürfnisse von Frauen zugeschnitten zu sein und Einbußen im finanziellen Bereich zu verursachen.[800] Des Weiteren bestehen Bedenken bei Arbeitnehmern hinsichtlich einer Arbeitszeitverkürzung, die aus sich verstärkenden Zukunftsängsten resultieren und sich auf befürchtete Nachteile im Sozialversicherungs- beziehungsweise Altersversorgungsbereich beziehen. Als Ursache für derartige Akzeptanzprobleme ist eine mangelnde Kenntnis der Funktionsweise und Auswirkung von Arbeitszeitmodellen zu nennen, der nur durch eine offene Kommunikation und Information von Seiten der Sparkassenleitung entgegengewirkt werden kann.[801]

Sparkassen, die Teilzeitarbeit aktiv fördern, sollten folglich intensiv signalisieren, dass

- die Interessen und Bedürfnisse der Mitarbeiter stärkere Berücksichtigung bei der Arbeitszeitgestaltung finden werden,
- es in Zeiten strukturellen Wandels von Wichtigkeit ist, die Personalkapazität an unterschiedliche Kundenströme beziehungsweise betriebliche Bedürfnisse anzupassen,
- Teilzeitbeschäftigte die gleichen Rechte wie Vollzeitbeschäftigte genießen,
- Teilzeit nicht mit Nebenbeschäftigung oder mangelnder Qualifikation gleichgesetzt werden darf,
- die Reduktion der Arbeitszeit zu einer individuelleren Freizeitgestaltung führt und konsequenterweise zu geringerer Ermüdung, besserer Konzentration sowie möglicherweise zu einer erhöhten Motivation beiträgt.[802]

Die Sparkassen müssen sich jedoch stets dessen bewusst sein, dass es für eine kontinuierliche beziehungsweise verstärkte Erhöhung der Teilzeitquote sowohl ökonomische als auch regionale Grenzen gibt. Hierbei gilt es zu bedenken, dass in strukturschwachen Gebieten mit hohen Arbeitslosenzahlen Teilzeitbeschäftigungen, die zumeist mit einem verringerten Einkommen einhergehen, weniger leicht durchsetzbar sind als in wirtschaftlich aufstrebenden Regionen.[803]

4.2.1.2.2. Gleitzeitmodelle

Der Grundgedanke einer gleitenden Arbeitszeit besteht darin, dass die Entscheidung über den genauen Anfang und das Ende der Arbeitszeit dem Einzelnen selbst, aller-

---

798 Schanz, G., (2000), S. 428.

799 Vgl. Dahms, R., Reuter, B., (1999), S. 337.

800 Vgl. Lindena, B., (1996), S. 418.

801 Vgl. Dahms, R., Reuter, B., (1999), S. 338.

802 Vgl. Kobi, J. M., (1999), S. 107 und vgl. Dahms, R., Reuter, B., (1999), S. 338 sowie vgl. Ashauer, G., (2000b), S. 305.

803 Vgl. Schulz, C., (2004b), S. 26.

dings innerhalb gewisser Grenzen, überlassen wird.[804] Die Arbeitszeit beginnt und endet nicht zu fixierten Zeitpunkten, sondern kann in einer fest definierten Zeitspanne an persönliche Bedürfnisse angepasst beziehungsweise auf eventuelle Schwankungen des Arbeitsanfalls abgestimmt werden, sollte jedoch eng an die betrieblichen Erfordernisse angeglichen sein und nicht vorwiegend an private Interessen der Mitarbeiter.[805] Der Arbeitnehmer hat somit die Möglichkeit, seine individuellen Arbeitszeiten in einem Gleitzeitrahmen, dem Zeitraum zwischen frühestmöglichem Arbeitsbeginn und spätestmöglichem Arbeitsende, selbst festzulegen[806], muss aber in der übrigen Zeitspanne, der so genannten Kernarbeitszeit, prinzipiell anwesend sein.[807]

Für Sparkassen können sich aus der Nutzung von Gleitzeitmodellen Vorteile ergeben, die zum einen aus der verlängerten betrieblichen Ansprechzeit und zum anderen aus einem Motivationsgewinn, der auf eine erhöhte Akzeptanz der neuen Arbeitszeitlage durch die Mitarbeiter zurückzuführen ist, resultieren.[808] Der persönliche Gestaltungsspielraum der Arbeitnehmer bleibt diesbezüglich auf die selbstständige Festlegung von Arbeitsbeginn und -ende beschränkt, während dem Bankbetrieb die Verwirklichung betrieblicher Zielsetzungen gestattet und die Berücksichtigung nachfragebedingter Aspekte ermöglicht wird, wie z.B. die Definition kürzerer Gleitzeiten mit geringem Dispositionsspielraum für den Vertrieb am Morgen und die Gewährung deutlich längerer Gleitzeiten für den Nachmittagsverkehr.[809]

Zwar entwickelt sich die Gleitzeit inzwischen zu einem immer flexibleren Arbeitszeitmodell mit größeren Bandbreiten sowie erweiterten Gleitmöglichkeiten in Verbindung mit variablen Mittagspausen. Doch trotz dieser weiteren Flexibilisierung zeigt sie sich zunehmend als ein sich lediglich zugunsten der Mitarbeiter entfaltendes, wenig vertriebsorientiertes Instrument, welches den veränderten Anforderungen eines heutigen Bankbetriebes nur noch teilweise gerecht wird.[810]

Sparkassen müssen hier durch gezielte Planung und Beobachtung der Arbeits-, Unternehmens- und Mitarbeitersituation Entwicklungstendenzen und Ausprägungen des Arbeitszeitmodells frühzeitig erkennen, um die Unternehmung rechtzeitig auf

---

[804] Vgl. Schanz, G., (2000), S. 420.

[805] Vgl. Jung, H., (2001), S. 223.

[806] So kann der Arbeitnehmer beispielsweise seinen Arbeitstag in einem Zeitraum von 08.00 Uhr bis 10.00 Uhr antreten oder für das Arbeitsende eine Zeit zwischen 16.00 Uhr und 18.00 Uhr einplanen.

[807] Vgl. Horsch, J., (2000), S. 233.

[808] Vgl. Dahms, R., Reuter, B., (1999), S. 324.

[809] Vgl. Lindena, B., (1996), S. 407.

[810] So gilt die Gleitzeit für Mitarbeiter in Sparkassen bereits als Standard und hat sich in eine Richtung entwickelt, die den Arbeitnehmern den Ausgleich von aufgelaufenen Sollarbeitszeitüberschreitungen, z.B. in Form eines so genannten Gleittages, gestattet. Den Mitarbeitern steht dabei ein Wahlrecht zur Verfügung, ob sie durch späteres Kommen, früheres Gehen, verlängerte Freizeitblöcke in Gestalt eines halben oder ganzen Tages den Ausgleich zwischen tariflicher und bereits geleisteter beziehungsweise individueller Arbeitszeit herbeiführen wollen. Dieses Ausmaß an Flexibilität wird jedoch von den Arbeitnehmern häufig

(Fortsetzung Fußnote 810 auf S. 123)

veränderte Erfordernisse einzustellen und dem Markt gegenüber wettbewerbsstark zu präsentieren. An dieser Stelle sind besonders die Führungskräfte in den Kreditinstituten gefragt, um ein effizientes Arbeitszeitmanagement umzusetzen und es auf die betrieblichen Erfordernisse auszurichten, damit ein ausgewogenes Verhältnis zwischen den individuellen Wünschen der Mitarbeiter und den Bedürfnissen der Sparkasse sichergestellt werden kann.[811]

4.2.1.2.3. Variable Arbeitszeitmodelle

Die Erfahrungen mit den oben beschriebenen Modellen führen im Kreditgewerbe zu einer Fortentwicklung der Gleitzeit in eine so genannte variable Arbeitszeit, bei der zwar noch immer eine Bandbreite von frühestem Arbeitsbeginn bis spätestem Arbeitsende festgelegt wird, jedoch die Existenz einer Kernzeit wegfällt, sodass zu keiner Tageszeit eine individuelle Anwesenheitspflicht besteht.[812] Der ordnungsgemäße Betrieb während einer ebenfalls bestimmten Servicezeit wird durch eine Mindestbesetzung an Personal sichergestellt, die sich an den Kundenwünschen sowie an dem konkreten Arbeitsanfall orientiert. Die Stärke der Besetzung kann im Laufe des Tages beziehungsweise der Woche stark variieren, soll innerhalb der einzelnen Arbeitsgruppen eigenverantwortlich geregelt werden und ist sowohl individuell als auch konkret an den Gegebenheiten beziehungsweise Anforderungen auszurichten. Die so erzielte erhöhte Flexibilität ermöglicht es einerseits, die jeweiligen Mitarbeiter in eine stärkere Verantwortung bezüglich der betrieblichen Arbeitszeitgestaltung zu nehmen und damit organisationsschädliches Verhalten zu unterbinden sowie andererseits den Wünschen und Bedürfnissen der Kunden hinsichtlich nachfrageorientierter Öffnungszeiten und ausführlicher Beratungs- beziehungsweise Servicequalität besser gerecht zu werden.[813]

Die variable Bandbreite, in der Arbeit zu leisten ist, erfordert eine Abstimmung zwischen den Mitarbeitern und kann die Entstehung eines verbesserten Arbeitsklimas aufgrund einer offeneren Kommunikation und eines sich neu entwickelnden „Wir-Gefühls“ unterstützen.[814] So kommt es innerhalb der Teams zu einer Disziplinierung, die ein einseitiges Ausnutzen der variablen Arbeitszeiten zu Lasten der Kollegen größtenteils unterbindet und das Verantwortungsgefühl bezüglich des Arbeitsbereiches und der geschäftspolitischen Anforderungen stärkt.

---

[810] *(Fortsetzung)* dahingehend missbraucht, als deren tägliche Arbeitszeit so ausgedehnt wird, dass sich in jedem Fall Sollzeitüberschreitungen ergeben und in der Folge nicht mehr die eigentliche Arbeitsleistung oder die betrieblichen Erfordernisse im Vordergrund stehen, sondern lediglich die persönlichen Interessen und Zeitvorstellungen der Angestellten. Durch ein derartiges Verhalten entsteht ein erhöhter Freizeitausgleich, der wiederum zu personellen Engpässen führen kann, und eine Arbeitsmentalität, die als Kriterium für gute Leistung lediglich die reine Anwesenheit und nicht mehr die Effizienz der Arbeit anwendet. Vgl. Dahms, R., Reuter, B., (1999), S. 324.

[811] Vgl. Wechsung, S., Poppelreuter, S., (2004), S. 235–236 und vgl. Lindena, B., (1996), S. 408.

[812] Vgl. Dahms, R., Reuter, B., (1999), S. 325.

[813] Vgl. Lindena, B., (1996), S. 408.

[814] Vgl. Hofmann, M., (2003), S. B18.

Die Mitarbeiter können durch den erweiterten Dispositionsspielraum z. B. ihre Vor- und Nachmittage flexibel nutzen, die Mittagspause auf individuelle Erfordernisse abstimmen und in der Folge motivierter die Arbeitsanforderungen angehen. Arbeit wird so verstärkt nach der erbrachten Leistung bewertet beziehungsweise entlohnt und nicht mehr nur nach der reinen Absolvierung eines Zeitpensums. Die tägliche Flexibilität verhindert zudem, dass bei den Arbeitnehmern zu große Zeitguthaben auflaufen, die unter Umständen in Stoßzeiten zu personellen Engpässen führen. Zusätzlich werden insbesondere die Mitarbeiter im Vertriebsbereich durch die entstehenden flexiblen Möglichkeiten in die Lage versetzt, am Bedarf orientiert ansprechbereit zu sein und so den gestiegenen Anforderungen der Kunden zu entsprechen.[815]

Deutlich wird in diesem Zusammenhang, dass eine derartige Form der Arbeitszeitgestaltung von den Mitarbeitern ein Höchstmaß an Flexibilität und Verantwortungsbewusstsein erfordert. Ohne die Bereitschaft von Seiten der Mitarbeiter, sich auf die veränderten Bedingungen im Sparkassenumfeld einzulassen und auch Arbeitszeiten zu akzeptieren, die als eher arbeitgeberfreundlich gelten, kann ein entsprechender Ansatz kaum glücken.[816] Sparkassen muss es daher gelingen, bereits in Einstellungsgesprächen auf die Vertriebsnotwendigkeiten im Kreditgewerbe sowie auf die damit verbundenen flexiblen Arbeitszeiten hinzuweisen, um mit Hilfe einer effizienten Personaleinsatzplanung die richtigen Mitarbeiter zum richtigen Zeitpunkt den richtigen Stellen zuzuordnen.

4.2.2. Personalentwicklung im engeren Sinn

Personalentwicklung im engeren Sinn umfasst die gesamten betrieblichen und überbetrieblichen Maßnahmen, welche im Hinblick auf die Unternehmensziele dazu beitragen sollen, die Qualifikationen und Potenziale aller Mitarbeiter zu optimieren.[817] In Anlehnung und Erweiterung des GP 2.2.2. sind unter Personalentwicklung im engeren Sinn Programme und Systeme zu verstehen, die sich zum einen mit Personalförderungsmaßnahmen, zum anderen mit Methoden der Aus-, Fort- und Weiterbildung im Unternehmen befassen und die immer dann erforderlich werden, wenn Diskrepanzen zwischen Fähigkeiten und Anforderungen nicht über die Personalbeschaffung ausgeglichen werden können beziehungsweise sollen.[818] Zusätzlich steht bei der Personalentwicklung als Kernaufgabe der Personalwirtschaft auch die Verzahnung mit den Zielen und Inhalten der Unternehmung im Mittelpunkt, um sie maßgeschneidert zu einem Motor des Unternehmenserfolges werden zu lassen.[819]

---

[815] Vgl. Dahms, R., Reuter, B., (1999), S. 326.

[816] Vgl. Hofmann, M., (2003), S. B18.

[817] Vgl. Backhaus, J., (1999), S. 478.

[818] Vgl. Scholz, C., (2000), S. 505.

[819] Eine explorative Studie der FH Worms, in der 140 Unternehmen schriftlich befragt wurden, zeigte z. B., dass etwa die Hälfte der Unternehmen bis 1996 das Thema Personalentwicklung kaum aufgegriffen hatte. Zudem sahen 45 Prozent aller befragten Personalentwickler die Personalentwicklung als nicht wirklich umgesetztes beziehungsweise akzeptiertes Instrument

(Fortsetzung Fußnote 819 auf S. 125)

Dabei gilt es für Sparkassen, sich flexibel und wandlungsfähig zu präsentieren, um den Herausforderungen der veränderten Rahmenbedingungen optimal zu begegnen. Hierbei sollte lebenslanges Lernen gefördert werden, um den Gefahren einer Veralterung der erworbenen Wissensbestände, Fähigkeiten und Erfahrungen entgegenzuwirken.[820] Diesen betrieblichen Erfordernissen[821] stehen jedoch die Bedürfnisse und Erwartungen der Mitarbeiter gegenüber. Insbesondere die individuellen Wünsche nach Weiterbildung und Erfahrungsaustausch sowie die beruflichen Pläne des Personals sind von Unternehmensseite so weit wie nötig und möglich zu erfüllen, um die Personalentwicklung als Teil einer „Politik der Mitarbeiterzufriedenheit" im Unternehmen gestalten zu können.[822] Neben den Zielen und Aufgaben der Personalentwicklung im engeren Sinn wird im Folgenden auch auf betroffene Bereiche der Sparkassen und die zur Verfügung stehenden Methoden eingegangen werden.

4.2.2.1. Ziele

Das primäre Ziel der Personalentwicklung im engeren Sinn besteht darin, die Mitarbeiter entsprechend den Unternehmensanforderungen so zu entwickeln und zu fördern, dass alle im Unternehmen beziehungsweise in der Sparkasse erforderlichen (Schlüssel-)Qualifikationen[823] verfügbar sind.[824] Die Nähe zum Kunden wird im Finanzdienstleistungsmarkt mit zunehmend ähnlicher werdenden Produkten zu einem Wettbewerbsvorteil der Sparkassen, die dabei jedoch nicht nur durch ihre große Präsenz in der Fläche, sondern auch hinsichtlich ihrer Beratungsqualität überzeugen müssen. So ist es erklärtes Ziel der Sparkassen, nicht nur im Retail Banking ihre starke Position zu halten, sondern insbesondere auch vermögende Kunden im Rahmen des Private Banking zu binden und zu gewinnen.[825] Gesucht werden diesbezüglich

---

[819] *(Fortsetzung)* im eigenen Unternehmen. Als Ursachen ergaben sich laut Studie eine mangelnde Akzeptanz im Top-Management und bei den Führungskräften, die Problematik, den Nutzen sichtbar machen zu können sowie der Zeitaspekt und die fehlende Klarheit über Sinn und Zweck der Personalentwicklung. Diese Ergebnisse lassen darauf schließen, dass die strategische Bedeutung der Personalentwicklung in Zukunft besser sichtbar zu machen und ihre professionelle Umsetzung zu forcieren sei. Vgl. Mühlemeyer, P., Flenner, V., (2002), S. 21–23.

[820] Vgl. Wingen, S., (2004), S. 6. Hacker und Frese stellen anhand eines Förderkonzepts für leistungsorientierte Mitarbeiter der Sparkasse Hagen dar, wie ein solches aussehen kann. Vgl. Hacker, K., Frese, B., (2005), S. 28–30.

[821] Trotz der häufig vorgebrachten These, dass Investition in das Humankapital die beste Investition per se sei, wurden bei aggregierter Betrachtung der gesamten deutschen Wirtschaft Ausgaben für die Aus- und Weiterbildung seit den Neunzigerjahren des letzten Jahrhunderts gekürzt. Vgl. Bontrup, H.-J., (2001), S. 277.

[822] Vgl. Jung, H., (2001), S. 244.

[823] Schlüsselqualifikationen sind „relativ lang verwertbare Kenntnisse, Fähigkeiten, Einstellungen und Werthaltungen zum Lösen gesellschaftlicher Probleme" mit dem Ziel der beruflichen Flexibilität und Mobilität. Vgl. Lenzen, A., (1998), S. 35. Ausführlich werden die Schlüsselqualifikationen im GP 5.2.1. behandelt.

[824] Vgl. Bröckermann, R., (2003), S. 344.

[825] Vgl. Köhler, P., Landgraf, R., Potthoff, C., (2003), S. 23.

Fach- und Führungskräfte, die langfristig zum Unternehmen passen und sich motiviert auf qualifizierte Beraterfunktionen im Privat- und Firmenkundenbereich vorbereiten lassen.[826]

Die Beratungsleistung von Mensch zu Mensch eröffnet jedoch das Problem der Verhaltenseinstellung der betroffenen Mitarbeiter gegenüber den Kunden der Sparkasse und erfordert eine Qualifikation, die über die stellen- beziehungsweise aufgabenspezifischen Fachqualifikationen hinausgeht. In keiner anderen Branche ist der Anteil der Ressource „Mensch" an der Wertschöpfung größer als im Beratungsbereich.[827] „Hier sind es fast ausschließlich die Kompetenzen und Kenntnisse der Mitarbeiter, die das Produkt ausmachen."[828] Besonders qualifizierte Mitarbeiter sind in der Lage, die Komplexität der Anforderungen zu erfüllen, Kundenzufriedenheit zu bewirken und sich selbstständig und motiviert in die Sparkassenkultur einzubringen. Damit wird der Erwerb von Schlüsselqualifikationen zum bestimmenden Faktor für die Kompetenz des Personals sowie zur grundlegenden Zielsetzung der Personalentwicklung.[829] Die Kombination der einzelnen Fähigkeiten ergibt dann die Qualifikation des zukunftsfähigen Mitarbeiters, der die Anforderungen der Sparkassen im Rahmen seiner Handlungskompetenz durch seine Fach-, Methoden- und Sozialkompetenz erfüllen soll.[830]

Die Entwicklung und Förderung einer individuellen Handlungs- und Veränderungskompetenz erhält damit einen zentralen Stellenwert im Rahmen der Personalentwicklung bei Sparkassen. Gerade die Bedeutung einer vielfach informell erworbenen überfachlichen, methodischen und sozialen Kompetenz sowie der persönlichen Fähigkeiten und außerberuflichen Erfahrungen von Mitarbeitern als Potenzial für die individuelle aber auch betriebliche Nutzung muss besonders berücksichtigt werden, um die vorhandenen Kompetenzen und Lernpotenziale der Arbeitnehmer besser einschätzen, ausnutzen und einsetzen zu können.[831]

Gleichwohl wird Fach- und Spezialistenwissen auch weiterhin in Sparkassen gefragt sein. Da dieses aber immer schneller altert, wird insbesondere das methodische Know-how die Arbeit beeinflussen und so zu einer Neubewertung der Gewichtung zwischen fachlicher und methodischer Kompetenz führen. Denn neben bereits existierenden Anforderungen an Bankmitarbeiter wie Diskretion, Kundenorientierung und Fachkompetenz haben Qualifikationen wie analytisches Denken, Methodenkompetenz und Flexibilität zunehmend an Bedeutung gewonnen.[832] In Zukunft wird es vor allem darauf ankommen, „die grundlegenden Methoden zu kennen, um Probleme und Aufgaben zu lösen. Nur wer diese Methoden beherrscht, wird überhaupt imstande sein, neues Fachwissen aufzunehmen."[833] Personalentwicklung bedeutet je-

---

[826] Vgl. Scherer, W., Mummenthal, L., (2003), S. 70.

[827] Vgl. Wagner, A., (2001), S. 17.

[828] Weibel, P. F., (1997), S. 139.

[829] Vgl. Dehnbostel, P., (2001), S. 259.

[830] Vgl. Dubs, R., (1999), S. 469 und vgl. GP 5.2.1.2.

[831] Vgl. Wingen, S., (2004), S. 6.

[832] Vgl. von Stein, J.H., Gruber, D., (1999), S. 717.

[833] Siebertz, P., (1999), S. 25.

doch auch stets einen Ausgleich der Interessen innerhalb des Kreditinstitutes und beinhaltet die Aufgabe, die Ziele, Erwartungen und Bedürfnisse der einzelnen Mitarbeiter in die nach ökonomischen Kategorien orientierten Zielsetzungen der Sparkasse zu integrieren.[834] Abbildung 17 stellt unternehmens- und mitarbeiterbezogene Ziele gegenüber.

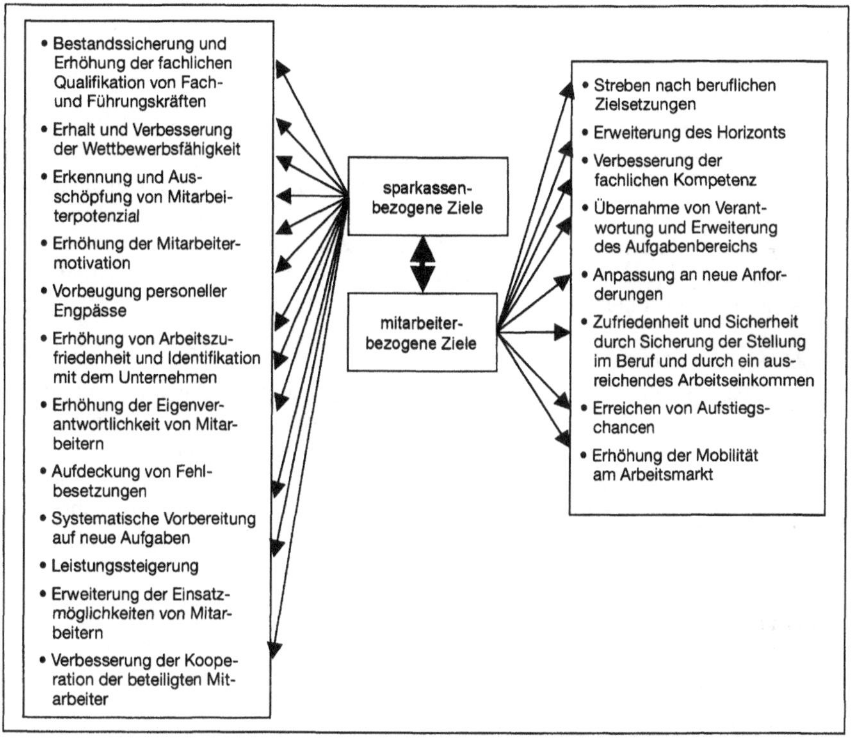

Abb. 17. Sparkassen- und mitarbeiterbezogene Zielsetzungen in der Personalentwicklung

Personalentwicklung kann nur dann erfolgreich durchgeführt werden, wenn bei allen Beteiligten Klarheit über die zu erreichenden Ziele besteht und die verschiedenen Erwartungen in Einklang gebracht werden können.[835] Denn der Erfolg eines Dienstleistungsunternehmens wird weitgehend bestimmt durch qualifizierte Führungskräfte und Mitarbeiter, die die unternehmenspolitischen Ziele verstehen, sich mit ihnen identifizieren und diese initiativ realisieren.

Personalentwicklung ist damit stets ein Lernprozess, der bei den Mitarbeitern eine umfassende Lernbereitschaft und Lernfähigkeit voraussetzt und an die Sparkasse als Organisation den Anspruch erhebt, gleich schnell beziehungsweise schneller zu ler-

[834] Vgl. Grote, M.,(1998), S. 143.

[835] Vgl. Jung, H., (2001), S. 246.

nen als sich die Umwelt ändert und parallel eine höhere Lerngeschwindigkeit aufzuweisen als die Konkurrenz.[836] So hat sich (allerdings ausgehend von einem niedrigen Niveau) beispielsweise in den letzten 10 Jahren der Anteil der Akademiker in Sparkassen nahezu verdoppelt.[837] Auch der Anteil der Mitarbeiter, die Weiterbildungsmaßnahmen wie beispielsweise die Prüfung zum Sparkassenfachwirt abgelegt haben, hat sich mehr als verdoppelt.[838] Diese Zahlen belegen, dass der im GP 3.2.3.1. dargestellte Trend der Höherqualifizierung auch in Sparkassen auszumachen ist.

4.2.2.2. Bereiche

Die Basisaufgabe der Personalentwicklung besteht in der betrieblichen Bildung, für die je nach Bedarf unterschiedliche Maßnahmen in Anspruch genommen werden können.[839] Zu den Mitteln, die der qualitativen Anpassung dienen, gehören die Personalentwicklungsbereiche Ausbildung und Weiterbildung, welche im Rahmen der permanenten Veränderung der Mitarbeiterinteressen, des Unternehmenswandels und der Intensivierung der Kundenwünsche eine besondere Beachtung innerhalb der Sparkassen finden sollen.[840]

4.2.2.2.1. Ausbildung

Die Berufsausbildung[841] erfolgt als systematischer und erstmaliger Erwerb beruflicher Kenntnisse und Fähigkeiten in staatlich anerkannten Ausbildungsberufen.[842] Sie ist in der Bundesrepublik Deutschland als duales System organisiert, das sowohl eine theoretische als auch eine praktische Komponente umfasst und durch eine Kooperation von staatlichen und privaten Berufsbildungsinstitutionen gewährleistet wird.[843] Als staatliche Ausbildungsinstitutionen treten die Berufsschulen auf, denen

---

836 Vgl. Hauser, M., (1995), S. 77–79.

837 Vgl. Backhaus, J., (2003), S. 324.

838 Vgl. Backhaus, J., (2003), S. 324.

839 Vgl. Olfert, K., Steinbuch, P.A., (2001), S. 421.

840 So stellt beispielsweise das integrierte Kundenmanagement einen spezifischen, für Sparkassen und Banken relevanten Erfolgsfaktor dar. Diese vertriebskanalübergreifende Kundenbetreuung sollte ein Aspekt im Rahmen intensiver Ausbildungsprogramme sein und den teilnehmenden Mitarbeitern vermittelt werden. Die Sparkassen-Hochschule Lichtenwalde des Ostdeutschen Sparkassen- und Giroverbandes (OSGV) setzt an diesem Punkt an und macht es sich zur Aufgabe, neben der Berücksichtigung von aktuellen wirtschaftlichen Grundlagen und Markterfordernissen ebenso die Vermittlung eines auf internationalen Kriterien basierenden Lernens sowie die praxisnahe, berufsbegleitende Ausbildung zu gewährleisten. Vgl. van Gisteren, R., (2003), S. B3.

841 Die Ziele und Aufgaben der Berufsausbildung sind in §1 Abs. 2 BBiG (Berufsbildungsgesetz) geregelt. Danach umfasst die Ausbildung die Vermittlung einer breit angelegten beruflichen Grundbildung sowie der für die Ausübung der Tätigkeit notwendigen fachlichen Fertigkeiten und Kenntnisse.

842 Vgl. Becker, M., (1993), S. 89.

843 Vgl. Scholz, C., (2000), S. 513.

die Vermittlung allgemeiner, theoretisch geprägter Ausbildungsinhalte zukommt. Die Darlegung der praktischen Kenntnisse, Fähigkeiten und Fertigkeiten ist hingegen Aufgabe der jeweils ausbildenden Unternehmung.[844]

Das Ziel der Ausbildung zum Sparkassen- beziehungsweise Bankkaufmann ist die Qualifizierung für die Tätigkeiten in sämtlichen Geschäftsbereichen eines Kreditinstitutes.[845] Um diese Anforderungen zu präzisieren, werden für jeden Ausbildungsberuf einzelne Berufsbilder, die die beruflichen Fähigkeiten darstellen, entwickelt. Die Ausbildungspraxis von Sparkassen zeigt jedoch, dass ein einziges Berufsbild heute nicht mehr ausreichend ist, um den unterschiedlichen Qualifikationsanforderungen innerhalb des Bankbetriebs gerecht zu werden.[846] Damit Sparkassen im Wettbewerb mit sich kaum unterscheidenden Bankprodukten bestehen und Technologisierung sowie Zusammenschlüsse berücksichtigen, müssen sie (und haben sie ansatzweise) die klassische Ausbildung überdenken. Vermehrter Technikeinsatz und Intermediation führen teilweise zur Dequalifizierung und zum Wegfall der bisherigen typischen Banktätigkeit; neu erschlossene Geschäftsfelder erfordern andere und vor allem höherwertige Qualifikationen der Auszubildenden.[847]

Aus diesem Grund hat beispielsweise die Deutsche Sparkassenakademie in Zusammenarbeit mit Praktikern ein Personal-Marketing-Konzept erarbeitet, um leistungsstarke Ausbildungsplatzbewerber zu rekrutieren und sie dauerhaft an die Sparkassen zu binden. Qualität und Motivation der Nachwuchskräfte sollen bei diesem Vorhaben besondere Beachtung finden, da sie als entscheidende Basis für die zukünftige Wettbewerbsfähigkeit der Institute angesehen werden.[848] Zwar bleiben die Weitergabe von Wissen am Arbeitsplatz, die Einweisung in banktypische Verhaltensweisen sowie die Vermittlung berufstypischer Regeln und Tabus die wichtigsten Aufgaben der beruflichen Erstausbildung; es dürfen aber nicht mehr nur eng definierte Berufsbilder und rein berufsbezogenes Wissen und Können bei der Ausbildung zum Bankkaufmann im Vordergrund stehen.[849] Vielmehr

- sollte ein selbstreguliertes Lernen[850] angestrebt werden, dass das selbstständige Lösen von Problemen sowie das Entwickeln von Innovationen fördert;
- geht es um ein kollektives Lernen und die Unterstützung der Gruppenarbeit, um die Herausbildung sozialer Kompetenzen zu fördern;

---

[844] Vgl. Jung, H., (2001), S. 259.

[845] Vgl. Kreyenschmidt, G., (2000), S. 392–394.

[846] Vgl. Danne, H., Nolte, B., (2003), S. 77.

[847] Vgl. Becker, M., (1999), S. 421.

[848] Vgl. Backhaus, J., (2003), S. 8.

[849] Vgl. Dubs, R., (1999), S. 445.

[850] Die Aneignung von Fachwissen in eigener Regie wird auch als autonomes Lernen bezeichnet. Beim Prinzip des Selbstlernens wird dabei berücksichtigt, dass Menschen häufig aufnahmefähiger sind, wenn sie den zu lernenden Stoff selbst erarbeiten, sich ihre Zeit individuell einteilen und sich mittels persönlicher Aufzeichnungen und persönlichem Lernstil aktiv mit dem Lernstoff auseinandersetzen können. Vgl. Schall, R., (2003), S. 128–129.

- wird es bedeutsam, Ausbildungsinhalte nicht vorab festzulegen, sondern sie aus den von den Mitarbeitern erkannten Problemen, die in den Arbeitsbereichen auftreten, abzuleiten;
- sollen Nachwuchskräfte ihre Ausbildung in verschiedenartigen Netzwerkstrukturen[851] absolvieren und so vorgegebene Qualifikationsbausteine und feste Zugangsregeln umgehen können;
- dürfen die Lehrkräfte nicht mehr nur darbietend und belehrend auftreten, sondern sollen Lernprozesse innerhalb von Netzwerken anleiten und begleiten;
- geht es um den Aufbau von kollektivem Wissen aus individuellem Wissen sowie um die Bereitstellung von betriebsinternem Wissen, das allen Betriebsangehörigen jederzeit zur Verfügung steht und von ihnen in Lernzentren selbst erarbeitet werden kann;
- müssen die Sparkassen zu einer lernenden Organisation werden, in der schon die Auszubildenden bereit sind ihr Wissen aktiv einzubringen, um gemeinsam neues Wissen zu konstruieren, neuartige Probleme kreativ zu lösen und an der Entwicklung von Innovationen mitzuwirken.[852]

Bezüglich der Vorbildungsstruktur zeigt sich in Sparkassen eine Verschiebung an. So stieg die Quote der Auszubildenden mit Realschulabschluss in den letzten Jahren stetig an, wohingegen sich die Zahl der Abiturienten verringerte.[853]

	1998	1999	2000	2001	2002	2003
Realschulabschluss	24,8	25,9	29,6	34,3	38,2	39,6
Abitur	73,9	72,6	69,3	64,7	60,6	59,3
Sonstige	1,3	1,5	1,1	1,0	1,2	1,1

Abb. 18. Vorbildung der neu eingestellten (1998–2003) Bankkaufleute in der Sparkassen-Finanzgruppe (in Prozent)[854]

[851] Der Kooperation mit anderen Unternehmen bezüglich der Ausbildungsgestaltung wird eine immer größere Rolle beigemessen. Die Norddeutsche Landesbank arbeitet beispielsweise innerhalb eines Bildungsnetzwerkes sehr eng mit dem Elektronikkonzern Siemens zusammen und ermöglicht so eine umfassendere Ausbildung zum IT-Kaufmann. Des Weiteren ergänzen die Stadtsparkasse Hannover, die Nileg, die LBS Nord, die Sparkasse Schwerin, die Toto-Lotto Niedersachsen GmbH und das Maritim Airporthotel das Netzwerk und geben ihren Auszubildenden die Möglichkeit der Aneignung von Zusatzqualifikationen sowie u. a. der Förderung von Kundenorientierung, Sozialkompetenz und Persönlichkeitsentwicklung. Vgl. Schmidt-Wehrmann, C., (2003), S. 11.

[852] Vgl. Dubs, R., (1999), S. 450–452.

[853] Vgl. Backhaus, J., (2002), S. 7.

[854] Vgl. Backhaus, J., (2004), S. 7.

Diese Entwicklung scheint zunächst dem im GP 3.2.3.1. dargestellten Trend zur tendenziellen Höherqualifikation zu widersprechen. Bei genauer Betrachtung wird jedoch deutlich, dass zum einen für manche Tätigkeitsfelder in einer Sparkasse das Abitur nicht zwingend Voraussetzung ist. Zum anderen ist bei den Nicht-Abiturienten die Gefahr geringer, nach der Ausbildung in ein Studium zu wechseln und somit eventuell der S-Finanzgruppe verloren zu gehen, da die Rückkehrrate relativ gering ist. So sinkt zwar der Anteil der Auszubildenden mit Abitur, aber gleichzeitig steigt die Akademikerquote, da vermehrt Mitarbeiter mit einem Hochschulabschluss eingestellt werden.

Die Ausbildung ist nicht mehr nur Selbstzweck, sondern entwickelt sich für die Sparkassen zu einem wichtigen Mittel, um die Identifikation mit dem Unternehmen und ein fachlich und persönlich kompetentes Mitarbeiterpotenzial zu schaffen.[855] Auszubildende sind nicht mehr nur fachlich, sondern auch emotional zu begleiten und zu mehr Selbstverantwortung, Selbststeuerung und Flexibilität zu erziehen, damit sie sich erfolgreich in die Sparkasse einbringen und diese positiv nach außen vertreten können.[856] Für die Zukunft müssen folglich sowohl die Förderung der Persönlichkeit als auch damit verbunden die Vermittlung von Schlüsselqualifikationen an die Auszubildenden im Vordergrund stehen und aktuellere Ausbildungsmethoden „Wissen und Können, Kenntnisse, Fertigkeiten und Verhalten zu einem ganzheitlichen Konzept team- und projektorientierter Berufsausbildung zusammenfügen."[857]

4.2.2.2.2. Weiterbildung

Die einmal erworbene berufliche Grundausbildung reicht im Regelfall nicht für eine lebenslange Berufsausübung aus, da der stetige Wandel eine Anpassung der beruflichen Kenntnisse und Fertigkeiten erfordert. Dies macht eine Weiterbildung der beschäftigten Mitarbeiter zur Erhöhung des Leistungspotenzials notwendig.[858] Die Weiterbildung knüpft üblicherweise an eine abgeschlossene Berufsausbildung an. Sie dient der Verbesserung der fachlichen Qualifikationen der Mitarbeiter beziehungsweise der Erhaltung und Erweiterung der durch Ausbildung und erste berufliche Tätigkeit erworbenen Kenntnisse sowie der Anpassung an ihre technische Entwicklung.[859] Zusätzlich schließt die berufliche Weiterbildung auch die Entwicklung des Arbeits- und Sozialverhaltens ein und lässt sich entsprechend ihrer Zielsetzung folgendermaßen unterteilen:[860]

---

[855] Vgl. Wolf, C., (1996), S. 177.

[856] Vgl. Töllner, T., (2003), S. 14.

[857] Becker, M., (1993), S. 97.

[858] Vgl. Jung, H., (2001), S. 260.

[859] Vgl. Olfert, K., Steinbuch, P.A., (2001), S. 432.

[860] Neben der Anpassungs- und Aufstiegsfortbildung, auf denen die Schwerpunkte der betrieblichen Fortbildung liegen, können zusätzlich die Erhaltungs- und Erweiterungsfortbildung unterschieden werden. Erstere umfasst den Ausgleich von Kenntnis- und Fertigkeitsverlusten aufgrund fehlender Ausübung des Berufes beziehungsweise von Berufsteilen. Die Erweiterungsfortbildung strebt den Erwerb zusätzlicher beruflicher Kenntnisse an, ohne dass es die betriebliche Aufgabenstellung unbedingt erfordert. Vgl. Olfert, K., Steinbuch, P.A., (2001), S. 432.

- Durch die Anpassungsfortbildung sollen bereits erworbene Qualifikationen auf dem neuesten Stand der Entwicklungen gehalten werden und eine Angleichung der Kenntnisse an veränderte Anforderungen am Arbeitsplatz erfolgen, ohne eine Höherqualifizierung des Mitarbeiters hervorzurufen.[861] Die Anpassungsfortbildung bezieht sich auf wissenschaftlich-technologische, produktions- und dienstleistungstechnische sowie arbeitsorganisatorische Entwicklungen und verbessert die horizontale Mobilität der Mitarbeiter.
- Die Aufstiegsfortbildung dient der Erhöhung der vertikalen Mobilität und soll Kenntnisse und Fertigkeiten vermitteln, die zur Bewältigung höherwertiger Aufgaben beziehungsweise zur Einnahme von höheren betrieblichen Positionen befähigen.[862] Sie beinhaltet unter anderem Bildungsmaßnahmen zur Nachwuchsförderung beziehungsweise Führungskräftefortbildung und umfasst zum einen die Vermittlung von Führungswissen sowie das Training von Führungsverhalten.[863]

In Sparkassen stellt sich die Weiterbildung seit jeher als ein zentrales Element der Personalentwicklung dar und richtet sich an alle Mitarbeiter, deren Kenntnisse, Fähigkeiten und Einstellungen gefördert werden sollen.[864] Aufgabe ist es hierbei, eine Plattform von Wissen und Können, von Fähigkeiten und Schlüsselqualifikationen entstehen zu lassen, mit denen leicht Kompetenzen auf- und ausbaubar sind. Die umfassende Ausbildung und die intensive beziehungsweise grundlegende Weiterbildung werden somit immer bedeutsamer, um kollektives Wissen zu stärken.[865]

Haben sich Sparkassen im Rahmen der Weiterbildung früher primär auf das fachlich orientierte Schließen von Know-how-Lücken konzentriert, so rückt heute vermehrt die Qualifikation der Mitarbeiter durch einen Ausbau von Schlüsselqualifikationen in den Vordergrund.[866] Denn Sparkassen benötigen Mitarbeiter, die neben einer guten Ausbildung ein umfangreiches Spezialwissen vorweisen können und dabei in der Lage sind, Fachwissen in einen Gesamtrahmen einzuordnen, Bezüge zu anderen Fachgebieten herzustellen und fachübergreifend urteilsfähig zu sein.[867]

Die gravierenden Veränderungen in Technik, Kommunikation und bei Geschäftsprozessen verlangen diesbezüglich sowohl von den Sparkassen als auch von ihren

---

761 Vgl. Becker, M., (1993), S. 109.

862 Vgl. Olfert, K., Steinbuch, P.A. (2001), S. 432.

863 Vgl. Jung, H., (2001), S. 260.

864 Beispielsweise wurden in den letzten zehn Jahren rund 500 Millionen Euro jährlich von den Sparkassen in den Bereich Aus- und Weiterbildung investiert, mit der Folge, dass die Qualifikationen sich deutlich erhöhten. So verfügen beinahe 94 Prozent der bankspezifisch Beschäftigten in den Sparkassen über mindestens eine abgeschlossene Berufsausbildung, 80 Prozent besitzen den Abschluss zum Bankkaufmann. Jeder fünfte Beschäftige hat sich mit Hilfe der Weiterbildungsprogramme zum Sparkassen- beziehungsweise Bankfachwirt ausbilden lassen und auch der Anteil der Hochschulabsolventen in den Instituten kann Zuwächse um 50% vorweisen. Vgl. Schulz, C., (2004b), S. 25.

865 Vgl. Philipps, B., (2002), S. 290.

866 Vgl. Ashauer, G., (2000b), S. 294–297 und vgl. GP 5.2.1.

867 Vgl. Schulz, C., (2003b), S. 3.

Mitarbeitern ein erhöhtes Maß an Veränderungs- und Lernbereitschaft.[868] Im Zuge der Entwicklung der Informations- und Kommunikationstechnologie wird es besonders im Bankgewerbe immer wichtiger, aus einer wachsenden Informationsflut und einer zunehmenden Anzahl von Informationskanälen die relevanten Informationen herauszufiltern und notwendiges Wissen zu identifizieren.[869] Deshalb ist es wenig förderlich, wenn einerseits nur eine rein bankfachlich orientierte Fortbildung betrieben wird oder sich lediglich auf Aspekte der Kommunikation, Persönlichkeits- und Teamentwicklung beschränkt wird.[870] Schlüsselqualifikationen allein können ohne Fachkompetenz kaum oder nur unzureichend bestehen. Gerade im Dienstleistungsbereich müssen diese Kompetenzarten unbedingt nebeneinander vermittelt werden, da sie im Regelfall nur gemeinsam zum Erfolg führen.

Diese Balance zwischen weichen und harten Qualifikationen ist zum Erfolgsfaktor geworden. Denn „diejenigen Führungskräfte sind am erfolgreichsten, die nicht nur zielstrebig und durchsetzungsstark sind, sondern gleichzeitig ein hohes Maß an Aufmerksamkeit für ihre Mitarbeiter und Kollegen haben und diese aktiv einbinden.“[871] Sparkassen haben dies zu einem Großteil erkannt und die für Mitarbeiter erforderlichen Rahmenbedingungen für eine effiziente Fortbildung geschaffen.[872] Denn die Sicherstellung und Entwicklung des eigenen Nachwuchses ist eine der wichtigsten Aufgaben des Sparkassen-Managements.[873] Hierbei gilt es zu berücksichtigen, dass die Kenntnisse und Fertigkeiten der Mitarbeiter wesentliche Voraussetzungen für deren berufliche Mobilität nicht nur innerhalb des Unternehmens sind, sondern auch in Bezug auf ihre Wettbewerbsfähigkeit am Arbeitsmarkt. Gleichzeitig werden die Mitarbeiter für die Entwicklung der eigenen Fähigkeiten eine stärkere Eigeninitiative und Selbstverantwortung übernehmen müssen, um sich so den neuen und veränderten Aufgabengebieten zu stellen und der in einer Wissensgesellschaft zunehmend schnellen Veralterung des Faktenwissens vorzubeugen.[874] Für die Zukunft wird es dabei von wesentlicher Bedeutung sein, nicht nur einen hohen Qualifikationsstandard vorzuweisen, sondern auf der Grundlage einer soliden und vertriebsorientierten Ausbildung eine anforderungsgerechte Weiterbildung zu garantieren und mit ihrer Hilfe sich von Wettbewerbern zu differenzieren.[875]

Die S-Finanzgruppe steht deshalb in ihrer Personalpolitik vor einer doppelten Aufgabe: Zum einen muss die Attraktivität der Institute als Arbeitgeber gesteigert wer-

---

[868] Vgl. Backhaus, J., (1999), S. 479.

[869] Vgl. Zimmer, D., (2002b), S. 11.

[870] Es geht dabei sowohl um die Sicherstellung der beruflichen und fachlichen Spezialisierung – also die Vorbereitung aller Mitarbeiter auf ihre spezielle berufliche Funktion – als auch um die Wissenserweiterung in politischen, volks- und betriebswirtschaftlichen Fragen, damit die Arbeitnehmer durch eine ganzheitliche Sicht zum Arbeiten in Netzwerken und zum organisationalen Lernen befähigt werden. Vgl. Dubs, R., (1999), S. 470.

[871] Meier, H., (2001), S. 60.

[872] Vgl. Ashauer, G., (2000b), S. 300–304.

[873] Vgl. Wildenmann, B., (2000), S. 28.

[874] Vgl. Bordemann, H.-G., (2000), S. 317.

[875] Vgl. Walz, R., Paul, F., (2003), S. 13.

den, um Engpässe in der künftigen Personalplanung zu vermeiden.[876] Zum anderen muss das interne Bildungssystem mit dem Ziel weiterentwickelt werden, die Personalentwicklungsmaßnahmen fortlaufend an den sich ändernden geschäftspolitischen Anforderungen auszurichten.[877]

Die Sparkassen-Finanzgruppe hat in diesem Zusammenhang ein qualitativ hochwertiges Weiterbildungssystem entwickelt, das auf Entwicklungen im deutschen Bildungssystem Rücksicht nimmt. Sie versucht im Rahmen ihrer Weiterbildungsprogramme, potenzialstarken Nachwuchskräften verschiedene Alternativen zu offerieren, die sich sowohl an Hochschulabsolventen als teilweise auch an leistungsorientierte Mitarbeiter ohne akademische Ausbildung richten. So werden beispielsweise sparkasseninterne Berater- und Fachlehrgänge an regionalen Sparkassenakademien, ein berufsintegriertes Studium in Zusammenarbeit mit der Fern-Universität Hagen[878], eigene Hochschulen der Sparkassen-Finanzgruppe in Bonn und Lichtenwalde[879] und das Lehrinstitut der Sparkassenakademie angeboten, die verschiedene Abschlüsse mit unterschiedlicher Studiendauer und Kostenbeteiligung[880] darstellen.[881] Die beiden qualitativ bedeutendsten Einrichtungen stellen hierbei das Lehrinstitut der Deutschen Sparkassenakademie und die Hochschule der Sparkassen-Finanzgruppe dar.

4.2.2.2.2.1. Lehrinstitut

„Seit 1928 bereitet das Lehrinstitut in Bonn leistungsorientierte Mitarbeiter der Sparkassen-Finanzgruppe auf Führungsaufgaben vor. Die Weiterbildung am Lehrinstitut dauert etwa zwei Jahre, davon ein Jahr im Fernstudium und ein Jahr im Präsenzstudium. Das Programm des Lehrinstituts bietet eine enge Verzahnung von theoretischer Basis, praxisbezogener Anwendung in Verbindung mit der konkreten Ausgestaltung in der Sparkassen-Finanzgruppe. Neben den wirtschaftswissenschaftlichen Fächern liegen die Schwerpunkte in den Bereichen Kreditwesen, Bankbetriebslehre sowie der Persönlichkeitsentwicklung."[882]

Die Zielgruppe des Lehrinstituts stellen überdurchschnittlich leistungsfähige Mitarbeiter dar, die bereits über eine längere Berufspraxis verfügen und sich auf Top-

[876] Die Weiterbildungsmaßnahmen dienen somit der Sparkasse und dem Mitarbeiter. Damit aber eine Win-Win-Situation entsteht, ist es von Bedeutung, Vorsorge dafür zu treffen, dass Mitarbeiter nach Abschluss einer Zusatzausbildung nicht abwandern. Diese Gefahr ist umso größer, desto anerkannter Abschlüsse sind. Aus diesem Grund ist es vielfach ratsam, Rückzahlungs- beziehungsweise Bindungsklauseln mit einer Weiterbildungsmaßnahme zu verbinden, d. h. dass bei Abwanderung innerhalb einer bestimmten Frist der Mitarbeiter in Gänze für die Kosten seiner Weiterbildung aufkommen muss. Vgl. Scherf, B., (2001), S. 65.

[877] Vgl. Mang, T., Düren, A., (2002), S. 439.

[878] Vgl. o. V., (2003d), S. 10.

[879] Die SparkassenHochschule Lichtenwalde (FH) wird gegenwärtig mit der Hochschule der Sparkassen-Finanzgruppe zusammengelegt und ab 2008 nicht mehr eigenständig agieren. Vgl. o. V., (2003c), S. 9.

[880] Vgl. Becker, M., (2004), S. 12.

[881] Vgl. Hacker, K., Mohrherr, F. (2003), S. 58–61, Schulz, C., (2003b), S. 3.

[882] www.dsgv.de.

Management-Funktionen vorbereiten.[883] So gehören beispielsweise Absolventen des Lehrinstituts in über 300 Sparkassen dem Vorstand an.[884] Generell richtet sich das Lehrinstitut an Mitarbeiter von Sparkassen,

- die sich beruflich bereits bewährt haben,
- die für die Übernahme von Führungsfunktionen vorgesehen werden oder diese bereits innehaben,
- die bereits Mitte oder Ende Zwanzig sind und möglichst rasch eine Qualifikation für oberste Führungstätigkeiten anstreben,
- für die ein staatlich anerkannter Abschluss keine große Bedeutung hat und
- für die ein mehrjähriges Fernstudium zum Beispiel auf Grund der familiären Situation nicht in Frage kommt.[885]

Im Einzelnen bietet das Lehrinstitut eine breit angelegte wissenschaftliche und analytisch untermauerte Weiterbildung in der Betriebs- und Volkswirtschaftslehre, in Markt- und Führungspsychologie sowie in praktischer Kommunikation.[886] Darüber hinaus findet eine Anwendung theoretischer Erkenntnisse auf Fragen der Sparkassenpraxis und moderner Managementmethoden sowie eine auf die Praxis bezogene Vertiefung von Fremdsprachen statt. Ein breit gefächertes Studium generale, welches primär Veranstaltungen zur Persönlichkeitsbildung dient, rundet das Angebot des Lehrinstituts ab.[887]

Da in den letzten Jahren ein größer werdender Anteil junger Potenzialträger die Sparkassen-Finanzgruppe bereits kurz nach der Ausbildung verlassen hat, um an einer externen Hochschule zu studieren und nach Studienabschluss nicht wieder in die S-Finanzgruppe zurück gekehrt ist, wurde die Hochschule der S-Finanzgruppe gegründet.

4.2.2.2.2.2. Hochschule

Mit dem Konzept einer privaten Hochschule, folgt die S-Finanzgruppe dem Beispiel vieler großer Unternehmen in Deutschland (z. B. DaimlerChrysler), die in den letzten Jahren so genannte Corporate Universities gegründet haben, um ihre Mitarbeiter gezielt zu qualifizieren.[888] Diese Corporate Universities legen ihren Fokus darauf, Wissen in Form von konzentrierten theoretischen Grundlagen und Fakten entsprechend dem unternehmensspezifischen Bedarf zu vermitteln.[889] Hierbei wird ein Schwerpunkt auf die Umfeldfaktoren gelegt, da Erfahrungswissen und Umsetzungsfähigkeit Kernelemente des Qualifizierungsprozesses darstellen.[890] Die „Hochschule der Spar-

---

883 Vgl. Haase, D., (2004), S. 13.

884 Vgl. Haase, D., (2004), S. 13.

885 Vgl. Haase, D., (2004), S. 13.

886 Vgl. Rohrmeier, D., (2004), S. 19.

887 Vgl. o.V., (2004a), S. 19.

888 Vgl. Simon, W., (2004), S. 172.

889 Vgl. Anderson, L., (2002), S. 1.

890 Vgl. Töpfer, A., (1999), S. 33.

kassen-Finanzgruppe – University of Applied Sciences – Bonn“ bietet für Mitarbeiter die Möglichkeit, in einem Fernstudium staatlich anerkannte Fachhochschulabschlüsse berufsbegleitend zu erreichen.[891] Leistungen der berufspraktischen Aus- und Weiterbildung – etwa zum Sparkassenbetriebswirt[892] – werden auf das Studium angerechnet. Damit verkürzt sich für die Studierenden der zeitliche und finanzielle Aufwand zum Erwerb eines akademischen Abschlusses erheblich.[893] Die Mitarbeiter bleiben somit den Sparkassen als Potenzialträger erhalten.[894] Generell richtet sich die Hochschule an Mitarbeiter,

- die sich häufig beruflich noch bewähren müssen und am Anfang ihrer beruflichen Laufbahn stehen,
- die sich für die an der Hochschule angebotenen Spezialisierungen interessieren,
- die Anfang bis Mitte zwanzig sind und langfristig an der Übernahme von Spezialisten- und Führungsfunktionen interessiert sind,
- für die ein staatlich anerkannter Abschluss eine hohe Bedeutung hat und
- für die ein mehrjähriges Fernstudium in der Freizeit realisierbar ist.[895]

Der Schwerpunkt der Hochschule liegt auf der Deckung des absehbaren Personalbedarfs der Unternehmen der Sparkassen-Finanzgruppe, was sich durch die Spezialisierung der Studiengänge auf Finanzdienstleistungsunternehmen widerspiegelt.[896] Beim Studiengang „Bachelor of Finance“, der Absolventen befähigen soll, Aufgaben im mittleren und gehobenen Management, im Stabs- und Steuerungsbereich sowie anspruchsvolle Beratung von Privat- und Firmenkunden wahrzunehmen, wird neben einer breiten wirtschaftswissenschaftlichen Ausbildung jenes finanzwirtschaftliche Fachwissen vermittelt, welches für die zukünftigen Geschäftsfelder der Institute von besonderer Relevanz ist.[897] Der „Bachelor of Finance“ bildet die Grundlage für den „Bachelor of Corporate Banking“, der eine Vertiefung aller firmenkundengeschäftsrelevanten Themen und Grundlagen des Investment Bankings zum Inhalt hat.[898] Schließlich soll der „Bachelor of Financial Information Systems“ die Absolventen befähigen, Schnittstellenfunktionen in Sparkassen zwischen Fachabteilungen und

[891] Vgl. Stickel, E., (2003c), S. 353.

[892] Die Ausbildung zum Sparkassenbetriebswirt soll in der Form reformiert werden, als dass Management- und Führungsinhalte erst dann vermittelt werden, wenn sie auch unmittelbar danach auf Grund der Wahrnehmung entsprechender Funktionen umgesetzt werden können. Darüber hinaus soll die Möglichkeit geboten werden über eine Ergänzungsprüfung vor der IHK zusätzlich den staatlich anerkannten Abschluss „Geprüfter Betriebswirt“ zu erhalten. Diese Entwicklung verdeutlicht einen Trend zu staatlich anerkannten Abschlüssen, die über die S-Finanzgruppe hinaus akzeptiert werden. Vgl. Voßenkaul, J., Prinz, M., (2005), S. 31.

[893] Vgl. o. V., (2003b), S. 53.

[894] Vgl. Simon, W., (2001), S. 110.

[895] Vgl. Haase, D., (2004), S. 13.

[896] Vgl. Stickel, E., (2003a), S. 14.

[897] Vgl. Stickel, E., (2003b), S. B1.

[898] Vgl. Stickel, E., (2004). S. 15.

der Informationsverarbeitung zu übernehmen.[899] Dieser Studiengang verknüpft Grundlagen einer wirtschaftswissenschaftlichen fundierten Informationsverarbeitung mit dem für die berufliche Praxis wichtigen Bereich der Informatik für Finanzdienstleister.[900]

Das Studium an der Hochschule der S-Finanzgruppe garantiert ein hohes Maß an Praxisnähe, sichert den Erhalt des Arbeitsplatzes während der Fortbildung, ermöglicht ein fortlaufendes Einkommen und gewährleistet die volle Anerkennung des Abschlusses in- und außerhalb des Sparkassenverbundes.[901] Zudem bietet es sich aus Sparkassensicht ohnehin an, die Eigeninitiative der interessierten Mitarbeiter zu einer Höherqualifizierung gezielt im Rahmen der Personalentwicklung zu fördern, um neue Handlungsoptionen für diesen Bereich der Personalpolitik zu schaffen.[902] So kann das umfassende Weiterbildungsangebot dazu dienen, qualifizierte Mitarbeiter durch die anspruchsvollen Weiterbildungsmöglichkeiten sowie die damit verknüpfte Perspektive des beruflichen Aufstiegs stärker an das Unternehmen zu binden und das personalpolitische Potenzial der Sparkassen auch auf lange Sicht unterstützend auszubauen.[903] Im Gegensatz zu vielen anderen Corporate Universities, die bei genauer Betrachtung häufig eine Umetikettierung[904] der bisherigen Weiterbildungsmaßnahmen darstellen, hat es die S-Finanzgruppe geschafft, die Funktion von Lernen im Rahmen eines ganzheitlichen sparkasseninternen Unternehmenskonzeptes substantiell neu zu definieren.

4.2.2.2.2.3. Sonstige Formen der Weiterbildung

Der überwiegende Anteil der Weiterbildungsmaßnahmen in Sparkassen findet in Form von Seminaren statt, die entweder von einer Sparkasse selbst, einem Verband beziehungsweise externen Veranstaltern angeboten werden.

Eine wirksame Vermittlung von Qualifikationen an die Mitarbeiter hängt unter anderem von der Wahl der entsprechenden Personalentwicklungsmethode ab. So können folgende Anwendungen unterschieden werden:

- Aktive Methoden, bei denen der Lernende unmittelbar in die Vermittlung der Lerninhalte einbezogen wird, oder passive Methoden, anhand derer das Wissen an den Lernenden herangetragen wird,[905]
- Methoden der Einzelbildung, die sich auf den einzelnen Teilnehmer konzentrieren und eine individuelle Betreuung ermöglichen, sowie Methoden der Gruppenbildung, bei denen das Wissen mehreren Teilnehmern gleichzeitig vermittelt wird,[906]

---

[899] Vgl. Stickel, E., (2003b), S. B1.

[900] Vgl. Stickel, E., (2003b), S. B1.

[901] Vgl. Breuer, C., (2004), S. 12–13.

[902] Vgl. Schmidt, G.A. (2005), S. 24–25.

[903] Vgl. o.V., (2003a), S. 8.

[904] Vgl. Töpfer, A., (1999), S. 35.

[905] Vgl. Olfert, K., Steinbuch, P.A., (2001), S. 444.

[906] Vgl. Jung, H., (2001), S. 275.

- Interne Methoden, die eine Personalentwicklung im Unternehmen beziehungsweise an unternehmenseigenen Lernorten durchführen, oder externe Methoden, die in unternehmensfremden Einrichtungen stattfinden,[907]
- Arbeitsplatzbezogene Bildungsmaßnahmen, die am Arbeitsplatz (on-the-job), außerhalb des Arbeitsplatzes (off-the-job beziehungsweise near-the-job) oder aber zur Vorbereitung auf einen Arbeitsplatzwechsel (out-of-the-job) vollzogen werden.[908]

Im Folgenden werden die erwähnten Methoden überblickartig dargestellt sowie Vor- und Nachteile für die Sparkassen gerade unter Berücksichtigung des Strukturwandels hervorgehoben

Aktive und passive Methoden
Diese Methoden lassen sich nach dem Ausmaß der Beteiligung der Teilnehmer an der Erarbeitung der Lernziele beziehungsweise -inhalte unterscheiden.

	Aktive Trainingsmethoden	**Passive Trainingsmethoden**
Form	Gruppenarbeit, Diskussion, Rollenspiel	Klassischer frontaler Schulunterricht, Vorträge, Referate, Anweisungen
Vorteile	– Teilnehmer können sich einbringen – Förderung von Selbstständigkeit und Kooperation – schnelle Lernkontrolle	– viele Informationen in kurzer Zeit möglich – Basis für spätere Weiterarbeit – klare Stoff-/Zeitplanung möglich
Nachteile	– Lernerfolge sind nicht direkt messbar – braucht selbstständige und flexible Persönlichkeit des Trainers – zeit-/planungsaufwendig	– keine Förderung des selbstständigen Lernens als Voraussetzung für Problemlösung und Kreativität – keine Förderung der Kooperation – keine Konfliktbearbeitung

Abb. 19. Aktive und passive Trainingsmethoden[909]

Einzel- und Gruppenbildung
Neben der rein quantitativen Größe der jeweiligen Lerngruppe stellt auch die lernbezogene Interaktion ein wesentliches Unterscheidungskriterium zwischen diesen Entwicklungsmethoden dar. Innerhalb einer Gruppe können im Regelfall die größten Lernerfolge erzielt werden, wodurch sich die Gruppenbildung ideal zum Verhaltenstraining eignet. Einzelbildungsmaßnahmen sollten hingegen eher für die Vermittlung reiner Fachinhalte, zur Vorbereitung, Sensibilisierung oder Nachbereitung von Gruppenlernen eingesetzt werden.[910]

---

[907] Vgl. Meier, H., (1995a), S. 95.

[908] Vgl. Meier, H., (1995a), S. 96.

[909] In Anlehnung an: Meier, H., (1992), S. 160.

[910] Vgl. Meier, H., (1995a), S. 94.

	Einzeltraining	Gruppentraining
Form	Einarbeitung, programmierte Unterweisung, Fachbücher, Lehrgespräch	Seminar, Workshop
Vorteile	– optimal steuerbarer Lernerfolg – gute Ergänzung zum Gruppenlernen – unabhängig vom Lernort	– viele soziale Kontakte – Motivation durch Gruppenerlebnis – Kooperation, Selbstdisziplin, Teamorientierung – Ideal für Verhaltenstraining
Nachteile	– isolierte Lernsituation der Teilnehmer – wenig Identifikations- und Erfahrungsmöglichkeiten	– Einzelinteressen können untergehen – weniger individuelle Steuerungsmöglichkeiten

Abb. 20. Einzel- und Gruppentraining[911]

Interne und externe Methoden
Für die Differenzierung zwischen externer und interner Methode ist das Ausmaß der Mitbestimmung des Unternehmens beziehungsweise der Sparkasse bei Lernzielen, -inhalten und angewendeten Methoden ausschlaggebend. Ebenso kann das Mitspracherecht bei den Stoffinhalten bezüglich der Unternehmensprobleme oder -beispiele maßgeblich ein.

	Internes Training	Externes Training
Definition	– wird vom Unternehmen initiiert und durchgeführt, kann im oder außerhalb des Unternehmens stattfinden	– wird von unternehmensfremden Trägern im oder außerhalb des Unternehmens durchgeführt
Vorteile	– freie Bestimmung der Lerninhalte/ -methoden – Zusammengehörigkeitsgefühl der Teilnehmer – konkrete Transferbearbeitung möglich	– erfahrene Trainer – Teilnehmer-Verhalten weniger gehemmt – Breites Auswahlangebot – Motivationsinstrument

Abb. 21. Internes und Externes Training[912]

911 In Anlehnung an: Meier, H., (1992), S. 161.

912 In Anlehnung an: Meier, H., (1992), S. 162.

Arbeitsplatzbezogene Bildungsmaßnahmen

Die sich in der Tabelle ergebenden Unterscheidungen in on-the-job-, off-the-job- und near-the-job-Training richten sich nach der räumlichen und inhaltlichen Nähe des Lernstoffes beziehungsweise -ortes zum Arbeitsplatz beziehungsweise Lernproblem des Teilnehmers.

	Training-on-the-job	**Training-off-the-job**	**Training-near-the-job**
Definition	– vermittelt Qualifikationen durch unmittelbare Aufgabe am Arbeitsplatz	– von Arbeitsaufgabe und oft vom Arbeitsplatz getrennte Bildungsmaßnahme	– findet nicht während der unmittelbaren Arbeitstätigkeit statt, beschäftigt sich mit aktuellen konkreten Arbeitsproblemen
Form	– Einarbeitung, Stellvertretung, Job Enlargement	– Fachliteratur, Seminar, Workshop	– Qualitätszirkel, Coaching
Vorteile	– realistisches Umfeld – wenig Organisationsaufwand – individuelle Steuerung der Lerntempi	– entspannte Lernsituation – Konzentration auf Lerninhalte – geeignet für höherwertige Inhalte (z.B. Schlüsselqualifikationen	– konkrete tätigkeits bezogene Lerninhalte – direkte Transfermöglichkeiten – Einbeziehung der Umfeldfaktoren – Teilnehmer-Aktivierung
Nachteile	– lernhinderndes Umfeld – ungeeignet für komplexe, höherwertige Aufgaben	– realitätsferne Problembearbeitung – aufwendige Lernkontrolle – Transferprobleme erst nach Training	– z.T. Störungen in der Betriebshierarchie – offene Maßnahmen können Vorurteile schaffen – z.T. zufällige, unsystematische Lerninhalte

Abb. 22. Arbeitsplatzbezogenes Training[913]

Die Bildung durch das on-the-job-Training ist besonders dadurch gekennzeichnet, dass das Lernfeld des Mitarbeiters zugleich sein Aktionsfeld ist, für das ihm wesentliche praktische Kenntnisse, Fertigkeiten und Fähigkeiten vermittelt werden sollen und in dem er durch die tägliche Auseinandersetzung mit den aktuellen Problemen des Arbeitsplatzes die Personalentwicklung nahezu unbewusst vollzieht.[914] Die Ver-

[913] In Anlehnung an: Meier, H., (1992), S. 163.

[914] Vgl. Jung, H. (2001), S. 276.

mittlung der Aufgabengebiete erfolgt folglich nicht mittels starrer Konzepte, sondern setzt auf eine fachliche und persönliche Entwicklung der Geförderten.[915]

Die Erfahrungen der Vergangenheit haben gezeigt, dass kurzfristig angelegte Maßnahmen in Sparkassen, die ausschließlich off-the-job stattfanden, wenig Wirkung bei der Ausrichtung des Personals auf die Kunden- und Serviceorientierung entfaltet haben. Vielmehr gewinnt in allen Bereichen, in denen sich Lernprozesse im Unternehmen vollziehen, die Eigenverantwortung des Einzelnen für seine individuelle Entwicklung innerhalb der Sparkasse zunehmend an Bedeutung.[916] Traditionelle Seminarformen verlieren mehr und mehr zugunsten von on-the-job-Maßnahmen an Beliebtheit und zukünftig wird sich der eigene Arbeitsplatz zur wichtigsten Lernstätte entwickeln, an dem gleichzeitig mit eigener Kreativität und unternehmerischer Phantasie Spielräume für neue Ideen geschaffen werden können.[917] Auch das computergestützte Lernen gilt heute und für die Zukunft als Methode mit hohem Stellenwert.[918]

Die Methode des out-of-the-job-Trainings dient vor allem der Vorbereitung von Mitarbeitern auf einen internen oder externen Arbeitsplatzwechsel beziehungsweise auf den Ruhestand, der freiwillig, unfreiwillig oder durch Pensionsantritt verursacht werden kann. Zu beachten sind in diesem Fall besonders wirtschaftliche, soziale aber auch gesellschaftliche Aspekte.[919]

4.3. Personalfreisetzung

Die Personalfreisetzung[920] versucht personelle Überkapazitäten in qualitativer, quantitativer, zeitlicher und örtlicher Hinsicht zu vermeiden beziehungsweise im Falle ihrer Existenz zu beseitigen.[921] Personal wird immer dann freigesetzt, wenn bestimmte Stellenaufgaben wegfallen[922] und zwar aus Gründen rückläufiger Absatzentwicklungen, Rationalisierungen, Mechanisierung und Automatisierung, Reorganisationen, Standortverlegungen sowie Betriebsstilllegungen.[923] Die Personalfreisetzung beschäftigt sich mit dem Vorgang von Veränderungen der betrieblichen Beschäfti-

---

915 Vgl. Scherer, W., Mummenthal, L., (2003), S. 71.

916 Vgl. Müller-Gebel, K., (1999), S. 60.

917 Vgl. Scherer, W., Mummenthal, L., (2003), S. 71.

918 Vgl. Mudra, P., (1998), S. 121 und vgl. GP 5.3.1.1.3.

919 Vgl. Jung, H,. (2001), S. 275.

920 Die Personalfreisetzung verkörpert aus Sicht der Transaktionskostentheorie selbst eine Transaktion. Es geht dabei um die Anpassung eines unbestimmten Arbeitsvertrages an langfristig nicht vorhersehbare Änderungen von Aufgaben und Arbeitsmengen. Sie entsteht immer erst nach Abschluss eines Arbeitsvertrages. Die Suche nach weiteren Verwendungsalternativen für das freigesetzte Personal verursacht dann ihrerseits Transaktionskosten der Freisetzung. Vgl. Drumm, H.J., (2000), S. 287.

921 Vgl. Olfert, K., Steinbuch, P.A., (2001), S. 475.

922 Vgl. Scholz, C., (2000), S. 546.

923 Vgl. Jung, H., (2001), S. 308–309.

gungssituationen und besagt folglich, dass ein weiteres Verbleiben des Stelleninhabers auf seiner derzeitigen Position auszuschließen ist.[924] Sie ist somit genau genommen der ersatzlose Einzug besetzter Stellen und die Wahl einer oder mehrerer Verwendungsalternativen für das stellenlos gewordene Personal.[925]

Freisetzungen verkörpern die mehr oder weniger geplante Folge von Personalabbauüberlegungen und können entweder innerbetrieblich, via Versetzung, Umsetzung, oder außerbetrieblich, mittels Einzelkündigung oder Massenentlassung, vollzogen werden.[926] Sie erfolgen in der Regel durch eine Änderung des bestehenden Arbeitsverhältnisses oder durch Beendigung beziehungsweise Kündigung.[927]

Banken und auch Sparkassen stehen seit einigen Jahren vor dem Problem, einen vorhandenen Personalüberhang abbauen zu müssen, um kurzfristig die Kosten zu senken und eine angemessene Verzinsung des Kapitals zu gewährleisten. Trennungen von Mitarbeitern wurden zum Alltagsgeschäft eines fast jeden deutschen Kreditinstitutes und werden mittlerweile als nahezu selbstverständlich in der Personalarbeit empfunden. Gleichzeitig werden Mitarbeiter in ihrer Arbeitsplatzwahl immer selbstbewusster und unabhängiger handeln und somit zu häufigeren Unternehmenswechseln tendieren, ohne den betroffenen Sparkassen mit ihrem Verhalten Schaden zufügen zu wollen.[928]

Die Sparkassen haben sich in einem Prozess der Konzentration auf Vertriebsfunktionen durch eine Verkürzung der Wertschöpfungskette verstärkt innerhalb von Wirtschaftsräumen zusammengeschlossen, um damit Kostendegressionseffekte zu erzielen.[929] „Die Kostenziele werden allerdings nicht erreicht, wenn nicht auch der notwendige Personalumbau und -abbau vollzogen wird. Und ein Blick auf die Entwicklung des Personalaufwands in den Instituten der Sparkassenorganisation zeigt, dass hier bisher kaum Fortschritte erzielt wurden.“[930] Der Personalabbau hat eine deutliche Erhöhung der Zahl jener Mitarbeiter im Verhältnis zur Gesamtbelegschaft zur Folge, die Vertriebsaufgaben wahrnehmen werden. „So soll künftig ein Verhältnis von Mitarbeitern im Vertrieb und solchen in vertriebsfernen Bereichen von 70 zu 30 erreicht werden. Dies bedeutet, dass mindestens 20% der Mitarbeiter in Sparkassen weiterqualifiziert werden müssen.“[931]

Deshalb müssen Sparkassen eine wandlungsorientierte und offene Trennungs-, Abbau- beziehungsweise Freisetzungspolitik verfolgen und diese als wesentlichen Bestandteil eines effektiven Personalmanagements mit der Personalbeschaffung und -entwicklung verknüpfen. Im Folgenden werden daher zunächst Ursachen der Freisetzung dargestellt, um anschließend auf mögliche Maßnahmen der Durchführung

[924] Vgl. Scholz, C., (2000), S. 547.

[925] Vgl. Drumm, H.J., (2000), S. 286.

[926] Vgl. Wagner, D., (1999), S. 515.

[927] Vgl. Jung, H., (2001), S. 308.

[928] Vgl. Wagner, D., (1999), S. 514,525.

[929] Vgl. GP 3.2.4.1.

[930] Schröder G.A., (2003), S. 103.

[931] Schröder G.A., (2003), S. 103.

einzugehen und die erforderlichen Details eventuell notwendiger Kündigungen darzustellen.

4.3.1. Ursachen

Die Gründe für das Entstehen von personellen Überkapazitäten in Sparkassen, die die Freisetzung von unternehmenseigenen Mitarbeitern erforderlich machen, sind vielfältig und können zumeist einerseits in geplante, unternehmensinterne Ursachen und andererseits in ungeplante, unternehmensexterne Ursachen unterschieden werden.[932] Zu den unternehmensinternen Ursachen zählen insbesondere die zunehmende Technologisierung als Folge des endogenen Strukturwandels und damit bedingte Reorganisationsprozesse. Dabei bewirken Mechanisierung und Automation eine Substitution der menschlichen Arbeit durch Maschinen und Software, die durch eine Veränderung des quantitativen Personalbedarfs und eine Verschiebung der qualitativen Anforderungsprofile geprägt ist.[933]

Auch der Einsatz neuer Informations- und Leistungserstellungstechnologien führt zu Veränderungen in der Qualifikationsstruktur und ist speziell im Bankensektor innerhalb des TOB als Einflussfaktor für die Entlassung beziehungsweise die Veränderung von Aufgaben und Stellenprofilen zu sehen.[934] Organisatorische Veränderungen sollen zumeist eine zweckmäßigere Zuordnung von Aufgaben, Personen und Sachmitteln gewährleisten und sind im Sparkassensektor häufig Folge von Zusammenschlüssen oder der Verlagerung von Aufgaben zu Verbundpartnern.

Zu den unternehmensexternen Ursachen gehören primär rückläufige konjunkturelle Entwicklungen sowie die zunehmende Disintermediation[935], die zumeist eine Anpassung des Beschäftigungsgrades und des Personalbestandes erforderlich machen.[936] Zusammenfassend werden Personalfreisetzungen aus betriebsbedingten, verhaltensbedingten oder aus personenbedingten Gründen vollzogen:

- Betriebsbedingte Freisetzungen sind primäre Folge der genannten unternehmensinternen und -externen Ursachen, die im Rahmen von Rationalisierungsmaßnahmen die Schließung von Filialen, die Konzentration von Niederlassungen als auch die Schaffung neuer Vertriebs- und Verwaltungsfunktionen mit sich bringen.
- Verhaltensbedingte Freisetzungen erfolgen meist bei disziplinarischem Fehlverhalten, grobem Vertrauensbruch, auftretender Kriminalität oder aber bei Störung der Zusammenarbeit aufgrund fehlender menschlicher Harmonie in Form von außerordentlichen Kündigungen.
- Personenbedingte Freisetzungen werden durch ein nicht mehr ausreichendes Eignungsprofil und damit verbundene Fähigkeitsdefizite ausgelöst.[937]

---

[932] Vgl. Jung, H., (2001), S. 308.

[933] Vgl. Berthel, J., (2000), S. 203–204.

[934] Vgl. Jung, H., (2001), S. 308.

[935] Vgl. GP 3.2.4.

[936] Vgl. Wagner, D., (1999), S. 516.

[937] Vgl. Wagner, D., (1999), S. 522.

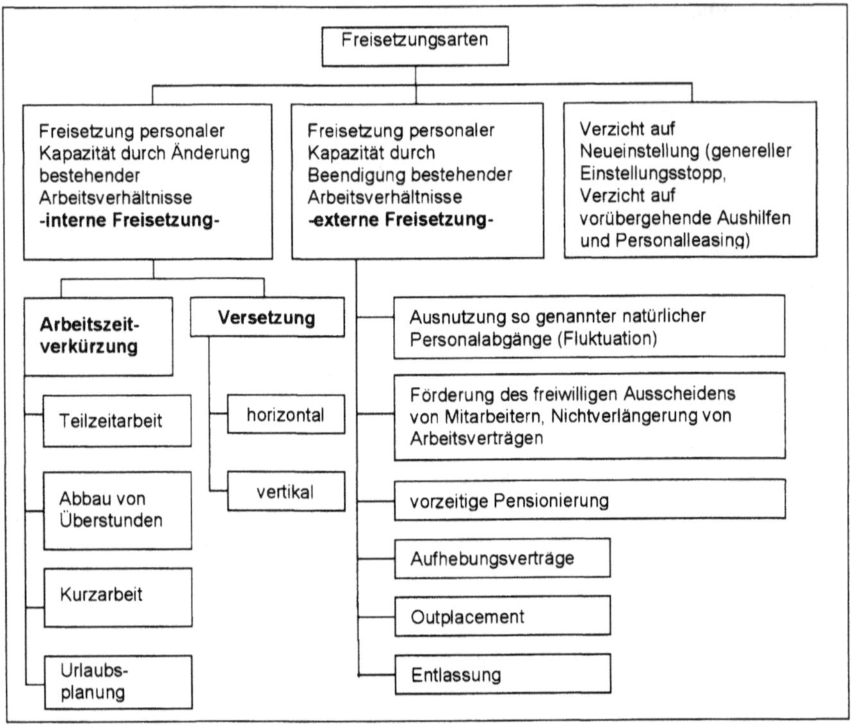

Abb. 23. Grundlegende Arten der Personalfreisetzung.[938]

Die Personalfreisetzung unterliegt somit einer Vielzahl von Einflussfaktoren und sollte aufgrund dessen behutsam umgesetzt werden. Sie setzt die Auswahl gezielter Maßnahmen voraus.

4.3.2. Maßnahmen

Zur Vermeidung einer personellen Überdeckung steht den Sparkassen eine Reihe verschiedener Maßnahmen zur Verfügung, die häufig alternative Verwendungszwecke für nicht mehr benötigtes Personal eröffnen. Abbildung 23 veranschaulicht überblickartig die grundlegenden personellen Freisetzungsarten, die im Anschluss erläutert werden. Grundsätzlich sollten Sparkassen bei einer bevorstehenden Umschichtung des Personals zunächst jeweils den freizusetzenden Arbeitnehmerkreis auf seine Eignung im Hinblick auf den Einsatz für andere Aufgaben untersuchen und dann entsprechende Umschulungs- beziehungsweise Fortbildungsmaßnahmen für die in Frage kommenden Mitarbeiter bereitstellen.[939] Zu beachten ist bei der Auseinanderset-

[938] In Anlehnung an: Wagner, D., (1999), S. 523.

[939] Vgl. Jung, H., (2001), S. 313.

zung mit Freisetzungen ferner, dass stets ein gewisses Maß an Professionalität für den Vollzug von Trennungen vonnöten ist und dass sowohl formalrechtliche Kenntnisse, Einfühlungsvermögen, Phantasie als auch die Beherrschung fairer Spielregeln und ein anständiger Umgang miteinander als Grundvoraussetzungen zu werten sind, um ein Ausscheiden beziehungsweise den Arbeitsplatzwechsel eines Mitarbeiters so effizient wie möglich zu gestalten.[940]

Im weiteren Verlauf werden die beschäftigungspolitischen Reaktionsmöglichkeiten bei eventuellen Personalüberhängen dargestellt.

4.3.2.1. Interne Personalfreisetzung

Um einen direkten Personalabbau verhindern zu können, stehen den Sparkassen primär Möglichkeiten im Rahmen der Arbeitszeitplanung und der Versetzung von Arbeitnehmern zur Verfügung, die beide mit einer Änderung und Flexibilisierung der bereits bestehenden Arbeitsverhältnisse einhergehen. Hierzu zählen die Arbeitszeitverkürzung und die Versetzung von Arbeitnehmern.

4.3.2.1.1. Arbeitszeitverkürzung

Das vorhandene Arbeitsvolumen soll durch eine Arbeitszeitverkürzung so verteilt werden, dass die Arbeitsplätze erhalten werden.[941] Der Sparkasse stehen die Möglichkeiten offen, Vollzeitstellen in Teilzeitstellen umzuwandeln, den Abbau von Überstunden zu forcieren, Kurzarbeit einzuführen oder aber spezielle Urlaubsregelungen zu finden.

- Teilzeitarbeit[942]: Die Umwandlung von Vollzeitstellen in Teilzeitstellen fördert die Flexibilisierung der Arbeitsstellen und beinhaltet entweder die Arbeit auf Abruf[943] oder die Teilung von Arbeitsplätzen[944]. Die Teilung beziehungsweise Veränderung der ansonsten wegfallenden Stellen kann das individuelle Arbeitsvolumen reduzieren und Entlassungen verhindern.[945]
- Abbau von Überstunden[946]: Die Rückkehr zur betriebsüblichen Arbeitszeit kann sich für Arbeitgeber und -nehmer positiv auswirken, da zum einen die Personal-

[940] Vgl. Wagner, D., (1999), S. 524.

[941] Vgl. Jung, H., (2001), S. 315.

[942] Vgl. GP 4.2.1.2.1.

[943] Sie wird auch als kapazitätsorientierte, variable Arbeitszeit bezeichnet und ermöglicht es, Lage und Dauer der Arbeitszeit an den Arbeitsanfall anzupassen. Vgl. Olfert, K., Steinbuch, P.A., (2001), S. 476.

[944] Das so genannte Job Sharing bezeichnet das Teilen eines Arbeitsplatzes durch zwei oder mehrere Mitarbeiter und bezieht sich nicht nur auf die Stundenzahl, sondern auch auf das Teilen von Arbeitsinhalten und den Ausgleich von Ausfallzeiten durch Krankheit oder Urlaub. Vgl. GP 4.2.1.2.1.

[945] Vgl. Jung, H., (2001), S. 317.

[946] Überstunden liegen vor, wenn die tatsächliche Arbeitszeit von Arbeitnehmern die arbeits- oder tarifvertraglich geschuldete Arbeitszeit übersteigt. Vgl. Olfert, K., Steinbuch, P.A., (2001), S. 123.

kosten reduziert werden und zum anderen den Mitarbeitern mehr Freizeit zur Verfügung steht.[947]

- Kurzarbeit[948]: Sie reduziert die Arbeitsleistungen mit der Folge, dass die betroffenen Arbeitnehmer eine Lohn- beziehungsweise Gehaltsminderung hinnehmen müssen, und hat zum Ziel, bei einem Rückgang der Umsätze trotzdem die Mitarbeiterzahl zu halten und so die Auslastungsschwierigkeiten im personellen Bereich zu kompensieren.[949]
- Urlaubsplanung[950]: Anhand allgemeingehaltener beziehungsweise einzeln ausgehandelter Urlaubsregelungen können vorübergehende Schwankungen ausgeglichen werden.[951]

Eine allgemeine Verkürzung der täglichen, wöchentlichen, monatlichen oder jährlichen Arbeitszeit führt, sofern sie nicht oder nur teilweise mit Lohnausgleich verbunden ist, für die sie durchsetzende Sparkasse vor allem zu einer Senkung der Personalkosten und für die betroffenen Mitarbeiter zu Einkommenseinbußen.[952] Aus diesem Grund wird die angesprochene Maßnahme sowohl von Arbeitgeber- und Arbeitnehmerseite kontrovers diskutiert und führt zu der Suche nach alternativen Instrumenten beziehungsweise flankierenden Maßnahmen der Personalfreisetzung.

4.3.2.1.2. Versetzung

Neben der Möglichkeit zur internen Personalbeschaffung[953] stellt die Versetzung[954] ebenfalls ein Instrument zur Freisetzung von Personal mittels Änderungen der bestehenden Arbeitsverhältnisse dar. Versetzungen vollziehen sich zumeist zwischen einzelnen Abteilungen, Filialen, Unternehmensbereichen etc. und nehmen im Sparkassensektor eine immer größere personalwirtschaftliche Relevanz ein.[955] Als Gründe für den Vollzug von Versetzungen sind vor allem betriebliche Umstellungen zu nennen, die sich

[947] Vgl. Schanz, G., (2000), S. 357–358.

[948] Kurzarbeit beinhaltet die vorübergehende Herabsetzung der betrieblichen Arbeitszeit für den gesamten Betrieb, einige Betriebsabteilungen oder bestimmte Arbeitnehmergruppen. Vgl. Jung, H., (2001), S. 315–316.

[949] Vgl. Jung, H., (2001), S. 315.

[950] Die Urlaubsplanung beziehungsweise -abwicklung kann rechtlich gesehen vom Arbeitgeber einseitig festgelegt werden. Die Wünsche des Arbeitnehmers sind dabei nach §7 Abs. 1 BUrlG, Bundesurlaubsgesetz, zu berücksichtigen, so weit dringende betriebliche Erfordernisse dies zulassen oder andere Arbeitnehmer wegen ihrer sozialen Situation nicht Vorrang beanspruchen können. Vgl. Olfert, K., Steinbuch, P.A., (2001), S. 124.

[951] Vgl. Jung, H., (2001), S. 317.

[952] Vgl. Berthel, J., (2000), S. 212.

[953] Vgl. GP 4.1.1.1.

[954] Nach § 95 Abs. 3 BetrVG, Betriebsverfassungsgesetz, bedeutet eine Versetzung die Zuweisung eines anderen Arbeitsbereiches, die voraussichtlich die Dauer eines Monats überschreitet oder die mit einer erheblichen Änderung der Umstände, unter denen die Arbeit verrichtet wird, verbunden ist. Vgl. Olfert, K., Steinbuch, P.A., (2001), S. 121.

[955] Vgl. Wagner, D., (1999), S. 517.

beispielsweise auf Einschränkungen oder Erweiterungen innerhalb der Sparkassen oder auf wirtschaftliche beziehungsweise technische Rationalisierungsmaßnahmen beziehen, sowie Ereignisse bei Kollegen und Vorgesetzten, z. B. Unternehmenswechsel oder Krankheit.[956] So wurden in den letzten Jahren in Sparkassen zahlreiche Mitarbeiter primär technischer Abteilungen aufgrund des technischen Strukturwandels, der Rationalisierungen ermöglichte, in eher beratungsintensive Abteilungen versetzt, wobei konstatiert wurde, dass nicht jeder Mitarbeiter interner Abteilungen ein guter Verkäufer ist.

Generell sind in Sparkassen horizontale und vertikale Versetzung zu unterscheiden. Bei einer horizontalen Versetzung verbleibt der Mitarbeiter nach der Versetzung auf der gleichen Hierarchiestufe. Im Gegensatz dazu gelingt es dem Arbeitnehmer durch die vertikale Versetzung eine höhere Hierarchiestufe zu erklimmen und den beruflichen Aufstieg voranzutreiben.[957] Die Versetzung kann generell bewirken, dass sich der Arbeitnehmer beruflich verbessert, nicht verbessert oder verschlechtert und ist auf zwei Wegen möglich:

- mittels einer Weisung des Arbeitgebers, die nur dann wirksam ist, wenn der Arbeitsvertrag diese zulässt, also die zugewiesenen Arbeiten innerhalb der Umschreibung der Tätigkeit des Arbeitnehmers liegen und der Ort der Leistungserstellung nicht auf den gegenwärtigen Ort beschränkt ist. Der zugewiesene Arbeitsplatz darf allerdings in keinem Fall mit einer geringeren Entlohnung als zuvor verbunden sein.[958]
- durch eine Änderungsvereinbarung beziehungsweise -kündigung, mit der der Arbeitgeber das Arbeitsverhältnis einseitig kündigt, jedoch gleichzeitig anbietet, einen neuen Arbeitsvertrag mit geänderten Bedingungen abzuschließen. Die Änderungsvereinbarung wird immer dann angewandt, wenn die Voraussetzungen für eine Weisung nicht gegeben sind.[959]

4.3.2.2. Externe Personalfreisetzung

Die Änderung bestehender Arbeitsverhältnisse kann, wie dargestellt, häufig zum Erhalt der einzelnen Arbeitsplätze beitragen. Es gibt jedoch Umstände, unter anderem hervorgerufen durch strukturellen Wandel, die einen (erhöhten) Personalabbau erforderlich machen und aus diesem Grund zu einer Beendigung von Arbeitsverhältnissen führen. Die externe Personalfreisetzung passt die personelle Kapazität durch die Beendigung von Arbeitsverhältnissen an die veränderten Bedingungen innerhalb des Unternehmens oder außerhalb in der Umwelt an. Im Folgenden werden daher die den Sparkassen zur Verfügung stehenden Möglichkeiten dargestellt, beginnend bei der Ausnutzung von Fluktuationen, der Förderung des freiwilligen Ausscheidens und der Nichtverlängerung von Arbeitsverträgen, über die vorzeitige Pensionierung, Aufhebungsverträge und das Outplacement bis hin zur Entlassung.[960]

---

[956] Vgl. Olfert, K., Steinbuch, P.A., (2001), S. 121.

[957] Vgl. Jung, H., (2001), S. 132.

[958] Vgl. Olfert, K., Steinbuch, P.A., (2001), S. 121–122.

[959] Vgl. Schanz, G., (2000), S. 440.

[960] Vgl. Riechers, C., (1999), S. 538.

4.3.2.2.1. Fluktuationen

Fluktuationen im Personalbestand können dazu beitragen, dass zunächst eine Personalreduzierung unter Vermeidung von Entlassungen angestrebt wird und zwar insofern, als Arbeitnehmer, die aus der Organisation wegen Erreichen des Rentenalters oder anderer Gründe ausscheiden, nicht oder nur teilweise von Mitarbeitern ersetzt werden.[961] Diese anderen Gründe werden zumeist durch Todesfälle, krankheitsbedingtes Ausscheiden oder durch vom Arbeitnehmer eingereichte Kündigungen ausgelöst und bedingen somit eine, zumindest partielle, Einstellungssperre.[962] Allerdings haben Sparkassen feststellen müssen, dass insbesondere jene Arbeitnehmer, die das jeweilige Kreditinstitut gerne weiterhin beschäftigt hätte, überproportional gekündigt haben, wohingegen jene Arbeitnehmer, die nicht unbedingt zum Erreichen der unternehmerischen Ziele benötigt werden, eine höhere Fluktuationsresistenz aufwiesen.

4.3.2.2.2. Nichtverlängerung von Arbeitsverträgen

Eine in Sparkassen häufig durchgeführte Maßnahme zur Reduktion der Belegschaft besteht in einer Nichtverlängerung der Beschäftigung. Dies ist in der Regel relativ leicht bei befristeten Arbeitsverträgen möglich.[963] So wissen Sparkassen beispielsweise bei der Implementierung neuer Software bereits im Vorfeld, dass nach Realisation eines Projektes diesbezüglich kein weiterer größerer Personalbedarf besteht. Darüber hinaus werden zumeist Verträge mit Zeitarbeitsfirmen nicht verlängert, so dass deren Mitarbeiter im Rahmen der sparkasseninternen Leistungserstellung ausscheiden.[964] Mitarbeiter von Personalleasingfirmen werden häufig in internen Abteilungen wie beispielsweise der Personalabteilung beschäftigt. Auch bei diesen Stellen ist oftmals nicht von vornhinein offensichtlich, wie nachhaltig der Bedarf ist, so dass aufgrund des deutschen Kündigungsrechtes, das die Freisetzung von Mitarbeitern mit unbefristeten Arbeitsverträgen erschwert, verstärkt mit Zeitarbeitsfirmen gearbeitet wird.

4.3.2.2.3. Vorzeitige Pensionierung

Die vorzeitige Pensionierung[965] ist für Betroffene nur dann von Interesse, wenn sie ohne wesentliche materielle Einbußen vollzogen werden kann oder mit zusätzlichen materiellen Anreizen in Form von Abfindungen beziehungsweise betrieblicher Altersversorgung verbunden ist.[966] Mit ihrer Hilfe ist es den Sparkassen möglich, beispielsweise die betriebliche Altersstruktur zu ändern und zwar, indem (qualifizierten) jüngeren Mitarbeitern durch die frei werdenden Arbeitsplätze die Chance zum beruf-

---

961 Vgl. Schanz, G., (2000), S. 359.

962 Vgl. Olfert, K., Steinbuch, P.A., (2001), S. 476.

963 Vgl. GP 4.1.3.1.

964 Vgl. Wittwer, W., Münchhausen, G., (2001), S. 62 und vgl. GP 4.1.1.2.

965 Unter Pensionierung wird die formalisierte, endgültige altersbedingte Beendigung der Berufsausübung von Arbeitnehmern verstanden. Vgl. Berthel, J., (2000), S. 216. Im Regelfall erfolgt die Pensionierung mit Beendigung des 65. Lebensjahres. Die vorgezogene Pensionierung verschiebt diesen Zeitpunkt nach vorne und wird meist im Rahmen gesetzlicher oder tariflicher Regelungen von Dienstaufhebungsverträgen oder Sozialplänen abgewickelt. Vgl. Schanz, G., (2000), S. 360.

966 Vgl. Jung, H., (2001), S. 320.

lichen Aufstieg geboten wird. Für den betroffenen Arbeitnehmer bedeutet die Pensionierung das Einläuten eines neuen Lebensabschnitts mit den damit möglicherweise verbundenen sozialen und psychischen Belastungen, wodurch sich für Unternehmen, Staat und Sozialversicherungsträger weitere finanzielle Ansprüche ergeben.[967] In Sparkassen ist die vorzeitige Pensionierung weit verbreitet, um so die Kosten des Personalabbaus teilweise den Rentenversicherungsträgern übertragen zu können und folglich eine Sozialisierung der Kosten herbeizuführen. Allerdings gilt es zu beachten, dass mit dem Ausscheiden älterer Mitarbeiter häufig auch unternehmensinternes Know-how verloren geht. So sind in vielen Sparkassen Mitarbeiter über 60 Jahre (mit Ausnahmen der Vorstandsebene) kaum noch angestellt.

4.3.2.2.4. Aufhebungsverträge

Ein Aufhebungsvertrag beschreibt die Vereinbarung zwischen Arbeitgeber und Arbeitnehmer, den Arbeitsvertrag in gegenseitigem Einvernehmen zu einem vereinbarten Zeitpunkt aufzulösen.[968] Er beendet ein Arbeitsverhältnis ohne Berücksichtigung jeglicher Kündigungsfristen sowie ohne Vorliegen eines Kündigungsgrundes und ist im Gegensatz zur vorzeitigen Pensionierung vom Lebensalter unabhängig.[969] Sparkassen sind durch die Aufhebungsverträge in der Lage, die Alters- und Qualifikationsstruktur innerhalb der Organisation zu lenken beziehungsweise gegebenenfalls zu verbessern.[970] Zusätzlich treten bei der Anwendung von Aufhebungsverträgen Vorteile auf, die sich in einer guten Planbarkeit und Steuerbarkeit äußern und von Sparkassen optimal ausgenutzt werden sollten, denn schließlich:

- können Aufhebungsverträge gleichzeitig auf bestimmte Arbeitnehmergruppen beschränkt werden, wodurch sich gezielte Veränderungen realisieren lassen;
- sind sie zeitlich limitierbar, indem sie beispielsweise nur für einen bestimmten Zeitraum angeboten werden;
- ist Personalfreisetzung via Aufhebungsverträgen nicht an gesetzliche Pflichten gebunden und nicht anzeigepflichtig;
- lassen sich Aufhebungsverträge weitaus günstiger umsetzen, als beispielsweise Entlassungen.[971]

Die positive Wirkungsweise dieser Maßnahme wird jedoch stets von der individuellen Entscheidung der Betroffenen abhängen, da es nicht immer vorhersehbar ist, zu welchen Bedingungen die Bereitschaft zur Auflösung des Arbeitsverhältnisses seitens der Arbeitnehmer angenommen wird.[972] Ein Ansatz, um den unterschiedlichen Erwartungen und Einstellungen von Arbeitgebern und Arbeitnehmern gerecht zu werden, besteht in der Unterstützung des Arbeitnehmers beim Ausstieg aus dem Unternehmen beziehungsweise bei der Suche nach einem neuen Arbeitsplatz.[973]

---

[967] Vgl. Scholz, C., (2000), S. 554.

[968] Vgl. Olfert, K., Steinbuch, P.A., (2001), S. 477.

[969] Vgl. Schanz, G., (2000), S. 360–361.

[970] Vgl. Jung, H., (2001), S. 320.

[971] Vgl. Scholz, C., (2000), S. 555.

[972] Vgl. Jung, H.,(2001), S. 320.

[973] An dieser Stelle knüpft häufig das so genannte Outplacement an. Vgl. GP 4.3.2.2.7.

Andere Banken[974] haben bei pauschalen Aufhebungsverträgen allerdings die negative Erfahrung gemacht, dass ähnlich wie bei der Fluktuation insbesondere jene Mitarbeiter hiervon Gebrauch machen, die gerne gehalten worden wären. Dennoch gelten Aufhebungsverträge als das effizienteste Instrument zum Personalabbau, vor allem dann, wenn betriebsbedingte Kündigungen[975] vermieden werden sollen. Allerdings sind sie mit hohen Kosten verbunden. So hat beispielsweise die Deutsche Bank für Aufhebungsverträge von 14.500 Mitarbeitern pro Mitarbeiter durchschnittlich 120.000 Euro gezahlt.[976] Neue Wege, die auch für (zumindest größere) Sparkassen bedeutsam werden könnten, zeigt das Beispiel der Dresdner Bank. Im Rahmen der Aufhebungsverträge kooperiert die Dresdner Bank mit den Firmen Randstad und Dekra. Die Dekra hat mit der Dresdner Bank eine Transfergesellschaft gegründet. Entscheidet sich ein Mitarbeiter für die Transfergesellschaft, so scheidet er bei der Dresdner Bank aus und schließt einen neuen Arbeitsvertrag mit der Dekra, die ihn bei der beruflichen Neuorientierung unterstützen und Qualifizierungsangebote machen soll. Mindestens vier Monate wird der ehemalige Dresdner Bank Mitarbeiter von der Dekra betreut, wobei die Bruttobezüge 100 Prozent des letzten Gehalts ausmachen. Bis zu 20 weitere Monate kann er bei der Dekra bleiben, wenn er noch keine Stelle gefunden hat; bezahlt wird er aus der Abfindung, die die Bank in sein „Transferkonto" bei der Dekra gezahlt hat. Wann immer der Mitarbeiter in den maximal 2 Jahren, die er in der Transfergesellschaft ist, eine neue Stelle annimmt, erhält er alles, was sich noch auf seinem Transferkonto an Auslauflöhnen befindet.[977]

Anders funktioniert das Programm Persoflex, welches in Zusammenarbeit mit der Zeitarbeitsfirma Randstad betrieben wird. Bei diesen Maßnahmen bleiben die Mitarbeiter auf der Gehaltsliste der Bank, sie werden aber der Zeitarbeitsfirma überlassen, die für sie Zeitarbeitsplätze sucht. Ziel ist es, dass sich aus dem „Hereinschnuppern" in andere Firmen dauerhafte Arbeitsplätze entwickeln. Bis zu 12 Monate kann ein Dresdner-Bank-Mitarbeiter Randstadt überlassen werden. In dieser Zeit wird sein Gehalt aus der Abfindung gezahlt.[978] Wenn er eine neue Beschäftigung findet, wird ihm der Rest der Abfindung ausgezahlt.[979] Unterschiedlich wirken sich diese beiden Maßnahmen auf die Kostenrechnung der Dresdner Bank aus: Wechselt ein Mitarbeiter zur Transfergesellschaft, so zahlt die Bank zwar nicht mehr sein Gehalt; allerdings erstattet sie der Dekra die Kosten für Qualifizierungsmaßnahmen und die Betreuung. Beim Persoflex-Programm bleibt der Mitarbeiter zwar auf der Gehaltsliste der Dresdner Bank, die Bank bekommt aber auch Geld dafür, wenn er durch Randstad für andere Firmen arbeitet.[980]

---

[974] Vgl. Witte, J., (1998), S. 273–275.

[975] Bei betriebsbedingten Kündigungen werden Mitarbeiter nach Sozialplan und nicht nach Leistung entlassen.

[976] Vgl. Rathmann, C., (2004), S. 5.

[977] Vgl. Rathmann, C., (2003), S. 17.

[978] Vgl. Jerusalem, C., (2002), S. 44.

[979] Vgl. Rathmann, C., (2003), S. 17.

[980] Vgl. Rathmann, C., (2003), S. 17.

4.3.2.2.5. Entlassung

Entlassungen stellen ein weiteres Mittel dar, um Personal abzubauen beziehungsweise freizusetzen. In Zeiten eines sich verändernden Wettbewerbs, verstärkter struktureller Wandlungen und hart umkämpfter Arbeitsplätze symbolisieren Entlassungen ein folgenschweres Instrument im Rahmen von Abbaumaßnahmen, da sie unter Umständen für die betroffenen Mitarbeiter einschneidende wirtschaftlich-soziale aber auch menschliche Folgen haben und mögliche Einbußen an Lebensqualität, Lebensstandard oder sozialer Anerkennung hervorrufen.[981] Entlassungen spiegeln dabei die Trennungsabsicht von Seiten einer Wirtschafts- oder Verwaltungsorganisation wider und können von dieser nur bei Vorliegen besonderer Gründe durchgeführt werden.[982] Zu beachten sind von den Sparkassen in diesem Zusammenhang insbesondere der gesetzlich geregelte Kündigungsschutz sowie die umfangreichen Regelungen bei einer Personalfreisetzung durch Kündigung.[983] Neben den möglichen rechtlichen Problemen können Entlassungen zudem

- imageschädigend[984] wirken und zwar mit der Folge, dass die zukünftige Gewinnung von geeigneten Mitarbeitern erschwert wird und sich zusätzlich als
- kurzsichtig erweisen, da besonders die entlassenen, qualifizierten Mitarbeiter bei einem späteren konjunkturellen Aufschwung nicht mehr verfügbar sind.[985]

Sparkassen sollten daher bei Entlassungsentscheidungen persönliche und soziale Folgen für die betroffenen Mitarbeiter antizipieren und auszugleichen versuchen, damit es dauerhaft gelingen kann, die existierenden Qualifikationen zu erhalten, zu fördern und sie auch für die Zukunft verfügbar zu machen sowie den freigesetzten Arbeitnehmern die bestmöglichen Voraussetzungen für eine Wieder- beziehungsweise Neueinstellung mitzugeben.[986]. Aus o. a. Gründen und der behutsamen Personalreduktion im Sparkassensektor[987] ist es in nicht in nennenswerten Größenordnungen zu Entlassungen gekommen.

4.3.2.2.6. Verzicht auf Neueinstellungen

Ein häufig verwendetes Instrumentarium zur Reduktion des Personalbestandes war in den letzten Jahren der Verzicht auf weitere Einstellungen beziehungsweise die Verhängung von Einstellungsbeschränkungen. Diese stellen gerade in Verbindung mit der Fluktuation[988] eine Möglichkeit dar, um in konjunkturschwachen Zeiten den bestehenden Belegschaftsbestand so zu erhalten, dass eine Beschäftigung der ver-

---

[981] Vgl. Horsch, J., (2000), S. 171.

[982] Vgl. Schanz, G.,(2000), S. 359.

[983] Vgl. Drumm, H.J., (2000), S. 294.

[984] So wird u. a. die geringer gewordene Bereitschaft vieler Schulabgänger sich bei einer Sparkasse um einen Ausbildungsplatz zu bewerben auf die Personalfreisetzung in Kreditinstituten zurückgeführt.

[985] Vgl. Schanz, G., (2000), S. 359.

[986] Vgl. Drumm, H.J., (2000), S. 295.

[987] Vgl. GP 3.2.4.3.

[988] Vgl. GP 4.3.2.2.1.

bleibenden Arbeitnehmer weiterhin gewährleistet ist.[989] Neben generellen Einstellungsstopps, die weder eine Deckung des Ersatz- noch des Neubedarfs an Personal vorsehen, können auch lediglich durch Fluktuation freiwerdende Stellen wieder besetzt oder so genannte qualifizierte Einstellungsstopps verhängt werden, welche eine Begrenzung auf bestimmte Berufe, Mitarbeitergruppen beziehungsweise Betriebsteile beinhalten.[990] Ebenso ist es durch den Verzicht auf Personalleasing (vgl. GP 4.3.2.2.2.) möglich, Arbeitsplätze zu sichern. So bedeutet die Konzentration auf bereits vorhandene Arbeitnehmer beziehungsweise Stammarbeitsplätze und die Vermeidung von Leiharbeit eine erhebliche Kostenersparnis, die aber gleichzeitig mitunter mit dem Verzicht auf Ertragschancen einhergeht.

4.3.2.2.7. Outplacement

Das Outplacement stellt eine Modifizierung und Erweiterung der im GP 4.3.2.2.4. dargestellten Aufhebungsverträge dar und verfolgt das Ziel, Trennungen zwischen Mitarbeitern und Unternehmen einvernehmlich zu gestalten, wobei die Lösung vom alten Unternehmen einerseits sowie die berufliche Neuorientierung des Freigesetzten andererseits untrennbar miteinander verbunden sind.[991] Die Sparkasse bezahlt dabei meist einen externen Berater, der den noch ungekündigten Mitarbeiter bei seiner Suche nach einer neuen und außerhalb des Unternehmens liegenden Arbeitsstelle gezielt unterstützt.[992]

Ein Anlass zur Einleitung eines Outplacement-Prozesses in Sparkassen kann beispielsweise sein, dass die Leistung eines Mitarbeiters nicht mehr den Erfordernissen genügt und auch die Übernahme einer anderen Aufgabe ausscheidet.[993] Neben Leistungsdefiziten können ebenso organisatorische Veränderungen, Unternehmenszusammenschlüsse sowie konjunktur- beziehungsweise strukturbedingte Einbrüche dazu führen, dass sogar jene Mitarbeiter überflüssig werden, an deren Leistungsfähigkeit und -bereitschaft im Grunde nichts zu bemängeln ist.[994] Mittels des Outplacements sollen Freisetzungen in einer Form durchgeführt werden, die sowohl den Interessen der Sparkasse als auch der Mitarbeiter gerecht werden und die aus Mitarbeitersicht beabsichtigen,

- die materiellen Lebensbedingungen durch Ausnutzung der rechtlichen Rahmenbedingungen und der unternehmensspezifischen Möglichkeiten abzusichern;
- bei der Bewältigung psychisch-sozialer Spannungen beim Betroffenen zu helfen;
- die berufliche Weiterentwicklung durch Trainingskampagnen zu fördern,
- die Arbeitsplatzsuche noch in der ungekündigten Stellung durch systematische Karriereplanung voranzutreiben.[995]

---

[989] Vgl. Berthel, J., (2000), S. 213.

[990] Vgl. Jung, H., (2001), S. 318.

[991] Vgl. Wagner, D., (1999), S. 536.

[992] Vgl. Olfert, K., Steinbuch, P.A., (2001), S. 477.

[993] Vgl. Riechers, C., (2005), S. 15–16.

[994] Vgl. Schanz, G., (2000), S. 452.

[995] Vgl. Scholz, C., (2000), S. 551.

Wichtig ist demnach, im Falle von Entlassungen frühzeitig eine Trennungskultur zu entwickeln, damit sich ausscheidende Mitarbeiter fair behandelt fühlen und der Motivation innerhalb der Unternehmung kein Schaden zugefügt wird.[996]

Allerdings bedeutet Outplacement nicht, dass dem betroffenen Arbeitnehmer problemlos und ohne aktive Mitarbeit seinerseits ein Wunscharbeitsplatz angeboten werden kann. Outplacement versucht vielmehr, unterstützend auf den Freizusetzenden zu wirken und ihm ein Dienstleistungsbündel bereitzustellen, welches ihn in die Lage versetzen soll, aus eigener Kraft eine neue, seinen Wünschen und Fähigkeiten entsprechende und adäquate Position zu finden.[997] In diesem Zusammenhang müssen jedoch ebenso die im Unternehmen verbleibenden Mitarbeiter Berücksichtigung finden. Um die Stimmung im Kollegium aufrechtzuerhalten, ist eine umfassende Informationspolitik notwendig, bei der sowohl die Gründe für sich vollziehende Veränderungen als auch die Ziele und Absichten der Sparkasse sowie die speziellen Pläne einzelner Abteilungen erläutert werden. Darüber hinaus muss der möglichen Verunsicherung der Mitarbeiter und den ungelösten Problemen jederzeit mit Offenheit, Ehrlichkeit und Verständnis begegnet werden, um ein gegenseitiges Vertrauen zu fördern und die Motivation für die Unternehmensaufgabe positiv zu beeinflussen.[998]

Für Sparkassen ergeben sich aus den Outplacement-Bemühungen nachfolgende Zielsetzungen:

- Verkürzung des Trennungsprozesses, Vermeidung von arbeitsrechtlichen Auseinandersetzungen und damit Einsparung hoher Kosten;
- Erhaltung der Motivation der im Unternehmen verbleibenden Mitarbeiter und Minderung der Gefahr von Unruhe im Hinblick auf die informelle Sicherheit und das individuelle Sicherheitsgefühl;
- Aufbau eines positiven unternehmensexternen Personalimages,
- Verminderung von Angst und Unsicherheit bezüglich der Durchführung von Kündigungsgesprächen beim Vorgesetzten.[999]

Zusätzlich können durch Outplacement Informationsverbesserungen erzielt werden, die wiederum eine Schwachstellenanalyse in Verbindung mit Positionsneubesetzungen erlauben.[1000] Des Weiteren sollen aufgrund der Bemühungen um die aus dem Unternehmen ausscheidenden Mitarbeiter einerseits positive Signale an die relevanten Interessengruppen gesendet und andererseits die Anstrengungen der Sparkasse in der externen Umwelt als Zeichen für ihre soziale Verantwortung interpretiert werden.[1001]

Eine Outplacement-Beratung in Sparkassen kann jedoch nur erfolgreich sein, wenn Berater und Klient vertrauensvoll zusammenarbeiten und wenn sowohl auf Ar-

---

[996] Vgl. von Rundstedt, E., (2004), S. 9.

[997] In diesem Zusammenhang wird auch häufig von „Newplacement" beziehungsweise „Replacement" gesprochen. Vgl. Schanz, G., (2000), S. 452.

[998] Vgl. von Rundstedt, E., (2004), S. 11.

[999] Vgl. Jung, H., (2001), S. 351.

[1000] Vgl. Scholz, C., (2000), S. 551.

[1001] Vgl. Nicolai, C., (2004), S. 462.

beitnehmer- als auch auf Arbeitgeberseite eine möglichst unverkrampfte Einstellung zum Thema „Trennung" besteht. Als Grundbedingung für eine optimale Betreuung durch den Outplacement-Berater werden besondere fachliche und soziale Qualifikationen aber auch ein Höchstmaß an Objektivität und Diskretion benötigt und erwartet.[1002] Viele Menschen, die vor einer beruflichen Wende stehen, sind zumeist lediglich auf ihre Misserfolge in Beruf und Leben fokussiert und verlieren den Blick für ihre tatsächlich vorhandenen Stärken und Potenziale. Aufgabe der Berater muss es daher sein, die Menschen zu betreuen und ihnen zu helfen, aus einer scheinbar erfolgs- und aussichtslosen Situation gestärkt hervorzugehen. Berater sollen neue Wege zur Problemlösung entdecken, sich auf die individuellen Eigenheiten des jeweiligen Mitarbeiters einstellen und anhand von Flexibilität, unkonventionellen Ansätzen sowie psychologischer Kompetenz den Betroffenen sowohl zu einem neuen Selbstbewusstsein verhelfen als auch neue, realistische Berufsperspektiven eröffnen.[1003] Ziel sollte dabei stets sein, die Krise als Chance zu begreifen und zu nutzen, um möglichst schnell wieder eine neue berufliche Aufgabe zu finden.[1004]

4.3.3. Abwicklung und Kontrolle

Die breite Palette möglicher Maßnahmen der Personalfreisetzung bietet nicht nur die Möglichkeit zur gezielten Verwendung, sondern auch die Gefahr ungeplanter Improvisationen. Zudem ist eine Personalfreisetzung mit erheblichen Kosten verbunden. Im Rahmen von Kapazitätsanpassungen werden häufig teure Aufhebungsverträge und damit für Mitarbeiter mitunter verbundene attraktive Abfindungszahlungen umgesetzt, die zwar größtenteils notwendig sind und eine einfache Lösung darstellen, jedoch nicht immer den besten Weg bedeuten.[1005] Vielmehr kann oftmals eine verstärkte Orientierung beziehungsweise Hinwendung zur Teilzeitarbeit dazu beitragen, ein gleiches Ergebnis mit einem deutlich geringeren Aufwand zu erreichen.[1006]

Daher ist es für eine effiziente Personalarbeit notwendig, stets einen genauen Überblick über den aktuellen Personalbestand und eventuelle Abgangsgründe zu bewahren sowie diese differenziert zu beobachten, damit detaillierte Grundlagen für zukünftige Planungsschritte gesichert werden können.[1007] Fluktuationen können so festgehalten und Trendverläufe beziehungsweise Trendveränderungen rechtzeitig erkannt und verfolgt sowie in die Zukunftsplanung integriert werden. Die entsprechenden Informationen sind mittels Personalfragebögen für die aus dem Unternehmen ausscheidenden Mitarbeiter oder aber im Rahmen von Abgangsgesprächen zu erheben, in denen die tatsächlichen Kündigungsgründe besprochen, betriebliche

---

[1002] Vgl. Wagner, D., (1999), S. 534–540.

[1003] Vgl. Riechers, C., (2002), S. 415.

[1004] Vgl. von Rundstedt, E., (2004), S. 11.

[1005] Vgl. Müller-Gebel, K., (1999), S. 67.

[1006] Vgl. Renner, K., (1999), S. 168–169.

[1007] Vgl. Scholz, C., (2000), S. 559.

Schwachstellen, die zur Kündigung führten, erkannt und Antipathien gegen das Unternehmen abgebaut werden.[1008]

Personalfreisetzung bezieht sich auf das Treffen schwerwiegender Entscheidungen, die nie gänzlich frei gefällt werden können, sondern immer ein sorgfältiges Abwägen aller an sie anzulegenden Beurteilungskriterien und aller von Arbeitnehmern und Arbeitgebern favorisierten Anspruchshaltungen erfordern.[1009] Erst eine systematische Personalfreisetzung kann folglich zu einer humanen und damit gleichzeitig ökonomisch sinnvollen Gestaltung von Trennungen führen und bedarf neben einer verhaltensorientierten Fundierung einer umfangreichen Informationsbasis, „die sich nicht nur auf Mitarbeiter und Stellen, sondern auch auf geplante und historische Veränderungsmaßnahmen bezieht".[1010]

4.4. Zwischenfazit und Konsequenzen für den weiteren Gang der Arbeit

In diesem Kapitel wurden ausgewählte Instrumente zur Bewältigung des Strukturwandels in Bezug auf die Sparkassen dargestellt. Es gilt festzuhalten, dass es Sinn und Zweck des Human Resource Management in Sparkassen ist, die Unternehmensstrategie durch eine Verbesserung der Qualifikation der Beschäftigten zu unterstützen. Aus diesem Grund ist es Aufgabe der Personalentwicklung, die individuellen Stärken der Mitarbeiter mit dem Ziel zu fördern, die aus der Unternehmensstrategie abgeleiteten Aufgaben in Einklang zu bringen und hierbei eine optimale Allokation der Ressourcen zu ermöglichen. Im Idealfall werden Arbeiten von demjenigen Akteur ausgeführt, der in dieser Beziehung anderen gegenüber (komparative) Vorteile besitzt.[1011] „Es bringt nichts, mit viel Aufwand individuelle Schwächen auszumerzen, weil das Ergebnis eine allenfalls mittelmäßige statt bisher schwache Leistung sein wird. Keine Schwäche zu haben, ist etwas gänzlich anderes als Stärken zu besitzen."[1012]

Sparkassen müssen daher jene Mitarbeiter identifizieren, die unternehmensrelevante Stärken und Fähigkeiten besitzen, diese gegebenenfalls noch ausbauen und Menschen dort einsetzen, wo sie ihre Stärken haben. Es kann also nicht Aufgabe sein, Personalentwicklung nach dem Gießkannenprinzip zu betreiben und beispielsweise Schwächen konsequent zu beseitigen, nur weil sie leichter zu identifizieren sind als vorhandene Stärken und eher als störend empfunden werden.[1013] Darüber hinaus macht es wenig Sinn, Personalentwicklung als reine Persönlichkeitsentwicklung zu

---

[1008] Vgl. Jung, H., (2001), S. 350.

[1009] Vgl. Berthel, J., (2000), S. 207–208.

[1010] Scholz, C., (2000), S. 560.

[1011] Vgl. Franck, E., Opitz, C., (1999), S. 1317.

[1012] Hacker, K., Mohrherr, F., (2003), S. 62.

[1013] Vgl. Hacker, K., Mohrherr, F., (2003), S. 62

betreiben. „Neben dem moralischen Grundsatz, dass niemand ein Recht auf Veränderung des Wesens einer anderen Person hat, stellt sich auch die Frage, ob dies bei Menschen, die mehrheitlich erst in einem bereits fortgeschrittenen Lebensalter in ein Unternehmen treten, überhaupt möglich ist.“[1014]

Die dargestellten Entwicklungen zeigen allerdings, dass es die S-Finanz-gruppe in vielen Bereichen geschafft hat, Grundlagen dafür zu legen, dass der Einsatz von Personal einen Beitrag zur Effektivität in ihrer Organisation leisten kann. Denn Personalprogramme sind integraler Bestandteil der Unternehmensstrategie der S-Finanzgruppe und das Personal wird als Ressource zur Unterstützung des unternehmerischen Erfolges gesehen.[1015]

Jedoch ist ein Wandel in den Qualifikationsanforderungen der Sparkassen-Mitarbeiter auszumachen. Die Sparkassenorganisation hat auf den sich seit Jahren befindlichen Wandel mit einer strategischen Neuausrichtung reagiert. Die drei Haupthandlungsfelder dieser Strategie lauten: Ertragspotenziale der Sparkassengruppe ausschöpfen, Kosten senken sowie den Verbund der Sparkassen-Finanzgruppe organisieren und profilieren.[1016] Hierbei werden sich die Sparkassen innerhalb des Verbundes noch stärker als bisher auf den Vertrieb konzentrieren müssen. „Der Begriff der „Vertriebs-Sparkasse“ beschreibt die notwendige Entwicklung sehr genau. Die Wertschöpfungsketten ohne Vertriebsbezug werden künftig verstärkt außerhalb der einzelnen Sparkasse erbracht werden.“[1017]

Die skizzierten Entwicklungen sind im Sparkassen-Sektor bisher ohne größere Freisetzungen einhergegangen, wenngleich dieses in Einzelfällen sicherlich nicht kategorisch für die Zukunft ausgeschlossen werden kann.[1018] Allerdings ist das Personalmanagement in Sparkassen gefragt, für die Neustrukturierung neue Konzepte zu entwickeln, um in der derzeitigen Umbruchphase Erfahrungswissen, Qualifikation, Motivation und Engagement in der Mitarbeiterschaft zu erhalten.[1019] Aus diesem Grund werden im folgenden Kapitel elementare Aufgaben und Inhalte der Personalentwicklung dargestellt, die den unweigerlichen Strukturwandel proaktiv begleiten können.

[1014] Hacker, K., Mohrherr, F., (2003), S. 62.

[1015] Vgl. Ridder, H.-G., Neumann, S., (2001), S. 246.

[1016] Vgl. Schröder, G.A., (2003), S. 103.

[1017] Schröder, G.A., (2003), S. 103.

[1018] Vgl. Sauter, A., (2002), S. 50.

[1019] Vgl. Sauter, A., (2002), S. 50.

5. Antizipative Personalentwicklung zur Vorbereitung auf den Strukturwandel

Zentraler Aspekt einer antizipativen Personalentwicklung in Sparkassen ist es, primär jene Mitarbeiter vorzuhalten, die optimal den mitunter divergierenden Kundenbedürfnissen entsprechen. Dies impliziert neben der Beschäftigung spezieller Mitarbeitergruppen vor allem deren Qualifizierung, um zukünftigen Herausforderungen gerecht zu werden. Dabei sollten Mitarbeiter nicht mittels eines unstrukturierten und unkontrollierten Gießkannenprinzips weitergebildet werden. Vielmehr ist es von zentraler Bedeutung, Mitarbeitern das Know-how zu vermitteln, das im jeweiligen Kontext ihrer Beschäftigung vonnöten ist und auf deren bestehenden Stärken aufbaut.

Eine antizipative Personalentwicklung macht es sich zusätzlich zur Aufgabe, dafür Sorge zu tragen, nicht nur bei einzelnen Mitarbeitern eine Akkumulation von Know-how vorzunehmen, sondern dieses Wissen der gesamten Organisation zur Verfügung zu stellen, damit einseitige Abhängigkeiten im Sinne eines Hold up vermieden werden können. Gerade in diesem Kontext sind Opportunitäten zu berücksichtigen, denn „the chance of gain is by every man more or less over-valued, and the chance of loss is by most man under-valued [...]".[1020]

5.1. Grundlagen

Der in Kapitel 3 beschriebene Strukturwandel und die in Kapitel 4 dargestellten Aufgaben der Personalarbeit signalisieren, dass in Zukunft die humanen Ressourcen das wichtigste Kapital für den unternehmerischen Erfolg einer Sparkasse darstellen. Denn Standardleistungen werden zukünftig primär automatisch abgewickelt, so dass Kundenkontakte tendenziell zurückgehen werden. In den seltener werdenden direkten Kontaktsituationen wird ein überzeugender Auftritt einer Sparkasse, repräsentiert durch ihren Mitarbeiter, umso wichtiger, da auch Kreditinstituten in der Zukunft lediglich eine Chance bleiben wird, einen positiven Eindruck zu hinterlassen.

Bedingt durch einen zunehmend beratungsintensiven Aufwand bei der Betreuung der Kundschaft mit Nicht-Standardprodukten werden die Anforderungsprofile vieler Mitarbeiter tendenziell steigen. Eine strategische Personalentwicklung in Sparkassen wird damit zu einem zentralen Wettbewerbsinstrument, da sie dafür Sorge zu tragen hat, Handlungskompetenzen von Mitarbeitern und Organisationen zu erhöhen. Dies wird primär durch die Deckung des qualitativen Personalbedarfs geschehen, die auf der Entwicklung einzelner Mitarbeiter basiert.[1021]

[1020] Smith, A., (1976), S. 120.

[1021] Vgl. Meier, H., (1992), S. 13.

5.1.1. *Notwendigkeit einer strategisch orientierten Personalentwicklung*

Personalentwicklung umfasst die gesamten (inner-)betrieblichen und überbetrieblichen Maßnahmen der Optimierung von Qualifikationen und Potenzialen der Mitarbeiter. Da jedoch nicht sämtliche Mitarbeiter das zur Erreichung der Unternehmensziele erforderliche Know-how aufweisen, wird für die Zukunft eine intensive Qualifikationsanpassung beziehungsweise Qualifikationsverbesserung notwendig werden.[1022] Trotz der Personalreduktionen in vielen Kreditinstituten ist zu beobachten, dass es auf dem externen Arbeitsmarkt schwieriger und zumeist kostenintensiver geworden ist, Mitarbeiter mit gewünschten Qualifikationen für eine Sparkasse zu gewinnen.[1023] Dies hat zur Folge, dass der Personalentwicklungsaufwand bestehender Mitarbeiter verstärkt werden sollte, da das benötigte Arbeitskräftepotenzial primär durch interne Entwicklungsmaßnahmen generiert werden muss. Dies bedingt bereits heute die Integration speziell solcher Mitarbeiter in Arbeitsprozesse, die die notwendigen Anforderungsprofile noch nicht besitzen, deren Entwicklungsmöglichkeiten aber ausreichend erscheinen, die notwendigen Qualifikationen durch entsprechende Weiterbildungsmaßnahmen zu erlangen.[1024] Darüber hinaus ist absehbar, dass das zukünftig benötigte Arbeitskräftepotenzial sich in einem weitaus stärkerem Umfang als heute, aus weiblichen Führungskräften, Teilzeitbeschäftigten sowie älteren und/oder akademisch gebildeten Mitarbeitern zusammensetzen wird.[1025]

Trotz der oft proklamierten Notwendigkeit einer funktionierenden Personalentwicklung und der Einsicht, dass Menschen für Kreditinstitute den wichtigsten Erfolgsfaktor darstellen, finden Entwicklungsmaßnahmen im Bankbetrieb gerade in konjunkturschwachen Zeiten seltener statt.[1026] Dies ist u. a. dadurch bedingt, dass sich die Bankleitung zum einen nicht an mittel- oder langfristig getroffene Personalentscheidungen gebunden sehen will, zum anderen die Furcht besteht, dass Mitarbeiter aus ihrer persönlichen Personalentwicklung Ansprüche auf bestimmte Positionen und Gehälter ableiten, die zukünftige Personalkosten in die Höhe treiben lassen.[1027] Darüber hinaus führt der häufig vorherrschende Irrglaube, Personalplanung, -beschaffung und -entwicklung seien unter kurzfristigem Zeithorizont realisierbar, mitunter zu einer Vernachlässigung der strategischen Planung der Mitarbeiterressourcen.[1028] Hinzu kommt in vielen Kreditinstituten die Verunsicherung über die Inhalte und die Aus-

[1022] Vgl. Backhaus, J., (1999), S. 478.

[1023] Ursächlich für diese Entwicklung dürften zum einen die schlechte Bankenkonjunktur mit den einhergehenden Personalreduktionen sowie zum anderen die steigende Attraktivität anderer Arbeitgeber sein.

[1024] Vgl. Hentze, J., (1991), S. 319.

[1025] Dies bedeutet aber auch, dass eine Sparkasse aktiv Teilzeitangebote anbieten muss, die nicht automatisch ein Ausscheiden auf der Karriereleiter beinhalten.

[1026] Vgl. Durstberger, H., Baade, R., (1997), S. 147.

[1027] Vgl. Rischar, K., (1989), S. 75.

[1028] Vgl. Sattelberger, T., (1989), S. 16.

gestaltung beziehungsweise Umsetzung einer erfolgreichen Personalentwicklung. Denn wird die Personalentwicklung unprofessionell durchgeführt, entstehen Kosten, denen kein adäquater Nutzen gegenübersteht. Werden beispielsweise Maßnahmen der Personalentwicklung nicht sachgerecht umgesetzt, können im Grunde positive Entwicklungsmaßnahmen kontraproduktiv wirken. Bekommen z. B. Mitarbeiter zu wenig Rückmeldung über die Grenzen ihres Könnens oder sind ihre Erwartungen durch die Beeinflussung von (externen) Trainern zu hoch gesteckt, entwickeln sie berechtigte, aber unrealistische Vorstellungen über Schnelligkeit und Ausmaß ihres Aufstieges. Dies kann dazu führen, dass sich ein zunächst besonders engagierter Mitarbeiter bei Nichterfüllung seiner Vorstellungen in eine innere Emigration zurückzieht.[1029]

Eine strategisch orientierte Personalentwicklung, die zu langfristigem unternehmerischen Denken bei allen Beteiligten führt, stiftet deshalb sowohl der Sparkasse als Organisation als auch dem einzelnen Mitarbeiter Nutzen.[1030] Ihr kommt die schwierige Aufgabe zu, Ziele, Erwartungen und Bedürfnisse der einzelnen Mitarbeiter mit den Zielsetzungen der Sparkasse in Einklang zu bringen.[1031]

5.1.2. Personalentwicklungsziele aus Sicht von Sparkassen und Mitarbeitern

Eine strategische Einbindung und Orientierung der Mitarbeiter an den Unternehmenszielen bedingt so Wettbewerbsvorteile für Sparkassen. Die Personalentwicklung soll dabei durch eine mitarbeiter- und unternehmensadäquate Qualifikation einen essentiellen Beitrag zur Erreichung der strategischen und operativen Ziele leisten.[1032] Zur Erreichung der Ziele müssen diese allerdings bekannt sein und kommuniziert werden, weil ansonsten keine sinnvolle Planung erfolgen kann, da die strategische Personalentwicklung sich aus diesen ableitet.

Aus Sicht der Mitarbeiter soll die Personalentwicklung zur Befriedigung von persönlichen Erwartungen und Wünschen beitragen.[1033] Im Regelfall wird dies durch ihr berufliches Weiterkommen und die Möglichkeit ihrer persönlichen Entfaltung reflektiert. Es gilt folglich, die Ziele der Mitarbeiter bereits bei der Planung von Personalentwicklungsmaßnahmen zu berücksichtigen.[1034] Denn sehen die Mitarbeiter einen persönlichen Vorteil in Personalentwicklungsmaßnahmen, können diese dazu beitragen, Aufgaben besser zu bewältigen, indem die Gefahr der Überforderung reduziert wird und stattdessen zumeist Selbstbestätigung und Zufriedenheit eintritt.[1035] Soziale Aspekte wie Zufriedenheit und Selbstverwirklichung umfassen dabei nicht nur die

[1029] Vgl. Rischar, K., (1989), S. 83.

[1030] Vgl. Masemann, H., (1990), S. 26.

[1031] Vgl. Grote, M., (1998), S. 143 und vgl. Mentzel, W., (1997), S. 25.

[1032] Vgl. Becker, M., (1999b), S.10.

[1033] Vgl. Mentzel, W., (1997), S. 27.

[1034] Vgl. Krautwurst, O., (2001), S. 189–190.

[1035] Vgl. Conradi, W., (1983), S. 8.

berufliche Arbeit, sondern letztlich das gesamte Leben der Mitarbeiter, weil eine antizipative Personalentwicklung

- die Stärkung des Selbstbewusstseins und als Folge davon
- eine erhöhte aktive und passive Kritikfähigkeit,
- selbstständiges Denken,
- lebenslange Lernbereitschaft und -fähigkeit und
- ein bewussteres Leben und Arbeiten anstrebt.[1036]

Personalentwicklung soll – trotz Veränderungen in der Wertehierarchie der Mitarbeiter – die Kongruenz der Unternehmens- und Mitarbeiterziele erreichen, um hierdurch höhere Identifikation, Motivation und erhöhte Lernbereitschaft der Mitarbeiter sowie gleichzeitig die unternehmerischen Ziele zu verwirklichen.[1037]

5.1.3. Träger der Personalentwicklung

Eine unerlässliche Voraussetzung für eine antizipative Personalentwicklung in Sparkassen ist die Bereitwilligkeit aller in Frage kommenden Beteiligten, aktiv an der Erstellung eines Personalentwicklungskonzeptes und deren Umsetzung mitzuarbeiten.[1038] Die Verantwortung für die Sicherstellung der erforderlichen Mitarbeiterqualifikationen wird in Zukunft stärker als heute eine Gesamtverantwortung aller Funktionsträger einer Sparkasse darstellen.[1039]

Die Personalabteilung wird auch zukünftig ein Hauptträger der Personalentwicklung bleiben. Sie wird administrative Aufgaben[1040] wahrzunehmen haben und muss sich als Beratungsinstanz begreifen, die ihre Kunden (Mitarbeiter) bei der Erstellung der Dienstleistung „Personalentwicklung" aktiv unterstützt.[1041] Im Gegensatz zur heutigen Realität sollte jedoch keine Zentralisierung der Personalentwicklungsarbeit auf die Personalabteilung stattfinden. Im Gegenteil: Die Personalabteilung hat vielmehr die Aufgabe, zur Dezentralisierung dieser Arbeit beizutragen, d. h. Personalentwicklung in alle Unternehmensbereiche und -hierarchien zu integrieren. Schließlich ist Dezentralisation als Voraussetzung für flexibles und rasches Eingehen auf veränderte Marktanforderungen zu verstehen, da sie flache Führungspyramiden schafft und somit den Einzelnen unterstützt, Verantwortung für seine Entscheidungen zu übernehmen.[1042]

Bei der Erarbeitung individueller und kollektiver Personalentwicklungsmaßnahmen müssen Vorgesetzte grundsätzlich einbezogen werden, da ihnen die Mitverant-

---

[1036] Vgl. Rischar, K., (1989), S. 82.

[1037] Vgl. Bihl, G., (1987), S. 56 und vgl. GP 3.2.3.3.

[1038] Vgl. Meier, H., (1992), S. 17.

[1039] Vgl. McGill, M., Slocum, J.W., (1996), S. 214.

[1040] Beispielsweise die Mitwirkung bei der strategischen Planung, die Entwicklung und Einführung von Instrumenten zur Personalbedarfsplanung sowie die Planung und Budgetierung, Betreuung oder Durchführung sowie die Kontrolle der Personalentwicklungsmaßnahmen.

[1041] Vgl. Wilbs, D., (1997), S. 51.

[1042] Vgl. Bieker, J., (1989), S. 231.

wortung für die Entwicklung und die Qualifikation ihrer Mitarbeiter zukommt.[1043] Die Vorgesetzten werden zukünftig verstärkt eine Schlüsselrolle bezüglich der Personalentwicklung einnehmen, indem sie sich in dezentralen Hierarchien als Mittler zwischen Unternehmensleitung und Mitarbeitern profilieren. Hierbei müssen sich Vorgesetzte als Führungskräfte ihrer Verantwortung und der Vorbildfunktion, die sie gegenüber ihren Mitarbeitern haben, bewusst werden und aktiv an der strategischen Personalentwicklungsplanung und deren Umsetzung mitwirken.[1044] Die Personalentwicklungsabteilung kann Vorgesetzte zwar durch die Bereitstellung eines entsprechenden Instrumentariums bei ihrer Arbeit unterstützen, sie kann ihnen jedoch nicht die Verantwortung für die Entwicklung ihrer Mitarbeiter abnehmen.[1045] Denn aufgrund seines engen Kontaktes zum Mitarbeiter wird es dem Vorgesetzten im Vergleich zu einer zentralen Personalabteilung in der Regel leichter fallen, den Fortbildungsbedarf im Einzelfall richtig einzuschätzen, Entwicklungsmaßnahmen auszuwählen oder den Erfolg von durchgeführten Maßnahmen arbeitsplatzbezogen zu kontrollieren.[1046]

In Folge der Dezentralisierung von Verantwortung, Aufgaben und Kompetenzen nimmt die Bedeutung der Eigenverantwortlichkeit der Mitarbeiter für ihre berufliche Qualifizierung und Entfaltung in besonderem Maße zu.[1047] Die Mitarbeiter sind zum einen Teilnehmer beziehungsweise Betroffene, zum anderen aber auch Prozessgestalter, die sich an betrieblichen Entwicklungsmaßnahmen aktiv beteiligen müssen, da es zunächst speziell um ihre Zukunft geht. Jeder Mitarbeiter sollte sich seiner Verantwortung gegenüber der Sparkasse, die durch Entwicklungsmaßnahmen in ihn investiert, und seiner Vorbildfunktion für andere Mitarbeiter bewusst werden.[1048] Die notwendigen Voraussetzungen für eine erfolgreiche Entwicklung können durch die Unternehmensleitung, die Personalabteilung und die Vorgesetzen geschaffen werden.[1049] Die letzte Entscheidung, ob das Personalentwicklungsangebot angenommen oder abgelehnt wird, liegt beim Mitarbeiter selbst. Zunehmend wird die Personalentwicklung damit zur Holschuld von Mitarbeiten, wobei „Freizeitopfer" und die finanzielle Beteiligung an Maßnahmen der persönlichen Entwicklung selbstverständlich werden beziehungsweise werden sollten.[1050]

5.1.4. Veränderter Qualifikationsbedarf der Sparkassen

Gesellschaftliche sowie bankspezifische Umfeldveränderungen[1051] erfordern Anpassungen auf Arbeitgeber- und -nehmerseite. Besonders wichtig sind hierbei jene Ver-

[1043] Vgl. Wimmer, P., (1991), S. 493.

[1044] Vgl. Michael, M., (2000), S. 500–501.

[1045] Vgl. Mentzel, W., (1997), S. 34.

[1046] Vgl. Riekhof, H.-C., (1985), S. 187.

[1047] Vgl. Becker, M., (1999a), S. 416.

[1048] Vgl. Kakabadse, A., Fricker, J., (1996), S. 75–76.

[1049] Vgl. Mentzel, W., (1997), S. 35.

[1050] Vgl. Becker, M., (1999a), S. 418.

[1051] Vgl. GP 3.2.3. und vgl. GP 3.2.4.

änderungen, die einen Einfluss auf die Arbeitsbedingungen und Qualifikationsanforderungen der Mitarbeiter ausüben. Diese Qualifikationsanforderungen lassen sich in Anforderungen unterteilen, die schon immer existierten, und solche, deren Bedeutung in den letzten Jahren gestiegen ist und von denen ausgegangen wird, dass sie in Zukunft weiter an Bedeutung gewinnen. Grundsätzlich ist im Einzelnen zu beurteilen, welche Qualifikationsansprüche in Sparkassen steigen, gleich bleiben oder eventuell sinken werden. Aus diesem Grund sollten Sparkassen, ausgehend von der klassischen Bankausbildung als zentralem Grundqualifizierungsinstrument, ihre Arbeitsplätze auf folgende Anforderungsprofile ausrichten:

- Tätigkeiten, die Qualifikationen verlangen, die oberhalb der klassischen Berufsausbildung liegen,
- Tätigkeiten, die Qualifikationen erfordern, die ein Bankkaufmann mit einer „ordentlichen" Berufslehre im dualen System erbringt,
- Tätigkeiten, die Qualifikationen bedingen, die unterhalb einer Berufsausbildung liegen.[1052]

Diese drei Tätigkeitsgruppen werden auch in Zukunft in Sparkassen benötigt, dabei ist jedoch die Tendenz einer stärkeren Spreizung zu erkennen. Tätigkeiten, die unterhalb der Berufsausbildung liegen, werden zukünftig zu einem Großteil von externen beziehungsweise Verbundpartnern übernommen. Aufgaben, die dem Qualifikationsniveau einer Bankausbildung entsprechen, bleiben bedeutsam, werden aber in Relation zur Gesamtbelegschaft etwas an Bedeutung verlieren. Insbesondere jene Tätigkeiten, die oberhalb der klassischen Berufsausbildung liegen, werden an Bedeutung gewinnen. Diese Annahme basiert auf dem Wandel der Bedürfnisse, Wertvorstellungen und Verhaltensweisen der Finanzdienstleistungskunden in den letzten Jahren. Dies gilt sowohl für das Privatkunden- als auch für das Firmenkundengeschäft, da neben dem Produktverkauf zunehmend die Problemlösungskompetenz eines Beraters gefragt sein wird. Hierbei kristallisieren sich zwei Gruppen von Mitarbeitern heraus, deren Know-how über der Bankkaufmannsqualifikation liegt:

- *Generalisten*, die als so genannte Beziehungsmanager mit einer hohen sozialen Kompetenz erste Kundenkontakte herstellen, Kunden betreuen und ihnen ein auf ihre speziellen Bedürfnisse abgestimmtes Leistungsangebot zusammenstellen. Diese Manager verfügen über ein grundlegendes Wissen aller Leistungen und können bei Bedarf auf spezialisierte Experten zurückgreifen. Dem Kunden wird damit ein Ansprechpartner und eine Orientierung im Sinne des „One face to the Costumer" angeboten.
- Eine Betreuung allein durch Generalisten wird nicht möglich sein. Gerade die Kundschaft mit hohem Beratungsbedarf fordert *spezialisierte Experten* mit explizitem Problemlösungspotenzial. Sie werden durch die Beziehungsmanager bei Bedarf aktiviert und können in die Beratung integriert werden.[1053]

[1052] Vgl. Kreyenschmidt, G., (1997), S. 18–20.

[1053] Vgl. Heitmüller, H.-M., (1999a), S. 314.

Eine entsprechende Entwicklung wirft für das Human Resource Management einer Sparkasse zwei zentrale Fragen auf: „Welche Annahmen lassen sich formulieren, die weitere Anforderungen für Bankentätigkeiten der nächsten Jahre realistisch antizipieren? Und welches Qualifikationspotenzial soll (muss) im Zuge des HRM in der Bank entwickelt beziehungsweise vorgehalten werden, um den zukünftigen Markterfordernissen und den daraus resultierenden organisationalen Veränderungen der Sparkasse nachhaltig entsprechen zu können?“[1054]

Es geht vor allem um die für die Zukunft relevanten Kompetenzen der Sparkassenmitarbeiter. Abbildung 24 verdeutlicht, über welche Kompetenzen der „ideale“ Sparkassen-Mitarbeiter (zukünftig) verfügen sollte. Im Regelfall dürfte eine Ausbildung den unteren Korridor des Qualifikationsniveaus des „idealen“ Mitarbeiters darstellen.

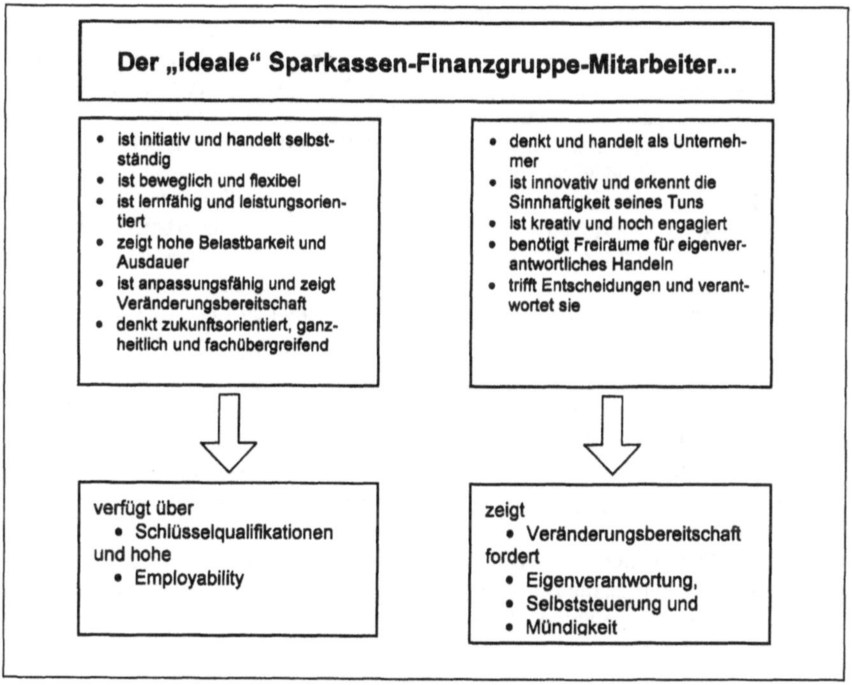

Abb. 24. Der ideale Sparkassen-Finanzgruppe-Mitarbeiter[1055]

Die hierfür benötigte primäre Qualifikationsaneignungserfordernisaufgabe kann in zwei (allerdings nicht gänzlich überschneidungsfreie) Kategorien unterteilt werden, die in mitarbeiterinduzierte und sparkasseninduzierte Kompetenzen zu differenzieren sind. Zu den mitarbeiterinduzierten Aufgaben einer antizipativen Personalent-

[1054] Vgl. Wirtz, H., (2002), S. 16–17.

[1055] In Anlehnung an: Rohrmeier, D., (2003), S. 7.

wicklung zählen primär die Kompetenzbereiche Schlüsselqualifikationen und Employability.[1056]

5.2. Primär mitarbeiterinduzierte Kompetenzentwicklung

Gesellschaftliche, ökonomische und organisatorische Änderungen führen dazu, dass bisherige Qualifikationsziele in Sparkassen neu überdacht werden. Diese Änderungen beinhalten zumeist erhöhte Anforderungen an die Schlüsselqualifikation und die Employability der Mitarbeiter.

5.2.1. Schlüsselqualifikationen

Qualifikationen kennzeichnen eine Beziehung zwischen dem Individuum und seiner situativen Umwelt und sind somit „relationaler" Natur. Dabei erweist sich das Vorhandensein einer Qualifikation erst in einem konkreten Bezug zu speziellen Arbeitsanforderungen, d.h. durch die Einsetzbarkeit und Verwertbarkeit des Leistungspotenzials eines qualifizierten Mitarbeiters.[1057]

„Als Qualifikation wird die Gesamtheit an individuellen Fähigkeiten, Fertigkeiten und Kenntnissen im Berufsleben bezeichnet, die zur Erledigung arbeitsplatzspezifischer Tätigkeiten befähigt."[1058] Die Qualifikationserfordernisse ändern sich mit dem Wandel beruflicher Anforderungen. Hierbei können Diskrepanzen zwischen dem beruflichen Leistungspotenzial und den tatsächlich aktuellen Qualifikationsanforderungen entstehen.[1059] So genannte Schlüsselqualifikationen sollen helfen, entsprechende Diskrepanzen zu minimieren.[1060]

5.2.1.1. Historische Einordnung

Im Jahr 1956, einer Zeit, in der sich der Wandel vom sekundären zum tertiären Sektor abzeichnete,[1061] unterschied Dahrendorf „funktionale" und „extrafunktionale Fertigkeiten" als Resultat industrieller Entwicklungsprozesse.[1062] Bei Dahrendorf stellen funktionale Fertigkeiten rein technische Anforderungen der Arbeitsprozesse dar. Extrafunktionale Fertigkeiten sind dagegen nicht in erster Linie auf rein technische Arbeitsprozesse bezogen, sondern auf deren organisatorischen und sozialen Zusammen-

---

[1056] Insbesondere die Employability kann als Schnittmenge zwischen mitarbeiterinduzierten und sparkasseninduzierten Entwicklungsmaßnahmen aufgefasst werden. Im Sinne der hier vorgenommenen Systematisierung wird sie jedoch den primär mitarbeiterinduzierten Entwicklungsmaßnahmen zugerechnet.

[1057] Vgl. Staehle, W. H., (1987), S. 199.

[1058] Staehle, W. H., (1987), S. 199.

[1059] Vgl. Day, H., (2000), S. 55.

[1060] Vgl. Graf, A., (2002), S. 378.

[1061] Vgl. Abbildung 12.

[1062] Vgl. Dahrendorf, R., (1956), S. 540–545.

hang und können so im Sinne des dispositiven Faktors[1063] respektive der Organisationsleistungen des TOB[1064] verstanden werden. Dahrendorf stellte bereits damals die Hypothese auf, dass im Verlauf des technologischen Wandels funktionale Fertigkeiten in zunehmendem Maße durch extrafunktionale Fertigkeiten ersetzt werden.[1065]

Offe entwickelte Dahrendorfs Sichtweise weiter.[1066] So sah er den Wandel der Organisationsstrukturen als Ursache zunehmender Anforderungen an die extrafunktionalen Aufgaben.[1067] Er betonte, dass aufgrund von Kontrollproblemen in der Organisation die Anforderungen an extrafunktionale Aufgaben steigen werden.[1068] Offe zählte zu den extrafunktionalen Orientierungen unter anderem die generalisierte Arbeitsethik, Tugenden wie Fleiß, Pünktlichkeit, Sparsamkeit, die Kenntnis der Einstellungen und Werte der Vorgesetzten und Untergebenen sowie die Konformität mit diesen Einstellungen und Werten.[1069]

Auch wenn Dahrendorf und Offe eine weitere und genauere inhaltliche Klassifikation der von ihnen postulierten extrafunktionalen Aufgaben schuldig blieben, trugen sie zu einem gewissen „Alltagsverständnis“ der Schlüsselqualifikationen bei.[1070] Der Begriff der „Schlüsselqualifikationen“ wurde 1974 erstmals durch Mertens, dem damaligen Leiter des Instituts für Arbeitsmarkt- und Berufsforschung der Bundesanstalt für Arbeit, in die Bildungsdiskussion eingebracht.[1071]

Ausgehend von der Beobachtung, dass Spezialwissen rasch veraltet, vertrat er die Hypothese von der schnellen Entwertung konkreten Fachwissens und damit vom raschen Veralten fachlicher Qualifikationen. Mertens postulierte, dass die Flexibilität der Auszubildenden dadurch gesichert werden sollte, dass die Vermittlung von Faktenwissen reduziert und stattdessen so genannte „Schlüsselqualifikationen“ Teil der Ausbildung werden sollten, da diese in einer Gesellschaft mit wachsender Komplexität der gesellschaftlichen und technisch-wirtschaftlichen Entwicklung bedeutsamer werden würden.[1072] „Schlüsselqualifikationen sind demnach solche Kenntnisse, Fähigkeiten und Fertigkeiten, welche nicht unmittelbaren und begrenzten Bezug zu bestimmten, disparaten praktischen Tätigkeiten erbringen, sondern vielmehr

- die Eignung für eine große Zahl von Positionen und Funktionen als alternative Optionen zum gleichen Zeitpunkt und
- die Eignung für die Bewältigung einer Sequenz von (meist unvorhersehbaren) Änderungen von Anforderungen im Laufe des Lebens“[1073]

[1063] Vgl. GP 2.3.1.1.

[1064] Vgl. GP 2.3.1.2.2.

[1065] Vgl. Dahrendorf, R., (1956), S. 540–545.

[1066] Vgl. Offe, C., (1970), S. 57–58.

[1067] Vgl. Offe, C., (1970), S. 57.

[1068] Vgl. Offe, C., (1970), S. 58.

[1069] Vgl. Offe, C., (1970), S. 58.

[1070] Vgl. Stangel-Meseke, M., (1993), S. 11.

[1071] Vgl. Mertens, D., (1974), S. 39–42.

[1072] Mertens, D., (1974), S. 39.

[1073] Mertens, D., (1974), S. 40.

darstellen. Die Schlüsselqualifikationen sollen dabei als „Schlüssel“ zur raschen und reibungslosen Erschließung des wechselnden Spezialwissens dienen und wurden von Mertens in die vier Kategorien der Basisqualifikationen, der Horizontalqualifikationen, der Breitenelemente und der Vintage-Faktoren unterteilt.

Basisqualifikationen:
Basisqualifikationen sind „Qualifikationen höherer Ordnung“ und erlauben einen „vertikalen Anwendungstransfer“ auf spezielle Anforderungen in Beruf und Gesellschaft. Mertens zählt zu den Basisqualifikationen:

- logisches Denken,
- analytisches Denken,
- kritisches Denken,
- strukturierendes Denken,
- dispositives Denken,
- kooperatives Vorgehen,
- konzeptionelles Denken,
- dezisionistisches Denken,
- kreatives Denken,
- kontextuelles Denken.[1074]

Horizontalqualifikationen:
Horizontalqualifikationen werden als „Informiertheit über Informationen“ bezeichnet. Sie ermöglichen es dem Menschen, die jeweils in Frage kommenden Informationshorizonte, die innerhalb verschiedener Bereiche der Gesellschaft bestehen, möglichst wirksam zu nutzen. Generelles wie auch aktuelles, unter Umständen anderenorts gespeichertes Wissen, soll im Hinblick auf ein plötzlich auftretendes Problem rasch abgerufen und verarbeitet werden können.[1075]

Breitenelemente:
Bei Breitenelementen handelt es sich „um spezielle Kenntnisse und Fertigkeiten, die über breite Felder der Tätigkeitslandschaft nachweislich als praktische Anforderung am Arbeitsplatz auftreten“.[1076] Breitenelemente verbinden sich in immer wieder anderer Weise mit weiteren Qualifikationsmerkmalen.

Vintage-Faktoren:
Vintage-Faktoren sind durchgängig benötigte Bildungselemente, die jedoch nicht zu allen Zeitabschnitten im Bildungsprozess vermittelt werden und daher Leistungsdifferenzen zwischen den Generationen beschreiben. Zur Verringerung solcher Differenzen ist eine Nach- und Aufbereitung von Lerninhalten unerlässlich.[1077]

[1074] Vgl. Mertens, D., (1974), S. 41–42.
[1075] Vgl. Mertens, D., (1974), S. 41–42.
[1076] Mertens, D., (1974), S. 42.
[1077] Vgl. Mertens, D., (1974), S. 41–42.

Die Kategorisierung der Schlüsselqualifikationen ermöglichte einen besseren Umgang mit ihnen, da sie Mertens nicht nur konkretisierte, sondern auch aufzeigte, wie diese gegebenenfalls vermittelt werden können.[1078] „Dass zwei Jahrzehnte später die Diskussion um die Schlüsselqualifikationen so intensiv geführt wird wie noch nie, und dass es mittlerweile wenigstens in Deutschland auch schon Ausbildungsordnungen, Ausbildungsversuche und Schulversuche gibt, [...], kann zweifellos als ausreichende Bestätigung der Mertens'schen Sichtweise angesehen werden."[1079]

5.2.1.2. Heutige Einordnung

„Neben der qualifizierten Ausbildung erwarten wir lösungsorientiertes Denkvermögen, ein hohes Maß an Einsatzbereitschaft und Teamfähigkeit, selbstständiges und zielorientiertes Arbeiten, gute und offene Kommunikationsfähigkeit sowie freundliches und verbindliches Auftreten."[1080] So lautet auszugsweise das Anforderungsprofil eines Kreditsachbearbeiters in der Stellenausschreibung einer Sparkasse.

Diese Stellenausschreibung signalisiert, dass ein Sparkassenmitarbeiter neben fachlichen auch über weitere Qualifikationen verfügen muss. Diese außerfachlichen Qualifikationen werden in der Regel als Schlüsselqualifikationen bezeichnet.[1081] „Bei Schlüsselqualifikationen handelt es sich um übergeordnete Fähigkeiten, die eine Person in die Lage versetzen, auch in nicht zuvor trainierten Problemsituationen angemessen und kompetent zu handeln. Schlüsselqualifikationen sind berufsübergreifende Qualifikationsmerkmale mit übergeordneter Bedeutung für die Bewältigung künftiger Aufgaben. Dabei ist diese Qualifikation mehr als die Summe von bestimmten Fertigkeiten und Kenntnissen, sondern kann eher als das Resultat einer erfolgreichen Persönlichkeitsentwicklung angesehen werden."[1082] Hierbei sind Schlüsselqualifikationen „solche Kenntnisse, Fähigkeiten und Fertigkeiten, die in Kompetenzen münden, mit deren Hilfe eine große Zahl von Positionen und Funktionen zum gleichen Zeitpunkt ausgefüllt werden können und die sich zur Problembewältigung einer Sequenz von meist unvorhersehbaren Änderungen von Anforderungen im Laufe des Lebens eignen".[1083]

Folglich umfassen Schlüsselqualifikationen das gesamte Spektrum nicht-fachlicher Qualifikationen. Sie vermitteln die Fähigkeit, situativ angemessen, in sich stimmig, kompetent zu handeln und dienen gleichermaßen als „Schlüssel" zur Integration von allgemeiner und beruflicher Bildung. Schlüsselqualifikationen:

- dienen der Erschließung („Schlüssel") wechselnden Spezialwissens;
- beinhalten eine allgemeine berufliche Leistungsfähigkeit und keine spezielle Fachkompetenz;

[1078] Vgl. Mertens, D., (1974), S. 41–42.

[1079] Freundlinger, A., (1992), S. 3.

[1080] O.V., (2004b), S. 67.

[1081] Vgl. Wunderer, R., (2002), S. 17.

[1082] Brommer, U., (1993), S. 67.

[1083] Belz, H., Siegrist, M., (1997), S.17.

- beinhalten zusätzliche „Fähigkeiten“ und stellen somit mehr als die traditionellen „Kenntnisse“ und „Fertigkeiten“ dar;
- sind berufs- und funktionsübergreifende Qualifikationen mit übergeordneter Bedeutung für die Bewältigung zukünftiger Aufgaben,
- waren schon immer von Bedeutung und stehen wegen der Umfeldveränderungen jetzt stärker im Mittelpunkt;
- sind vielfältig anwendbar und liefern den „Schlüssel“ zum Problemlösen bei neugestellten Arbeitsaufgaben;
- fungieren als „Selbsthilfequalifikationen“, mit denen der Mitarbeiter die Wandlungen im Beruf bewältigt, ohne zugleich auf Fremdhilfe angewiesen zu sein.[1084]

Die Summe der Schlüsselqualifikationen, die in Methoden- und Sozialkompetenz sowie Mitwirkungskompetenz unterschieden werden können, gepaart mit der Fachkompetenz führt zu der so genannten beruflichen „Handlungskompetenz“.

<table>
<tr><td colspan="4">Handlungskompetenz</td></tr>
<tr><td rowspan="2">Grundlegende Fachkompetenz</td><td colspan="3">Schlüsselqualifikationen</td></tr>
<tr><td>Methodenkompetenz</td><td>Sozialkompetenz</td><td>Mitwirkungskompetenz</td></tr>
</table>

Abb. 25. Konzept der Handlungskompetenz[1085]

Handlungskompetenz beschreibt die Fähigkeit und Bereitschaft des Menschen, in beruflichen, gesellschaftlichen und privaten Situationen sach- und fachgerecht, persönlich durchdacht und in individueller und gesellschaftlicher Verantwortung zu handeln. D.h. anstehende Probleme zielgerichtet auf der Basis erworbener Handlungsschemata selbstständig zu lösen, die gefundenen Lösungen zu bewerten, das Repertoire seiner Handlungsschemata weiterzuentwickeln, um so in einem lebenslangen Prozess Lebenserfüllung zu finden.[1086]

Im Folgenden werden die Schlüsselqualifikationen in das Konzept der Handlungskompetenz integriert. In diesem Zusammenhang wird hier unter dem Begriff der „Kompetenz“ das Zusammenwirken von Befähigung (i. w. S. Handlungsfähigkeit) und Motivation (i. w. S. Handlungsbereitschaft) zur selbstständigen Erweiterung von Wissen und Können für die Erfüllung von Aufgaben beziehungsweise die Lösung komplexer Probleme verstanden.[1087]

5.2.1.2.1. Die Fachkompetenz als Basis

Die Fachkompetenz umfasst alle fachlichen Fertigkeiten, Kenntnisse und Fähigkeiten zur Bewältigung konkreter, beruflicher Aufgaben. Das benötigte Fachwissen wird in der Schule, der Ausbildung und bei persönlichen und betrieblichen Weiterbil-

[1084] Vgl. Beck, H., (1995), S. 23.

[1085] In Anlehnung an: Hardenacke, H., (1997), S. 39.

[1086] Vgl. Beck, H., (1995), S. 51.

[1087] Vgl. Plath, H.-E., (2000), S. 586.

dungsmaßnahmen vermittelt. Dabei stellt die Fachkompetenz die Basis für alle weiteren Qualifikationen: „Die Diskussion um die Schlüsselqualifikationen hat in letzter Zeit zumindest unter Pädagogen die Bedeutung der Fachkompetenz in den Hintergrund gedrängt. Qualifizierte Tätigkeit in der Bank setzt aber fundierte Fachkenntnisse voraus."[1088] Zur Fachkompetenz zählen unter anderem:

- „schulisches Allgemeinwissen,
- berufsspezifisches Know-how,
- EDV-Anwendungskenntnisse,
- organisatorische Fähigkeiten,
- betriebswirtschaftliche Kenntnisse,
- fachliche Fähigkeiten/Fertigkeiten,
- Markt-Know-how,
- Sprachkenntnisse".[1089]

Nach allgemeiner Auffassung kann auf die Fachkompetenz auch in Zukunft nicht verzichtet werden, da für gezieltes Handeln unbedingt eine solide, breit angelegte, fachpraktische und theoretische Ausbildung benötigt wird.[1090]

5.2.1.2.2. Methodenkompetenz

Die Methodenkompetenz beinhaltet die Befähigung, selbstständig Problemlösungswege zu finden sowie Informationen zu beschaffen, zu verarbeiten und im Arbeitsprozess zielorientiert einzusetzen.[1091] Ebenfalls zur Methodenkompetenz gehört es, Handlungsfolgen auszuwerten und Konsequenzen für zukünftige Handlungen abzuleiten.[1092] Auf diese Weise kann vorhandenes Wissen besser genutzt und umgesetzt werden.

Dies impliziert, dass vorhandenes Fachwissen strategisch geplant und zielgerichtet umgesetzt wird, um anstehende Probleme im beruflichen Alltag zu bewältigen. Dabei kommt es darauf an, erworbenes Wissen sowie eingeübte Entscheidungs- und Problemlösungshilfen situationsabhängig zu kombinieren und auch komplexe Beziehungs- und Wirkungszusammenhänge auf das Wesentliche zu verdichten.[1093]

Zur Methodenkompetenz zählen:

- „analytisches Denken,
- konzeptionelle Fähigkeiten,
- strukturierendes Denken,
- Zusammenhänge und Wechselwirkungen erkennen können,
- ganzheitliches Denkvermögen,
- ein Gefühl für künftige Entwicklungen,

[1088] Kreyenschmidt, G., (2000), S. 394.

[1089] Brommer, U., (1993), S. 80.

[1090] Vgl. Hardenacke, H., (1997), S. 38.

[1091] Vgl. Hardenacke, H., (1997), S. 39.

[1092] Vgl. Hardenacke, H., (1997), S. 39.

[1093] Vgl. Froböse, M., Steinbach, R., Hilger, A., (1996), S. 382.

- Kreativität und Innovationsfähigkeit,
- unternehmerisches Denken und Handeln".[1094]

Es ist wichtig, analytische Fähigkeiten zu besitzen, um beispielsweise systematisch an Fragestellungen heranzugehen. Neben kreativen Lösungsschritten ist ein Denken in Strukturen und Zusammenhängen sowie das Erwerben von Techniken und Fähigkeiten notwendig.[1095]

5.2.1.2.3. Sozialkompetenz

Die Sozialkompetenz als zweites Element der Schlüsselqualifikation beinhaltet

- die „Fähigkeit, mit Vorgesetzten, Mitarbeitern, Kollegen, Kunden und Lieferanten konstruktiv zusammenzuarbeiten,
- ein gutes Betriebsklima zu fördern,
- tolerant gegenüber anderen Meinungen beziehungsweise Entscheidungen sein zu können,
- konstruktive Kritik entgegennehmen zu können und diese als Lernchance zu nutzen".[1096]

Soziale Kompetenz ist demnach die Fähigkeit eines Individuums zum konstruktiven Umgang mit anderen. Hierunter werden beispielsweise die Zusammenarbeit und das Verständnis für gruppendynamische Prozesse subsumiert. Das persönliche Verhalten und die Art der Vermittlung von Aufgaben, Informationen und Botschaften entscheiden so über den Grad der Verständigung und damit auch über die Qualität der Aufgabenerfüllung. Zur Sozialkompetenz zählen:

- „Einfühlungsvermögen,
- Kommunikationsfähigkeit,
- Kooperationsbereitschaft,
- Konfliktlösungsfähigkeit,
- partnerzentrierte Interaktionen,
- Konsensfähigkeit,
- Verständnisbereitschaft,
- Teamfähigkeit".[1097]

Soziale Fähigkeiten werden situationsspezifisch erworben beziehungsweise erlernt und sind deswegen schwer auf andere Kontexte übertragbar.[1098] Andererseits steht die soziale Kompetenz jedoch im Zusammenhang mit der Persönlichkeit des Individuums und erhält hierdurch situationsübergreifenden Charakter. Dieser Widerspruch löst sich dann auf, wenn soziale Kompetenz nicht als eine Fähigkeit im Sinne eines durchgängigen, generellen und situationsunabhängigen Persönlichkeitsmerkmals

---

[1094] Brommer, U., (1993), S. 81.

[1095] Vgl. Brommer, U., (1993), S. 81.

[1096] Hardenacke, H., (1997), S. 38.

[1097] Brommer, U., (1993), S. 82.

[1098] Vgl. Frey, D., Greif, S., (1987), S. 312.

verstanden wird, sondern im Sinne sozialer Fertigkeiten, die für einzelne Situationen erlernt wurden. Vor diesem Hintergrund und angesichts der differierenden Erwartungen der Sparkassen an das Sozialverhalten ihrer Mitarbeiter ist die Bereitschaft des Einzelnen zur Erweiterung seiner sozialen Qualifikationen unerlässlich.[1099]

5.2.1.2.4. Mitwirkungskompetenz

Dritter Bestandteil der Schlüsselqualifikationen ist die Mitwirkungskompetenz.[1100] Sie wird als Fähigkeit verstanden, den eigenen Arbeitsplatz konstruktiv mitzugestalten beziehungsweise die eigene Person unter Berücksichtigung der persönlichen Rahmenbedingungen optimal zu entwickeln. Die Mitwirkungskompetenz nimmt in der beruflichen Handlungskompetenz eine Sonderstellung ein, weil sie sich in einem weit größeren Ausmaß als die anderen Teilkompetenzen der gezielten Beeinflussung durch Aus- und Weiterbildungsmaßnahmen entzieht.[1101]

Deswegen ist die Selbstentwicklungsbereitschaft der Mitarbeiter von wichtiger Bedeutung für die Banken. Die Mitwirkungskompetenz der Sparkassenmitarbeiter trägt wesentlich zur Unternehmenskultur in Form von Werten und Kommunikation bei. Zur Mitwirkungskompetenz zählen:

- „die Bereitschaft zur Selbstentwicklung,
- Selbstreflexionsbereitschaft,
- Leistungsbereitschaft,
- Lernbereitschaft,
- Offenheit,
- Risikobereitschaft,
- Belastbarkeit,
- Glaubwürdigkeit,
- Emotionalität,
- Flexibilität“.[1102]

Im Rahmen der Mitwirkungskompetenz ist es für den einzelnen Mitarbeiter unerlässlich, seine eigenen Grenzen und Möglichkeiten zu erkennen und einzuschätzen.

Die vier in diesem Abschnitt genannten Kompetenzen dürfen nicht isoliert betrachtet werden, sondern stellen in ihrer Komplexität den ganzheitlichen Aspekt einer Persönlichkeit dar.[1103] Fachliche, methodische, soziale und mitwirkende Kompetenz stehen in einem engen Wirkungszusammenhang und ergeben gemeinsam den Grad der Handlungskompetenz einer Persönlichkeit. Erst das Zusammenspiel aller vier Kompetenzkategorien macht die Handlungskompetenz eines Menschen aus und bildet die Grundlage für seine Beschäftigungsfähigkeit.[1104]

[1099] Vgl. Froböse, M., Steinbach, R., Hilger, A., (1996), S. 380.

[1100] Die Mitwirkungskompetenz wird auch als volutative Kompetenz bezeichnet. Vgl. Dubs, R., (1999), S. 471–472.

[1101] Vgl. Brommer, U., (1993), S. 81.

[1102] Brommer, U., (1993), S. 83.

[1103] Vgl. Staudt, E., Kottmann, M., (2003), S. 40–41.

[1104] Vgl. GP 5.2.2.

5.2.1.3. Bedeutung der Schlüsselqualifikationen für die Sparkassenpraxis

In diesem Abschnitt werden Auswirkungen der Schlüsselqualifikationserfordernisse auf die Sparkassenpraxis aufgezeigt. Der veränderte Qualifikationsbedarf aufgrund des Wandels im Umfeld der Banken wurde bereits in Kapitel 3 dargestellt. An dieser Stelle werden konkrete erforderliche Kompetenzen in die Thematik eingebracht und betrachtet. Hierbei werden zunächst Auswirkungen aufgezeigt, die zukünftig für alle Mitarbeiter als unerlässlich angesehen werden. Darauf aufbauend findet eine genauere Betrachtung spezieller Mitarbeitergruppen statt.

5.2.1.3.1. Auswirkungen auf den einzelnen Sparkassenmitarbeiter

Die Vergangenheit war für die Sparkassenmitarbeiter durch eine meist lebenslange Beschäftigung, klar abgegrenzte Stellenbeschreibungen und ein hohes Maß an Sicherheit im täglichen Arbeitshandeln gekennzeichnet. Diese Bedingungen werden in einem zunehmend dynamisch und schwer vorhersehbaren Wettbewerbsumfeld und aufgrund der Notwendigkeit des Kapazitätsabbaus (vor allem im Filialnetz) in Zukunft nicht mehr gegeben sein.[1105] Darüber hinaus liegt die Vermutung nahe, dass die „alten Kardinaltugenden" wie Fleiß, Pünktlichkeit, Ordentlichkeit etc. gegenüber Eigenschaften wie Selbstständigkeit, Anpassungs- und Lernfähigkeit sowie Entscheidungsstärke an relativer Bedeutung verlieren werden und in der Arbeitswelt des 21. Jahrhunderts der Mitarbeiter zum Mitunternehmer avanciert. Aus diesem Grund steigen tendenziell die Anforderungen an das Qualifikationsprofil der meisten Mitarbeiter. Die Leistung eines Mitarbeiters wird daran gemessen werden, in welchem Grad es ihm gelingt, fachliches Wissen, methodische Fähigkeiten in Planung, Koordination und Konzeption sowie Sozialkompetenz miteinander zu verbinden. Damit erfordert die Gestaltungsfreiheit in der Arbeitsorganisation ein hohes Maß an Eigenverantwortung und selbstständiger Qualitätskontrolle.[1106] Insofern ist zu vermuten, dass gerade die Mitwirkungskompetenz gegenüber der Fachkompetenz im Hinblick auf die Arbeitsplatzanforderungen an Relevanz gewinnen wird.

Generell kommt im Wettbewerb um den Kunden besonders der Sozialkompetenz eine besondere Bedeutung zu. Um die stärkere Dienstleistungsorientierung nicht nur extern, sondern auch intern über alle Ebenen hinweg zu etablieren, muss Sozialkompetenz als Wettbewerbsfaktor zur festen Zielgröße von Personalauswahl und Personalentwicklung werden. Für den Mitarbeiter heißt dies, Sozialkompetenz als kontinuierlichen Prozess zu begreifen, für den er selbst Verantwortung trägt.[1107] Freundlichkeit, Zuverlässigkeit, Diskretion, Initiative im Kundeninteresse müssen für Sparkassenmitarbeiter selbstverständlich sein. Dies gilt auch für diejenigen Mitarbeiter, die nicht im direkten externen Kundenkontakt stehen. Ein guter Umgangston in der gesamten Sparkasse über alle Hierarchieebenen hinweg sorgt für ein allgemein produktives Klima. Die Fähigkeit, auf Menschen zuzugehen, aufmerksam zuhören zu können sowie klar und konzentriert zu antworten, gehört als kommunikative Kompetenz genauso zur internen und externen Kundenorientierung wie die Fachkompetenz.[1108] Abbildung 26 verdeutlicht generelle zukünftige Anforderungen an Sparkassenmitarbeiter.

[1105] Vgl. GP 3.2.4.3.

[1106] Siebertz, P., (1999), S. 37.

[1107] Siebertz, P., (1999), S. 37.

[1108] Vgl. von Stein, J.H., Gruber, D. (1999), S. 716–717.

Fachkompetenz
• Fähigkeit, neue Geschäftsfelder und Kundenwünsche auf dem Markt laufend zu erkennen, sie mit den eigenen Geschäftszielsetzungen in Übereinstimmung zu bringen und alle eigenen Tätigkeiten fortwährend darauf auszurichten. *Dies setzt Bankfachkompetenzen voraus (gute theoretische Fundierung).*
• Fähigkeit, die eigene Tätigkeit im Lichte globaler Entwicklungen mit interkultureller Einsicht sowie aus gesellschafts-, staats- und wirtschaftspolitischer Sicht zu beurteilen, um unternehmerische Entscheidungen ganzheitlicher und langfristiger zu verstehen beziehungsweise zu treffen. *Dies bedingt eine genügend breite Allgemeinbildung.*
• Verständnis für die Optimierung von Arbeitsabläufen unter Berücksichtigung des Wandels der Technologien und Einsicht in die Systeme der Kostenkontrolle mit der Fähigkeit, selbst kostengünstig zu handeln. *Dies setzt technologische und betriebswirtschaftliche Kompetenzen voraus.*
• Aufbau eines steten Bewusstseins für das Total Quality Management. Erst wenn sich alle Mitarbeitenden systematisch darum bemühen, wird es wirksam.
Sozialkompetenz
• Fähigkeit, sich auf die Bedürfnisse und Wünsche der einzelnen Kunden auszurichten und der Kundschaft im Rahmen der Geschäftsziele zu dienen.
• Fähigkeit, in immer neuen Netzwerken aktive Beiträge zur Weiterentwicklung der Bankprodukte und Arbeitsabläufe zu leisten.
• Fähigkeit, mit Mitarbeitenden aller Stufen aufbauend umgehen zu können, um eine gute Unternehmenskultur entwickeln zu können. *Dazu bedarf es entwickelter Kommunikationsfähigkeiten sowie einer ausgesprochen hohen Teamfähigkeit.*
Mitwirkungskompetenz • Bereitschaft, laufend individuell lernen zu wollen (selbstgesteuertes Lernen).
• Bereitschaft, über organisationales Lernen zur Weiterentwicklung der eigenen Sparkasse beitragen zu wollen.
• Bereitschaft, sich mit der eigenen Sparkasse zu identifizieren und besondere Belastungen physisch und psychisch durchstehen zu wollen.
• Für alle anderen Mitarbeitenden transparent, berechenbar und konsequent sein.
• Alle Aufgaben zuverlässig und gewissenhaft erfüllen, genügend kritisch und mutig sein, ohne die Selbstkritik zu vernachlässigen. *Diese Faktoren umschreiben die Persönlichkeitsbildung.*

Abb. 26. Anforderungen an die Mitarbeitenden einer Sparkasse[1109]

(Fortsetzung Abb. 25 auf S.174)

[1109] In Anlehnung an: Dubs, R., (1999), S. 471–472.

Führungskompetenz
• Sich durch Führungsfähigkeiten auszeichnen, d. h. Vorgesetzte verstehen es,
• Ideen von Mitarbeitergruppen und einzelnen Mitarbeitenden aufzufangen und Voraussetzungen dafür zu schaffen, dass sie zum Vorteil der ganzen Sparkasse entwickelt und verwirklicht werden.
• Probleme der Sparkasse und ihrer Tätigkeitsbereiche zu erkennen und im Rahmen der Unternehmenspolitik zu verwirklichen.
• Dafür zu sorgen, dass alle Tätigkeiten in der Sparkasse in einer zweckmäßigen organisatorischen Struktur erledigt werden können.
• In ihrem Entscheidungsbereich zeitgerecht eindeutige Entscheidungen zu treffen und die Führung und Entscheidung dort zu übernehmen, wo die gemeinsame Suche nach Lösungen zu keinen Ergebnissen und Entscheidungen führt.

Abb. 26. *(Fortsetzung)*

Diejenigen Sparkassen werden am erfolgreichsten am Markt bestehen, denen es gelingt, ihre Mitarbeiter nach den in der Abbildung 26 dargestellten Parametern zu entwickeln. Neben der Fachkompetenz sind dies die soziale und mitwirkende (volutative) Kompetenz. Die Methodenkompetenz findet in dieser Auflistung zwar explizit keine Erwähnung, sie ist jedoch in der Abbildung der Sozialkompetenz zugeordnet.

Im Ganzen werden sich die Qualifikationsanforderungen an Bankmitarbeiter wie folgt ändern: Der Anteil der Fachkompetenz an der Gesamtqualifikation wird zurückgehen. Dabei bleibt eine profunde Fachkompetenz aber weiterhin notwendig. Sie wird allerdings zukünftig nicht hinreichend für den Unternehmenserfolg sein. Sozial-, Mitwirkungs- und Methodenkompetenz dagegen werden eine starke Bedeutungszunahme erfahren, da alle vier Kompetenzen in einem aufgabengerechten Verhältnis vorhanden sein müssen.

5.2.1.3.2. Mitarbeitergruppenbezogene Änderungen

Sparkassenmitarbeiter stellen keine homogene Masse dar, so dass in diesem Abschnitt eine detailliertere Tätigkeitsanalyse von einzelnen Mitarbeitergruppen der Zukunft vorgenommen wird. Im Folgenden werden Servicemitarbeiter, Individualkunden- und Firmenkundenbetreuer, Back-Office-Mitarbeiter, Mitarbeiter in den Stabs- und Zentralbereichen sowie Führungskräfte differenziert. Es wird aufgezeigt, welche Schlüsselqualifikationen in besonderem Maße vom Sparkassenmitarbeiter der Zukunft in verschiedenen Tätigkeitsbereichen gefordert werden.

Servicemitarbeiter

Servicemitarbeiter korrespondieren im Regelfall mit den vormals so bezeichneten Schalterangestellten. Ihre Arbeit wird sich jedoch zukünftig zunehmend in Verkaufsaktivitäten ausdrücken, da ihre bisherige Tätigkeit immer stärker durch die Selbstbedienung verdrängt wird. Die Arbeit der Servicemitarbeiter in den Filialen wird i. d. R.

darin bestehen, Kunden anzuleiten, sich mit entsprechenden Leistungen selbst zu versorgen.[1110] Sie werden Auskunft geben, auf Kunden zugehen, sie direkt ansprechen, Bedarf erfragen und diesen durch den Verkauf eines entsprechenden Standardprodukts befriedigen oder einen Beratungstermin mit qualifizierteren Mitarbeitern vermitteln. Auch Mitarbeiter im Telefon- und Direct-Banking werden Standardleistungen erbringen. Für eine solche Tätigkeit benötigen diese Mitarbeiter vom Umfang begrenztes Fachwissen, aber ausgeprägte Kontaktstärke und Höflichkeit. Es bietet sich hier an, Mitarbeiter mit verkäuferischem Geschick einzustellen und sie zusätzlich fachlich zu schulen. Bankkaufleute sind für diese Positionen in der Regel überqualifiziert und zu teuer. [1111]

Individual- und Firmenkundenbetreuer

Ein Hochschulstudium oder eine Bankausbildung mit entsprechender Weiterbildung wird diese Beschäftigten zukünftig auf ihre Arbeit vorbereiten. Sie müssen über eine entsprechende Fach- und Methodenkompetenz verfügen, um die Komplexität des Individual- und Firmenkundengeschäfts zu verstehen und ihr Know-how vermitteln zu können. Aber auch das Vorhandensein von Sozialkompetenz ist bei der Ausübung der Tätigkeit als Individual- beziehungsweise Firmenkundenbetreuer unerlässlich. „Sie stellt die stärkste Form von Kundenorientierung überhaupt dar und ist ein Muss angesichts der Ansprüche der Zielgruppe und des Wettbewerbs, der unter Kreditinstituten auf diesem Geschäftsfeld besteht."[1112] Denn der Individual- beziehungsweise Firmenkundenbetreuer muss in der Lage sein, sich auf gleichem kulturellem Niveau wie seine Kunden zu bewegen. Dabei kommt ihm die Fähigkeit zu Gute, sich in den Kunden hineinversetzen zu können. Beispielsweise handelt es sich bei Akademikern in der Regel um überdurchschnittlich verdienende Kunden. Aus diesem Grund ist es gerade bei deren Betreuung bedeutsam, ebenfalls Hochschulabsolventen einzusetzen. Die Bedeutung liegt neben der eigentlichen Ausbildung an der Hochschule an sich, auch in der Chance, das Studium als Gesprächsaufhänger und Erfahrungsband zu nutzen, welches die Kommunikation erleichtert.

Back-Office-Mitarbeiter

Da der Automatisierungsgrad in der Sachbearbeitung von Kreditinstituten zunimmt, werden im Back-Office hauptsächlich Stellen für anspruchsvolle Sachbearbeitung und typische Sekretariatsarbeiten verbleiben.[1113] Die Qualifikationsanforderungen differieren in diesem Bereich: Während eine Sekretärin in einer Sparkasse und auch ein Mitarbeiter in der einfachen Sachbearbeitung mit bankbetrieblichem Grundwissen auskommen können, benötigt ein Sachbearbeiter für individuelle, komplexe Finanzierungen Detailkenntnisse seiner Materie. Daneben wird ein sicherer Umgang mit EDV-Anwendungsprogrammen vorausgesetzt. Das nötige Know-how kann in

[1110] Vgl. Steevens, C., (2004), S. 8.

[1111] Vgl. von Stein, J.H., Gruber, D., (1999), S. 718–719.

[1112] Von Stein, J.H., Gruber, D., (1999), S. 719–720.

[1113] Vgl. Steevens, C., (2004), S. 8.

Schulungen vermittelt werden, wenn der Mitarbeiter nicht schon idealerweise Kenntnisse mitbringt.[1114]

Auch die Sozialkompetenz muss bei allen Mitarbeitern im Back-Office-Bereich stark ausgeprägt sein. Mitarbeiter sollen auch hier in besonderem Maße über Kontaktstärke, Freundlichkeit und Stressresistenz verfügen. Personalentwicklungsmaßnahmen sind daher verstärkt auf den richtigen Umgang mit (internen) Kunden und Vorgesetzten zu richten und sollen dabei besonders die Fähigkeit vermitteln, in Teams zu arbeiten, da bei den Back-Office-Tätigkeiten eine stärkere Spezialisierung erwartet wird, die bei der Bearbeitung (Problemlösung) das Zusammenwirken mehrerer Mitarbeiter erfordert.

Mitarbeiter in Stabs-/Zentralbereichen

In den Stabs- und Zentralbereichen werden in Zukunft fast ausschließlich Hochschulabsolventen sitzen.[1115] Selbstständiges Arbeiten mit komplexen Inhalten bildet hier die Arbeitsinhalte. Neben analytischen und konzeptionellen Fähigkeiten müssen diese Mitarbeiter auch Trends erkennen können. Zur Bewältigung der Arbeit wird zunehmend die Bedeutung von Mitarbeitern mit wirtschaftsfremdem Studium, wie Informatiker und Mathematiker für die Bereiche EDV, Rechnungswesen, Controlling sowie Risiko- oder Portfoliomanagement, notwendig. Außerhalb dieser genannten Abteilungen müssen die Mitarbeiter ebenso Spezialisten ihres Fachs sein, wobei es dabei nicht zwingend notwendig ist, eine Fachlaufbahn absolviert zu haben. Bei Mitarbeitern im Personalwesen oder Marketing ist es dagegen sinnvoll, wenn sie Erfahrungen im operativen Geschäft besitzen.

Auch bei den Mitarbeitern in den Stabs- und Zentralbereichen sind neben der Fachkompetenz Methoden- und Sozialkompetenzen unerlässlich. Letztere sind u. a. für eine gut funktionierende Zusammenarbeit Voraussetzungen. Des Weiteren sollen diese Mitarbeiter gute Kommunikatoren sein, um gesammelte Informationen, Analysen und Ideen der Bankgeschäftsführung und anderen Mitarbeitern zu vermitteln. Hier ist eine ausgeprägte Sozialkompetenz unerlässlich.[1116] Zudem werden Führungskräfte zumeist aus dieser Mitarbeitergruppe rekrutiert, was folglich ebenfalls hohe Ansprüche an die Sozialkompetenz stellt.[1117]

Führungskräfte

Führungskräfte[1118] in Sparkassen sollten im Sinne einer sozialen Kompetenz in der Lage sein, eine harmonische Atmosphäre zwischen den Mitarbeitern und Teams

---

[1114] Vgl. von Stein, J.H., Gruber, D., (1999), S. 719–720.

[1115] Vgl. Gerke, W., Peters, R.-H., Westerheide, P., (2002), S. 317–318.

[1116] Vgl. von Stein, J.H., Gruber, D., (1999), S. 720–721.

[1117] Vgl. Kairiers, K., Schrott, R., (2002), S. 62.

[1118] Führungskräfte sind vor allem Mitarbeiter, die Personalverantwortung tragen. Vgl. Reppel, R., (1980), S. 25. Bereits Gutenberg bezeichnet solche Personen, die im wesentlichen Lenkungsfunktionen zu erbringen haben, als dispositiven Faktor, als diejenige Instanz, in der alle Anordnungs- und Entscheidungsbefugnisse kulminiert sind. Vgl. GP 2.3.1.1.

herzustellen.[1119] Es ist wichtig, dass sie Verständnis und Einfühlungsvermögen gegenüber anderen Mitarbeitergruppen aufweisen. Sie sollten Kritik konstruktiv handhaben und sich gleichermaßen überzeugend für die Unternehmensziele und die Ziele der Mitarbeiter einsetzen. Die Führungskraft kann durch einen kooperativen, der jeweiligen Situation angepassten Führungsstil und durch eindeutige unmissverständliche Kommunikation die Probleme im interpersonalen Bereich somit auf ein Mindestmaß beschränken.[1120]

Während die Tätigkeit der Führungskräfte sich früher primär auf fachliche-, Organisations-, Kontroll- und in beschränktem Maß auch Motivationsaufgaben konzentrierte, werden sie zukünftig in Erweiterung dessen mit umfangreichen weiteren Aufgaben konfrontiert. „So sollen sie persönliche Autorität besitzen, aktiv den Strukturwandel bewältigen, über ausgeprägte Kommunikationsfähigkeit verfügen, Initiatoren und Moderatoren von Teamprozessen sein, komplexe Sachverhalte kompetent vermitteln und Mitarbeiter angemessen beurteilen können."[1121] Hierbei muss eine Führungskraft integer und konsequent in ihrem Verhalten sein, um die Mitarbeiter führen und beurteilen sowie Aufgaben delegieren zu können. Auch hierbei ist die Sozialkompetenz wiederum unerlässlich.[1122]

Zusammenfassend ist an dieser Stelle festzuhalten, dass gerade die Sozialkompetenz unabhängig von der Art der Beschäftigung beziehungsweise der Hierarchieebene eines Mitarbeiters innerhalb der Sparkasse immer bedeutender wird. Der Hintergrund ist die zunehmende Dienstleistungsorientierung. Denn bei dem Entstehen einer Dienstleistung sind mindestens zwei Personen (Mitarbeiter und (interner) Kunde) notwendig.[1123] Aufgrund der Komplexität des Bankgeschäfts sind zumeist noch weitere Mitarbeiter an der Erstellung einer Leistung beteiligt. Sozialkompetenz ist bei der Erstellung einer Dienstleistung im Sinne der neuen Institutionenökonomik jene Fähigkeit, die Transaktionen überhaupt ermöglicht beziehungsweise deren Kosten minimiert.[1124]

5.2.2. Employability

Der zunehmende Technologieeinsatz wird zu einer weiteren Reduzierung von Routinetätigkeiten mit breiter Qualifikationsbasis führen und trägt vor dem Hintergrund der Veränderungen im Wettbewerbsumfeld der Banken dazu bei, dass von Sparkassenmitarbeitern ein hohes Maß an Selbstverantwortung, Flexibilität und Kreativität gefordert wird. Mit dem Wandel der Arbeitsanforderungen geht aber auch ein Wandel der Arbeitseinstellung einher und setzt diesen sogar voraus. Die Arbeit wird nicht länger reiner Selbstzweck oder gar ein bloßes Mittel zur Existenzsicherung bleiben,

---

[1119] Vgl. Nass, E., Müller-Vorbrüggen, M., (2003), S. 23–24.

[1120] Vgl. Dubs, R., (1999), S. 472.

[1121] Von Stein, J.H., Gruber, D., (1999), S. 721.

[1122] Vgl. von Stein, J.H., Gruber, D., (1999), S. 722–723.

[1123] Vgl. Meffert, H., Bruhn, M., (1997), S. 23–30.

[1124] Vgl. GP 2.3.2.2.

sondern sie wird vielmehr als Instrument der Selbstentfaltung und Selbstverwirklichung in den Vordergrund treten.[1125] Aus diesem Grund werden sich Mitarbeiter zukünftig verstärkt selbst um ihre „Employability“ (Beschäftigungsfähigkeit) zu kümmern haben. Hierbei sollten sie allerdings von allen weiteren Trägern der Personalentwicklung in Sparkassen unterstützt werden.[1126]

5.2.2.1. Begriffserläuterung

Sparkassen als fest gefügte Einheiten lösen sich zunehmend auf. Flexible projekt- und netzwerkartig gebildete Strukturen ersetzen starre Aufbauorganisationen. Arbeit wird in der Folge immer weniger zeit- und ortsgebunden erbracht. Die Konsequenzen sind weitreichend: Stammbelegschaften werden zugunsten von Randbelegschaften zurückgehen; stellvertretend dafür stehen befristete Anstellungsverträge, Projektaufträge, Teilzeit- und Telearbeit. Als Folge dieser flexibleren Beschäftigungsverhältnisse werden berufliche Biografien häufig nicht mehr linear verlaufen, sondern in stärkerem Maße Brüche, Wechsel, Umwege und Auszeiten aufweisen.[1127] In Zukunft wird deshalb eine „Patchwork-Biografie“ vermehrt den Lebenslauf vieler Sparkassenmitarbeiter kennzeichnen. Denn die Arbeit wird nicht mehr zum Menschen kommen, sondern der Mensch geht dorthin, wo Arbeit ist. In diesem Zusammenhang fällt auch der Begriff des Selbstunternehmers immer öfter.[1128]

Im Rahmen dieser Entwicklungen wird der Arbeitnehmer nicht mehr als rein Erwerbstätiger agieren, sondern künftig vielmehr in der Rolle des „Arbeitskraftunternehmers“ beziehungsweise als Unternehmer der eigenen Arbeitskraft tätig werden.[1129] Hierbei hat der Einzelne sicherzustellen, dass er über die von ihm verlangte Flexibilität und Mobilität sowie die jeweils geforderten Qualifikationen und Kompetenzen verfügt.[1130] Denn abgeleitet von „employable“, was so viel heißt wie „anstellbar“ oder „zu beschäftigen“, bezeichnet „Employability“ vorrangig die Aufgabe, die Arbeitsmarktfähigkeit der Arbeitnehmer zu erhalten oder herzustellen.[1131] Die Beschäftigungsfähigkeit kann demnach als Fähigkeit einer Person, unter Berücksichtigung der Interaktion zwischen persönlichen Eigenschaften und dem Arbeitsmarkt, eine Beschäftigung zu finden, verstanden werden. Hierbei gilt, dass die Sicherung der Beschäftigung von Mitarbeitern nur dann gelingen kann, wenn Mitarbeiter durch ihre Beteiligung an Qualifizierungs- und Fördermaßnahmen eine Einsetzbarkeit selbst verantworten.[1132] Dies impliziert gleichzeitig eine finanzielle Beteiligung an Maßnahmen der persönlichen Entwicklung beispielsweise durch die Opferung von

---

1125 Vgl. GP 3.2.3.

1126 Vgl. GP 5.1.3.

1127 Vgl. Speck, P., (2004), S. 31.

1128 Vgl. Fischer, H., Steffens-Duch, S., (2000), S. 336.

1129 Vgl. Cisek, G., (2001), S. 47.

1130 Vgl. Plath, H.-E., (2000), S 585.

1131 Vgl. Steffens-Duch, S., Fischer, H., (2000), S. 550.

1132 Vgl. Fischer, H., Steffens-Duch, S., (2003), S. 27.

Freizeit. Sparkassenmitarbeiter müssen demnach aktiv zur Erhaltung ihrer Beschäftigungsfähigkeit beitragen.[1133]

Als Voraussetzung für die Employability gilt, dass der Einzelne sein Fachwissen auf dem neuesten Stand hält, mit Veränderungen umgehen kann und bereit ist, seine Fähigkeit, mit Menschen umzugehen, kontinuierlich verbessert.[1134] Da die lebenslange Arbeitsplatzsicherheit auch von Sparkassen nicht mehr garantiert werden kann, sollte es Ziel einer jeden Sparkasse sein, den Wandel so menschlich wie möglich zu gestalten: „Wenn schon eine Arbeitsplatz- oder Beschäftigungssicherheit nicht mehr garantiert werden kann müssen wir wenigstens die Beschäftigungsfähigkeit (employability) wahren."[1135]

5.2.2.2. Zusammenhang zwischen Schlüsselqualifikationen und Employability

Durch sich wandelnde Marktstrukturen und Kundenwünsche im Bankenbereich entfallen nicht nur Arbeitsinhalte, es kommen auch völlig neue Aufgabenfelder hinzu, die mit aktuellen Mitarbeiterressourcen oftmals gar nicht oder nicht ausreichend bearbeitet werden können. Hieraus lassen sich folgende Konsequenzen für die Mitarbeiter skizzieren:

- es gibt keine Arbeitsplatzgarantie und keine lebenslange Stelle mehr. Viele Mitarbeiter werden in Zukunft im Laufe ihres Arbeitslebens verschiedene Berufe ausüben;
- jeder ist für seine eigene Entwicklung selbst verantwortlich;
- wer sich weiterbildet und flexibel bleibt, hat größere Chancen;
- die Bereitschaft, sich immer wieder neuen Situationen auszusetzen, erhöht die eigene Wettbewerbsfähigkeit.[1136]

Die Verantwortung sowohl der Beschäftigten als auch der Unternehmung richtet sich demnach auf die Erhaltung und Steigerung der Beschäftigungsfähigkeit. Damit erlangen Kompetenzen und Kompetenzentwicklung eine herausragende Bedeutung.[1137] Für das Erreichen einer Beschäftigungsfähigkeit ist dementsprechend weniger die formale Qualifizierung mit fachlichen Anforderungsprofilen, als vielmehr ein „Lernen des Lernens" gefragt.[1138] Dieses Lernen des Lernens ist im Rahmen der Schlüsselqualifikationen zentraler Aspekt der Mitwirkungskompetenz.[1139]

Um weitere Schlüsselqualifikationen zu erwerben, muss der Mitarbeiter selbstverantwortlich aktiv werden, d. h. sich bei seinem Arbeitgeber um eine notwendige Qualifizierung in Form von Weiterbildungsmaßnahmen kümmern. Schlüsselqualifikatio-

---

[1133] Vgl. Becker, M., (1999), S. 418.

[1134] Vgl. Speck, P., (2004), S. 30.

[1135] Fischer, H., Steffens-Duch, S., (2000), S. 337.

[1136] Vgl. Kobi, J.-M., (1999), S. 96–97.

[1137] Vgl. Stalitza, U., Tscheulin, J., (2002), S. 28–29.

[1138] Vgl. Chrobok, R., (1998), S. 184.

[1139] Vgl. GP 5.2.1.2.4.

nen sind deswegen von so entscheidender Bedeutung für die Beschäftigungsfähigkeit, weil sie dazu beitragen, den beruflichen und persönlichen Lebensbereich erfolgreich zu meistern. Das erworbene Wissen veraltet nicht wie beim Fachwissen nach kurzer Zeit, sondern es vermittelt im Wesentlichen langfristig neue Denkstrukturen und Verhaltensweisen, die Menschen mit Alltagsproblemen besser umgehen lassen. Somit ist der Erwerb von Schlüsselqualifikationen eine wichtige Voraussetzung für eine erfolgreiche Persönlichkeitsentwicklung und damit auch Grundlage der Beschäftigungsfähigkeit.[1140]

Jeder Mensch hat bestimmte, ihm eigene Fähigkeiten für sein Leben mitbekommen, die ihn von anderen unterscheiden und abheben. Dieser Stärken muss sich der Einzelne bewusst werden und sie gezielt fördern. Erfolgreich ist eine Person aber nur, wenn sie

- besser als andere geeignet ist,
- ein spezielles Interesse besitzt,
- sich verstärkt spezialisiert hat oder
- mehr als andere zu leisten bereit ist.

Diese Stärken müssen dann durch

- „zusätzliches Training ausgebaut,
- sinnvolle Weiterbildung vervollkommnet und durch
- laufende Anwendung in der Praxis umgesetzt und weiterentwickelt werden".[1141]

Eine positive Selbstmotivation ist dabei die stärkste Antriebskraft für menschliche Leistungen. Sparkassen wissen, dass sie ihre Marktposition nur mit qualifizierten und fähigen Mitarbeitern halten können.

5.2.2.3. Konsequenzen

Neben der Betrachtung der Umfeldveränderungen aus Sicht der Sparkassen darf der sich vollziehende Wertewandel der Mitarbeiter nicht übersehen werden. Die Motivstrukturen und Denkmuster der Mitarbeiter haben sich teilweise geändert. Tradierte Normen wie Disziplin, Gehorsam und Unterordnung treten vielfach hinter individualistische Prinzipien wie Kreativität, Selbstverwirklichung, Partizipation oder Autonomie.[1142] Während die marktseitigen Anforderungen an Sparkassen und damit an die Leistung der Mitarbeiter auf der einen Seite steigen, gibt es Hinweise, dass die Identifikation der Mitarbeiter mit ihrem Arbeitgeber sinkt und die Bereitschaft der Mitarbeiter, Leistung für ihr Unternehmen zu erbringen, zurückgeht.[1143]

Die Anforderungen des Unternehmens treten dabei teilweise in Konflikt zu den Bedürfnissen des Individuums. Auch für die Arbeitswelt im Bankensektor ist deshalb eine Verschiebung von „Pflicht- und Akzeptanzwerten" zu den „Selbstentfaltungs-

---

[1140] Vgl. Belz, H., Siegrist, M., (1997), S. 12.

[1141] Brommer, U., (1993), S. 71.

[1142] Siebertz, P., (1999), S. 22–23.

[1143] Vgl. Bontrup, H.-J., (2004), S. 1047–1048.

werten“ zu beobachten. Auf die Bankorganisation bezogen bedeutet dies, „dass die Mitarbeiter tendenziell immer weniger bereit sind, sich Strukturen zu unterwerfen, die Unterordnung, Anpassung und Gehorsam von ihnen erfordern.“[1144] Viel größer ist der Wunsch der Mitarbeiter nach mehr Freiräumen zur Verwirklichung eigener Ideen.[1145]

Wollen sich Sparkassen dem Wertewandel stellen, muss nach geeigneten und sinnvollen Strategien gesucht werden. Letztlich wird ein solcher Wandel auch positiv für die künftige Entwicklung der Sparkassen sein. Der Selbstentfaltungsdrang von Mitarbeitern kann z.B. durch adäquate Instrumente der Weiterbildung in der Personalentwicklung entsprechend gefördert und somit in eine für beide Seiten wertvolle Zusammenarbeit umgesetzt werden. Konkret heißt dies aus Sparkassensicht, dem einzelnen Mitarbeiter mehr Entscheidungs- und Tätigkeitsspielräume bei der Erfüllung seiner Aufgaben einzuräumen und ihm dadurch Partizipationsmöglichkeiten zu gewähren. Dadurch wird die Bereitschaft der Banken zum Ausdruck gebracht, nicht nur materielle Ziele zu verfolgen, sondern auch Ziele, die für die Mitarbeiter von zentraler Bedeutung sind.

Eine zukunftsorientierte Personalpolitik sollte diesen Trend aufnehmen, um Initiative, Begeisterung und motivierten Einsatz in die Umsetzung der Unternehmensziele einzubauen. Ihr Anspruch muss es sein, die Vielfalt an Begabungen, Talenten und Fähigkeiten der Menschen im Unternehmen zu verstehen und optimal zu nutzen.[1146] Für das Personalwesen heißt das konkret, entsprechende Instrumente flexibler auszugestalten, um dem Mitarbeiter in einer individualisierten Welt, gekennzeichnet durch den Wunsch nach Entscheidungssouveränität, gerecht zu werden.

Auf der anderen Seite dürfen Sparkassen berechtigterweise die Forderung an den „Mitarbeiter als Mitunternehmer“ stellen. Denn ohne den Mitarbeiterbeitrag bleiben die Ansätze wirkungslos. Tatsächlich muss der Einzelne ausreichend Bereitschaft und Fähigkeit zu Weiterbildung, Weiterentwicklung und Veränderung aufbringen, um „employable“ zu bleiben. Voraussetzungen hierfür sind Eigeninitiative, Eigenständigkeit, Eigenverantwortung, Selbstorganisation, Engagement, Flexibilität und Mobilität. Denn „wenn sich Beschäftigte nicht persönlich und vorausschauend um eine Kenntnis der Entwicklungen und Erfordernisse des Unternehmens bemühen, wenn sie sich ihres wirtschaftlichen Beitrags zum Unternehmen nicht bewusst sind, wenn sie nicht die ihnen gebotenen Gelegenheiten ergreifen, dann laufen sie Gefahr, an den Rand gedrängt zu werden und die Chance zu verpassen, ihre Beschäftigungsfähigkeit zu erhalten und weiterzuentwickeln.“[1147]

Viele Sparkassen sehen in der so genannten „Selbst-GmbH“ ein geeignetes Instrument zur Steigerung der Employability. Sinnbildlich gründet dabei jeder Mensch eine Selbst-GmbH und versteht sich als Unternehmer in eigener Sache.[1148] Existenzgrundlage ist die persönliche Verantwortung, die der einzelne Mensch seinem Le-

---

[1144] Wickel, S., (1995), S. 30.

[1145] Vgl. Wickel, S., (1995), S. 29–31.

[1146] Vgl. Siebertz, P., (1999), S. 23.

[1147] Bollerot, P., (2001), S. 85.

[1148] Vgl. Fischer, H., (1999), S. 329–330.

bensweg und seiner Arbeit gegenüber übernimmt. Selbst-Unternehmer zeichnen sich durch Eigenständigkeit, Eigenbestimmtheit, Eigenverantwortung und Eigeninitiative sowie durch die Bereitschaft aus, den Erfolg für ihre Selbst-GmbH und damit auch für die Sparkasse zu maximieren.[1149] Die Idee der Selbst-GmbH wird zusammenfassend von zwei Komponenten maßgeblich bestimmt: die Entwicklung der Selbst-Unternehmer und die klare Orientierung an den Bedürfnissen der Bankkunden. Dadurch soll die Beschäftigungsfähigkeit der Arbeitnehmer gesichert werden und gleichzeitig zur Produktivitäts- und Effizienzsteigerung der beteiligten Sparkassen beitragen.[1150]

Ein Ziel der Personalentwicklung in Sparkassen ist somit, die Verantwortung des einzelnen Menschen für seine Entwicklung, seine Leistung, seine Fähigkeiten und seine Kompetenzen herauszustellen. Die Mitarbeiter sollen sich als Unternehmer ihrer eigenen Arbeitskraft begreifen, um auf dem Arbeitsmarkt wettbewerbsfähig zu bleiben. Dabei gehen Arbeitnehmer und Arbeitgeber eine Verpflichtung auf Gegenseitigkeit ein. Auf der einen Seite bringen Mitarbeiter ihre unternehmerische Kompetenz ein und auf der anderen Seite sorgen die Unternehmen dafür, alle möglichen Freiräume und Maßnahmen anzubieten, die dafür benötigt werden.

Derartige Veränderungen sind für die betroffenen Parteien nicht immer folgenlos. Zumeist wird unterstellt, dass bessere Chancen in der veränderten Lebens- und Arbeitswelt bestehen. Dabei darf jedoch nicht übersehen werden, dass solche Entwicklungen immer auch mit beträchtlichen Risiken und Gefahren verbunden sein können, die aus Überforderung, Kontrollverlust, Unsicherheit, Ungewissheit, Angst, Stress etc. erwachsen.[1151] Insofern sollte auch stets das Gesamtwohl eines Mitarbeiters im Sinne einer „Work-Life-Balance" im Mittelpunkt stehen.[1152] Denn langfristig beschäftigungsfähig ist i.d.R. nur der Mitarbeiter, der auch über ein intaktes Privat- und Familienleben verfügt.[1153]

Im Rahmen einer antizipativen Personalentwicklung ist also jeder Mitarbeiter zuvorderst selbst für seine Beschäftigungsfähigkeit verantwortlich. Neben dieser Eigenverantwortlichkeit sind aber auch alle weiteren Träger der Personalentwicklung in Sparkassen gefordert, den Mitarbeiter bei dem Erhalt beziehungsweise dem Ausbau seiner Employability zu unterstützen.

5.3. Primär sparkasseninduzierte Kompetenzentwicklung

Im Rahmen des ressourcenorientierten Ansatzes wird davon ausgegangen, dass sich nachhaltiger Erfolg durch Schaffung von einzigartigen, nicht imitierbaren und schwer substituierbaren Ressourcen und deren Kombination zu Kernkompetenzen

---

[1149] Vgl. Armbruster, D., Kieser, A., (2003), S. 152–154.

[1150] Vgl. Fischer, H., (1999), S. 330.

[1151] Vgl. Plath, H.-E., (2000), S. 583.

[1152] Vgl. Hunziger, A., (2003b), S. 55.

[1153] Vgl. Schweickhardt, W., (2000), S. 54.

erzielen lässt.[1154] Einzigartige Ressourcen stellen Kernkompetenzen dar. Wissen ist eine derartige Ressource.[1155] Dabei geben Wissensziele den Aktivitäten der Personalarbeit eine Richtung. Sie legen fest, welches Wissen strategisch eine relevante Ressource darstellt und auf welchen Fähigkeiten aufgebaut werden soll.[1156] Diese Ziele können sowohl strategischer, operativer als auch normativer Natur sein.[1157] Strategische Ziele definieren das Kernwissen und beschreiben somit den zukünftigen Kompetenzbedarf. Operative Wissensziele sind für die Umsetzung des Wissensmanagements zuständig.[1158] Die normativen Ziele richten sich auf die Schaffung einer Unternehmenskultur, in der die permanente Weiterentwicklung und Teilung der individuellen Fähigkeiten als Selbstverständnis existiert.[1159]

Hierbei gilt es zunächst im Rahmen einer Wissensidentifikation festzuhalten, welches relevante Wissen innerhalb und außerhalb der Sparkasse überhaupt vorhanden ist.[1160] Durch die rasche Entwicklung neuer Produkte und Technologien wird die Überschaubarkeit der externen Wissenswelt immer schwieriger.[1161] Neben der externen Unüberschaubarkeit kann es jedoch auch innerhalb von Sparkassen vorkommen, dass nicht erkannt wird, welches Wissen innerhalb der Organisation überhaupt vorhanden ist.[1162] Die Aktivitäten im Rahmen eines Wissensmanagements sollten folglich auch und besonders darauf gerichtet sein, der Sparkasse einen Überblick über interne Wissensbestände zu liefern.[1163]

Erwerb und Entwicklung von Wissen erweitern die organisationale Wissensbasis einer Sparkasse.[1164] Dies kann zum einen durch die Rekrutierung neuer, erfahrener Mitarbeiter geschehen oder aber durch eine Wissensentwicklung bei bereits beschäftigten Mitarbeitern, welche primär durch gezielte Weiterbildungsmaßnahmen erfolgt.[1165] Dabei gilt es zu berücksichtigen, dass Wissen innerhalb der Organisation verteilt wird, um gegebenenfalls isoliert vorhandene Erfahrungen für die gesamte Sparkasse nutzbar zu machen.[1166] Somit müssen alle Angehörigen einer Sparkasse bereit zeigen, Wissen anzunehmen beziehungsweise Wissen weiterzugeben.[1167] Durch eine systematisch organisierte betriebliche Weiterbildung kann so die Motiva-

---

[1154] Vgl. Bea, F.X., (2000), S. 363.

[1155] Vgl. Bea, F.X., (2000), S. 363.

[1156] Vgl. Schick, H., (2002), S. 444–447.

[1157] Vgl. Bouncken, R., (2000), S. 442.

[1158] Vgl. Linsinger, L., Kirsten, M., Finke, I., (2003), S. 62.

[1159] Vgl. Sager, M., Aebi, M., (2003), S. 102–103.

[1160] Vgl. Bach, N., Homp, C., (1998), S. 144.

[1161] Vgl. Thönneßen, J., (2001), S. 52–53.

[1162] Vgl. Eckardt, T., (2002), S. 54.

[1163] Vgl. Franke, D., (2002), S. 177.

[1164] Vgl. Mildenberger, U., (2002), S. 295–296.

[1165] Vgl. Borchert, M., Röhling, T., Heine, S., (2003), S. 38–39.

[1166] Vgl. Probst, G., Romhardt, K., (1997), S. 8.

[1167] Vgl. Pfau, W., Bräuer, B., (2003), S. 526.

tion gestärkt werden, sich in den Wissenspool der Organisation einzubringen beziehungsweise diesen zu nutzen.[1168]

Dabei ist ein Wissensmanagement ohne die Bereitschaft zum lebenslangen Lernen undenkbar, denn Lernen ist ein Prozess, dessen Ergebnis Wissen[1169] darstellt.[1170] Das lebenslange oder auch lebensbegleitende Lernen schließt neben formalen Lernprozessen in Bildungseinrichtungen und informellem Lernen am Arbeitsplatz immer häufiger das selbstgesteuerte Lernen der einzelnen Sparkassenmitarbeiter ein.[1171] Lernprozesse beschränken sich somit nicht auf die formalisierte schulische beziehungsweise berufliche Bildung, sondern prägen den gesamten Lebenslauf eines Menschen. Daraus folgt, dass das einmal erworbene Wissen aktualisiert werden muss, damit der arbeitsorganisatorische sowie gesellschaftliche und technologische Wandel bewältigt und die Beschäftigungsfähigkeit aufrecht erhalten werden können.[1172] Gerade die Betrachtung der so genannten Halbwertzeit des Wissens, d.h. jener Zeitspanne, in der angeeignetes Wissen zur Hälfte veraltet und damit größtenteils überholt ist, signalisiert die Bedeutung einer permanenten Pflege des Wissens.

Die Halbwertszeit beträgt:

- beim schulischen Grundwissen etwa zwanzig Jahre,
- beim Wissen aus dem Studium etwa zehn Jahre,
- beim spezifischen Fachwissen etwa fünf Jahre,
- beim Wissen der technischen Berufe etwa drei Jahre,
- beim EDV-Wissen etwa ein Jahr.[1173]

Neben der „Veralterung" des Wissens spielt der zukünftige Bedarf an höher qualifizierten Arbeitskräften im Rahmen des Wissensmanagements in Sparkassen eine entscheidende Rolle.[1174] Der steigenden Nachfrage nach qualifizierten Mitarbeitern steht ein sich bereits heute abzeichnender Mangel an qualifizierten Schulabgängern gegenüber, der sich von einer Sparkasse kaum allein über die Einstellung neuer Arbeitskräfte kompensieren lassen wird.[1175] Zusätzliches Wissen beziehungsweise zu-

---

1168 Da Wissen eine erfolgskritische Ressource darstellt, setzen Wettbewerbsvorteile eine spezifische, qualitativ nicht beliebige Wissensressource voraus, da nur knappe Ressourcen strategisch wichtige Ressourcen darstellen. Dies bedeutet, dass im Rahmen eines sparkassenspezifischen Wissensmanagements nur so genanntes „explizites Wissen" verstanden werden kann, da es in artikulierbarer, transferierbarer und archivierbarer Form vorliegt, nicht an ein Subjekt gebunden ist und unter bestimmten Voraussetzungen reproduzierbar ist. Vgl. Schreyögg, G., Geiger, D., (2003), S. 8–14.

1169 Wissen stellt eine Ansammlung von gelernten Erfahrungen, Konzepten, Fähigkeiten und normativen Orientierungen dar, die einem Subjekt zur Verfügung stehen, um Handlungen, Verhaltensweisen und Problemlösungen zu generieren. Vgl. Reihlen, M., (2003), S. 577.

1170 Vgl. Willke, H., (1998), S. 37.

1171 Vgl. Becker, M., (1999), S. 201.

1172 Vgl. Zimmer, D., (2002a), S. 554.

1173 Vgl. Merk, R., (1998), S. 223.

1174 Vgl. Beckmann, M., Bellmann, L., (2002), S. 133.

1175 Vgl. Schmidtke, C., Backes-Gellner, U., (2002), S. 101–104.

sätzliche Qualifikationen müssen aus diesem Grund durch Weiterbildungsmaßnahmen erworben werden.[1176]

5.3.1. *Weiterbildung*

In den 1970er Jahren wurde die Weiterbildung als so genannter vierter Bildungsbereich definiert, der „neben dem Elementar- und Primärbereich (= Kindergarten und Vor- beziehungsweise Grundschule), dem Sekundarbereich (= weiterführende Schulen) und dem dritten Bereich (= Berufsschulen und Hochschulbildung) eine gleichwertige Rolle einnimmt".[1177]

Der Begriff Weiterbildung wird in Anlehnung an den Deutschen Bildungsrat als „Fortsetzung oder Wiederaufnahme organisierten Lernens nach Abschluss einer unterschiedlich ausgedehnten ersten Bildungsphase bestimmt"[1178]. Die Weiterbildung kann am Arbeitsplatz (on the job) oder außerhalb des Arbeitsplatzes in externen Bildungsveranstaltungen oder in Inhouse-Schulungen (off the job) stattfinden.[1179] Weiterbildung „on the job" umfasst die direkten Maßnahmen am Arbeitsplatz wie z.B. den planmäßigen Arbeitswechsel, Sonderaufgaben oder Strategie-Workshops.[1180] Im Mittelpunkt steht hier der Transfer von Erfahrungs- und Strategiewissen.[1181] Bei der Weiterbildung „off the job", die eine räumliche, zeitliche und inhaltliche Distanz zum Arbeitsplatz aufweist, steht in der Regel der Transfer von normativem Wissen im Vordergrund.[1182]

Die Weiterbildung ist insbesondere aufgrund des Strukturwandels essentiell, und stellt eine gute Möglichkeit dar, um den Herausforderungen des verschärften Wettbewerbs zu begegnen. Insbesondere kann hierdurch die Problematik der Halbwertzeit des Wissens (über-)kompensiert werden. Unter diesen Vorzeichen sind sowohl die Beschäftigungsfähigkeit der Arbeitnehmer („employability")[1183] als auch die Anpassungsfähigkeit der Sparkassen („adaptability")[1184] zu verbessern, da eine solide Ausbildung keine ein für alle Mal gesicherte Berufsperspektive mehr garantiert.[1185] Aus diesem Grund ist die Flexibilität der Mitarbeiter am Arbeitsplatz, die überwiegend durch Eigeninitiative und Selbstverantwortung geprägt sein sollte, unumgänglich.[1186] Es muss im Sinne eines jeden Mitarbeiters sein, über die Kompetenzen zu verfügen,

---

[1176] Vgl. Wagner, A., (2001), S. 24.

[1177] Döring, W.-K., Ritter-Mamczek, B., (1999), S. 95.

[1178] Deutscher Bildungsrat (1972), S. 197. Diese erste Bildungsphase umfasst im Regelfall die zuvor genannten drei Bildungsbereiche.

[1179] Vgl. Mentzel, W., (1992), S. 172–173 und vgl. Abbildung 22.

[1180] Vgl. Scholz, C., (2000), S. 510.

[1181] Vgl. Meier, H., (1995b), S. 96.

[1182] Vgl. Güldenberg, S., (2001), S. 289.

[1183] Vgl. GP 5.2.2.

[1184] Die Anpassungsfähigkeit ist Teil der Arbeitgeberfähigkeit, vgl. GP 2.3.1.2.

[1185] Vgl. Honegger, J., (2001), S. 50.

[1186] Vgl. Wunderer, R., Dick, P., (2000), S. 35.

die ihn als Arbeitnehmer für den Arbeitsmarkt interessant machen. Gleiches gilt für die Sparkassen. Sie müssen zum einen über Mitarbeiter verfügen, die arbeitsmarktfähig sind. Zum anderen kann sich eine Sparkasse aber auch dadurch profilieren, dass sie bekannt dafür ist, über gutes Personal zu verfügen. Selbst die Gefahr einer erhöhten Abwerbung der Mitarbeiter durch Konkurrenten kann so insbesondere für Sparkassen positiv gesehen werden, da durch die Reputation des Betriebs als Karrieresprungbrett neue talentierte und ambitionierte Mitarbeiter rekrutiert werden können.[1187] Unter anderem aus diesem Grund sollte die Weiterbildung ein wesentlicher Bestandteil des Betriebes sein. Dabei beeinflusst das individuelle Weiterbildungsverhalten die Realisierung der betrieblichen Aspekte und ist von großer Bedeutung für die Sparkasse. Schließlich ist eine aufeinander abgestimmte Planung und Organisation der Weiterbildungsaktivitäten unumgänglich, damit diese individuellen Nutzen stiften kann und sich darüber hinaus, im Sinne einer so genannten organisationalen Intelligenz, positiv auf den Unternehmenserfolg auswirkt.

5.3.1.1. Mitarbeiterspezifische Formen

Ein Entwicklungstrend im Personalmanagement ist die zunehmende Verantwortung der ausführenden Mitarbeiter für die eigene Entwicklung und Qualifizierung.[1188] Die Mitarbeiterführung kann hierbei durch Verdeutlichung der aktuellen und erwarteten Qualifikationen und Ziele unterstützend wirken.[1189] An dieser Stelle kann die Mitarbeiterbeurteilung als ein zentrales Entwicklungsinstrument betrachtet werden, das allen Sparkassenmitarbeitern und der Sparkasse selbst Nutzen stiften kann. Bei der Mitarbeiterbeurteilung, die in der Regel auch ein Mitarbeiterentwicklungsgespräch beinhaltet, wird zwischen der Leistungsbeurteilung, die vergangenheitsorientiert ist, und der Potenzialbeurteilung, die zukunftsorientierte Qualifikationsprognosen durchführt, differenziert.[1190] Im Rahmen der Personalentwicklung erfüllt das Mitarbeiterentwicklungsgespräch drei Funktionen:

- es gibt ein sachliches Feedback über das individuelle Leistungs- und Sozialverhalten des Mitarbeiters,
- es zeigt zukünftige Qualifikationserfordernisse und -möglichkeiten auf,
- es kann Zielvereinbarungen enthalten, welche auch als Basis für variable Entlohnung dienen können.[1191]

Trotz einiger Problematiken des Mitarbeiterentwicklungsgesprächs, beispielsweise der Schwierigkeit einer objektiven Beurteilung der Arbeitsleistung durch das

[1187] Gerade dieser Zusammenhang macht beispielsweise Unternehmensberatungsgesellschaften zu attraktiven Arbeitgebern für Hochschulabsolventen. In den seltensten Fällen verbleiben Hochschulabsolventen länger als vier Jahre in einer Unternehmensberatungsgesellschaft, da sie häufig attraktive Angebote anderer Arbeitgeber erhalten, die sie dann wahrnehmen.

[1188] Vgl. Wunderer, R., Dick, P., (2001), S. 134–135.

[1189] Vgl. Backhausen, W., Thommen, J.-P., (2003), S. 222.

[1190] Vgl. Wunderer, R., Dick, P., (2001), S. 120.

[1191] Vgl. Berthel, J., (2000), S. 246.

Auftreten von Wahrnehmungsverzerrungen seitens des Vorgesetzten, stellt das Mitarbeiterentwicklungsgespräch die Basis künftiger individueller Personalentwicklung dar.[1192] Denn das Ziel der zunehmend eigenverantwortlichen Mitarbeit im Unternehmen und flachere Hierarchiestrukturen lassen das Know-how und die Kompetenz der Mitarbeiter bedeutsamer werden.[1193] Im Folgenden werden daher jene Entwicklungsmaßnahmen betrachtet, die besonders für Führungskräfte, Führungsnachwuchskräfte sowie breite Mitarbeiterschichten zukünftig an Bedeutung gewinnen werden.

5.3.1.1.1. Entwicklung von Führungskräften

Einer Führungskraft obliegt im Rahmen arbeitsrechtlicher Möglichkeiten die Gestaltung von Handlungsspielräumen, Perspektiven und Beförderungen sowie leistungsorientierter Entgelte. Diese formale Autorität[1194] übt einen bedeutenden Einfluss auf das Verhalten und die Arbeitsweise der Mitarbeiter aus. Die Führungskraft wird als solche allerdings allein auf ihre Position gestützt und nur innerhalb enger Grenzen akzeptiert.[1195] Auch die funktionale Autorität (Expertenmacht), welche aus der Fachkompetenz der Führungskraft resultiert, reicht für gewöhnlich nicht aus, um beispielsweise organisationales Lernen weiterzuentwickeln und Mitarbeiter zu motivieren.[1196] Für eine gezielte Personalentwicklung der Mitarbeiter ist deshalb die personale Autorität der Führungskraft relevant.[1197] Schlüsselqualifikationen,[1198] kritische Selbstwahrnehmung und Lernwilligkeit sind Persönlichkeitsmerkmale, durch die sich eine Führungskraft auszeichnen sollte, um so Ansehen zu erlangen und die Loyalität der Mitarbeiter zu gewinnen.[1199] Laotse hat diese Form von Führungsverständnis wie folgt formuliert:

„Ein Führer ist am besten, wenn man kaum weiß, dass es ihn gibt. Nicht so gut, wenn man ihm gehorcht und zujubelt. Am ärgsten, wenn man ihn verachtet ... doch von einem guten Führer, der wenig spricht, wenn sein Werk getan ist, sein Ziel erreicht, werden alle sagen: Wir haben es selbst getan."[1200]

Oberziel der Entwicklung von Führungskräften ist letztlich die Erhaltung und Verbesserung des Qualifikationspotenzials der Führungskräfte.[1201] Eine hierbei in Zu-

---

[1192] Vgl. Neumann, R., Grzesiek, A., (2005), S. 40–41.

[1193] Vgl. Knebel, H., (2003), S. 13–14.

[1194] Formale Autorität beruht auf internalisierten Werten und Normen, die Beschäftigte davon überzeugen, Weisungen ihrer Vorgesetzten zu folgen. Vgl. Bröckermann, R., (2003), S. 347.

[1195] Vgl. Bröckermann, R., (2003), S. 347.

[1196] Vgl. Kieser, A., Koch, U., Woywode, M., (1999), S. 129–132.

[1197] Eine empirische Untersuchung belegt die zunehmende Bedeutung von Verhaltens- und Persönlichkeitskompetenz durch verstärkte Nachfrage dieser Seminare. Vgl. Berthel, J., (2000), S. 230.

[1198] Vgl. GP 5.2.1.

[1199] Vgl. Bröckermann, R., (2003), S. 347.

[1200] Vgl. Herzog, R., (1999), S. 760.

[1201] Vgl. Hansmeyer-Echterdiek, U., (1977), S. 19.

kunft immer bedeutender werdende Methode, um Führungskräfte in ihrer Persönlichkeitsentwicklung zu unterstützen – und damit auch das unternehmerische Denken und Handeln zu verbessern – stellt Coaching dar.[1202]

Coaching beschreibt die systemische Entwicklungsberatung von Einzelpersonen oder Gruppen mit dem Ziel, dem Coachee[1203] durch Einsatz verschiedener Instrumente und Methoden dazu zu verhelfen, Probleme eigenständig und nachhaltig zu lösen. Insbesondere ermöglicht Coaching die Problemlösungs-, Lern- und Veränderungsfähigkeit der Mitarbeiter zu verbessern und hilft dabei, das Spannungsfeld zwischen persönlichen und unternehmungsorientierten Zielen auszubalancieren.[1204]

Die Aufgabe des „Coach" beziehungsweise des „Kutschers" war es ursprünglich, die Pferde zu lenken und zu betreuen. Bereits im letzten Jahrhundert wurde diese Bezeichnung an Universitäten im angloamerikanischen Raum umgangssprachlich für Personen verwendet, die andere auf Prüfungen, spezielle Aufgaben und sportliche Wettbewerbe vorbereitet haben.[1205] In Sparkassen durchgeführt, ist Coaching als Intervention zu verstehen, die die Autonomie und Kompetenz von Führungskräften bei Problembewältigungen unterstützen soll.[1206] Der Berater soll der Führungskraft durch Ratschläge, Hilfestellungen und Anregungen behilflich sein, in eine neue Aufgabe oder Verantwortung hineinzuwachsen, sie erfolgreich zu bestehen und aktuelle sowie potenzielle berufliche und persönliche Krisen erfolgreich zu meistern.[1207] Es handelt sich sowohl um die Hilfe bei der Bewältigung längerfristig angelegter Aufgaben als auch bei der Sicherung von zeit- und kontextunabhängigem Leistungs- und Problemlösungsverhalten.[1208] Das Konzept des Coachings stellt somit eine Betreuung, Beratung und Motivation von Führungskräften dar und kann im Wesentlichen als Hilfe zur Selbsthilfe gesehen werden.[1209] Die Hauptziele des Coachings sind dementsprechend, die Führungskräfte dazu zu bringen, eigene Fehler einzugestehen, Fehler eigener Inkompetenz auszumachen, zu erklären und gezielt Abhilfe zu schaffen.[1210]

Anlässe für Coaching in Sparkassen sind im Rahmen des beschriebenen Strukturwandels grundlegende Veränderungen in der Organisation, die Auseinandersetzung mit neuen Kompetenzstrukturen, die Veränderung der Unternehmenskultur oder des Führungsstils.[1211] Aber auch eine allgemeine Verbesserung der Zusammenarbeit innerhalb eines Instituts oder eine Konfliktberatung sind Gründe für Coaching-Maßnahmen.[1212]

[1202] Vgl. Chester, C., (2004), S. 54.

[1203] Coachee beschreibt den Ratsuchenden in einem Coaching-Prozess.

[1204] Vgl. Backhausen, W., Thommen, J.-P., (2003), S. 20.

[1205] Vgl. Rauen, C., (1999), S. 20 und vgl. Böning, U., (2000), S. 173.

[1206] Vgl. von Eckardstein, D., (1999), S. 126.

[1207] Vgl. Meier, H., (1995a), S. 98.

[1208] Vgl. Sattelberger, T., (1996), S. 209.

[1209] Vgl. Hagmaier, A., (2004), S. 19–20.

[1210] Vgl. Grote, M., (1998), S. 206.

[1211] Vgl. Meier, H., (1995a), S. 98–99.

[1212] Vgl. Lengemann, V., Meiser, K., (2004), S. 38.

Coaching stellt in seiner Variantenvielfalt keinesfalls eine bloße Marketing-Leistung zum Verkauf von Beratungsdienstleistungen dar, sondern ist Ausdruck eines bestehenden Methodenpluralismus und eines zunehmend flexibleren Angebots an wirksamen Interventionsmaßnahmen.[1213] Im Folgenden werden einige ausgewählte Coaching-Varianten beschrieben, die gerade für Sparkassen im Strukturwandel an Bedeutung gewinnen werden.

Zumeist handelt es sich bei Coaching-Prozessen um Einzel-Coaching. Bei dieser Form kümmert sich ein organisationsexterner oder ein interner Coach ausschließlich um eine Führungskraft, um mit dieser individuelle berufliche und – sofern notwendig – persönlich-private Fragen aufzuarbeiten. Dies verdeutlicht die Notwendigkeit der Freiwilligkeit des Coachings ebenso wie die Diskretion und gegenseitige Akzeptanz. Dementsprechend wird in einem Coaching-Prozess mit einem internen Coach häufig aus Vertrauens- und Abhängigkeitsgründen nur mit einer geringeren persönlichen Tiefe vorgegangen.[1214] Die wichtigsten Vorteile des Einzel-Coachings liegen in der Möglichkeit, auch das Verhalten von hochrangigen Führungskräften zu verändern, kurzfristige Ergebnisse zu ermöglichen und hierbei individuell vorgehen zu können.[1215]

Gruppen-Coaching hat hingegen mehrere Personen als Zielgruppe, die von einem Coach oder einem Coaching-Team beraten werden.[1216] Dies kann zweckmäßig sein, wenn aus finanziellen und zeitlichen Gründen Einzelcoaching nicht möglich ist, sich die Mitarbeiter z.B. alle in einer ähnlichen aktuellen respektive potenziellen Situation befinden, wenn sich zusammenarbeitende Teams in einem starken Veränderungsprozess befinden (z.B. Zusammenschluss zweier Sparkassen) oder innerhalb des Unternehmens eine konfliktträchtige Funktion einnehmen (z.B. Revisionsabteilung).[1217]

Voraussetzung für ein erfolgreiches Coaching ist, dass der Coach selbst über eine gereifte persönliche Souveränität verfügt, die sein Verhältnis zu Wissen, Können und Unwissen ausbalanciert und für sich selbst und andere den Aspekt der Entwicklungsfähigkeit forciert.[1218] Durch das Coaching sollen in der Regel die anhand einer Ausgangsanalyse festgelegten Bildungsziele erreicht werden.[1219] Für die Mitarbeiter stellt das Coaching aber auch immer eine Hilfe zur Selbsthilfe dar. Es ermöglicht ihnen, ihre Sichtweise zu ändern und alte Gewohnheiten abzulegen.[1220] Außerdem beinhaltet Coaching Vorteile bei der Steigerung der psychischen Stabilität bei Mitarbeitern (z.B. Abnahme von Fehlzeiten), bei der Verbesserung der Kommunikation und des Arbeitsklimas sowie eine schnelle und beständige Verbesserung der Hand-

[1213] Vgl. Böning, U., (2000), S. 184.

[1214] Vgl. Böning, U., (2000), S. 179.

[1215] Vgl. Rauen, C., (1999), S. 54.

[1216] Vgl. Rauen, C., (1999), S. 58.

[1217] Vgl. Meier, H., (1995a), S. 100–101.

[1218] Vgl. Grote, M., (1998), S. 206.

[1219] Vgl. Hauser, M., (1995), S. 148–150.

[1220] Vgl. Herd, H., Bärtele, D.S., (1996), S. 153–154.

lungskompetenz (z. B. im Führungs- und Leistungsverhalten).[1221] Des Weiteren können unrealistische Selbstbilder entzerrt werden, indem Führungskräften eine realistische Rückmeldung ihres eigenen Verhaltens vermittelt wird.[1222]

Die Gründe des zukünftig zunehmenden Einsatzes des Coaching-Instruments in Sparkassen liegen in der Stärke dieser Maßnahme, eine pro-zessorientierte Beratung beruflicher Themen durchzuführen, ohne dabei den persönlichen Bereich einer Führungskraft zu vernachlässigen.[1223] Der Coach bringt einzelne Mitarbeiter, seine Gruppe beziehungsweise sein Team zu höheren Leistungen, welche am Erreichungsgrad der Unternehmensziele, an der Realisierung der Unternehmenswerte und der Art der Beziehungsgestaltung mit der Gruppe gemessen werden.[1224] Eine durch Coaching geschaffene Gelegenheit zur Reflexion der eigenen Situation stellt eine wertvolle Aktivierung der Ressourcen der Führungskräfte dar, die durch andere Maßnahmen im Regelfall nicht erreichbar sind.[1225]

5.3.1.1.2. Entwicklung des Führungskräftenachwuchses

Für den Führungskräftenachwuchs, d. h. jene Mitarbeiter, die zur Führungskraft entwickelt werden sollen, werden zukünftig Maßnahmen der Job-Rotation, der Aufgabenerweiterung (Job-Enlargement) sowie der Aufgabenbereicherung (Job-Enrichment) als Personalentwicklungsmaßnahmen verstärkt an Bedeutung gewinnen.[1226] Dies geschieht vor dem Hintergrund einer Individualisierung der Arbeitswelt in der Form, dass der Führungsnachwuchs verstärkt nach eigenverantwortlichen Gestaltungsmöglichkeiten seiner beruflichen Biografie strebt und impliziert für die Personalentwicklung von Sparkassen einen vorsichtigen und nachhaltigen Umgang mit der „Ressource" Mensch, um im Wettbewerb um talentierte Nachwuchskräfte bestehen zu können.[1227]

5.3.1.1.2.1. Job-Rotation

Job-Rotation bezeichnet ein Verfahren, bei dem Führungsnachwuchskräfte meist in einer Arbeitsgruppe in wechselnden Positionen eingesetzt werden.[1228] Es führt dazu, dass die Mitarbeiter universeller und in der Regel in höheren Positionen einsetzbar sind.[1229] Hierbei kann Job-Rotation als Stellenwechsel, als Sequenz von Stellenwechsel und als zeitweiliger Wechsel zwischen zwei Funktionsbereichen organisiert werden.[1230] Die Job-Rotation dient der individuellen Qualifizierung einer Führungsnach-

1221 Vgl. Meier, H., (1995a), S. 99–100.

1222 Vgl. Rauen, C., (2000), S. 46.

1223 Vgl. Rauen, C., (1999), S. 211.

1224 Vgl. Schulz, C., (2004c), S. 607.

1225 Vgl. Geßner, A., (2000), S. 156.

1226 Vgl. Westenbaum, A., (2004), S. 67–68.

1227 Vgl. Benedikt, H.-P., (2004), S. 253.

1228 Vgl. Hauser, M., (1995), S. 139–144.

1229 Vgl. Lange, A., (1989), S. 173.

1230 Vgl. Becker, M., (1999a), S. 405.

wuchskraft durch den regelmäßigen und systematischen, planmäßigen Wechsel von Arbeitsplätzen und -aufgaben und wird durchgeführt, „damit die Mitarbeiter durch Hinzugewinnen neuer Fach- und Führungserfahrungen ihre Erfahrungen verbreitern und durch Qualifikationsausweitung ihre Flexibilität erhöhen".[1231]

Diese Maßnahme soll dazu beitragen, dass Führungsnachwuchskräfte in Sparkassen ein besseres Verständnis für die Probleme anderer Abteilungen erhalten. Durch den Arbeitsplatzwechsel müssen sich die Mitarbeiter nicht nur fachlich weiterentwickeln, sondern sich auch mit wechselnden Mitarbeitern und Vorgesetzten neu arrangieren, wodurch wiederum das Sozialverhalten geschult wird. Das Ziel der Job-Rotation ist demnach, die Flexibilität, die Qualifikation und die Motivation der Mitarbeiter zu erhöhen und somit die Humanisierung der Arbeit und die Arbeitseffizienz zu steigern.[1232]

Für das Verfahren der Job-Rotation bieten sich mehrere Gestaltungsmöglichkeiten. So ist die gezielte Veränderung von Tätigkeiten- und/oder Entscheidungsspielräumen geeignet, den Mitarbeitern zusätzliche Qualifikationen zu vermitteln, um sie auf die Übernahme einer Führungsaufgabe vorzubereiten.[1233] Eine weitere Variante stellt das Traineeprogramm für Berufseinsteiger oder Hochschulabsolventen dar, um diesen die wichtigsten Betriebsfunktionen nahe zu bringen beziehungsweise ihnen den Übergang von der theoretischen Ausbildung zur betrieblichen Praxis zu erleichtern.[1234]

Bei der Job-Rotation sollte darauf geachtet werden, dass eine Mindestverweilzeit im jeweiligen Arbeitsbereich eingehalten wird und die Führungsnachwuchskraft nicht in dem Moment den Arbeitsplatz verlassen muss, in dem sie sich gerade eingearbeitet hat und ihren Beitrag zum Unternehmenserfolg leisten kann. Außerdem sollte eine weitere Entwicklung der Mitarbeiter nur nach erfolgreicher Aufgabenerfüllung (Bewährungsprinzip) stattfinden. Die neuen Aufgaben sollten den Mitarbeiter möglichst unterschiedlich fordern, seine Kenntnisse und Fähigkeiten berücksichtigen und ihm Möglichkeiten und Anreize bieten, diese selbstständig zu erweitern.[1235]

Job-Rotationen bringen sowohl den einzelnen Mitarbeitern als auch der gesamten Unternehmung Nutzen. Vorgesetzte und Mitarbeiter der Personalabteilung können mittels dieses Verfahrens besser erkennen, auf welchem Gebiet der Einzelne die besten Leistungen erbringt, wodurch Einsatz- und Beförderungsentscheidungen effektiver werden. Durch die Bearbeitung unterschiedlicher Aufgaben beziehungsweise Funktionen verbessert sich die Anpassungs- und Kooperationsfähigkeit der Mitarbeiter. Sie bekommen die Gelegenheit, eigene Stärken und Schwächen bei der Aufgabenausführung und Zusammenarbeit mit Kollegen zu reflektieren. Außerdem wird Bereichsegoismus abgebaut und somit eine bessere Kommunikation zwischen Abtei-

[1231] Berthel, J. (2000), S. 274.

[1232] Vgl. Weber, W., Mayrhofer, W., Nienhüser, W., (1993), S. 140.

[1233] Vgl. Grote, M., (1998), S. 204.

[1234] Vgl. Mentzel, W., (1997), S. 179–181.

[1235] Vgl. Grote, M., (1998), S. 204–205 und vgl. Meier, H., (1995a), S. 175.

lungen erreicht.[1236] Nicht zu vergessen ist der wohl bedeutendste Vorteil der Job-Rotation, nämlich die Chance, Nachwuchskräfte zu flexiblen Generalisten[1237] auszubilden, die ein breites Verständnis für die Aufgaben, Probleme und Bedürfnisse der einzelnen Bereiche zeigen und die Probleme insbesondere auch des Strukturwandels verstärkt aus Sicht des Gesamtunternehmens wahrnehmen.[1238]

Für Sparkassen stellt Job-Rotation ein sehr interessantes Weiterbildungsinstrument dar, um den gestiegenen Anforderungen zu begegnen. Denn Job-Rotation wirkt einer möglichen Monotonie entgegen.[1239] Job-Rotation soll aber nicht nur einen Arbeitswechsel in kurzen Abständen darstellen, sondern vielmehr auch als Teil einer intensiven Führungskräfteentwicklung gesehen werden, die der Erhaltung und dem Ausbau der Fach- und Methodenkompetenz[1240] sowie der Kunden-, Wettbewerbs- und Marktorientierung dienen soll.[1241] Hierbei sollte auch Berücksichtigung finden, dass Nachwuchskräfte im Rahmen ihrer Job-Rotation Einsatz in der Personalabteilung finden. Denn eine Kernaufgabe der Personalabteilungen sollte eine Vernetzung mit der gesamten Sparkasse sein.[1242]

Zu beachten ist allerdings, dass Job-Rotation zwar die Motivation der einzelnen Arbeitnehmer fördert, jedoch nicht in großem Maße zu einer „Individualisierung" beiträgt. Gründe hierfür sind unter anderem in dem möglichen Verlust stabiler Kontakte und in einer immer wieder notwendigen Einarbeitung zu suchen.[1243] Zielsetzung sollte daher neben der Einbeziehung von auch höherwertigen Arbeitsplätzen in das Rotations-Konzept ebenso die Förderung und Unterstützung der Eigeninitiative des Mitarbeiters sein, dem in bestimmten Grenzen mehr Entfaltungsmöglichkeiten zur Verfügung zu stellen sind und der im Rahmen der Job-Rotation verschiedenen Gefahren und Potenzialen gegenübersteht. Abbildung 27 verdeutlicht zusammenfassend die Vor- und Nachteile der Job-Rotation.

5.3.1.1.2.2. Aufgabenerweiterung

Die Aufgabenerweiterung (Job-Enlargement) beschäftigt sich mit der Zusammenfassung mehrerer strukturell gleichartiger beziehungsweise ähnlicher Arbeitselemente

---

1236 Vgl. Grote, M., (1998), S. 205 und vgl. Mentzel, W., (1997), S. 182.

1237 Voßenkaul und Prinz zeichnen für die Mitarbeiter der S-Finanzgruppe einen Weg vom Spezialisten zu einem Generalisten auf. Vgl. Voßenkaul, J., Prinz, M., (2005), S. 36.

1238 Vgl. Breisig, T., Krone, F., (1999), S. 410.

1239 Vgl. Jung, H., (2001), S. 207.

1240 Vgl. GP 5.2.1.2.

1241 Vgl. Horsch, J., (2000), S. 216.

1242 „Zum Aufstieg [...] müsse auch eine Station als HR-Manager gehören. Zudem sollten sich auch klassische Personalmanager von der Kaminkarriere verabschieden: Ein Berufsweg, der 25 Jahre nur in der Personalabteilung verbracht werde, bremse die natürliche Vernetzung nach außen und schade damit auch der Position der Firma im Konkurrenzkampf [...]." Gloger, A., (2004), S. 10.

1243 Olfert, K., Steinbuch, P.A., (2001), S. 204.

Vorteile	Nachteile
• Verbesserung der Anpassungs- und Koordinationsfähigkeit der Mitarbeiter, • breite Entwicklung der Mitarbeiter durch Bearbeitung unterschiedlicher Probleme und Aufgaben, • größere Kooperations- und Delegationsbereitschaft, • Förderung der Flexibilität für die Übernahme anderer Funktionen, • bessere Vergleichsmöglichkeiten zwischen den Mitarbeitern, • mehr Interesse an den Arbeitsaufgaben, • Erschließung des Ideenpotenzials der Mitarbeiter, • höhere Arbeitszufriedenheit und Abbau sozialer Isolation.	• erhöhter Einübungsaufwand, • Integrationsprobleme, • erhöhter Planungsaufwand, • Verzögerungen und Stockungen möglich, • Mindestanzahl von Rotationskandidaten notwendig, • eventuell ablehnende Haltung von Vorgesetzten.

Abb. 27. Vor- und Nachteile der Job-Rotation

verschiedener Arbeitsplätze zu einem Arbeitsplatz.[1244] Es gelingt somit, den Arbeitsprozess durch die strukturell ähnlichen Arbeitsaufgaben sinnvoll horizontal zu verlängern und einen ganzheitlichen Produktionsprozess zu initiieren.[1245] Als Gestaltungsmöglichkeiten innerhalb von Sparkassen kommt beispielsweise eine feste Implementierung von Projekt- und Sonderaufgaben in die Arbeitsorganisation, die dauerhafte Übernahme von Aufgaben aus anderen Stellen beziehungsweise Abteilungen oder die schrittweise Umstrukturierung der Aufgaben in einzelne Organisationseinheiten in Frage.[1246] Die mit den horizontal erweiterten Aufgaben beschäftigten Führungsnachwuchskräfte müssen sich durch eine erhöhte Fachkompetenz auszeichnen sowie den Inhalt der Arbeiten und die damit verbundenen Anforderungen an die geistige, soziale und physische Ausbildung als einen Schlüsselmotivator empfinden, damit die Bereitschaft zur Besetzung der jeweiligen Einsatzmöglichkeiten gewährleistet ist.[1247]

Die mit der Aufgabenerweiterung eventuell verbundenen Nachteile, wie beispielsweise die Notwendigkeit vermehrter Fortbildung oder die Anpassung an neue Aufgaben können hierbei im Sinne der Führungskräftenachwuchsentwicklung als Selektionskriterium gesehen werden. Werden die mit der Aufgabenerweiterung verbundenen Nachteile von einer Führungsnachwuchskraft als zu gravierend empfunden, so ist absehbar, dass diese als zukünftige Führungskraft nicht geeignet ist. Abbildung 28 fasst übersichtsartig die bedeutendsten Vor- und Nachteile der Aufgabenerweiterung zusammen.

[1244] Vgl. Horsch, J., (2000), S. 215.

[1245] Vgl. Hauser, M., (1995), S. 144–148.

[1246] Vgl. Grote, M., (1998), S. 204.

[1247] Vgl. Schneevoigt, I., Jung, P., (1999), S. 773.

Vorteile	**Nachteile**
• positive Wirkung auf die Motivation, Arbeitszufriedenheit, -quantität und -qualität, • Kostensenkung, • individuelle und gut steuerbare Entwicklung der Mitarbeiter, • Förderung der Flexibilität für künftige Einsätze, • gezielte Arbeitsumstrukturierung innerhalb der Gruppe.	• Notwendigkeit vermehrter Fortbildung, • Anpassung an vermehrte Pflichten schwierig, • Widerstände gegen Veränderungen.

Abb. 28. Vor- und Nachteile der Aufgabenerweiterung

5.3.1.1.2.3. Aufgabenbereicherung

Die Aufgabenbereicherung (Job-Enrichment) widmet sich einer qualitativen Veränderung der Arbeit.[1248] Sie bezeichnet die vertikale Ausweitung des Arbeitsbereiches beziehungsweise Arbeitsinhaltes und zwar in dem Sinne, dass der jeweiligen Führungsnachwuchskraft die Möglichkeit eingeräumt wird, ihre Tätigkeit in einem gewissen Umfang eigenverantwortlich zu planen, zu steuern, zu organisieren und die erzielten Ergebnisse selbst zu kontrollieren.[1249]

Job-Enrichment hat zum Ziel, den Entscheidungs- und Kontrollspielraum durch Zusammenfassung von strukturell verschiedenen Elementen der Arbeit auszubauen und damit zu einer erweiterten Autonomie beizutragen.[1250] Die Ausweitung des Dispositionsspielraumes ermöglicht die Steigerung der eigenen Leistungstüchtigkeit, die Selbstentfaltung und -verwirklichung sowie die Höherqualifizierung durch Übernahme neuer Verantwortung und macht das Job-Enrichment zu einer der wichtigsten Methoden der Arbeitsinhaltsgestaltung für Führungsnachwuchskräfte.[1251] Die Aufgabenbereicherung führt so zu einer Erhöhung der motivationalen Wirkung der Arbeit und gibt Sparkassenmitarbeitern die Gelegenheit, interessantere Tätigkeiten auszuüben sowie den Ansporn, ihre persönliche Entwicklung individuell zu fördern.[1252] Innerhalb der Sparkassen wird es beim Job-Enrichment darauf ankommen, das gesamte Aufgabengebiet durch zusätzliche Entscheidungskompetenzen gezielt zu erweitern und die Erweiterung der Aufgaben mit bestimmten Vollmachten auszustatten, um so den Führungsnachwuchskräften die Motivation zur Fortentwicklung zu vereinfachen.[1253] Abbildung 29 fasst die elementaren Vor- und Nachteile der Aufgabenbereicherung zusammen.

[1248] Vgl. von der Oelsnitz, D., (2003), S. 650.

[1249] Vgl. Schanz, G., (2000), S. 570.

[1250] Vgl. Jung, H., (2001), S. 207.

[1251] Vgl. Scholz, C., (2000), S. 515.

[1252] Vgl. Berthel, J., (2000), S. 279.

[1253] Vgl. Grote, M., (1998), S. 203.

Vorteile	Nachteile
• Höhere Arbeitszufriedenheit, • Verminderung der Monotonie, • Senkung des Spezialisierungsgrades, • Förderung der Motivation durch Kompetenzzuweisung, • individuelle Steuerung der Entwicklung des Mitarbeiters, • Förderung des bereichs- beziehungsweise abteilungsübergreifenden Denkens.	• Unzufriedenheit bei Überforderung, • Notwendigkeit vermehrter Fortbildung, • begrenzte Möglichkeiten durch verminderte Besitzstände.

Abb. 29. Vor- und Nachteile der Aufgabenbereicherung

5.3.1.1.3. Entwicklung breiter Mitarbeiterschichten

Die Entwicklung breiter Mitarbeiterschichten wird zukünftig vor allem mittels so genannter programmierter Unterweisungen erfolgen. Die programmierte Unterweisung als Form des Selbststudiums ist eine aktive Lehrmethode, die unter konsequenter Nutzung lerntheoretischer Erkenntnisse zur systematischen Vermittlung von Faktenwissen sowie zur Einübung und Vertiefung bereits vorhandener Kenntnisse eingesetzt werden kann.[1254] Der Lernstoff wird hierbei modularisiert und der Lernprozess findet nach dem Prinzip der Information – Frage – Antwort – Kontrolle statt. Die Teilnehmer werden in jeder Lerneinheit, deren Tempo individuell einstellbar ist, zu einer aktiven Stellungnahme veranlasst, bei der sie die Antworten angeben und selbst kontrollieren müssen.[1255]

Im Zeitalter der Informationstechnologie wird das computerunterstützte Lernen von zentraler Bedeutung sein, welches als Computer Based Training (CBT) bezeichnet wird.[1256] Die Einsatzmöglichkeiten dieser Lernprogramme für breite Sparkassenmitarbeiterschichten sind vielfältig.[1257] Im Zuge von Allfinanzkonzepten können Mitarbeitern mittels CBT beispielsweise produktspezifische Kenntnisse zu Lebensversicherungen, Bausparverträgen oder Investmentfonds vermittelt werden.[1258] Ferner gibt es Einführungsprogramme in die EDV, Fremdsprachentrainings beziehungsweise Vokabeltraining für Financial English, Verkäuferschulungen, Training im Umgang mit Kunden am Schalter beziehungsweise Telefon.[1259] Gelernt werden kann zu Hause, am Arbeitsplatz oder gegebenenfalls im betrieblichen Lernstudio mit Grup-

[1254] Vgl. Mentzel, W., (1997), S. 186.

[1255] Vgl. Grote, M., (1998), S. 213.

[1256] Weitere Bezeichnungen hierfür sind beispielsweise computergestützter Unterricht (CUU), Computer Based Education (CBE) oder Computer Based Learning (CBL).

[1257] Vgl. Sierke, B.R.A., (2002), S. 80.

[1258] Vgl. Hoppe, U., Huisinga, H., (1996), S. 560.

[1259] Vgl. Koch, S., Walter, P., (2002), S. 18.

penarbeit und Tutor.[1260] Die Programme reichen von der reinen Lernsoftware bis zum Lernmethoden-Mix (z.B. Computer Based Training und Seminar) und von einfachen Informationsabfragen bis zum problemorientierten interaktiven Lernen.[1261] Durch das Internet besteht die Möglichkeit zu Lernpartnerschaften, zu virtuellen Diskussionsforen und tutorieller Unterstützung aus dem Netz.[1262]

Ein Nutzen des CBT ist die Motivierung der Mitarbeiter zum einen durch den spielerisch-entdeckenden Umgang mit dem System und zum anderen durch die unmittelbare Rückmeldung über erzielte Lernfortschritte.[1263] Durch die Freiheit, die Durchführung in lerngünstige Zeiten zu verlegen und das Lerntempo, die Lerndauer sowie in manchen Fällen die Darstellung des Lernstoffes selbst zu bestimmen, wird eine Individualisierung des Lernens ermöglicht.[1264] Somit wird für den Mitarbeiter ein angstfreies und selbstverantwortliches Lernen möglich.[1265]

Gerade für Sparkassen mit ihrer Filialstruktur ist mit dieser Bildungsmaßnahme – die vor Ort stattfinden kann – eine erhebliche Erleichterung bezüglich des Koordinationsaufwandes verbunden.[1266] Durch das CBT wird somit der organisatorische Aufwand geringer und Arbeitszeiten sowie Kosten, die ansonsten für An- und Abreisen zu den Weiterbildungsveranstaltungen aufgewendet werden würden, können eingespart werden.[1267]

Je nach Programm passt sich der Schwierigkeitsgrad an die Fähigkeiten des Lernenden an beziehungsweise bestimmt dieser selbst, welche Lektionen übersprungen werden und welche er wiederholen möchte. Dies führt in der Regel zu einer erhöhten Lernmotivation und somit auch zu größeren Lernerfolgen.[1268] Ein weiterer Vorteil liegt in der Interaktivität des Lernens. Dadurch, dass Problemsituationen aus verschiedenen Perspektiven betrachtet werden können und der Lernende eine sofortige Rückmeldung über die Richtigkeit seiner Antwort bekommt, ermöglicht das CBT den Aufbau von subjektiven Erfahrungsstrukturen.[1269] Das CBT führt neben Einsparungen von Trainingskosten zu einer gesteigerten Effizienz, da in kurzer Zeit viele Mitarbeiter intensiv geschult werden.[1270] Durch die Verkürzung beziehungsweise aufgrund des Wegfalls konventioneller Bildungsmaßnahmen werden wiederum Trainerkapazitäten freigesetzt, die für qualitativ anspruchsvolle Verhaltens- und Verkaufsschulungen der Mitarbeiter genutzt werden können.[1271] Solche ergänzenden

---

[1260] Vgl. Schwabe, G., Valerius, M., (2002), S. 234–236.

[1261] Vgl. Meier, H., (1995a), S. 102–103.

[1262] Vgl. Lehner, F., (2001), S. 1148–1149.

[1263] Vgl. Petrovic, O., Kailer, N., Scheff, J., Vogel, D., (1998), S. 25.

[1264] Vgl. Steffen, U., (2002), S. 499–500.

[1265] Vgl. Johansson, S., (2001), S.43–44.

[1266] Vgl. Walter, P., Koch, S., (2003), S. 328.

[1267] Vgl. Müller, B., Petersen, T., Junge, S., (2003), S. 68.

[1268] Vgl. Kraemer, W., (2001), S. 26–27.

[1269] Vgl. Petrovic, O., Kailer, N., Scheff, J., Vogel, D., (1998), S. 25.

[1270] Vgl. Lochmaier, L., (2003), S. 35.

[1271] Vgl. Hoppe, U., Huisinga, H., (1996), S. 558.

Schulungen sind in Kombination mit anderen Weiterbildungsmaßnahmen durchzuführen, sie können aber auch mit der entsprechenden Betreuung (vor Ort oder per Internet/Intranet) und adäquaten Programmen über CBT erfolgen.[1272] Diese ergänzenden Schulungen vertiefen die im Vorfeld vermittelten kognitiven Lerninhalte handlungs- und fallbezogen. Die Vertiefungen tragen wiederum zur Unterstützung notwendiger Kernkompetenzen – wie der Fähigkeit zum eigenverantwortlichen und selbstständigen Handeln – bei. Vernetztes und ganzheitliches Denken und die Fähigkeit zur kooperativen Selbstqualifikation, zur Selbstreflexion und zum Selbstmanagement werden gefördert.[1273] Darüber hinaus kann durch den Einsatz von CBT die Problemlösungskompetenz der Lernenden bei komplexen Aufgabenstellungen verbessert werden.[1274]

Probleme bei der Anwendung von CBT können auftreten, wenn bei der Programmentwicklung anstatt didaktischer Qualität eine starke Technikbezogenheit in den Vordergrund tritt oder wenn technische Neuerungen die aufwändigen Entwicklungen überholen beziehungsweise eine regelmäßige Programmpflege notwendig machen.[1275] Außerdem ist die Erstellung von individuellen Lernprogrammen, die auf die Anforderungen der Sparkasse zugeschnitten sind, beziehungsweise die intensive personelle Betreuung bei der Einführung solcher Programme sehr kostenintensiv. Fehlt die pädagogische Betreuung und Begleitung der Lernenden bei der Arbeit mit dem CBT, sind die Vorteile dieser Lernform – hinsichtlich der über den kognitiven Bereich hinausgehenden Lernziele – nicht zu realisieren. Des Weiteren ist es wichtig, eine Transparenz des Lehrangebotes zu schaffen, da nur so die Selbstverantwortung des Mitarbeiters für seine persönliche Weiterbildung gestützt werden kann.[1276]

Bei der Integration von CBT in die unternehmerische Bildungsarbeit darf nicht außer Acht gelassen werden, dass diese an den Mitarbeiter hohe Anforderungen stellt.[1277] Es werden ihm sowohl Selbstverantwortung zur Weiterentwicklung als auch die Fähigkeit abverlangt, Lernbedürfnisse zu erkennen und sich mit diesen im Sinne der Unternehmenszielsetzung auseinander zu setzen.[1278] Je höher der Grad der Selbststeuerung ist, desto höher sind die Anforderungen an den Lernenden in Bezug auf Motivation, Selbstdisziplin und Vorwissen (technisches Bedienwissen).[1279]

Für die immer kürzeren Innovationszyklen von Produkten und Dienstleistungen und den wachsenden Konkurrenzkampf wird die schnelle Abdeckung des Informations- und Bildungsbedarfs verlangt.[1280] Das CBT stellt hier für Sparkassen eine Entwicklungsmethode dar, mit der das selbstständige Lernen effizienter und attraktiver

---

[1272] Vgl. Scholz, C., (2001), S. 612–613.

[1273] Vgl. Reichmann, L., Beitler, M., (2002), S. 35–36.

[1274] Vgl. Meifert, M., Müller, O., (1997), S. 314.

[1275] Vgl. Meier, H., (1995a), S. 104.

[1276] Vgl. Greff, G., China, R., (2001), S. 40.

[1277] Vgl. Vering, J., (2001), S. 35.

[1278] Vgl. Kailer, N., (1998), S. 24.

[1279] Vgl. Reinmann-Rothmeier, G., (2002), S. 726.

[1280] Vgl. Flum, T., (2002), S. 22.

gestaltet werden kann, mit der eine zeitadäquate Weiterbildung möglich wird und die bei richtiger Anwendung nicht nur die fachliche Kompetenz der Mitarbeiter fördern kann.

5.3.2. Einsatz bestimmter Arbeitnehmergruppen

Im bisherigen Verlauf wurden Kompetenzen dargestellt, die, sofern sie nicht ex ante vorhanden sind, zu einem gewissen Grad aufgebaut werden können. Eine antizipative Personalentwicklung im Sinne der Vorhaltung des benötigten Know-hows beinhaltet in Sparkassen aber auch Aufgaben des Einsatzes bestimmter Arbeitnehmergruppen. Eine antizipative Personalentwicklung in Sparkassen sollte stets auf das Kundeninteresse fokussiert sein. Sparkassen als typische Retailbanken verfügen über ein sehr heterogenes Kundenprofil, sodass es zukünftig für den geschäftlichen Erfolg sinnvoll erscheint, den jeweiligen Kundenprofilen adäquate Berater zur Seite zu stellen. Aus diesem Grund werden im Folgenden mit den ausländischen Arbeitnehmern, den älteren Arbeitnehmern, den weiblichen Arbeitnehmern sowie den Hochschulabsolventen vier Mitarbeitergruppen vorgestellt, deren Einsatz zukünftig verstärkt in Sparkassen erfolgen sollte. Unterschiedliche Arbeitnehmergruppen weisen auch besondere Anforderungen für den Arbeitseinsatz auf. Entsprechend müssen jeweilige Beschränkungen im Rahmen der Personaleinsatzplanung berücksichtigt und darauf geachtet werden, „dass der Arbeitseinsatz nur in einem individuell angepassten, soziotechnischen Arbeitssystem rechtlich, technisch, sozial und ethisch möglich ist."[1281]

5.3.2.1. Ausländische Arbeitnehmer

Von besonderer Bedeutung für den zukünftigen Vertriebserfolg von Sparkassen wird die Beschäftigung ausländischer Arbeitnehmer beziehungsweise von Arbeitnehmern sein, die über einen anderen ethnischen Hintergrund als deutsche Mitarbeiter verfügen. Im GP 3.2.1.3. wurde hierauf bereits verwiesen. Gerade Sparkassen mit einer Kernkompetenz im breiten Privatkundengeschäft[1282] müssen diesbezüglich reagieren und ihren (potenziellen) ausländischen Kunden Bankberater zur Seite stellen, die sie sowohl auf sprachlicher als auch auf mentaler Ebene verstehen. Die Beschäftigung ausländischer Mitarbeiter stellt somit keine soziale Aufgabe einer Sparkasse dar, sondern ist allein ökonomisch bedingt. Die Beschäftigung ausländischer Arbeitnehmer soll aber nicht zu einer Ghettoisierung innerhalb einer Sparkasse führen, d. h. es sollte darauf geachtet werden, dass ausländische Berater nicht ausschließlich ausländische Kunden bedienen, sondern darüber hinaus auch für andere Kundengruppen Ansprechpartner sind.

[1281] Jung, H., (2001), S. 236.

[1282] So besteht gerade unter türkischen Arbeitnehmern eine hohe Sparquote, da sie häufig mit dem Ersparten planen, bei Eintritt in das Rentenalter wieder in ihre alte Heimat zurückzukehren.

Die Anstellung ausländischer Mitbürger kann aber auch Integrationsprobleme mit sich bringen, die zu Erschwernissen im Kontakt und Umgang mit den Kunden und Mitarbeitern führen können:

- Sprachprobleme lösen häufig Missverständnisse aus, die wiederum Fehlhandlungen, Fehlabschlüsse oder interpersonelle Konflikte verursachen können. Diese Probleme zu überwinden ist wesentliches Element der Beschäftigung ausländischer Arbeitnehmer und kann durch speziellen Sprachunterricht oder den (kurzfristigen) Einsatz mehrsprachiger Vorgesetzter erfolgen.
- Unterschiedliche technische Ausbildungsstände bedingen Fehlbedienungen oder Beschädigungen von Betriebsmitteln. Es gilt, durch ein zugeschnittenes Ausbildungsprogramm und gezielte Schulungsmaßnahmen zu einem ausreichenden Bildungsstand beizutragen und Barrieren abzubauen.
- Soziokulturelle Eigenheiten und unterschiedliche Werte rufen oftmals Unverständnis bei Kollegen und Kunden hervor. Ihnen muss mit verstärkter Akzeptanz und Toleranz begegnet werden, um der Unternehmenskultur keinen Schaden zuzufügen und ein positives Image nach außen zu tragen.

Aus diesem Grund sind gerade jene Ausländer, die bereits in Deutschland geboren worden sind, als potenzielle Mitarbeiter von Interesse, da bei ihnen häufig die aufgeführten Probleme nicht existieren und sie zumeist in beiden Kulturkreisen beheimatet sind.

Andere Banken sind bei der Nutzung des Potenzials ausländischer Mitarbeiter den Sparkassen voraus. So hat beispielsweise die GE Money Bank ein türkisches Call Center eingerichtet, beschäftigt türkische Berater und hat überdies eine türkische Internetseite eingerichtet.[1283] Darüber hinaus laufen Werbespots in türkischer Sprache auf türkischen Satellitensendern. Noch kosmopolitischer agiert die Citibank, die ein Call Center betreibt, in dem 12 Sprachen gesprochen werden.[1284]

All diese Bestrebungen, die interkulturelle Kompetenzen[1285] bedingen, werden einen großen Aufwand für die Personalentwicklung in Sparkassen implizieren und zumeist unter dem Begriff der „Diversity" subsumiert.[1286] Hierbei ist Diversity im Sinne eines Facettenreichtums zu verstehen, „der eine vielfältige und vielschichtige Alternativauswahl impliziert und der die Unterschiedlichkeit nicht nur als Trennendes, sondern auch als etwas Verbindendes ansieht und als Chance beziehungsweise Potenzial zu einer synergetischen Nutzung begreift. Die synergetische Nutzung dieser Ressource ergibt sich jedoch nicht schon gewissermaßen naturwüchsig aus dem bloßen Faktum von Verschiedenheit, sondern erfordert ein gezieltes und erfolgreiches Diversity-Management"[1287]. Denn gerade die individuelle Verschiedenheit vieler Mitarbeiter, die bei Beschäftigten unterschiedlicher Kulturkreise besteht, beinhaltet zumeist eine Vielfalt individueller Fähigkeiten, Erfahrungen, Kompetenzen und

[1283] Vgl. Kort, K., (2004), S. 19.

[1284] Vgl. Kort, K., (2004), S. 19.

[1285] Vgl. Bergmann, R., (2000), S. 55–56.

[1286] Vgl. Graf, A., (2003), S. 26–27.

[1287] Aretz, H.-J., Hansen, K., (2003), S. 12–13.

Qualifikationen, die für Sparkassen eine zentrale humane Ressource darstellen können und für die es gilt, stärker als bisher genutzt zu werden.[1288]

5.3.2.2. Ältere Arbeitnehmer

Die demografische Entwicklung lässt die Bevölkerung im Durchschnitt immer älter werden.[1289] So war der Anteil der älteren Mitbürger in der deutschen Bevölkerung noch nie so groß wie er heutzutage ist. Es ist aber auch Fakt, dass Sparkassen die Alterspyramide in ihrer Arbeitnehmerstruktur umgekehrt abbilden. „Spätestens ab 40 hat man kaum mehr Chancen eingestellt zu werden. Ausnahmen für das Top-Management bestätigen die Regel. Mehr als die Hälfte der Unternehmen beschäftigt keine Mitarbeiter über 50 mehr – aber warum auch? Offensichtlich sind die volkswirtschaftlichen und demografischen Argumente der Politik betriebswirtschaftlich nicht relevant.“[1290]

Zu diesem quantitativen Aspekt gesellt sich jedoch auch noch ein qualitativer. Denn gerade die ältere Bevölkerung verfügt im Regelfall über ein größeres Vermögen als die jüngere. Parallel zur Alterung der Gesellschaft fand aber in den letzten Jahren eine Verjüngung der Belegschaft in den deutschen Kreditinstituten statt.[1291] Durch Vorpensionierungen, Altersteilzeit[1292] und ähnliche Maßnahmen ging das durchschnittliche Alter der Beschäftigten immer weiter zurück. Ältere Kunden wünschen sich jedoch oftmals Kontinuität in der Beratung, die sich zumeist in einem festen Ansprechpartner manifestiert. Sie führen seltener Bankgeschäfte per Internet durch und wünschen sich eine Beratung in ihrer Filiale. Allerdings wurden in den letzten Jahren viele Filialen geschlossen und verstärkt jüngere Bankmitarbeiter eingesetzt, die häufig binnen Jahresfrist ihren Arbeitsplatz innerhalb der Sparkasse wechseln. Eine Kontinuität des Ansprechpartners ist jedoch Voraussetzung zur Vertrauensbildung und damit auch zur Tätigung finanzieller Geschäfte seitens der Kunden.[1293] Dabei sprechen ältere Kunden häufig lieber mit älteren Bankmitarbeitern über ihre finanziellen Angelegenheiten, da sie sich von diesen besser verstanden wissen.[1294] Diesbezüglich hat der wettbewerbliche Strukturwandel[1295] zu wenig Rücksicht (beziehungsweise Weitsicht) auf den demografischen Strukturwandel[1296] genommen.

[1288] Vgl. Aretz, H.-J., Hansen, K., (2003), S. 9.

[1289] Vgl. GP 3.2.1.1.

[1290] Hormel, R., Hiltl, M., (2004), S. 18.

[1291] Vgl. Witte, J., Moog, M., (2000), S. 37.

[1292] Die Altersteilzeit kann in Sparkassen ab dem 55. Lebensjahr eines Mitarbeiters als Instrumentarium der Personalanpassung verwendet werden. Vgl. Langenbrinck, B., (1999), S. 576.

[1293] Vgl. Möllering, G., (2002), S. 84–85.

[1294] So erzielen britische Banken signifikante Vertriebserfolge durch den bewussten Einsatz älterer Mitarbeiter. Vgl. Maitland, A., (2002), S. 9.

[1295] Vgl GP 3.2.4.

[1296] Vgl GP 3.2.1.

Der demografische Strukturwandel ist für Sparkassen jedoch nicht nur hinsichtlich der Altersentwicklung ihrer Kunden bedeutsam. Bereits heute ist absehbar, dass aufgrund der niedrigen Geburtenrate auch auf Sparkassen Probleme bei der Rekrutierung neuer Mitarbeiter zukommen werden. Die Gesamtleistungserstellung in Kreditinstituten muss daher notwendigerweise in Zukunft verstärkt auf die Arbeitskraft älterer Mitarbeiter zurückgreifen. Darüber hinaus gilt es auch zu berücksichtigen, dass Know-how älterer Mitarbeitfer eine bedeutsame Ressource darstellt, die es für den Geschäftserfolg zu nutzen gilt.[1297] „Zielstrebig hält sich die Vorstellung das Älterwerden sei durch den Abbau der Leistungsfähigkeit gekennzeichnet. Tatsächlich leisten ältere Arbeitnehmer nicht weniger, sondern in bestimmten Gebieten sogar mehr – manche Fähigkeiten brauchen ganz einfach Zeit heranzureifen: Erfahrungswissen, Prozesswissen, Gesprächsfähigkeit, Führungs- und Entscheidungskompetenz. Die Älteren haben größere persönliche Netzwerke, sind emotional stabiler und kennen die Regeln, nach denen das Unternehmen funktioniert."[1298] Darüber hinaus ist die Loyalität älterer Mitarbeiter gegenüber ihrem Arbeitgeber höher. Unter jüngeren Mitarbeitern besteht eine höhere Fluktuationsrate, die wiederum erhöhte Recruiting-, Einarbeitungs- und Weiterbildungskosten bedingt.

In der unternehmerischen Praxis werden ältere Mitarbeiter noch allzu häufig als personelle Anpassungsreserve betrachtet und auch das zur Verfügung stehende Rentenzugangsinstrumentarium wird zu personalwirtschaftlichen Anpassungsprozessen wie Personalreduktion und Verjüngung der Belegschaft genutzt.[1299] Ältere Arbeitnehmer beteiligen sich in einem geringeren Umfang an Weiterbildungsaktivitäten als jüngere Mitarbeiter.[1300] Hierfür gibt es drei mögliche Gründe: Zum einen ist das Know-how älterer Arbeitnehmer in vielerlei Hinsicht größer und es bedarf geringerer Weiterbildungsaktivitäten. Zum anderen sind ältere Arbeitnehmer in Unternehmen unterrepräsentiert, so dass per se ältere Arbeitnehmer in geringerem Umfang an Weiterbildungsmaßnahmen teilnehmen, da sie nicht mehr in der Unternehmung existent sind. Darüber hinaus werden nur in den seltensten Fällen spezielle Weiterbildungsformen für ältere Arbeitnehmer angeboten, so dass häufig eine gewisse Scheu unter dieser Arbeitsgruppe auszumachen ist, sich an solchen Maßnahmen aktiv zu beteiligen.[1301] Erschwerend kommt hinzu, dass ältere Mitarbeiter im Regelfall über eine geringere formale Ausgangsqualifikation verfügen und aufgrund mangelnder Weiterbildungsaktivitäten vielfach keine Anpassung an die aktuellen Qualifikationsstandards erfolgt.[1302] Gerade unter Berücksichtigung der abnehmenden Halbwertzeit des Wissens besteht somit ein Dequalifizierungsrisiko.

Dabei weisen andererseits viele ältere Arbeitnehmer Fähigkeiten auf, die sie gegenüber jüngeren Beschäftigten auszeichnen. Diese Fähigkeiten stellen eine zu wertvolle

[1297] Maitland, A., (2002), S. 9.

[1298] Hormel, R., Hiltl, M., (2004), S. 19.

[1299] Vgl. Kröll, M., Brinkmann, A., (1999), S. 276.

[1300] Vgl. Kuwan, H., (1996), S. 70–83.

[1301] Vgl. Haferbier, C., von Scheidt, C., (2002), S. 78.

[1302] Vgl. Kröll, M., Brinkmann, A., (1999), S. 277.

Ressource dar, als dass sie externalisiert werden sollten.[1303] Gerade profundes Erfahrungswissen und ausgeprägte soziale und kommunikative Kompetenzen aufgrund ihrer größeren Arbeits- und Lebenserfahrung sind Potenziale, die es für Sparkassen zu nutzen gilt, denn zukünftig müssen die Aufgaben bedingt durch den demografischen Strukturwandel von einer im Durchschnitt älteren Belegschaft bewältigt werden.[1304] Eine antizipative Personalpolitik muss sich deshalb unabhängig von all jenen Kriterien, die prinzipiell für eine Beschäftigung älterer Arbeitnehmer sprechen, Gedanken darüber machen, wie eine erwerbslebenslange Kompetenzentwicklung für ihre Mitarbeiter zu gewährleisten ist.[1305] Deshalb müssen Weiterbildungsprozesse on- und off-the-job altersspezifische Lernstrategien und Lernformen berücksichtigen.[1306] Flankierend sind alternative Laufbahn- oder Karrieremuster zu entwickeln und „die Gestaltung der Arbeitsplätze und -inhalte unter den Aspekten der Wissensvermittlung und des Kompetenzaufbaus bei älteren Arbeitnehmern beziehungsweise des innerbetrieblichen Transfers ihres Erfahrungswissens zu betrachten."[1307]

Da in Sparkassen ein Großteil der relevanten Kompetenzen und deren Weiterentwicklung aus praktischer Erfahrung resultiert, sollten bei der Entwicklung älterer Arbeitnehmer insbesondere diejenigen Formen der beruflichen Qualifikation berücksichtigt werden, die verstärkt das Lernen im Prozess der Arbeit ins Zentrum stellen. Darüber hinaus sollten auch Anstrengungen unternommen werden, spezifische Weiterbildungsformate, die auf die Bedürfnisse der älteren Belegschaft zugeschnitten sind, zu entwickeln. Die Aufgabe der Sparkassen liegt hier in der Unterstützung der älteren Arbeitnehmer zur Aufrechterhaltung ihrer Employability.[1308] Denn häufig fällt der Kulminationspunkt der individuellen Leistungsfähigkeit mit dem Zeitpunkt der Pensionierung überein.[1309] Dies sollte für die Zukunft implizieren, dass es für die direkt und indirekt betroffenen Mitarbeiter sowie für die Sparkasse als Organisation selbstverständlich werden sollte, dass Mitarbeiter nicht automatisch von der individuell höchsten Karrierestufe verrentet werden, sondern dass auch ein hierarchisches und gehaltstechnisches Zurück möglich ist. Älteren Mitarbeitern kann so eine gänzlich neue Perspektive aufgezeigt werden, da ihnen eine Alternative zur Frühverrentung angeboten wird und das oftmals vorhandene und unternehmerisch ungewollte „Verharren auf einer Position" vermieden wird.

Zusammenfassend ist zu konstatieren, dass in vielen Unternehmen und Sparkassen eine faktische Diskriminierung älterer Mitarbeiter stattfindet.[1310] Eine antizipative Personalentwicklung in Sparkassen muss allerdings den Faktor „Alter" explizit in ihren Strategien berücksichtigen und ein Altersmanagement initiieren. Ein solches Al-

[1303] Vgl. Friedrich, S.A., Matzler, K., Stahl, H.K., (2002), S. 52–53.

[1304] Vgl. Müller, G., (2003), S. 48.

[1305] Vgl. Kröll, M., Brinkmann, A., (1999), S. 278.

[1306] Vgl. Heinzelmann, M., (2004), S. 41.

[1307] Kröll, M., Brinkmann, A., (1999), S. 279.

[1308] Vgl. Brändli, M., Oswald, H., (2002), S. 32.

[1309] Vgl. Knecht, H., (1997), S. 199–200.

[1310] Vgl. Hormel, R., Hiltl, M., (2004), S. 21.

tersmanagement führt wiederum zu einer höheren Arbeitgeberfähigkeit von Sparkassen und macht sie für Arbeitnehmer interessanter.[1311] Die diesbezügliche höhere Arbeitgeberfähigkeit gilt explizit auch für jüngere Arbeitnehmer, die vielfach ein Altersmanagement gerade im Hinblick auf die eigene Alterung zu schätzen wissen.

5.3.2.3. Weibliche Arbeitnehmer

Vor dem Hintergrund fortschreitender gesellschaftspolitischer und demografischer Veränderungen sollte sich die Personalpolitik der Sparkassen mit einer stärker ausgeprägten Repräsentanz weiblicher Arbeitnehmer auf allen Hierarchieebenen beschäftigen.[1312] Wurden Frauen in früheren Jahren eher für einfache administrative beziehungsweise erfassungstechnische Tätigkeiten eingesetzt, so haben der Wandel in der Bildungspolitik[1313] und das steigende Niveau der schulischen, universitären und beruflichen Qualifikationen von Frauen zu einem neuen Rollenverständnis sowie zu neu formulierten Ansprüchen der weiblichen Arbeitnehmer geführt.[1314] Der Anteil weiblicher Arbeitnehmer in Sparkassen liegt zwar bereits bei über 50 Prozent, allerdings ist nur ein geringer Prozentsatz in Führungspositionen beschäftigt. So werden beispielsweise weniger als 3 Prozent aller Stellen im höheren Management von Sparkassen von Frauen besetzt.[1315]

Frauen streben jedoch zunehmend in Führungspositionen von Unternehmen und definieren sich nicht mehr nur im Sinne eines traditionellen Rollenverständnisses über die Anzahl ihrer Kinder, die Erfüllung haushaltlicher Pflichten oder einer Halbtagsbeschäftigung.[1316] Vielmehr steigt der Wunsch nach Vereinbarkeit von Familie und Beruf, und der Beruf wird als eine zusätzliche Lebensaufgabe verstanden, in der es sich zu behaupten, weiterzubilden und zu verwirklichen gilt.[1317] Frauen treten damit nicht nur in Konkurrenz zu ihresgleichen, sondern ganz besonders zu Männern in ähnlichen Berufsgruppen, Positionen und Verantwortungsbereichen.[1318]

Ein beruflicher Wiedereinstieg nach einer „Babypause" erfolgt zumeist unter erschwerten Bedingungen und auch die berufliche Entwicklung sowie das Qualifikationspotenzial von Frauen werden während einer Auszeit stark verringert. Die Bedürfnisse der Frauen erfordern jedoch ebenso eine intensive Beachtung wie die Wünsche und Einstellungen der Männer und machen einen Veränderungsprozess in Sparkassen notwendig, um Mitarbeiterinnen die gleichen Voraussetzungen zu schaffen wie den männlichen Kollegen.[1319]

[1311] Vgl. Bednarczuk, P., von Bismarck, W.-P., Aleweld, T., (2003), S. 54.

[1312] Vgl. Maurer, A., (2003), S. B13.

[1313] Vgl. GP 3.2.3.2.

[1314] Vgl. Müller-Gebel, K., (1999), S. 72.

[1315] Vgl. Festing, M., Hansmeyer, M.C., (2004), S. 80.

[1316] Vgl. Assig, D., (2002), S. 12–13.

[1317] Vgl. Brinck, C., (2001), S. 9.

[1318] Vgl. Ramm, P., Laier, A., (2002), S. 28.

[1319] Vgl. Assig, D., (2002), S. 14.

Es müssen folglich Bedingungen geschaffen werden, unter denen alle Mitarbeiter in gleicher Weise ihre Fähigkeiten voll entfalten können und die allen Personen die gleichen Handlungsoptionen sowie Karrierechancen einräumen. Dies schließt insbesondere diejenigen (weiblichen) Mitarbeiter ein, die Erziehungsaufgaben übernehmen. Dies kann für eine zukünftige Personalentwicklung in Sparkassen die Bereitstellung von Horten in Arbeitsplatznähe beinhalten beziehungsweise die Besetzung von Führungspositionen mit teilzeitbeschäftigten (weiblichen) Mitarbeitern.[1320] Auch die aktive Förderung weiblicher Mitarbeiter, die aus dem Erziehungsurlaub in die Sparkasse zurückkehren und auf Führungsaufgaben vorbereitet werden, sollte zukünftig ein elementares Element der Personalentwicklung in Sparkassen darstellen. Hierbei sollten Programme initiiert werden, die es den betroffenen Frauen bereits während des Erziehungsurlaubs ermöglichen, potenzieller Dequalifikation vorzubeugen.[1321]

Dies impliziert, dass solche Förderprogramme auch kommuniziert werden. Viele Sparkassen verfügen bereits über einzelne Maßnahmen zur Förderung ihrer weiblichen Belegschaft, allerdings ist vielen Frauen deren Existenz nicht bekannt.[1322] Dabei hat eine gezielte und aktiv kommunizierte Frauenförderung den Vorteil, dass eben diese genau auf die besonderen Belange der (kindererziehenden) Frauen abgestimmt werden kann und somit karrierefördernd wirkt.

Auch wenn die Akzeptanz derartiger Frauenfördermaßnahmen unter den Mitarbeitern teilweise eher gering ist, weil sich zum einen Männer ihrerseits benachteiligt fühlen könnten und weil zum anderen Frauen oft an derartigen Maßnahmen nicht teilnehmen, da sie keine Sonderbehandlung wünschen, gilt als wichtigste Voraussetzung für die Einrichtung von Förderprogrammen deshalb die Erhöhung der Akzeptanz bei den Mitarbeitern, damit sich derartige Investitionen für Sparkassen rentieren.[1323]

Zusammenfassend lässt sich feststellen, dass Frauenförderprogramme im Sinne einer antizipativen Personalentwicklung wünschenswert sind, jedoch das Hauptaugenmerk auf eine Umfeldverbesserung im Sinne einer besseren Verbindung von Beruf und Familie gesetzt werden sollte. Denn insbesondere das Potenzial der Ressource „weibliche Führungskraft" wird bei weitem nicht ausreichend genutzt.

5.3.2.4. Hochschulabsolventen

Im gesamten Kreditgewerbe sind die Bewerberzahlen für Ausbildungsplätze rückläufig.[1324] Circa drei Viertel aller Auszubildenden in der Sparkassenfinanzgruppe sind Abiturienten, von denen viele nach der Lehre studieren, weil sie sich u. a. hierdurch bessere Karrierechancen erhoffen.[1325] Für Sparkassen ist es in den letzten Jah-

[1320] Vgl. Struß, N., Thommen, J.-P., (2004), S. 17.

[1321] Vgl. Jungwirth, C., (1999), S. 28–30.

[1322] Vgl. Festing, M., Hansmeyer, M.C., (2004), S. 80.

[1323] Vgl. Festing, M., Hansmeyer, M.C., (2004), S. 81.

[1324] Vgl. Forndran, H., (2002), S. B9.

[1325] Vgl. GP 4.2.2.2.2.2. Gerade aus diesem Grund hat die S-Finanzgruppe eine eigene Hochschule begründet.

ren schwerer geworden, studierwillige Mitarbeiter zu binden beziehungsweise ehemalige Mitarbeiter mit Studienabschluss zurückzugewinnen.[1326] Verantwortlich hierfür sind zum einen gesellschaftliche Gründe und zum anderen der Imageverlust der Kreditwirtschaft. Durch Meldungen über Personalabbau[1327] im Kreditgewerbe sehen viele Absolventen keine gesicherte berufliche Zukunft im Banksektor, was wiederum auf eine gesunkene Arbeitgeberfähigkeit der Kreditinstitute schließen lässt. Ursache dieser gesunkenen Arbeitgeberfähigkeit ist häufig die mangelnde Perspektive, die (studierten) Mitarbeitern in Sparkassen geboten werden kann.[1328] Deshalb ist es Aufgabe der Sparkasse, gerade diesen Mitarbeitern klare Personalentwicklungsziele aufzuzeigen.[1329] Studierte Mitarbeiter stellen eine bedeutende Ressource dar, die Sparkassen stärker als bisher erschließen sollten.[1330] Denn schon Ende der 80er Jahre kam die Unternehmensberatung McKinsey in der Strategiestudie „Ausrichtung der Sparkassenorganisation auf den europäischen Binnenmarkt" zum Ergebnis, dass der Anteil der Akademiker in den Sparkassen den entsprechenden Anteil in der Bevölkerung widerspiegeln sollte, also einer Erhöhung bedürfe.[1331] Darüber hinaus haben Marktforschungen gezeigt, dass Privatkunden mit eigenem Hochschulabschluss es begrüßen, einen Gesprächspartner in einem Kreditinstitut zu haben, der ihrem Bildungsstand entspricht.[1332]

Der Anteil der Sparkassenmitarbeiter mit einem Fachhochschul- oder Hochschulabschluss ist innerhalb der Sparkassen-Finanzgruppe deutlich geringer als in den Großbanken.[1333] Und selbst in den Großbanken beträgt die Akademikerquote im Schnitt nur zwei Drittel der Quote unter allen Erwerbstätigen in Deutschland. Unter Berücksichtigung, dass in der S-Finanzgruppe ca. 80 Prozent der Mitarbeiter in Sparkassen und ca. 20 Prozent in Landesbanken und bei anderen Verbundpartnern beschäftigt sind, auf diese 20 Prozent allerdings 56 Prozent aller über einen Hochschulabschluss verfügenden Mitarbeiter entfallen, wird deutlich, wie gering letztlich der Akademikeranteil in den Sparkassen ist.[1334] So liegt der Anteil der Hochschulabsolventen in den Sparkassen bei ca. 4 Prozent. Werden die Absolventen des Lehrinstituts

---

[1326] Vgl. Hacker, K., Mohrherr, F., (2003), S. 58.

[1327] Vgl. GP 3.2.4.3.

[1328] Vgl. Mang, T., Düren, A., (2002), S. 439.

[1329] Hier ist beispielsweise die Eberle-Butschkau-Stiftung zu nennen. Diese Stiftung begleitet und fördert Mitarbeiter, die die S-Finanzgruppe verlassen haben, um ein Hochschulstudium zu beginnen. Durch eine intensive Betreuung und Förderung an ca. 40 Hochschulstandorten in Deutschland sollen Studierende den Kontakt zur Berufswelt halten. Mittlerweile liegt die Reintegrationsquote, d.h. die Anzahl der Mitarbeiter, die nach Abschluss ihres Studiums wieder in die S-Finanzgruppe zurückkehren, bei ca. 20 Prozent. Vor einigen Jahren betrug sie noch über 50 Prozent. Dies ist ein klares Indiz für die tendenziell gesunkene Attraktivität der Sparkassen als Arbeitgeber. Vgl. Hacker, K., Mohrherr, F., (2003), S. 59.

[1330] Vgl. Düren, A., (2003), S. 8–9.

[1331] Vgl. Hacker, K., Mohrherr, F., (2003), S. 58.

[1332] Vgl. Hacker, K., Mohrherr, F., (2003), S. 58.

[1333] Vgl. Forndran, H., (2002), S. B9.

[1334] Vgl. Hacker, K., Mohrherr, F., (2003), S. 59.

hinzugerechnet, liegt er bei knapp 5 Prozent.[1335] Diese Zahlen verdeutlichen den relativen Nachteil gegenüber Wettbewerbern, die nicht notwendigerweise der Kreditwirtschaft entstammen müssen. „Der steigende Bedarf an qualifizierten Fach- und Führungskräften könnte durch organisationsinterne Qualifizierungsmaßnahmen [...] gedeckt werden. Unternehmenspolitisch, aber auch aus Imagegründen, sollte ein Teil jedoch aus dem Bereich der Hochschulen rekrutiert werden."[1336] Die Sparkassen begegnen dieser Entwicklung u. a. durch die neue Sparkassenhochschule.[1337]

Darüber hinaus sollten Sparkassen gleichzeitig im Sinne einer Mitarbeiterdiversifikation daran interessiert sein, Absolventen anderer Hochschulen zu beschäftigen. Hinzu kommt, dass Hochschulen adverse Selektion in der Personalrekrutierung zu vermeiden helfen, da sie Selektionsleistungen erbringen. „Sie „veredeln" und „sortieren" das Humankapital von Studenten und statten Absolventen mit Qualitätssignalen aus, indem sie differenzierte Abschlusszeugnisse vergeben."[1338]

Grundlegende Voraussetzung für eine Erhöhung der Akademikerquote ist allerdings die explizite Schaffung von Stellenangeboten für Akademiker in Sparkassen und das Aufzeigen realistischer Karrierepfade.[1339] „Heute gilt eher, dass die Stellenangebote für junge Akademiker in Sparkassen bei den Sparkassen zu dünn gesät sind. Sicherlich hängt das mit der teilweise unbefriedigenden Ertragslage und dem notwendigen Abbau von Personalüberkapazitäten zusammen. Es hat aber auch damit zu tun, dass Häuser derzeit im großen Stil Personal bei privaten Großbanken akquirieren und damit eigenen, gut ausgebildeten Mitarbeitern Aufstiegschancen verbauen."[1340]

Auch die Hochschulen sind heutzutage gefordert, Absolventen auf ihre zukünftigen Aufgabenfelder besser vorzubereiten. Denn noch konzentrieren sich Universitäten überwiegend auf die Vermittlung von Fachwissen. Aber gerade bei jenen Kompetenzen[1341], die eine wachsende Bedeutung für den Arbeitsmarkt versprechen, ist die Ausbildung an den Universitäten oftmals defizitär, da eine ganzheitliche Vermittlung beruflicher Handlungskompetenz sich in einem zu geringen Maß in den universitären Curricula wieder findet.[1342] So signalisieren Befragungen bei Personalverantwortlichen und Absolventen, dass die Defizite von Hochschulabsolventen weniger im fachlichen Bereich, denn in den überfachlichen Qualifikationen liegen.[1343] Dies führt dazu, dass die vor Jahren noch beliebte Gegenüberstellung von Theorie und Praxis obsolet wird. Sparkassen benötigen das fachspezifische Know-how der Hochschulen und Hochschulen müssen darüber hinaus bereits an der Hochschule unternehmensrelevante Schlüsselqualifikationen vermitteln.

1335 Vgl. Hacker, K., Mohrherr, F., (2003), S. 59.

1336 Hacker, K., Mohrherr, F., (2003), S. 59.

1337 Vgl. GP 4.2.2.2.2.2.

1338 Franck, E., Opitz, C., (2001), S. 462.

1339 Vgl. Thom, N., Friedli, V., (2003), S. 68.

1340 Schulz, C., (2003a), S. 3.

1341 Vgl. GP 5.2.

1342 Vgl. von Stein, J.H., Trautwein, F., (2002), S. 413.

1343 Vgl. von Stein, J.H., Trautwein, F., (2002), S. 412.

Zusammenfassend ist festzustellen, dass Sparkassenmitarbeiter, insbesondere wenn sie mit einem gestiegenen Anspruchsniveau ihrer Kunden konfrontiert werden, künftig eine höhere Beratungsqualität zu erbringen haben.[1344] Dies gilt darüber hinaus für sämtliche Funktionen und Prozesse, die hinter dem Bankschalter ablaufen und bei denen neue Spezialisierungsvorteile in vielen Bereichen notwendig sind. Mitarbeiter mit akademischem Hintergrund können diesbezüglich helfen, diesen Erfordernissen zu einem Großteil gerecht zu werden.

5.4. Personalentwicklungs-Controlling

Die berufliche Entwicklung eines Mitarbeiters stellt einen umfassenden und langfristig angelegten Prozess in einer Sparkasse dar, der im Regelfall mit Eintritt in das Unternehmen beginnt und bei Ausscheiden aus der Unternehmung endet.[1345] Im Rahmen dieser Arbeit wurde aufgezeigt, dass veränderte Anforderungen kontinuierliches Lernen und regelmäßige Qualifikationsanpassungen für Sparkassenmitarbeiter notwendig machen. Damit werden aller Voraussicht nach auch zukünftig die Aufwendungen für die Personalentwicklung tendenziell ansteigen. Investitionen in die Personalentwicklung sind jedoch häufig von der Ertragskraft einer Sparkasse abhängig und ermöglichen erst in einer stabilen Gewinnsituation Spielräume für langfristige Planungen. In volatilen Gewinnzeiten werden Personalentwicklungsmaßnahmen erfahrungsgemäß eher restriktiv eingesetzt.[1346]

Die Reduktion personalentwicklungsspezifischer Aufwendungen in wirtschaftlich schlechteren Zeiten verdeutlicht u. a., dass nicht alle Maßnahmen als absolut notwendig für den (kurzfristig) wirtschaftlichen Erfolg einer Sparkasse angesehen werden. Auf der anderen Seite werden Personalentwicklungsmaßnahmen verstärkt in wirtschaftlich prosperierenden Zeiten durchgeführt. Ein Grund hierfür ist, dass Personalentwicklungsmaßnahmen häufig als Leistungsbelohnung bewilligt werden. Beide Tendenzen, sprich Reduktion in schlechten und Erweiterung in prosperierenden Zeiten, können nicht Ziel einer strategisch ausgerichteten Personalentwicklung sein, da sich deren Aufwand nicht an zyklischen Bewegungen orientieren sollte.

Unabhängig von der konkreten wirtschaftlichen Situation einer Sparkasse werden vor dem Hintergrund eines wertorientierten Human Resource Management für durchgeführte Personalentwicklungsmaßnahmen zunehmend Ergebnisnachweise verlangt. D.h. die Ermittlung des Personalentwicklungsbedarfes und deren Umsetzung werden sich stärker an der Optimierung von Kosten und Leistungen orientieren.[1347] Um die Zielerreichung und Effektivität von Personalentwicklungsmaßnahmen zu überprüfen, ist ein Personalentwicklungs-Controlling erforderlich, welches neben der gezielten Steuerung der Personalentwicklung der Mitarbeiter vor allem

---

[1344] Vgl. Bartholomae, A., Möhrle, M., (2004), S. 187.

[1345] Bei einigen Formen des Outplacements wird die Personalentwicklung auch nach dem eigentlichen Ausscheiden aus dem Unternehmen fortgesetzt. Vgl. GP. 4.3.2.2.7.

[1346] Vgl. Meier, H., (1996), S. 66.

[1347] Vgl. Bröckermann, R., (2003), S. 442.

den Ergebnisbeitrag einzelner Maßnahmen überprüfen soll.[1348] Denn die betriebliche Weiterbildung ist Teil des betrieblichen Wertschöpfungsprozesses, ihre Kosten sind Betriebsausgaben und ihre Erfolge wirken sich direkt oder indirekt auf die Erlössituation einer Sparkasse aus.[1349] Will die Personalentwicklung nicht mehr länger als Kostenfaktor, sondern als betriebswirtschaftliche Investition in das Humankapital gesehen werden, muss sie auch den Nutzen der Investition im Arbeitsalltag aufzeigen können.[1350] Letztlich wird der Qualifikationsbedarf auf marktwirtschaftliche Weise nur gedeckt werden können, wenn sich Weiterbildungsmaßnahmen für diejenigen Individuen und Sparkassen rentieren, die sie finanzieren.[1351]

Ein erster Schritt zur Optimierung des Ergebnisbeitrages von Weiterbildungsmaßnahmen ist die finanzielle Beteiligung durch die Mitarbeiter. Dies kann in monetärer Weise geschehen oder in der Form, dass Weiterbildungsmaßnahmen in der Freizeit der Mitarbeiter durchgeführt werden. Denn durch die Fortbildung steigt im Regelfall die Employability der Sparkassenbeschäftigten. Da der einzelne Mitarbeiter gemeinhin am besten abschätzen kann, welche Weiterbildungsmaßnahmen notwendig sind, wird ein Mitnahmeeffekt in der Form verhindert, als dass der Beschäftigte, bedingt durch seinen persönlichen Beitrag, abwägt, ob er eine Maßnahme als nötig erachtet oder nicht.[1352]

Generell ist der Nutzen bei der Erfolgsmessung des Wertbeitrags bestimmter Mitarbeitergruppen noch relativ leicht zu bestimmen. So können neben der direkten Analyse der Ergebnisbeiträge bestimmter Mitarbeitergruppen (beispielsweise der Verkauf bestimmter Leistungen durch ausländische Mitarbeiter) auch die Neukundenakquisitionsrate bestimmt beziehungsweise Kundenzufriedenheitsanalysen in den entsprechenden Zielgruppen durchgeführt werden.[1353] Allerdings ist die Nutzenbestimmung im Bereich der Weiterbildung wesentlich diffiziler. Zwar sollten auch hier Kenngrößen herangezogen werden, die beispielsweise einen Vergleich der Abschlusshäufigkeit vor und nach einer Entwicklungsmaßnahme im jeweiligen Vergleich zum Mitarbeiterdurchschnitt ermöglichen, jedoch bleibt eine konkrete Nutzenbestimmung schwierig.

Maßnahmen, die zur Erfolgsmessung der durchgeführten Personalentwicklungsmaßnahmen eingesetzt werden, werden i.d.R. dem Begriff des Bildungs- beziehungsweise Weiterbildungscontrolling zugeordnet. Bildungscontrolling ist demzufolge ein Instrument für die geschäftspolitische Gestaltung der Weiterbildung, bei welchem Planen, Steuern und Kontrolle ineinander übergehen. Hierbei ist es falsch, Controlling als reine Kontrolle zu sehen, da es gegenwarts- und zukunftsorientiert ist und zur Erreichung der geschäftspolitischen Ziele beitragen soll. Dabei bringt das

[1348] Vgl. Torka, W., (1996), S. 318.

[1349] Vgl. Becker, M., (1999b), S. 4.

[1350] Vgl. Protz, A., (1999), S. 158.

[1351] Vgl. Dichmann, W., Wellmann, S., (1996), S. 6.

[1352] Die finanzielle Beteiligung eines Mitarbeiters gleicht in diesem Zusammenhang der Selbstbeteiligung bei Versicherungen, deren Sinn primär in der Vermeidung von Moral hazard begründet ist.

[1353] Vgl. Aschendorf, M., Mokrus, P., Kröger, A., (2003), S. 512.

Bildungscontrolling nur dann Vorteile, wenn die damit verbundenen Weiterbildungsmaßnahmen von Anfang an bedarfsgerecht konzipiert und bis zur Erfolgs- und Transferkontrolle sowohl am Nutzen der Mitarbeiter wie auch am Nutzen der Sparkasse ausgerichtet sind.[1354] Deshalb sollte im Fokus des Bildungscontrollings eine Verdeutlichung der Ziele und des Nutzens der Weiterbildung stehen.[1355]Aufgabe eines strategischen Weiterbildungs-Controlling-Konzeptes ist es, das für eine systematische Beurteilung von Weiterbildungsaktivitäten (hinsichtlich ihrer Effektivität und Effizienz)[1356] notwendige Instrumentarium zu liefern.[1357] Bei der Feststellung der Effektivität[1358] wird untersucht, ob die durchgeführte Entwicklungsmaßnahme die geplanten Kenntnisse und Fähigkeiten vermittelt hat, während eine Effizienz-Analyse das Verhältnis zwischen Aufwand und Nutzen der Maßnahme misst.[1359] Das Bildungscontrolling erfasst also die Evaluation der Weiterbildungsmaßnahmen ebenso wie die Ermittlung der (betriebs-)wirtschaftlichen Weiterbildungskosten.[1360] Häufig wird Bildungscontrolling noch mit der Herstellung von Kostentransparenz gleichgesetzt; eine Evaluation bleibt mit ihrer systematischen Bedarfsermittlung, Zielbestimmung der Weiterbildung, Planung und Bewertung der Maßnahmen, der Nutzenschätzung sowie der Transfersicherung zumeist unberücksichtigt.[1361]

[1354] Vgl. Scholz, J.M., (1995), S. 96.

[1355] Neben dem Bildungscontrolling ist auch die Qualitätssicherung als Instrument zur Optimierung der betrieblichen Weiterbildung anzusehen, wobei dieses Konzept einen eher technischen Akzent setzt. Vgl. Gnahs, D., Krekel, E.M., (1999), S. 32.

[1356] Gegenstand des Effektivitäts- oder Erfolgscontrollings ist die ökonomische Untersuchung der Personalentwicklungsmaßnahmen anhand ihres Einflusses auf den Unternehmenserfolg. Die Rentabilität der Investitionen in die Entwicklung der Mitarbeiter kann anhand von Leistungs- und Motivationsfaktoren gemessen werden. Als Messskalen kommen sowohl Kardinal- (z.B. durchschnittliche Abwesenheitsraten) als auch Intervall- (z.B. Ergebnisse von Leistungstests) und Rangskalen (z.B. Befragung nach Arbeitszufriedenheit) in Frage. Beim Effizienz- oder Wirtschaftlichkeitscontrolling steht die Analyse der Einhaltung beziehungsweise Optimierung des Ressourceneinsatzes für Personalentwicklungsaktivitäten mittels einer Gegenüberstellung der geplanten Soll-Kosten mit den tatsächlich angefallenen Ist-Kosten im Vordergrund. Als Messskalen dienen Kardinalskalen in Form monetärer Größen sowie Intervallskalen für den Zeiteinsatz. Vgl. Augath, B., (1999), S. 15.

[1357] Vgl. Thom, N., Blunck, T., (1995), S. 35.

[1358] Gerade durch eine (finanzielle) Beteiligung der Mitarbeiter an den Kosten der Weiterbildung können Fehlausgaben verringert werden, da der Arbeitnehmer im Sinne seiner Employability häufig am besten einschätzen kann, welche Entwicklungsmaßnahmen für ihn von Bedeutung sind.

[1359] Vgl. Hasewinkel, V., Lemcke, H., Zwicker, E., (2001), S. 885–886.

[1360] Becker zählt verschiedene der in der betrieblichen Weiterbildungspraxis zahlreich vorhandenen Varianten der Instrumentalisierung des Controlling auf: zentrales versus dezentrales Bildungscontrolling, finanzwirtschaftlich-orientiertes Controlling versus strategieorientiertes Controlling, quantitatives versus qualitatives Controlling, vgl. Becker, M., (1995), S. 63. Im Folgenden werden daher die Begriffe betriebswirtschaftliche Beurteilung, Kostencontrolling und quantitatives Verfahren synonym verwandt.

[1361] Vgl. Beicht, U., Krekel, E.M., (1999), S. 53 und vgl. Bronner, R., Hische, V., (1995), S. 53.

Grundsätzlich sollte ein Bildungscontrolling den Vergleich des realisierten Personalentwicklungsergebnisses (Ist-Größe) mit den angestrebten Zielen (Soll-Größe) enthalten. Dabei gilt es,

- zu ermitteln, ob das Ergebnis einer Maßnahme der zugrunde liegenden Zielsetzung von Sparkasse und Teilnehmern gerecht wurde,
- festzustellen, ob die angestrebte Qualifikations- beziehungsweise Arbeitsplatzveränderung bei den Mitarbeitern tatsächlich eingetreten ist,
- organisatorische Hemmnisse beim Wissenstransfer aufzudecken und die entsprechende Beseitigung zu ermöglichen,
- die für den jeweiligen Fall optimalen Lern- und Lehrmethoden zu finden und ihren Ablauf zu überprüfen,
- dazu beizutragen, dass effektive Maßnahmen zur Verbesserung der Bildungsveranstaltungen erarbeitet werden können.[1362]

Vergleiche realisierter Personalentwicklungsergebnisse mit den angestrebten Zielen sind bisher in Sparkassen erst in Ansätzen erkennbar. Hauptgrund eines bisher schwach ausgeprägten Bildungscontrollings ist die Schwierigkeit, einen konkreten Nutzen aus der Weiterbildung zu messen.[1363] Es bestehen zwar Vorschläge, den Erfolg anhand derivativer und relativ leicht feststellbarer Kriterien (beispielsweise Kundenzufriedenheit oder Produktivität) zu messen, allerdings ist nicht direkt feststellbar, wie groß hierauf letztendlich der Einfluss der Weiterbildung ist, da die derivativen Kriterien oftmals Resultat mehrere Parameter sind. Die direkten Kosten werden zwar im Regelfall erfasst, bei der Fragestellung der konkreten Nutzenfeststellung helfen sie jedoch wenig, etwa nur dann, wenn es darum geht festzustellen, was passiert, wenn eine Sparkasse eine Weiterbildungsmaßnahme nicht anbietet.[1364] Hierbei bleiben allerdings die entscheidenden Opportunitätskosten außer Betracht.[1365]

Im Folgenden wird deshalb auf betriebswirtschaftliche beziehungsweise quantitative sowie pädagogische respektive qualitative Beurteilungen inklusive der Transfersicherung im Rahmen des Personalentwicklungs-Controllings eingegangen. Darüber hinaus wird mit der Balanced Scorecard ein Verfahren vorgestellt, welches bei einer Systematisierung des Controllings zukünftig hilfreich sein kann, da sowohl betriebswirtschaftliche als auch pädagogische Aspekte berücksichtigt werden können.

5.4.1. Betriebswirtschaftliche Beurteilung

Eine betriebswirtschaftliche Beurteilung soll primär die genaue Höhe, Zusammensetzung und Veränderung der Weiterbildungskosten erfassen, analysieren und über-

---

[1362] Vgl. Jung, H., (2001), S. 296.

[1363] Denn der Erfolg der Personalentwicklungsmaßnahmen hängt davon ab, inwieweit operative und strategische Ziele einer Sparkasse erreicht und umgesetzt werden. Da die Maßnahmen der Personalentwicklung keinen Wert an sich besitzen, erhalten sie ihren Wert erst dadurch, dass Inhalte erlernt und im betrieblichen Alltag angewendet werden. Vgl. Graf, A., (2001), S. 71.

[1364] Vgl. Hacker, K., Mohrherr, F., (2003), S. 62.

[1365] Vgl. Fellenstein, D., (1996), S. 226.

wachen. Diese betriebswirtschaftliche Beurteilung von Weiterbildungsmaßnahmen kann untergliedert werden in ein ökonomisches Controlling und ein Kennzahlenmodell.

Beim ökonomischen Controlling wird den Kosten der Bildungsmaßnahme der damit verbundene Nutzen gegenübergestellt. Um der Fülle der unterschiedlichen Kostenblöcke gerecht zu werden, wird zwischen direkten und indirekten Kosten unterschieden. Zu den direkten Weiterbildungskosten werden die Kosten gezählt, die aufgrund der Planung und Durchführung von Entwicklungsmaßnahmen anfallen, wie z. B. die Personalkosten des haupt- und nebenamtlichen Weiterbildungspersonals, die Sach- und Raumkosten ebenso wie die Lehrgangsgebühren und die Reisekosten je Mitarbeiter.[1366] Zu den direkten Kosten zählen darüber hinaus auch Lohnfortzahlungen, die während der Teilnahme an Weiterbildungen anfallen.[1367] Zu den indirekten Kosten werden die weiterbildungsinduzierten Folgekosten, die durch Forderungen von höher qualifizierten Mitarbeitern nach Gehalts- und Provisionsverbesserungen entstehen, gezählt.[1368]

Die Erfassung der mit der Weiterbildung verbundenen Kosten gestaltet sich trotz der damit verbundenen Bewertungsproblematik jedoch meist einfacher als die Erfassung des Nutzens. Gerade wegen dieser Schwierigkeit der genauen Erfassung von zukünftigem Nutzen der betrieblichen Weiterbildung wird das ökonomische Controlling in Praxis und Theorie als sehr problematisch angesehen.[1369] Zwar gibt es einige Kriterien, anhand derer der Erfolg von Weiterbildungsmaßnahmen messen kann; sollen diese Kriterien allerdings monetär quantifiziert werden, kommt es zu erheblichen Problemen.[1370] Der Nutzen von Bildung, der sich in einem höheren Know-how der Mitarbeiter, einem verbesserten Betriebsklima, in der Entwicklung beziehungsweise Pflege einer Unternehmenskultur oder einer größeren Betriebstreue zeigen kann, lässt sich kaum monetär bewerten. Außerdem tritt mancher Nutzen erst mit zeitlicher Verzögerung auf und findet somit bei der Nutzenbewertung, die bisher in Sparkassen zumeist unmittelbar nach der Weiterbildungsmaßnahme stattfindet, keine Berücksichtigung.

Eine reine Kostenbetrachtung der Weiterbildung leistet die ökonomische Beurteilung mittels Kennzahlen, wobei sie eine entsprechende Kostenrechnung voraussetzt. Diese lässt eine bessere Einsicht in die Strukturen der Weiterbildungskosten zu.

Kennzahlenmodelle sind weit verbreitete Instrumente und finden daher auch im Bildungscontrolling Anwendung. Die Anwendung von Kennzahlen stellt für die Weiterbildung ein Instrument dar, welche Informationen quantifizierbarer und syste-

---

1366 Vgl. Backhaus, J., (1996), S. 202.

1367 Vgl. Kredelbach, T., (1998), S. 440.

1368 Backhaus hingegen zählt die Kosten der Lohnfortzahlungen zu den indirekten Kosten. Da es sich bei den betrieblichen Weiterbildungskosten meist um innerbetriebliche Leistungen handelt, die nicht für den externen Markt konzipiert wurden, ist eine Bewertung dieser Kosten häufig nicht mit Marktpreisen, sondern nur mit Selbstkosten möglich. Vgl. Backhaus, J., (1996), S. 202–203.

1369 Vgl. Feige, W., (1993), S. 516.

1370 Vgl. Hummel, T.R., (1999), S. 37.

matisierbarer macht sowie ihren Zusammenhang deutlicher werden lässt.[1371] Solche Kennziffern können die Bildungskosten pro Zeiteinheit, pro geleisteter Arbeitsstunde, pro Mitarbeiter/Teilnehmer oder die Bildungskosten in Prozent der gesamten Personalkosten etc. sein – welche damit Betriebsvergleiche beziehungsweise Vergleiche unterschiedlicher Bereiche einer Sparkasse zulassen.[1372] Zu beachten ist, dass ein effektives Controlling mit Kennzahlen nur zu erreichen ist, wenn diese auf vollständigen Informationen aufbauen und in konstanten Verfahren zusammengerechnet werden.[1373] Da es sehr schwierig ist, messbare Größen als Output zu ermitteln, die in einem kausalen Zusammenhang mit der zu bewertenden Bildungsmaßnahme stehen, kann die Voraussetzung zur Anwendung der Kennzahlen häufig nicht erfüllt werden.[1374] Das Instrument der Kennzahlenbildung ist daher – zumindest in dieser Hinsicht – nur eingeschränkt für das Bildungscontrolling brauchbar. Geht man allerdings (wie in der Sparkassen-Praxis üblich) davon aus, dass jede Weiterbildung einen wertbeitragenden Effekt an sich hat, dann könnte im Rahmen des quantitativen Controllings mit Kennzahlen, wie beispielsweise Anzahl der Schulungstage pro Mitarbeiter oder Schulungskosten pro Mitarbeiter und Jahr, argumentiert werden.[1375]

5.4.2. Pädagogische Beurteilung

Bei der pädagogischen Beurteilung soll herausgefunden werden, inwieweit die Weiterbildungsmaßnahmen zu einer Kompetenzverbesserung geführt haben. Dabei wird zumeist zwischen Lernfeld und Funktionsfeld unterschieden, um die verschiedenen Erfolgsarten zu konkretisieren. Die Weiterbildungserfolge können sich demnach auf das Lernfeld oder auf das Funktionsfeld beziehen.

Zum Lernfeld können die Maßnahmen gezählt werden, die auch dem Begriff des „training off the job“ zugeordnet werden, d. h. diejenigen Situationen, in denen der Mitarbeiter ohne das Risiko und den Stress des Arbeitsalltags neue Kenntnisse und Fertigkeiten erwerben, vertiefen oder erweitern kann.[1376] Innerhalb des Lernfeldes gilt es den Teilnehmerzufriedenheitserfolg und den Lernerfolg zu ermitteln. Die Teilnehmerzufriedenheit wird zumeist durch Teilnehmer-Fragebögen oder durch ein Gespräch mit dem Vorgesetzten gemessen, wobei zu beachten ist, dass es sich um die Wiedergabe momentaner Stimmungen handelt. Der kurzfristige Lernerfolg, d. h., inwieweit die Teilnehmer die geplanten Lernziele erreicht haben, kann durch Kontrollverfahren wie Prüfungen und Tests, Rollenspiele, Fallstudien oder auch durch den Einbau von Praxisfällen kontrolliert werden. Für die Beurteilung des Wissenszuwachses ist jedoch der Kenntnisstand vor einer Weiterbildungsmaßnahme zu berücksichtigen. Nehmen sich die Teilnehmer am Ende von Maßnahmen fest vor, ihr neu erworbenes Wissen in der Praxis an-

---

[1371] Vgl. Schulte, C., (1995), S. 266.

[1372] Vgl. Masemann, H., (1990), S. 340.

[1373] Vgl. Feige, W., (1993), S. 517.

[1374] Vgl. Ruschel, A., (1995), S. 319.

[1375] Vgl. Feige, W., (2002), S. 30.

[1376] Vgl. Backhaus, J., (1996), S. 205.

zuwenden, haben sie also ihre Einstellung oder Auffassung zu einem bestimmten Lerngegenstand geändert, ist auch die Stufe des Einstellungserfolgs erreicht worden.[1377] Hierbei spielt demnach die Selbsteinschätzung der Teilnehmer bezüglich ihres Lernfortschritts und der praktischen Umsetzung am Arbeitsplatz eine wichtige Rolle.

Unter dem Funktionsfeld wird hingegen insbesondere die praktische Tätigkeit am Arbeitsplatz verstanden. Das Funktionsfeld ist Ausgangs- und Endpunkt einer betrieblichen Weiterbildungsmaßnahme, da der Mitarbeiter aus dem Funktionsfeld ins Lernfeld zur Weiterbildung geht und anschließend wieder zum Funktionsfeld – nämlich seinem Arbeitsplatz – zurückkehrt.[1378] Im Funktionsfeld soll sowohl der Erfolg auf der Arbeitsplatz- beziehungsweise auf der Abteilungsebene als auch der Erfolg auf der Gesamtorganisationsebene ermittelt werden. Am Arbeitsplatz kann ein Controlling stattfinden, indem Vorgesetzte und Mitarbeiter beteiligt werden und durch Beobachtungen oder Befragungen prüfen, ob ein Erfolg im Anwendungsbereich erreicht wurde beziehungsweise ob die im Lernfeld gemachten „Vorsätze" in der Praxis realisiert werden.[1379] Zentraler Aspekt ist hierbei die Transfersicherung.

Ein tatsächlicher Erfolg der Bildungsarbeit ist erst dann festzustellen, wenn es den Teilnehmern gelingt, möglichst viel von den in der Weiterbildungsmaßnahme vermittelten Fähigkeiten in der alltäglichen Arbeitssituation anzuwenden und für eine bessere Bewältigung des Arbeitsalltags zu nutzen.[1380] Damit ein Großteil der im Lernfeld vermittelten Kenntnisse, Fertigkeiten und Einstellungen am Arbeitsplatz Anwendung findet, muss eine Sicherung des Lerntransfers stattfinden. Die Bildungsverantwortlichen sollten nicht nur auf die nachträgliche Unterstützung und Übertragung von Lernerfolgen Wert legen, sondern an der frühzeitigen Beurteilung von Bildungsmaßnahmen interessiert sein, um gegebenenfalls Defizite in der Bildungsarbeit durch Strategien des Lerntransfers auszugleichen. Im Folgenden wird anhand des Modells der Transferlücke dargestellt, welche Faktoren den Lerntransfer beeinträchtigen beziehungsweise welche diesen fördern.[1381]

In Abbildung 30 wird anhand einer Behaltenskurve, die zumindest für die meisten Weiterbildungsmaßnahmen typisch ist, der Lernerfolg im Zeitablauf dargestellt. Dadurch, dass nicht alle Lernziele aus dem Lernfeld ins Funktionsfeld transferiert werden können, beginnt die Ist-Kurve auf relativ niedrigem Niveau in der Vorbereitungsphase, erreicht den maximalen Lernerfolg am Ende der Maßnahme und fällt nach der Maßnahme wieder ab, um sich letztlich auf höherem Niveau als vor der Maßnahme zu stabilisieren.[1382] Die Soll-Kurve zeigt die angestrebte Verlängerung der erreichten Steigerung von Lernerfolgen im Lernfeld hinein ins Funktionsfeld, d.h. über die Maßnahme hinaus. Der Bereich zwischen Ist- und Soll-Verlauf der Kurve wird als Transferlücke bezeichnet.[1383] Es wird davon ausgegangen, dass der Bereich A der

[1377] Vgl. Backhaus, J., (1996), S. 206.

[1378] Vgl. Backhaus, J., (1996), S. 205 und vgl. Kredelbach, T., (1998), S. 441.

[1379] Vgl. Feige, W., (1993), S. 518.

[1380] Vgl. Wilkening, O., (1989), S. 370.

[1381] Vgl. Wilkening, O., (1997), S. 259.

[1382] Vgl. Kuß, H., (2000), S. 74.

[1383] Vgl. Kuß, H., (2000), S. 75.

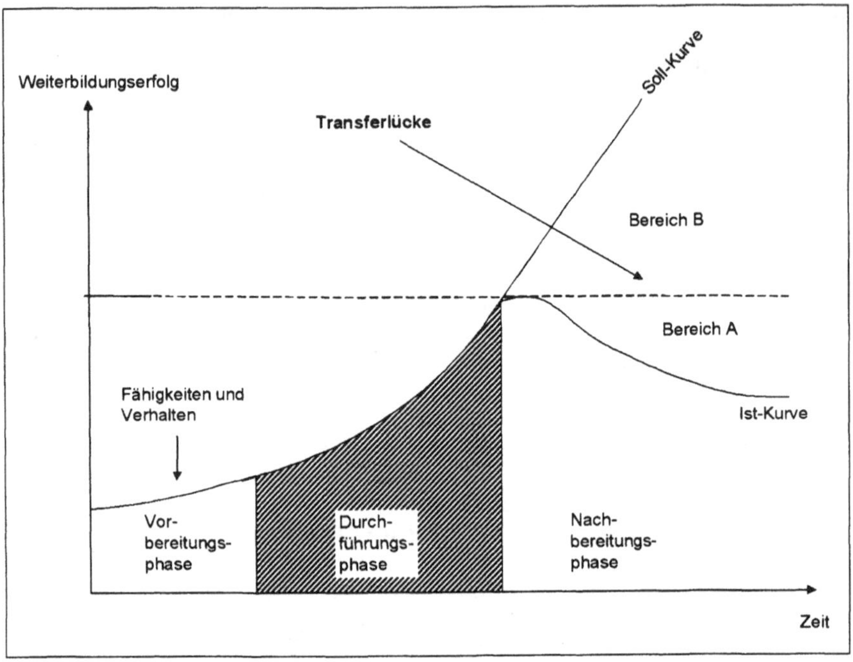

Abb. 30. Zusammenhang zwischen Transferförderung und Weiterbildungserfolg[1384]

Transferlücke durch den Einsatz geeigneter Transferinstrumente während des Trainingsverlaufs geschlossen werden kann. Um das Lernerfolgsmaximum einer Weiterbildungsmaßnahme zu überschreiten und in den Bereich B der Transferlücke zu gelangen, müssen die Weiterbildungsteilnehmer nach der Maßnahme in Form des selbstorganisierten Lernens eigenständig weiterarbeiten.

Im Idealfall sollte die Steuerung einer Weiterbildungsmaßnahme wie folgt verlaufen: In einer Vorbereitungsphase ist es wichtig, die Anforderungen des Funktionsfeldes bezüglich des Anspruchsniveaus und der Komplexität zu berücksichtigen, da sich hier der Erfolg der Weiterbildungsmaßnahme letztlich zeigt.[1385] Die Weiterbildungsmaßnahme sollte adressatenorientiert geplant werden und den Teilnehmer mit seinen Vorkenntnissen, Bedürfnissen und Ängsten berücksichtigen.[1386] Des Weiteren darf der Mitarbeiter nicht isoliert gesehen werden, da es von großer Bedeutung ist, die Vorgesetzten und Kollegen des zu Schulenden frühzeitig einzubeziehen.[1387] Um die Teilnehmer nicht zu überfordern, sollten diese nicht an zu vielen Seminaren mit unterschiedlichen Themen teilnehmen. Während der Weiterbildungsphase ist auf die

[1384] In Anlehnung an: Wilkening, O.S., (1989), S. 371.

[1385] Vgl. Backhaus, J., (1996), S. 207–208.

[1386] Vgl. Küppers, B., Leuthold, D., Pütz, H., (2001), S. 23.

[1387] Vgl. Backhaus, J., (1996), S. 208.

Praxisrelevanz beziehungsweise auf den Arbeitsplatzbezug des zu vermittelnden Stoffes zu achten und darauf, dass immer wieder konkrete Möglichkeiten zur Umsetzung aufgezeigt werden.[1388] Zusätzlich sollte die Lernmotivation gefördert werden, die Teilnehmer sollten eine Gelegenheit zur Mitsteuerung des Trainingsprozesses haben, außerdem sollte eine Planung von Transferinhalten stattfinden.[1389] Im Anschluss an die Weiterbildungsmaßnahme ist mit dem Vorgesetzten ein Nachbereitungs- und Auswertungsgespräch zu führen. Die Teilnehmer müssten die Möglichkeit eines Erfahrungsaustauschs bekommen, und das betriebliche Umfeld sollte sie bei der praktischen Umsetzung des Gelernten unterstützen. Förderlich können auch Folgeveranstaltungen (im Sinn einer Auffrischung) oder die Bildung von Lerngruppen beziehungsweise Transfergruppen sein.[1390]

Arbeitsplatznahe, kooperative Lernformen in Teams beziehungsweise Gruppen integrieren den Transfer ins Funktionsfeld der Beteiligten bereits im Lernprozess, indem an konkreten Problemen aus dem Arbeitsfeld der Teilnehmer gelernt wird.[1391] Selbstlernmedien können die Transfersicherung unterstützen und teilweise Folgeveranstaltungen ersetzen – also die Kluft zwischen Lern- und Arbeitswelt verringern –, indem sie so gestaltet werden, dass das selbstgesteuerte Lernen zu einem kontinuierlichen Prozess wird.[1392]

5.4.3. Balanced Scorecard Personal

In vielen Sparkassen werden strategische Grundsätze formuliert, ohne zu einem tatsächlichen Konsens über den tatsächlichen Inhalt der Strategie zu kommen. Aufgrund der Unklarheit werden zwar Zielvereinbarungen getroffen, doch oftmals werden sie unsystematisch und ohne eine bereichsübergreifende Abstimmung aufgestellt. Als Ergebnis eines Forschungsprojekts zum Thema „Performance-Measurement in Unternehmen der Zukunft“ entwickelten Anfang der neunziger Jahre des letzten Jahrhunderts Kaplan und Norton die Balanced Scorecard (BSC), die neben finanz- und vergangenheitsorientierten Kennzahlen auch nicht-monetäre und zukunftsbezogene Kennzahlen berücksichtigt.[1393]

Denn bei der Versorgung der Entscheidungsträger mit planungs-, steuerungs- und kontrollrelevanten Informationen greift das Controlling bisher zumeist auf einzelne betriebswirtschaftliche Kennzahlen oder auf Kennzahlensysteme zurück, die auf rein finanziellen Größen basieren.[1394] Hierbei besteht die Gefahr, dass sich Fehlentwicklungen erst mit einer Zeitverzögerung in finanziellen Kennzahlen widerspiegeln und dass sich die eigentlichen Ursachen einer Fehlentwicklung mithilfe finanzieller

[1388] Vgl. Gerlich, P., (1998), S. 83, Becker, M., (1999b), S. 287.

[1389] Vgl. Wilkening, O., (1989), S. 373–375.

[1390] Vgl. Gerlich, P., (1998), S. 83.

[1391] Vgl. Oesterle, H., (1995), S. 141.

[1392] Vgl. Oesterle, H., (1995), S. 141.

[1393] Vgl. Körnert, J., (2003), S. 21.

[1394] Vgl. Wolf, C., Körnert, J., (2004), S. 649.

Kennzahlen häufig nicht identifizieren lassen. Darüber hinaus kann eine Fokussierung auf finanzielle Kennzahlen zu einer Fehlbewertung immaterieller Investitionen wie die der Weiterbildung führen und zukünftige Wertschöpfungen behindern.[1395] Die Defizite klassischer Kennzahlensysteme greift die Balanced Scorecard auf und versucht, durch eine gut strukturierte und ausgewogene Sammlung von Kennzahlen, die vergangenheitsbezogene und zukunftsbezogene, finanzielle und nichtfinanzielle, unternehmensinterne und unternehmensexterne Kennzahlen enthält, ein Steuerungsinstrumentarium bereitzustellen.[1396]

Die strategischen Ziele und Kennzahlen des Unternehmens werden bei der BSC auf vier Perspektiven fokussiert: eine finanzielle Perspektive, eine Kundenperspektive, eine Perspektive der internen Geschäftsprozesse (Prozessperspektive) und eine Lern- und Entwicklungsperspektive (Mitarbeiterperspektive). Im Rahmen der einzelnen Perspektiven werden so genannte Perspektivenkennzahlen gebildet, die sich durch die Balance von kurzfristigen und langfristigen Zielen sowie den Performance-Perspektiven der Shareholder respektive Stakeholder auszeichnen.[1397] Jede Perspektive verfolgt ihre eigene Fragestellung und leitet daraus konkrete Ziele ab, die in Kennzahlen umgewandelt werden.[1398] Die vier Perspektiven sind durch empirisch belegte oder vermutete Ursache-Wirkungs-Beziehungen in Kausalketten miteinander verknüpft.[1399] Durch einen speziellen Rückkopplungs- und Lernprozess wird dem Zielerreichungsgrad der Maßnahmen besondere Aufmerksamkeit geschenkt. Die Lern- und Entwicklungsperspektive (Mitarbeiterperspektive) stellt in dem Modell die notwendige Infrastruktur zur Erreichung der drei anderen Perspektiven dar und wird daher an dieser Stelle schwerpunktmäßig betrachtet. Die Fragestellung dieser Perspektive konzentriert sich auf die Entwicklung von Zielen und Kennzahlen zur Förderung einer lernenden Organisation, um langfristiges Wachstum zu sichern.[1400]

Da die Bewertung der Leistung eines Mitarbeiters anhand rein finanzieller Kenngrößen (z.B. Umsatz) keine ausreichende Förderung der Mitarbeiterpotenziale darstellt, sind andere Antriebskräfte für das Lernen und das Wachstum erforderlich.[1401] Die BSC unterscheidet hierbei drei Kernergebnisgrößen, welche die Entwicklung der Mitarbeiterpotenziale determinieren: die Personaltreue, die Mitarbeiterproduktivität und die Mitarbeiterzufriedenheit, die als treibender Faktor für die beiden anderen Größen betrachtet wird.[1402] Aus verschiedenen Studien wird deutlich, dass die größten Probleme bei der Umsetzung der BSC in die Praxis die Identifizierung der kritischen Einflussfaktoren und die Ermittlung der relevanten Ergebnis- und Leistungstreiber darstellen.[1403]

[1395] Vgl. Körnert, J., (2003), S. 22–36.

[1396] Vgl. Kobi, J.-M., (1999), S. 141.

[1397] Vgl. Kaplan, R.S., Norton, D.P., (1997), S. VII.

[1398] Vgl. Mahammadzadeh, M., (2004), S. 187.

[1399] Vgl. Petry, M., Riepenhausen, J., Klenk, P., (2001), S. 650–651.

[1400] Vgl. Kaplan, R.S., Norton, D.P., (1997), S. 27.

[1401] Vgl. Kaplan, R.S., Norton, D.P., (1997), S. 121.

[1402] Vgl. Kaplan, R.S., Norton, D.P., (1997), S. 123.

[1403] Vgl. Körnert, J., (2004), S. 173.

Als innovativster und wichtigster Aspekt gilt der strategische Feedback-Prozess der BSC.[1404] Vor dem Hintergrund der steigenden Tendenz des strategischen Personalcontrollings mit der primären Aufgabe der Steuerungsinformation wird nun untersucht, ob die BSC ein praktikables Instrument zur Evaluierung der Personalarbeit ist. Der Feedback- und Lernprozess auf Basis der BSC wird durch drei wesentliche Elemente beschrieben:

- Ein strategischer Rahmen, der die Unternehmensziele weitervermittelt, ermöglicht den Ausführenden, ihren eigenen Beitrag zur Erreichung der Gesamtstrategie zu evaluieren.
- Erfolgsgrößen der Strategie werden gesammelt und dienen der Überprüfung von Hypothesen über die Kausalzusammenhänge.
- In Teamarbeit werden Erfolgsgrößen analysiert und die Strategie aktuellen Entwicklungen und Problemen angepasst.[1405]

Die Kritik von Kaplan und Norton an traditionellen hierarchischen Ansätzen der Kontrolle zielt auf den einfachen Feedbackprozess, der keine Veränderung einmal festgelegter Ziele vorsieht, da unter Umständen die geplanten und zu kontrollierenden Ergebnisse nicht mehr wünschenswert oder die Methoden zur Zielerreichung nicht mehr angemessen sind. Denn Veränderungen des Kundenverhaltens, der Märkte oder der Technologien erfordern Anpassungen zuvor geplanter Strategien. Der Erfolg der BSC hängt entscheidend von ihrer Umsetzung, der Tiefe der Auseinandersetzung des Managements mit diesem Instrument und der Bereitschaft, eruierte Missstände ebenso konsequent zu beheben, ab. So ließe sich beispielsweise das Thema der Weiterbildung, trotz der Schwierigkeit, Ansprüche an die Qualität in quantitative Messgrößen umzuwandeln und die Ziele in eine konkrete Ursache-Wirkungskette einzubetten, mittels einer speziellen BSC-Personal abbilden.[1406] „Dies könnte für den Personalbereich etwa sein: Erfolgreiche Weiterbildung (Mitarbeiterperspektive) bewirkt bessere Abläufe (Prozessperspektive), schafft zufriedenere Kunden (Kundenperspektive) und trägt letztlich zu den Zielen der Finanzperspektive (Rentabilität) bei.“[1407]

Dabei dürfen die Schwierigkeiten, nur über eingeschränkt beweisbare Kausalketten zu verfügen, im Personalentwicklungscontrolling von Sparkassen nicht zu einer vollständigen Vernachlässigung jeglicher Ursache-Wirkungs-Beziehungen führen. Mit der Berücksichtigung vermuteter Kausalketten gewann in letzter Zeit eine gewisse Pragmatik an Bedeutung, die sich nicht zuletzt auch auf zahlreiche positive Erfahrungen aus der Praxis stützt.[1408] Denn mit der BSC werden konkrete Vorgaben aufgestellt, so dass die Umsetzung durch die ausführenden Mitarbeiter und deren Kontrolle erleichtert wird. Darüber hinaus können die Mitarbeiter stärker eingebunden werden und fühlen sich so verpflichtet, sich an ihr zu orientieren. Voraussetzung für diese

---

[1404] Vgl. Kaplan, R.S., Norton, D.P., (1997), S. 15.

[1405] Vgl. Kaplan, R.S., Norton, D.P., (1997), S. 189.

[1406] Vgl. Hacker, K., Mohrherr, F., (2003), S. 62.

[1407] Hacker, K., Mohrherr, F., (2003), S. 62.

[1408] Körnert, J., (2003), S. 34.

	Strategische Ziele	Maßgrößen	Operative Ziele
Finanzielle Perspektive	• Kosten für Personalentwicklung über dem Branchendurchschnitt	• Kosten der Personalentwicklung in Prozent der Bilanzsumme	• 5 Prozent der Bilanzsumme
Kundenperspektive	• Attraktiver Arbeitgeber (im Hinblick auf Karriere und Gehalt)	• Durchschnittsgehälter	• Anstieg Durchschnittsgehälter
Prozessperspektive	• Transparente Leistungsbeurteilung als Basis für die Personalentwicklung	• Anzahl Kommentare / Fehlende Unterschrift auf Beurteilung	• < 0,5 Prozent fehlende Unterschriften
Mitarbeiterperspektive	• Kontinuierliche Prozessverbesserung	• Anzahl Verbesserungsvorschläge	• Jährliche Verbesserung um >10 Prozent; drei Vorschläge je Mitarbeiter

Abb. 31. Beispiel einer BSC-Personal[1409]

Vorgehensweise und die Motivation ist das Verständnis eines jeden Mitarbeiters über die Wirkung seines Handelns auf die Ziele der Sparkasse, wofür die BSC die Grundlage liefert.[1410] Dies geht so weit, dass es konkrete Anforderungen an die Beschäftigung spezieller Mitarbeitergruppen (beispielsweise weibliche Führungskräfte, Hochschulabsolventen oder ausländischer Mitarbeiter) gibt. Darüber hinaus könnten innerhalb des Konzepts der BSC Folgeveranstaltungen von Weiterbildungsmaßnahmen berücksichtigt werden, um dem Entstehen einer Transferlücke entgegenzuwirken.

Zusammenfassend kann die BSC als eine sinnvolle Alternative beziehungsweise Ergänzung zum bisherigen (sofern es überhaupt vorhanden ist) Personalentwicklungscontrolling in Sparkassen gesehen werden. Auch wenn es mittels der BSC nach wie vor schwierig ist, eindeutige Kausalzusammenhänge zwischen einzelnen Entwicklungsmaßnahmen und dem wirtschaftlichen Erfolg herzustellen, so liegen ihre Vorteile (gerade in Verbindung mit dem Mitarbeiterentwicklungsgespräch[1411]) in der Übersichtlichkeit, Ausgewogenheit, Operationalisierbarkeit sowie ihrer logischen Verknüpfung.[1412] So liegt die Stärke der BSC in der Personalentwicklung nicht in der Hervorbringung bislang völlig unbekannter betriebswirtschaftlicher Zusammenhänge oder Instrumente als vielmehr darin, ein praktikables Hilfsmittel zur Verfügung zu haben.

[1409] In Anlehnung an: Hacker, K., Mohrherr, F., (2003), S. 62.

[1410] Vgl. Speckbacher, G., Bischof, J., (2000), S. 795–796.

[1411] Vgl. GP 5.3.1.1.

[1412] Vgl. Zwingmann, L., (2004), S. 50.

5.5. Zwischenfazit

Eine antizipative Personalentwicklung zur Vorbereitung auf den Strukturwandel ist in Sparkassen unerlässlich. Aus diesem Grund wurden im vorliegenden Kapitel zum einen jene mitarbeitergruppenspezifischen Kompetenzen aufgeführt, die für die Zukunft als besonders wichtig angesehen werden. Hierbei sind die Schlüsselqualifikationen sowie die Employability von überragender Bedeutung. Zum anderen wurden mit dem Coaching, der Job-Rotation, dem Job-Enrichment und dem Job-Enlargement sowie dem CBT auch Maßnahmen zur jeweiligen Kompetenzvermittlung dargestellt und auf konkrete in Sparkassen vorhandene Hierarchieebenen spezifiziert. Darüber hinaus wurde mittels der Beschäftigung ausländischer Mitarbeiter, älterer Mitarbeiter, weiblicher Mitarbeiter sowie akademischer Mitarbeiter die Bedeutung spezieller Mitarbeitergruppen für den Geschäftserfolg von Sparkassen dargestellt, der aufgrund der demografischen Entwicklungen in Deutschland zukünftig eine besondere Relevanz beigemessen werden muss. Abschließend wurden die Notwendigkeiten sowie Möglichkeiten und Grenzen eines Personalentwicklungscontrollings betrachtet. Denn die S-Finanzgruppe hat erkannt, dass undifferenziertes Lernen ökonomisch kontraproduktiv ist.[1413] Auch wenn mittels der BSC ein relativ leicht zu operationalisierendes Konzept zur Steuerung der Personalentwicklung dargestellt worden ist, gilt nach wie vor, dass eine genaue Ermittlung des Nutzens einer Weiterbildungsmaßnahme nicht möglich ist.

Im Rahmen dieses Kapitels wurde eine primär theoretische Herangehensweise gewählt, die gleichwohl die bisherige praktische Herangehensweise in der Sparkassen-Organisation berücksichtigt. Eine konkrete Untersuchung über die aus Sicht der Verantwortlichen in den Sparkassen relevanten Personalentwicklungsmaßnahmen liefert das anschließende Kapitel. In diesem wird abschließend untersucht, inwieweit sich die bisherigen Ergebnisse mit den Aussagen der Praktiker decken beziehungsweise inwieweit Unterschiede bestehen.

[1413] Vgl. Sauter, A., (2005), S. 3.

6. Empirische Untersuchung einer antizipativen Personalentwicklung zur Vorbereitung auf den Strukturwandel

Im sechsten Kapitel erfolgt die Auswertung der Daten, die mit Hilfe eines für dieses Forschungsvorhaben speziell entwickelten Fragebogens im Zuge einer postalischen Befragung unter Sparkassen erhoben wurden.

Es wurden allgemeine und spezielle Aspekte der Personalentwicklung erfragt. Dabei werden einige der untersuchten Parameter im Rahmen dieses Kapitels aufgrund ihrer Bedeutung für die zukünftige Personalpolitik der Sparkassen intensiver behandelt.

6.1. Aufbau des Fragebogens und Erhebungsdesign

Der Fragebogen[1414] enthält sowohl geschlossene als auch offene Fragen und ist in fünf Abschnitte eingeteilt. Der erste Teil (Fragen 1–3) beinhaltet Fragen zur Personalstruktur der jeweiligen Sparkasse wie die Anzahl sozialversicherungspflichtiger Mitarbeiter, das formale Bildungsniveau sowie das Durchschnittsalter der Belegschaft. Der zweite Teil (Fragen 4–6) beschäftigt sich mit allgemeinen Aspekten der Personalentwicklung in Bezug auf die gesamte Belegschaft. Der dritte Teil (Fragen 7–9) konzentriert sich auf spezielle Parameter der Personalentwicklung für Führungskräfte. Im vierten Abschnitt (Fragen 10–13) des Fragebogens werden verschiedene Instrumente der Personalentwicklung auf ihre gegenwärtige und zukünftige Bedeutung in Sparkassen untersucht. Die Probanden wurden in diesem Abschnitt auch dazu aufgefordert, zu Thesen Stellung zu nehmen, die in Gesprächen mit Praktikern sinngemäß oftmals geäußert werden. Gerade hierbei konnten sie persönliche Angaben machen, da dieser Fragenkomplex eher „aus dem Bauch heraus" beantwortet werden konnte und sollte. Im abschließenden fünften Teil (Fragen 14–15) des Fragebogens wurde den Befragten die Möglichkeit gegeben, weitere persönliche Anmerkungen zu machen, die nicht antwortenunterstützt waren sowie darum gebeten, den Institutsnamen anzugeben. Aufgrund der Zusicherung der Anonymität wird im weiteren Verlauf auf diesen fünften Teil nicht eingegangen.

Die Sparkasse, d. h. die Hauptstelle mit sämtlichen Filialen, bildet die Untersuchungseinheit. Sie stellt das Objekt dar, das Gegenstand der Untersuchung ist und an dem die untersuchungsrelevanten Merkmale festgestellt werden sollen[1415]. Die Daten wurden mittels einer postalischen Befragung gesammelt; die Auswahl der Sparkassen bezog sich auf die Gesamtheit der zum 31. 12. 2003 123 eigenständigen Sparkassen der norddeutschen Bundesländer Berlin, Brandenburg, Bremen, Hamburg, Mecklenburg-Vorpommern, Niedersachsen, Sachsen-Anhalt und Schleswig-Holstein.

[1414] Der gesamte Fragebogen ist im Anhang der Arbeit zu finden.

[1415] Vgl. Kromrey, H., (1998), S. 247.

Die Fragebögen wurden im Mai 2004 an die Vorstände der jeweiligen Sparkassen gesendet und sollten vom Vorstandsmitglied selbst beziehungsweise vom zuständigen Personalleiter beantwortet werden. Primär sind diese Sparkassen dem Sparkassen- und Giroverband Schleswig-Holstein (SGVSH), dem Niedersächsischen Sparkassen- und Giroverband (NSGV) sowie dem Ostdeutschen Sparkassen- und Giroverband (OSGV) angeschlossen. Diese Gruppe von Sparkassen bildet die Grundgesamtheit für den empirischen Teil dieser Arbeit, und da alle 123 norddeutschen Sparkassen angeschrieben wurden, handelt es sich um eine Vollerhebung.[1416] Da 58 Institute auswertungsfähige Fragebögen zurücksandten, ergibt sich eine Rücklaufquote von 47 Prozent.

Das Erhebungsdesign wurde nach Absprache mit der Wissenschaftsförderung der Sparkassen-Finanzgruppe und dem Deutschen Sparkassen- und Giroverband festgelegt und sollte eine breit unterlegte Auswertung der Daten ermöglichen. Ziel des empirischen Teils dieser Arbeit ist es, die Lage der Personalentwicklung in den norddeutschen Sparkassen im aktuellen Untersuchungsraum deskriptiv zu beleuchten und zukünftige Trends zu ausgewählten Aspekten dieses Themenbereiches aufzuspüren. Da sowohl kleinere und größere als auch west- und ostdeutsche Sparkassen den Fragebogen beantwortet haben, konnte an einigen Stellen der Auswertung speziell auf diese Unterscheidungskriterien zurückgegriffen werden.

Dies gilt gerade vor dem Hintergrund, dass mit einer Rücklaufquote von 40 Prozent aller angeschriebenen ostdeutschen Sparkassen und von 51 Prozent aller westdeutschen Sparkassen keine elementare Diskrepanz zwischen Ost und West innerhalb der so entstandenen Stichprobe[1417] besteht. Von den insgesamt 58 Fragebögen fallen zwei Drittel (39) auf Westdeutschland und ein Drittel (19) auf Ostdeutschland. Darüber hinaus stellen diese 58 Sparkassen 12 Prozent aller deutschen Sparkassen dar, so dass gegebenenfalls indikative Aussagen für die Sparkassenpersonalentwicklung im gesamten Bundesgebiet gegeben werden können.[1418]

Die Auswertung erfolgt primär in Prozentangaben, die wegen der besseren Lesbarkeit gerundet sind. Die auf Komma genauen Angaben sind den Tabellen im Anhang der Arbeit zu entnehmen. Aufgrund der Rundungen und teilweisen Aggregation einzelner Teilfragen kann es in Einzelfällen zu Abweichungen kommen. Die höchste Abweichung beträgt maximal 2 Prozentpunkte und ist überdies sehr selten. Darüber hinaus werden im Text mitunter einzelne Antwortmöglichkeiten zu einer Gruppe zusammengefasst, um eine schnellere und leichtere Gesamtübersicht zu erhalten. In den dazugehörigen Abbildungen werden dagegen die Ergebnisse zumeist detaillierter aufgeführt.

[1416] Vgl. Kraft, M., Landes, T., (1996), S. 5.

[1417] Stichprobe oder auch Teilgesamtheit stellen jene 58 Fragebögen dar, die beantwortet worden sind. Die Grundgesamtheit dagegen sind die 123 Fragebögen, die insgesamt versendet worden sind. Da diese 58 Sparkassen aus einer Vollerhebung stammen, können sie als eine hochrepräsentative Stichprobe für die jeweiligen Verbandsgebiete behandelt werden.

[1418] Per 31.12.2003 gab es 489 Sparkassen, davon 404 in den alten und 85 in den neuen Bundesländern. Vgl. Moormann, D., Schnitzler, R., (2004), S. 301.

6.2. Datenanalyse

Im Rahmen der Datenanalyse wurden die 58 verwertbaren Fragebögen analysiert. Die Auswertung orientierte sich an der Gliederung des Fragebogens. Größtenteils erfolgt die Auswertung jeweils einer Variable anhand einfacher Häufigkeitsverteilungen. An einigen Stellen wird jedoch mit Kreuztabellen gearbeitet, die zwei verschiedene Variablen in Beziehung zueinander analysieren (insbesondere um Unterscheidungen zwischen ost- und westdeutschen sowie zwischen größeren und kleineren Sparkassen aufzuspüren).

6.2.1. Zur aktuellen Personalsituation

Ziel des ersten Fragenkomplexes war es, grundlegende statistische Daten bezüglich der gegenwärtigen Personalsituation in den untersuchten Sparkassen zu erhalten. Darüber hinaus stammen aus diesem Komplex grundlegende Variablen (wie z. B. Erhebungsgebiet oder Mitarbeiteranzahl), die im weiteren Verlauf der Auswertung als mögliche Unterscheidungskriterien für die restlichen Fragenkomplexe herangezogen werden konnten.

Zu Frage 1: Wie viele sozialversicherungspflichtige Mitarbeiter waren per 31.12.2003 in Ihrer Sparkasse beschäftigt?

Im GP 5.3.2.3. ist die Bedeutung weiblicher Mitarbeiter für den Unternehmenserfolg dargestellt worden. Aus diesem Grund wurde zunächst nach dem aktuellen geschlechtsspezifischen Personalbestand gefragt. Zur besseren Vergleichbarkeit mit anderen Untersuchungen wurde nicht mit der innerhalb der S-Finanzgruppe üblichen Kenngröße der „bankspezifisch Beschäftigten“ sondern der allgemein üblichen Größe[1419] der „sozialversicherungspflichtigen Mitarbeiter“ gearbeitet.

Insgesamt beschäftigten die 54 Sparkassen[1420], die hierzu gültige Angaben machten, 25.434 sozialversicherungspflichtige Mitarbeiter (ohne Auszubildende). Hiervon waren 36 Prozent männlich und 64 Prozent weiblich. Im Vergleich hierzu liegt der Anteil der Frauen unter allen Erwerbstätigen auf Bundesebene bei nur 45 Prozent.[1421] Dies zeigt, dass Frauen quantitativ die wichtigste personelle Ressource für Sparkassen darstellen. Selbst unter Herausrechnung der Teilzeitbeschäftigten, die traditionell primär weiblich sind, sind von allen Vollzeitbeschäftigten 47 Prozent männlich und 53 Prozent weiblich.

Die Männer stellen lediglich 5 Prozent aller Teilzeitbeschäftigten, die Frauen dagegen 95 Prozent. Es gab keine Sparkasse, die nicht Teilzeitarbeitnehmerinnen beschäftigte, dagegen gibt es in 22 Prozent der untersuchten Sparkassen nicht einen männ-

---

[1419] Beispielsweise die Statistiken der Bundesanstalt für Arbeit oder des Statistischen Bundesamtes.

[1420] Drei Sparkassen machten zu diesem Punkt keine geschlechterspezifischen Angaben, eine Sparkasse gab ihre Mitarbeiterzahl überhaupt nicht an.

[1421] Vgl. Statistisches Bundesamt, (2004), S. 39.

lichen Teilzeitbeschäftigten. Auf Bundesebene stellen die Männer jedoch bereits 14 Prozent aller sozialversicherungspflichtigen Teilzeitbeschäftigten.[1422]

	Männliche Beschäftige (N = 54)	Weibliche Beschäftigte (N = 54)	Summe (N = 54)
Teilzeit	294	6.146	6.440
Vollzeit	8.952	10.042	18.994
Summe	9.246	16.188	25.434

Abb. 32. Anzahl der Beschäftigten nach Geschlecht

Insgesamt arbeiteten 25 Prozent aller sozialversicherungspflichtigen Beschäftigten in Teilzeit. Dieser Wert ist knapp über dem Bundesdurchschnitt, der bei 22 Prozent liegt.[1423] Die Teilzeitquote der Frauen beträgt auf Bundesebene ca. 41 Prozent, bei den Sparkassen liegt sie mit 38 Prozent knapp darunter.[1424]

Die weibliche „Dominanz“ im Sparkassensektor zeigte sich auch bei den Auszubildenden. Hier sind 46 Prozent männlich und 54 Prozent weiblich. Das Verhältnis entspricht fast genau dem Verhältnis im Vollzeitbeschäftigtenbereich.

Auf der Basis von 57 Fragebögen, die bezüglich der Gesamtmitarbeiteranzahl gültige Daten lieferten, wurde Abbildung 33 zusammengestellt. Unter dem Begriff Gesamtmitarbeiterzahl wurden in diesem Zusammenhang die Vollzeit- und Teilzeitbeschäftigten, aber nicht die Auszubildenden gefasst.

Eine geschlechterspezifische Unterteilung ist in diesem Fall nicht möglich, da in drei Fällen die Mitarbeiteranzahl undifferenziert (nach Geschlecht) angegeben wurde.[1425]

	Beschäftige Gesamt (N = 57)	Ost (N = 18)	West (N = 39)	Größere (N = 26)	Kleinere (N = 31)
Vollzeit	25.764	4.985	20.779	21.055	4.709
Teilzeit	7.536	1.169	6.367	5.941	1.595
Summe	33.300	6.154	27.146	26.996	6.304

Abb. 33. Anzahl der Beschäftigten nach Region und Größe

1422 Vgl. Statistisches Bundesamt, (2004), S. 44.

1423 Vgl. Statistisches Bundesamt, (2004), S. 44.

1424 Vgl. Statistisches Bundesamt, (2004), S. 44.

1425 Eine bundesdurchschnittliche Sparkasse beschäftigte per 31.12.2003 401 Mitarbeiter (415 in Westdeutschland und 335 in Ostdeutschland). Die Werte liegen unter den Durchschnittswerten der Probanden dieser Untersuchung. Hier beträgt der Durchschnitt 579 Mitarbeiter (davon 696 in Westdeutschland und 342 in Ostdeutschland). Vgl. Moormann, D., Schnitzler, R., (2004), S. 302.

Anhand der vorliegenden Daten wurden die Sparkassen in so genannte kleinere und größere Sparkassen gruppiert. Unter kleineren Sparkassen sind hier alle Sparkassen mit einer Gesamtbeschäftigtenzahl bis einschließlich 400 Mitarbeitern zu verstehen. Auf sie entfielen 54 Prozent aller Probanden. Jene 46 Prozent der Sparkassen, die über 400 Mitarbeiter beschäftigen, werden als größere Sparkassen bezeichnet. Im Schnitt sind die ostdeutschen Sparkassen kleiner als die westdeutschen. Denn von den kleineren Sparkassen sind 72 Prozent aus Ostdeutschland und 28 Prozent aus Westdeutschland. Diese Unterscheidung ist im weiteren Verlauf der Arbeit bedeutsam, da häufig ein positiver Zusammenhang zwischen den Antworten kleinerer und ostdeutscher Institute festzustellen ist, worauf später ausführlicher eingegangen wird.[1426]

	Kleinere Sparkassen	Größere Sparkassen	Gesamt
Erhebungsgebiet West	18	21	39
Erhebungsgebiet Ost	13	5	18
Gesamt	31	26	57

Abb. 34. Größe der Sparkassen nach Mitarbeiterzahl

Zu Frage 2: Wie viele Mitarbeiter verfügen über einen der folgenden Abschlüsse?

Im Rahmen der Evaluation des formalen Bildungsniveaus der Sparkassenmitarbeiter wurde die Frage nach Hochschulabschlüssen gestellt. Im GP 3.2.3.1. wurde die Tendenz der formalen Höherqualifizierung der Bevölkerung dargestellt. Eine Kernaussage war die Feststellung einer zunehmenden Akademisierung innerhalb der Arbeitnehmerschaft. Aufgrund dessen war es von großem Interesse zu eruieren, inwieweit Sparkassen von einer solchen Entwicklung betroffen sind.

Bezogen auf den Gesamtpersonalbestand (Vollzeit- und Teilzeitkräfte, ohne Auszubildende) der 56 Sparkassen mit diesbezüglich gültigen Angaben von 26.316 Mitarbeitern verfügten 1.880 Mitarbeiter über einen Hochschulabschluss (Universität, Fachhochschule oder Lehrinstitut). Es verfügen folglich gut 7 Prozent aller Sparkassenmitarbeiter im Untersuchungsraum über einen Hochschulabschluss. Auf die einzelnen Formen der Abschlüsse verteilt heißt dies, dass knapp 3 Prozent einen Universitätsabschluss, gut 3 Prozent einen Fachhochschulabschluss und knapp 1 Prozent einen Abschluss am Lehrinstitut aufweisen. Im Durchschnitt beschäftigte eine Sparkasse 13 Akademiker, 16 Fachhochschulabgänger und 4 Abgänger des Lehrinstitutes.

Die Verteilung der Abschlüsse fiel recht unterschiedlich aus. So beschäftigen beispielsweise 5 Prozent der Sparkassen nicht einen Universitätsabsolventen und 13 Prozent keinen Absolventen einer Fachhochschule. 14 Prozent beschäftigen keinen Absolventen des Lehrinstituts. Eine Sparkasse beschäftigte nicht einen Absolventen

[1426] Weitere Daten sind den Tabellen 1–3 im Anhang zu entnehmen.

der drei genannten Hochschulen. Auf der anderen Seite gab es ein Institut, das eine Akademikerquote (Universität, Fachhochschule und Lehrinstitut) von 27 Prozent aufweist.

Diese Diskrepanz bei der Beschäftigung wird durch die Standardabweichung verdeutlicht. Die Standardabweichung betrug bei den Mitarbeitern mit Universitätsabschluss gut 21, den Mitarbeitern mit Fachhochschulabschluss gut 24, bei den Mitarbeitern mit Lehrinstitutabschluss knapp 5.[1427]

Bedeutender als der Vergleich innerhalb der untersuchten Sparkassen ist jedoch die Relation der Hochschulabsolventen an der Gesamtbelegschaft im Vergleich der Gruppe zu allen Erwerbstätigen in Deutschland. Verfügen bei den untersuchten Sparkassen rund 7 Prozent der Mitarbeiter über einen akademischen Abschluss (inklusive Lehrinstitut), so können 17 Prozent aller in Deutschland beschäftigten Erwerbstätigen einen Hochschulabschluss aufweisen.[1428] Dies bedeutet, dass die Akademikerquote in Sparkassen nicht annähernd halb so groß ist wie die der Gesamterwerbstätigenbevölkerung. Vor dem Hintergrund, dass die Zahl der Hochschulabsolventen im tertiären Sektor tendenziell höher ist als im primären oder sekundären Sektor und die vergleichsweise niedrige Akademikerquote in den Sparkassen auch Bestandteil der Gesamtquote von 17 Prozent ist, fallen diese Ergebnisse noch bedeutsamer aus. Vom formalen Bildungsniveau kann bei den Sparkassen sicherlich von einer Unterversorgung mit akademisch gebildeten Mitarbeitern gesprochen werden. Hinzu kommt, dass die Kundschaft der Sparkassen oftmals auch akademisch gebildete Mitarbeiter als Gesprächspartner wünscht, da zum einen ein akademischer Hintergrund Kompetenz signalisieren kann und so (zumindest bei Beginn einer Geschäftsbeziehung) einen Vertrauensfaktor darstellt, zum anderen ein ähnlicher (berufswerdegangtechnischer) Hintergrund oftmals die Kommunikation zwischen Berater und Kunden erleichtern kann.[1429]

Allerdings sind enorme Unterschiede zwischen ost- und westdeutschen Sparkassen bezüglich des Akademikeranteils festzustellen. So liegt der Akademikeranteil im Osten bei 13 Prozent und im Westen dagegen nur bei 5 Prozent. In größeren Sparkassen beträgt er 7 Prozent und in kleineren Sparkassen 8 Prozent.[1430]

Zu Frage 3: Wie alt sind die Mitarbeiter Ihrer Sparkasse im Durchschnitt?

Aufgrund der demografischen Entwicklung wird die Beschäftigung älterer Mitarbeiter immer bedeutender. Hierauf wurde mehrmals im Rahmen der Arbeit verwiesen, besonders im GP 5.3.2.2. Aus diesem Grund interessierte neben der Geschlechterver-

---

[1427] Die Standardabweichung von beispielsweise 21 bei den Universitätsabsolventen bedeutet, dass die Streuung um den Mittelwert 13 (die Zahl der Mitarbeiter mit Universitätsabschluss einer Durchschnittssparkasse) bei plus/minus 21 Mitarbeitern liegt. In diesem Fall liegt der unterste Wert bei 0 und der oberste Wert bei 44 Mitarbeitern, die über einen Universitätsabschluss verfügen. Die Standardabweichung stellt also in diesem Zusammenhang ein Maß dar, welches dazu dient, die Streuung der Einzelwerte um das Zentrum (Mittelwert) zu beschreiben.

[1428] Vgl. Statistisches Bundesamt, (2004), S. 8.

[1429] Vgl. GP 3.2.1.6.

[1430] Weitere Daten sind den Tabellen 4–8 im Anhang zu entnehmen.

teilung und der Analyse des formalen Bildungsniveaus auch im Hinblick auf die Alterung der gesamten Bevölkerung das Durchschnittsalter der Erwerbstätigen. Liegt es im Bundesdurchschnitt bei 41,1 Jahren,[1431] so liegt es bei den untersuchten Sparkassen mit 39,1 genau 2 Jahre darunter. Das Durchschnittsalter liegt bei den westdeutschen Sparkassen und größeren Sparkassen mit jeweils 39,55 knapp über dem Schnitt der ostdeutschen mit 38,50 und kleineren mit 38,88 Jahren.

Ein Grund hierfür dürfte die Tatsache sein, dass in Ostdeutschland im Zuge der wirtschaftlichen Angleichung viele Arbeitsplätze abgebaut worden sind. Hiervon sind in der Regel zunächst ältere Mitarbeiter betroffen.[1432]

6.2.2. Zur generellen Personalentwicklung

Im zweiten Fragenkomplex wurden mittels dreier Hauptfragen generelle Aspekte der Personalentwicklung in Sparkassen untersucht. Bei der Analyse des zweiten Fragebogenbestandteils wurden neben univariaten Häufigkeitsverteilungen auch bivariate Verteilungen anhand von Kreuztabellen ermittelt.

Zu Frage 4: Gibt es regelmäßige (d. h. innerhalb eines Zeitraums von drei Jahren) Mitarbeiter-, Kundenzufriedenheitsbefragungen beziehungsweise Personalentwicklungs-Zielvereinbarungen mit den Mitarbeitern?

Um sich von anderen Kreditinstituten zu differenzieren, konzentrieren sich Sparkassen heutzutage primär auf die Mitarbeiterqualität und die Kundenbindung.[1433] Diese sich gegenseitig bedingenden Wettbewerbsparameter dienen gemeinhin als Keim des gegenwärtigen und zukünftigen Unternehmenserfolgs.[1434] Im Regelfall entfalten Mitarbeiter nur dann ihre volle Leistungsfähigkeit, wenn sie mit ihrer Arbeit zufrieden sind. Deshalb sollte es u. a. Aufgabe der Personalabteilung sein, regelmäßig Mitarbeiterzufriedenheitsanalysen durchzuführen. Solche Analysen ermöglichen neben der Erfassung von Mitarbeiterzufriedenheit und Unternehmenskultur auch Informationen zum betrieblichen Veränderungsmanagement im Sinne einer „Lernenden Organisation“. Die Untersuchung ergab, dass lediglich 29 Prozent eine solche regelmäßige Befragung, d. h. innerhalb eines Zeitraums von jeweils drei Jahren, durchführen. Allerdings planen 16 Prozent der Sparkassen die Einführung des Instrumentes als Basis der Personalentwicklung. Dennoch findet bei über der Hälfte (55 Prozent) der untersuchten Kreditinstitute gegenwärtig keine Mitarbeiterzufriedenheitsanalyse statt beziehungsweise ist deren zukünftiger Einsatz auch nicht geplant.

Allerdings ist bezüglich der Mitarbeiterzufriedenheitsbefragungen ein „kleines“ West-Ost-Gefälle beziehungsweise eine Diskrepanz zwischen kleineren und größe-

[1431] Vgl. Statistisches Bundesamt, (2004), S. 39.

[1432] Weitere Daten sind den Tabellen 9–13 im Anhang zu entnehmen.

[1433] Vgl. Zinn, B., Stark, M., (1996), S. 65–66.

[1434] Vgl. Hanft, A., Reiners, M., (2002), S. 10.

ren Sparkassen zu konstatieren. Denn nur 26 Prozent der westdeutschen aber 37 Prozent der ostdeutschen Sparkassen führen bereits regelmäßig Mitarbeiterzufriedenheitsbefragungen durch. Ähnlich sehen die Unterschiede bezüglich der Größe der Sparkassen aus. Ist der gegenwärtige Einsatz dieses Instrumentes nahezu identisch (29 Prozent kleinere Sparkassen und 31 Prozent größere Sparkassen), so planen 27 Prozent der größeren Sparkassen, d. h. jene Sparkassen, die 400 und mehr Mitarbeiter beschäftigen, deren zukünftigen Einsatz. Im Gegensatz dazu sind dies nur 7 Prozent der kleineren Sparkassen. Die Aussage impliziert die Zahl jener Sparkassen, die weder zum gegenwärtigen Zeitpunkt noch in der Zukunft Mitarbeiterzufriedenheitsbefragungen durchführen wollen. 65 Prozent der kleineren, aber nur 42 Prozent der größeren Sparkassen gehören hierzu.

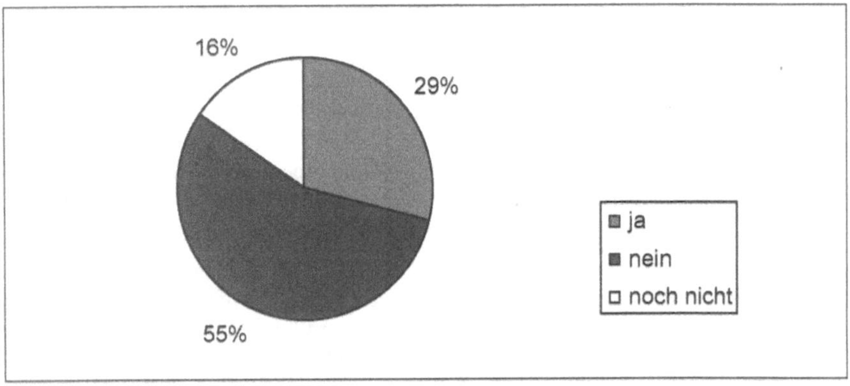

Abb. 35. Durchführung von Mitarbeiterzufriedenheitsbefragungen

Eine weitere Teilfrage widmete sich der Kundenzufriedenheit, denn nach umfangreichen Rationalisierungsmaßnahmen, einer Automatisierung der Ablaufprozesse und intensiven Benchmarkprozessen im Bankbereich avanciert Kundenzufriedenheit zum zentralen Wettbewerbsvorteil.[1435]

Wenn nämlich die Beziehung zwischen Kunde und Anbieter stabil ist, ist auch die Geschäftsbeziehung weitgehend immun gegen kurzfristig wirkende Wettbewerber-Aktivitäten. Vertrauen und die permanente Pflege der Kundenbeziehung gewährleisten die Bindung des Kunden an das Unternehmen. Dies gilt insbesondere für Dienstleistungsanbieter, da der Kunde ex ante die Qualität der von ihm nachgefragten Leistung nicht überprüfen kann, und ist besonders für solche Unternehmen essentiell, denen an einer dauerhaften Wiederkehr der Kundennachfrage gelegen sein muss. Hierzu zählen in ganz besonderer Weise Kreditinstitute. Sie müssen das Niveau ihrer Leistung bei den Kunden prüfen und ihre geschäftspolitischen Maßnahmen daraufhin abstellen, ob sie die Erwartungen der Kunden tatsächlich erfüllen.[1436]

[1435] Vgl. Nolte, B., Stummer, F., (2002), S. 209–210.

[1436] Vgl. Fischer, M., Herrmann, A., Huber, F., (2001), S. 1163.

Es ist eine Sache, über Kundenzufriedenheit zu reden, sie zu operationalisieren und zu erreichen, ist jedoch eine ganz andere. Es ist in diesem Zusammenhang notwendig, die Zufriedenheit der Kunden zu messen und für einen stetigen Prozess permanenter Qualitätssteigerung zu nutzen und im Falle von Kundenunzufriedenheit Faktoren, die das Unternehmen im Leistungserstellungsprozess direkt beeinflussen könnten, zu ändern. Aus diesem Grund wurden die Sparkassen befragt, ob sie Kundenzufriedenheitsanalysen in ihrem Geschäftsgebiet durchführen. 64 Prozent aller Sparkassen antworteten, dass sie Kundenzufriedenheitsbefragungen gegenwärtig durchführen und weitere 3 Prozent antworteten, dass sie planen, diese zukünftig durchzuführen. Aber immerhin ein Drittel aller untersuchten Sparkassen führten weder zum gegenwärtigen Zeitpunkt eine Kundenzufriedenheitsanalyse durch, noch planten sie deren Erhebung.

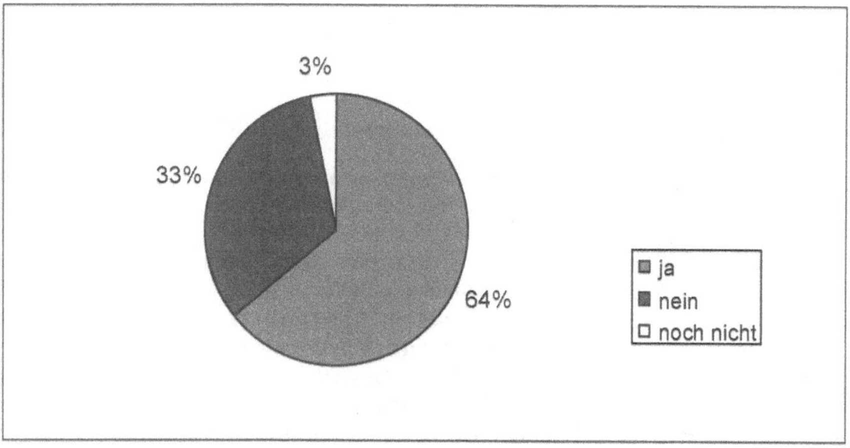

Abb. 36. Durchführung von Kundenzufriedenheitsbefragungen

Ähnlich wie bei den Mitarbeiterzufriedenheitserhebungen sind auch bei den Kundenzufriedenheitsbefragungen die ostdeutschen Sparkassen aktiver. 79 Prozent der ostdeutschen, aber nur 56 Prozent der westdeutschen Probanden führen diese durch. Auch die Größe einer Sparkasse ist wiederum bei der Anwendung dieses Instrumentariums relevant. So führen 73 Prozent der größeren, aber nur 55 Prozent der kleineren Sparkassen regelmäßig Kundenzufriedenheitsbefragungen durch. Ein Grund für diesen Unterschied liegt sicherlich in der Struktur der jeweiligen Sparkassengebiete. Größere Sparkassen sind beispielsweise häufiger in dicht besiedelten Regionen anzufinden, in denen gewöhnlich die Konkurrenz stärker ist, da häufig auch Großbanken in diesen Gebieten tätig sind.

Weitaus positiver sind die Antworten auf regelmäßige Personalentwicklungs-Zielvereinbarungen mit den Mitarbeitern ausgefallen. 72 Prozent aller Sparkassen führen diese bereits heute durch (64 Prozent der westdeutschen und 79 Prozent der ostdeutschen beziehungsweise 74 Prozent der kleineren und 69 Prozent der größeren Sparkassen) und weitere 12 Prozent planen, dieses strategische Personalentwicklungsinstrument einzuführen. Allerdings findet bei 16 Prozent der befragten Sparkassen die Zielvereinbarung keine Berücksichtigung.

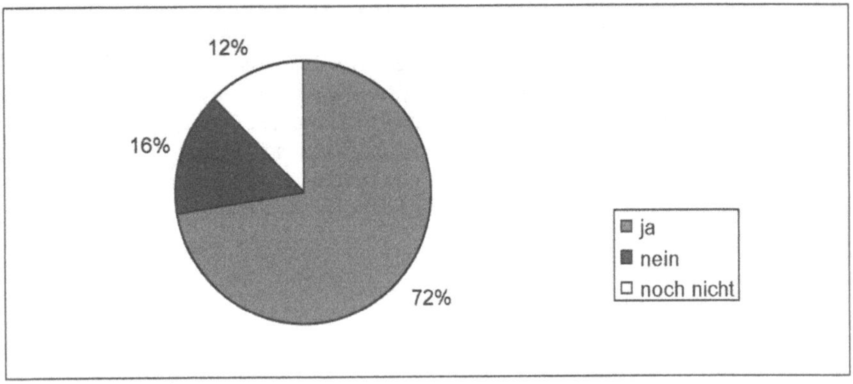

Abb. 37. Durchführung von Mitarbeiter-Personalentwicklungs-Zielvereinbarungen

Mitarbeiter-, Kundenzufriedenheitsanalysen sowie Zielvereinbarungen sollten in jeder Sparkasse durchgeführt werden. Sie stellen unerlässliche Instrumente zur Personalentwicklung dar und lassen sich auch faktor- sowie organisationstheoretisch in den Gesamtbankbetrieb integrieren, was eine vereinfachte Steuerung dieser Maßnahmen erlaubt.[1437] Auch aus der ressourcenorientierten Sichtweise ermöglichen die Maßnahmen eine bessere Allokation des Humankapitals in Sparkassen.[1438] Denn Mitarbeiter können nur dann mit ihrer optimalen Leistungsfähigkeit zum Geschäftserfolg beitragen, wenn sie an Arbeitsplätzen tätig sind, die sie zufrieden werden lassen, d.h. sie weder über- noch unterfordert sind.

Die Untersuchung ergab ferner, dass nur 26 Prozent aller Sparkassen sämtliche drei Instrumentarien für die Personalentwicklung einsetzen und 16 Prozent nicht eines dieser elementaren Elemente nutzen. Darüber hinaus wurde ersichtlich, dass die drei Instrumente von den ostdeutschen Sparkassen aktiver eingesetzt werden als von den westdeutschen Sparkassen. Jedoch ist kein Unterschied bezüglich der Größe einer Sparkasse hinsichtlich des Einsatzes aller drei Maßnahmen zu erkennen. Denn mit 26 Prozent der kleineren und 27 Prozent der größeren Sparkassen ist kein Unterschied bezüglich dieses Kriteriums auszumachen.[1439]

Zu Frage 5: Nutzen Sie die Ergebnisse der Kundenzufriedenheitsbefragung für die Personalentwicklung?

Eine Kernaufgabe des Personalentwicklungscontrollings ist die Steuerung zukünftiger Entwicklungsmaßnahmen. Im Rahmen der Darstellung der BSC im GP 5.4.3.

1437 Vgl. GP 2.3.1.2. und vgl. Nolte, B., Stummer, F., (2002), S. 212–213.

1438 Vgl. GP 2.3.1.3.

1439 Weitere Daten sind den Tabellen 14–25 im Anhang zu entnehmen.

wurde anhand einer Ursache-Wirkungskette gezeigt, welche Bedeutung der Kundenzufriedenheit für den wirtschaftlichen Erfolg einer Sparkasse zukommt. Denn der geschäftliche (monetäre) Erfolg sollte primäres Ziel[1440] einer jeden Sparkasse sein. Dieses Ziel kann in der Regel nur mit zufriedenen Kunden erreicht werden, die wiederum nur durch zufriedene Mitarbeiter erfolgreich bedient werden können. Insofern kann ein indirekter Zusammenhang zwischen Mitarbeiterzufriedenheit und Unternehmenserfolg hergestellt werden.[1441] Zur besseren Steuerung bietet es sich darüber hinaus an, die Personalentwicklung auch anhand der Ergebnisse einer Kundenzufriedenheitsanalyse auszurichten.[1442] Deshalb wurden die Probanden hinsichtlich dieses Aspektes befragt. In nur 4 Prozent der Sparkassen werden die Inhalte der Personalentwicklungsarbeit an den Ergebnissen der Kundenzufriedenheitsbefragung ausgerichtet (sehr starke Ausrichtung). In 36 Prozent der Fälle werden die Ergebnisse in die laufende Personalentwicklungsarbeit (starke Nutzung) und in 40 Prozent werden sie nur gelegentlich (bedingt) einbezogen. Für weitere 20 Prozent hat die Kundenzufriedenheitsanalyse kaum (schwach) Auswirkungen auf die Personalentwicklungsarbeit.[1443]

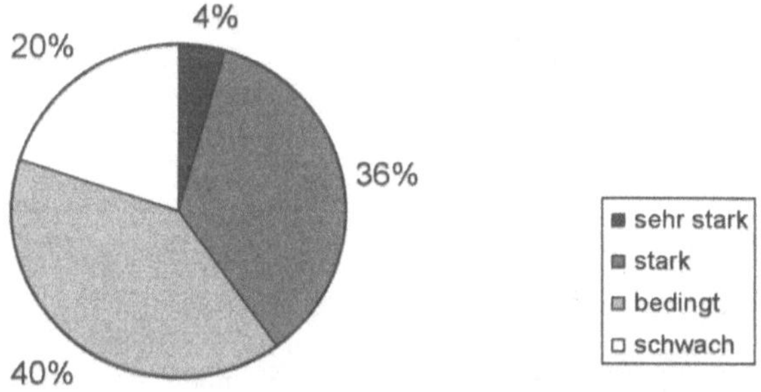

Abb. 38. Nutzung der Kundenzufriedenheitsbefragung für die Personalentwicklung

Zu Frage 6: Welche Kompetenzbereiche wollen Sie (zukünftig) durch Ihre Personalentwicklungsmaßnahmen verbessern?

In den GP 5.2. und 5.3. wurden jene Kompetenzen herausgearbeitet, die für die Zukunft der Sparkassen als besonders bedeutsam angesehen werden. Aus diesem Grund wurden die Probanden hinsichtlich jener Kompetenzbereiche befragt, die zukünftig durch Personalentwicklungsmaßnahmen vorrangig verbessert werden sollen. Drei

[1440] Sparkassen haben sicherlich auch andere Ziele und Aufgaben. Diese Aufgaben können in der Regel aber nur erfüllt werden, wenn der geschäftliche Erfolg als Basis gelegt ist.

[1441] Vgl. Reinartz, W.J., Krafft, M., (2001), S. 1263.

[1442] Vgl. GP 5.4.3.

[1443] Weitere Daten sind der Tabelle 26 im Anhang zu entnehmen.

Kompetenzbereiche, nämlich Fachkenntnisse, soziale Kompetenzen und methodische Kompetenzen, wurden als Antwortvorgaben auf diese Frage angeboten. Darüber hinaus bestand die Möglichkeit unter „Sonstiges" einen vierten Bereich hinzuzufügen. Die Probanden sollten nun die einzelnen Items[1444] skalieren, d. h. eine Reihenfolge von 1 (am wichtigsten) bis 4 (am wenigsten wichtig) bilden.

Zur Auswertung wurden jene Items gewählt, denen die erste Priorität seitens der Probanden beigemessen worden ist. Mit 60 Prozent sind die sozialen Kompetenzen als die mit Abstand wichtigsten bewertet worden, gefolgt von methodischen (20 Prozent) sowie Fachkenntnissen (14 Prozent). Auf die sonstigen Kompetenzen, die beispielsweise Change- oder Projektmanagement betreffen, entfielen 6 Prozent.

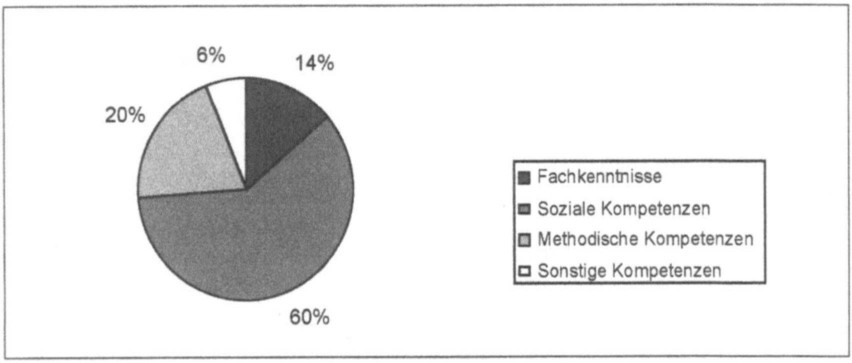

Abb. 39. Verbesserungen von Kompetenzbereichen

Im Bereich der Kompetenzbenennung waren nur geringe Ost-West-Unterschiede zu erkennen. So wurden die methodischen Kompetenzen identisch eingestuft, allerdings wurden in Ostdeutschland die sozialen Kompetenzen mit 67 Prozent etwas stärker gewichtet als in Westdeutschland mit 57 Prozent. Daraus folgend wurden die Fachkenntnisse als jener Kompetenzbereich, der zukünftig durch Personalentwicklungsmaßnahmen vorrangig verbessert werden soll, von 17 Prozent der westdeutschen, aber nur 7 Prozent der ostdeutschen Sparkassen herausgestellt. Deutlicher waren die Abweichungen bei der Differenzierung nach der Größe einer Sparkasse. Es gab zwar keine Veränderung der Rangfolge im Vergleich zur Gesamtauswertung, aber es betonten 35 Prozent der kleineren Sparkassen im Gegensatz zu nur 4 Prozent der größeren Institute, dass methodische Kompetenzen verbessert werden sollten. Im Gegensatz dazu verwiesen 74 Prozent der größeren Sparkassen gegenüber 46 Prozent der kleineren Anstalten darauf, dass primär soziale Kompetenzen verbessert werden sollten.

Ein Grund für diesen Unterschied könnte darin liegen, dass kleinere Sparkassen eine größere Eigenverantwortung der Mitarbeiter bezüglich ihrer eigenen Entwicklung beimessen. Denn unter den methodischen Kompetenzen wird auch die Fähigkeit, sich selbst Wissen anzueignen, subsumiert. In größeren Kreditinstituten ist die

[1444] Ein Item stellt in diesem Zusammenhang eine Antwortmöglichkeit dar.

Weiterbildung häufig zentral organisiert und wird von einer eigenen Personalentwicklungsabteilung durchgeführt, wohingegen eine solche in kleineren Instituten häufig nicht anzufinden ist und somit die Verantwortung diesbezüglich stärker dem Mitarbeiter selbst übertragen wird.[1445]

6.2.3. *Zur Personalentwicklung für Führungskräfte*

Der dritte Fragenkomplex hatte dezidiert nur Fragen bezüglich der Personalentwicklung für Führungskräfte zum Inhalt. Unter Führungskräften werden gemeinhin jene Mitarbeiter verstanden, die (zumindest) partielle Personalverantwortung tragen, d. h. dass sie für andere Mitarbeiter Ansprechpartner und Weisungsgeber sind.[1446]

Zu Frage 7: Welche Qualifikationen (d. h. Kenntnisse und/oder Kompetenzen) werden Ihrer Meinung nach für Führungskräfte im Sparkassensektor zukünftig an Bedeutung gewinnen?

Im GP 5.1.3. wurde die Bedeutung der Führungskräfte als Träger der Personalentwicklung dargestellt. Hierauf aufbauend und in Verbindung mit den Kompetenzanforderungen der GP 5.2. und 5.3., die zwar für alle Sparkassenbeschäftigten herausgearbeitet worden sind, aber zuvorderst für Führungskräfte von Relevanz sind, wurden die Sparkassen gebeten, jene Qualifikationen von Führungskräften zu nennen, die ihrer Meinung nach zukünftig an Bedeutung gewinnen werden. Um einen möglichst breiten Überblick zu erlangen und um die Probanden nicht ex ante auf vorgegebene Antwortmöglichkeiten zu beschränken, wurde an dieser Stelle mit einer offenen Fragestellung gearbeitet. Die von den Probanden genannten Items wurden ex post wie eine Mehrfachantwort-Fragenbatterie behandelt, d. h. aus jeder genannten Maßnahme wurde eine einzelne Variable (Item) gebildet und jede Wiederholung dieses Items bei den anderen Sparkassen hat ihre Häufigkeit erhöht. Somit ergibt sich eine Fragebatterie, bei der alle Maßnahmen, die mindestens zweimal erwähnt wurden (alle anderen wurden unter Sonstiges zusammengefasst), zu einem Item einer Mehrfachantwort-Fragenbatterie zusammengefügt, das im Nachhinein als genannt oder nicht genannt ausgewertet werden konnte.

Die Analyse erfolgte dann anhand zweier Kriterien. Zum einen werden die Häufigkeiten der jeweiligen Maßnahmen in Bezug auf alle gemachten Antworten berechnet, also im Verhältnis zur Fragenbatterie insgesamt. Diese Prozentangaben zeigen, wie sich das jeweilige Item zu allen Antworten verhält. Die zweite Prozentangabe bezieht sich auf die absoluten Nennungen, die jedes Item an sich bei den befragten Sparkassen erzielte.

Als bedeutendste zukünftige Qualifikation von Führungskräften wurde „soziale Kompetenz" genannt. 23 Prozent aller 110 Nennungen entfallen hierauf und 46 Prozent aller Sparkassen nannten explizit die „soziale Kompetenz" als jene Qualifikation, die zukünftig für Führungskräfte im Sparkassensektor an Bedeutung gewinnen wird.

[1445] Weitere Daten sind den Tabellen 27–30 im Anhang zu entnehmen.

[1446] Vgl. Olfert, K., (2004), S. 37.

Qualifikation	Häufigkeit der Nennungen in %	Absolute Nennungen in %
Soziale Kompetenzen	23	46
Führungskompetenzen	21	43
Coaching Kompetenzen	11	22
Unternehmerische Kompetenzen	11	22
Change Management Kompetenzen	9	19
Konfliktlösungskompetenzen	7	15
Verkaufskompetenzen	4	7
Höhere Ausbildung	2	4
Sonstige Kompetenzen	13	26

Abb. 40. Zukünftige Qualifikationsanforderungen von Führungskräften[1447]

Als zweitwichtigste zukünftige Qualifikation mit 21 Prozent aller Antworten wird die „Führungskompetenz" genannt, die in 43 Prozent aller Fragebögen aufgeführt worden ist. Es folgen in 22 Prozent aller Fälle gleich gewichtet Coaching- sowie unternehmerische Kompetenzen mit jeweils 11 Prozent. Darauf folgen Change Management-, (9 beziehungsweise 19 Prozent), Konfliktlösungs-, (7 beziehungsweise 15 Prozent), Verkaufs-, (4 beziehungsweise 7 Prozent) sowie höhere formale Qualifikationskompetenzen (2 beziehungsweise 4 Prozent). Insgesamt 13 Prozent aller Nennungen entfielen auf Kompetenzen, die nicht eindeutig den o. a. Bereichen zugeordnet werden konnten und die den „sonstigen Kompetenzen" zugerechnet worden sind. Hierunter fallen beispielsweise „Qualitätsbewusstsein" bzw. „unbedingter Leistungswille".

Zu Frage 8: Sollten angehende Führungskräfte zukünftig eher „Karriere am Kunden" machen oder primär in zentralen Einheiten (beispielsweise Stabsbereich) eingesetzt werden?

In den letzten Jahren war der Vertriebserfolg am Kunden nicht unbedingt maßgeblich für die Karriere in einer Bank. Dies hat beispielsweise dazu geführt, dass es in Deutschland an einer ausreichenden Zahl echter Experten auf diesem Feld bis in die Vorstände hinein mangelt.[1448] Gerade Hochschulabsolventen war es scheinbar nicht zuzumuten beziehungsweise sie wollten es sich nicht zumuten, im Filialgeschäft „am Kunden zu arbeiten", um dort ihre Karriere zu starten. Häufig führte der direkte Weg in die Zentrale. Aus verschiedenen Aspekten sollten (angehende) Führungskräfte, und hierzu zählen Akademiker im Regelfall, über das direkte Kundengeschäft ihren Berufsweg innerhalb einer Sparkasse beginnen. Zum einen erwarten Kunden mit universitärem Hintergrund vielfach akademisch gebildete Bankberater, weil häufig die Chemie zwischen beiden stimmt, da sie auf „gleicher Augenhöhe" sich gegenüberstehen (vgl. GP 5.3.2.4.). Dies erklärt zum Teil auch den Erfolg des Finanzdienstleisters MLP, der ausschließlich mit akademisch gebildeteten Beratern seine akademische Klientel bedient.

[1447] Eigene Darstellung.

[1448] Vgl. Roth, M.T. [a], (2003), S. 21.

Darüber hinaus wünschen sich Kunden im Regelfall einen festen Ansprechpartner über einen längeren Zeitraum.[1449] Dies bedeutet, dass angehende Führungskräfte sich am Ort ihrer Verwendung auf eine längere Verweildauer einstellen sollten und die Verwendung nicht als möglichst kurzen Durchgang für die nächst größere Aufgabe auffassen dürfen.[1450] Zusätzlich ergibt sich der Vorteil, dass die Leistung eines Mitarbeiters an gleicher Stelle über einen längeren Zeitraum besser und objektiver eingeschätzt werden kann.[1451] Dies impliziert aber auch, dass Sparkassen solche Tätigkeiten finanziell honorieren. Zumeist sind jedoch die höheren Gehälter in zentralen Einheiten zu finden.[1452]

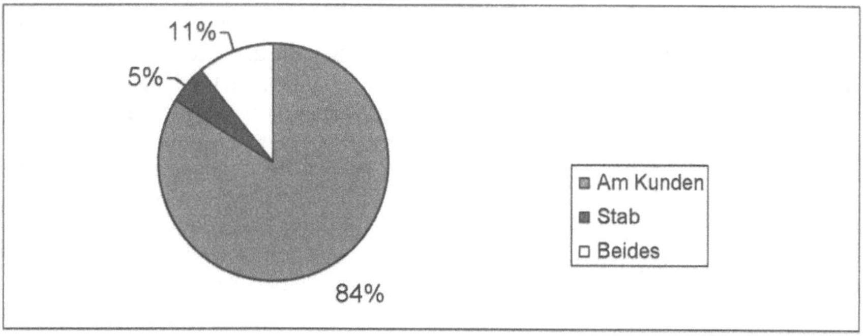

Abb. 41. Führungskräftekarriereweg

Vor diesem Hintergrund wurden die Sparkassen danach gefragt, ob angehende Führungskräfte zukünftig eher Karriere am Kunden machen oder primär in zentralen Einheiten wie beispielsweise dem Stabsbereich eingesetzt werden sollten. 92 Prozent der Probanden sagten, dass der Kundenbezug zunächst im Mittelpunkt zu stehen habe und 8 Prozent verweisen auf die zentralen Einheiten als Karrieresprungbrett. Allerdings verweisen einige Probanden im Fragebogen darauf, dass beide Funktionsbereiche gleichberechtigt seien. Unter Berücksichtigung dieser Doppelantwort betonen 84 Prozent die Karriere am Kunden, 5 Prozent die Karriere in zentralen Einheiten und 11 Prozent die Gleichberechtigung beider Funktionsbereiche.

Diese Aussagen sind sowohl bei den ost- als auch bei den westdeutschen beziehungsweise kleineren und größeren Sparkassen beinahe identisch und verdeutlichen, dass die Karriere zukünftig primär über das Kundengeschäft erfolgen wird. Daraus folgt, dass Berater, um erfolgreich zu sein, über jene Kompetenzen verfügen müssen, die für zufriedene Kunden von Bedeutung sind.[1453]

1449 Vgl. Roth, M.T. [b], (2003), S. 20.

1450 Vgl. Roth, M.T. [c], (2003), S. 21.

1451 Denn im Rahmen des Signaling kann ein Mitarbeiter sein Leistungsvermögen besser unter Beweis stellen. Vgl. GP. 2.3.2.3.

1452 Vgl. Roth, M.T [a]., (2003), S. 21.

1453 Im Vergleich zu den Antworten der Frage 7, in der auf die verkäuferischen Kompetenzen relativ wenige Nennungen entfielen, überraschen diese Aussagen an dieser Stelle. Weitere Daten sind den Tabellen 31–34 im Anhang zu entnehmen.

Zu Frage 9: Was werden Ihrer Meinung nach zukünftig die Hauptthemen der Personalentwicklung für Führungskräfte in Ihrem Hause sein?

Der gesamte GP 4 hatte ausgewählte Aufgaben der Personalarbeit respektive der Personalentwicklung zum Inhalt. In diesem Kapitel wurde ein breites Spektrum der gegenwärtigen Aufgaben dargelegt. Hierauf aufbauend und für die Führungskräfte spezifizierend wurde den Personalverantwortlichen auch ein Set[1454] an Antwortmöglichkeiten zu der Frage gestellt, was ihrer Meinung nach zukünftig die Hauptthemen der Personalentwicklung für Führungskräfte in ihrer Sparkasse sein werden. Hierbei konnten sie anhand einer Skalierung von 1 (trifft voll zu) bis 4 (trifft nicht zu) die Bedeutung verschiedener Personalentwicklungsmaßnahmen für Führungskräfte gewichten. Hintergrund der Skalierung war die Evaluation der wirklich bedeutenden Personalentwicklungsinstrumente, da ansonsten die Gefahr bestand, dass alle Instrumente als sehr relevant gekennzeichnet worden wären. Aus diesem Grund wurden bei der Evaluation der Frage nur jene Antwortmöglichkeiten ausgewertet, auf die die Charakterisierung „trifft voll zu" und „trifft zu" entfiel. Bei den insgesamt neun Antwortmöglichkeiten wurden insgesamt 362-mal diese Attribute von den Probanden vergeben (erste Prozentangabe). Zur Absicherung dieser Prozente wurden ebenfalls die absoluten Häufigkeiten der jeweiligen Instrumente berechnet, d. h. wie häufig jedes Item bei den befragten Sparkassen vorkommt (zweite Prozentangabe).

Als für die Personalentwicklung von Führungskräften wichtigste Aufgabe stellen sich mit 15 Prozent der Nennungen die Mitarbeiter-Gespräche heraus. Diese werden von 96 Prozent aller Sparkassen aufgeführt. Es folgen mit 14 Prozent der Nennungen und 91 Prozent der Fälle die mit den Mitarbeitergesprächen eng zusammenhängenden Leistungsbeurteilungen.[1455] Auf das „Change Management" entfallen 14 Prozent beziehungsweise 89 Prozent und auf dass „Lernen off- und on-the-job" 12 Prozent respektive 82 Prozent. Die restlichen Items liegen bei ca. 10 Prozent der Nennungen.

Mit den „Mitarbeiter-Gesprächen"[1456] sowie den „Leistungsbeurteilungen" wurden zwei Personalentwicklungsthemen zuvorderst erwähnt, die bereits seit längerem eine große Bedeutung einnehmen. Von Interesse ist jedoch, dass der zukünftigen „Gestaltung der Personalreduktion" zwar keine vorrangige aber dennoch eine wichtige Bedeutung zukommt und beispielsweise auf einem Niveau mit der „Weiterbildung" steht. Dies kann als Indiz dafür gewertet werden, dass Sparkassen zukünftig um einen weiteren Personalabbau nicht herumkommen werden.[1457]

Auffallend ist zudem, dass der Ausbildung zukünftig als Hauptthema der Personalentwicklung die geringste Bedeutung beigemessen wird. Weniger als die Hälfte aller

---

1454 Ein Set ist ein Bündel von Antwortmöglichkeiten.

1455 An dieser Stelle ist anzumerken, dass die beiden Maßnahmen „Mitarbeiter-Gespräche" sowie „Leistungsbeurteilungen" im Fragenset an erster beziehungsweise zweiter Stelle standen, was unter Umständen einen Einfluss auf die Antworten der Probanden ausgeübt haben könnte.

1456 Das Ergebnis der in dieser Frage festgestellten Bedeutung der Mitarbeiter-Gespräche kann auch als Bestätigung der in Frage 4 getätigten Aussagen hinsichtlich der gegenwärtigen Personalentwicklungs-Zielvereinbarungen gewertet werden. Denn Personalentwicklungs-Zielvereinbarungen sind als Teilmenge der Mitarbeitergespräche aufzufassen.

1457 Vgl. GP 3.2.4.3.

Sparkassen gab an, dass die Ausbildung zukünftig für die Entwicklung von Führungskräften von starker Bedeutung sei. Grund für das schlechte Abschneiden der Ausbildung dürfte sicherlich sein, dass im Regelfall die Förderung von Führungskräften erst nach der Ausbildungszeit beginnt und sich die Lehrlinge in ihrer Ausbildungszeit zunächst noch bewähren müssen. Darüber hinaus verfügen die meisten Beschäftigten egal welcher Hierarchiestufe über eine Bank- beziehungsweise eine Sparkassenausbildung, so dass die Ausbildungszeit als Vorbereitung auf fast alle Betätigungsfelder in einer Sparkasse dient. Vor dem Hintergrund, dass über lange Zeit hinweg Führungskräfte bis zur Vorstandsebene diesen tradierten Weg ihrer beruflichen Entwicklung genommen haben, könnte das „schlechte“ Abschneiden der Berufsausbildung jedoch auch darin begründet sein, dass viele Sparkassen zukünftig Führungskräfte primär nicht aus den (eigenen) Ausbildungsreihen rekrutieren werden.[1458]

Themen der Personalentwicklung	Häufigkeit der Nennung in %
Mitarbeitergespräche	14,6
Leistungsbeurteilungen	13,8
Change Management	13,5
Lernen off- und on-the-job	12,4
Weiterbildung	10,2
Gestaltung der Personalreduktion	9,7
Führungskräftenachwuchsplanung	9,7
Laufbahnplanung	8,6
Ausbildung	7,5

Abb. 42. Hauptthemen der Personalentwicklung für Führungskräfte

6.2.4. Ausgewählte Aspekte der Personalentwicklung

Den umfangreichsten und bedeutendsten Komplex dieses Fragebogens stellen ausgewählte Aspekte der Personalenwicklung dar. Die hierzu gestellten vier Fragen bilden ca. die Hälfte der gesamten Erhebung.

Zu Frage 10: Im Folgenden werden 4 Personalentwicklungsmaßnahmen (PEM) aufgeführt. Hierzu werden zwei voneinander losgelöste Fragen gestellt. Die erste Frage bezieht sich auf Ihre Einschätzung zum gegenwärtigen Einsatz der einzelnen Maßnahmen in Ihrer Sparkasse. Die zweite Frage zielt darauf ab, welche Bedeutung Sie persönlich zukünftig den einzelnen PEM-Maßnahmen beimessen.

Aufgrund des Umfangs der Frage 10, die die gegenwärtige und zukünftige Bedeutung einzelner Personalentwicklungsmaßnahem (PEM) zum Inhalt hat, erfolgt eine

[1458] Dies entspricht auch den Aussagen im GP 3.2.3.1 bezüglich formal höherer Abschlüsse auf gesamtgesellschaftlicher Ebene. Weitere Daten sind der Tabelle 35 im Anhang zu entnehmen.

separate Auswertung und Darstellung der einzelnen Fragensets. Im Einzelnen handelt es sich um PEM-into-the-job, d. h. das Heranführen neuer Mitarbeiter, PEM-on-the-job, also der Entwicklung vorhandener Mitarbeiter am Arbeitsplatz, die PEM-off-the-job, der Entwicklung vorhandener Mitarbeiter außerhalb des Arbeitsplatzes sowie schließlich der PEM-out-of-the-job, d.h. Maßnahmen, die eine Reduktion des Mitarbeiterbestandes vorsehen.

Zu Frage 10-I: PEM into-the-job (d. h. Heranführen neuer Mitarbeiter)

Im GP 4.1.3. wurden die theoretischen Grundlagen für die Einstellung und Eingliederung neuer Mitarbeiter gelegt. Hierauf aufbauend war es von Interesse, wie diese Maßnahmen in der Sparkassenpraxis gegenwärtig und zukünftig umgesetzt werden. Bezüglich der Heranführung neuer Mitarbeiter wurden den Probanden mit der beruflichen Erstausbildung, dem Trainee-Programm im Anschluss an ein Studium sowie speziellen Einführungsprogrammen für neue Mitarbeiter drei Entwicklungsmaßnahmen vorgegeben. Darüber hinaus bestand für jede Sparkasse die Möglichkeit, unternehmensspezifische Maßnahmen unter „Sonstiges" zu nennen und zu bewerten. Allerdings wurden unter „Sonstiges" nur vereinzelt sehr heterogene Angaben gemacht, so dass sie nicht systematisch analysiert werden konnten. Um tendenzielle Aussagen machen zu können, wurde auf aggregierter Basis der Mittelwert als arithmetischer Durchschnitt gebildet. Denn die Probanden konnten Noten von 1–4 hinsichtlich des gegenwärtigen Einsatzes respektive der zukünftigen Bedeutung vergeben. Die Note 1 bedeutete sehr stark (gegenwärtiger Einsatz) beziehungsweise sehr wichtig (zukünftige Bedeutung), die Note 2 stark (gegenwärtiger Einsatz) respektive wichtig (zukünftige Bedeutung), die Note 3 schwach (gegenwärtiger Einsatz) oder nicht so wichtig (zukünftige Bedeutung) und schließlich die Note 4 kein Einsatz (gegenwärtiger Einsatz) beziehungsweise unwichtig (zukünftige Bedeutung). Um die Streuung um diesen arithmetischen Mittelwert zu charakterisieren und somit ihre Aussagekraft besser einordnen zu können, wurde zusätzlich die Standardabweichung berechnet.

So wurde als die bedeutendste PEM-into-the-job-Maßnahme sowohl zum gegenwärtigen Zeitpunkt als auch in der Zukunft die berufliche Erstausbildung genannt. Der Mittelwert zum gegenwärtigen Zeitpunkt liegt bei 1,38 bei einer Standardabweichung von 0,587. Das Mittel von 1,38 bedeutet, dass die meisten Probanden der Ausbildung im Schnitt eine „sehr starke" beziehungsweise eine „starke" Bedeutung beimessen. Die relativ niedrige Standardabweichung zeigt, dass die Streuung um diesen Wert gering ist. Das gilt übrigens genauso für alle restlichen Items dieser Frage. Die Angabe der Mittelwerte ist in diesem Fall also sehr aussagekräftig, da die einzelnen Werte nicht stark vom Mittelwert abweichen.

Die zukünftige Bedeutung der beruflichen Erstausbildung wird mit einem Mittel von 1,55 und einer Standardabweichung von 0,680 eingeschätzt. Das im Vergleich zum gegenwärtigen Zeitpunkt etwas höhere Mittel von 0,17 signalisiert, dass der Ausbildung zukünftig zwar absolut nach wie vor die höchste Bedeutung beigemessen wird, sie aber etwas geringer eingeschätzt wird als zum gegenwärtigen Zeitpunkt. In Korrelation zu Frage 9, die nach der Bedeutung der Ausbildung für die Personalentwicklung für Führungskräfte fragte und bei der diese als Führungskräftethema kaum genannt wurde, kann die Ausbildung zwar als bedeutend für die gesamte Sparkasse interpretiert werden, jedoch nicht so sehr für die zukünftige Rekrutierung von Führungskräften.

Interessant ist bei den weiteren Maßnahmen zur Heranführung neuer Mitarbeiter, dass diese zwar absolut hinter der Ausbildung zurückliegen, im Gegensatz zu ihr jedoch zukünftig relativ an Bedeutung gewinnen werden. So liegt das Mittel bei Trainee-Programmen für Hochschulabsolventen bei 3,33 und weist eine Standardabweichung von 0,715 auf, wird aber zukünftig bei einem arithmetischen Durchschnitt von 2,76 und einer Standardabweichung von 0,823 gesehen. Ähnliches gilt für Einführungsprogramme für neue Mitarbeiter. Hier liegt der Mittelwert zum gegenwärtigen Zeitpunkt bei 3,12, zukünftig jedoch bei 2,66. Auch diese Zahlen signalisieren, dass von einigen Sparkassen zukünftig Personal wahrscheinlich vermehrt extern, das heißt außerhalb der eigenen Sparkasse für neue Stellen rekrutiert werden wird.[1459]

Dieser Trend wird ebenfalls durch die Auswertung des Items anhand der konkreten Aussagen der Probanden verdeutlicht. So maßen zum gegenwärtigen Zeitpunkt 66 Prozent der Probanden der Ausbildung eine „sehr starke“ und 33 Prozent eine „starke“ Bedeutung bei. Zukünftig wird der Berufsausbildung als Bank- beziehungsweise Sparkassenkaufmann jedoch nur zu 53 Prozent eine „sehr starke“ aber zu 40 Prozent eine „starke“ Bedeutung zugesprochen. 5 Prozent der Sparkassen sehen diesbezüglich zukünftig sogar nur eine „schwache“ Bedeutung, der gegenwärtige Wert liegt bei 0 Prozent.

Tendenziell werden dagegen Trainee-Programme für Hochschulabsolventen an Bedeutung gewinnen. Derzeit messen 3 Prozent der Sparkassen diesem Instrumentarium eine „sehr starke“ und ebenfalls 3 Prozent eine „starke“ Bedeutung bei. Für die Zukunft liegen diese Werte jedoch bei 5 Prozent beziehungsweise 40 Prozent. Ähnlich verhält es sich bei den Einführungsprogrammen für neue Mitarbeiter. Hier wird eine „sehr starke“ beziehungsweise „starke“ Verwendung bei 2 Prozent respektive bei 17 Prozent gesehen. Zukünftig wird diese Maßnahme von den Probanden jedoch bei 2 Prozent („sehr stark“) und 40 Prozent („stark“) eingeordnet.

Eine tendenzielle Zunahme der Bedeutung von PEM-into-the-job-Maßnahmen kann durch die absolute Anzahl der gemachten Angaben festgestellt werden. So bewerten die Probanden zum gegenwärtigen Zeitpunkt alle Maßnahmen 70 (41 Prozent) mal mit „sehr stark“ und „stark“ und 101 (59 Prozent) mal mit „schwach“ beziehungsweise „kein Einsatz“. Zukünftig messen die Probanden allerdings zu 100 (58 Prozent) mal eine „sehr starke“ und „starke“ aber nur 74 (42 Prozent) mal eine „schwache“ beziehungsweise „kein Einsatz“ Bedeutung zu. Dem Heranführen neuer Mitarbeiter wird in den westdeutschen Sparkassen im Vergleich zu den ostdeutschen Instituten sowohl zum gegenwärtigen Zeitpunkt als auch in der Zukunft eine höhere Priorität verliehen. Ein Grund hierfür könnte ein stärkerer Personalüberhang im Osten sein, der dazu führt, dass bereits beschäftigte Mitarbeiter stärker berücksichtigt werden als potenzielle neue Kollegen.[1460]

[1459] Vgl. GP 5.3.2.4.

[1460] Weitere Daten sind den Tabellen 36–46 im Anhang zu entnehmen.

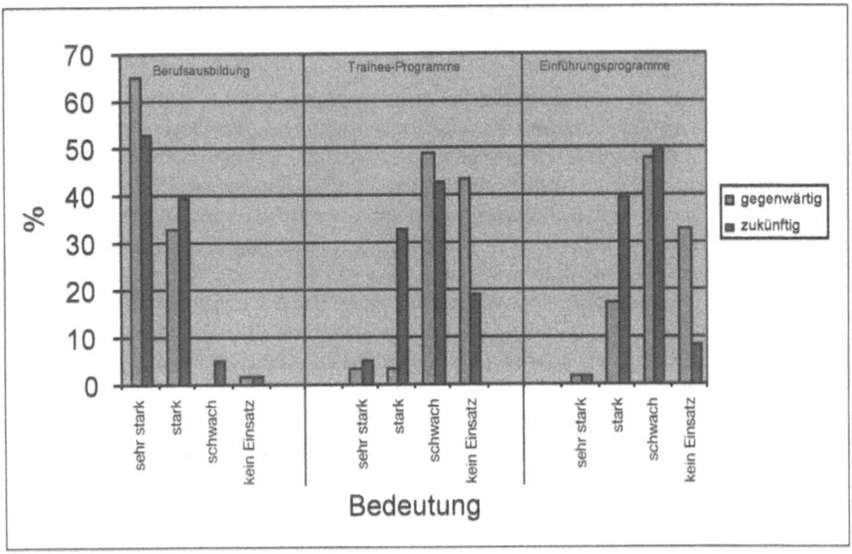

Abb. 43. Bedeutung von PEM-into-the-job-Maßnahmen

Zu Frage 10-II: PEM-on-the-job (d.h. Entwicklung vorhandener Mitarbeiter am Arbeitsplatz)

Im GP 4.2.2.3. wurden arbeitsplatzbezogene Bildungsmaßnahmen vorgestellt und Vor- und Nachteile herausgearbeitet. In diesem Zusammenhang lag ein Schwerpunkt bei dem Training on-the-job. Vor dem Hintergrund der in diesem GP getätigten Aussagen und der demografischen Entwicklung sowie einer tendenziell abnehmenden Zahl der Beschäftigten ist es als positiv und notwendig zu bewerten, dass dem Entwickeln vorhandener Mitarbeiter zukünftig eine wesentlich größere Bedeutung beigemessen wird. So bewerten die Probanden zum gegenwärtigen Zeitpunkt alle PEM-on-the-job-Maßnahmen 248 (54 Prozent) mal mit „sehr stark“ und „stark“ und 216 (46 Prozent) mal mit „schwach“ beziehungsweise „kein Einsatz“. Für die Zukunft werden diese Maßnahmen allerdings mit 342 (76 Prozent) mal „sehr stark“ und „stark“ und nur 106 (24 Prozent) mal mit „schwach“ beziehungsweise „kein Einsatz“ bewertet. West- und ostdeutsche Sparkassen bewerteten die gegenwärtige und zukünftige Bedeutung der PEM-on-the-job nahezu identisch. Bis auf die PEM der Arbeitsunterweisung, deren zukünftige Bedeutung (Mittel von 2,36) nahezu konstant mit dem gegenwärtigen Einsatz (Mittel von 2,34) eingeschätzt wird, sind bei allen anderen Maßnahmen bedeutende Steigerungen zu verzeichnen. Ohne Angaben der genauen Durchschnittswerte, die dem Anhang zu entnehmen sind, soll Abbildung 44 die relative Bedeutungszunahme respektive Bedeutungsabnahme signalisieren. Neben der absoluten Platzierung wird in den Klammern zusätzlich eine absolute Veränderung innerhalb des „Rankings“ aufgezeigt.

Platz	Gegenwärtiger Einsatz	Zukünftige Bedeutung
1	Erfahrungslernen am Arbeitsplatz	Übertragung von Verantwortung (+1)
2	Übertragung von Verantwortung	Mitarbeiterförderung (+1)
3	Mitarbeiterförderung	Teilnahme an Projektgruppen (+2)
4	Arbeitsunterweisung	Erfahrungslernen am Arbeitsplatz (-3)
5	Teilnahme an Projektgruppen	Karriereplanung (+2)
6	Übertragung von Sonderaufgaben	Übertragung von Sonderaufgaben (0)
7	Karriereplanung	Arbeitsunterweisung (-3)
8	Job-Rotation	Job-Rotation (0)

Abb. 44. Ranking PEM-on-the-job

Die deutlichste relative Bedeutungszunahme können die PEM „Teilnahme an Projektgruppen" und „Karriereplanung" verzeichnen. Auffallend ist, dass mit dem „Erfahrungslernen am Arbeitsplatz" und der „Arbeitsunterweisung" zwei Maßnahmen relativ an Bedeutung verlieren, die tendenziell an eine spezifische Tätigkeit gebunden sind, dagegen die Aufsteigermaßnahmen nicht unbedingt über einen längeren Zeitraum mit ein und derselben Tätigkeit verbunden sein müssen. Hierzu passt auch die relative Bedeutungszunahme der „Job-Rotation". Auch wenn die Bedeutung dieser Maßnahme absolut gesehen sowohl zum gegenwärtigen als auch zum zukünftigen Zeitpunkt am niedrigsten eingeschätzt wird, so sind hier allerdings die mit Abstand höchsten prozentualen Steigerungen zu verzeichnen.

Im Gegensatz zur Bedeutung der Job-Rotation im GP 5.3.1.1.2.1., die sich dort explizit auf die Entwicklung der Führungsnachwuchskräfte bezog, wurde in dieser Frage die Job-Rotation als Entwicklungsinstrument für alle Mitarbeiter erhoben. Dies erklärt die scheinbare Diskrepanz zu den Aussagen des GP 5.3.1.1.2.1.[1461]

Zu Frage 10-III: PEM off-the-job (d. h. Entwicklung vorhandener Mitarbeiter außerhalb des Arbeitsplatzes)

Des Weiteren wurde die relative Bedeutungsveränderung bei Weiterbildungsmaßnahmen außerhalb des Arbeitsplatzes (PEM-off-the-job) untersucht. Auch zu diesem Aspekt wurden im GP 4.2.2.3. theoretische Grundlagen geschaffen. Bei der Auswertung der Frage wurden die Antwortmöglichkeiten „sehr stark" und „stark" zu einer Gruppe und die Möglichkeiten „schwach" sowie „kein Einsatz" zu einer anderen Gruppe zusammengefasst, um tendenzielle Veränderungen auszumachen. Allen vorgeschlagenen Items (Vorträge, Fallstudien, Planspiele, Rollenspiele, Förderkreise sowie Selbststudium) kommt zukünftig eine größere Bedeutung zu. Da die Weiterbildung außerhalb des Arbeitsplatzes stattfindet, werden die Mitarbeiter zukünftig eine wesentlich größere Eigenverantwortung bezüglich ihrer Arbeitsmarktfähigkeit (Employability)[1462] übernehmen müssen. Besonders deutlich wird dies durch die Entwicklung des Items des Selbststudiums. Gegenwärtig wird dem Kriterium bereits

[1461] Weitere Daten sind den Tabellen 47–51 im Anhang zu entnehmen.

[1462] Vgl. GP 5.2.2.

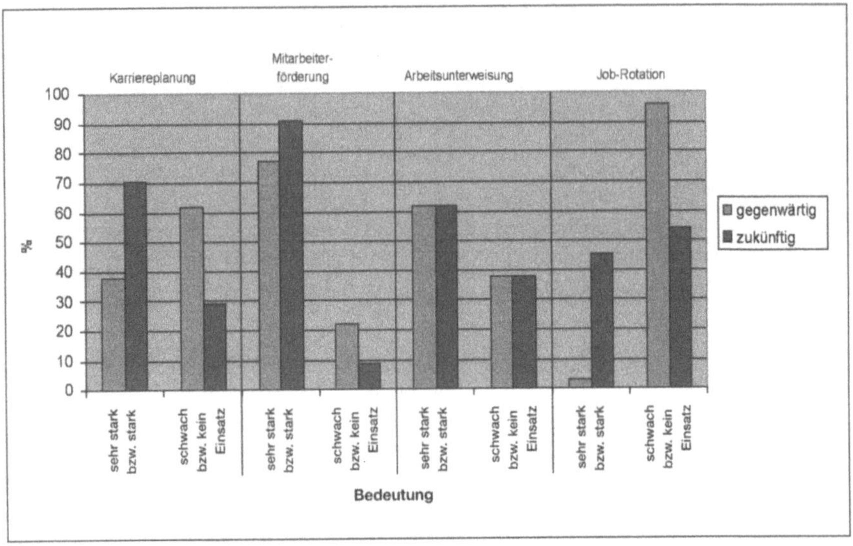

Abb. 45. Bedeutung von PEM-on-the-job-Maßnahmen (Items a–d)

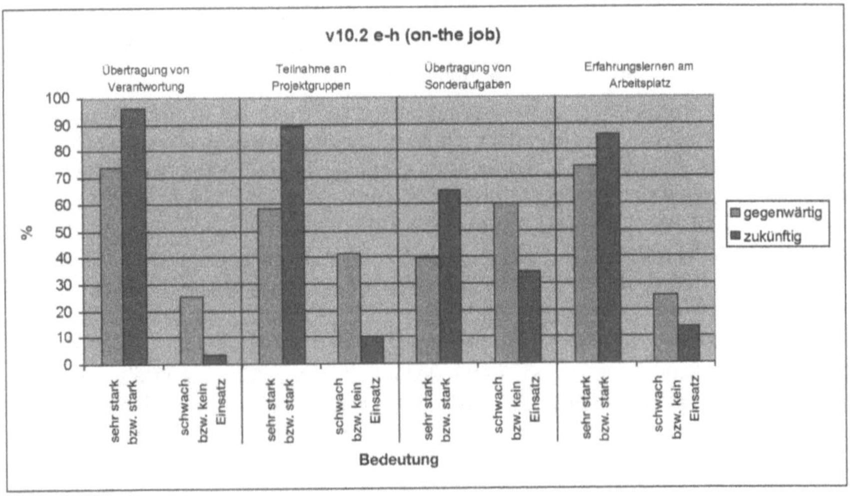

Abb. 46. Bedeutung von PEM-on-the-job-Maßnahmen (Items e–h)

von 55 Prozent eine „sehr starke" beziehungsweise „starke" Bedeutung beigemessen. Zukünftig erwarten sogar 98 Prozent der Probanden, dass das Selbststudium einen „sehr starken" beziehungsweise „starken" Einsatz in der Personalentwicklung erfahren wird. Damit beträgt die relative Bedeutungszunahme 78 Prozent.[1463]

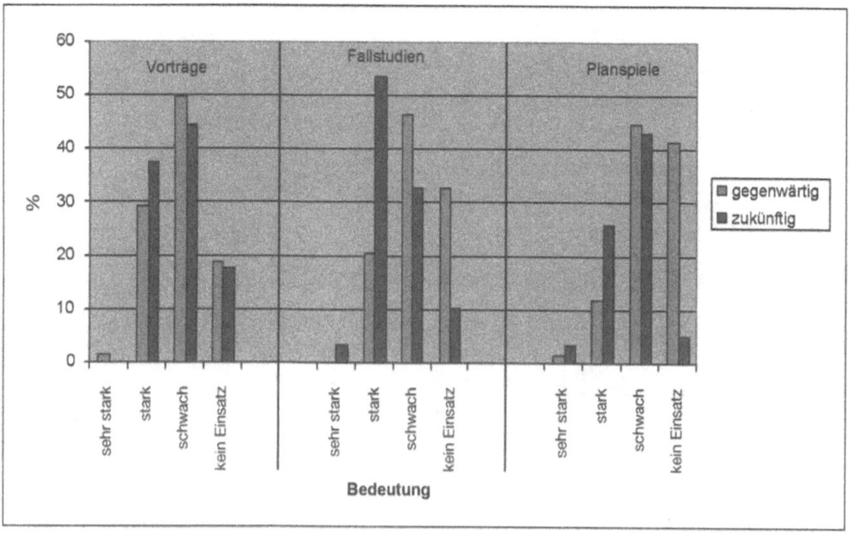

Abb. 47. Bedeutung von PEM-off-the-job-Maßnahmen (Items a–d)

Zu Frage 10-IV: PEM out-of-the-job (d. h. Reduktion des Mitarbeiterbestandes)

Der GP 4.3. beschäftigte sich dezidiert mit der Personalfreisetzung in Sparkassen. Aus diesem Grund war es von besonderem Interesse, die dort getätigten Aussagen auf ihre gegenwärtige und zukünftige praktische Relevanz zu überprüfen. Denn lange Zeit wurden Maßnahmen, die letztlich zum Ausscheiden eines Mitarbeiters aus dem Erwerbsprozess (PEM-out-of-the-job) führten, nicht unbedingt zu den Personalentwicklungsmaßnahmen gezählt. Heutzutage erkennen aber immer mehr Sparkassen, dass dem Mitarbeiter beispielsweise der Eintritt in das Rentenalter durch spezielle Maßnahmen erleichtert werden kann. Darüber hinaus hat sich in den letzten Jahren die „Art des Ausscheidens" aus dem Erwerbsleben stark geändert. Waren früher Erwerbsbiographien die Regel, die eine Tätigkeit des Mitarbeiters bis zum Eintritt in das Rentenalter zum Inhalt hatten, so scheiden heutzutage immer mehr Angestellte bereits vor Erreichen des gesetzlichen Rentenalters aus der Sparkasse aus, beziehungsweise wollen ab einem bestimmten Alter „kürzer" treten, d. h. in Altersteilzeit gehen. Zudem hat sich in vielen Sparkassen das Instrument der Altersteilzeit als

[1463] Weitere Daten sind den Tabellen 52–66 im Anhang zu entnehmen.

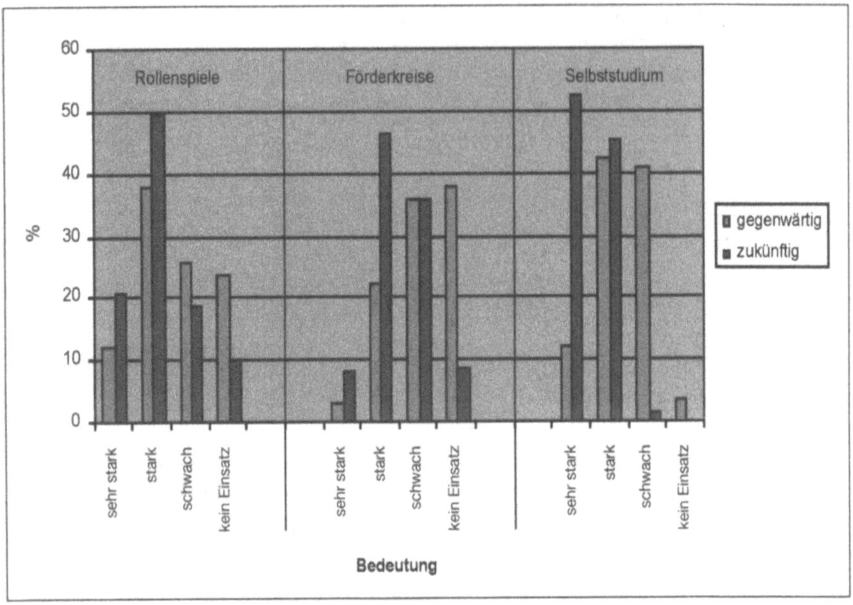

Abb. 48. Bedeutung von PEM-off-the-job-Maßnahmen (Items d–e)

Maßnahme der „sanften" Personalreduktion entwickelt, da so Entlassungen vermieden und Kosten, die mit der Altersteilzeit verbunden sind, zum Teil dem Staat übertragen werden können. Neben der Altersteilzeit wurden die Probanden nach der gegenwärtigen und zukünftigen Bedeutung von Ruhestandsvorbereitungskursen, Outplacements sowie Austrittsinterviews befragt. Um Tendenzen übersichtlicher erkennen zu können, wurden auch bei diesem Fragenset die Aspekte „sehr stark" und „stark" sowie „schwach" beziehungsweise „kein Einsatz" jeweils zu einer Gruppe zusammengefasst.

Die gegenwärtig und auch zukünftig bedeutendste out-of-the-job-Maßnahme ist das Instrumentarium der Altersteilzeit. 84 Prozent messen ihr heutzutage und 67 Prozent zukünftig eine „sehr starke" beziehungsweise „starke" Bedeutung bei. Allerdings ist eine relative Bedeutungsabnahme der Altersteilzeit zu erkennen. Im Gegenzug dazu erfahren alle weiteren Maßnahmen, die letztlich das Ausscheiden aus dem Erwerbsleben begleiten, eine (teilweise beträchtliche) Bedeutungszunahme. Besonders auffällig ist dies bei der Form des Outplacements. Kommt dieser Maßnahme aktuell fast keine Bedeutung zu, so geben 61 Prozent der Sparkassen an, dass sie zukünftig von einer „sehr starken" beziehungsweise „starken" Bedeutung des Instrumentariums ausgehen. Die Vermutung, dass eventuell der Reduktion des Mitarbeiterbestandes in Ostdeutschland eine größere Bedeutung als in Westdeutschland zukommt, konnte nicht bestätigt werden, da diesbezüglich keine Unterschiede auszumachen waren.

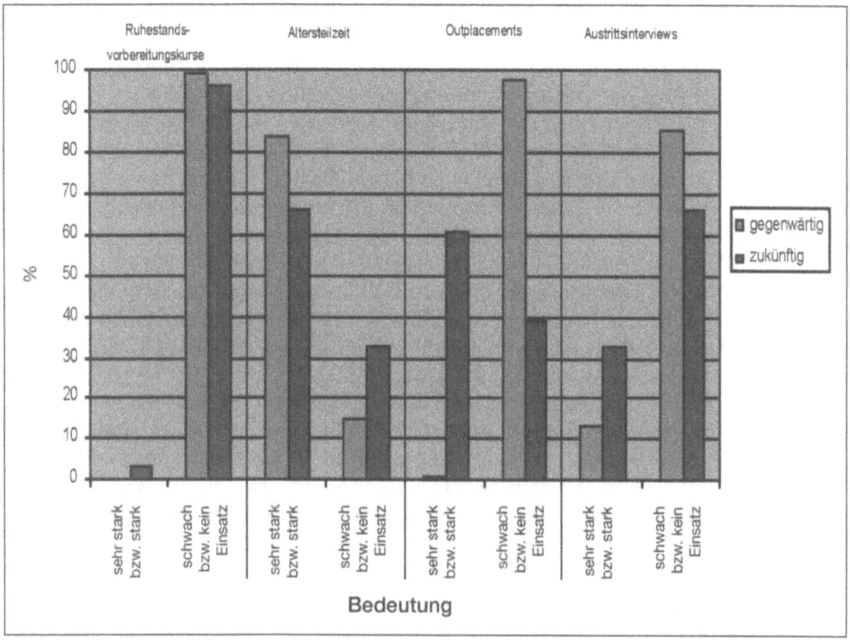

Abb. 49. Bedeutung von PEM-out-of-the-job-Maßnahmen

Im Rahmen aller vier vorgestellten Personalentwicklungsmaßnahmen der Frage 10 kommt der PEM-on-the-job sowohl zum gegenwärtigen als auch zum zukünftigen Zeitpunkt die mit Abstand größte Bedeutung zu. Dies kann als ein Indiz dafür gewertet werden, dass die Personalverantwortlichen die Priorität der Personalentwicklung im Entwickeln der Mitarbeiter am Arbeitsplatz selbst sehen. Allerdings weist das Entwickeln vorhandener Mitarbeiter außerhalb des Arbeitsplatzes die größte prozentuale Steigerung auf. Dies kann als klares Indiz dafür gewertet werden, dass sich Mitarbeiter zukünftig vermehrt eigenständig um ihre Beschäftigungsfähigkeit kümmern müssen.

Abbildung 50 zeigt die gegenwärtige und zukünftige Bedeutung der einzelnen Personalentwicklungsmaßnahmen auf.

PEM	Gegenwärtige Bedeutung	Zukünftige Bedeutung	Prozentuale Steigerung
Into-the-job	41%	58%	41%
On-the-job	54%	76%	41%
Off-the-job	33%	58%	76%
Out-of-the-job	26%	42%	62%

Abb. 50. Gegenwärtige und zukünftige Bedeutung von PEM

Spalte 1 führt die einzelnen PEM auf. Spalte 2 und Spalte 3 zeigen in Prozent, welcher Maßnahme die Noten 1 und 2 von den Probanden zugeteilt worden sind. Dies bedeutet beispielsweise für die PEM-into-the-job auf aggregierter Basis (d.h. es wurde nicht hinsichtlich der vier Items differenziert, sondern die Gesamtantworten berechnet), dass für die gegenwärtige Bedeutung 41 Prozent der Probanden die Noten 1 (sehr stark) und 2 (stark) vergeben. Dies impliziert, dass 59 Prozent die Noten 3 (schwach) und 4 (kein Einsatz) angekreuzt haben. Analog verhält es sich bei der zukünftigen Bedeutung. 58 Prozent messen den PE-Maßnahmen zukünftig eine sehr starke beziehungsweise starke Bedeutung bei und 42 Prozent eine schwache oder gar keine. Die letzte Spalte schließlich zeigt die relative Bedeutungszunahme.

Spalte 4 zeigt, dass die relativ zweithöchste Bedeutungszunahme der Personalentwicklung bezüglich der Reduktion des Mitarbeiterbestandes zu finden ist. Dies ist auch ein Hinweis darauf, dass der Aspekt zukünftig eine größere Gewichtung im Rahmen der Personalentwicklung aufweisen wird. Allerdings relativiert sich die Aussage bei Berücksichtigung der vier PEM im Gesamtkontext. Dazu wurden alle zum gegenwärtigen Zeitpunkt mit „sehr stark“ und „stark“ respektive zukünftig mit „sehr wichtig“ und „wichtig“ bewerteten Items in ein Verhältnis zu allen in der jeweiligen Rubrik gemachten Aussagen gesetzt. Dies bedeutet, dass beispielsweise jene 41 Probanden, die die PEM-into-the-job zum gegenwärtigen Zeitpunkt mit „sehr stark“ und „stark“ bewertet haben, in ein Verhältnis zu all jenen 154 Antworten gesetzt worden sind, die insgesamt bei der Frage ein „sehr stark“ beziehungsweise „stark“ vergeben haben. Abbildung 51 verdeutlicht deshalb die relative Bedeutungsverteilung der einzelnen Maßnahmen zum gegenwärtigen und zukünftigen Zeitpunkt.[1464]

PEM	Relativer gegenwärtiger Bedeutungsanteil	Relativer zukünftiger Bedeutungsanteil	Absolute Veränderung in Prozentpunkten
Into-the-job	27%	25%	–2%
On-the-job	35%	32%	–3%
Off-the-job	21%	25%	–4%
Out-of-the-job	17%	18%	+1%
Summe	100%	100%	0%

Abb. 51. Gegenwärtiger und zukünftiger Bedeutungsanteil

Zu Frage 11: Was sind Ihrer Meinung nach die wichtigsten außerfachlichen Qualifikationen, über die ein Mitarbeiter Ihrer Sparkasse zukünftig verfügen muss?

In einem weiteren Fragenset und in Anlehnung an GP 5.2.1. wurden den Probanden 13 Items vorgestellt, die wichtige außerfachliche Qualifikationen kennzeichnen. Die Personalverantwortlichen der Sparkassen sollten aus diesen 13 Qualifikationen jene 3 Items markieren, von denen sie annehmen, dass sie zukünftig von besonderer Bedeutung für das eigene Institut sind. Da jeweils drei Antworten gegeben werden konnten, liegt die aggregierte Prozentzahl bei 300.

[1464] Weitere Daten sind den Tabellen 67–77 im Anhang zu entnehmen.

Die mit Abstand am wichtigsten eingeschätzte zukünftige Qualifikation ist die Verkaufsorientierung. Sie wurde von 81 Prozent aller Sparkassen aufgeführt. An dieser Stelle wird die unter GP 3.2.4. dargestellte Strukturänderung im Sparkassensektor deutlich. Sparkassen lagern zunehmend so genannte administrative- beziehungsweise Back-Office-Tätigkeiten an spezialisierte Verbundpartner respektive externe Anbieter außerhalb der S-Finanzgruppe aus, um sich als Vertriebssparkassen zu positionieren.

Als zweitwichtigste zukünftige Qualifikation mit 60 Prozent wurde die Eigeninitiative genannt. Die Eigeninitiative ist ebenfalls eng mit der Verkaufsorientierung verbunden. Wurden Bank- beziehungsweise Sparkassenmitarbeiter über lange Zeit als „Schalterbeamte" tituliert, so wirkt dieser Begriff heutzutage als Schimpfwort, das eine gewisse Trägheit zum Ausdruck bringt. Sowohl Sparkassen als auch Kunden erwarten heutzutage eine aktive Ansprache bezüglich der Optimierung der finanziellen Angelegenheiten. Um aktiv auf Kunden zuzugehen, ist jedoch Kommunikationskompetenz vonnöten. Aus diesem Grund überrascht es nicht, dass das Item mit 43 Prozent den dritten Platz in der Rangliste der zukünftigen Qualifikationsanforderungen einnimmt. Bis auf die Teamfähigkeit, der im Osten eine größere Bedeutung beigemessen wird, waren die Antworten in Ost- und Westdeutschland sowie bei größeren und kleineren Sparkassen nahezu identisch. Abbildung 52 zeigt die Rangfolge der wichtigsten außerfachlichen Qualifikationen, über die ein Mitarbeiter zukünftig in einer Sparkasse verfügen sollte.[1465]

Rang	Qualifikation
1	Verkaufsorientierung
2	Eigeninitiative
3	Kommunikationskompetenz
4	Teamfähigkeit
5	Konfliktlösungsfähigkeit
6	Belastbarkeit
7	Prozessdenken
8	Kreativität
8	Querschnittsdenken
8	Analytisches Denken
8	Praxiskenntnisse
8	Gutes Auftreten
13	Durchsetzungsvermögen

Abb. 52. Rangfolge außerfachlicher Qualifikationen

Zu Frage 12: Planen Sie Maßnahmen, mit denen Sie Ihren Mitarbeitern eine bessere Verbindung von Beruf und Familie ermöglichen?

Die Bedeutung einer Verbesserung der Vereinbarung von Familie und Beruf ist hinlänglich bekannt.[1466] Gerade Frauen und Familien beklagen diesen Zustand. Immer häufiger ist die Unvereinbarkeit von Familie und Beruf Grund dafür, dass weibliche

[1465] Weitere Daten sind der Tabelle 78 im Anhang zu entnehmen.

[1466] Vgl. GP 5.3.2.3.

Mitarbeiter sich für den Beruf und gegen die Geburt eigener Kinder entscheiden. Für Frauen in Führungspositionen scheint es geradezu ausgeschlossen zu sein, eine Karriere anzustreben und gleichzeitig eine Familie zu gründen beziehungsweise sich um die eigenen Kinder zu kümmern. In einer nicht repräsentativen, aber dennoch aufschlussreichen Untersuchung innerhalb der Dresdner Bank wurde festgestellt, „dass nicht etwa das Frausein den Aufstieg auf der Karriereleiter behindert, sondern das Vorhandensein von Kindern“[1467]. Eine Untersuchung der Kienbaum Unternehmensberatung zeigte, dass 80 Prozent aller weiblichen Führungskräfte in Deutschland keine Kinder haben, wohingegen nur ein Drittel ihrer Kolleginnen in Führungspositionen in anderen Ländern kinderlos ist.[1468]

Vor diesem Hintergrund wurden die Personalverantwortlichen in den Sparkassen aufbauend auf den Aussagen des GP 5.3.2.3. gefragt, ob sie Maßnahmen planen, die ihren Mitarbeitern eine bessere Verbindung von Beruf und Familie ermöglichen. Über drei Viertel (76 Prozent) aller Probanden verneinten dies und nur ein knappes Viertel (24 Prozent) betonte, dass es solche Maßnahmen, die eine Integration von Beruf und Familie zum Inhalt haben, vorsieht.

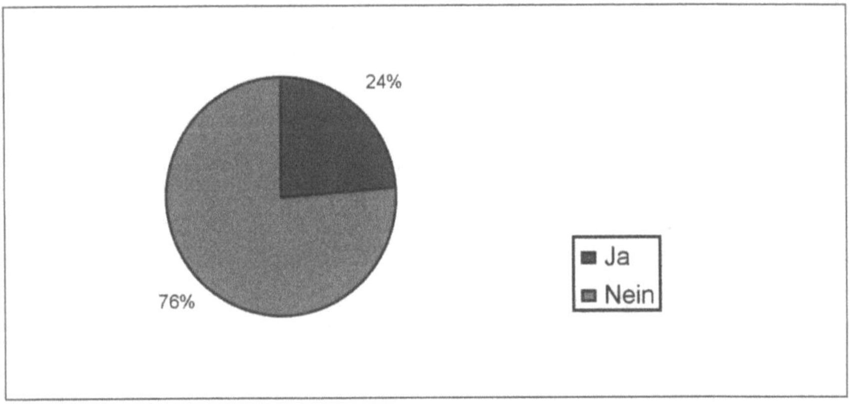

Abb. 53. Geplante Maßnahmen zur Verbesserung der Verbindung von Beruf und Familie

Hier ist ein großer Unterschied zwischen Ost- und Westdeutschland festzustellen. Denn nur 21 Prozent der westdeutschen jedoch 32 Prozent der ostdeutschen Sparkassen planen spezielle Maßnahmen, die eine bessere Verbindung von Beruf und Familie ermöglichen sollen.[1469] Die Probanden wurden diesbezüglich aufgefordert, in ei-

[1467] Bolz, U., (2004), S. 57.

[1468] Vgl. Hunziger, A., (2003a), S. 54.

[1469] Ein Grund für diese Ungleichheit liegt sicherlich in der unterschiedlichen demografischen Entwicklung von Ost- und Westdeutschland. Die Geburtenrate liegt in Ostdeutschland signifikant unter der westdeutschen, so dass hier eine größere „Awareness“ auszumachen ist. Allerdings ist der Osten in dieser Entwicklung (negativer) Vorreiter. Denn es zeichnet sich ab, dass in den nächsten Jahren auch in Westdeutschland diesbezüglich ostdeutsche Verhältnisse einkehren werden.

nem offenen Teil der Fragestellung die geplanten Maßnahmen zu konkretisieren. Bei der Konkretisierung ist kein Unterschied zwischen Ost- und Westdeutschland auszumachen. Die mit Abstand am häufigsten geplante Maßnahme ist der beabsichtigte Ausbau der Teilzeitarbeitsplätze beziehungsweise eine Flexibilisierung der Arbeitszeit. Einige Sparkassen gewähren ihren Eltern auch über den gesetzlich vorgeschriebenen Erziehungsurlaub[1470] hinaus ein weiteres Jahr Erziehungszeit. Aber auch die Möglichkeit von Heimarbeit oder der Durchführung von Work-Life-Balance-Seminaren wird in Sparkassen angeboten. Besonders innovativ ist beispielsweise der Ansatz, spezielle Führungsnachwuchsprogramme für Mütter anzubieten.

Das Ergebnis, dass nur ein Viertel der befragten Sparkassen zusätzliche Maßnahmen in diesem Bereich plant, kann auf die gezielte Fragestellung zurückgeführt werden, die nach einer Verbesserung der Vereinbarung von Familie und Beruf fragte. Hierbei wurden die vorhandenen Maßnahmen zur Verbesserung dieser Beziehung vorausgesetzt, da im Bereich der Sparkassen bereits seit längerem Programme für eine bessere Integration von Beruf und Familie angeboten werden.[1471] Allerdings ist offensichtlich, dass es viele Sparkassen versäumen, sich auf diesem Gebiet zu profilieren. Gerade die Arbeitgeberfähigkeit[1472] kann durch eine Verbesserung der Verbindung von Beruf und Familie signifikant erhöht werden.[1473] Passend umschrieb der OSGV dies mit „Kinder, Konten und Karrieren“[1474]. Solche Maßnahmen schützen auch vor einer zu starken Verjüngung der Altersstruktur. Es wurde in dieser Arbeit bereits darauf verwiesen, dass zum einen aufgrund des Know-hows, des demografischen Wandels aber auch der Kundenpräferenz ältere Mitarbeiter für Sparkassen immer bedeutender werden. Das durch Geburt von Kindern und durch Unvereinbarkeit von Beruf und Familie für Sparkassen verlorene Humankapital ist zu wertvoll, als dass auf diese Ressource mittelfristig verzichtet werden kann. Neben flexibleren Beschäftigungsmodellen sind die Sparkassen als Arbeitgeber aufgefordert, weitere Maßnahmen zu ergreifen. Dies könnte beispielsweise bedeuten, dass eine Kinderbetreuung in Unternehmensnähe angeboten wird. Auch wenn durch Zweigstellen bedingt die Sparkassenmitarbeiter in der Regel auf viele Standorte verteilt arbeiten, so könnte ein Kinderhort die Arbeitgeberfähigkeit essentiell stärken. Von den 54 Sparkassen, die eine detaillierte Antwort auf ihre geschlechtsspezifische Mitarbeiterzahl[1475] gemacht haben, beschäftigen acht Institute jeweils über 500 weibliche Mitar-

---

[1470] Für eine Übersicht der staatlichen Regelungen und staatlichen Unterstützungen vgl. Deutsche Bundesbank, (2002), S. 18.

[1471] Vgl. o.V., (2002a), S. 14.

[1472] Vgl. GP 2.3.1.2.

[1473] Gerade in diesem Bereich kann sich das Personalmanagement in Sparkassen profilieren. Hier wird deutlich, dass sich Unternehmen wirklich um ihre Mitarbeiter kümmern; denn Mitarbeiter als wertvollste Ressource zu preisen, sie aber im selben Atemzug als wichtigstes Einsparpotenzial zu deklarieren, ist ein Vorwurf, dem sich Personalverantwortliche häufig konfrontiert sehen. Vgl. Schwertfeger, B., (2004), S. 10.

[1474] Deutschländer, C., (2002), S. 15.

[1475] Tendenziell mitarbeiterstarke Sparkassen haben diesbezüglich keine konkreten Angaben gemacht, so dass die Werte bei einer Durchschnittsbetrachtung höher ausgefallen wären.

beiter (inklusive weibliche Auszubildende). Der Schnitt lag bei 328 beschäftigten Frauen. Solche Größenordnungen ermöglichen zumeist ein direkt lohnendes, da kostendeckendes Hortangebot, vor allem wenn berücksichtigt wird, dass andere Firmen sich daran beteiligen könnten. Vor dem Hintergrund überrascht es auch, dass kein Unterschied zwischen den kleineren und größeren Sparkassen hinsichtlich einer Verbesserung der Verbindung von Beruf und Familie auszumachen ist, obwohl solche Maßnahmen für größere Institute prinzipiell leichter umzusetzen sind. Denn jeweils nur 23 Prozent der kleineren und größeren Sparkassen planen entsprechende Maßnahmen, demzufolge lehnen je 77 Prozent der kleineren und größeren Sparkassen die Initiierung solcher Maßnahmen ab.[1476]

Zu Frage 13: Zum Abschluss bitte ich Sie um Ihre persönliche Stellungnahme zu Thesen, die in Gesprächen mit Praktikern oft geäußert werden

Zum Abschluss des vierten Teils des Fragebogens wurde den Probanden ein sehr heterogenes und auf den ersten Blick unsystematisches Fragenset bezüglich häufig von Praktikern der Sparkassenorganisation geäußerten Thesen gestellt. Die Thesen enthielten zum Teil provokante Aussagen, von denen jedoch erwartet wurde, dass sie Rückschlüsse auf die zukünftige Personalentwicklung in Sparkassen ermöglichen. Die gewollte und scheinbare Unsystematik sollte die Spontanität der Antworten begünstigen, welche in vier Gruppen zusammengefasst werden können. Die erste Gruppe beinhaltet Fragen zum Bereich der Berufsausbildung (Thesen i, o, p). Die zweite Gruppe beschäftigt sich mit Hochschulabsolventen beziehungsweise der neuen Sparkassenhochschule (Thesen a, c, d, e, f) und die dritte Gruppe mit der primären Allokation der Mitarbeiter (Thesen b, g, h). Der letzte (vierte) Fragenkomplex behandelt Aussagen zu Weiterbildungsmaßnahmen (Thesen j, k, l, m, n, q).

Für eine bessere Übersichtlichkeit der Darstellung werden im Folgenden zunächst im Text die Rubriken „trifft voll zu“ und „trifft zu“ zu einer Kategorie und „trifft eher nicht zu“ und „trifft nicht zu“ zu einer anderen Kategorie zusammengefasst. Im weiteren Verlauf erfolgt teilweise eine stärkere Differenzierung der Aussagengewichtung, auf die an gegebener Stelle dezidiert verwiesen wird.

Zur Berufsausbildung

Der erste Aussagenkomplex hatte Thesen zur bisherigen Gestaltung beziehungsweise zu alternativen und ergänzenden Formen der Berufsausbildung zum Inhalt, basiert auf den im GP 4.2.2.2.1. gemachten Aussagen und versucht deren praktische Relevanz zu eruieren.

Item i): Die Ausbildung zum Bankkaufmann bildet eine gute Grundlage für alle späteren Tätigkeiten in der Bank

So waren bei der Frage, ob die Ausbildung zum Bankkaufmann eine gute Grundlage für alle weiteren Tätigkeiten in der Sparkasse darstelle, 98 Prozent der Probanden der Meinung, dass dies zutrifft. Nur 2 Prozent waren gegensätzlicher Meinung.[1477] Dies-

[1476] Weitere Daten sind den Tabellen 79–81 im Anhang zu entnehmen.

[1477] Damit korrespondieren die Antworten mit den Ergebnissen der Frage 10–I-a.

bezüglich ist zunächst kein Unterschied zwischen Ost- und Westdeutschland beziehungsweise zwischen kleineren und größeren Sparkassen auszumachen. Lediglich bei einer detaillierteren Analyse ist festzustellen, dass 58 Prozent der ostdeutschen aber „nur" 49 Prozent der westdeutschen Sparkassen uneingeschränkt, d. h. mit „trifft voll zu", bewerten. Größer ist die Diskrepanz hinsichtlich der Größe der Sparkassen. Denn 65 Prozent der kleineren aber lediglich 35 Prozent der größeren Sparkassen bewerten uneingeschränkt mit der Note 1 die Ausbildung als gute Grundlage für alle späteren Tätigkeiten im Institut. Dementsprechend verwundert es nicht, dass nicht eine kleinere aber 4 Prozent der größeren Sparkassen betonten, dass die Berufsausbildung eher nicht die Grundlage für alle späteren Tätigkeiten darstellt.[1478]

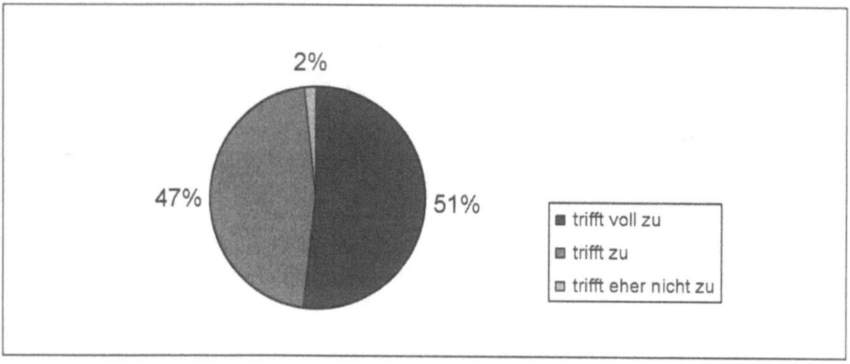

Abb. 54. Bankausbildung als gute Grundlage

Item o): Die Ausbildung zum Bankkaufmann sollte eher in modularisierter Form erfolgen, mit individueller Schwerpunktbildung (ähnlich den Leistungskursen im Abitur)

Mit einer weiteren These wurde nach einer möglichen Modularisierung der Ausbildung gefragt. Als Ergebnis ist festzustellen, dass die Sparkassen mit der derzeitigen Form der Ausbildung größtenteils einverstanden sind. Denn 78 Prozent der Probanden wollen, dass diese in der bisherigen Form beibehalten wird. Immerhin 22 Prozent waren der Meinung, dass diese eher in modularisierter Form, d. h. mit individueller Schwerpunktbildung (ähnlich den Leistungskursen, die zum Abitur führen) erfolgen solle. Auch hier ist ein „kleiner" Ost-West-Unterschied auszumachen. Denn der Durchschnitt von 22 Prozent, die eine eher modularisierte Form der Ausbildung wünschen, setzt sich zu 29 Prozent aus westdeutschen und 11 Prozent aus ostdeutschen Sparkassen zusammen. Es war erwartet worden, dass primär größere Sparkassen, die in der Regel eine größere Zahl unterschiedlicher Arbeitsplätze anbieten und deshalb eventuell einen differenzierteren Bedarf hinsichtlich der Qualifikationsstruktur ihrer Mitarbeiter haben, tendenziell eher eine modularisierte Form der Ausbildung wün-

1478 Weitere Daten sind den Tabellen 82–83 im Anhang zu entnehmen.

schen. Allerdings ist diesbezüglich kein Unterschied zwischen größeren und kleineren Instituten auszumachen.[1479]

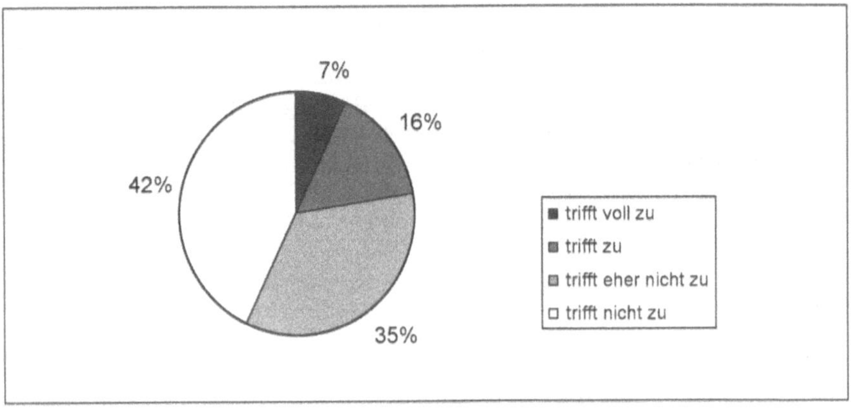

Abb. 55. Ausbildung in modularisierter Form

Item p): In Zukunft sollte die Berufsausbildung stärker auf die Zusammenarbeit mit Berufsakademien setzen

In einer letzten These zur Berufsausbildung wurde nach einer zukünftig engeren Zusammenarbeit mit Berufsakademien gefragt. Eine stärkere Zusammenarbeit mit Berufsakademien im Rahmen der Ausbildung wurde jedoch nicht unbedingt befürwortet. Immerhin ein knappes Drittel (31 Prozent) befürwortete eine stärkere Zusammenarbeit, gut zwei Drittel (69 Prozent) lehnten diese jedoch ab. Die 31 Prozent der Sparkassen, die eine stärkere Zusammenarbeit mit den Berufsakademien wünschen, sind stärker in Ostdeutschland (37 Prozent) als in Westdeutschland (28 Prozent) und unter kleineren (35 Prozent) als unter größeren (27 Prozent) der Sparkassen anzutreffen.[1480]

Zu Hochschulabsolventen und der Sparkassenhochschule

Im zweiten Aussagenkomplex folgten unterschiedliche Thesen zu der Bedeutung von Hochschulabsolventen in den jeweiligen Sparkassen. Aufgrund der Gründung einer neuen Sparkassenhochschule wurde auch um eine Einschätzung derselben gebeten. Diese Fragen hatten zum Ziel, die in den GP 3.2.3.1. und 4.2.2.2.2.2. dargestellten Aussagen zur Bedeutung von Hochschulabsolventen auf ihre praxisrelevante Bedeutung zu überprüfen.

[1479] Weitere Daten sind den Tabellen 84–86 im Anhang zu entnehmen.

[1480] Hierbei gilt es zu berücksichtigen, dass der überwiegende Teil der ostdeutschen Sparkassen den kleineren Instituten zuzurechnen ist. Weitere Daten sind den Tabellen 87–89 im Anhang zu entnehmen.

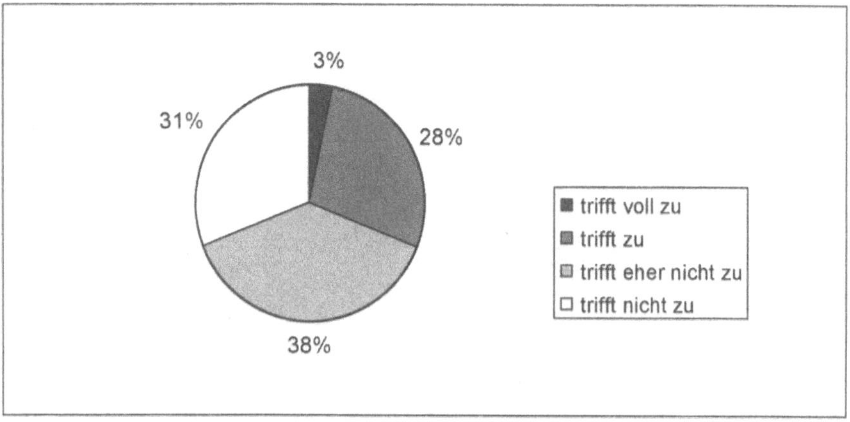

Abb. 56. Stärkere Zusammenarbeit mit Berufsakademien

Item a): Der Anteil der Akademiker sollte in unserer Sparkasse zunehmen

Aufgrund der Auswertung der Frage 2 war festgestellt worden, dass die Anzahl der Akademiker in den Sparkassen signifikant unter der der durchschnittlichen Erwerbsbevölkerung liegt. Anhand der Frage a, in der die These vertreten wurde, dass der Anteil der Akademiker in der jeweiligen Sparkasse zunehmen solle, konnte überprüft werden, ob diesbezüglich mit Veränderungen zu rechnen ist. Immerhin 32 Prozent der Probanden stimmten der Aussage zu, dass der Anteil der Akademiker in der jeweiligen Sparkasse zunehmen solle. 58 Prozent lehnten dies ab. Die These lässt einen signifikanten Unterschied zwischen kleineren und größeren Sparkassen feststellen. Denn nur 13 Prozent der kleineren aber mehr als die Hälfte der größeren Sparkassen (54 Prozent) konnten der These der Zunahme der Akademiker zustimmen. Ein Grund für die Diskrepanz dürfte darin liegen, dass größere Sparkassen in der Regel (absolut gesehen) mehr Akademiker beschäftigen und offensichtlich diesbezüglich positive Erfahrungen gesammelt haben. Ein weiterer Grund ist sicherlich darin zu sehen, dass größere Sparkassen häufiger komplexe Gesamtbanksteuerungsaufgaben und Ähnliches intern vornehmen und diesbezüglich weniger Dienste des Verbunds in Anspruch zu nehmen brauchen. Gerade die Komplexität dieser Aufgaben macht ein Hochschulstudium häufig erforderlich.

Auch ist bei dieser These ein Ost-Westunterschied auszumachen: 39 Prozent der westdeutschen aber lediglich 21 Prozent der ostdeutschen Sparkassen befürworten eine Zunahme der akademisch gebildeten Mitarbeiter. An dieser Stelle gilt es zu berücksichtigen, dass die kleineren Sparkassen zum Großteil von den ostdeutschen Instituten gestellt werden und dass die Akademikerquote der ostdeutschen Sparkassen wesentlich über der der westdeutschen Institute liegt.[1481]

[1481] Weitere Daten sind den Tabellen 90–92 im Anhang zu entnehmen.

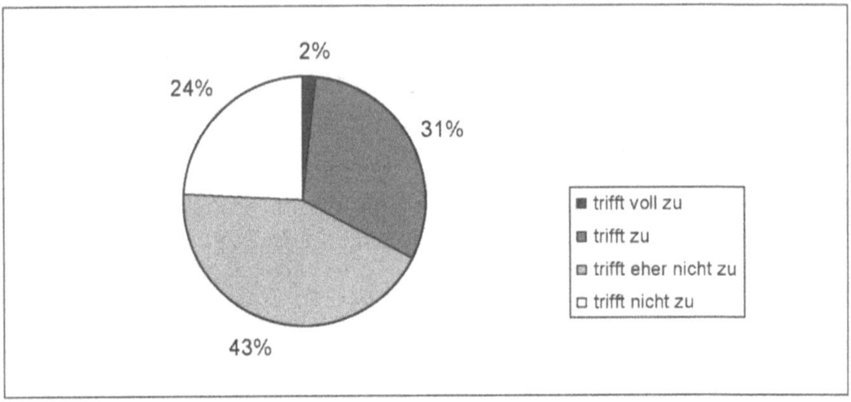

Abb. 57. Erhöhung des Akademikeranteils

Item c): Der Anteil der Akademiker in den Sparkassen sollte dem Akademikeranteil der Bevölkerung in etwa entsprechen

Zu dieser Frage korrespondierte die These nach Äquivalenz der sparkasseninternen Akademikerquote zur Gesamtbevölkerung, d. h. dass der Anteil der Akademiker in der Sparkasse in etwa dem Akademikeranteil in der Bevölkerung entsprechen sollte. Denn aus dem zweiten Fragenset war hervorgegangen, dass die Akademikerquote in den Sparkassen signifikant unter dem Schnitt aller Erwerbstätigen liegt. Erstaunlich ist deshalb die Aussage von 86 Prozent der Sparkassen, dass der Akademikeranteil in Sparkassen nicht in etwa dem der Bevölkerung entsprechen sollte. Auch wenn das Item a zeigte, dass ca. ein Drittel der Sparkassen eine Zunahme des Akademikeranteils befürwortet, so scheint dies nicht zu bedeuten, dass er mit der Gesamtbevölkerung korrespondieren sollte. Bei dieser These war kein West-Ostunterschied auszumachen und die 16 Prozent der ostdeutschen Sparkassen, die der Ansicht sind, dass der Anteil der Akademiker in ihrem Institut in etwa dem der Akademiker in der Gesamtbevölkerung entsprechen solle, setzen sich fast ausnahmslos aus jenen 21 Prozent der ostdeutschen Sparkassen zusammen, die (wie unter a ermittelt), für eine generelle Zunahme der Akademiker plädieren. Auch dass die größeren Sparkassen mit 15 Prozent leicht über den kleineren Sparkassen mit 10 Prozent für eine Angleichung stimmen, korrespondiert mit den Aussagen zur These a.[1482]

Item d): Die neue Sparkassenhochschule ist eine gute Sache

Im Rahmen der Gründung und möglichen Etablierung der neuen Sparkassenhochschule wurde nach einer generellen Einschätzung gefragt. Die Zustimmung zur neuen Sparkassenhochschule ist sehr groß, da insgesamt 61 Prozent meinten, dass diese eine gute Sache darstelle. Allerdings fällt mit 66 Prozent gegen 53 Prozent die positive Einschätzung der westdeutschen höher als die der ostdeutschen Sparkassen

[1482] Weitere Daten sind den Tabellen 93–95 im Anhang zu entnehmen.

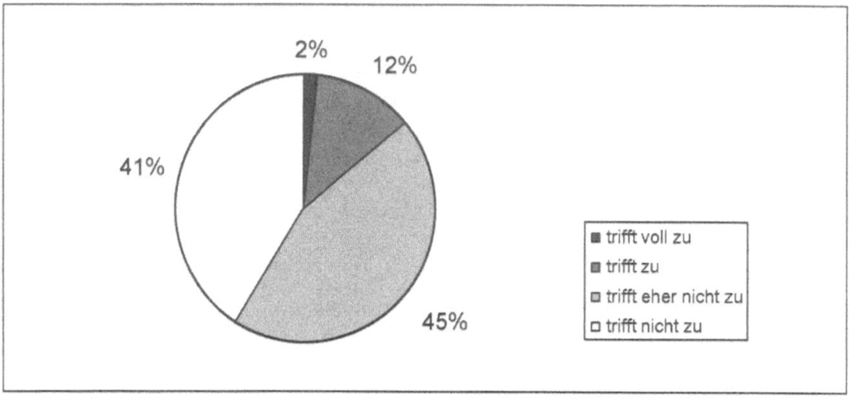

Abb. 58. Korrespondierender Akademikeranteil zur Gesamtbevölkerung

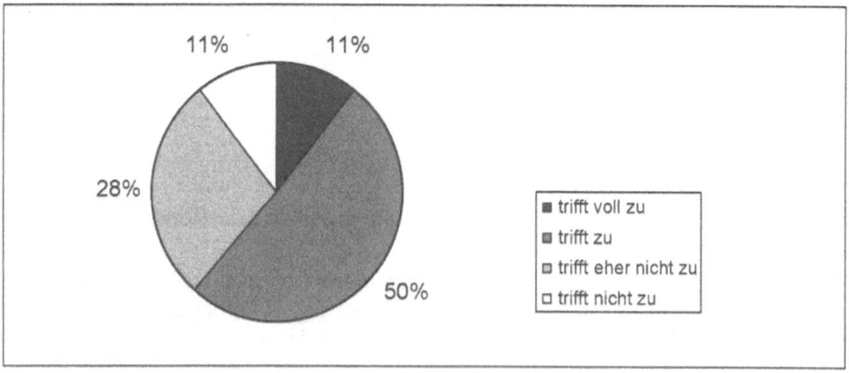

Abb. 59. Sparkassenhochschule als gute Sache

aus.[1483] Darüber hinaus bewerten 65 Prozent der größeren und 60 Prozent der kleineren Institute die neue Sparkassenhochschule tendenziell positiv.[1484]

Item e): Die neue Sparkassenhochschule ist „alter Wein in neuen Schläuchen"

Aus den Ergebnissen der Frage d folgend verwundert es nicht, dass die neue Sparkassenhochschule tendenziell auch nicht als „alter Wein in neuen Schläuchen" (also ein

---

[1483] Ein Grund für diesen Unterschied könnte darin bedingt sein, dass es sich bei Erhebung dieser Frage bereits abzeichnete, dass die eigene Fachhochschule des OSGV in der Sparkassenhochschule des DSGV in Bonn eingehen wird. Somit könnte gegebenenfalls Unverständnis darüber, dass der Vorreiter in den Nachzügler aufgeht, Grund für eine latente geringere Akzeptanz sein.

[1484] Weitere Daten sind den Tabellen 96–98 im Anhang zu entnehmen.

bekanntes Konzept in neuer Verpackung) gesehen wird. Denn 76 Prozent lehnten einen derartigen Vergleich ab. Jedoch konnte fast ein Drittel der größeren Sparkassen (32 Prozent) dieser Aussage zustimmen. Dagegen waren nur 17 Prozent der kleineren Sparkassen der gleichen Ansicht. Unterschiede zwischen ostdeutschen und westdeutschen Sparkassen waren bei dieser These nicht auszumachen.[1485]

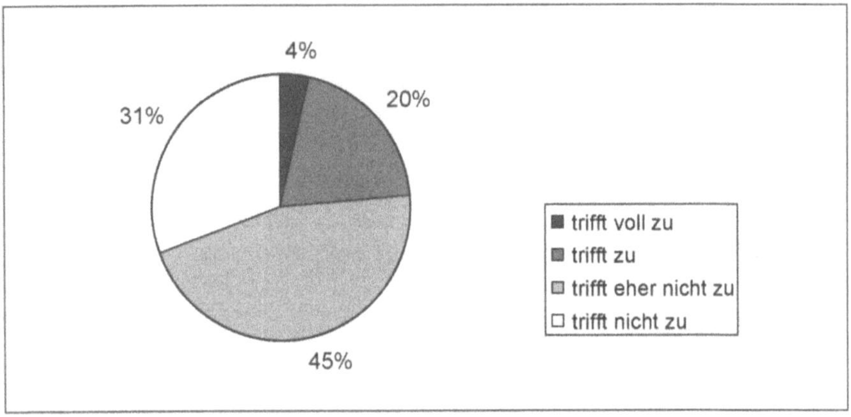

Abb. 60. Sparkassenhochschule ist nichts Neues

Item f): Ein „richtiger Akademiker" kommt nur von einer firmenunabhängigen Hochschule

Die Befürwortung der neuen Sparkassenhochschule wird auch durch die Akzeptanz ihrer (zukünftigen) Absolventen beziehungsweise den Erfahrungen, die bisher mit dem Lehrinstitut gemacht worden sind, verdeutlicht. Denn nur 13 Prozent der Sparkassen waren insgesamt der Meinung, dass ein „richtiger" Akademiker von einer firmenunabhängigen Hochschule zu kommen habe. 87 Prozent glaubten, dass dies nicht so sein müsse. Jedoch ist hier eine unterschiedliche Einschätzung der ost- und westdeutschen Sparkassen auszumachen. Sind es im Westen nur 8 Prozent, so konnten im Osten 22 Prozent der Sparkassen dieser These zustimmen. Zwischen kleineren und größeren Sparkassen ist keine bemerkenswerte Diskrepanz feststellbar.[1486]

Zur Mitarbeitereinsatzplanung

In einem dritten Thesenkomplex ging es primär um die Mitarbeitereinsatzplanung, die theoretisch bereits im GP 4.2.1.1. behandelt worden ist. Diesbezüglich wurden Aussagen hinsichtlich der Aufgaben der Personalentwicklung und Personalpolitik getätigt.

[1485] Weitere Daten sind den Tabellen 99–101 im Anhang zu entnehmen.

[1486] Weitere Daten sind den Tabellen 102–104 im Anhang zu entnehmen.

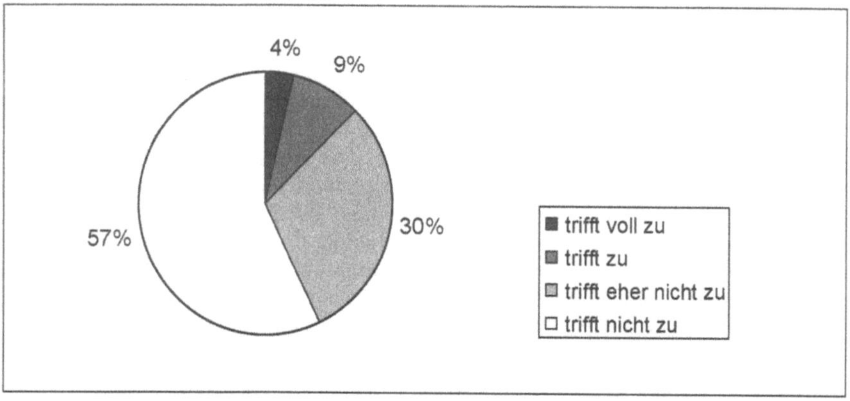

Abb. 61. Akademikereinschätzung[1487]

Item b): Allein das Können sollte für eine Stellenbesetzung den Ausschlag geben

Aufschlussreich war die Antwort zu der Frage, ob allein das Können für eine Stellenbesetzung den Ausschlag geben sollte. Denn nur 45 Prozent der Probanden waren der Meinung, dass dies zutreffen sollte. D.h. 55 Prozent der Sparkassen waren der Meinung, dass neben dem Können eines Mitarbeiters weitere Kriterien bei der Stellenbesetzung eine Rolle spielen sollten. Bei diesem Item ist weder ein Unterschied zwischen ost- und westdeutschen noch zwischen kleineren und größeren Sparkassen auszumachen.[1488]

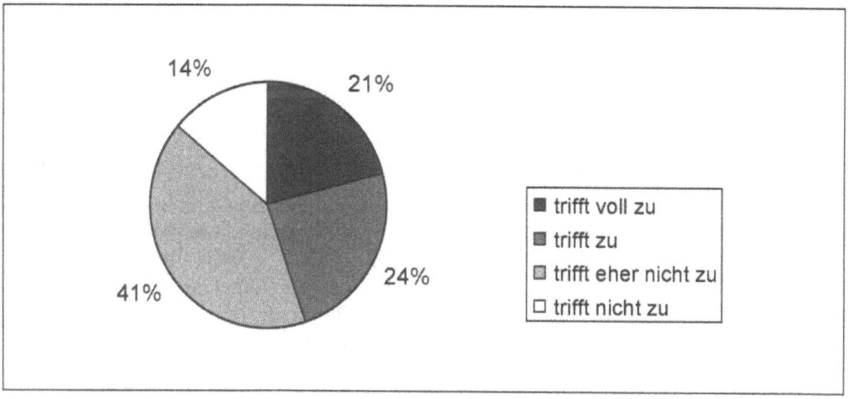

Abb. 62. Können als alleiniges Kriterium einer Stellenbesetzung

[1487] Eigene Darstellung.

[1488] Weitere Daten sind den Tabellen 105–107 im Anhang zu entnehmen.

Item g): Primäre Aufgabe der Personalentwicklung ist es, Schwächen eines Mitarbeiters zu beseitigen

Ob es primäre Aufgabe der Personalentwicklung sei, Schwächen der Mitarbeiter zu beseitigen, wurde in einem weiteren Set gefragt.[1489] Insgesamt 18 Prozent der Sparkassen waren der Meinung, dass die primäre Aufgabe in diesem Bereich zu liegen habe, aber 82 Prozent widersprachen der Aussage. Der Hintergrund einer solchen Bewertung könnte darin liegen, dass die Probanden in diesem Zusammenhang Personalentwicklung der Personalentwicklungsabteilung gleichgesetzt haben und die Eigenverantwortung eines Mitarbeiters bezüglich seiner Employability nicht unbedingt unter dieser These subsumiert haben. Die Vermutung kann auch dadurch bestätigt werden, dass immerhin 23 Prozent der kleineren im Gegensatz zu 12 Prozent der größeren Sparkassen hierin die Hauptaufgabe sehen. Denn in kleineren Instituten ist häufig das Zusammengehörigkeitsgefühl und eine gegenseitige Verantwortung ausgeprägter als dies im Regelfall in größeren Organisationen ist. Zwischen ost- und westdeutschen Instituten war diesbezüglich kein Unterschied auszumachen.[1490]

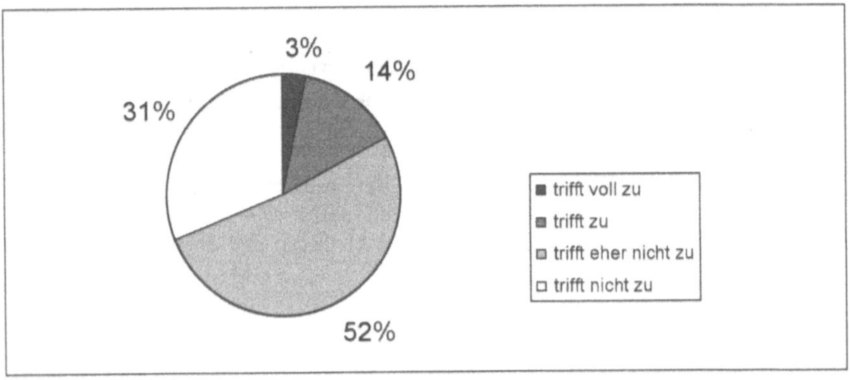

Abb. 63. Schwächenbeseitigung als Aufgabe der Personalentwicklung

Item h): Primäre Aufgabe der Personalpolitik ist es, Mitarbeiter gemäß ihrer Stärken einzusetzen

In Verbindung mit Frage g sehen die Sparkassen weniger die Aufgabe darin, Schwächen der Mitarbeiter zu beseitigen, als primär darin, Mitarbeiter gemäß ihrer Stärken einzusetzen. Insgesamt 97 Prozent der Sparkassen waren der Meinung, dass Mitarbeiter primär gemäß ihrer Stärken einzusetzen sind und dies zu den Aufgaben der Personalpolitik zähle. Aufgrund der sehr starken Zustimmung im Hinblick auf diese Aussage kann es keine gravierenden Unterschiede bezüglich einzelner Bewertungsgruppen geben. Die Aussage wurde von allen kleineren, 92 Prozent der größeren, 95 Prozent der westdeutschen und 99 Prozent der ostdeutschen Sparkassen so bewertet.[1491]

[1489] Vgl. GP 4.4.

[1490] Weitere Daten sind den Tabellen 108–110 im Anhang zu entnehmen.

[1491] Weitere Daten sind den Tabellen 111–113 im Anhang zu entnehmen.

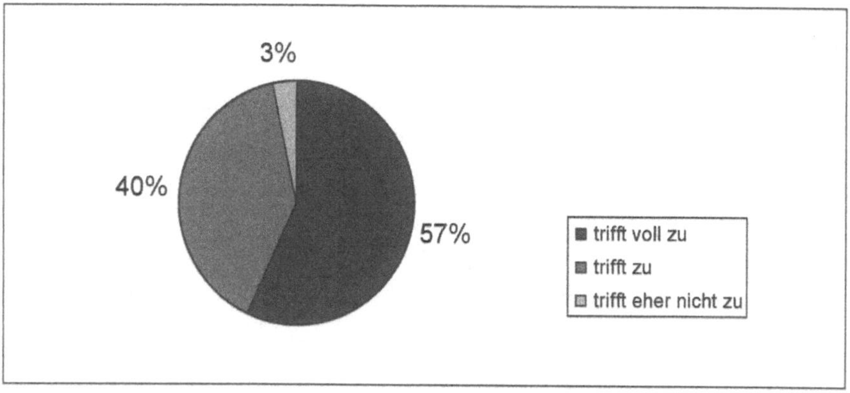

Abb. 64. These Personalpolitik

Zu Weiterbildungsmaßnahmen:

Im letzten Aussagenkomplex wurden Thesen zu Weiterbildungsmaßnahmen aufgestellt. Diese sechs Aussagen basieren zunächst auf den in GP 5.3.1. vorgestellten Formen der Weiterbildung. In Erweiterung dessen beinhalten sie jedoch Schwerpunkte im Bereich der Effizienz und der Bedeutung von Weiterbildungsangeboten.

Item q): Die meisten Weiterbildungsmaßnahmen erfolgten bisher zu sehr nach dem „Gießkannenprinzip"

Insgesamt 28 Prozent der Sparkassen waren der Meinung, dass die bisherigen Weiterbildungsmaßnahmen zu sehr nach dem Gießkannenprinzip erfolgen, dementsprechend waren 72 Prozent gegenteiliger Meinung. Gerade im Hinblick auf eine optimale Allokation der Mitarbeiter und hinsichtlich der Auswertung der These h, in der 97 Prozent der Probanden betonten, dass es primäre Aufgabe der Personalpolitik sei, Mitarbeiter bezüglich ihrer Stärken einzusetzen, war bei dieser Frage mit einer stärkeren Zustimmung zum bisherigen „Gießkannenprinzip" gerechnet worden. Offensichtlich besteht diesbezüglich im Sparkassensektor eine relativ effiziente Weiterbildungsmaßnahmenpolitik.

Jedoch ist gut ein Viertel der Sparkassen der Meinung, dass die Weiterbildungsmaßnahmen nach dem Gießkannenprinzip erfolgen, so dass an dieser Stelle durchaus Handlungsbedarf hinsichtlich einer Optimierung besteht. Dies wird insbesondere aus den Antworten der größeren Sparkassen deutlich. Denn stimmen nur 17 Prozent der kleineren Sparkassen der Aussage zu, so sind dies immerhin 42 Prozent der größeren Institute. Der Grund hierfür dürfte primär darin liegen, dass kleine Sparkassen über flachere Hierarchien verfügen und Mitarbeiter und Vorgesetzte im Einzelfall besser über die Sinnhaftigkeit einzelner Seminarmaßnahmen urteilen können. In größeren Sparkassen finden im Zuge einer gewissen Automatisierung aufgrund des Strebens nach einheitlichen Qualitätsstandards häufig pauschale Weiterbildungsmaßnahmen statt, die nicht unbedingt immer das konkrete Vorwissen des Mitarbeiters berücksichtigen. Unterschiede zwischen Ost- und Westdeutschland waren bei dieser These nicht feststellbar.[1492]

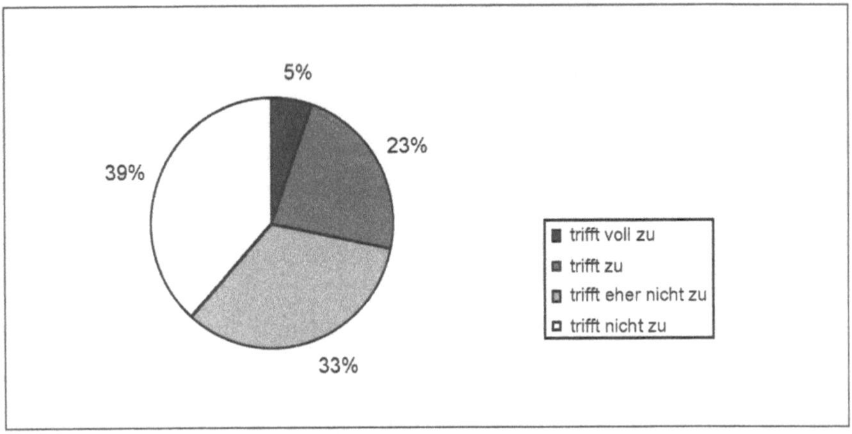

Abb. 65. Weiterbildung erfolgt nach Gießkannenprinzip

Item k): Weiterbildung ist zwar wichtig, allerdings sind die meisten Maßnahmen überflüssig

Passend zu den Ergebnissen des Items q waren 91 Prozent der Probanden diesbezüglich nicht der Meinung, dass Weitbildung zwar wichtig sei, aber die meisten Maßnahmen überflüssig seien. Immerhin 16 Prozent der ostdeutschen und 13 Prozent der kleineren Probanden, im Gegensatz zu 5 Prozent der westdeutschen und 4 Prozent der größeren Probanden, finden, dass die meisten Maßnahmen überflüssig seien. Als Begründung hierfür können sicherlich auch die Aussagen zum Item q herangezogen werden.[1493]

Item n): Die meisten Seminare gleichen eher Spaßveranstaltungen („wir fühlen uns alle gut"), aber gelernt wird dort kaum etwas

Tendenziell wird in Übereinstimmung mit der Bewertung der Aussagen q und k diese These größtenteils abgelehnt. 93 Prozent lehnen diese Aussage ab. Jedoch können nur 3 Prozent der westdeutschen und keiner der größeren, aber immerhin 16 Prozent der ostdeutschen und 13 Prozent der kleineren Probanden der Aussage zustimmen.[1494]

[1492] Weitere Daten sind den Tabellen 114–116 im Anhang zu entnehmen.

[1493] Weitere Daten sind den Tabellen 117–119 im Anhang zu entnehmen.

[1494] Weitere Daten sind den Tabellen 120–122 im Anhang zu entnehmen.

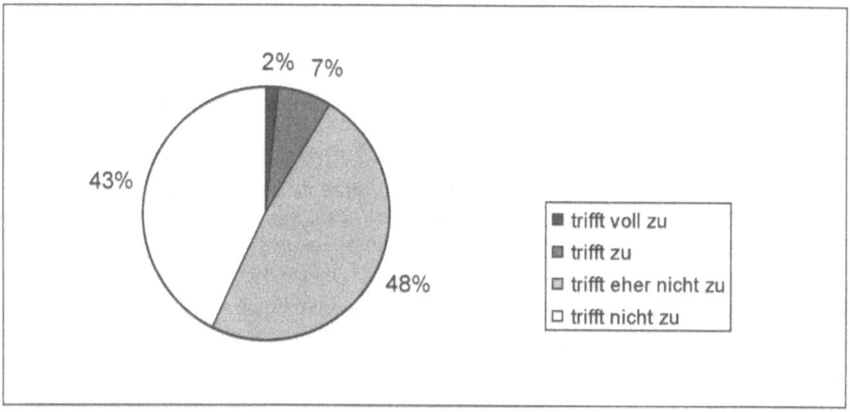

Abb. 66. Weiterbildung ist größtenteils überflüssig

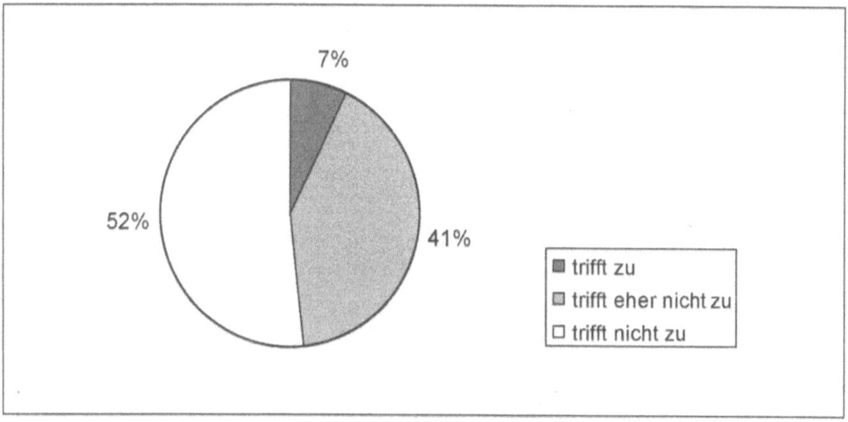

Abb. 67. Seminarmaßnahmen gleichen Spaßveranstaltungen

Item l): Seminarmaßnahmen werden in unserem Haus häufig auch als Belohnung für gute Arbeit verstanden

Nicht selten wenden Unternehmen das Instrument der Personalentwicklung in Form von Seminarmaßnahmen als Belohnung für gute Arbeit an. Hintergrund dieser Vorgehensweise ist zum einen, dem Mitarbeiter zu signalisieren, dass seine bisher verrichtete Arbeit honoriert und er als „förderungswürdig" im Sinne einer zukunftsorientierten Karriereentwicklung eingeschätzt wird. Darüber hinaus wird eine Seminarteilnahme in diesem Zusammenhang auch damit begründet, dass sie „nicht schaden kann." Hauptursache und Grund der beiden zuvor genannten Argumente ist jedoch die Vermeidung größerer finanzieller Aufwendungen für ein Unternehmen, die beispielsweise durch eine Beförderung entstehen. So gesehen gleichen Seminarmaßnahmen häufig der Verleihung von Orden, die eine Honorierung bei gleichzeitiger Minimierung von Kosten darstellen. Vor diesem Hintergrund wurden die Personalverantwortlichen befragt, ob Seminarmaßnahmen in ihrem Haus auch als Belohnung für gute Arbeit verstanden werden.

Es waren jedoch insgesamt nur (oder immerhin) 21 Prozent der Sparkassen dieser Meinung. 79 Prozent der Institute dagegen verneinten dies. Aufschlussreich ist die Verteilung der 21 Prozent. Die Zahl rührt daher, dass nur 13 Prozent der westdeutschen aber 37 Prozent der ostdeutschen und 29 Prozent der kleineren beziehungsweise 12 Prozent der größeren Sparkassen dieser These zustimmen. Gründe für die vorliegende Diskrepanz könnten sein, dass in Ostdeutschland respektive in kleineren Instituten Seminarmaßnahmen tatsächlich häufiger als im Westen oder größeren Anstalten als Instrument der Belohnung denn der Wissensakkumulation verwendet werden.

Eine weitere Ursache liegt sicherlich auch darin, dass die Auswertung des letzten Aussagenkomplexes eine tendenziell größere Skepsis kleinerer und/oder ostdeutscher Sparkassen hinsichtlich der Weiterbildungsmaßnahmen zeigt.[1495]

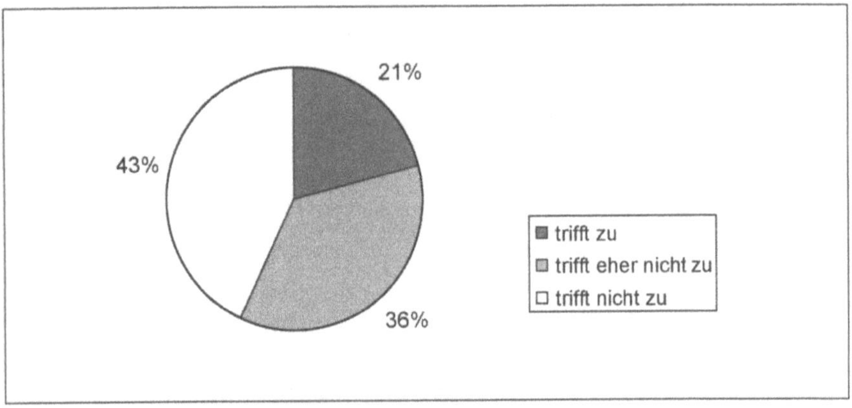

Abb. 68. Seminarmaßnahmen als Belohnung

Item j): Weiterbildungsmaßnahmen sollten zertifiziert werden, um eine bessere Vergleichbarkeit zu gewährleisten

Unterschiedliche Prägungen von Weiterbildungsmaßnahmen, die zumeist auf unternehmensbezogenen oder nationalen Traditionen beruhten, treten heutzutage zu Gunsten transparenter, vergleichbarer und tendenziell internationaler Abschlüsse zurück.[1496] Zertifizierungen dokumentieren diese Entwicklung, da eine weitgehende Interessenidentität zwischen den Wünschen der Individuen, ihre Arbeitsmarktfähig-

[1495] Weitere Daten sind den Tabellen 123–125 im Anhang zu entnehmen.

[1496] Vgl. Backhaus, J., Wagner, R., (2003), S. 66.

keit durch anerkannte Zertifikate besser nachweisen und vermarkten zu können, und den Interessen der Arbeitgeber, von unabhängigen Institutionen überprüfte Kompetenzen bei der Rekrutierung von Mitarbeitern zu erhalten, besteht.[1497] Diesbezüglich wurden die Probanden hinsichtlich der Zertifizierung von Weiterbildungsmaßnahmen befragt.

64 Prozent sind der Meinung, dass Weiterbildungsmöglichkeiten zertifiziert werden sollten, um eine bessere Vergleichbarkeit zu gewährleisten. Hierbei sind keine Unterschiede bei ost- und westdeutschen Sparkassen auszumachen. Allerdings betonen 50 Prozent der größeren im Gegensatz zu 74 Prozent der kleineren Sparkassen, dass eine Zertifizierung erfolgen sollte.[1498]

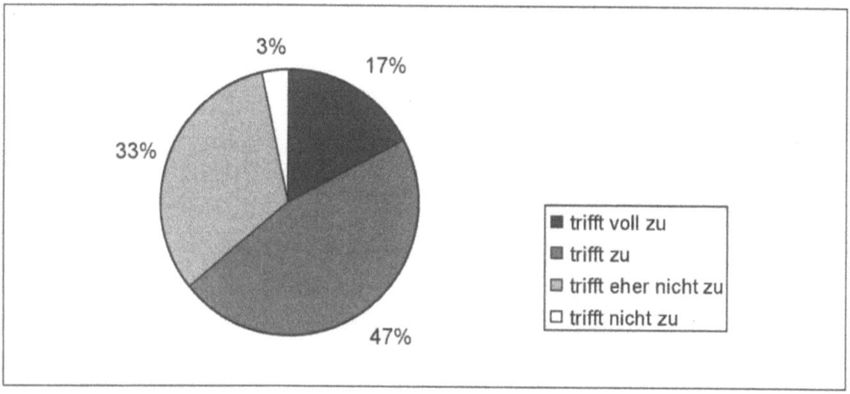

Abb. 69. Zertifizierung von Weiterbildungsmaßnahmen

Item m): Es sollte spezielle Weiterbildungsmaßnahmen für ältere Mitarbeiter geben

Im Kontext dieser Arbeit wurde immer wieder die Aufgabe des lebenslangen Lernens sowie die Bedeutung älterer Mitarbeiter für den Sparkassenbetrieb betont. Von besonderem Interesse war deshalb die Frage, ob es spezielle Weiterbildungsmaßnahmen für ältere Mitarbeiter geben sollte.[1499] Diesbezüglich war kein deutliches Gesamtmeinungsbild zu erkennen, da die Aussagen mehr oder weniger pari erfolgten. Insgesamt waren 54 Prozent der Sparkassen der Meinung, dass es spezielle Programme für ältere Mitarbeiter geben sollte, 46 Prozent waren dagegen. Es existieren bemerkenswerte Diskrepanzen hinsichtlich der Zusammensetzung dieser Durchschnittswerte. Denn 69 Prozent der ostdeutschen und 61 Prozent der kleineren Sparkassen waren im Gegensatz zu 46 Prozent der westdeutschen und 46 Prozent der größeren Sparkassen für eine gezielte Weiterbildung älterer Mitarbeiter.

[1497] Vgl. Backhaus, J., Wagner, R., (2003), S. 66.

[1498] Weitere Daten sind den Tabellen 126–128 im Anhang zu entnehmen.

[1499] Eine weitere Studie innerhalb der Sparkassenorganisation, die im Juni 2004 durchgeführt worden ist, kommt zu tendenziell ähnlichen Ergebnissen. Vgl. Blenk, D., (2005), S. 6–10.

Die Gründe für diese Ungleichheit hinsichtlich der Bewertung dieser These liegen sicherlich auch wiederum darin, dass die Verantwortung gegenüber dem einzelnen Mitarbeiter in kleineren Sparkassen ausgeprägter ist als in größeren. Häufig kennt man den einzelnen Mitarbeiter und weiß um seine jeweilige Situation. In größeren Sparkassen sind die meisten Mitarbeiter in der Personalabteilung nicht persönlich bekannt, so dass keine Beziehungen entstehen können, da man sich noch nie wissentlich begegnet ist. Darüber hinaus bestehen in größeren Instituten bessere Möglichkeiten, Mitarbeiter in bestimmten Abteilungen zu „positionieren", d.h. ihnen wird eine Aufgabe zugeteilt, die ohne größeres Know-how bewältigt werden kann, da sich aus Sicht der Gesamtbank eine Investition in einen älteren Mitarbeiter nicht mehr so amortisieren kann wie dies häufig bei einem jüngeren Kollegen der Fall ist.[1500]

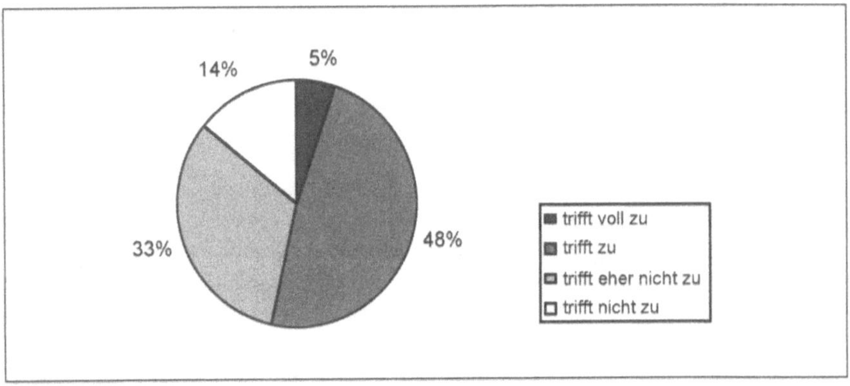

Abb. 70. Spezielle Weiterbildung für ältere Mitarbeiter

6.3. Zwischenfazit

Die Antworten der Sparkassen auf die in dem Fragebogen gestellten Fragen und Aussagen fallen teilweise sehr ähnlich, teilweise aber auch sehr heterogen aus. Die bei zahlreichen Aussagen ausgewerteten Standardabweichungen verdeutlichen, dass nicht generell von einer einheitlichen Personalentwicklung in allen Sparkassen gesprochen werden kann. Bezüglich der Bedeutung der Auszubildenden ist beispielsweise ein breiter Konsens ersichtlich, jedoch sind bei der Einschätzung von Weiterbildungsmaßnahmen große Unterschiede auszumachen.

Diese Heterogenität ist sicherlich nicht per se als negativ einzuschätzen. Zum einen verdeutlicht sie die Selbstständigkeit einer jeden Sparkasse, zum anderen gibt es sicherlich keine Personalentwicklungsform, die für alle Mitarbeiter sämtlicher Sparkassen als bestmöglich angesehen werden kann. Insgesamt nachteilig sind jedoch vor allem jene relativ homogenen Antworten der Sparkassen zu bewerten, die die Berei-

[1500] Weitere Daten sind den Tabellen 129–131 im Anhang zu entnehmen.

che der Erhebung von Mitarbeiterzufriedenheitsanalysen zur Steuerung der Personalarbeit, der Verbesserung der Möglichkeiten einer Verbindung von Beruf und Familie sowie der Beschäftigung von akademisch gebildeten Mitarbeitern betreffen. Im Rahmen des Strukturwandels sind diesbezüglich große Änderungen zu erwarten, denen sich die Sparkassen nicht entziehen können. Zukünftig ist daher sicherlich ein erhöhter Aktionsbedarf notwendig, um nicht hinter Mitbewerbern zurückzufallen.

Den Sparkassen ist eine strenge Vertraulichkeit bezüglich der erhobenen Daten zugesichert worden. Unter Berücksichtigung der theoretischen Aussagen dieser Arbeit und nach Analyse der empirischen Befragung kann in aggregierter Form allerdings abschließend festgehalten werden, dass die kleineren westdeutschen Sparkassen den höchsten Nachholbedarf im Sinne eines „best practice“ aufweisen. Demgegenüber stehen die größeren ostdeutschen Sparkassen. Bei ihnen ist das für die Zukunft notwendige Problembewusstsein sowie die Umsetzung relevanter Personalentwicklungsmaßnahmen am weitesten entwickelt.

7. Fazit

Der Strukturwandel im Sparkassensektor hat in den letzten Jahren zu einer Reduktion der selbstständigen Sparkassen, der Filialen und der Mitarbeiterzahl geführt. Dieser Prozess ist sicherlich noch nicht abgeschlossen und wird sich in den kommenden Jahren fortsetzen. Bedingt durch das Vordringen des Automaten- und Online Bankings, aber auch durch gestiegene Ansprüche der Kunden haben sich die Rahmenbedingungen gewandelt. Trotz dieser sich wandelnden Rahmenbedingungen wird auch zukünftig im Rahmen der Multikanalstrategie der S-Finanzgruppe der Filiale respektive dem mobilen Vertrieb eine Schlüsselposition zuerkannt, da Kundenbindungen am besten durch persönliche Betreuung zu erreichen sind. Für das Filialgeschäft bedeutet dies, sich einerseits auf den Vertrieb zu konzentrieren, Schwerpunkte etwa im Immobilienbereich oder in der Altersvorsorge zu setzen und die Beratungsqualität zu verbessern, andererseits aber auch Angebote im Automaten- und Internetbanking für die Optimierung des Bankstellennetzes zu nutzen. Dies impliziert zum einen, dass der direkte Kundenkontakt tendenziell abnehmen wird. Zum anderen bedeutet es auch, dass der direkte Kundenkontakt aufgrund der sinkenden Kontakte immer bedeutender wird, da auf ihm eine erfolgreiche Sparkasse-Kunde-Beziehung basiert.

Für Sparkassen sollte dies dazu führen, dass nicht allein das marktliche Umfeld, sondern die ihr zur Verfügung stehenden internen Ressourcen und Kompetenzen zum Ausgangspunkt möglicher Strategieformulierungen genutzt werden sollten. Hierfür spricht, dass die internen Ressourcen im Vergleich zur marktlichen Umwelt stabiler und vor allem wesentlich besser steuerbar sind. Die bedeutendste interne Ressource stellen für Sparkassen die Mitarbeiter dar. Aus diesem Grund müssen Sparkassen über jenes Mitarbeiter-Know-how verfügen, das einen optimalen wirtschaftlichen Erfolg ermöglicht, denn die Qualifikation der Mitarbeiter und deren Engagement stellen den wichtigsten Erfolgsfaktor für die Zukunft der Sparkassen dar.

Vor diesem Hintergrund wurde im Rahmen der Arbeit zur Untersuchung des Ressourcenaspekts der ressourcenorientierte Ansatz und für die Untersuchung möglicher Koordinationsaspekte im Rahmen der Personalplanung und Personalentwicklung die neue Institutionenökonomik verwendet. Hierbei wurde unter anderem aufgezeigt, dass Sparkassen einen personalpolitischen Spagat zu bewältigen haben: Zum einen muss weiterhin hochqualifiziertes Personal rekrutiert sowie etabliertes Personal gehalten und motiviert werden, zum anderen sollen Personalüberhänge sozialverträglich abgebaut werden, ohne dass dies zu negativen Rückwirkungen auf die verbleibende Belegschaft führt. Diesbezüglich ist in Sparkassen durch die Veränderung beziehungsweise die Entstehung von neuen Berufsbildern und Tätigkeitsstrukturen mit einem Anstieg der Qualifikationen der Mitarbeiter zu rechnen.

Dieser relative und quantitative Zuwachs an höherqualifizierten Beschäftigten reicht allein nicht aus, um die Wettbewerbsfähigkeit einer Sparkasse zu erhöhen. Erst durch eine Integration des Personals in die interne Organisation verbunden mit einer stärkeren Ausschöpfung humaner Ressourcen kommen die Vorteile der Verfügbarkeit qualifizierter Arbeitskräfte zum Tragen. Hierbei gilt es auch zu berücksichtigen, dass das Know-how der Mitarbeiter langfristig nur dann einen Wettbewerbsvorteil darstellt, wenn sich dieses sehr flexibel in Bezug auf veränderte Situationen verhält. Gerade da Wissen nicht statisch ist, entscheidet die individuelle und auch organisationale Lernfähigkeit über die Möglichkeit der Nutzung der unternehmensrelevanten Ressourcen. Dies bedingt die Notwendigkeit eines lebenslangen Lernens, da Sparkassenmitarbeiter mit ihren vielfältigen Potenzialen durch aufgabenbezogene Partizipation und eine Zunahme der Ergebnisverantwortung stärker in den Wertschöpfungsprozess eingebunden werden. Dies korreliert mit dem Aus- und Aufbau von Wissen, der mit einer gestiegenen Erwartung an die Lernfähigkeit und -bereitschaft der Mitarbeiter verbunden ist und zu einer Quasi-Selbstständigkeit führt, da sich der „dispositive Faktor Arbeit" zum Mitunternehmer entwickelt.

Der Mitarbeiter als Mitunternehmer verhält sich jedoch zunehmend illoyaler zum Arbeitgeber. Denn auf Grund geringerer Bindungen an die Sparkasse verlassen gerade Höchstqualifizierte das Unternehmen. Aufgabe einer antizipativen Personalentwicklung in Sparkassen ist es deshalb, Mitarbeitern Gründe zu vermitteln, im Unternehmen zu verbleiben. Diese können beispielsweise im Aufzeigen von Karrierewegen, Job-Enrichment und Job-Enlargement aber auch in der Ermöglichung familienfreundlicher Arbeitsbedingungen liegen. Letztlich muss sich eine antizipative Personalentwicklung konsequent an den individuellen Bedürfnissen eines jeden Mitarbeiters und denen der Kunden ausrichten. Zusammenfassend können aufgrund der sowohl deskriptiven, theoretischen und empirischen Analysen folgende Ergebnisse festgehalten werden:

- Das Vorhandensein von fachlichem Know-how ist notwendig, aber nicht hinreichend. Schlüsselqualifikationen werden zukünftig für Sparkassenmitarbeiter immer bedeutender.
- Im Rahmen des Erwerbs notwendiger Qualifikation tritt die Eigenverantwortung eines jeden Mitarbeiters stärker in den Vordergrund. Im Sinne der Employability wird jeder Mitarbeiter für seine Arbeitsmarktfähigkeit selbst verantwortlich sein. Die Personalarbeit der Sparkassen kann diesbezüglich im Rahmen von Sinnangeboten nur unterstützende Aufgaben wahrnehmen.
- Diese unterstützenden Aufgaben müssen allerdings zukünftig stärker zielgruppenspezifisch erfolgen. Geeignete Methoden stellen für Führungskräfte Coaching-Maßnahmen, für Führungsnachwuchskräfte Job-Rotation, Job-Enlargement und Job-Enrichment sowie für breite Mitarbeiterschichten das Computer Based Training dar.
- Aufgrund der demografischen Entwicklung in Deutschland wird es für Sparkassen immer bedeutender, ausländische sowie ältere Arbeitnehmer zu beschäftigen. Dies ist zum einen wegen des zu erwartenden geringer werdenden deutschen Arbeitskräftereservoirs als auch im Sinne einer kundenadäquaten Dienstleistungserstellung erforderlich. Auch die verstärkte Nutzung weiblicher Mitarbeiter gerade in Führungsfunktionen ist eine Notwendigkeit demografischer und gesellschaftlicher Entwicklungen.
- Es ist eine deutliche Tendenz zur Höherqualifikation zu beobachten. Aufgrund der weiter steigenden Anforderungen an die intellektuellen Fähigkeiten ist mit einem steigenden Anteil an Akademikern in Sparkassen zu rechnen. Die empirische Ana-

lyse hat zudem ergeben, dass diesbezüglich gerade in Westdeutschland noch einer großer Bedarf besteht.

- Im Rahmen der Personalentwicklung gilt es ein Personalentwicklungscontrolling in den Sparkassen zu implementieren. Dies ermöglicht neben einer Vermeidung der Fortbildung mittels des Gießkannenprinzips eine bessere Ressourcenallokation. Auch wenn eine vollständige Messung und Erfassung des individuellen Lernerfolgs nicht möglich sein wird, so können mittels eines Personalentwicklungscontrollings zumindest Fehlentwicklungen vermieden und bessere Einschätzungen der individuellen Kompetenzen ermöglicht werden. Die Einführung beziehungsweise die Übertragung des Konzepts der Balance Scorecard erscheint in diesem Zusammenhang als besonders erfolgversprechend.
- All diese Maßnahmen dienen auch der Arbeitgeberfähigkeit der Sparkassen. Nur wenn eine Sparkasse als attraktiver Arbeitgeber seitens der bereits beschäftigten beziehungsweise potenziellen Mitarbeiter anerkannt wird, wird sie jene humanen Ressourcen erhalten, die für den Geschäftserfolg notwendig sind.

Die Entwicklungen führen dazu, dass das Personalwesen in Sparkassen aus seiner tradierten Rolle als zentrale Organisationseinheit heraustreten wird und muss. Insbesondere die Personalentwicklung sollte verstärkt auf den eigenen Mitarbeiter selbst respektive seinen Vorgesetzten übertragen werden. Auch wenn dies zu einem teilweisen Rückgang der Aufgaben bisheriger Personalabteilungen führen wird, so implizit dies lange nicht, dass die Bedeutung der Personalarbeit reduziert werden wird. Das Gegenteil ist der Fall: Personalplanung und Personalentwicklung werden zukünftig zum zentralen Erfolgsfaktor der Sparkassen avancieren.

Anhang

Anhang 1: Fragebogen

Institut für Betriebswirtschaftslehre
Abt. Bank- und Finanzwirtschaft
Bankseminar Lüneburg
Leiter: Prof. Dr. Ulf G. Baxmann

Universität Lüneburg

Dieser Fragebogen richtet sich an Führungskräfte im Personalbereich der Sparkassen. Es werden Fragen zur aktuellen Personalsituation sowie zur Personalentwicklung gestellt.

Zur aktuellen Personalsituation

1. **Wie viele sozialversicherungspflichtige Mitarbeiter waren per 31.12.2003 in Ihrer Sparkasse beschäftigt?** (Bitte absolute Zahl nennen)

	männlich	weiblich
a) Vollzeit	______	______
b) Teilzeit	______	______
c) Auszubildende	______	______

2. **Wie viele Mitarbeiter verfügen über einen der folgenden Abschlüsse?** (Bitte absolute Zahl nennen)

   Universitätsabschluss ______
   Fachhochschulabschluss ______
   Lehrinstitut ______

3. **Wie alt sind die Mitarbeiter Ihrer Sparkasse im Durchschnitt?**

   ______________ Jahre

Zur generellen Personalentwicklung in Ihrer Sparkasse

4. **Gibt es regelmäßige (d.h. innerhalb eines Zeitraumes von 3 Jahren):**

	Mitarbeiter-zufriedenheits-befragungen	Kunden-zufriedenheits-befragungen	Personalentwicklungs-Zielvereinbarungen mit den Mitarbeitern
a) Ja	☐	☐	☐
b) Nein	☐	☐	☐
c) Noch nicht, ist aber in Vorbereitung	☐	☐	☐
d) Sonstiges (Bitte nennen)	______________		

5. Nutzen Sie Ergebnisse der Kundenzufriedenheitsbefragung für die Personalentwicklung? (Bitte nur eine Antwort)

a) Die Inhalte der Personalentwicklungsarbeit richtet sich an den Ergebnissen der Kundenzufriedenheitsbefragung aus ☐
b) Die Ergebnisse werden in die laufende Personalentwicklungsarbeit einbezogen ☐
c) Soweit passend, werden einzelne Aspekte der Umfrage in die Personalentwicklungsarbeit integriert ☐
d) Die Umfrageergebnisse haben kaum Auswirkungen auf die Personalentwicklungsarbeit ☐

6. Welche Kompetenzbereiche wollen Sie (zukünftig) durch Ihre Personalentwicklungsmaßnahmen vorrangig verbessern?

Bitte geben Sie eine Reihenfolge von 1-4 an, 1 = am wichtigsten ; 4 = am wenigsten wichtig

a) Fachkenntnisse (bspw. Experte in der Immobilienfinanzierung) ____
b) Soziale Kompetenzen (bspw. Umgang mit Kunden und Kollegen) ____
c) Methodische Kompetenzen (bspw. Fähigkeit, sich selbst Wissen anzueignen) ____
d) Sonstiges (Bitte nennen) ____

____________________ ____

Zur Personalentwicklung für Führungskräfte

7. Welche Qualifikationen (d.h. Kenntnisse und/oder Kompetenzen) werden Ihrer Meinung nach für Führungskräfte im Sparkassensektor zukünftig an Bedeutung gewinnen? (Bitte nennen)

____

____

8. Sollten angehende Führungskräfte zukünftig eher „Karriere am Kunden" machen oder primär in zentralen Einheiten (bspw. Stabsbereich) eingesetzt werden?

Am Kunden ☐
Zentrale Einheiten ☐

9. Was werden Ihrer Meinung nach zukünftig die Hauptthemen der Personalentwicklung für Führungskräfte in Ihrem Hause sein?

1 = trifft voll zu ; 2 = trifft zu ; 3 = trifft eher nicht zu ; 4 = trifft nicht zu

	1	2	3	4
a) Mitarbeiter-Gespräche	☐	☐	☐	☐
b) Leistungsbeurteilungen	☐	☐	☐	☐
c) Laufbahnplanung	☐	☐	☐	☐
d) Führungskräftenachwuchsplanung	☐	☐	☐	☐
e) Ausbildung	☐	☐	☐	☐
f) Change Management g) (Veränderungsmanagement)	☐	☐	☐	☐
h) Lernen off / on the job	☐	☐	☐	☐
i) Weiterbildung	☐	☐	☐	☐
j) Gestaltung der Personalreduktion	☐	☐	☐	☐
k) Sonstiges (Bitte nennen) ____________	☐	☐	☐	☐

Ausgewählte Aspekte der Personalentwicklung

10. Im Folgenden werden 4 Personalentwicklungsmaßnahmen (PEM) aufgeführt. Hierzu werden zwei voneinander losgelöste Fragen gestellt. Die erste Frage bezieht sich auf Ihre Einschätzung zum gegenwärtigen Einsatz der einzelnen Maßnahmen in Ihrer Sparkasse. Die zweite Frage zielt darauf ab, welche Bedeutung Sie persönlich zukünftig den einzelnen PEM-Maßnahmen beimessen.

I PEM into-the-job (d.h. Heranführen neuer Mitarbeiter)

	Gegenwärtiger Einsatz 1 = sehr stark ; 2 = stark ; 3 = schwach ; 4 = kein Einsatz				**Zukünftige Bedeutung** 1 = sehr wichtig ; 2 = wichtig ; 3 = nicht so wichtig ; 4 = unwichtig			
	1	2	3	4	1	2	3	4
a) Berufliche Erstausbildung	☐	☐	☐	☐	☐	☐	☐	☐
b) Trainee Programm (d.h. nach Studium)	☐	☐	☐	☐	☐	☐	☐	☐
c) Einführungsprogramm für neue Mitarbeiter	☐	☐	☐	☐	☐	☐	☐	☐
d) Sonstiges (Bitte nennen) ____________	☐	☐	☐	☐	☐	☐	☐	☐

II PEM on-the-job (d. h. Entwickeln vorhandener Mitarbeiter am Arbeitsplatz)

	Gegenwärtiger Einsatz 1 = sehr stark ; 2 = stark ; 3 = schwach ; 4 = kein Einsatz				Zukünftige Bedeutung 1 = sehr wichtig ; 2 = wichtig ; 3 = nicht so wichtig ; 4 = unwichtig			
	1	2	3	4	1	2	3	4
a) Karriereplanung	☐	☐	☐	☐	☐	☐	☐	☐
b) Mitarbeiterförderung	☐	☐	☐	☐	☐	☐	☐	☐
c) Arbeitsunterweisung	☐	☐	☐	☐	☐	☐	☐	☐
d) Job-Rotation	☐	☐	☐	☐	☐	☐	☐	☐
e) Übertragung von Verantwortung	☐	☐	☐	☐	☐	☐	☐	☐
f) Teilnahme an Projektgruppen	☐	☐	☐	☐	☐	☐	☐	☐
g) Übertragung von Sonderaufgaben	☐	☐	☐	☐	☐	☐	☐	☐
h) Erfahrungslernen am Arbeitsplatz	☐	☐	☐	☐	☐	☐	☐	☐
i) Sonstiges (Bitte nennen) ____________	☐	☐	☐	☐	☐	☐	☐	☐

III PEM off-the-job (d. h. Entwicklung vorhandener Mitarbeiter außerhalb des Arbeitsplatzes)

	Gegenwärtiger Einsatz 1 = sehr stark ; 2 = stark ; 3 = schwach ; 4 = kein Einsatz				Zukünftige Bedeutung 1 = sehr wichtig ; 2 = wichtig ; 3 = nicht so wichtig ; 4 = unwichtig			
	1	2	3	4	1	2	3	4
a) Vorträge	☐	☐	☐	☐	☐	☐	☐	☐
b) Fallstudien	☐	☐	☐	☐	☐	☐	☐	☐
c) Planspiele	☐	☐	☐	☐	☐	☐	☐	☐
d) Rollenspiele	☐	☐	☐	☐	☐	☐	☐	☐
e) Förderkreise	☐	☐	☐	☐	☐	☐	☐	☐
f) Selbststudium	☐	☐	☐	☐	☐	☐	☐	☐
g) Sonstiges (Bitte nennen) ____________	☐	☐	☐	☐	☐	☐	☐	☐

IV PEM out-of-the-job (d.h. Reduktion des Mitarbeiterbestandes)

	Gegenwärtiger Einsatz 1 = sehr stark ; 2 = stark ; 3 = schwach ; 4 = kein Einsatz				**Zukünftige Bedeutung** 1 = sehr wichtig ; 2 = wichtig ; 3 = nicht so wichtig ; 4 = unwichtig			
	1	2	3	4	1	2	3	4
a) Ruhestandvorbereitungskurs	☐	☐	☐	☐	☐	☐	☐	☐
b) Altersteilzeit	☐	☐	☐	☐	☐	☐	☐	☐
c) Outplacement	☐	☐	☐	☐	☐	☐	☐	☐
d) Austrittsinterviews	☐	☐	☐	☐	☐	☐	☐	☐
e) Sonstiges (Bitte nennen) ______________	☐	☐	☐	☐	☐	☐	☐	☐

11. Was sind Ihrer Meinung nach die wichtigsten außerfachlichen Qualifikationen, über die ein Mitarbeiter Ihrer Sparkasse zukünftig verfügen muss? (Bitte kreuzen Sie nicht mehr als **3 Antworten** an)

a) Teamfähigkeit ☐
b) Konfliktlösungsfähigkeit ☐
c) Eigeninitiative ☐
d) Kreativität ☐
e) Querschnittsdenken ☐
f) Verkaufsorientierung ☐
g) Kommunikationskompetenz ☐
h) analytisches Denken ☐
i) Belastbarkeit ☐
j) gutes Auftreten ☐
k) Praxiskenntnisse ☐
l) Prozessdenken ☐
m) Durchsetzungsvermögen ☐

12. Planen Sie Maßnahmen, mit denen Sie Ihren Mitarbeitern eine bessere Verbindung von Beruf und Familie ermöglichen?

a) Nein ☐
b) Ja ☐

Wenn ja, welche Maßnahmen sind in der Planung?

____

13. Zum Abschluss bitte ich Sie um Ihre persönliche Stellungnahme zu Thesen, die in Gesprächen mit Praktikern sinngemäß oftmals geäußert werden.

1 = trifft voll zu ; 2 = trifft zu ; 3 = trifft eher nicht zu ; 4 = trifft nicht zu

	1	2	3	4
a) Der Anteil der Akademiker sollte in unserer Sparkasse zunehmen	☐	☐	☐	☐
b) Allein das Können sollte für eine Stellenbesetzung den Ausschlag geben	☐	☐	☐	☐
c) Der Anteil der Akademiker in der Sparkasse sollte dem Akademikeranteil der Bevölkerung in etwa entsprechen	☐	☐	☐	☐
d) Die neue Sparkassenhochschule ist eine gute Sache	☐	☐	☐	☐
e) Die neue Sparkassenhochschule ist „alter Wein in neuen Schläuchen"	☐	☐	☐	☐
f) Ein „richtiger Akademiker" kommt nur von einer firmenunabhängigen Hochschule	☐	☐	☐	☐
g) Primäre Aufgabe der Personalentwicklung ist es, Schwächen eines Mitarbeiters zu beseitigen	☐	☐	☐	☐
h) Primäre Aufgabe der Personalpolitik ist es, Mitarbeiter gemäß ihrer Stärken einzusetzen	☐	☐	☐	☐
i) Die Ausbildung zum Bankkaufmann bildet eine gute Grundlage für alle späteren Tätigkeiten in der Bank	☐	☐	☐	☐
j) Weiterbildungsmaßnahmen sollten zertifiziert werden, um eine bessere Vergleichbarkeit zu gewährleisten	☐	☐	☐	☐
k) Weiterbildung ist zwar wichtig, allerdings sind die meisten Maßnahmen überflüssig	☐	☐	☐	☐
l) Seminarmaßnahmen werden in unserem Haus häufig auch als Belohnung für gute Arbeit verstanden	☐	☐	☐	☐
m) Es sollte spezielle Weiterbildungsmaßnahmen für ältere Mitarbeiter geben	☐	☐	☐	☐
n) Die meisten Seminare gleichen eher Spaßveranstaltungen („wir fühlen uns alle gut"), aber gelernt wird dort kaum etwas	☐	☐	☐	☐
o) Die Ausbildung zum Bankkaufmann sollte eher in modularisierter Form erfolgen, mit individueller Schwerpunktbildung (ähnlich den Leistungskursen im Abitur)	☐	☐	☐	☐
p) In Zukunft sollte die Berufsausbildung stärker auf die Zusammenarbeit mit Berufsakademien setzen	☐	☐	☐	☐
q) Die meisten Weiterbildungsmaßnahmen erfolgten bisher zu sehr nach dem „Gießkannenprinzip"	☐	☐	☐	☐

Abschließendes

14. Für persönliche Anmerkungen

15. Name der Sparkasse

Alle Angaben werden streng vertraulich behandelt.
Vielen Dank für Ihre Unterstützung!

www.uni-lueneburg.de/fb2/bwl/bsl

Bitte per **Post** an:

Universität Lüneburg

Bankseminar Lüneburg

Bernd Nolte

Scharnhorststraße 1

21335 Lüneburg

oder per **Fax** an:

04131-782169

Anhang 2: Tabellenverzeichnis

Anhang 3: Tabellarische Auswertung des Fragebogens

Tabelle 1:
Sozialversicherungspflichtige Mitarbeiter
Deskriptive Statistik

	N	Minimum	Maximum	Summe	Mittelwert	Standardabweichung
Männliche Vollzeitbeschäftigte	54	16	1163	8952	165,78	205,594
Weibliche Vollzeitbeschäftigte	54	11	1116	10042	185,96	195,717
Vollzeitbeschäftigte insgesamt	57	29	6000	25764	452,00	835,747
Männliche Teilzeitbeschäftigte	54	0	43	294	5,44	8,440
Weibliche Teilzeitbeschäftigte	54	1	747	6146	113,81	123,636
Teilzeitbeschäftigte insgesamt	57	3	984	7536	132,21	169,639
Männliche Auszubildende	54	1	66	858	15,89	14,649
Weibliche Auszubildende	54	4	72	1025	18,98	14,861
Auszubildende insgesamt	57	6	383	2330	40,88	53,748
Vollzeit- & Teilzeitbeschäftigte insgesamt	57	32	6984	33300	584,21	993,356
Gültige Werte	54					

Tabelle 2:
Größe der Sparkasse nach Mitarbeiteranzahl
Häufigkeiten

		Häufigkeit	Prozent	Gültige Prozente	Kumulierte Prozente
Gültig	kleinere Sparkassen	31	53,4	54,4	54,4
	größere Sparkassen	26	44,8	45,6	100,0
	Gesamt	57	98,3	100,0	
Fehlend	k.A.	1	1,7		
Gesamt		58	100,0		

Tabelle 3:
Verteilung der Mitarbeiter
Kreuztabelle

			Größe der Sparkasse nach Mitarbeiteranzahl		Gesamt
			kleinere Sparkassen	größere Sparkassen	
Erhebungsgebiet	West	Anzahl	18	21	39
		Zeilenprozente	46,2%	53,8%	100,0%
		Spaltenprozente	58,1%	80,8%	68,4%
	Ost	Anzahl	13	5	18
		Zeilenprozente	72,2%	27,8%	100,0%
		Spaltenprozente	41,9%	19,2%	31,6%
Gesamt		Anzahl	31	26	57
		Zeilenprozente	54,4%	45,6%	100,0%
		Spaltenprozente	100,0%	100,0%	100,0%

Tabelle 4:
Abschlüsse der Mitarbeiter
Deskriptive Statistik

	N	Minimum	Maximum	Summe	Mittelwert	Standardabweichung
Mitarbeiter mit Universitätsabschluss	56	0	111	734	13,11	21,262
Mitarbeiter mit Fachhochschulabschluss	56	0	116	912	16,29	24,085
Mitarbeiter mit Lehrinstitutsabschluss	56	0	26	234	4,18	4,999
Mitarbeiter mit Hochschulabschluss insgesamt	56	0	184	1880	33,57	41,885
Verhältnis Uniabgänger zu Gesamt	56	0	12,78	133,26	2,3796	2,55514
Gültige Werte	56					

Tabelle 5:
Abschlüsse der westdeutschen Mitarbeiter
Deskriptive Statistik

	N	Minimum	Maximum	Mittelwert	Standardabweichung
Mitarbeiter mit Universitätsabschluss	38	0	111	12,55	23,829
Mitarbeiter mit Fachhochschulabschluss	38	0	116	11,16	21,665
Mitarbeiter mit Lehrinstitutsabschluss	38	0	26	5,37	5,567
Mitarbeiter mit Hochschulabschluss insgesamt	38	0	184	29,08	42,782
Verhältnis Uniabgänger zu Gesamt	38	0	5,86	1,6001	1,34192
Gültige Werte	38				

Tabelle 6:
Abschlüsse der ostdeutschen Mitarbeiter
Deskriptive Statistik

	N	Minimum	Maximum	Mittelwert	Standardabweichung
Mitarbeiter mit Universitätsabschluss	18	1	47	14,28	14,986
Mitarbeiter mit Fachhochschulabschluss	18	1	94	27,11	25,930
Mitarbeiter mit Lehrinstitutsabschluss	18	0	7	1,67	1,879
Mitarbeiter mit Hochschulabschluss insgesamt	18	4	138	43,06	39,395
Verhältnis Uniabgänger zu Gesamt	18	,47	12,78	4,0253	3,60243
Gültige Werte	18				

Tabelle 7:
Abschlüsse der Mitarbeiter (kleinere Sparkassen)
Deskriptive Statistik

	N	Minimum	Maximum	Mittelwert	Standardabweichung
Mitarbeiter mit Universitätsabschluss	31	0	23	4,06	5,046
Mitarbeiter mit Fachhochschulabschluss	31	0	55	10,45	14,578
Mitarbeiter mit Lehrinstitutsabschluss	31	0	6	2,00	1,949
Mitarbeiter mit Hochschulabschluss insgesamt	31	0	60	16,52	16,336
Verhältnis Uniabgänger zu Gesamt	31	0	12,78	2,0268	2,71110
Gültige Werte	31				

Tabelle 8:
Abschlüsse der Mitarbeiter (größere Sparkassen)
Deskriptive Statistik

	N	Minimum	Maximum	Mittelwert	Standardabweichung
Mitarbeiter mit Universitätsabschluss	25	2	111	24,32	27,705
Mitarbeiter mit Fachhochschulabschluss	25	1	116	23,52	31,069
Mitarbeiter mit Lehrinstitutsabschluss	25	0	26	6,88	6,227
Mitarbeiter mit Hochschulabschluss insgesamt	25	8	184	54,72	53,341
Verhältnis Uniabgänger zu Gesamt	25	,36	10,06	2,8172	2,32678
Gültige Werte	25				

Tabelle 9:
Durchschnittsalter der Mitarbeiter
Deskriptive Statistik

	N	Mittelwert	Standardabweichung
Durchschnittsalter der Mitarbeiter	45	39,18	1,762
Gültige Werte	45		

Tabelle 10:
Durchschnittsalter der Mitarbeiter (westdeutsche Sparkassen)
Deskriptive Statistik

	N	Mittelwert	Standardab-weichung
Durchschnittsalter der Mitarbeiter	29	39,55	1,478
Gültige Werte	29		

Tabelle 11:
Durchschnittsalter der Mitarbeiter (ostdeutsche Sparkassen)
Deskriptive Statistik

	N	Mittelwert	Standardab-weichung
Durchschnittsalter der Mitarbeiter	16	38,50	2,066
Gültige Werte	16		

Tabelle 12:
Durchschnittsalter der Mitarbeiter (kleinere Sparkassen)
Deskriptive Statistik

	N	Mittelwert	Standardab-weichung
Durchschnittsalter der Mitarbeiter	25	38,88	1,986
Gültige Werte	25		

Tabelle 13:
Durchschnittsalter der Mitarbeiter (größere Sparkassen)
Deskriptive Statistik

	N	Mittelwert	Standardab-weichung
Durchschnittsalter der Mitarbeiter	20	39,55	1,395
Gültige Werte	20		

Tabelle 14:
Durchführung von Mitarbeiterzufriedenheitsbefragungen
Häufigkeiten

		Häufigkeit	Prozent	Gültige Prozente	Kumulierte Prozente
Gültig	ja	17	29,3	29,3	29,3
	nein	32	55,2	55,2	84,5
	noch nicht	9	15,5	15,5	100,0
	Gesamt	58	100,0	100,0	

Tabelle 15:
Durchführung von Mitarbeiterzufriedenheitsbefragungen in west- und ostdeutschen Sparkassen
Kreuztabelle

			Erhebungsgebiet		Gesamt
			West	Ost	
Durchführung von Mitarbeiterzufriedenheits-befragungen	ja	Anzahl	10	7	17
		Spaltenprozente	25,6%	36,8%	29,3%
	nein	Anzahl	22	10	32
		Spaltenprozente	56,4%	52,6%	55,2%
	noch nicht	Anzahl	7	2	9
		Spaltenprozente	17,9%	10,5%	15,5%
Gesamt		Anzahl	39	19	58
		Spaltenprozente	100,0%	100,0%	100,0%

Tabelle 16:
Durchführung von Mitarbeiterzufriedenheitsbefragungen in kleineren und größeren Sparkassen
Kreuztabelle

			Größe der Sparkasse nach Mitarbeiteranzahl		Gesamt
			kleinere Sparkassen	größere Sparkassen	
Durchführung von Mitarbeiterzufriedenheits-befragungen	ja	Anzahl	9	8	17
		Spaltenprozente	29,0%	30,8%	29,8%
	nein	Anzahl	20	11	31
		Spaltenprozente	64,5%	42,3%	54,4%
	noch nicht	Anzahl	2	7	9
		Spaltenprozente	6,5%	26,9%	15,8%
Gesamt		Anzahl	31	26	57
		Spaltenprozente	100,0%	100,0%	100,0%

Tabelle 17:
Durchführung von Kundenzufriedenheitsbefragungen
Häufigkeiten

		Häufigkeit	Prozent	Gültige Prozente	Kumulierte Prozente
Gültig	ja	37	63,8	63,8	63,8
	nein	19	32,8	32,8	96,6
	noch nicht	2	3,4	3,4	100,0
	Gesamt	58	100,0	100,0	

Tabelle 18:
Durchführung von Kundenzufriedenheitsbefragungen in west- und ostdeutschen Sparkassen
Kreuztabelle

			Erhebungsgebiet		Gesamt
			West	Ost	
Durchführung von Kundenzufriedenheits-befragungen	ja	Anzahl	22	15	37
		Spaltenprozente	56,4%	78,9%	
	nein	Anzahl	16	3	19
		Spaltenprozente	41,0%	15,8%	32,8%
	noch nicht	Anzahl	1	1	2
		Spaltenprozente	2,6%	5,3%	3,4%
Gesamt		Anzahl	39	19	58
		Spaltenprozente	100,0%	100,0%	100,0%

Tabelle 19:
Durchführung von Kundenzufriedenheitsbefragungen in kleineren und größeren Sparkassen
Kreuztabelle

			Größe der Sparkasse nach Mitarbeiteranzahl		Gesamt
			kleinere Sparkassen	größere Sparkassen	
Durchführung von Kundenzufriedenheits-befragungen	ja	Anzahl	17	19	36
		Spaltenprozente	54,8%	73,1%	63,2%
	nein	Anzahl	12	7	19
		Spaltenprozente	38,7%	26,9%	33,3%
	noch nicht	Anzahl	2	0	2
		Spaltenprozente	6,5%	0%	3,5%
Gesamt		Anzahl	31	26	57
		Spaltenprozente	100,0%	100,0%	100,0%

Tabelle 20:
Durchführung von Mitarbeiter-Personalentwicklungs-Zielvereinbarungen
Häufigkeiten

		Häufigkeit	Prozent	Gültige Prozente	Kumulierte Prozente
Gültig	ja	42	72,4	72,4	72,4
	nein	9	15,5	15,5	87,9
	noch nicht	7	12,1	12,1	100,0
	Gesamt	58	100,0	100,0	

Tabelle 21:
Durchführung von Mitarbeiter-Personalentwicklungs-Zielvereinbarungen in west- und ostdeutschen Sparkassen
Kreuztabelle

			Erhebungsgebiet		Gesamt
			West	Ost	
Durchführung von Mitarbeiter-Personalentwicklungs-Zielvereinbarungen	ja	Anzahl	25	17	42
		Spaltenprozente	64,1%	89,5%	72,4%
	nein	Anzahl	8	1	9
		Spaltenprozente	20,5%	5,3%	15,5%
	noch nicht	Anzahl	6	1	7
		Spaltenprozente	15,4%	5,3%	12,1%
Gesamt		Anzahl	39	19	58
		Spaltenprozente	100,0%	100,0%	100,0%

Tabelle 22:
Durchführung von Mitarbeiter-Personalentwicklungs-Zielvereinbarungen in kleineren und größeren Sparkassen
Kreuztabelle

			Größe der Sparkasse nach Mitarbeiteranzahl		Gesamt
			kleinere Sparkassen	größere Sparkassen	
Durchführung von Mitarbeiter-Personalentwicklungs-Zielvereinbarungen	ja	Anzahl	23	18	41
		Spaltenprozente	74,2%	69,2%	71,9%
	nein	Anzahl	6	3	9
		Spaltenprozente	19,4%	11,5%	15,8%
	noch nicht	Anzahl	2	5	7
		Spaltenprozente	6,5%	19,2%	12,3%
Gesamt		Anzahl	31	26	57
		Spaltenprozente	100,0%	100,0%	100,0%

Tabelle 23:
Quote der eingesetzten Maßnahmen
Häufigkeiten

		Häufigkeit	Prozent	Gültige Prozente	Kumulierte Prozente
Gültig	Keine Maßnahme	9	15,5	15,5	15,5
	1 Maßnahme	17	29,3	29,3	44,8
	2 Maßnahmen	17	29,3	29,3	74,1
	3 Maßnahmen	15	25,9	25,9	100,0
	Gesamt	58	100,0	100,0	

Tabelle 24:
Quote der eingesetzten Maßnahmen bei west- und ostdeutschen Sparkassen
Kreuztabelle

			Erhebungsgebiet		Gesamt
			West	Ost	
Quote der eingesetzten Maßnahmen	Keine Maßnahme	Anzahl	9	0	9
		Spaltenprozente	23,1%	0%	15,5%
	1 Maßnahme	Anzahl	11	6	17
		Spaltenprozente	28,2%	31,6%	29,3%
	2 Maßnahmen	Anzahl	11	6	17
		Spaltenprozente	28,2%	31,6%	29,3%
	3 Maßnahmen	Anzahl	8	7	15
		Spaltenprozente	20,5%	36,8%	25,9%
Gesamt		Anzahl	39	19	58
		Spaltenprozente	100,0%	100,0%	100,0%

Tabelle 25:
Quote der eingesetzten Maßnahmen bei kleineren und größeren Sparkassen
Kreuztabelle

			Größe der Sparkasse nach Mitarbeiteranzahl		Gesamt
			kleinere Sparkassen	größere Sparkassen	
Quote der eingesetzten Maßnahmen	Keine Maßnahme	Anzahl	6	3	9
		Spaltenprozente	19,4%	11,5%	15,8%
	1 Maßnahme	Anzahl	9	8	17
		Spaltenprozente	29,0%	30,8%	29,8%
	2 Maßnahmen	Anzahl	8	8	16
		Spaltenprozente	25,8%	30,8%	28,1%
	3 Maßnahmen	Anzahl	8	7	15
		Spaltenprozente	25,8%	26,9%	26,3%
Gesamt		Anzahl	31	26	57
		Spaltenprozente	100,0%	100,0%	100,0%

Tabelle 26:
Nutzung der Kundenzufriedenheitsbefragung für die Personalentwicklung
Häufigkeiten

		Häufigkeit	Prozent	Gültige Prozente	Kumulierte Prozente
Gültig	sehr stark	2	3,4	4,4	4,4
	stark	16	27,6	35,6	40,0
	bedingt	18	31,0	40,0	80,0
	schwach	9	15,5	20,0	100,0
	Gesamt	45	77,6	100,0	
Fehlend	k.A.	13	22,4		
Gesamt		58	100,0		

Tabelle 27:
Verbesserung von Kompetenzbereichen: 1. Priorität
Häufigkeiten

		Häufigkeit	Prozent	Gültige Prozente	Kumulierte Prozente
Gültig	Fachkenntnisse	7	12,1	14,0	14,0
	Soziale Kompetenzen	30	51,7	60,0	74,0
	Methodische Kompetenzen	10	17,2	20,0	94,0
	Sonstige Kompetenzen	3	5,2	6,0	100,0
	Gesamt	50	86,2	100,0	
Fehlend	k.A.	8	13,8		
Gesamt		58	100,0		

Tabelle 28:
Verbesserung von Kompetenzbereichen: 1. Priorität der west- und ostdeutschen Sparkassen
Kreuztabelle

			Erhebungsgebiet		Gesamt
			West	Ost	
Verbesserung von Kompetenzbereichen: 1. Priorität	Fachkenntnisse	Anzahl	6	1	7
		Spaltenprozente	17,1%	6,7%	14,0%
	Soziale Kompetenzen	Anzahl	20	10	30
		Spaltenprozente	57,1%	66,7%	60,0%
	Methodische Kompetenzen	Anzahl	7	3	10
		Spaltenprozente	20,0%	20,0%	20,0%
	Sonst. Kompetenzen	Anzahl	2	1	3
		Spaltenprozente	5,7%	6,7%	6,0%
Gesamt		Anzahl	35	15	50
		Spaltenprozente	100,0%	100,0%	100,0%

Tabelle 29:
Verbesserung von Kompetenzbereichen: 1. Priorität der kleineren und größeren Sparkassen
Kreuztabelle

			Größe der Sparkasse nach Mitarbeiteranzahl		Gesamt
			kleinere Sparkassen	größere Sparkassen	
Verbesserung von Kompetenzbereichen: 1. Priorität	Fachkenntnisse	Anzahl	3	4	7
		Spaltenprozente	11,5%	17,4%	14,3%
	Soziale Kompetenzen	Anzahl	12	17	29
		Spaltenprozente	46,2%	73,9%	59,2%
	Methodische Kompetenzen	Anzahl	9	1	10
		Spaltenprozente	34,6%	4,3%	20,4%
	Sonstige Kompetenzen	Anzahl	2	1	3
		Spaltenprozente	7,7%	4,3%	6,1%
Gesamt		Anzahl	26	23	49
		Spaltenprozente	100,0%	100,0%	100,0%

Tabelle 30:
Zukünftige Bedeutungszunahme von Qualifikationen für Führungskräfte Mehrfachantworten Häufigkeiten

Variable	Häufigkeit	Prozent (Bezogen auf Antworten)	Prozent (Bezogen auf Fälle)
Soziale Kompetenzen	25	22,7	46,3
Change Management Kompetenzen	10	9,1	18,5
Konfliktlösungskompetenzen	8	7,3	14,8
Höhere Ausbildung	2	1,8	3,7
Coaching Kompetenzen	12	10,9	22,2
Führungskompetenzen	23	20,9	42,6
Verkaufskompetenzen	4	3,6	7,4
Unternehmerische Kompetenzen	12	10,9	22,2
Sonstige Kompetenzen	14	12,7	25,9
Gesamt	110	100,0	203,7

Tabelle 31:
Führungskräftekarriereweg (mit Doppelnennungen) Häufigkeiten

		Häufigkeit	Prozent	Gültige Prozente	Kumulierte Prozente
Gültig	Am Kunden	47	81,0	82,5	82,5
	Stab	4	6,9	7,0	89,5
	Beides	6	10,3	10,5	100,0
	Gesamt	57	98,3	100,0	
Fehlend	k.A.	1	1,7		
Gesamt		58	100,0		

Tabelle 32:
Führungskräftekarriereweg (Einfachnennung) Häufigkeiten

		Häufigkeit	Prozent	Gültige Prozente	Kumulierte Prozente
Gültig	Am Kunden	47	81,0	92,2	92,2
	Stab	4	6,9	7,8	100,0
	Gesamt	51	87,9	100,0	
Fehlend	Beides	6	10,3		
	k.A.	1	1,7		
	Gesamt	7	12,1		
Gesamt		58	100,0		

Tabelle 33:
Führungskräftekarriereweg west- und ostdeutscher Sparkassen
Kreuztabelle

			Erhebungsgebiet		Gesamt
			West	Ost	
Führungskräfte-karriereweg	Am Kunden	Anzahl	32	15	47
		Spaltenprozente	84,2%	78,9%	82,5%
	Stab	Anzahl	2	2	4
		Spaltenprozente	5,3%	10,5%	7,0%
	Beides	Anzahl	4	2	6
		Spaltenprozente	10,5%	10,5%	10,5%
Gesamt		Anzahl	38	19	57
		Spaltenprozente	100,0%	100,0%	100,0%

Tabelle 34:
Führungskräftekarriereweg kleinerer und größerer Sparkassen
Kreuztabelle

			Größe der Sparkasse nach Mitarbeiteranzahl		Gesamt
			kleinere Sparkassen	größere Sparkassen	
Führungskräfte-karriereweg	Am Kunden	Anzahl	26	21	47
		Spaltenprozente	83,9%	84,0%	83,9%
	Stab	Anzahl	2	1	3
		Spaltenprozente	6,5%	4,0%	5,4%
	Beides	Anzahl	3	3	6
		Spaltenprozente	9,7%	12,0%	10,7%
Gesamt		Anzahl	31	25	56
		Spaltenprozente	100,0%	100,0%	100,0%

Tabelle 35:
Zukünftige Hauptthemen der Personalentwicklung für Führungskräfte
Mehrfachantworten Häufigkeiten

	Häufigkeit	Prozent (Bezogen auf Antworten)	Prozent (Bezogen auf Fälle)
Mitarbeiter-Gespräche	53	14,6	96,4
Leistungsbeurteilungen	50	13,8	90,9
Laufbahnplanung	31	8,6	56,4
Führungskräfte-nachwuchsplanung	35	9,7	63,6
Ausbildung	27	7,5	49,1
Change Management	49	13,5	89,1
Lernen off- & on-the-job	45	12,4	81,8
Weiterbildung	37	10,2	67,3
Gestaltung der Personalreduktion	35	9,7	63,6
Gesamt	362	100,0	658,2

Tabelle 36:
PEM-into-the-job
Deskriptive Statistik

	N	Mittelwert	Standardabweichung
Berufsausbildung (g)	58	1,38	,587
Berufsausbildung (z)	58	1,55	,680
Trainee-Programme (g)	57	3,33	,715
Trainee-Programme (z)	58	2,76	,823
Einführungsprogramme (g)	58	3,12	,751
Einführungsprogramme (z)	58	2,66	,664
g=gegenwärtiger Einsatz z=zukünftige Bedeutung			

Tabelle 37:
Gegenwärtiger Einsatz der Berufsausbildung
Häufigkeiten

		Häufigkeit	Prozent	Gültige Prozente	Kumulierte Prozente
Gültig	sehr stark	38	65,5	65,5	65,5
	stark	19	32,8	32,8	98,3
	kein Einsatz	1	1,7	1,7	100,0
	Gesamt	58	100,0	100,0	

Tabelle 38:
Zukünftige Bedeutung der Berufsausbildung
Häufigkeiten

		Häufigkeit	Prozent	Gültige Prozente	Kumulierte Prozente
Gültig	sehr wichtig	31	53,4	53,4	53,4
	wichtig	23	39,7	39,7	93,1
	nicht so wichtig	3	5,2	5,2	98,3
	unwichtig	1	1,7	1,7	100,0
	Gesamt	58	100,0	100,0	

Tabelle 39:
Gegenwärtiger Einsatz von Trainee-Programmen
Häufigkeiten

		Häufigkeit	Prozent	Gültige Prozente	Kumulierte Prozente
Gültig	sehr stark	2	3,4	3,5	3,5
	stark	2	3,4	3,5	7,0
	schwach	28	48,3	49,1	56,1
	kein Einsatz	25	43,1	43,9	100,0
	Gesamt	57	98,3	100,0	
Fehlend	k.A.	1	1,7		
Gesamt		58	100,0		

Tabelle 40:
Zukünftige Bedeutung von Trainee-Programmen
Häufigkeiten

		Häufigkeit	Prozent	Gültige Prozente	Kumulierte Prozente
Gültig	sehr wichtig	3	5,2	5,2	5,2
	wichtig	19	32,8	32,8	37,9
	nicht so wichtig	25	43,1	43,1	81,0
	unwichtig	11	19,0	19,0	100,0
	Gesamt	58	100,0	100,0	

Tabelle 41:
Gegenwärtiger Einsatz von Einführungsprogrammen
Häufigkeiten

		Häufigkeit	Prozent	Gültige Prozente	Kumulierte Prozente
Gültig	sehr stark	1	1,7	1,7	1,7
	stark	10	17,2	17,2	19,0
	schwach	28	48,3	48,3	67,2
	kein Einsatz	19	32,8	32,8	100,0
	Gesamt	58	100,0	100,0	

Tabelle 42:
Zukünftige Bedeutung von Einführungsprogrammen
Häufigkeiten

		Häufigkeit	Prozent	Gültige Prozente	Kumulierte Prozente
Gültig	sehr wichtig	1	1,7	1,7	1,7
	wichtig	23	39,7	39,7	41,4
	nicht so wichtig	29	50,0	50,0	91,4
	unwichtig	5	8,6	8,6	100,0
	Gesamt	58	100,0	100,0	

Tabelle 43:
Gegenwärtiger Einsatz aller PEM-into-the-job
Mehrfachantworten Häufigkeiten

	Häufigkeit	Prozent (Bezogen auf Antworten)	Prozent (Bezogen auf Fälle)
sehr stark	41	24,0	71,9
stark	29	17,0	50,9
schwach	56	32,7	98,2
kein Einsatz	45	26,3	78,9
Gesamt	171	100,0	300,0

Tabelle 44:
Zukünftige Bedeutung aller PEM-into-the-job
Mehrfachantworten Häufigkeiten

	Häufigkeit	Prozent (Bezogen auf Antworten)	Prozent (Bezogen auf Fälle)
sehr wichtig	35	20,1	60,3
wichtig	65	37,4	112,1
nicht so wichtig	57	32,8	98,3
unwichtig	17	9,8	29,3
Gesamt	174	100,0	300,0

Tabelle 45:
Gegenwärtiger Einsatz aller PEM-into-the-job in west- und ostdeutschen Sparkasse
Kreuztabelle

		Erhebungsgebiet		Gesamt
		West	Ost	
PEM-into-the-job gegenwärtiger Einsatz	sehr stark	26	15	41
		22,8%	26,3%	24,0%
	stark	23	6	29
		20,2%	10,5%	17,0%
	schwach	38	18	56
		33,3%	31,6%	32,7%
	kein Einsatz	27	18	45
		23,7%	31,6%	26,3%
Gesamt		114	57	171
		66,7%	33,3%	100,0%

Tabelle 46:
Zukünftige Bedeutung aller PEM-into-the-job in west- und ostdeutschen Sparkasse
Kreuztabelle

		Erhebungsgebiet		Gesamt
		West	Ost	
PEM-into-the-job zukünftige Bedeutung	sehr wichtig	24	11	35
		20,5%	19,3%	20,1%
	wichtig	45	20	65
		38,5%	35,1%	37,4%
	nicht so wichtig	39	18	57
		33,3%	31,6%	32,8%
	unwichtig	9	8	17
		7,7%	14,0%	9,8%
Gesamt		117	57	174
		67,2%	32,8%	100,0%

Tabelle 47:
Gegenwärtiger Einsatz aller PEM-on-the-job
Mehrfachantworten Häufigkeiten

	Häufigkeit	Prozent (Bezogen auf Antworten)	Prozent (Bezogen auf Fälle)
sehr stark	36	7,8	62,1
stark	212	45,7	365,5
schwach	171	36,9	294,8
kein Einsatz	45	9,7	77,6
		100,0	800,0
Gesamt	464		

Tabelle 48:
Zukünftige Bedeutung aller PEM-on-the-job
Mehrfachantworten Häufigkeiten

	Häufigkeit	Prozent (Bezogen auf Antworten)	Prozent (Bezogen auf Fälle)
sehr wichtig	90	20,1	160,7
wichtig	252	56,3	450,0
nicht so wichtig	87	19,4	155,4
unwichtig	19	4,2	33,9
		100,0	800,0
Gesamt	448		

Tabelle 49:
PEM-on-the-job
Deskriptive Statistik

	N	Mittelwert	Standardabweichung
Karriereplanung (g)	58	2,71	,676
Karriereplanung (z)	58	2,17	,729
Mitarbeiterförderung (g)	58	2,12	,564
Mitarbeiterförderung (z)	57	1,81	,581
Arbeitsunterweisung (g)	58	2,34	,608
Arbeitsunterweisung (z)	58	2,36	,641
Job-Rotation (g)	58	3,47	,627
Job-Rotation (z)	57	2,67	,873
Übertragung von Verantwortung (g)	58	2,14	,605
Übertragung von Verantwortung (z)	58	1,66	,548
Teilnahme an Projektgruppen (g)	58	2,41	,622
Teilnahme an Projektgruppen (z)	58	1,84	,586
Übertragung von Sonderaufgaben (g)	58	2,60	,620
Übertragung von Sonderaufgaben (z)	58	2,31	,706
Erfahrungslernen am Arbeitsplatz (g)	58	2,09	,844
Erfahrungslernen am Arbeitsplatz (z)	58	1,86	,782
g=gegenwärtiger Einsatz z=zukünftige Bedeutung			

Tabelle 50:
Gegenwärtiger Einsatz aller PEM-on-the-job in west- und ostdeutschen Sparkasse
Kreuztabelle

		Erhebungsgebiet		Gesamt
		West	Ost	
PEM-on-the-job gegenwärtiger Einsatz	sehr stark	20	16	36
		6,4%	10,5%	7,8%
	stark	152	60	212
		48,7%	39,5%	45,7%
	schwach	109	62	171
		34,9%	40,8%	36,9%
	kein Einsatz	31	14	45
		9,9%	9,2%	9,7%
Gesamt		312	152	464
		67,2%	32,8%	100,0%

Tabelle 51:
Zukünftige Bedeutung aller PEM-on-the-job in west- und ostdeutschen Sparkasse
Kreuztabelle

		Erhebungsgebiet		Gesamt
		West	Ost	
PEM-on-the-job zukünftige Bedeutung	sehr wichtig	60	30	90
		19,7%	20,8%	20,1%
	wichtig	172	80	252
		56,6%	55,6%	56,3%
	nicht so wichtig	58	29	87
		19,1%	20,1%	19,4%
	unwichtig	14	5	19
		4,6%	3,5%	4,2%
Gesamt		304	144	448
		67,9%	32,1%	100,0%

Tabelle 52:
PEM-off-the-job
Deskriptive Statistik

	N	Mittelwert	Standardabweichung
Vorträge (g)	58	2,86	,736
Vorträge (z)	56	2,80	,724
Fallstudien (g)	58	3,12	,727
Fallstudien (z)	58	2,50	,731
Planspiele (g)	58	3,26	,739
Planspiele (z)	58	2,95	,826
Rollenspiele (g)	58	2,62	,988
Rollenspiele (z)	58	2,19	,888
Förderkreise (g)	58	3,09	,864
Förderkreise (z)	58	2,45	,776
Selbststudium (g)	56	2,36	,749
Selbststudium (z)	57	1,49	,539
g=gegenwärtiger Einsatz z=zukünftige Bedeutung			

Tabelle 53:
Gegenwärtiger Einsatz von Vorträgen
Häufigkeiten

		Häufigkeit	Prozent	Gültige Prozente	Kumulierte Prozente
Gültig	sehr stark	1	1,7	1,7	1,7
	stark	17	29,3	29,3	31,0
	schwach	29	50,0	50,0	81,0
	kein Einsatz	11	19,0	19,0	100,0
	Gesamt	58	100,0	100,0	

Tabelle 54:
Zukünftige Bedeutung von Vorträgen
Häufigkeiten

		Häufigkeit	Prozent	Gültige Prozente	Kumulierte Prozente
Gültig	wichtig	21	36,2	37,5	37,5
	nicht so wichtig	25	43,1	44,6	82,1
	unwichtig	10	17,2	17,9	100,0
	Gesamt	56	96,6	100,0	
Fehlend	k.A.	2	3,4		
Gesamt		58	100,0		

Tabelle 55:
Gegenwärtiger Einsatz von Fallstudien
Häufigkeiten

		Häufigkeit	Prozent	Gültige Prozente	Kumulierte Prozente
Gültig	stark	12	20,7	20,7	20,7
	schwach	27	46,6	46,6	67,2
	kein Einsatz	19	32,8	32,8	100,0
	Gesamt	58	100,0	100,0	

Tabelle 56:
Zukünftige Bedeutung von Fallstudien
Häufigkeiten

		Häufigkeit	Prozent	Gültige Prozente	Kumulierte Prozente
Gültig	sehr wichtig	2	3,4	3,4	3,4
	wichtig	31	53,4	53,4	56,9
	nicht so wichtig	19	32,8	32,8	89,7
	unwichtig	6	10,3	10,3	100,0
	Gesamt	58	100,0	100,0	

Tabelle 57:
Gegenwärtiger Einsatz von Planspielen
Häufigkeiten

		Häufigkeit	Prozent	Gültige Prozente	Kumulierte Prozente
Gültig	sehr stark	1	1,7	1,7	1,7
	stark	7	12,1	12,1	13,8
	schwach	26	44,8	44,8	58,6
	kein Einsatz	24	41,4	41,4	100,0
	Gesamt	58	100,0	100,0	

Tabelle 58:
Zukünftige Bedeutung von Planspielen
Häufigkeiten

		Häufigkeit	Prozent	Gültige Prozente	Kumulierte Prozente
Gültig	sehr wichtig	2	3,4	3,4	3,4
	wichtig	15	25,9	25,9	29,3
	nicht so wichtig	25	43,1	43,1	72,4
	unwichtig	16	27,6	27,6	100,0
	Gesamt	58	100,0	100,0	

Tabelle 59:
Gegenwärtiger Einsatz von Rollenspielen
Häufigkeiten

		Häufigkeit	Prozent	Gültige Prozente	Kumulierte Prozente
Gültig	sehr stark	7	12,1	12,1	12,1
	stark	22	37,9	37,9	50,0
	schwach	15	25,9	25,9	75,9
	kein Einsatz	14	24,1	24,1	100,0
	Gesamt	58	100,0	100,0	

Tabelle 60:
Zukünftige Bedeutung von Rollenspielen
Häufigkeiten

		Häufigkeit	Prozent	Gültige Prozente	Kumulierte Prozente
Gültig	sehr wichtig	12	20,7	20,7	20,7
	wichtig	29	50,0	50,0	70,7
	nicht so wichtig	11	19,0	19,0	89,7
	unwichtig	6	10,3	10,3	100,0
	Gesamt	58	100,0	100,0	

Tabelle 61:
Gegenwärtiger Einsatz von Förderkreisen
Häufigkeiten

		Häufigkeit	Prozent	Gültige Prozente	Kumulierte Prozente
Gültig	sehr stark	2	3,4	3,4	3,4
	stark	13	22,4	22,4	25,9
	schwach	21	36,2	36,2	62,1
	kein Einsatz	22	37,9	37,9	100,0
	Gesamt	58	100,0	100,0	

Tabelle 62:
Zukünftige Bedeutung von Förderkreisen
Häufigkeiten

		Häufigkeit	Prozent	Gültige Prozente	Kumulierte Prozente
Gültig	sehr wichtig	5	8,6	8,6	8,6
	wichtig	27	46,6	46,6	55,2
	nicht so wichtig	21	36,2	36,2	91,4
	unwichtig	5	8,6	8,6	100,0
	Gesamt	58	100,0	100,0	

Tabelle 63:
Gegenwärtiger Einsatz von Selbststudien
Häufigkeiten

		Häufigkeit	Prozent	Gültige Prozente	Kumulierte Prozente
Gültig	sehr stark	7	12,1	12,5	12,5
	stark	24	41,4	42,9	55,4
	schwach	23	39,7	41,1	96,4
	kein Einsatz	2	3,4	3,6	100,0
	Gesamt	56	96,6	100,0	
Fehlend	k.A	2	3,4		
Gesamt		58	100,0		

Tabelle 64:
Zukünftige Bedeutung von Selbststudien
Häufigkeiten

		Häufigkeit	Prozent	Gültige Prozente	Kumulierte Prozente
Gültig	sehr wichtig	30	51,7	52,6	52,6
	wichtig	26	44,8	45,6	98,2
	nicht so wichtig	1	1,7	1,8	100,0
	Gesamt	57	98,3	100,0	
Fehlend	k.A.	1	1,7		
Gesamt		58	100,0		

Tabelle 65:
Gegenwärtiger Einsatz aller PEM-off-the-job
Mehrfachantworten Häufigkeiten

	Häufigkeit	Prozent (Bezogen auf Antworten)	Prozent (Bezogen auf Fälle)
sehr stark	18	5,4	32,1
stark	93	27,7	166,1
schwach	135	40,2	241,1
kein Einsatz	90	26,8	160,7
Gesamt	336	100,0	600,0

Tabelle 66:
Zukünftige Bedeutung aller PEM-off-the-job
Mehrfachantworten Häufigkeiten

	Häufigkeit	Prozent (Bezogen auf Antworten)	Prozent (Bezogen auf Fälle)
sehr wichtig	50	15,2	90,9
wichtig	141	42,7	256,4
nicht so wichtig	97	29,4	176,4
unwichtig	42	12,7	76,4
		100,0	600,0
Gesamt	330		

Tabelle 67:
PEM-out-of-the-job
Deskriptive Statistik

	N	Mittelwert	Standardabweichung
Ruhestandvorbereitungskurse (g)	58	3,91	,283
Ruhestandvorbereitungskurse (z)	56	3,57	,568
Altersteilzeit (g)	58	1,90	,788
Altersteilzeit (z)	57	2,18	,826
Outplacements (g)	58	3,64	,520
Outplacements (z)	56	2,43	,735
Austrittsinterviews (g)	57	3,39	,818
Austrittsinterviews (z)	54	2,80	,898
g=gegenwärtiger Einsatz z=zukünftige Bedeutung			

Tabelle 68:
Gegenwärtiger Einsatz der Ruhestandsvorbereitungskurse
Häufigkeiten

		Häufigkeit	Prozent	Gültige Prozente	Kumulierte Prozente
Gültig	schwach	5	8,6	8,6	8,6
	kein Einsatz	53	91,4	91,4	100,0
	Gesamt	58	100,0	100,0	

Tabelle 69:
Zukünftige Bedeutung der Ruhestandsvorbereitungskurse
Häufigkeiten

		Häufigkeit	Prozent	Gültige Prozente	Kumulierte Prozente
Gültig	wichtig	2	3,4	3,6	3,6
	nicht so wichtig	20	34,5	35,7	39,3
	unwichtig	34	58,6	60,7	100,0
	Gesamt	56	96,6	100,0	
Fehlend	k.A	2	3,4		
Gesamt		58	100,0		

Tabelle 70:
Gegenwärtiger Einsatz der Altersteilzeit
Häufigkeiten

		Häufigkeit	Prozent	Gültige Prozente	Kumulierte Prozente
Gültig	sehr stark	18	31,0	31,0	31,0
	stark	31	53,4	53,4	84,5
	schwach	6	10,3	10,3	94,8
	kein Einsatz	3	5,2	5,2	100,0
	Gesamt	58	100,0	100,0	

Tabelle 71:
Zukünftige Bedeutung der Altersteilzeit
Häufigkeiten

		Häufigkeit	Prozent	Gültige Prozente	Kumulierte Prozente
Gültig	sehr wichtig	12	20,7	21,1	21,1
	wichtig	26	44,8	45,6	66,7
	nicht so wichtig	16	27,6	28,1	94,7
	unwichtig	3	5,2	5,3	100,0
	Gesamt	57	98,3	100,0	
Fehlend	k.A	1	1,7		
Gesamt		58	100,0		

Tabelle 72:
Gegenwärtiger Einsatz des Outplacements
Häufigkeiten

		Häufigkeit	Prozent	Gültige Prozente	Kumulierte Prozente
Gültig	stark	1	1,7	1,7	1,7
	schwach	19	32,8	32,8	34,5
	kein Einsatz	38	65,5	65,5	100,0
	Gesamt	58	100,0	100,0	

Tabelle 73:
Zukünftige Bedeutung des Outplacements
Häufigkeiten

		Häufigkeit	Prozent	Gültige Prozente	Kumulierte Prozente
Gültig	sehr wichtig	3	5,2	5,4	5,4
	wichtig	31	53,4	55,4	60,7
	nicht so wichtig	17	29,3	30,4	91,1
	unwichtig	5	8,6	8,9	100,0
	Gesamt	56	96,6	100,0	
Fehlend	k.A.	2	3,4		
Gesamt		58	100,0		

Tabelle 74:
Gegenwärtiger Einsatz der Austrittsinterviews
Häufigkeiten

		Häufigkeit	Prozent	Gültige Prozente	Kumulierte Prozente
Gültig	sehr stark	2	3,4	3,5	3,5
	stark	6	10,3	10,5	14,0
	schwach	17	29,3	29,8	43,9
	kein Einsatz	32	55,2	56,1	100,0
	Gesamt	57	98,3	100,0	
Fehlend	k.A.	1	1,7		
Gesamt		58	100,0		

Tabelle 75:
Zukünftige Bedeutung der Austrittsinterviews
Häufigkeiten

		Häufigkeit	Prozent	Gültige Prozente	Kumulierte Prozente
Gültig	sehr wichtig	5	8,6	9,3	9,3
	wichtig	13	22,4	24,1	33,3
	nicht so wichtig	24	41,4	44,4	77,8
	unwichtig	12	20,7	22,2	100,0
	Gesamt	54	93,1	100,0	
Fehlend	k.A.	4	6,9		
Gesamt		58	100,0		

Tabelle 76:
Gegenwärtiger Einsatz aller PEM-out-of-the-job
Mehrfachantworten Häufigkeiten

	Häufigkeit	Prozent (Bezogen auf Antworten)	Prozent (Bezogen auf Fälle)
sehr stark	20	8,8	35,1
stark	38	16,7	66,7
schwach	47	20,6	82,5
kein Einsatz	123	53,9	215,8
		100,0	400,0
Gesamt	228		

Tabelle 77:
Zukünftige Bedeutung aller PEM-out-of-the-job
Mehrfachantworten Häufigkeiten

	Häufigkeit	Prozent (Bezogen auf Antworten)	Prozent (Bezogen auf Fälle)
sehr wichtig	20	9,3	37,0
wichtig	70	32,4	129,6
nicht so wichtig	75	34,7	138,9
unwichtig	51	23,6	94,4
		100,0	400,0
Gesamt	216		

Tabelle 78:
Wichtigste außerfachliche Qualifikationen
Mehrfachantworten Häufigkeiten

Variable	Häufigkeit	Prozent (Bezogen auf Antworten)	Prozent (Bezogen auf Fälle)
Teamfähigkeit	23	13,1	39,7
Konfliktlösungsfähigkeit	11	6,3	19,0
Eigeninitiative	35	20,0	60,3
Kreativität	3	1,7	5,2
Querschnittsdenken	3	1,7	5,2
Verkaufsorientierung	47	26,9	81,0
Kommunikationskompetenz	25	14,3	43,1
Analytisches Denken	3	1,7	5,2
Belastbarkeit	10	5,7	17,2
Gutes Auftreten	3	1,7	5,2
Praxiskenntnisse	3	1,7	5,2
Prozessdenken	7	4,0	12,1
Durchsetzungsvermögen	2	1,1	3,4
		100,0	301,70
Gesamt	175		

Tabelle 79:
Verbesserung der Verbindung von Beruf und Familie
Häufigkeiten

		Häufigkeit	Prozent	Gültige Prozente	Kumulierte Prozente
Gültig	Ja	14	24,1	24,1	24,1
	Nein	44	75,9	75,9	100,0
	Gesamt	58	100,0	100,0	

Tabelle 80:
Verbesserung der Verbindung von Beruf und Familie
(Antworten west- und ostdeutscher Sparkassen)
Kreuztabelle

			Erhebungsgebiet		Gesamt
			West	Ost	
Verbesserung der Verbindung von Beruf und Familie	Ja	Anzahl	8	6	14
		Spaltenprozente	20,5%	31,6%	24,1%
	Nein	Anzahl	31	13	44
		Spaltenprozente	79,5%	68,4%	75,9%
Gesamt		Anzahl	39	19	58
		Spaltenprozente	100,0%	100,0%	100,0%

Tabelle 81:
Verbesserung der Verbindung von Beruf und Familie
(Antworten kleinerer und größerer Sparkassen)
Kreuztabelle

			Größe der Sparkasse nach Mitarbeiteranzahl		Gesamt
			kleinere Sparkassen	größere Sparkassen	
Verbesserung der Verbindung von Beruf und Familie	Ja	Anzahl	7	6	13
		Spaltenprozente	22,6%	23,1%	22,8%
	Nein	Anzahl	24	20	44
		Spaltenprozente	77,4%	76,9%	77,2%
Gesamt		Anzahl	31	26	57
		Spaltenprozente	100,0%	100,0%	100,0%

Tabelle 82:
Bankausbildung als gute Grundlage
(Antworten west- und ostdeutscher Sparkassen)
Kreuztabelle

			Erhebungsgebiet		Gesamt
			West	Ost	
These Frage 13, Item i	trifft voll zu	Anzahl	19	11	30
		Spaltenprozente	48,7%	57,9%	51,7%
	trifft zu	Anzahl	19	8	27
		Spaltenprozente	48,7%	42,1%	46,6%
	trifft eher nicht zu	Anzahl	1	0	1
		Spaltenprozente	2,6%	0%	1,7%
Gesamt		Anzahl	39	19	58
		Spaltenprozente	100,0%	100,0%	100,0%

Tabelle 83:
Bankausbildung als gute Grundlage
(Antworten kleinerer und größerer Sparkassen)
Kreuztabelle

			Größe der Sparkasse nach Mitarbeiteranzahl		Gesamt
			kleinere Sparkassen	größere Sparkassen	
These Frage 13, Item i	trifft voll zu	Anzahl	20	9	29
		Spaltenprozente	64,5%	34,6%	50,9%
	trifft zu	Anzahl	11	16	27
		Spaltenprozente	35,5%	61,5%	47,4%
	trifft eher nicht zu	Anzahl	0	1	1
		Spaltenprozente	0%	3,8%	1,8%
Gesamt		Anzahl	31	26	57
		Spaltenprozente	100,0%	100,0%	100,0%

Tabelle 84:
Gewünschte Modularisierung der Ausbildung
Häufigkeiten

		Häufigkeit	Prozent	Gültige Prozente	Kumulierte Prozente
Gültig	trifft voll zu	4	6,9	6,9	6,9
	trifft zu	9	15,5	15,5	22,4
	trifft eher nicht zu	20	34,5	34,5	56,9
	trifft nicht zu	25	43,1	43,1	100,0
	Gesamt	58	100,0	100,0	

Tabelle 85:
Gewünschte Modularisierung der Ausbildung (Antworten west- und ostdeutscher Sparkassen) Kreuztabelle

			Erhebungsgebiet		Gesamt
			West	Ost	
These Frage 13, Item o	trifft voll zu	Anzahl	3	1	4
		Spaltenprozente	7,7%	5,3%	6,9%
	trifft zu	Anzahl	8	1	9
		Spaltenprozente	20,5%	5,3%	15,5%
	trifft eher nicht zu	Anzahl	11	9	20
		Spaltenprozente	28,2%	47,4%	34,5%
	trifft nicht zu	Anzahl	17	8	25
		Spaltenprozente	43,6%	42,1%	43,1%
Gesamt		Anzahl	39	19	58
		Spaltenprozente	100,0%	100,0%	100,0%

Tabelle 86:
Gewünschte Modularisierung der Ausbildung (Antworten kleinerer und größerer Sparkassen) Kreuztabelle

			Größe der Sparkasse nach Mitarbeiteranzahl		Gesamt
			kleinere Sparkassen	größere Sparkassen	
These Frage 13, Item o	trifft voll zu	Anzahl	2	2	4
		Spaltenprozente	6,5%	7,7%	7,0%
	trifft zu	Anzahl	5	4	9
		Spaltenprozente	16,1%	15,4%	15,8%
	trifft eher nicht zu	Anzahl	11	9	20
		Spaltenprozente	35,5%	34,6%	35,1%
	trifft nicht zu	Anzahl	13	11	24
		Spaltenprozente	41,9%	42,3%	42,1%
Gesamt		Anzahl	31	26	57
		Spaltenprozente	100,0%	100,0%	100,0%

Tabelle 87:
Stärkere Zusammenarbeit mit Berufsakademien Häufigkeiten

		Häufigkeit	Prozent	Gültige Prozente	Kumulierte Prozente
Gültig	trifft voll zu	2	3,4	3,4	3,4
	trifft zu	16	27,6	27,6	31,0
	trifft eher nicht zu	22	37,9	37,9	69,0
	trifft nicht zu	18	31,0	31,0	100,0
	Gesamt	58	100,0	100,0	

Tabelle 88:
Stärkere Zusammenarbeit mit Berufsakademien
(Antworten west- und ostdeutscher Sparkassen)
Kreuztabelle

			Erhebungsgebiet		Gesamt
			West	Ost	
These Frage 13, Item p	trifft voll zu	Anzahl	1	1	2
		Spaltenprozente	2,6%	5,3%	3,4%
	trifft zu	Anzahl	10	6	16
		Spaltenprozente	25,6%	31,6%	27,6%
	trifft eher nicht zu	Anzahl	12	10	22
		Spaltenprozente	30,8%	52,6%	37,9%
	trifft nicht zu	Anzahl	16	2	18
		Spaltenprozente	41,0%	10,5%	31,0%
Gesamt		Anzahl	39	19	58
		Spaltenprozente	100,0%	100,0%	100,0%

Tabelle 89:
Stärkere Zusammenarbeit mit Berufsakademien
(Antworten kleinerer und größerer Sparkassen)
Kreuztabelle

			Größe der Sparkasse nach Mitarbeiteranzahl		Gesamt
			kleinere Sparkassen	größere Sparkassen	
These Frage 13, Item p	trifft voll zu	Anzahl	1	1	2
		Spaltenprozente	3,2%	3,8%	3,5%
	trifft zu	Anzahl	10	6	16
		Spaltenprozente	32,3%	23,1%	28,1%
	trifft eher nicht zu	Anzahl	10	11	21
		Spaltenprozente	32,3%	42,3%	36,8%
	trifft nicht zu	Anzahl	10	8	18
		Spaltenprozente	32,3%	30,8%	31,6%
Gesamt		Anzahl	31	26	57
		Spaltenprozente	100,0%	100,0%	100,0%

Tabelle 90:
Zunahme der Akademikerquote
Häufigkeiten

		Häufigkeit	Prozent	Gültige Prozente	Kumulierte Prozente
Gültig	trifft voll zu	1	1,7	1,7	1,7
	trifft zu	18	31,0	31,0	32,8
	trifft eher nicht zu	25	43,1	43,1	75,9
	trifft nicht zu	14	24,1	24,1	100,0
	Gesamt	58	100,0	100,0	

Tabelle 91:
Zunahme der Akademikerquote
(Antworten west- und ostdeutscher Sparkassen)
Kreuztabelle

			Erhebungsgebiet		Gesamt
			West	Ost	
These Frage 13, Item a	trifft voll zu	Anzahl	1	0	1
		Spaltenprozente	2,6%	0%	1,7%
	trifft zu	Anzahl	14	4	18
		Spaltenprozente	35,9%	21,1%	31,0%
	trifft eher nicht zu	Anzahl	16	9	25
		Spaltenprozente	41,0%	47,4%	43,1%
	trifft nicht zu	Anzahl	8	6	14
		Spaltenprozente	20,5%	31,6%	24,1%
Gesamt		Anzahl	39	19	58
		Spaltenprozente	100,0%	100,0%	100,0%

Tabelle 92:
Zunahme der Akademikerquote
(Antworten kleinerer und größerer Sparkassen)
Kreuztabelle

			Größe der Sparkasse nach Mitarbeiteranzahl		Gesamt
			kleinere Sparkassen	größere Sparkassen	
These Frage 13, Item a	trifft voll zu	Anzahl	0	1	1
		Spaltenprozente	0%	3,8%	1,8%
	trifft zu	Anzahl	4	13	17
		Spaltenprozente	12,9%	50,0%	29,8%
	trifft eher nicht zu	Anzahl	16	9	25
		Spaltenprozente	51,6%	34,6%	43,9%
	trifft nicht zu	Anzahl	11	3	14
		Spaltenprozente	35,5%	11,5%	24,6%
Gesamt		Anzahl	31	26	57
		Spaltenprozente	100,0%	100,0%	100,0%

Tabelle 93:
Äquivalenz von akademischer Sparkassenmitarbeiterquote und Gesellschaft
Häufigkeiten

		Häufigkeit	Prozent	Gültige Prozente	Kumulierte Prozente
Gültig	trifft voll zu	1	1,7	1,7	1,7
	trifft zu	7	12,1	12,1	13,8
	trifft eher nicht zu	26	44,8	44,8	58,6
	trifft nicht zu	24	41,4	41,4	100,0
	Gesamt	58	100,0	100,0	

Tabelle 94:
Äquivalenz von akademischer Sparkassenmitarbeiterquote und Gesellschaft (Antworten west- und ostdeutscher Sparkassen)
Kreuztabelle

			Erhebungsgebiet		Gesamt
			West	Ost	
These Frage 13, Item c	trifft voll zu	Anzahl	0	1	1
		Spaltenprozente	0%	5,3%	1,7%
	trifft zu	Anzahl	5	2	7
		Spaltenprozente	12,8%	10,5%	12,1%
	trifft eher nicht zu	Anzahl	19	7	26
		Spaltenprozente	48,7%	36,8%	44,8%
	trifft nicht zu	Anzahl	15	9	24
		Spaltenprozente	38,5%	47,4%	41,4%
Gesamt		Anzahl	39	19	58
		Spaltenprozente	100,0%	100,0%	100,0%

Tabelle 95:
Äquivalenz von akademischer Sparkassenmitarbeiterquote und Gesellschaft (Antworten kleinerer und größerer Sparkassen)
Kreuztabelle

			Größe der Sparkasse nach Mitarbeiteranzahl		Gesamt
			kleinere Sparkassen	größere Sparkassen	
These Frage 13, Item c	trifft voll zu	Anzahl	1	0	1
		Spaltenprozente	3,2%	0%	1,8%
	trifft zu	Anzahl	2	4	6
		Spaltenprozente	6,5%	15,4%	10,5%
	trifft eher nicht zu	Anzahl	10	16	26
		Spaltenprozente	32,3%	61,5%	45,6%
	trifft nicht zu	Anzahl	18	6	24
		Spaltenprozente	58,1%	23,1%	42,1%
Gesamt		Anzahl	31	26	57
		Spaltenprozente	100,0%	100,0%	100,0%

Tabelle 96:
Sparkassenhochschule ist gut
Häufigkeiten

		Häufigkeit	Prozent	Gültige Prozente	Kumulierte Prozente
Gültig	trifft voll zu	6	10,3	10,5	10,5
	trifft zu	29	50,0	50,9	61,4
	trifft eher nicht zu	16	27,6	28,1	89,5
	trifft nicht zu	6	10,3	10,5	100,0
	Gesamt	57	98,3	100,0	
Fehlend	k.A.	1	1,7		
Gesamt		58	100,0		

Tabelle 97:
Sparkassenhochschule ist gut
(Antworten west- und ostdeutscher Sparkassen)
Kreuztabelle

			Erhebungsgebiet		Gesamt
			West	Ost	
These Frage 13, Item d	trifft voll zu	Anzahl	4	2	6
		Spaltenprozente	10,5%	10,5%	10,5%
	trifft zu	Anzahl	21	8	29
		Spaltenprozente	55,3%	42,1%	50,9%
	trifft eher nicht zu	Anzahl	9	7	16
		Spaltenprozente	23,7%	36,8%	28,1%
	trifft nicht zu	Anzahl	4	2	6
		Spaltenprozente	10,5%	10,5%	10,5%
Gesamt		Anzahl	38	19	57
		Spaltenprozente	100,0%	100,0%	100,0%

Tabelle 98:
Sparkassenhochschule ist gut
(Antworten kleinerer und größerer Sparkassen)
Kreuztabelle

			Größe der Sparkasse nach Mitarbeiteranzahl		Gesamt
			kleinere Sparkassen	größere Sparkassen	
These Frage 13, Item d	trifft voll zu	Anzahl	2	4	6
		Spaltenprozente	6,7%	15,4%	10,7%
	trifft zu	Anzahl	16	13	29
		Spaltenprozente	53,3%	50,0%	51,8%
	trifft eher nicht zu	Anzahl	9	6	15
		Spaltenprozente	30,0%	23,1%	26,8%
	trifft nicht zu	Anzahl	3	3	6
		Spaltenprozente	10,0%	11,5%	10,7%
Gesamt		Anzahl	30	26	56
		Spaltenprozente	100,0%	100,0%	100,0%

Tabelle 99:
Sparkassenhochschule ist "alter Wein in neuen Schläuchen"
Häufigkeiten

		Häufigkeit	Prozent	Gültige Prozente	Kumulierte Prozente
Gültig	trifft voll zu	2	3,4	3,6	3,6
	trifft zu	11	19,0	20,0	23,6
	trifft eher nicht zu	25	43,1	45,5	69,1
	trifft nicht zu	17	29,3	30,9	100,0
	Gesamt	55	94,8	100,0	
Fehlend	k.A.	3	5,2		
Gesamt		58	100,0		

Tabelle 100:
Sparkassenhochschule ist "alter Wein in neuen Schläuchen"
(Antworten west- und ostdeutscher Sparkassen)
Kreuztabelle

			Erhebungsgebiet		Gesamt
			West	Ost	
These Frage 13, Item e	trifft voll zu	Anzahl	2	0	2
		Spaltenprozente	5,4%	0%	3,6%
	trifft zu	Anzahl	7	4	11
		Spaltenprozente	18,9%	22,2%	20,0%
	trifft eher nicht zu	Anzahl	16	9	25
		Spaltenprozente	43,2%	50,0%	45,5%
	trifft nicht zu	Anzahl	12	5	17
		Spaltenprozente	32,4%	27,8%	30,9%
Gesamt		Anzahl	37	18	55
		Spaltenprozente	100,0%	100,0%	100,0%

Tabelle 101:
Sparkassenhochschule ist "alter Wein in neuen Schläuchen"
(Antworten kleinerer und größerer Sparkassen)
Kreuztabelle

			Größe der Sparkasse nach Mitarbeiteranzahl		Gesamt
			kleinere Sparkassen	größere Sparkassen	
These Frage 13, Item e	trifft voll zu	Anzahl	0	2	2
		Spaltenprozente	0%	8,0%	3,7%
	trifft zu	Anzahl	5	6	11
		Spaltenprozente	17,2%	24,0%	20,4%
	trifft eher nicht zu	Anzahl	13	11	24
		Spaltenprozente	44,8%	44,0%	44,4%
	trifft nicht zu	Anzahl	11	6	17
		Spaltenprozente	37,9%	24,0%	31,5%
Gesamt		Anzahl	29	25	54
		Spaltenprozente	100,0%	100,0%	100,0%

Tabelle 102:
Ein "richtiger" Akademiker kommt nur von einer firmenunabhängigen Hochschule
Häufigkeiten

		Häufigkeit	Prozent	Gültige Prozente	Kumulierte Prozente
Gültig	trifft voll zu	2	3,4	3,6	3,6
	trifft zu	5	8,6	8,9	12,5
	trifft eher nicht zu	17	29,3	30,4	42,9
	trifft nicht zu	32	55,2	57,1	100,0
	Gesamt	56	96,6	100,0	
Fehlend	k.A.	2	3,4		
Gesamt		58	100,0		

Tabelle 103:
Ein "richtiger" Akademiker kommt nur von einer firmenunabhängigen Hochschule (Antworten west- und ostdeutscher Sparkassen)
Kreuztabelle

			Erhebungsgebiet		Gesamt
			West	Ost	
These Frage 13, Item f	trifft voll zu	Anzahl	1	1	2
		Spaltenprozente	2,6%	5,6%	3,6%
	trifft zu	Anzahl	2	3	5
		Spaltenprozente	5,3%	16,7%	8,9%
	trifft eher nicht zu	Anzahl	12	5	17
		Spaltenprozente	31,6%	27,8%	30,4%
	trifft nicht zu	Anzahl	23	9	32
		Spaltenprozente	60,5%	50,0%	57,1%
Gesamt		Anzahl	38	18	56
		Spaltenprozente	100,0%	100,0%	100,0%

Tabelle 104:
Ein "richtiger" Akademiker kommt nur von einer firmenunabhängigen Hochschule (Antworten kleinerer und größerer Sparkassen)
Kreuztabelle

			Größe der Sparkasse nach Mitarbeiteranzahl		Gesamt
			kleinere Sparkassen	größere Sparkassen	
These Frage 13, Item f	trifft voll zu	Anzahl	0	2	2
		Spaltenprozente	0%	8,0%	3,6%
	trifft zu	Anzahl	4	1	5
		Spaltenprozente	13,3%	4,0%	9,1%
	trifft eher nicht zu	Anzahl	10	6	16
		Spaltenprozente	33,3%	24,0%	29,1%
	trifft nicht zu	Anzahl	16	16	32
		Spaltenprozente	53,3%	64,0%	58,2%
Gesamt		Anzahl	30	25	55
		Spaltenprozente	100,0%	100,0%	100,0%

Tabelle 105:
Allein das Können sollte für eine Stellenbesetzung den Ausschlag geben
Häufigkeiten

		Häufigkeit	Prozent	Gültige Prozente	Kumulierte Prozente
Gültig	trifft voll zu	12	20,7	20,7	20,7
	trifft zu	14	24,1	24,1	44,8
	trifft eher nicht zu	24	41,4	41,4	86,2
	trifft nicht zu	8	13,8	13,8	100,0
	Gesamt	58	100,0	100,0	

Tabelle 106:
Allein das Können sollte für eine Stellenbesetzung den Ausschlag geben (Antworten west- und ostdeutscher Sparkassen)
Kreuztabelle

			Erhebungsgebiet		Gesamt
			West	Ost	
These Frage 13, Item b	trifft voll zu	Anzahl	10	2	12
		Spaltenprozente	25,6%	10,5%	20,7%
	trifft zu	Anzahl	8	6	14
		Spaltenprozente	20,5%	31,6%	24,1%
	trifft eher nicht zu	Anzahl	15	9	24
		Spaltenprozente	38,5%	47,4%	41,4%
	trifft nicht zu	Anzahl	6	2	8
		Spaltenprozente	15,4%	10,5%	13,8%
Gesamt		Anzahl	39	19	58
		Spaltenprozente	100,0%	100,0%	100,0%

Tabelle 107:
Allein das Können sollte für eine Stellenbesetzung den Ausschlag geben (Antworten kleinerer und größerer Sparkassen)
Kreuztabelle

			Größe der Sparkasse nach Mitarbeiteranzahl		Gesamt
			kleinere Sparkassen	größere Sparkassen	
These Frage 13, Item b	trifft voll zu	Anzahl	4	7	11
		Spaltenprozente	12,9%	26,9%	19,3%
	trifft zu	Anzahl	10	4	14
		Spaltenprozente	32,3%	15,4%	24,6%
	trifft eher nicht zu	Anzahl	11	13	24
		Spaltenprozente	35,5%	50,0%	42,1%
	trifft nicht zu	Anzahl	6	2	8
		Spaltenprozente	19,4%	7,7%	14,0%
Gesamt		Anzahl	31	26	57
		Spaltenprozente	100,0%	100,0%	100,0%

Tabelle 108:
Mitarbeiterschwächenbeseitigung als primäre Aufgabe der Personalpolitik
Häufigkeiten

		Häufigkeit	Prozent	Gültige Prozente	Kumulierte Prozente
Gültig	trifft voll zu	2	3,4	3,4	3,4
	trifft zu	8	13,8	13,8	17,2
	trifft eher nicht zu	30	51,7	51,7	69,0
	trifft nicht zu	18	31,0	31,0	100,0
	Gesamt	58	100,0	100,0	

Tabelle 109:
Mitarbeiterschwächenbeseitigung als primäre Aufgabe der Personalpolitik (Antworten west- und ostdeutscher Sparkassen)
Kreuztabelle

			Erhebungsgebiet		Gesamt
			West	Ost	
These Frage 13, Item g	trifft voll zu	Anzahl	1	1	2
		Spaltenprozente	2,6%	5,3%	3,4%
	trifft zu	Anzahl	6	2	8
		Spaltenprozente	15,4%	10,5%	13,8%
	trifft eher nicht zu	Anzahl	21	9	30
		Spaltenprozente	53,8%	47,4%	51,7%
	trifft nicht zu	Anzahl	11	7	18
		Spaltenprozente	28,2%	36,8%	31,0%
Gesamt		Anzahl	39	19	58
		Spaltenprozente	100,0%	100,0%	100,0%

Tabelle 110:
Mitarbeiterschwächenbeseitigung als primäre Aufgabe der Personalpolitik (Antworten kleinerer und größerer Sparkassen)
Kreuztabelle

			Größe der Sparkasse nach Mitarbeiteranzahl		Gesamt
			kleinere Sparkassen	größere Sparkassen	
These Frage, 13 Item g	trifft voll zu	Anzahl	2	0	2
		Spaltenprozente	6,5%	0%	3,5%
	trifft zu	Anzahl	5	3	8
		Spaltenprozente	16,1%	11,5%	14,0%
	trifft eher nicht zu	Anzahl	13	16	29
		Spaltenprozente	41,9%	61,5%	50,9%
	trifft nicht zu	Anzahl	11	7	18
		Spaltenprozente	35,5%	26,9%	31,6%
Gesamt		Anzahl	31	26	57
		Spaltenprozente	100,0%	100,0%	100,0%

Tabelle 111:
Nutzung der Mitarbeiterstärken als primäre Aufgabe der Personalpolitik
Häufigkeiten

		Häufigkeit	Prozent	Gültige Prozente	Kumulierte Prozente
Gültig	trifft voll zu	33	56,9	56,9	56,9
	trifft zu	23	39,7	39,7	96,6
	trifft eher nicht zu	2	3,4	3,4	100,0
	Gesamt	58	100,0	100,0	

Tabelle 112:
Nutzung der Mitarbeiterstärken als primäre Aufgabe der Personalpolitik
(Antworten west- und ostdeutscher Sparkassen)
Kreuztabelle

			Erhebungsgebiet		Gesamt
			West	Ost	
These Frage 13, Item h	trifft voll zu	Anzahl	24	9	33
		Spaltenprozente	61,5%	47,4%	56,9%
	trifft zu	Anzahl	13	10	23
		Spaltenprozente	33,3%	52,6%	39,7%
	trifft eher nicht zu	Anzahl	2	0	2
		Spaltenprozente	5,1%	0%	3,4%
Gesamt		Anzahl	39	19	58
		Spaltenprozente	100,0%	100,0%	100,0%

Tabelle 113:
Nutzung der Mitarbeiterstärken als primäre Aufgabe der Personalpolitik
(Antworten kleinerer und größerer Sparkassen)
Kreuztabelle

			Größe der Sparkasse nach Mitarbeiteranzahl		Gesamt
			kleinere Sparkassen	größere Sparkassen	
These Frage 13, Item h	trifft voll zu	Anzahl	19	14	33
		Spaltenprozente	61,3%	53,8%	57,9%
	trifft zu	Anzahl	12	10	22
		Spaltenprozente	38,7%	38,5%	38,6%
	trifft eher nicht zu	Anzahl	0	2	2
		Spaltenprozente	0%	7,7%	3,5%
Gesamt		Anzahl	31	26	57
		Spaltenprozente	100,0%	100,0%	100,0%

Tabelle 114:
Weiterbildung erfolgt nach "Gießkannenprinzip"
Häufigkeiten

		Häufigkeit	Prozent	Gültige Prozente	Kumulierte Prozente
Gültig	trifft voll zu	3	5,2	5,3	5,3
	trifft zu	13	22,4	22,8	28,1
	trifft eher nicht zu	19	32,8	33,3	61,4
	trifft nicht zu	22	37,9	38,6	100,0
	Gesamt	57	98,3	100,0	
Fehlend	k.A.	1	1,7		
Gesamt		58	100,0		

Tabelle 115:
Weiterbildung erfolgt nach "Gießkannenprinzip"
(Antworten west- und ostdeutscher Sparkassen)
Kreuztabelle

			Erhebungsgebiet		Gesamt
			West	Ost	
These Frage 13, Item q	trifft voll zu	Anzahl	2	1	3
		Spaltenprozente	5,3%	5,3%	5,3%
	trifft zu	Anzahl	9	4	13
		Spaltenprozente	23,7%	21,1%	22,8%
	trifft eher nicht zu	Anzahl	14	5	19
		Spaltenprozente	36,8%	26,3%	33,3%
	trifft nicht zu	Anzahl	13	9	22
		Spaltenprozente	34,2%	47,4%	38,6%
Gesamt		Anzahl	38	19	57
		Spaltenprozente	100,0%	100,0%	100,0%

Tabelle 116:
Weiterbildung erfolgt nach "Gießkannenprinzip"
(Antworten kleinerer und größerer Sparkassen)
Kreuztabelle

			Größe der Sparkasse nach Mitarbeiteranzahl		Gesamt
			kleinere Sparkassen	größere Sparkassen	
These Frage 13, Item q	trifft voll zu	Anzahl	1	2	3
		Spaltenprozente	3,3%	7,7%	5,4%
	trifft zu	Anzahl	4	9	13
		Spaltenprozente	13,3%	34,6%	23,2%
	trifft eher nicht zu	Anzahl	12	6	18
		Spaltenprozente	40,0%	23,1%	32,1%
	trifft nicht zu	Anzahl	13	9	22
		Spaltenprozente	43,3%	34,6%	39,3%
Gesamt		Anzahl	30	26	56
		Spaltenprozente	100,0%	100,0%	100,0%

Tabelle 117:
Weiterbildung ist zu einem Großteil überflüssig
Häufigkeiten

		Häufigkeit	Prozent	Gültige Prozente	Kumulierte Prozente
Gültig	trifft voll zu	1	1,7	1,7	1,7
	trifft zu	4	6,9	6,9	8,6
	trifft eher nicht zu	28	48,3	48,3	56,9
	trifft nicht zu	25	43,1	43,1	100,0
	Gesamt	58	100,0	100,0	

Tabelle 118:
Weiterbildung ist zu einem Großteil überflüssig
(Antworten west- und ostdeutscher Sparkassen)
Kreuztabelle

			Erhebungsgebiet		Gesamt
			West	Ost	
These Frage 13, Item k	trifft voll zu	Anzahl	0	1	1
		Spaltenprozente	0%	5,3%	1,7%
	trifft zu	Anzahl	2	2	4
		Spaltenprozente	5,1%	10,5%	6,9%
	trifft eher nicht zu	Anzahl	21	7	28
		Spaltenprozente	53,8%	36,8%	48,3%
	trifft nicht zu	Anzahl	16	9	25
		Spaltenprozente	41,0%	47,4%	43,1%
Gesamt		Anzahl	39	19	58
		Spaltenprozente	100,0%	100,0%	100,0%

Tabelle 119:
Weiterbildung ist zu einem Großteil überflüssig
(Antworten kleinerer und größerer Sparkassen)
Kreuztabelle

			Größe der Sparkasse nach Mitarbeiteranzahl		Gesamt
			kleinere Sparkassen	größere Sparkassen	
These Frage 13, Item k	trifft voll zu	Anzahl	1	0	1
		Spaltenprozente	3,2%	0%	1,8%
	trifft zu	Anzahl	3	1	4
		Spaltenprozente	9,7%	3,8%	7,0%
	trifft eher nicht zu	Anzahl	13	14	27
		Spaltenprozente	41,9%	53,8%	47,4%
	trifft nicht zu	Anzahl	14	11	25
		Spaltenprozente	45,2%	42,3%	43,9%
Gesamt		Anzahl	31	26	57
		Spaltenprozente	100,0%	100,0%	100,0%

Tabelle 120:
Seminare gleichen Spaßveranstaltungen
Häufigkeiten

		Häufigkeit	Prozent	Gültige Prozente	Kumulierte Prozente
Gültig	trifft zu	4	6,9	6,9	6,9
	trifft eher nicht zu	24	41,4	41,4	48,3
	trifft nicht zu	30	51,7	51,7	100,0
	Gesamt	58	100,0	100,0	

Tabelle 121:
Seminare gleichen Spaßveranstaltungen
(Antworten kleinerer und größerer Sparkassen)
Kreuztabelle

			Größe der Sparkasse nach Mitarbeiteranzahl		Gesamt
			kleinere Sparkassen	größere Sparkassen	
These Frage 13, Item n	trifft zu	Anzahl	4	0	4
		Spaltenprozente	12,9%	0%	7,0%
	trifft eher nicht zu	Anzahl	12	11	23
		Spaltenprozente	38,7%	42,3%	40,4%
	trifft nicht zu	Anzahl	15	15	30
		Spaltenprozente	48,4%	57,7%	52,6%
Gesamt		Anzahl	31	26	57
		Spaltenprozente	100,0%	100,0%	100,0%

Tabelle 122:
Seminare gleichen Spaßveranstaltungen
(Antworten west- und ostdeutscher Sparkassen)
Kreuztabelle

			Erhebungsgebiet		Gesamt
			West	Ost	
These Frage 13, Item n	trifft zu	Anzahl	1	3	4
		Spaltenprozente	2,6%	15,8%	6,9%
	trifft eher nicht zu	Anzahl	15	9	24
		Spaltenprozente	38,5%	47,4%	41,4%
	trifft nicht zu	Anzahl	23	7	30
		Spaltenprozente	59,0%	36,8%	51,7%
Gesamt		Anzahl	39	19	58
		Spaltenprozente	100,0%	100,0%	100,0%

Tabelle 123:
Seminarteilnahme als Arbeitsbelohnung
Häufigkeiten

		Häufigkeit	Prozent	Gültige Prozente	Kumulierte Prozente
Gültig	trifft zu	12	20,7	20,7	20,7
	trifft eher nicht zu	21	36,2	36,2	56,9
	trifft nicht zu	25	43,1	43,1	100,0
	Gesamt	58	100,0	100,0	

Tabelle 124:
Seminarteilnahme als Arbeitsbelohnung
(Antworten west- und ostdeutscher Sparkassen)
Kreuztabelle

			Erhebungsgebiet		Gesamt
			West	Ost	
These Frage 13, Item I	trifft zu	Anzahl	5	7	12
		Spaltenprozente	12,8%	36,8%	20,7%
	trifft eher nicht zu	Anzahl	15	6	21
		Spaltenprozente	38,5%	31,6%	36,2%
	trifft nicht zu	Anzahl	19	6	25
		Spaltenprozente	48,7%	31,6%	43,1%
Gesamt		Anzahl	39	19	58
		Spaltenprozente	100,0%	100,0%	100,0%

Tabelle 125:
Seminarteilnahme als Arbeitsbelohnung
(Antworten kleinerer und größerer Sparkassen)
Kreuztabelle

			Größe der Sparkasse nach Mitarbeiteranzahl		Gesamt
			kleinere Sparkassen	größere Sparkassen	
These Frage 13, Item I	trifft zu	Anzahl	9	3	12
		Spaltenprozente	29,0%	11,5%	21,1%
	trifft eher nicht zu	Anzahl	8	12	20
		Spaltenprozente	25,8%	46,2%	35,1%
	trifft nicht zu	Anzahl	14	11	25
		Spaltenprozente	45,2%	42,3%	43,9%
Gesamt		Anzahl	31	26	57
		Spaltenprozente	100,0%	100,0%	100,0%

Tabelle 126:
Zertifizierung von Weiterbildungsmaßnahmen
Häufigkeiten

		Häufigkeit	Prozent	Gültige Prozente	Kumulierte Prozente
Gültig	trifft voll zu	10	17,2	17,2	17,2
	trifft zu	27	46,6	46,6	63,8
	trifft eher nicht zu	19	32,8	32,8	96,6
	trifft nicht zu	2	3,4	3,4	100,0
	Gesamt	58	100,0	100,0	

Tabelle 127:
Zertifizierung von Weiterbildungsmaßnahmen
(Antworten west- und ostdeutscher Sparkassen)
Kreuztabelle

			Erhebungsgebiet		Gesamt
			West	Ost	
These Frage 13, Item j	trifft voll zu	Anzahl	5	5	10
		Spaltenprozente	12,8%	26,3%	17,2%
	trifft zu	Anzahl	20	7	27
		Spaltenprozente	51,3%	36,8%	46,6%
	trifft eher nicht zu	Anzahl	13	6	19
		Spaltenprozente	33,3%	31,6%	32,8%
	trifft nicht zu	Anzahl	1	1	2
		Spaltenprozente	2,6%	5,3%	3,4%
Gesamt		Anzahl	39	19	58
		Spaltenprozente	100,0%	100,0%	100,0%

Tabelle 128:
Zertifizierung von Weiterbildungsmaßnahmen
(Antworten kleinerer und größerer Sparkassen)
Kreuztabelle

			Größe der Sparkasse nach Mitarbeiteranzahl		Gesamt
			kleinere Sparkassen	größere Sparkassen	
These Frage 13, Item j	trifft voll zu	Anzahl	8	2	10
		Spaltenprozente	25,8%	7,7%	17,5%
	trifft zu	Anzahl	15	11	26
		Spaltenprozente	48,4%	42,3%	45,6%
	trifft eher nicht zu	Anzahl	7	12	19
		Spaltenprozente	22,6%	46,2%	33,3%
	trifft nicht zu	Anzahl	1	1	2
		Spaltenprozente	3,2%	3,8%	3,5%
Gesamt		Anzahl	31	26	57
		Spaltenprozente	100,0%	100,0%	100,0%

Tabelle 129:
Spezielle Weiterbildung für ältere Mitarbeiter
Häufigkeiten

		Häufigkeit	Prozent	Gültige Prozente	Kumulierte Prozente
Gültig	trifft voll zu	3	5,2	5,2	5,2
	trifft zu	28	48,3	48,3	53,4
	trifft eher nicht zu	19	32,8	32,8	86,2
	trifft nicht zu	8	13,8	13,8	100,0
	Gesamt	58	100,0	100,0	

Tabelle 130:
Spezielle Weiterbildung für ältere Mitarbeiter
(Antworten west- und ostdeutscher Sparkassen)
Kreuztabelle

			Erhebungsgebiet		Gesamt
			West	Ost	
These Frage 13, Item m	trifft voll zu	Anzahl	2	1	3
		Spaltenprozente	5,1%	5,3%	5,2%
	trifft zu	Anzahl	16	12	28
		Spaltenprozente	41,0%	63,2%	48,3%
	trifft eher nicht zu	Anzahl	14	5	19
		Spaltenprozente	35,9%	26,3%	32,8%
	trifft nicht zu	Anzahl	7	1	8
		Spaltenprozente	17,9%	5,3%	13,8%
Gesamt		Anzahl	39	19	58
		Spaltenprozente	100,0%	100,0%	100,0%

Tabelle 131:
Spezielle Weiterbildung für ältere Mitarbeiter
(Antworten kleinerer und größerer Sparkassen)
Kreuztabelle

			Größe der Sparkasse nach Mitarbeiteranzahl		Gesamt
			kleinere Sparkassen	größere Sparkassen	
These Frage 13, Item m	trifft voll zu	Anzahl	3	0	3
		Spaltenprozente	9,7%	0%	5,3%
	trifft zu	Anzahl	16	12	28
		Spaltenprozente	51,6%	46,2%	49,1%
	trifft eher nicht zu	Anzahl	8	10	18
		Spaltenprozente	25,8%	38,5%	31,6%
	trifft nicht zu	Anzahl	4	4	8
		Spaltenprozente	12,9%	15,4%	14,0%
Gesamt		Anzahl	31	26	57
		Spaltenprozente	100,0%	100,0%	100,0%

Literaturverzeichnis

A

Ackermann, K.-F., Heckel, M. (2001)
Das neue Teilzeitgesetz, in: Wirtschaftswissenschaftliches Studium (WiSt), 30. Jg. (2001), S. 663–666.

Akerlof, G.A. (1970)
The Market for "Lemmons": Quality Uncertainty and the Market Mechanism, in: Quarterly Journal of Economics, 89. Jg. (1970), S. 488–500.

Alchian, A.,A., Demsetz, H. (1972)
Production, information costs, and economic organization, in: The American economic review, 62. Jg. (1972), S. 777–795.

Alewell, D. (1996)
Zum Arbeitsverhältnis von Arbeitsökonomik und Verhaltenswissenschaften, in: Die Betriebswirtschaft (DBW), 56. Jg. (1996), S. 667–683.

Allen, F., Gale, D. (1997)
Financial Markets, Intermediaries and Intertemporal Smoothing, in: Journal of Political Economy, 105. Jg. (1997), S. 523–546.

Allen, F., Santomero, A.M. (1997)
The Theory of Financial Intermediation, in: Journal of Banking and Finance, 21. Jg. (1997), S. 1461–1485.

Altiparmak, S. (2002)
Der ressourcenorientierte Ansatz und institutionelle Unternehmenstheorie, in: Bellmann, K., Freiling, J., Hammann, P., Mildenberger, U., (Hrsg.), Aktionsfelder des Kompetenz-Managements, Wiesbaden (2002), S. 275–292.

Ambros, H. (2001)
Multi-Channel-Strukturwandel im Retail Banking, in: Schmoll, A., (Hrsg.), Neue Wege zum Kunden: Multi-Channel-Vertrieb im Bankgeschäft, Wiesbaden (2001), S. 183–204.

Amely, T. (2003)
Folgen des Strukturwandels auf die Bankbilanzen, in: Sparkasse, 120. Jg. (2003), S. 582–589.

Amit, R., Schoemaker, P.J.H. (1993)
Strategic Assets and Organizational Rent, in: Strategic Management Journal, 14. Jg. (1993), S. 33–46.

Anderson, L. (2003)
Essential part of educational landscape, in: Financial Times Survey vom 25. 03. 2003, S. 1.

Antoni, C.H. (1986)
Qualitätszirkel und Lernstatt – ein Vergleich soziotechnischer Instrumente japanischer und deutscher Herkunft, in: Bungard, W., Wiendieck, G., (Hrsg.), Qualitätszirkel als Instrument zeitgemäßer Betriebsführung, Landsberg/Lech (1986), S.163–184.

Antoni, C. H. (1990)
Qualitätszirkel als Modell partizipativer Gruppenarbeit: Analyse der Möglichkeiten und Grenzen aus Sicht der betroffenen Mitarbeiter, Darmstadt (1990).

Antoni, C.H. (1994)
Gruppenarbeit – mehr als ein Konzept/Darstellung und Vergleich unterschiedlicher Formen der Gruppenarbeit, in: Antoni, C.H., (Hrsg.), Gruppenarbeit in Unternehmen: Konzepte, Erfahrungen, Perspektiven, Weinheim (1994), S.19–48.

Antoni, C.H., Bartscher, S., Bungard, W. (1992)
Zur Übertragbarkeit des Qualitätszirkel-Konzeptes vom Produktions- auf den Büro-/Verwaltungsbereich, in: Bungard, W., (Hrsg.), Qualitätszirkel in der Arbeitswelt. Ziele, Erfahrungen, Probleme. Beiträge zur Organisationspsychologie, Band 7, Göttingen (1992), S. 241–261.

Aretz, H.-J., Hansen, K. (2003)
Erfolgreiches Management von Diversity. Die multikulturelle Organisation als Strategie zur Verbesserung einer nachhaltigen Wettbewerbsfähigkeit, in: Zeitschrift für Personalforschung, 17. Jg. (2003), S. 9–36.

Argyris, A., Schön, D.A. (1999)
Die Lernende Organisation, Grundlagen, Methode, Praxis, Stuttgart (1999).

Armbruster, D., Kieser, A. (2003)
Jeder Mitarbeiter ein Unternehmer!? Wie Intrapreneurshipprogramme Mitarbeiter zwar nicht zu echten Unternehmern machen, aber doch zu höheren Leistungen anspornen können, in: Zeitschrift für Personalforschung, 17. Jg. (2003), S. 151–175.

Arnold, W. (2003)
Zur Wettbewerbssituation in der deutschen Kreditwirtschaft, in: Die Bank, 43. Jg. (2003), S. 516–520.

Arrow, K.J. (1985)
The economics of agency, in: Pratt, J.W., Zeckhauser, R.J., (Hrsg.), Principals and Agents. The Structure of Business, Boston (1985).

Aschendorf, M., Mokrus, P., Kröger, A. (2003)
Monetärer Nutzen der Personalentwicklung durch Quantifizierung von Trainingseffekten, in: Betriebswirtschaftliche Blätter, 52. Jg. (2003), S. 511–515.

Ashauer, G. (2000a)
Bereiten die Schulen hinreichend auf eine kaufmännische Berufsausbildung vor?, in: Sparkasse, 117. Jg. (2000), S. 323–330.

Ashauer, G. (2000b)
Personalwirtschaft im Wandel, in: Priewasser, E., Kleinheyer, N., (Hrsg.), Handbuch Veränderungsmanagement und Restrukturierung im Kreditgewerbe, Frankfurt a.M. (2000), S. 293–307.

Ashauer, G. (2002)
Personalpolitische Trends der Sparkassen in den Phasen 1952 – 1977 – 2002, in: Betriebswirtschaftliche Blätter, 51. Jg., Sonderheft (2002), S. 46–51.

Assig, D. (2002)
Mehr Frauen in Führungspositionen, in: Personal, 54. Jg. (2002), Heft 2, S. 12–15.

Augath, B. (1999)
Neue Ansätze zum Weiterbildungs-Controlling im Führungskräftebereich von Kreditinstituten – eine Analyse der deutschsprachigen Literatur, Hannover (1999).

B

Bach, N., Homp, C. (1998)
Objekte und Instrumente des Wissensmanagements, in: Zeitschrift für Organisation (zfo), 67. Jg. (1998), S. 139–146.

Bachhaus, J., Wagner, R. (2003)
Wachsende Bedeutung nationaler und internationaler Zertifizierungen, in: Betriebswirtschaftliche Blätter, 52. Jg. (2003), S. 64–66.

Backes-Gellner, U. (1996)
Personalwirtschaftslehre – eine ökonomische Disziplin?!, in: Weber, W., (Hrsg.), Grundlagen der Personalwirtschaft, Wiesbaden (1996), S. 297–315.

Backhaus, J. (1996)
Weiterbildung – ein Teil der Geschäftspolitik in der Sparkassenorganisation, in: Meier, H., Schindler, U., (Hrsg.), Human Resources Management in Banken: Strategien, Instrumente und Grundsatzfragen, Wiesbaden (1996), S.191–211.

Backhaus, J. (1999)
Qualifizierung und Weiterbildung, in: Siebertz, P., von Stein, J.H., (Hrsg.), Handbuch Banken und Personal, Frankfurt a.M. (1999), S. 477–496.

Backhaus, J. (2002)
Realschüler immer wichtiger, in: Die SparkassenZeitung vom 25.01.2002.

Backhaus, J. (2003)
Ausbildungsquote weiterhin auf hohem Niveau, in: Die SparkassenZeitung vom 10.01.2003.

Backhaus, J. (2003)
Personalquantität und -qualität sind strategisches Kapital für die Sparkassen-Finanzgruppe, in: Betriebswirtschaftliche Blätter, 52. Jg. (2003), S. 324–325.

Backhaus, J. (2004)
Spitzenplatz bei der Ausbildungsquote, in: Die SparkassenZeitung vom 21.01.2004.

Backhaus, J., Zimmermann, C. (2001)
Personalwesen und Berufsausbildung, aus: Amely, T., Ashauer, G., Winkelmann, D., (Hrsg.), Reihe Grundwissen Bankwirtschaft, Band 3, 4. Auflage, Stuttgart (2001).

Backhausen, W., Thommen, J.-P. (2003)
Coaching: Durch systemisches Denken zu innovativer Personalentwicklung, Wiesbaden (2003).

Baehring, B. (1999)
Wo Geld vorangeht, sind alle Wege offen, in: Deutsche Bundesbank, (Hrsg.), Auszüge aus Presseartikeln, Nr. 71, o.J. (1999), S. 8–13.

Bamberger, I., Wrona, T. (1996)
Der Ressourcenansatz und seine Bedeutung für die Strategische Unternehmensführung, in: Schmalenbachs Zeitschrift für betriebswirtschaftliche Forschung (ZfbF), 48. Jg. (1996), S. 130–153.

Bante, A., Hofstetter, N. (2002)
Wissen, wollen, wirken – die lernende Organisation lebt, in: Die Bank, 42. Jg. (2002), S. 62–65.

Barnard, C.I. (1968)
The Functions of the Executive, Cambridge (1968).

Barney, J.B. (1991)
Firm Resources and Sustained Competitive Advantage, in: Journal of Management, 17. Jg. (1991), S. 99–120.

Barney, J.B. (1995)
Looking Inside for Competitive Advantage, in: Academy of Management Executive, 9. Jg. (1995), S. 49–61.

Bartholomae, A., Möhrle, M. (2004)
Bildung und Forschung: ein zentraler Standortfaktor, in: Zeitschrift für das gesamte Kreditwesen (ZfgK), 57. Jg. (2004), S. 187–191.

Baxmann, U.G. (1999a)
Hintergründe und Facetten der Bankenkonzentration im Überblick, in: Baxmann, U.G., (Hrsg.), Konzentrationsprozesse in der Kreditwirtschaft, Frankfurt a.M. (1999), S. 1–32.

Baxmann, U.G. (1999b)
Kunden(gruppen) im Visier der Geschäftsbanken, in: Baxmann, U.G., (Hrsg.), Kundenorientierung im Bankwesen, Frankfurt a.M. (1999), S. 1–43.

Baxmann, U.G. (2000)
Strukturwandel in der Kreditwirtschaft, in: Baxmann, U.G., (Hrsg.), Kreditwirtschaftliche Strategien zu Beginn des neuen Jahrtausends, Frankfurt a.M. (2000), S. 1–20.

Baxmann, U.G. (2001)
Entwicklungstendenzen im Kreditrisikomanagement, in: Baxmann, U.G., (Hrsg.), Kreditrisikomanagement im Bankwesen, Frankfurt a.M. (2001), S. 1–42.

Baxmann, U.G. (2002)
Einführende Überlegungen zur Allfinanz-Entwicklung, in: Baxmann, U.G., (Hrsg.), Financial Services – Allfinanzkonzepte, Frankfurt a.M. (2002), S. 1–40.

Baxmann, U.G. (2003)
Kostenmanagement und Effizienzsteigerung – strategische Ansätze zur Krisenbewältigung in der deutschen Kreditwirtschaft, in: Baxmann, U.G., (Hrsg.), Kostenmanagement und Effizienzsteigerung, Frankfurt a.M. (2003), S. 1–47.

BdB (2002)
Banken 2002, Berlin (2002).

BdB (2003a)
Neue Gefahren für die Globalisierung, Berlin (2003).

BdB (2003b)
Das deutsche Bankensystem unter der Lupe des Internationalen Währungsfonds (IWF), Berlin (2003).

BdB (2004)
Banken 2004, Berlin (2004).

Bea, F.X. (2000)
Wissensmanagement, in: Wirtschaftswissenschaftliches Studium (WiSt), 29. Jg. (2000), S. 362–367.

Beck, H. (1995)
Schlüsselqualifikationen – Bildung im Wandel, 2. Auflage, Darmstadt (1995).

Beck, M., Oechsler, W. A. (2001)
Personalplanung, in: Bertelsmann Stiftung, Fauth-Herkner & Partner, Oechsler, W.A., (Hrsg.), Leitfaden Systematisches Beschäftigungs-Management, Hilfestellung für ein modernes Personalmanagement, Gütersloh (2001), S. 41–91.

Beck, U. (1988)
Gegengifte. Die organisierte Unverantwortlichkeit, Frankfurt a.M. (1988).

Becker M. (1999)
Aufgaben und Organisation der betrieblichen Weiterbildung, 2. Auflage, München (1999).

Becker, K., Diemand, A. (2003)
Treffsichere Prognosen erstellt, in: Die SparkassenZeitung vom 25.07.2003.

Becker, M. (1993)
Personalentwicklung: die personalwirtschaftliche Herausforderung der Zukunft, Bad Homburg vor der Höhe (1993).

Becker, M. (1995)
Bildungscontrolling – Möglichkeiten und Grenzen aus wissenschafts-theoretischer und bildungspraktischer Sicht, in: von Landsberg, G., Weiss, R., (Hrsg.), Bildungs-Controlling, 2. Auflage, Stuttgart (1995), S. 57–80.

Becker, M. (1999)
Aufgaben und Organisation der betrieblichen Weiterbildung, 2. Auflage, München (1999).

Becker, M. (1999)
Personalentwicklung als Führungsaufgabe, in: Siebertz, P., von Stein, J.H., (Hrsg.), Handbuch Banken und Personal, Frankfurt a.M. (1999), S. 413–443.

Becker, M. (2003)
Die neue Rolle der Personalentwicklung, in: Personal, 55. Jg. (2003), S. 14–17.

Becker, M. (2004)
Kosten der Personalentwicklung: Wer soll das bezahlen?, in: Personal, 56. Jg. (2004), S. 9–13.

Beckmann, M., Bellmann, L. (2002)
Churning in deutschen Betrieben: Welche Rolle spielen technischer Fortschritt, organisatorische Änderungen und Personalstruktur? in: Bellmann, L., Kölling, A., (Hrsg.), Betrieblicher Wandel und Fachkräftebedarf, Beiträge zur Arbeitsmarkt- und Berufsforschung, Beitrag 257, Nürnberg (2002), S. 133–168.

Bednarczuk, P., von Bismarck, W.-P., Aleweld, T. (2003)
Attraktive Arbeitgeber haben engagierte Mitarbeiter, in: Personalwirtschaft, 7. Jg. (2003), Heft 3, S. 54–58.

Bell, D. (1985)
Die nachindustrielle Gesellschaft, Frankfurt a.M. (1985).

Belz, H., Siegrist, M. (1997)
Kursbuch Schlüsselqualifikationen: Ein Trainingsprogramm, Freiburg (1997).

Benedikt, H.P., Mittmann, S. (2003)
Berufseignungstest sagt Ausbildungserfolg zuverlässig voraus, in: Die SparkassenZeitung vom 25.07.2003.

Benedikt, H.P. (2004)
Gesellschaftliche Individualität prägt den Führungswechsel, in: Sparkasse, 121. Jg. (2004), S. 253.

Benner, W. (1978)
Der liquiditätsmäßig-finanzielle Bereich (LFB) als Gegenstand der wissenschaftlichen Bankbetriebslehre, in: Deppe, H.-D., (Hrsg.), Bankbetriebliches Lesebuch. Ludwig Mülhaupt zum 65. Geburtstag, Stuttgart (1978), S. 341–390.

Berger, P.G., Ofek, E. (1995)
Diversification's Effect on Firm Value, in: Journal of Financial Economics, 37. Jg. (1995), S. 39–65.

Berger, S. (2000)
Globalisierung und Zukunft der Arbeit, in: Krull, W., (Hrsg.), Zukunftsstreit, Göttingen (2000), S. 87–100.

Bergmann, R. (2000)
Interkulturelles Lernen als organisationale Fähigkeit international tätiger Unternehmen – ein ressourcenorientierter Ansatz, Dresden (2000).

Berndt, H. (2003)
Zur Rolle der Sparkassen im Globalisierungsprozess, in: Sparkasse, 120. Jg. (2003), S. 448–450.

Bernhardt, W., Witt, P. (1999)
Unternehmensleitung im Spannungsfeld zwischen Ressortverteilung und Gesamtverantwortung, in: Zeitschrift für Betriebswirtschaft (ZfB), 69. Jg. (1999), S. 825–845.

Bertelsmann Stiftung (1999)
Systematisches Beschäftigungs-Management in der Praxis, Kosten senken – Beschäftigung sichern, Gütersloh (1999).

Berthel, J. (2000)
Personalmanagement. Grundzüge für Konzeptionen betrieblicher Personalarbeit, 6. Auflage, Stuttgart (2000).

Betsch, O. (2003)
Finanzindustrie – wo geht es wirklich hin?, in: Betsch, O., Merl, G., (Hrsg.), Zukunft der Finanzindustrie: das Überdenken von Geschäftsmodellen, Frankfurt a.M. (2003), S. 413–440.

Bharadwaj, S.G., Varadarajan, P.R., Fahy, J. (1993)
Sustainable Competitive Advantage in Service Industries: A Conceptual Model and Research Propositions, in: Journal of Marketing, 57. Jg. (1993), S. 83–99.

Bickenbach, F., Kumkar, L., Soltwedel, R. (2002)
Wettbewerbspolitik und Regulierung – Die Sichtweise der Neuen Institutionenökonomik, in: Zimmermann, K., (Hrsg.), Neue Entwicklungen in der Wirtschaftswissenschaft, Heidelberg (2002), S. 217–275.

Bieker, J. (1989)
Managemententwicklung bei Bertelsmann, in: Riekhof, H.-C., (Hrsg.), Strategien der Personalentwicklung, 2. Auflage, Gütersloh (1989), S. 227–236.

Bierer, H., Fabricius, M. (2000)
Die Sparkassenorganisation steht am Scheideweg, in: Frankfurter Allgemeine Zeitung vom 17.07.2000.

Bihl, G. (1987)
Unternehmen und Wertewandel: Wie lauten die Antworten für die Personalführung?, in: von Rosenstiel, L., Einsiedler, H.E., Streich, R.K., (Hrsg.), Wertewandel als Herausforderung für die Unternehmenspolitik, Band 13, Stuttgart (1987), S. 53–61.

Bizer, R. (2002)
Ausgewählte Aspekte neuer Entwicklungen am Bankenmarkt, in: Sparkasse, 119. Jg. (2002), S. 548–554.

Bizer, R. (2003)
„Austerity-Politik" als Krisentherapie der deutschen Großbanken, in: Sparkasse, 120. Jg. (2003), S. 363–367.

Black, J.A., Boal, K.B. (1994)
Strategic Resources: Traits, Configurations and Paths to Sustainable Competitive Advantage, in: Strategic Management Journal, 15. Jg. (1994), S. 131–148.

Blenk, D., (2005)
Bildungsarbeit der Sparkassen im demographischen Wandel, in: Betriebswirtschaftliche Blätter, 54. Jg. (2005), S. 6–10.

Bodin, M. (2003)
Sparkassen und Landesbanken: Strategie im Wandel, in: Zeitschrift für das gesamte Kreditwesen (ZfgK), 56. Jg. (2003), S. 1080–1083.

Bokranz, R. (1994)
Qualitätssicherung im Bankbetrieb: eine Einführung, Wiesbaden (1994).

Bolz, U. (2004)
Führungsfrauen, in: dresdner banker, o. J. (2004), Ausgabe 251, S. 57.

Böning, U. (2000)
Ist Coaching eine Modeerscheinung?, in: Hofmann, L.M., Regnet, E., (Hrsg.), Innovative Weiterbildungskonzepte, 2. Auflage, Göttingen (2000), S. 39–52.

Bontrup, H.-H. (2004)
Personalpolitik im Wandel, in: Wirtschaftsstudium (WISU), 18. Jg. (2004), S. 1046–1050.

Bontrup, H.-J. (2001)
Ökonomische Relevanz von Bildung, in: Wirtschaftswissenschaftliches Studium (WiSt), 30. Jg. (2001), S. 277–280.

Borchert, M. (2000)
Strukturwandel im westeuropäischen Bankenmarkt, in: Scholing, E., (Hrsg.), Währung und wirtschaftliche Entwicklung: Festschrift für Vincenz Timmermann, Berlin (2000), S. 67–85.

Borchert, M., Röhling, T., Heine, S. (2003)
Wissensweitergabe als spieltheoretisches Problem, in: Zeitschrift für Personalforschung, 17. Jg. (2003), S. 37–57.

Bordemann, H.-G. (2000)
Zukünftiger Personalbedarf im Spannungsfeld zwischen qualitativem Engpass und quantitativem Überangebot, in: Priewasser, E., Kleinheyer, N., (Hrsg.), Handbuch Veränderungsmanagement und Restrukturierung im Kreditgewerbe, Frankfurt a. M. (2000), S. 307–323.

Börner, C. (2000)
Strategisches Bankmanagement, München (2000).

Börsch-Supan, A., Ludwig, A., Winter, J. (2002)
Alterung, deutsche Renditeentwicklung und globale Kapitalmärkte, in: Schneider, S., (Hrsg.), Deutsche Bank Research, Themen international, (2002).

Bösel, F. (1981)
Der Mensch in der Bank von morgen, in: Deppe, H.-D., (Hrsg.), Texte zur wissenschaftlichen Bankbetriebslehre II, Göttingen (1981), S. 957–971.

Bouncken, R. (2000)
Determinanten von Wissensstrategien: Überlegungen aus strukturationstheoretischer Perspektive, in: Zeitschrift für Planung (ZP), 11. Jg. (2000), S. 433–456.

Bourdieu, P. (1993)
Die feinen Unterschiede, 6. Auflage, Frankfurt a.M. (1993).

Brand, D. (1990)
Der Transaktionskostenansatz in der betriebswirtschaftlichen Organisationstheorie: Stand und Weiterentwicklung der theoretischen Diskussion sowie Ansätze zur Messung kognitiver und motivationaler Persönlichkeitsmerkmale auf das transaktionskostenrelevante Informationsverhalten, Frankfurt a.M. (1990).

Brändli, M., Oswald, H. (2002)
Credit Suisse fördert die Marktfähigkeit ihrer Mitarbeiter, in: Personalwirtschaft, 6. Jg. (2002), S. 32–33.

Brater, M., Bauer, H.G. (1992)
Schlüsselqualifikationen – Der Einzug der Persönlichkeitsentwicklung in die berufliche Bildung?, in: Herzer, H., Dybowski, G., Bauer, H.G., (Hrsg.), Methoden betrieblicher Weiterbildung – Ansätze zur Integration fachlicher und fachübergreifender beruflicher Bildung, 2. Auflage, Hemsbach (1992), S. 51–69.

Bräuniger, D., Gräf, B., Gruber, K., Neuhaus, M., Schneider, S. (2002)
Die demografische Herausforderung, in: Schneider, S., (Hrsg.), Deutsche Bank Research, Themen international, (2002).

Bréchignac, C. (2000)
Die Rolle von Wissenschaft und Technik im 21. Jahrhundert, in: Krull, W., (Hrsg.), Zukunftsstreit, Göttingen (2000), S. 387–392.

Breisig, T., Krone, F. (1999)
Job Rotation bei der Führungskräfteentwicklung, in: Personal, 51. Jg. (1999), S.410–414.

Breuer, C. (2004)
Das hybride Studienkonzept der Hochschule der Sparkassen-Finanzgruppe, in: Betriebswirtschaftliche Blätter, 53 Jg. (2004), S. 12–14.

Brinck, C. (2001)
Die Hälfte des Himmels, in: Die Welt vom 23.04.2001.

Bröckermann, R. (2003)
Personalwirtschaft, 3. Auflage, Stuttgart (2003).

Broecker, T., Klein, D., Schmidt, M. (2002)
Zukunftssicherung durch Kostenstrukturoptimierung, in: Die Bank, 42. Jg. (2002), S. 50–53.

Brommer, U. (1993)
Schlüsselqualifikationen, Stuttgart (1993).

Bronner, R., Hische, V. (1995)
Zur Entwicklung eines Evaluations-Instrumentariums, in: von Landsberg, G., Weiss, R., (Hrsg.), Bildungs-Controlling, 2. Auflage, Stuttgart (1995), S. 47–55.

Bungard, W. (1992)
Quality Circles und neue Technologien, in: Bungard, W., Wiendieck, G., Zink, K.J., (Hrsg.), Qualitätszirkel im Umbruch: Experten nehmen Stellung, Ludwigshafen (1992), S. 53–71.

Bürkner, H.-P., Grebe, M. (2001)
Non-Banks im europäischen Finanzdienstleistungsgeschäft, in: Rolfes, B., Fischer, T.R., (Hrsg.), Handbuch der europäischen Finanzdienstleistungsindustrie, Frankfurt a.M. (2001), S. 118–128.

Burr, W. (2004)
Modularisierung als Prinzip der Ressourcenorganisation – aus Sicht der ökonomischen Theorie, in: Die Betriebswirtschaft (DBW), 64. Jg. (2004), S. 448–470.

Büschgen, H.E. (1999)
Bankensystem in Deutschland, in: ZfgK et al., (Hrsg.), Knapps Enzyklopädisches Lexikon des Geld-, Bank- und Börsenwesens, Frankfurt a.M. (1999), S. 170–180.

Büschgen, H.E. (2001)
Strukturen des europäischen Bankwesens – Unterschiede und Besonderheiten, in: Rolfes, B., Fischer, T.R., (Hrsg.), Handbuch der europäischen Finanzdienstleistungsindustrie, Frankfurt a.M. (2001), S. 13–23.

Büschges, G. (1985)
Methodologischer Individualismus und empirische Soziologie, in: Büschges, G., Raub, W., (Hrsg.), Soziale Bedingungen – Individuelles Handeln – Soziale Konsequenzen, Frankfurt a.M. (1985), S. 3–20.

Butterwegge, C. (1976)
Alternativen der Wirtschaftslenkung, Köln (1976).

C

Capron, L., Hulland, J. (1999)
Redeployment of Brands, Sales Forces, and General Marketing Management Expertise Following Horizontal Acquisitions: A Resource-based View, in: Journal of Marketing, 63. Jg. (1999), S. 41–54.

Cartellieri, U. (1990)
Überkapazität erzwingt Auslese, in: Die Bank, 30. Jg. (1990), S. 366–371.

Caspar, S. (1997)
Strukturwandel und gesellschaftliche Integration: die Beziehung Individuum und Gesellschaft, Wiesbaden (1997).

Castanias, R.P., Helfat, C.E. (1991)
Managerial Resources and Rents, in: Journal of Management, 17. Jg. (1991), Nr. 1, S. 155–171.

Cezanne, W. (1998)
Grundzüge der Makroökonomik, 7. Auflage, München (1998).

Cezanne, W., Mayer, A. (1998)
Neue Institutionenökonomik – Ein Überblick, in: Wirtschaftsstudium (WISU), 12. Jg. (1998), S. 1345–1353.

Chatterjee, S., Wernerfelt, B. (1991)
The Link Between Resources and Type of Diversification: Theory and Evidence, in: Strategic Management Journal, 12. Jg. (1991), S. 33–48.

Chester, C. (2004)
Erfahrene Mitarbeiter im Fokus, in: Personal, 56. Jg. (2004), Heft 7, S. 54–56.

Chrobok, R. (1998)
Wissensmanagement, in: Zeitschrift für Organisation (zfo), 67. Jg. (1998), S. 184–185.

Chrobok, R. (1999)
Telearbeit, in: Zeitschrift für Organisation (zfo), 68. Jg. (1999), S. 234–235.

Cisek, G. (2001)
Arbeitswelt Banken – eine Zukunftsskizze, in: Die Bank, 41. Jg. (2001), S. 46–50.

Clark, J.M. (1961)
Competition as a Dynamic Process, Washington (1961).

Coase, R.H. (1937)
The Nature of the Firm, in: Economica, 4. Jg. (1937), S. 386–405.

Coase, R.H. (1960)
The problem of social cost, in: The journal of law & economics, 3. Jg. (1960), S. 1–44.

Cohen, D. (1998)
Fehldiagnose Globalisierung – Die Neuverteilung des Wohlstands nach der dritten industriellen Revolution, Frankfurt (1998).

Conradi, W. (1983)
Personalentwicklung, Stuttgart (1983).

Cornelsen, C. (1994)
Konsequenzen des wirtschaftlichen Wandels auf den Arbeitsmarkt, in: Merk, H.G., (Hrsg.), Wirtschaftsstruktur und Arbeitsplätze im Wandel der Zeit, Stuttgart (1994), S. 66–92.

Corsten, H. (2001)
Dienstleistungsmanagement, 4. Auflage, München (2001).

Cox, H., Hübner, H. (1981)
Wettbewerb. Eine Einführung in die Wettbewerbstheorie und Wettbewerbspolitik, in: Cox, H., Jens, U., Markert, K., (Hrsg.), Handbuch des Wettbewerbs, München (1981), S. 1–48.

Curtler, D.M., Poterba, J.M., Sheiner, L.M., Summers, L.H. (1990)
An aging Society: Opportunity or Challenge? Brookings Papers on Economic Activity, No. 1 (1990).

D

Dahms, R., Reuter, B. (1999)
Arbeitszeitmodelle, in: Siebertz, P., von Stein, J.H., (Hrsg.), Handbuch Banken und Personal, Frankfurt a.M. (1999), S. 319–342.

Dahrendorf, R. (1956)
Industrielle Fertigkeiten und soziale Schichtung, in: Kölner Zeitschrift für Soziologie und Sozialpsychologie, 8. Jg. (1956), S. 540–568.

Dahrendorf, R. (2001)
Leben als Tätigkeit, in: Frankfurter Allgemeine Zeitung vom 24. 12. 2001.

Dankwerts, G. (2004)
Überlegungen zur Effizienz regionaler Produktionsbanken, in: Betriebswirtschaftliche Blätter, 53. Jg. (2004), S. 98–102.

Danne, H., Nolte, B. (2003)
Neue Wege für künftige Ausbildung von Bankkaufleuten, in: Betriebswirtschaftliche Blätter, 52. Jg. (2003), S. 77–80.

Day, H. (2000)
Mosaik für Beschäftigung, in: Personalwirtschaft, 4. Jg. (2000), Heft 1, S. 54–57.

Decker, W. (1999)
Arbeitsrechtlicher Rahmen für die Trennung von Mitarbeitern, in: Siebertz, P., von Stein, J.H., (Hrsg.), Handbuch Banken und Personal, Frankfurt a.M. (1999), S. 549–585.

Dehnbostel, P. (2001)
Erfahrungslernen im Kontext beruflich-betrieblicher Kompetenzentwicklung, in: Pruschansky, S., (Hrsg.), LebensLangesLernen: Expertisen zu Lebenslangem Lernen – Lebensarbeitszeiten – Lebensweiterbildungskonten, Berlin (2001), S. 251–267.

Deppe, H.-D. (1978)
Eine Konzeption wissenschaftlicher Bankbetriebslehre in drei Doppelstunden, in: Deppe, H.-D., (Hrsg.), Bankbetriebliches Lesebuch. Ludwig Mülhaupt zum 65. Geburtstag, Stuttgart (1978), S. 3–98.

Deppe, H.-D., Lohmann, K. (1989)
Grundriss analytischer Finanzplanung, Göttingen (1989).

Deutsche Bundesbank (2004b)
Bankenstatistik, Juni (2004).

Deutsche Bundesbank (1988)
40 Jahre Deutsche Mark, Monetäre Statistiken 1948–1987, Frankfurt a.M. (1988).

Deutsche Bundesbank (2002)
Staatliche Leistungen für die Förderung von Familien, in: Monatsbericht April, 54. Jg. (2002), S. 15–32.

Deutsche Bundesbank (2003a)
Kapitalmärkte und Banken, in: Geschäftsbericht 2003, S. 38–57.

Deutsche Bundesbank (2003b)
in: Bericht zur Stabilität des deutschen Finanzsystems, in: Monatsbericht Dezember, 55. Jg. (2003), S. 5–53.

Deutsche Bundesbank (2004a)
Zur Bedeutung der Informations- und Kommunikationstechnologie, in: Monatsbericht April, 56. Jg. (2004), S. 47–57.

Deutscher Bildungsrat (1970)
Empfehlungen der Bildungskommission, Strukturplan für das Bildungswesen, Stuttgart (1970).

Deutschländer, C. (2002)
Kinder, Konten und Karrieren, in: Die SparkassenZeitung vom 18.01.2002.

Dibbern, J., Güttler, W., Heinzl, A. (2001)
Die Theorie der Unternehmung als Erklärungsansatz für das selektive Outsourcing der Informationsverarbeitung – Entwicklung eines theoretischen Bezugsrahmens, in: Zeitschrift für Betriebswirtschaft (ZfB), 71. Jg. (2001), S. 678–681.

Dichmann, W., Wellmann, S. (1996)
Arbeitnehmerweiterbildung – freiwillig oder durch Rechtsanspruch?, Köln (1996).

Diemand, A. (2003)
Die eigenen Stärken und Interessen fördern, in: Die SparkassenZeitung vom 14. 11. 2003.

Diemand, A., Becker, K. (2004)
Erfolgreiche Evaluation der Potenzialverfahren, in: Betriebswirtschaftliche Blätter, 53. Jg. (2004), S. 7–9.

Dierickx, I., Cool, K. (1988)
Competitive Advantage: A Resource Based Perspective, in: Working Paper INSEAD, Fontainebleau (1988).

Dinkel, R.H., Lebock, U. (1994)
Demografische Aspekte der vergangenen und zukünftigen Zuwanderung nach Deutschland, in: Aus Politik und Zeitgeschichte, o. Jg. (1994), S. 27–36.

Dohmen, G. (1998)
Zur Zukunft der Weiterbildung, in: Bundesministerium für Bildung und Forschung (BMBF), (Hrsg.), Europa: Lebenslanges Lernen für alle in veränderten Lernumwelten, Bonn (1998).

Dohse, D., Krieger-Boden, C. (1998)
Währungsunion und Arbeitsmarkt. Auftakt zu unabdingbaren Reformen, Tübingen (1998).

Dörig, H.-D. (1997)
Universalbank – Banktypus der Zukunft, 2. Auflage, Bern (1997).

Dörig, R. (2001)
Allfinanz als Erfolgsfaktor im europäischen Finanzdienstleistungsgeschäft, in: Rolfes, B., Fischer, T.R., (Hrsg.), Handbuch der europäischen Finanzdienstleistungsindustrie, Frankfurt a.M. (2001), S. 239–250.

Döring, C. (2004)
Wettbewerb geht vor Bankenkonsolidierung, in: Börsen-Zeitung vom 10. 07. 2004.

Döring, K.W., Ritter-Mamczek, B. (1999)
Weiterbildung im lernenden System, 2. Auflage, Weinheim (1999).

Dostal, W. (1995)
Informatisierung der Arbeitswelt, in: Bundesanstalt für Arbeit, (Hrsg.), Mitteilungen aus der Arbeitsmarkt- und Berufsforschung, Stuttgart (1995), S. 527–543.

Drewes, W. (1992)
Qualitätsmanagement in Kreditinstituten, in: Zeitschrift für Betriebswirtschaft (ZfB), 62. Jg. (1992), S. 937–955.

Drumm, H.J. (1989)
Personalwirtschaftslehre, Berlin (1989).

Drumm, H.J. (1992)
Personalplanung, in: Gaugler, E., Weber, W., (Hrsg.), Handbuch des Personalwesens, 2. Auflage, Stuttgart (1992).

Drumm, H.J. (1996)
Theoretische und verantwortungsethische Grundlagen des Personalmanagements, in: Weber, W., (Hrsg.), Grundlagen der Personalwirtschaft, Wiesbaden (1996), S. 1–18.

Drumm, H.J. (2000)
Personalwirtschaft, 4. Auflage, Berlin (2000).

Dubs, R. (1999)
Die Ausbildung in Kreditinstituten vor dem Hintergrund veränderter Anforderungen, in: Siebertz, P., von Stein, J.H., (Hrsg.), Handbuch Banken und Personal, Frankfurt a.M. (1999), S. 443–475.

Duerr, H.P. (2000)
Der Genussmensch ohne Herz, in: Der Spiegel, Heft 49, (2000), S. 53–55.

Düren, A. (2003)
Hochschule der Sparkassen-Finanzgruppe – Ziele und Vorteil der Studienkonzeption, in: Wissenschaft für die Praxis, o. Jg. (2003), S. 8–10.

Durstberger, H., Baade, R. (1997)
Personalentwicklung – strategischer Erfolgsfaktor für Banken, in: Die Bank, 37. Jg. (1997), S. 146–149.

Durth, R. (2001)
Wirtschaftswachstum und Wirtschaftspolitik aus wirtschaftshistorischer Sicht, in: Wirtschaftswissenschaftliches Studium (WiSt), 30. Jg. (2001), S. 875–880.

Duschek, S., Sydow, J. (2002)
Ressourcenorientierte Ansätze des strategischen Managements, in: Wirtschaftswissenschaftliches Studium (WiSt), 31. Jg. (2002), S. 426–431.

Dyer, L., Reeves, T. (1995)
Human Resource Strategies and Firm Performance: What do we know and where do we need to go?, in: The International Journal of Human Resource Management, 6. Jg. (1995), S. 656–670.

E

Ebers, M., Gotsch, W. (1999)
Institutionenökonomische Theorien der Organisation, in: Kieser, A., (Hrsg.), Organisationstheorien, 3. Auflage, Stuttgart (1999), S. 199–251.

Eckardt, T. (2002)
Wissensressourcen in Banken optimal nutzen, in: Personalwirtschaft, 6. Jg. (2002), Heft 10, S. 54–55.

Eckhardt, J. (2000)
Die Bankenlandschaft im Jahr 2010, in: Sparkasse, 117. Jg. (2000), S. 568–570.

Ehmann, H.M., Eisele, D.S. (2003)
Personalmanagement im Rückblick – Augenblick – Ausblick, in: Personal, 55. Jg., (2003), S. 32–35.

Eigler, J. (1996)
Transaktionskosten als Steuerungsinstrument für die Personalwirtschaft, Frankfurt a.M. (1996).

Eigler, J. (2001)
Personalmanagement, in: Jost, P.-J., (Hrsg.), Der Transaktionskostenansatz in der Betriebswirtschaftslehre, Stuttgart (2001), S. 337–359.

Encarnacao, J.L. (2000)
Wissensmanagement in lernenden Organisationen, in: Krull, W., (Hrsg.), Zukunftsstreit, Göttingen (2000), S. 255–268.

Endres, A., Pakhomova, N., Richter, K. (2004)
Basismodelle der Ressourcenökonomie in: Wirtschaftswissenschaftliches Studium (WiSt), 33. Jg. (2004), S. 454–461.

Endres, A., Querner, I. (2000)
Die Ökonomie natürlicher Ressourcen, 2. Auflage, Stuttgart (2000).

Engelken, E. (2004)
Deutschland droht zu verdummen, in: Handelsblatt vom 13.07.2004.

Engels, G. (1997)
Möglichkeiten und Grenzen der Übertragbarkeit des Qualitätszirkel-Konzepts auf Banken – Ergebnisse einer Evaluationsstudie in einer deutschen Großbank, in: Duvvuri, S.A., Schäfer, T., (Hrsg.), Qualitätsmanagement-Report der Banken, Wiesbaden (1997), S. 279–295.

Engerer, H., Schrooten, M. (2004)
Untersuchung der Grundlagen und Entwicklungsperspektiven des Bankensektors in Deutschland (Dreisäulensystem), Berlin (2004).

Engerer, H., Voigt, S. (2002)
Institutionen und Transformation – Mögliche Politikimplikationen der Neuen Institutionenökonomik, in: Zimmermann, K., (Hrsg.), Neue Entwicklungen in der Wirtschaftswissenschaft, Heidelberg (2002), S. 149–215.

Enquete-Kommission (1998)
„Demographischer Wandel" des deutschen Bundestages, in: Deutscher Bundestag, (Hrsg.), Zweiter Zwischenbericht, Bonn (1998).

Erber, G., Hagemann, H. (2002)
Wachstum, Strukturwandel und Beschäftigung, in: Zimmermann, K., (Hrsg.), Neue Entwicklungen der Wirtschaftswissenschaft, Heidelberg (2002), S. 321–369.

Erdmann, G. (2001)
Outsourcing in Finanzdienstleistungsunternehmen, München (2001).

Erlei, M. (1998)
Institutionen, Märkte und Marktphasen, Tübingen (1998).

Erlei, M. (2001)
Die Bedeutung spieltheoretischer Modellierung der Transaktionskostentheorie unter besonderer Berücksichtigung der Entdeckung neuer organisatorischer Alternativen, in: Studien zur Evolutorischen Ökonomik, o. Jg. (2001), S. 255–286.

Erlei, M., Jost, P.-J. (2001)
Theoretische Grundlagen des Transaktionskostenansatzes, in: Jost, P.-J., (Hrsg.), Der Transaktionskostenansatz in der Betriebswirtschaftslehre, Stuttgart (2001), S. 35–75.

Essig, H. (1994)
Der Strukturwandel als Motor der wirtschaftlichen Entwicklung, in: Merk, H.G., (Hrsg.), Wirtschaftsstruktur und Arbeitsplätze im Wandel der Zeit, Stuttgart (1994), S. 15–35.

F

Fahy, J. (1996)
Competitive Advantage in International Services: A Resource-Based View, in: International Studies of Management and Organization, 26. Jg. (1996), S. 24–37.

Fauth-Herkner, A., Wiebrock, S. (2001)
Flexibles Arbeitszeitmanagement, Bertelsmann Stiftung, Fauth-Herkner & Partner, Oechsler, W. A., (Hrsg.), Leitfaden Systematisches Beschäftigungs-Management, Hilfestellung für ein modernes Personalmanagement, Gütersloh (2001), S. 91–125.

Feige, W. (1993)
Bildungscontrolling – Anspruch und Wirklichkeit, in: Personal, 45. Jg. (1993), S. 515–519.

Feige, W. (2002)
Balanced Scorecard im Bildungswesen, in: Personalwirtschaft, 6. Jg. (2002), Heft 7, S. 30–33.

Feldmann, H. (1993)
Theorien des Strukturwandels: Welche Orientierungshilfen bieten sie für die Strukturpolitik, in: Oppenländer, K.H., (Hrsg.), Ifo-Studien: Zeitschrift für empirische Wirtschaftsforschung, Berlin (1993), S. 41–64.

Fellenstein, D. (1996)
Personalentwicklungscontrolling in Banken, Bern (1996).

Festing, M., Hansmeyer, M.C. (2004)
Der weite empirische Weg an die Spitze – eine empirische Untersuchung, in: die bank, 44. Jg. (2004), Heft 8, S. 79–81.

Fieseler, B.M. (2003)
Kostenmanagement, Kostensenkung und Konzentration als zentrale Aufgaben, in: Betriebswirtschaftliche Blätter, 52. Jg. (2003), S. 425–430.

Fischer, F., Marsch, S., Reinhold, H.J. (2005)
Auswahlprozess zur Besetzung einer Vorstandsposition, in: Betriebswirtschaftliche Blätter, 54. Jg. (2005), S. 18–23.

Fischer, H. (1999)
Als „Selbst-GmbH" auf dem Arbeitsmarkt behaupten, in: Die Bank, 39. Jg. (1999), S. 328–330.

Fischer, H., Steffens-Duch, S. (2000)
Employability: Beschäftigungsfähigkeit sichern, in: Die Bank, 40. Jg. (2000), S. 336–340.

Fischer, H., Steffens-Duch, S. (2002)
Herausforderungen und Perspektiven des Personalmanagements, in: Die Bank, 42. Jg. (2002), S. 478–484.

Fischer, H., Steffens-Duch, S. (2003)
Perspektiven des Personalmanagements: das Beispiel Deutsche Bank, in: Personal, 55. Jg. (2003), Heft 1, S. 24–27.

Fischer, M., Herrmann, A., Huber, F. (2001)
Return on Customer Satisfaction – Wie rentabel sind Maßnahmen zur Steigerung der Zufriedenheit?, in: Zeitschrift für Betriebswirtschaft (ZfB), 71. Jg. (2001), S. 1161–1190.

Fisher, A. (1939)
Production, Primary, Secondary and Tertiary, in: The Economic Record, 15. Jg. (1939), S. 24–38.

Fleck, G. (2000)
Sparkassen im Wandel, in: Die SparkassenZeitung vom 25.02.2000.

Flum, T. (2002)
E-Learning und Unternehmensstrategie, in: Personal, 54. Jg. (2002), Heft 3, S. 20–22.

Flüter-Hoffmann, C., Kowitz, R., Wegner, A. (1999)
Telearbeit in Deutschland und Europa: neue Chancen, neue Arbeitsstrukturen, Köln (1999).

Foders, F. (2003)
Bildungspolitik für Beschäftigung und Wachstum, in: Deutsch, K., Bräuniger, D., (Hrsg.), Deutsche Bank Research, Aktuelle Themen Nr. 271, (2003).

Forndran, H. (2002)
Zukunftschancen mit innovativem Studienangebot, in: Die SparkassenZeitung vom 13.12.2002.

Fourastié, J. (1969)
Die große Hoffnung des zwanzigsten Jahrhunderts, 2. Auflage, Köln (1969).

Franck, E. (1992)
Körperliche Entscheidungen und ihre Konsequenzen für die Entscheidungstheorie, in: Die Betriebswirtschaft (DBW), 52. Jg. (1992), S. 631–647.

Franck, E., Bagschik, T., Opitz, C. (1997)
Der Flottenmanager als Intermediär zwischen Hersteller und Nutzer: eine theoretische Untersuchung, in: Die Betriebswirtschaft (DBW), 57. Jg. (1997), S. 203–217.

Franck, E., Opitz, C. (1999)
Hochschulen als „Sortiereinrichtungen" in Humankapitalmärkten, in: Zeitschrift für Betriebswirtschaft (ZfB), 69. Jg. (1999), S. 1313–1330.

Franck, E., Opitz, C. (2001)
Internet-Start-ups – Ein neuer Wettbewerber unter den „Filteranlagen" für Humankapital, in: Zeitschrift für Betriebswirtschaft (ZfB), 71. Jg. (2001), S. 453–469.

Franck., E., Jungwirth, C. (2001)
Produktion, in: Jost, P.-J., (Hrsg.), Der Transaktionskostenansatz in der Betriebswirtschaftslehre, Stuttgart (2001), S. 273–299.

Franke, D. (2002)
Wissensmanagement: Gefragt ist langer Atem, in: Die Bank, 42. Jg. (2002), S. 176–179.

Franke, N. (1999)
Conjoint-Analyse von Personalselektionen, in: Wirtschaftsstudium (WISU), 13. Jg. (1999), S. 1074–1077.

Franz., H. (1998)
Zwischen Markt und Profession, Göttingen (1998).

Freeman, C. (1987)
Technical Innovation, Diffusion, and Long Cycles of Economic Development, in: Vasko, T., (Hrsg.), The Long Wave Debate, Heidelberg (1987), S. 295–309.

Freiling, J. (2000)
Entwicklungslinien und Perspektiven des Strategischen Kompetenz-Managements, in: Hammann, P., Freiling, J., (Hrsg.), Die Ressourcen- und Kompetenzperspektive des Strategischen Managements, Wiesbaden (2000), S. 13–45.

Freiling, J. (2001)
Ressourcenorientierte Reorganisation, Wiesbaden (2001).

Freiling, J. (2002)
Terminologische Grundlagen des Resource-based View, in: Bellmann, K., Freiling, J., Hammann, P., Mildenberger, U., (Hrsg.), Aktionsfelder des Kompetenz-Managements, Wiesbaden (2002), S. 3–28.

Freundlinger, A. (1992)
Schlüsselqualifikationen – Der interaktionsorientierte Ansatz, Wien (1992).

Frey, D., Greif, S. (1987)
Sozialpsychologie: Ein Handbuch in Schlüsselbegriffen, 2. Auflage, München (1987).

Friedrich, S.A., Matzler, K., Stahl, H.K. (2002)
Quo vadis RBV? in: Bellmann, K., Freiling, J., Hammann, P., Mildenberger, U., (Hrsg.), Aktionsfelder des Kompetenz-Managements, Wiesbaden (2002), S. 29–58.

Frisch, M. (1965)
Vorwort, in: Seiler, A.J., Siamo Italiani, Zürich (1965).

Fritsch, M., Wein, T., Ewers, H.-J. (2001)
Marktversagen und Wirtschaftspolitik, 4. Auflage, München (2001).

Froböse, M., Steinbach, R., Hilger, A. (1996)
Die Vermittlung von Schlüsselqualifikationen als Teil der betriebswirtschaftlichen Ausbildung, in: Froböse, M., Kaapke, A., (Hrsg.), Marketing als Schnittstellenwissenschaft und Transfertechnologie: Festschrift zum 60. Geburtstag von Hans Hörschgen, Berlin (1996), S. 375–394.

Fröhlich, W., Maier, W. (1991)
Personalmanagement – Perspektiven ins neue Jahrtausend, in: Maier, W., Fröhlich, W., (Hrsg.), Personalmanagement in der Praxis: Konzepte für die 90er Jahre, Wiesbaden (1991).

Frühauf, M. (2004a)
Deutsche Banken sind die Schlusslichter, in: Börsen-Zeitung vom 29.06.2004.

Frühauf, M. (2004b)
Sparkassen erhöhen Konsolidierungstempo, in: Börsen-Zeitung vom 14.07.2004.

Fuchs, J. (2002)
Erwerbspotenzial und Stille Reserve – Konzeption und Berechnungsweise, in: Kleinhenz, G., (Hrsg.), IAB-Kompendium Arbeitsmarkt- und Berufsforschung. Beiträge zur Arbeitsmarkt und Berufsforschung, Nr. 250, (2002).

Furubotn, E.G., Richter, R. (1991)
The New Institutional Economics: An Assessment, in: Furubotn, E.G., Richter, R., (Hrsg.), The New Institutional Economics, Tübingen (1991), S. 1–32.

G

Gabele, E., Kretschmer, H. (1986)
Unternehmensgrundsätze, Zürich (1986).

Ganske, T. (1996)
Mitbestimmung, Property-Rights-Ansatz und Transaktionskostentheorie, Frankfurt a.M. (1996).

Gehrke, C. (1990)
Wachstumstheoretische Vorstellungen bei Adam Smith, in: Kurz, H.D., (Hrsg.), Adam Smith (1723–1790) – Ein Werk und seine Wirkungsgeschichte, Marburg (1990), S. 129–151.

Geißler, R. (2000a)
Ethnische Minderheiten, in: Bundeszentrale für politische Bildung, (Hrsg.), o. J. (2000), S. 29–36.

Geißler, R. (2000b)
Bildungsexpansion und Bildungschancen, in: Bundeszentrale für politische Bildung, (Hrsg.), o. J. (2000), S. 39–45.

Geißler, R. (2000c)
Ungleichheit zwischen Frauen und Männern, in: Bundeszentrale für politische Bildung, (Hrsg.), o. J. (2000), S. 45–51.

Geißler, R. (2001)
Sozialstruktur und gesellschaftlicher Wandel, in: Korte, K.-R., Weidenfeld, W., (Hrsg.), Deutschland Trend Buch, Bonn (2001), S. 97–135.

Gerke, W., Peters, R.-H., Westerheide, P. (2002)
Determinanten und Perspektiven der Beschäftigungsentwicklung im Finanzsektor, in: Die Bank, 42. Jg. (2002), S. 314–318.

Gerlach, R. (2003)
Entwicklung und Zukunft regionaler Finanzplätze am Beispiel NRW, in: Sparkasse, 120. Jg. (2003), S. 208–212.

Gerlich, P. (1998)
Controlling von Bildung, Evaluation oder Bildungs-Controlling?, München (1998).

Geschwill, J. (1988)
Qualitätszirkel – verschenkte Potentiale, in: Die Bank, 28. Jg. (1988), S. 633–638.

Geßner, A. (2000)
Coaching – Modelle zur Diffusion einer sozialen Innovation in der Personalentwicklung, Frankfurt a.M. (2000).

Gibson, N. (2002)
When the hot desk is increasingly to be found home, in: Financial Times vom 01.02.2002.

Giddens, A. (1999)
Der dritte Weg – die Erneuerung der sozialen Demokratie, Frankfurt a.M. (1999).

Gleiser, S. (1999)
Langfristige Arbeitsmarkttendenzen, in: Siebertz, P., von Stein, J.H., (Hrsg.), Handbuch Banken und Personal, Frankfurt a.M. (1999), S. 827–837.

Gloger, A. (2004)
Beim Personalchef werden Stühle frei, in: Financial Times Deutschland vom 21.06.2004.

Gnahs, D., Krekel, E.M. (1999)
Betriebliches Bildungscontrolling in Theorie und Praxis: Begriffsabgrenzung und Forschungsstand, in: Krekel, E.M., Seusing, B., (Hrsg.), Bildungscontrolling – ein Konzept zur Optimierung der betrieblichen Weiterbildungsarbeit, Bielefeld (1999), S. 13–33.

Goldberg, L.G., Hanweck, G.A., Keenan, M., Young, A. (1991)
Economies of Scale and Scope in the Securities Industry, in: Journal of Banking and Finance, 15. Jg. (1991), S. 91–107.

Goldberg, V.P. (1980)
Relational Exchange. Economics and Complex Contracts, in: American Behavioral Scientists, 23. Jg. (1980), S. 337–352.

Graf, A. (2001)
Evaluation von Personalentwicklung, in: Wirtschaftswissenschaftliches Studium (WiSt), 30. Jg. (2001), S. 69–74.

Graf, A. (2001)
Personalentwicklung und Unternehmenskultur, in: Wirtschaftsstudium (WISU), 15. Jg. (2001), S. 1120–1125.

Graf, A. (2002)
Schlüsselqualifikation Soziale Kompetenz – eine Vergleichsstudie in deutschen und US-amerikanischen Versicherungsunternehmen, in: Zeitschrift für Personalforschung, 16. Jg. (2002), S. 376–391.

Graf, A. (2003)
Interkulturelle Kompetenz als Herausforderung, in: Personal, 55. Jg. (2003), Heft 6, S. 26–29.

Gräf, B. (2003)
Deutsches Wachstumspotenzial: Vor demografischer Herausforderung, in: Schneider, S., (Hrsg.), Deutsche Bank Research, Aktuelle Themen Nr. 277, (2003).

Grant, R.M. (1991)
The Resource-Based Theory of Competitive Advantage: Implications For Strategy Formulation, in: California Management Review, 33. Jg. (1991), S. 114–135.

Gray, L.C. (1914)
Rent under the Assumption of Exhaustibility, in: Quarterly Journal of Economics, 28. Jg. (1914), S. 466–489.

Greff, G., China, R. (2001)
Personalmanager entdecken Lernportale, in: Personalwirtschaft, 5. Jg. (2001), Heft 1, S. 37–40.

Greverus, I.-M. (1995)
Die Anderen und Ich. Vom sich Erkennen, Erkannt- und Anerkanntwerden, Darmstadt (1995).

Groeneveld, J.M. (1999)
The Forces Behind the Consolidation Trend in the European Banking Industry, in: Kredit und Kapital, 32. Jg. (1999), S. 369–392.

Groß, P. (2003)
Waffenstillstand im war for talents, in: Personal, 55. Jg. (2003), Heft 6, S. 42–45.

Grossmann, S.J., Hart, O.D. (1986)
The Costs and Benefits of Ownership: A Theory of Vertical and Lateral Integration, in: Journal of Political Economy, 94. Jg. (1986), S. 691–719.

Grote, M. (1998)
Organisations- und Personalentwicklung in Banken – Strategie und Realisation, 3. Auflage, Frankfurt a.M. (1998).

Grote, M. (2000)
Organisations- und Personalentwicklung in Banken: Strategie und Realisation, 4. Auflage, Frankfurt a.M. (2000).

Gruber, K. (2003)
Ageing Society – Zukunftsszenarien für das Bankgeschäft, in: Die Bank, 43. Jg. (2003), S. 584–588.

Grund, C. (2001)
Zum Signalcharakter unterschiedlicher Wege der Stellenfindung, in: Die Betriebswirtschaft (DBW), 61. Jg. (2001), S. 519–529.

Gruson, M. (2000)
Die Reform des Trennbanksystems in den USA, in: Zeitschrift für Bankrecht und Bankwirtschaft (ZBB), 12. Jg. (2000), S. 153–163.

Güldenberg, S. (2001)
Wissensmanagement und Wissenscontrolling in lernenden Organisationen, 3. Auflage, Wiesbaden (2001).

Gutenberg, E. (1962)
Unternehmensführung, Wiesbaden (1962).

Gutenberg, E. (1972)
Grundlagen der Betriebswirtschaftslehre, Band 1: Die Produktion, 19. Auflage, Berlin (1972).

H

Haase, D. (2001)
Ein knappes Gut: Auszubildende für die Sparkassen-Finanzgruppe, in: Sparkasse, 118. Jg. (2001), S. 112–116.

Haase, D. (2004)
Lehrinstitut und Hochschule befinden sich im Einklang, in: Die SparkassenZeitung vom 16.04.2004.

Hacker, K., Mohrherr, F. (2003)
Personalentwicklung qualifizierter Fach- und Führungskräfte der Sparkassen-Finanzgruppe, in: Betriebswirtschaftliche Blätter, 52. Jg. (2003), S. 58–63.

Hacker, K., Frese, B. (2005)
Ein Förderkonzept für leistungsstarke Mitarbeiter, in: Betriebswirtschaftliche Blätter, 54. Jg. (2005), S. 28–30.

Haferbier, C., von Scheidt, C. (2002)
Lebensplanorientierte Personalentwicklung ist für viele Mitarbeiter eine neue Herausforderung, in: Betriebswirtschaftliche Blätter, 51. Jg. (2002), S. 78–79.

Hagmaier, A. (2004)
Auch Führungskräfte können sich durch Coaching weiterentwickeln, in: Betriebswirtschaftliche Blätter, 53. Jg. (2004), S. 19–22.

Hamm, M. (2003)
Strukturen verändern, in: bankmagazin, 52. Jg. (2003), S. 15–19.

Hammann, P., Freiling, J. (2000)
Einführender Überblick zum Strategischen Kompetenz-Management, in: Hammann, P., Freiling, J., (Hrsg.), Die Ressourcen- und Kompetenzperspektive des Strategischen Managements, Wiesbaden (2000), S. 3–12.

Hanft, A., Reiners, M. (2002)
Intranetbasierte Mitarbeiterbefragungen, in: Personal, 54. Jg., (2002), S. 10–13.

Hansmeyer-Echterdiek, U. (1977)
Führungsausbildung in Banken, Wiesbaden (1977).

Hardenacke, H. (1997)
Schlüsselqualifikationen – ein strategischer Erfolgsfaktor des Unternehmens, in: Gröner, U., de Jongste, H.M., (Hrsg.), Wirtschaftswissenschaft: Anwendungsorientierte Forschung an der Schwelle des 21. Jahrhunderts, Heidelberg (1997), S. 38–39.

Hasewinkel, V., Lemcke, H., Zwicker, E. (2001)
Qualifizierungsinvestitionen durch Bildungscontrolling optimieren, in: Die Bank, 41. Jg. (2001), S. 880–886.

Hauser, M. (1995)
Strategische Neuorientierung der Personalentwicklung für globaltätige Großbanken, Bern (1995).

Heberer, J. (1996)
Betriebliche Weiterbildung in kleinen und mittelständischen Unternehmen: Methoden und Vorgehensweisen, 2. Auflage, Herzogenrath (1996).

Heinen, E. (1992)
Einführung in die Betriebswirtschaftslehre, 9. Auflage, Wiesbaden (1992).

Heintzeler, F. (2001a)
Zukunft der Bank – Bank der Zukunft, in: Die Bank, 41. Jg. (2001), S. 244–249.

Heintzeler, F. (2001b)
Deutschlands Bankenstruktur im gesamteuropäischen Finanzmarkt, in: Rolfes, B., Fischer, T.R., (Hrsg.), Handbuch der europäischen Finanzdienstleistungsindustrie, Frankfurt a.M. (2001), S. 35–45.

Heinzelmann, M. (2004)
Goldfischteich anlegen, in: Personal, 56. Jg. (2004), Heft 6, S. 39–42.

Heitmüller, H.-M. (1999a)
Kernfragen der Personalentwicklung, in: Sparkasse, 116. Jg. (1999), S. 313–318.

Heitmüller, H.-M. (1999b)
Personalpolitik im Wandel des Marktes, in: Betriebswirtschaftliche Blätter, 48. Jg. (1999), S. 5–9.

Helwig, G. (1997a)
Ausgestaltung des Gleichberechtigungsgebotes, in: Bundeszentrale für politische Bildung, (Hrsg.), o. J. (1997), S. 16–26.

Helwig, G. (1997b)
Einstellungen und Lebenspläne, in: Bundeszentrale für politische Bildung, (Hrsg.), o. J. (1997), S. 39–41.

Helwig, G. (1997c)
Frau und Gesellschaft, in: Bundeszentrale für politische Bildung, (Hrsg.), o. J. (1997), S. 27–38.

Hentze, J. (1991)
Personalwirtschaftslehre 1, 5. Auflage, Stuttgart (1991).

Hentze, J. (1994)
Personalwirtschaftslehre, 6. Auflage, Bern (1994.

Herd, H., Bärtele, D.S. (1996)
Markt und Mitarbeiter. Teamorientierte Personalentwicklung im Bankgeschäft, Stuttgart (1996).

Herdt, H.K. (2001)
Experimentenfelder der Bankenzukunft, in: Die Bank, 41. Jg. (2001), S. 325–329.

Herrndorf, U., Schwaab, M.-O. (1995)
Bedarfsgerechte Arbeitszeitmodelle in einer Universalbank, in: Die Bank, 35. Jg. (1995), S. 204–209.

Hertel, J. (1994)
Die internationale Herausforderung, in: Merk, H.G., (Hrsg.), Wirtschaftsstruktur und Arbeitsplätze im Wandel der Zeit, Stuttgart (1994), S. 205–238.

Herz, B. (2001)
Finanzdienstleister und Finanzmärkte im Umbruch – Zusammenfassung und Ausblick, in: Oberender, P., (Hrsg.), Finanzdienstleistungen und Finanzmärkte im Umbruch, Berlin (2001), S. 111–119.

Herzog, R. (1999)
Personale Aspekte neuerer Managementkonzepte – Bestandsaufnahme und Perspektiven, in: Siebertz, P., von Stein, J.H., (Hrsg.), Handbuch Banken und Personal, Frankfurt a.M. (1999), S. 733–764.

Hielscher, V. (2000)
Entgrenzung von Arbeit und Leben? Die Flexibilisierung von Arbeitszeiten und ihre Folgewirkungen für die Beschäftigten, Berlin (2000).

Hillmann, K.-H. (2001)
Zur Wertewandelforschung: Einführung, Übersicht und Ausblick, in: Osterdiekhoff, G.W., Jegelka, N., (Hrsg.), Werte und Wertewandel in westlichen Gesellschaften, Opladen (2001), S. 15–39.

Hinrichs, K. (1996)
Das Normalarbeitsverhältnis und der männliche Familienernährer als Leitbilder der Sozialpolitik, in: Sozialer Fortschritt, 45. Jg. (1996), S. 102–107.

Hofer, C., Schendel, D. (1978)
Strategy Formulation: Analytical Concepts, St. Paul (1978).

Hofmann, M. (2003)
Vertrauensarbeitszeit steigert die Motivation der Mitarbeiter, in: Die SparkassenZeitung vom 11.07.2003.

Hohberger, S. (2001)
Operationalisierung der Transaktionskostentheorie im Controlling, Wiesbaden (2001).

Homburg, C., Stock, R. (2001)
Burnout von Mitarbeitern im Dienstleistungsbereich – Ansatzpunkte zur Vermeidung durch persönliches Ressourcenmanagement, in: Bruhn, M., Stauss, B., (Hrsg.), Dienstleistungsmanagement Jahrbuch 2001, Wiesbaden (2001), S. 480–500.

Honegger, J. (2001)
Employability statt Jobsicherheit, in: Personalwirtschaft, 5. Jg. (2001), S. 50–54.

Hopfenbeck, W. (1998)
Allgemeine Betriebswirtschafts- und Managementlehre: Das Unternehmen im Spannungsfeld zwischen ökonomischen, sozialen und ökologischen Interessen, 12. Auflage, Landesberg/Lech (1998).

Höpflinger F. (1997)
Bevölkerungssoziologie: Eine Einführung in bevölkerungssoziologische Ansätze und demographische Prozesse, München (1997).

Hoppe, U., Huisinga, H. (1996)
Computergestützte Lernprogramme, in: Die Bank, 36. Jg. (1996), S. 556–560.

Hoppenstedt, D.H. (2003a)
Kosten senken und Erträge steigern – die Strategie der Sparkassen-Finanzgruppe, in: Baxmann, U.G., (Hrsg.), Kostenmanagement und Effizienzsteigerung, Frankfurt a.M. (2003), S. 49–61.

Hoppenstedt, D.H. (2003b)
Die Sparkassen-Finanzgruppe im nationalen und internationalen Bankenwettbewerb, in: Zeitschrift für das gesamte Kreditwesen (ZfgK), 56. Jg. (2003), S. 273–277.

Hormel, R., Hiltl, M. (2004)
Vorurteile überprüfen, in: Personal, 56. Jg. (2004), Heft 6, S. 18–21.

Horn, K. (2001)
Die Globalisierung und der Euro, die Lagune und das Ego, in: Frankfurter Allgemeine Zeitung vom 20.12.2001.

Hörner, W. (2001)
Zur statistischen Erfassung des lebenslangen Lernens, in: Wirtschaft und Statistik, 80. Jg. (2001), S. 667–677.

Horsch, J. (2000)
Personalplanung: Grundlagen, Gestaltungsempfehlungen, Praxisbeispiele, Herne (2000).

Hotelling, H. (2001)
The Economics of Exhaustible Resources, in: Sankar, U., (Hrsg.), Environmental Economics, Neu Delhi (2001), S. 83–112.

Hroch, N., Lippmann, M. (2003)
Metaphern und Lernen in KMU, in: Fischer, C., Nissen, D., Ott, I., Schöning, S., (Hrsg.), Fokus Mittelstand, Frankfurt a.M. (2003), S. 111–125.

Humbert, M. (1995)
The Impact of Globalization on Europe's Firms and Industries, London (1995).

Hummel, T.R. (1999)
Erfolgreiches Bildungscontrolling: Praxis und Perspektiven, Heidelberg (1999).

Hunt, S.D., Morgan, R.M. (1995)
The Comparative Advantage Theory of Competition, in: Journal of Marketing, 59. Jg. (1995), S. 1–15.

Hunziger, A. (2003a)
Mit Worklife-Balance wettbewerbsfähig bleiben, in: Personalführung, 36. Jg. (2003), S. 52–55.

Hunziger, A. (2003b)
Mit Worklife-Balance wettbewerbsfähig bleiben, in: Personalwirtschaft, 7. Jg. (2003), Heft 4, S. 52–55.

I

IMF (2003)
German Selected Issues, IMF Country Report No. 03/242, Washington (2003).

Instenberg-Schieck, G. (1999)
Multi Channel Banking – die Wege zum Kunden, in: Die Bank, 39. Jg. (1999), S. 602–607.

J

Jensen, M.C., Meckling, W.H. (1976)
Theory of the Firm: Managerial Behavior, Agency Costs and Ownership Structure, in: Journal of Financial Economics, 3. Jg. (1976), S. 305–360.

Jentjens, S. (1997)
Führungskräfteentwicklung in Großbanken: ein deutsch-französischer Vergleich, München (1997).

Jerusalem, C. (2002)
Abfindungen kosten zu viel, in: Personalwirtschaft, 6 Jg. (2002), Heft 11, S. 44.

Jochmann, W. (1999)
Strategien der internen und externen Personalbeschaffung, in: Siebertz, P., von Stein, J.H., (Hrsg.), Handbuch Banken und Personal, Frankfurt a.M. (1999), S. 203–274.

Johansson, S. (2001)
Online-Lernen ist 20 Prozent effektiver, in: Personalwirtschaft, 5. Jg. (2001), Heft 1, S. 42–45.

Jost, P.-J. (2001)
Der Transaktionskostenansatz im Unternehmenskontext, in: Jost, P.-J., (Hrsg.), Der Transaktionskostenansatz in der Betriebswirtschaftslehre, Stuttgart (2001), S. 9–34.

Jung, H. (1999)
Personalwirtschaft, 3. Auflage, München (1999).

Jung, H. (2001)
Personalwirtschaft, 4. Auflage, München (2001).

Jungwirth, C. (1999)
Anreize zum Qualifikationserhalt während des Erziehungsurlaubs, in: Personalwirtschaft, 3. Jg. (1999), Heft 4, S. 28–34.

Jürgens, V. (1998)
Ressourcenorientierte Leistungserstellung, Schesslitz (1998).

K

Kaas, K.-P. (1991)
Marktinformationen: Screening und Signaling unter Partnern und Rivalen, in: Zeitschrift für Betriebswirtschaft (ZfB), 61. Jg. (1991), S. 357–370.

Kahle, E. (1999)
Vertrauen als Voraussetzung für bestimmte Formen organisatorischen Wandels, Forschungsgruppe Kybernetische Unternehmens-Strategie, FOKUS, Arbeitsbericht Nr. 01/99, Lüneburg (1999).

Kailer, N. (1998)
Innovative Weiterbildung durch Computer Based Training: Ergebnisse einer europaweiten Studie, Wien (1998).

Kairies, K., Schrott, E. (2002)
Soft Skills haben einen großen Einfluss auf den Unternehmenserfolg, in: Betriebswirtschaftliche Blätter, 51. Jg. (2002), S. 62–68.

Kaiser, F.-J. (1999)
Grundannahmen und methodische Neuansätze erwachsengerechter Aus- und Weiterbildung im Betrieb, in: Martin, A., Nienhüser, W., Mayrhofer, W., (Hrsg.), Die Bildungsgesellschaft im Unternehmen? Festschrift für Wolfgang Weber, München (1999), S. 181–202.

Kakabadse, A., Fricker, J. (1996)
Anreize und Pfade zur lernenden Organisaion, in: Sattelberger, T., (Hrsg.), Die lernende Organisation: Konzepte für eine neue Qualität der Unternehmensentwicklung, 3. Auflage, Wiesbaden (1996), S. 67–77.

Kantzenbach, E. (1967)
Die Funktionsfähigkeit des Wettbewerbs, 2. Auflage, Göttingen (1967).

Kantzenbach, E., Kallfass H.H. (1981)
Das Konzept des funktionalen Wettbewerbs – workable competition –, in: Cox, H., Jens, U., Markert, K, (Hrsg.), Handbuch des Wettbewerbs, München (1981), S. 103–127.

Kaplan, R. S., Norton, D. P. (1997)
Balanced Scorecard: Strategien erfolgreich umsetzen, Stuttgart (1997).

Karbach, R. (1986)
Automationsbedingte Veränderungen des Einsatzes menschlicher Arbeitskraft im Bankbetrieb und Konsequenzen für die bankbetriebliche Geschäftspolitik, Göttingen (1986).

Karsch, W. (2004)
Bewegung in der Bankenwelt, in: die bank, 44. Jg. (2004), Heft 8, S. 33–35.

Kieser, A., Koch, U., Woywode, M. (1999)
Wie man Bürokratien das Lernen beibringt, in: Zeitschrift für Organisation (zfo), 68. Jg. (1999), S. 128–133.

Kirmße, S., Koch, U. (2001)
Ertrags- und Kostenstruktur europäischer Banken im Vergleich, in: Rolfes, B., Fischer, T.R., (Hrsg.), Handbuch der europäischen Finanzdienstleistungsindustrie, Frankfurt a.M. (2001), S. 24–34.

Kisker, M. (2003)
Zeitkontenausgleich statt Kündigung, in: Personalwirtschaft, 7. Jg. (2003), Heft 3, S. 36–38.

Klau, A. (1999)
Globalisierung: Definition, Bestimmungsgründe, Auswirkungen, in: Diskussionsbeiträge des Instituts für allgemeine Wirtschaftsforschung, Abteilung für mathematische Ökonomie, Freiburg (1999).

Klein, B., Crawford, R.G., Alchian, A.A. (1978)
Vertical Integration, Appropriable Rents, and the Competitive Contracting Process, in: Journal of Law and Economics, 21. Jg. (1978), S. 297-326.

Klein, S. (1989)
Theorie der Unternehmensplanung, Stuttgart (1989).

Klein, S., Teubner, R.A. (1999)
Informationsverhalten und Informationsstrukturen, in: Korff, G., (Hrsg.), Handbuch der Wirtschaftsethik, Band 3: Ethik wirtschaftlichen Handelns, Gütersloh (1999), S. 416–432.

Klein, W. (2000)
Informationstechnologie als strategische Herausforderung für die Sparkassen-Finanzgruppe, in: Priewasser, E., Kleinheyer, N., (Hrsg.), Handbuch Veränderungsmanagement und Restrukturierung im Kreditgewerbe, Frankfurt a.M. (2000), S. 439–452.

Klingholz, R. (2004)
Aufbruch in ein anderes Land, in: GEO, o. Jg. (2004), S. 89–94.

Klodt, H. (1995)
Auf dem Weg in die Dienstleistungsgesellschaft – Geht die industrielle Basis verloren?, in: Wirtschaftswissenschaftliches Studium (WiSt), 24. Jg. (1995), S. 297–301.

Klodt, H. (1998)
Tertiarisierung, in: Wirtschaftswissenschaftliches Studium (WiSt), 27. Jg. (1998), S. 394–399.

Knebel, H. (2003)
Der Engpassfaktor Mensch, in: Personal, 55. Jg. (2003), Heft 9, S. 12–15.

Knecht, H. (1997)
Personalpolitische Herausforderungen im Domestic Banking, in: Zeitschrift für Organisation (zfo), 66. Jg. (1997), S. 196–200.

Knecht, H., Spillmann, S. (1999)
Integration neuer Mitarbeiter, in: Siebertz, P., von Stein, J.H., (Hrsg.), Handbuch Banken und Personal, Frankfurt a.M. (1999), S. 299–318.

Knottenbauer, K. (2000)
Theorien des sektorellen Strukturwandels, Marburg (2000).

Kobi, J.-M. (1999)
Personalrisikomanagement, eine neue Dimension im Human Resource Management: Strategien zur Steigerung des People Value, Wiesbaden (1999).

Kobi, J.-M. (2001)
Management des Personalrisikos, in: Personalwirtschaft, 4. Jg. (2001), S. 31–37.

Kobi, J.-M. (2002)
Personalrisiken – eine neue Dimension im Human-Resources-Management, in: Sparkasse, 119. Jg. (2002), S. 280–281.

Koch, E. (2000)
Globalisierung der Wirtschaft, München (2000).

Koch, S., Walter, P. (2002)
E-Learning in der Sparkassen-Finanzgruppe, in: Die SparkassenZeitung vom 15. 11. 2002.

Köhler, H.-D. (2000)
Neue Strategien im Human Resource Management kleiner und mittlerer Unternehmen, in: Zeitschrift für Betriebswirtschaft (ZfB), 70. Jg. (2000), S. 671–682.

Köhler, P., Landgraf, R., Potthoff, C. (2003)
Sparkassen wollen reiche Kunden binden, in: Handelsblatt vom 16. 10. 2003.

Koller, B. (2003)
Ältere ab 55 Jahren – Erwerbstätigkeit, Arbeitslosigkeit und Leistungen der Bundesanstalt für Arbeit, in: IAB-Werkstattbericht Nr. 5, Nürnberg (2003).

Kolschen, S. (1996)
Qualität von Finanzdienstleistungen, Freiberg (1996).

König, E., Volmer, G. (2003)
Systemisches Coaching, 2. Auflage, Weinheim, (2003).

Körner, M. (2001)
Ursachen und Grundkonzept der Strategie 2010, in: Kary, H., (Hrsg.), Strategische Neuausrichtung einer Sparkasse, Stuttgart (2001), S. 182–196.

Körnert, J. (1999)
Dominoeffekte im Bankensystem – Theorien und Evidenz, Berlin (1999).

Körnert, J. (2003)
Balanced Scorecard. Theoretische Grundlagen und Perspektivwahl für Kreditinstitute, Berlin (2003).

Körnert, J. (2004)
Vieles spricht für eine stärkere Modifizierung der Balanced Scorecard, in: Betriebswirtschaftliche Blätter, 53. Jg. (2004), S. 171–176.

Kort, K. (2004)
Deutsche Banken verkennen Potenzial ausländischer Kunden, in: Handelsblatt vom 06. 07. 2004.

Korte, K.-R., Weidenfeld, W. (2001)
Die Deutschland-Trends: Einführung, in: Korte, K.-R., Weidenfeld, W., (Hrsg.), Deutschland Trend Buch, Bonn (2001), S. 7–13.

Koschatzky, K. (1997)
Strukturwandel und Innovation zwischen Globalisierung und Regionalisierung, in: Sparkasse, 114. Jg. (1997), S. 218–221.

Kraemer, W. (2001)
Das E-Business der Personalentwicklung, in: Personalwirtschaft. 5. Jg. (2001), Heft 1, S. 22–27.

Kraft, M., Landes, T. (1996)
Statistische Methoden, 3. Auflage, Heidelberg (1996).

Krause, M. (1977)
Fort- und Weiterbildung im Bankbetrieb – ein Mittel der Motivation, Frankfurt a. M., (1977).

Krautwurst, O. (2000)
Banken als lernfähige Organisation, Wiesbaden (2000).

Krautwurst, O. (2001)
Organisatorisches Lernen durch integrative Personalentwicklung, in: Wirtschaftswissenschaftliches Studium (WiSt), 30. Jg. (2001), S. 189–193.

Kreckel, R. (1992)
Politische Soziologie der sozialen Ungleichheit, Frankfurt a. M. (1992).

Kredelbach, T. (1998)
Weiterbildungscontrolling in der Kreditwirtschaft, in: Die Bank, 38. Jg. (1998), S. 440–442.

Kreilkamp, E. (1987)
Strategisches Management und Marketing, Berlin (1987).

Kreilkamp, E. (1995)
Tourismusmarkt der Zukunft, Frankfurt a. M. (1995)..

Krelle, W. (1985)
Theorie des wirtschaftlichen Wachstums, Berlin (1985).

Kreps, D.M. (1990)
A Course in Microeconomics Theory, New York (1990).

Kreyenschmidt, G. (1997)
Bankennachwuchs: Differenzierter Bedarf, in: Die Bank, 37. Jg. (1997), S. 18–21.

Kreyenschmidt, G. (2000)
Ausbildung und Beschäftigung im positiven Trend, in: Die Bank, 40. Jg. (2000), S. 390–395.

Krismann, G. (2004)
Chancen auf dem Arbeitsmarkt, in: Westfälisches Volksblatt vom 15. 06. 2004.

Kröll, M., Brinkmann, A. (1999)
Strukturwandel und Innovation als Herausforderungen für die (Weiter-) Beschäftigung von älteren Arbeitnehmern, in: WSI Mitteilungen, o. J. (1999), Heft 4, S. 273–285.

Kromrey, H. (1998)
Empirische Sozialforschung, 8. Auflage, Opladen (1998).

Krüsselberg, H.-G. (1999)
Theoriebildung im 17., 18. und 19. Jahrhundert, in Korff, W., (Hrsg.), Handbuch der Wirtschaftsethik, Band 1: Verhältnisbestimmung von Wirtschaft und Ethik, Gütersloh (1999), S. 375–461.

Kubacki, P. (1998)
Gesunde Mitarbeiter – gesundes Unternehmen, in: Die Bank, 38. Jg. (1998), S. 698–700.

Kubiak, K.-P. (2001)
Telearbeit – Chance für Firma und Mitarbeiter, in: Die SparkassenZeitung vom 20. 07. 2001.

Kufer, L. (2002)
Telearbeit als innovative Arbeitsform der Zukunft, in: Personal, 54. Jg. (2002), Heft 4, S. 22–25.

Kuhn, G., Kehrle, K. (1999)
Marktveränderungen und neue Qualifikationen in der Anlageberatung, in: Landmesser, M.L., Simon, J., (Hrsg.), Bankenmarkt im Wandel: Qualifizierungsstrategien für Volksbanken und Raiffeisenbanken, Wiesbaden (1999), S. 41–75.

Kunz, H. (1985)
Marktsystem und Information, Tübingen (1985).

Küppers, B., Leuthold, D., Pütz, H. (2001)
Effizienzkriterien und Controlling der betrieblichen Berufs- und Weiterbildungsarbeit, in: Küppers, B., Leuthold, D., Pütz, H., Berufliche Aus- und Weiterbildung, München (2001), S. 17–34.

Kurz, H.D. (1990)
Adam Smith: Eine biographische Skizze, in: Kurz, H.D., (Hrsg.), Adam Smith (1723–1790) – Ein Werk und seine Wirkungsgeschichte, Marburg (1990), S. 13–22.

Kuß, H. (2000)
Qualitätscontrolling in der kreditwirtschaftlichen Weiterbildung, Frankfurt (2000).

Kuwan, H. (1996)
Faktoren der Teilnahme an beruflicher Weiterbildung, in: von Bardeleben, R., Bolder, A., Heid, H., (Hrsg.), Kosten und Nutzen beruflicher Bildung, Stuttgart (1996), S. 70–83.

Kuznets, S. (1963)
Notes on the Take-Off, in: Rostow, W., (Hrsg.), The Economics of Take-Off into Sustained Growth, New York (1963), S. 22–43.

L

Lado, A.A. (1994)
Wilson, M.C., Human Resource Systems and Sustained Competitive Advantage: Competency-Based Perspective, in: Journal of Management Review, 19. Jg. (1994), S. 699–727.

Landau, K. (1999)
Ergonomische Gestaltung des Arbeitssystems Bankbetrieb, in: Siebertz, P., von Stein, J.H., (Hrsg.), Handbuch Banken und Personal, Frankfurt a.M. (1999), S. 343–368.

Lane, R.E. (1966)
The Decline of Politics and Ideology in a Knowledgeable Society, in: American Sociological Review, 31. Jg. (1966), S. 649–662.

Lang, C. (2004)
Keine Entwarnung am Arbeitsmarkt für Banker, in: Börsen-Zeitung vom 17.04.2004.

Lange A. (1989)
Personalentwicklung bei Beiersdorf, in: Riekhof, H.-C., (Hrsg.), Strategien der Personalentwicklung, 2. Auflage, Wiesbaden (1989), S. 169–182.

Langenbrinck, B. (1999)
Gleitender Übergang in den Ruhestand durch Altersteilzeit, in: Sparkasse, 116. Jg. (1999), S. 575–579.

Langerfeldt, M. (2002)
Transaktionskostentheorie, in: Wirtschaftsstudium (WISU), 16. Jg. (2002), S. 653–655.

Lehner, F. (2001)
E-Learning – Aus- und Weiterbildung über das Internet (II), in: Wirtschaftsstudium (WISU), 15. Jg. (2001), S. 1147–1154.

Leidhold, W. (2001)
Wissensgesellschaft, in: Korte, K.-R., Weidenfeld, W., (Hrsg.), Deutschland Trend Buch, Bonn (2001), S. 429–460.

Leipold, H. (1978)
Theorie der Property Rights: Forschungsziele und Anwendungsbereiche, in: Wirtschaftswissenschaftliches Studium (WiSt), 7. Jg. (1978), S. 518–525.

Lengemann, V., Meiser, K. (2004)
Weiterbildung – effektiv und kostengünstig, in: Personal, 56. Jg. (2004), Heft 6, S. 36–38.

Lenzen, A. (1998)
Erfolgsfaktor Schlüsselqualifikationen: Mitarbeiter optimal fördern, Heidelberg (1998).

Lichtblau, K., Meyer, B., Ewerhart, G. (1996)
Komplementäres Beziehungsgeflecht zwischen Industrie und Dienstleistungen, in: IW-Trends, 23. Jg. (1996), Heft 4, S. 1–19.

Liebau, G. (1989)
Monetäre Leistungen und konzeptionelle Erfassung des Betriebs, in: Deppe, H.-D., (Hrsg.), Geldwirtschaft und Rechnungswesen, Band 1, Göttingen (1989), S. 27–150.

Lienemann, C., Reis, T. (1996)
Der ressourcenorientierte Ansatz, in: Wirtschaftswissenschaftliches Studium (WiSt), 25. Jg. (1996), S. 257–260.

Lindena, B. (1996)
Flexible Arbeitszeitgestaltung in der Commerzbank, in: Meier, H., Schindler, U., (Hrsg.), Human Resources Management in Banken: Strategien, Instrumente und Grundsatzfragen, Wiesbaden (1996), S. 395–423.

Linsinger, L., Kirsten, M., Finke, I. (2003)
Praxisproblem Wissen, in: Personalwirtschaft, 7. Jg. (2003), Heft 3, S. 60–63.

Lipsmeier, A. (1991)
Berufliche Weiterbildung: Theorieansätze, Strukturen, Qualifizierungsstrategien, Perspektiven, Frankfurt a.M. (1991).

Lochmaier, L. (2003)
Größtes Projekt Großbritanniens ist hochprofitabel, in: Personalwirtschaft, 7. Jg. (2003), Heft 8, S. 35–38.

Löhr, D. (1999)
Globalisierung, Deregulierung und „dritte technologische Revolution“, in: HWWA, (Hrsg.), Wirtschaftsdienst o. J. (1999), S. 123–132.

Looss, W. (1997)
Unter vier Augen: Coaching für Manager, 4. Auflage, Landsberg/Lech (1997).

Ludolph, H., Stoltze, K. (2000)
Erfahrungen mit der neuen Ausbildungsordnung am Beispiel der Sparkasse Erfurt, in: Sparkasse, 117. Jg. (2000), S. 330–333.

Luthans, F. (1996)
Management, New York (1996).

M

Maasch, J. (1996)
Strategische Personalplanung, Wiesbaden (1996).

Macharzina, K. (1993)
Unternehmensführung, Wiesbaden (1993).

Mag, W. (1975)
Infomationsbeschaffung, in: Grochla, E., Wittmann, W., (Hrsg.), Handwörterbuch der Betriebswirtschaft, Band I/2, 4. Auflage, Stuttgart (1975), Sp.1882–1894.

Mahammadzadeh, M. (2004)
Balanced Scorecard, in: Wirtschaftsstudium (WISU), 18. Jg. (2004), S. 187.

Mahoney, J.T., Pandian, J.R. (1992)
The Resource-Based View within the Conversation of Strategic Management, in: Strategic Management Journal, 13. Jg. (1992), S. 363–380.

Maijoor, S., Witteloostuijn, A. (1996)
An Empirical Test of the Resource-based Theory: Strategic Regulation in the Dutch Audit Industry, in: Strategic Management Journal, 17. Jg. (1996), S. 549–569.

Maitland, A. (2002)
A fresh start for older employees, in: Financial Times vom 22.01.2002.

Mandel, H., Reinmann-Rothmeier, G. (2000)
Wissensmanagement, München (2000).

Mang, T., Düren, A. (2002)
Ein innovatives Hochschulkonzept der Sparkassen-Finanzgruppe, in: Sparkasse, 119. Jg. (2002), S. 438–441.

Mangold, M., Caspar, S., Hochmuth, U. (1996)
Qualifizierung im Strukturwandel: zur Bedeutung der Weiterbildung, Tübingen (1996).

Markowitz, H.M. (1952)
Portfolio Selection, in: Journal of Finance, 7. Jg. (1952), S. 77–91.

Marliere-Farnschläger, A. (1999)
Grenzmanagement: Die Metamorphose der Banken, in: Die Bank, 39. Jg. (1999), S. 838–844.

Martin, A. (2001)
Personal – Theorie, Politik, Gestaltung, Stuttgart (2001).

Masemann, H. (1990)
Weiterbildung in Kreditinstituten: ein Leitfaden für die Praxis der Personalentwicklung, Wiesbaden, (1990).

Masten, S.E. (1986)
The Economic Institutions of Capitalism: A Review Article, in: Journal of Institutional and Theoretical Economies, 142. Jg. (1986), S. 445–451.

Maudos, J., Pastor, J.M., Pérez, F., Quesada, J. (2002)
Cost and profit efficiency in European banks, in: Journal of Financial Markets, Institutions & Money, 12. Jg. (2002), S. 33–58.

Maurer, A. (2003)
Der „Mut zum Erfolg“ ist gefragt, in: Die SparkassenZeitung vom 11.07.2003.

Mayrhofer, W., Meyer, M., Steyrer, J., Iellatchitch, A., Schiffinger, M., Strunk, G., Erten-Buch, C., Hermann, A., Mattl, C. (2002)
Einmal gut, immer gut? Einflussfaktoren auf Karrieren in neuen Karrierefeldern, in: Zeitschrift für Personalforschung (ZfP), 16. Jg. (2002), S. 392–414.

McGill, M., Slocum, J.W. (1996)
Das intelligente Unternehmen – Wettbewerbsvorteile durch schnelle Anpassung an Marktbedürfnisse, Stuttgart (1996).

Meffert, H., Bruhn, M., (1997)
Dienstleistungsmarketing, 2. Auflage, Wiesbaden (1997).

Mehra, A. (1996)
Resource and Market Based Determinants of Performance in the U.S. Banking Industry, in: Strategic Management Journal, 17. Jg. (1996), S. 307–322.

Meier, H. (1992)
Personalentwicklung in Banken – Strategien, Konzepte, Instrumente, Wiesbaden (1992).

Meier, H. (1995a)
Strategische Planung und Personalentwicklung in Banken und Sparkassen: Anspruch, Schein und Wirklichkeit, Wiesbaden (1995).

Meier, H. (1995b)
Handwörterbuch der Aus- und Weiterbildung, Neuwied (1995).

Meier, H. (1996)
Strategieorientierte Personalplanung in Banken und Sparkassen, in: Meier, H., Schindler, U., (Hrsg.), Human Ressources in Banken, Wiesbaden (1996), S. 45–66.

Meier, H. (2001)
Dynamische Strukturen statt traditioneller Wege, in: bankmagazin, 50. Jg. (2001), Heft 8, S. 60–62.

Meifert, M., Müller, O. (1997)
Banker's Business Simulation – Software für die Bildung, in: Die Bank, 37. Jg. (1997), S. 314–315.

Meinhövel, H. (2004)
Grundlagen der Principal-Agenten-Theorie, in: Wirtschaftswissenschaftliches Studium (WiSt), 33. Jg. (2004), S. 470–475.

Meister, E. (2000)
Aktuelle Herausforderungen in der Kreditwirtschaft, in: Deutsche Bundesbank, (Hrsg.), Auszüge aus Presseartikeln, Nr. 57, o. J. (2000), S. 4–8.

Mentzel, W. (1997)
Unternehmenssicherung durch Personalentwicklung: Mitarbeiter motivieren, fördern und weiterbilden, 7. Auflage, Freiburg, (1997).

Merk, H.G. (1994)
Strukturwandel heute und morgen, in: Merk, H.G., (Hrsg.), Wirtschaftsstruktur und Arbeitsplätze im Wandel der Zeit, Stuttgart (1994), S. 6–14.

Merk, R. (1998)
Weiterbildungsmanagement: Bildung erfolgreich und innovativ managen, 2. Auflage, Berlin (1998).

Mertens, D. (1974)
Schlüsselqualifikationen: Thesen zur Schulung für eine moderne Gesellschaft, in: Bolte, K., Büttner, H., Ellinger, T., (Hrsg.), Mitteilungen aus der Arbeitsmarkt- und Berufsforschung, Stuttgart; 7. Jg. (1974), S. 39–42.

Mester, L.J. (1993)
Efficiency in the Savings and Loan Industry, in: Journal of Banking and Finance, 17. Jg. (1993), S. 267–286.

Meyer, L. (2001)
Bankassurance, in: Rolfes, B., Fischer, T.R., (Hrsg.), Handbuch der europäischen Finanzdienstleistungsindustrie, Frankfurt a.M. (2001), S. 319–328.

Michael, M. (2000)
Die Verantwortung der Personalentwicklung für eine ethikorientierte Unternehmensführung, in: Sparkasse, 117. Jg. (2000), S. 496–501.

Middelmann, U. (2003)
Krisentherapie: Welche Medizin kann tatsächlich heilen?, in: Die Bank, 43. Jg. (2003), S. 234–239.

Miegel, M. (1998)
Zukunft der Arbeit – die unternehmerische Wissensgesellschaft, in: Vereinigung für Bankbetriebsorganisation, (Hrsg.), Der Wertewandel in der Gesellschaft als strategische Herausforderung für die Geschäftsleitungen der privaten Banken, Frankfurt a.M. (1998), S. 70–88.

Mildenberger, U. (2002)
Wissensmanagement versus Kern-Kompetenzmanagement, in: Bellmann, K., Freiling, J., Hammann, P., Mildenberger, U., (Hrsg.), Aktionsfelder des Kompetenz-Managements, Wiesbaden (2002), S. 293–307.

Milgrom, P., Roberts, J. (1992)
Economics, oganization and management, Englewood Cliffs (1992).

Miller, D., Shamsie, J. (1996)
The Resource-Based View of the Firm in two Environments: The Hollywood Film Studios from 1936 to 1965, in: Academy of Management Journal, 39. Jg. (1996), S. 519–543.

Möllering, G. (2002)
Hinein ins Vertrauen!?, in: Zeitschrift für Organisation (zfo), 71. Jg. (2002), S. 81–88.

Montgomery, C.A. (1996)
Of Diamonds and Rust: A New Look at Resources, in: Montgomery, C.A., (Hrsg.), Resource-based and evolutionary theories of the firm: towards a synthesis, 2. Auflage, Norwell (1996), S. 251–278.

Moog, M. (2000)
Flexible Gestaltung der Arbeitszeit, in: Personal, 52. Jg. (2000), Heft 3, S. 124–126.

Moormann, D., Schnitzler, R., (2004)
Wachstum der Sparkassen hat sich spürbar verlangsamt, in: Betriebswirtschaftliche Blätter, 53. Jg. (2004), S. 301–302.

Möschel, W. (2000)
Die zukünftige Rolle des Staates in der deutschen Kreditwirtschaft, in: Die Bank, 40. Jg. (2000), S. 84–89.

Mroß, M. (1999)
Neue Entwicklungen in der Personalwirtschaft, in: Wirtschaftsstudium (WISU), 13. Jg. (1999), S. 1274–1275.

Mudra, P. (1998)
Die betriebliche Weiterbildung in Kreditinstituten im Hinblick auf die Partizipationsmöglichkeiten der Mitarbeiter, Karlsruhe (1998).

Mühlemeyer, P., Flenner, V. (2002)
Umsetzung des „Managementinstruments Personalentwicklung" in der betrieblichen Praxis, Ergebnisse einer explorativen Studie an der Fachhochschule Worms, in: Personal Zeitschrift für Human Resource Management, 54. Jg. (2002), Heft 7, S. 20–24.

Müller, B., Petersen, T., Junge, S. (2003)
Computer-Based-Training in der betrieblichen Ausbildung von Sparkassen, in: Betriebswirtschaftliche Blätter, 52. Jg. (2003), S. 67–70.

Müller, G. (2003)
An älteren Mitarbeitern geht kein Weg vorbei, in: Personalwirtschaft, 7. Jg. (2003), Heft 8, S. 47–49.

Müller, S. (1999)
25 Jahre Eignungstestserie Bankkaufmann, in: Sparkasse, 116. Jg. (1999), S. 571–573.

Müller, S. (2003)
Jungbanker müssen flexibel, kreativ und lösungsorientiert sein, in: Die SparkassenZeitung vom 25.07.2003.

Müller-Gebel, K. (1999)
Personalwirtschaftliche Ziele in Kreditinstituten, in: Siebertz, P., von Stein, J.H., (Hrsg.), Handbuch Banken und Personal, Frankfurt a.M. (1999), S. 51–77.

Munro, G.R., Scott, A.D. (1985)
The Economics of Fisheries Management, in: Kneese, A.V., Sweeney, J.L., (Hrsg.), Handbook of Natural Resource and Energy Economics, Amsterdam (1985), S. 623–676.

Münz, R., Ulrich, R.E. (2000)
Migration und zukünftige Bevölkerungsentwicklung in Deutschland, in: Bade, K.J., Münz, R., (Hrsg.), Migrationsreport 2000, Bonn (2000), S. 23–57.

Müser, M. (2000)
Ressourcenorientierte Unternehmensführung: Zentrale Bestandteile und ihre Gestaltung, Köln (2000).

N

Naisbitt, J., Aburdene, P. (1992)
Megatrends 2000, 5. Auflage, Düsseldorf (1992).

Nass, E., Müller-Vorbrüggen, M. (2003)
Personalführung und Menschbild, in: Personal, 55. Jg. (2003), Heft 5, S. 22–26.

Nefiodow, L.A. (2001)
Der sechste Kondratieff, 5. Auflage, Sankt Augustin (2001).

Nelson, P. (1970)
Information and Consumer Behavior, in: Journal of Political Economy, 78. Jg. (1970), S. 311–329.

Nelson, R.R. (1991)
Why firms differ, and how does it matter?, in: Strategic Management Journal, 12. Jg. (1991), S. 61–74.

Neubäumer, R., Kohaut, S. (2002)
Unternehmen investieren nicht nur in Sachkapital, in: Zeitschrift für Betriebswirtschaft (ZfB), 72. Jg. (2002), S. 403–427.

Neuberger, D. (1998)
Mikroökonomik der Bank, München (1998).

Neumann, R., Grzesiek, A., (2005)
Vom Leitbild einer Sparkasse zum zielorientierten Führen, in: Betriebswirtschaftliche Blätter, 54. Jg. (2005), S. 39–42.

Nicolai, C., (2004a)
Stellenbeschreibungen als Führungsinstrument, in: Wirtschaftsstudium (WISU), 18. Jg. (2004), S. 177–180.

Nicolai, C., (2004b)
Outplacement, in: Wirtschaftsstudium (WISU), 18. Jg. (2004), S. 462.

Nietzsche, F., (1980)
Die fröhliche Wissenschaft, in: Colli, G., Montinari, M., (Hrsg.), Sämtliche Werke, Kritische Studienausgabe, 3. Band, München (1980).

Nolte, B., Nolting, R., Stummer, F. (2003)
Begriff, Dynamik und Theorien des Strukturwandels, in: Wirtschaftswissenschaftliches Studium (WiSt), 32. Jg. (2003), S. 295–298.

Nolte, B., Stummer, F. (2002)
Steigerung der Kundenzufriedenheit durch stärkere Integration der Kunden in bankbetriebliche Leistungserstellungsprozesse, in: Bankarchiv, 50. Jg. (2002), S. 209–214.

Nonaka I., Takeuchi H. (1995)
The Knowledge-Creating Company, New York (1995).

North, D.C. (1986)
The New Institutional Economics, in: Journal of Institutional and Theoretical Economics, o. Jg. (1986), S. 230–237.

North, D. C. (1990)
Institutions, Institutional Change and Economic Performance, Cambridge (1990).

North, D.C. (1992)
Institutionen, institutioneller Wandel und Wirtschaftsleistung, Tübingen (1992).

Nowack, M. (1994)
Der Strukturwandel und seine Begleiterscheinungen – Rückblick auf die Entwicklung ausgewählter Wirtschaftsbereiche im früheren Bundesgebiet, in: Merk, H.G., (Hrsg.), Wirtschaftsstruktur und Arbeitsplätze im Wandel der Zeit, Stuttgart (1994), S. 36–65.

O

o. V. (2001)
Beim Job an der Leine fehlen oft die harten Zahlen, in: Die SparkassenZeitung vom 20.07.2001.

o. V. (2002a)
Akademische Ausbildung im Marktbereich immer wichtiger, in: Die SparkassenZeitung vom 08.11.2002.

o. V. (2002b)
Wiedereinstieg in Etappen, in: Die SparkassenZeitung vom 18.01.2002.

o. V. (2003a)
Praxisnahes Studium an der Hochschule der Sparkassen-Finanzgruppe, in: Die SparkassenZeitung vom 21.03.2003.

o. V. (2003b)
Neue Sparkassenhochschulen, in: Frankfurter Allgemeine Zeitung vom 06.09.2003.

o. V. (2003c)
Hochschulen rücken zusammen, in: Die SparkassenZeitung vom 05.12.2003.

o. V. (2003d)
Zehn Jahre Berufsintegriertes Universitätsstudium, in: Die SparkassenZeitung vom 12.12.2003.

o. V. (2004a)
Die Anmeldung für das Lehrinstitut hat begonnen, in: Die SparkassenZeitung vom 09.01.2004.

o. V. (2004b)
Stellenanzeige der Sparkasse Bielefeld, in: Westfälisches Volksblatt vom 24.07.2004.

Oberndörfer, D. (2000)
Zuwanderungsreport in Deutschland – Rückkehr zum Gastarbeitermodell oder Aufbruch in eine neue Gesellschaft, in: Bade, K.J., Münz, R., (Hrsg.), Migrationsreport 2000, Bonn (2000), S. 205–221.

OECD (2002)
Labor Force Statistics, Paris (2002).

Oesterle, H. (1995)
Bildungscontrolling ist Qualitätssicherung, in: von Landsberg, G., Weiss, R., Bildungs-Controlling, 2. Auflage, Stuttgart (1995), S. 133–144.

Offe, C. (1970)
Leistungsprinzip und industrielle Arbeit: Mechanismen der Statusverteilung in Arbeitsorganisationen der industriellen Leistungsgesellschaft, Frankfurt a.M. (1970).

Olbrich, J. (2001)
Geschichte der Erwachsenenbildung, Bonn (2001).

Olfert, K. (2004)
Personalwirtschaft, 4. Auflage, Ludwigshafen (2004).

Olfert, K., Steinbuch, P.A. (2001)
Personalwirtschaft, in: Olfert, K., (Hrsg.), Kompendium der praktischen Betriebswirtschaftslehre, 9. Auflage, Ludwigshafen a. R. (2001).

Oltmanns, T. (1994)
Ökonomie gegen die Armut, in: Sommer, T., (Hrsg.), Zeit der Ökonomen, Hamburg (1994), S. 31–33.

Osterdiekhoff, G.W. (2001)
Epilog; Theorie des Wertewandels als Theorie der Kulturgeschichte? in: Osterdiekhoff, G.W., Jegelka, N., (Hrsg.), Werte und Wertewandel in westlichen Gesellschaften, Opladen (2001), S. 191–206.

Ouchi, W.G. (1980)
Markets, Bureaucracies, and Clans, in: Administrative Science Quarterly, 25. Jg. (1980), S. 129–141.

P

Pape, C. (1999)
Banking der Zukunft, Frankfurt a.M. (1999).

Pasinetti, L. (1981)
Structural Change and Economic Dynamics. A Theoretical Essay on the Dynamics of the Wealth of Nations, Cambridge (1981).

Penrose, E. (1995)
The Theory of the Growth of the Firm, 3. Auflage, Oxford (1995).

Pepels. W. (2004)
Dienstleistungen, in: Wirtschaftsstudium (WISU), 18. Jg. (2004), S. 883–886.

Petermann, F. (1985)
Psychologie des Vertrauens, Salzburg (1985).

Peters, H.-R. (1981)
Grundlagen der Mesoökonomie und Strukturpolitik, Bern (1981).

Peters, H.-R. (1988)
Sektorale Strukturpolitik, München (1988).

Petrovic, O., Kailer, N., Scheff, J., Vogel, D. (1998)
Qualifizieren in der Informationsgesellschaft – Aktueller Stand und Zukunftsperspektiven des Einsatzes neuer Technologien in der Aus- und Weiterbildung, München (1998).

Petry, M., Riepenhausen, J., Klenk, P. (2001)
Gesamtbanksteuerung mit der Balanced Scorecard?, in: Die Bank, 41. Jg. (2001), S. 650–654.

Pfau, W., Bräuer, B. (2003)
Eine systemtheoretische Wissenstypologie zur zielorientierten Problemstrukturierung, in: Wirtschaftswissenschaftliches Studium (WiSt), 32. Jg. (2003), S. 521–527.

Pfeffer, M. (2000)
Mehr Gestaltungsraum, in: Personalwirtschaft, 4. Jg. (2000), Heft 2, S. 57–59.

Pfeffer, M. (2002)
Herausforderung Personalzeitmanagement, in: Personalwirtschaft, 6. Jg. (2002), Heft 3, S. 56–59.

Philipps, B. (2002)
Personalentwicklung – ein Erfolgsfaktor auch in kritischen Zeiten, in: Sparkasse, 119. Jg. (2002), S. 290.

Picot, A. (1993)
Contingencies for the Emergence of Efficient Symbiotic Arrangements, in: Journal of Institutional and Theoretical Economics, 149. Jg. (1993), S. 731–740.

Picot, A., Dietl, H. (1990)
Transaktionskostentheorie, in: Wirtschaftsstudium (WISU), 4. Jg. (1990), S. 178–184.

Picot, A., Dietl, H., Franck, E. (2002)
Organisation: eine ökonomische Perspektive, 3. Auflage, Stuttgart (2002).

Picot, A., Fiedler, M. (2002)
Institutionen und Wandel, in: Die Betriebswirtschaft (DBW), 62. Jg. (2002), S. 242–259.

Picot, A., Reichwald, R., Wigand R.T. (2001)
Die grenzenlose Unternehmung, Information, Organisation und Management, 4. Auflage, Wiesbaden (2001).

Picot, A., Schuller, S. (2001)
Corporate Governance, in: Jost, P.-J., (Hrsg.), Der Transaktionskostenansatz in der Betriebswirtschaftslehre, Stuttgart (2001), S. 79–105.

Plate, B. (2000)
Grundelemente der Globalisierung, in: Bundeszentrale zur politischen Bildung, (Hrsg.), Globalisierung, Bonn (2000).

Plath, H.-E. (2000)
Arbeitsanforderungen im Wandel, Kompetenzen für die Zukunft – Eine folgenkritische Auseinandersetzung mit aktuellen Positionen, in: Mitteilungen aus der Arbeitsmarkt- und Berufsforschung, 33. Jg., Stuttgart (2000), S. 582–586.

Pletz, B. (2002)
Mitarbeiterbindung durch effiziente Einarbeitung, in: Die Sparkassen Zeitung, vom 13.12.2002.

Pöhler, A. (2003)
Die Zahlungsverkehrsabwicklung durch eine Transaktionsbank – Kooperation und Outsourcing, in: Baxmann, U.G., (Hrsg.), Kostenmanagement und Effizienzsteigerung, Frankfurt a.M. (2003), S. 113–137.

Polanyi, M. (1962)
Personal Knowledge, Towards a Post-Critical Philosophy, 2. Auflage., London (1962).

Polster, D. (2001)
Finanzintermeditation und institutioneller Wandel, Aachen (2001).

Pomian, L. (1978)
Der technisch-organisatorische Bereich der wissenschaftlichen Bankbetriebslehre, in: Deppe, H.-D., (Hrsg.), Bankbetriebliches Lesebuch. Ludwig Mülhaupt zum 65. Geburtstag, Stuttgart (1978), S. 477–494.

Porter, M.E. (1980)
Competitive Strategies. Techniques for Analyzing Industries and Competitors, New York (1980).

Posner, R.A. (1977)
Economic Analysis of Law, 2. Auflage, Boston (1977).

Pretzsch, C. (1990)
Empirische Untersuchung zur Bedeutung von Zahlungs- und Haftungsleistungen im Kombinationsprozess von Unternehmen des Nichtfinanziellen Sektors, in: Benner, W., Liebau, G., (Hrsg.), Finanzielle Haftung in der Geldwirtschaft, Stuttgart (1990), S. 97–133.

Prisching, M. (1990)
Adam Smith und die Soziologie – Zur Rezeption und Entfaltung seiner Ideen, in: Kurz, H.D., (Hrsg.), Adam Smith (1723–1790) – Ein Werk und seine Wirkungsgeschichte, Marburg (1990), S. 53–92.

Probst G., Raub S., Romhardt, K. (1999)
Wissen managen: Wie Unternehmen ihre wertvollste Ressource optimal nutzen, 3. Auflage, Frankfurt (1999).

Protz, A. (1999)
Controlling im Personalwesen, in: Siebertz, P., von Stein, J.H., (Hrsg.), Handbuch Banken und Personal, Frankfurt a.M. (1999), S. 135–161.

R

Ramm, P., Laier, A. (2002)
Weibliches Potenzial als Wettbewerbsvorteil bei Siemens, in: Personal, 54. Jg. (2002), Heft 2, S. 26–29.

Rasche, C., Wolfrum, B. (1993)
Ressourcenorientierung im strategischen Management – ein Paradigmenwechsel?, in: Arbeitspapier Nr. 1/1993 des Lehrstuhls für Betriebliche Absatzwirtschaft und Handelsbetriebslehre der Universität Bayreuth, Bayreuth (1993).

Rasche, C., Wolfrum, B. (1994)
Ressourcenorientierte Unternehmensführung, in: Die Betriebswirtschaft (DBW), 54. Jg. (1994), S. 501–517.

Rasmusen, E. (1989)
Games and Information, Cambridge (1989).

Rathmann, C. (2003)
Die Bank-Monolithen entwickeln ein Netzwerk – nach und nach, in: Börsen-Zeitung vom 30.09.2003.

Rathmann, C. (2004)
Was Abfindungen kosten, in: Börsen-Zeitung vom 12.02.2004.

Rathmann, C. (2004a)
Ertragsschwäche bleibt Kardinalproblem, in: Börsen-Zeitung vom 09.06.2004.

Rathmann, C. (2004b)
Sanio: Banken-Konsolidierung nötig, in: Börsen-Zeitung vom 20.07.2004.

Rauen, C. (1999)
Coaching: innovative Konzepte im Vergleich, Göttingen (1999).

Rauen, C. (2000)
Varianten des Coachings im Personalentwicklungsbereich, in: Rauen, C., (Hrsg.), Handbuch Coaching, Göttingen (2000), S. 41–67.

Reese, J. (1994)
Theorie der Organisationsbewertung, 2. Auflage, München (1994).

Reetz, L. (1991)
Zur Bedeutung der Schlüsselqualifikationen in der Berufsbildung, in: Reetz, L., Reitmann, T., (Hrsg.), Schlüsselqualifikationen: Fachwissen in der Krise?, Hamburg (1991), S. 17–22.

Rehm, H. (2000)
Personalpolitische Anforderungen im Bankbetrieb des neuen Jahrtausends, in: Baxmann, U.G., (Hrsg.), Kreditwirtschaftliche Strategien zu Beginn des neuen Jahrtausends, Frankfurt a.M. (2000), S. 79–112.

Reichmann, L., Beitler, M. (2002)
Selbst gesteuerte Lernfähigkeit messen, in: Personalwirtschaft, 6. Jg. (2002), Heft 2, S. 34–37.

Reihlen, M. (2003)
Wege zur Neuorientierung des Wissensmanagements – eine kritisch-konstruktive Würdigung des Beitrags von Schryögg und Geiger, in: Die Betriebswirtschaft (DBW), 63. Jg. (2003), S. 571–581.

Reinartz, W.J., Krafft, M. (2001)
Überprüfung des Zusammenhangs von Kundenbindungsdauer und Kundenertragswert, in: Zeitschrift für Betriebswirtschaft (ZfB), 71. Jg. (2001), S. 1263–1281.

Reinmann-Rothmeier, G. (2002)
Virtuelles Lernen zwischen Mensch und Technik, in: Personal, 54. Jg. (2002), Heft, 1, S. 722–727.

Reiß, W. (1990)
Mikroökonomische Theorie, München (1990).

Rempsperger, H. (2000)
Bankenwettbewerb und Geldpolitik, in: Deutsche Bundesbank, (Hrsg.), Auszüge aus Presseartikeln, Nr. 27, o. J. (2000), S. 2–6.

Renner, K. (2000)
Flexible Steuerung der Personalkapazitäten, in: Betriebswirtschaftliche Blätter, 49. Jg. (2000), S. 165–170.

Renner, K. (2002)
Leistungsfähiger Nachwuchs gesucht, in: Sparkasse, 119. Jg. (2002), S. 213–216.

Renner, K. (2003a)
Leistungsfähige Nachwuchskräfte finden und binden, in: Die SparkassenZeitung vom 14.02.2003.

Renner, K. (2003b)
Diagnose- und Prognosekonzept für Azubi- und Führungskraft, in: Die SparkassenZeitung vom 25.07.2003.

Reppel, R. (1980)
Die Weiterbildung betrieblicher Führungskräfte unter besonderer Berücksichtigung der Eisen- und Stahlindustrie, Bochum (1980).

Reuter, B. (1999)
ComTime 99 – Praxisbeispiele flexibler Arbeitszeitmodelle, in: Die Bank, 39. Jg. (1999), S. 850–855.

Reuter, N. (1994)
Institutionalismus, Neo-Institutionalismus, Neue Institutionelle Ökonomie und andere „Institutionalismen". Eine Differenzierung konträrer Konzepte, in: Zeitschrift für Wirtschafts- und Sozialwissenschaften (ZWS), 114. Jg. (1994), S. 5–23.

Richter, C. (1995)
Schlüsselqualifikationen, Alling (1995).

Richter, R. (1990)
Sichtweise und Fragestellungen der Neuen Institutionenökonomik, in: Zeitschrift für Wirtschafts- und Sozialwissenschaften (ZWS), 110. Jg. (1990), S. 571–591.

Richter, R., Bindseil, U. (1995)
Neue Institutionenökonomik, in: Wirtschaftswissenschaftliches Studium (WiSt), 24 Jg. (1995), S. 132–140.

Richter, R., Furubotn, E. (1996)
Neue Institutionenökonomik, Tübingen (1996).

Ridder, H.-G. (1996)
Personalwirtschaftslehre als ökonomische Theorie, in: Weber, W., (Hrsg.), Grundlagen der Personalwirtschaft, Wiesbaden (1996), S. 317–340.

Ridder, H.-G., Conrad, P., Schirmer, F., Bruns, H.-J. (2001)
Strategisches Personalmanagement, Landsberg/Lech, (2001).

Ridder, H.-G., Neumann, S. (2001)
Personalwirtschaft im Umbruch, in: Zeitschrift für Personalforschung (ZfP),15. Jg. (2001), S. 243–262.

Riechers, C. (1999)
Outplacement – Beratung für den Fall der Fälle, in: Betriebswirtschaftliche Blätter, 48. Jg. (1999), S. 538–539.

Riechers, C. (2002)
Möglichkeiten einer Outplacement-Beratung, in: Sparkasse, 119. Jg. (2002), S. 414–415.

Riechers, C. (2005)
Ein Outplacement kann neue Perspektiven schafften, in: Betriebswirtschaftliche Blätter, 54. Jg. (2005), S. 15–17.

Riekhof, H.-C. (1984)
Unternehmensverfassungen und Theorie der Verfügungsrechte, Wiesbaden (1984).

Riekhof, H.-C. (1985)
Personalentwicklung als Führungsaufgabe, in: Personal, 37. Jg. (1985), S.186–190.

Riekhof, H.-C. (1989)
Strategieorientierte Personalentwicklung, in: Riekhof, H.-C, Strategien der Personalentwicklung, 2. Auflage, Wiesbaden (1989), S. 49–75.

Rischar, K. (1989)
Personalpolitik im Bankbetrieb, Köln (1989).

Rohrmeier, D. (2002)
Akademischer Nachwuchs wird immer wichtiger, in: SparkassenZeitung vom 08.11.2002.

Rohrmeier, D. (2003)
Lifelong learning policy in the German Savings Banks, in: Deutsche Sparkassenakademie, (Hrsg.), Bank social partners' conference on lifelong learning, Brüssel (2003), S. 7.

Rohrmeier, D. (2004)
Das Lehrinstitut wird neu positioniert, in: Die SparkassenZeitung vom 03.01.2004.

Rostow, W.W. (1960)
Stadien wirtschaftlichen Wachstums. Eine Alternative zur marxistischen Entwicklungstheorie, Göttingen (1960).

Roth, M.T. (2003a)
Der Kunde ist oft nicht der Schlüssel für die Karriere, in: Frankfurter Allgemeine Zeitung vom 01.03.2003.

Roth, M.T. (2003b)
Mitarbeiter müssen wieder Karriere am Kunden machen, in: Frankfurter Allgemeine Zeitung vom 06.05.2003.

Roth, M.T. (2003c)
Große Finanzdienstleister mühen sich mit ihren Privatkunden, in: Frankfurter Allgemeine Zeitung vom 01.03.2003.

Roth, S. (2001)
Screening – und Signaling-Modelle, in: Wirtschaftswissenschaftliches Studium (WiSt), 30. Jg. (2001), S. 372–378.

Rother, G. (1996)
Personalentwicklung und Strategisches Management, Wiesbaden (1996).

Rowthorn, R., Ramaswamy, R. (1997)
Deindustrialization: Causes and Implications, IMF Working Paper 97/42, Washington (1997).

Rückle, H. (2000)
Gruppen-Coaching, in: Rauen, C., (Hrsg.), Handbuch Coaching, Göttingen (2000), S.133–147.

Rudolph, H. (1994)
Die Kehrseite des Wandels – Strukturelle Arbeitslosigkeit, in: Merk, H.G., (Hrsg.), Wirtschaftsstruktur und Arbeitsplätze im Wandel der Zeit, Stuttgart (1994), S. 175–204.

Rugman, A.M., Verbeke, A. (2002)
Edith Penrose's contribution to the resource-based view of strategic management, in: Strategic Management Journal, 23. Jg. (2002), S. 769–780.

Rumpf, H. (1979)
Personalbestandsplanung mit Hilfe von Fähigkeitsvektoren, Hanau (1979).

Rumpf, J. (2004)
Umdenken lernen, in: Personal, 56. Jg. (2004), S. 10–13.

Rürup, B., Sesselmeier, W. (2001)
Wirtschafts- und Arbeitswelt, in: Korte, K.-R., Weidenfeld, W., (Hrsg.), Deutschland Trend Buch, Bonn (2001), S. 247–288.

Ruschel, A. (1995)
Die Transferproblematik bei der Erfolgskontrolle betrieblicher Weiterbildung, in: von Landsberg, G., Weiss, R., (Hrsg.), Bildungs-Controlling, 2. Auflage, Stuttgart (1995), S. 297–322.

Russo, M.V., Fouts, P.A. (1997)
A resource-based perspective on corporate environmental performance and profitability, in: Academy of Management Journal, 40. Jg. (1997), S. 534–559.

S

Sager, M., Aebi, M. (2003)
Ganzheitliches Wissensmanagement bei der Credit Suisse Financial Services, in: Zeitschrift für Organisation (zfo), 72. Jg. (2003), S. 102–106.

Sanchez, R., Heene, A., Thomas, H. (1996)
Introduction: Towards the Theory and Practice of Competency-based Competition, in: Sanchez, R., Heene, A., Thomas, H., (Hrsg.), Dynamics of Competence-based Competition: Theory and Practice in the New Strategic Management, Oxford (1996), S. 1–35.

Sanio, J. (2003)
Das deutsche Kreditgewerbe ist auf dem Wege der Besserung, in: Deutsche Bundesbank, (Hrsg.), Auszüge aus Presseartikeln, Nr. 46, o. J. (2003), S. 6–7.

Santel, B., Weber, A. (2000)
Zwischen Ausländerpolitik und Einwanderungspolitik: Migrations- und Ausländerrecht in Deutschland, in: Bade, K.J., Münz, R., (Hrsg.), Migrationsreport 2000, Bonn (2000), S. 109–140.

Sattelberger, T. (1989)
Innovative Personalentwicklung: Grundlagen, Konzepte, Erfahrungen, Wiesbaden (1989).

Sattelberger, T. (1991)
Personalentwicklung als strategischer Erfolgsfaktor, in: Sattelberger, T., (Hrsg.), Innovative Personalentwicklung. Grundlagen, Konzepte, Erfahrungen, 2. Auflage, Wiesbaden (1991), S. 15–37.

Sattelberger, T. (1996)
Personalentwicklung neuer Qualität durch Renaissance helfender Beziehungen, in: Sattelberger, T., (Hrsg.), Die lernende Organisation: Konzepte für eine neue Qualität der Unternehmensentwicklung, 3. Auflage, Wiesbaden (1996), S. 207–227.

Sauer, H. (2002)
Wettbewerbsfähiger durch ein Gesundheitsmanagement, in: Sparkasse, 119. Jg. (2002), S. 205–207.

Sauter, A. (2002)
Große Herausforderungen für das Personalmanagement, in: Sparkasse, 119. Jg. (2002), S. 50.

Sauter, A., (2005)
Qualifizierung und kein Ende, in: Betriebswirtschaftliche Blätter, 54. Jg. (2005), S. 3.

Sauter, F. (1985)
Die Ökonomie von Organisationsformen. Eine transaktionskostentheoretische Analyse, München (1985).

Schäfer, B., Nilgens, U. (2002)
Personalsteuerung durch Personalentwicklung als Erfolgsfaktor in der Sparkasse, in: Betriebswirtschaftliche Blätter, 51. Jg. (2002), S. 198–203.

Schall, R. (2003)
Durch Selbstlernen mit Printmedien zur Fachkompetenz, in: Die Bank, 43. Jg. (2003), S. 128–132.

Schanz, G. (1997)
Intuition als Managementkompetenz, in: Die Betriebswirtschaft (DBW), 57. Jg. (1997), S. 640–654.

Schanz, G. (2000)
Personalwirtschaftslehre, 3. Auflage, München (2000).

Schauenberg, B. (1996)
Personalwirtschaftslehre und ökonomische Theorien, in: Weber, W., (Hrsg.), Grundlagen der Personalwirtschaft: Theorien und Konzepte, Wiesbaden (1996), S. 341–372.

Schauenberg, B., Schmidt, R.H. (1983)
Vorarbeiten zu einer Theorie der Unternehmung als Institution, in: Kappler, E., (Hrsg.), Rekonstruktion der Betriebswirtschaftslehre als ökonomische Theorie, Spardorf (1983), S. 247–276.

Scheler, M. (1926)
Die Wissensformen und die Gesellschaft, Leipzig (1926).

Scherer, W., Mummenthal, L. (2003)
Trainee-Programme Instrumente der Personalentwicklung, in: Betriebswirtschaftliche Blätter, 52. Jg. (2003), S. 70–72.

Scherf, B. (2001)
Rückforderung nach Weiterbildung, in: bankmagazin, 50. Jg. (2001), Heft 8, S. 65.

Scheuble, S. (1998)
Wissen und Wissenssurrogate: Eine Theorie der Unternehmung, Wiesbaden (1998).

Schick, H. (2002)
Theorieprobleme des Wissensmanagements, in: Zeitschrift für Personalforschung (ZfP), 16. Jg. (2002), S. 433–458.

Schierenbeck, H., Schäfer, F. (2001)
Outsourcing für Sparkassen – Schritte für eine erfolgreiche Umsetzung, in: Sparkasse, 118. Jg. (2001), S. 78–82.

Schimmelpfennig, A. (1997)
Sektorale Beschäftigungsentwicklung und sektorale Lohnstruktur in Deutschland und den Vereinigten Staaten, in: Die Weltwirtschaft, o. Jg. (1997), S. 182–189.

Schindler, U. (1996)
Die Personalfunktion in Banken: Herausforderung und Veränderungen, in: Meier, H., Schindler, U., (Hrsg.), Human Resources Management in Banken: Strategien, Instrumente und Grundsatzfragen, Wiesbaden (1996), S. 67–88.

Schindler, U., Brunn, S. (2001)
Personalentwicklungscontrolling in Banken, in: Bankarchiv (ÖBA), 49. Jg. (2001), S. 429–434.

Schmeisser, W., Eckstein, P., Boden, B. (2002)
Eine wenig verbreitete Alternative, in: Personalwirtschaft, 6. Jg. (2002), Heft 10, S. 50–55.

Schmid, S., Kutschker, M. (2002)
Zentrale Grundbegriffe des Strategischen Managements, in: Wirtschaftsstudium (WISU), 16. Jg. (2002), S. 1238–1248.

Schmidke, C., Backes-Gellner, U. (2002)
Betriebliche Strategien gegen Fachkräftemangel, in: Bellmann, L., Kölling A., (Hrsg.): Betrieblicher Wandel und Fachkräftebedarf, Beiträge zur Arbeitsmarkt- und Berufsforschung, BeitrAB 257, Nürnberg (2002), S. 101–127.

Schmidt, A. (2000)
Telearbeit in Sparkassen, in: Sparkasse, 117. Jg. (2000), S. 571–572.

Schmidt, G.A. (2005)
Berufsausbildung und Studium unter einem Hut, in: Betriebswirtschaftliche Blätter, 54. Jg. (2005), S. 24–27.

Schmidt, I. (1996)
Wettbewerbspolitik und Kartellrecht, 5. Auflage, Stuttgart (1996).

Schmidt, S., (2005)
Unruhe in der Bankenlandschaft, in: Kieler Nachrichten vom 18.05.2005.

Schmidtke, C. (2002)
Signalling im Personalmarketing. Eine theoretische und empirische Analyse des betrieblichen Rekrutierungserfolgs, Mering (2002).

Schmidt-Wehrmann, C. (2003)
Kooperation mit Partnerfirmen sichert die komplette Ausbildung, in: Die SparkassenZeitung vom 28.03.2003.

Schneevoigt, I., Jung, P. (1999)
Ist Mitarbeiterzufriedenheit ein Asset?, in: Siebertz, P., von Stein, J.H., (Hrsg.), Handbuch Banken und Personal, Frankfurt a.M. (1999), S. 765–780.

Schneider, A., Sartzetaki, S. (2003)
Professionelle Gewinnung von Auszubildenden und Fachkräften via Internet, in: Betriebswirtschaftliche Blätter, 52. Jg. (2003), S. 73–75.

Schneider, D. (1997)
Betriebswirtschaftslehre, Band 3: Theorie der Unternehmung, München (1997).

Schneider, D. (2000)
Verdankt die Betriebswirtschaftslehre Volkswirtschaftslehrern ihre Theorie?, in: Zeitschrift für betriebswirtschaftliche Forschung (zfbf), 52. Jg. (2000), S. 419–439.

Scholz, C. (1989)
Personalmanagement, München (1989).

Scholz, C. (2000)
Personalmanagement, 5. Auflage, München (2000).

Scholz, C. (2001)
E-Learning, in: Wirtschaftswissenschaftliches Studium (WiSt), 30. Jg. (2001), S. 611–614.

Scholz, C. (2002)
Virtuelle Teams – Neuer Wein in neue Schläuche!, in: Zeitschrift für Organisation (zfo), 71. Jg. (2002), S. 26–33.

Scholz, C. (2003)
Allenfalls Henker, keine Lenker, in: Handelsblatt vom 22.08.2003.

Scholz, C., Herz, B.J. (1998)
Qualifikation 2007, Neue Berufsbilder und Qualifikationen für Banken, Handelsunternehmen und Versicherungen, München (1998).

Scholz, J.M. (1995)
Aus Beratersicht: Bildungscontrolling im Veränderungsmanagement, in: von Landsberg, G., Weiss, R., (Hrsg.), Bildungs-Controlling, 2. Auflage, Stuttgart (1995), S. 93–107.

Schreyögg, A. (1999)
Coaching – Eine Einführung für Praxis und Ausbildung, 4. Auflage, Frankfurt a.M., (1999).

Schreyögg, G., Geiger, D. (2003)
Wenn alles Wissen ist, ist Wissen am Ende nichts?!, in: Die Betriebswirtschaft (DBW), 63. Jg. (2003), S. 7–22.

Schröder, G.A. (2003)
Mehr Personal im Verkaufsbereich wird für die Vertriebs-Sparkasse künftig benötigt, in: Sparkasse, 120. Jg. (2003), S. 103.

Schrüfer, K. (1988)
Ökonomische Analyse individueller Arbeitsverhältnisse: ihre Regelung durch explizite Arbeitsverträge und implizite Vereinbarungen, Frankfurt a.M. (1988).

Schuler, H. (1999)
Psychologische Berufseignungsdiagnostik und ihre Anwendung in Kreditinstituten, in: Siebertz, P., von Stein, J.H., (Hrsg.), Handbuch Banken und Personal, Frankfurt a.M. (1999), S. 227–275.

Schüller, A. (1983)
Einführung, in: Schüller, A., (Hrsg.), Property Rights und ökonomische Theorie, München (1983), S. VII–XXI.

Schulte, C. (1995)
Kennzahlengestütztes Weiterbildungs-Controlling als Voraussetzung für den Weiterbildungserfolg, in: von Landsberg, G., Weiss, R., (Hrsg.), Bildungs-Controlling, 2. Auflage, Stuttgart (1995),S. 265–281.

Schulz, C. (2003a)
Strategien zur Mitarbeiterqualifikation in der Sparkassen-Finanzgruppe, in: Die SparkassenZeitung vom 04. 07. 2003.

Schulz, C. (2003b)
Die Personalentwicklung bleibt eine Führungsaufgabe par exellence, in: Die Sparkassen-Zeitung vom 10. 10. 2003.

Schulz, C., (2004a)
Personalsteuerung als Grundlage für den Strategieerfolg, in: Betriebswirtschaftliche Blätter, 53. Jg. (2004), S. 2–4.

Schulz, C., (2004b)
Personalpolitik: Was müssen Sparkassen tun?, in: bank und markt, 33. Jg. (2004), Heft 5, S. 24–26.

Schulz, C., (2004c)
Strategie der Sparkassen-Finanzgruppe im Wandel der Finanzmärkte, in: Betriebswirtschaftliche Blätter, 53. Jg. (2004), S. 604–609.

Schumpeter, J. (1926)
Theorie der wirtschaftlichen Entwicklung, 2. Auflage, München (1926).

Schumpeter, J. (1961)
Konjunkturzyklen I, Göttingen (1961).

Schütte, M. (1987)
Erfahrungen mit der Personalentwicklung, in: Die Bank, 37. Jg. (1987), S. 652–654.

Schwabe, G., Valerius, M. (2002)
Systeme kollaborativen E- Learnings, in: Wirtschaftsstudium (WISU), 16. Jg. (2002), S. 231–237.

Schwager, S. (2002)
Implacement, in: Wirtschaftsstudium (WISU), 16. Jg. (2002), S. 1222.

Schweickhardt, W. (2000)
Der Job ist nicht mehr alles, in: Personalwirtschaft, 4. Jg. (2000), Heft 6, S. 54.

Schweighofer, K. (1992)
Computer Based Training – Interaktives Lernen mit dem Computer aus pädagogischer Sicht, Linz (1992).

Schwertfeger, B. (2004)
Es regiert der Opportunismus, in: Financial Times Deutschland vom 21.06.2004.

Serres, M. (2001)
Hermes ist der Gott unserer Zeit, nicht Prometheus, in: Frankfurter Allgemeine Zeitung vom 10.01.2001.

Siebert, H. (1983)
Ökonomische Theorie Natürlicher Ressourcen, Tübingen (1983).

Siebertz, P. (1999)
Der Mensch im Unternehmen: Schlüsselfaktor für den Erfolg, in: Siebertz, P., von Stein, J.H., (Hrsg.), Handbuch Banken und Personal, Frankfurt a.M. (1999), S. 19–40.

Siedenbiedel, C. (2002)
Die Angst vor dem schleichenden Abzug der Banken, in: Deutsche Bundesbank, (Hrsg.), Auszüge aus Presseartikeln, Nr. 5, o. J. (2002), S. 16–17.

Siekmann, M., Solf, M. (2001)
Die Rolle traditioneller Finanzintermediäre in der Netzwerkgesellschaft – Bedarf es einer Neudefinition?, in: Zeitschrift für das gesamte Kreditwesen (ZfgK), 54. Jg. (2001), S. 86–92.

Sierke, B.R.A. (2002)
Online-Wissensmanagement und E-Learning in der Finanzwirtschaft, in: Betriebswirtschaftliche Blätter, 51. Jg. (2002), S. 80–83.

Simon, H.A. (1986)
Rationality in Psychology and Economics, in: The Behavioral Foundations of Economic Theory, Supplement to the Journal of Business, 59. Jg. (1986), S. 209–224.

Simon, W. (2001)
Gezielte Weiterbildung in der Corporate University, in: Sparkasse, 118. Jg. (2001), S. 110–111.

Simon, W. (2004)
Managemententwicklung – Kosten- oder Renditetreiber?, in: Sparkasse 121. Jg. (2004), S. 168–172.

Sliwka, D. (2003)
Anreize, Motivationsverdrängung und Prinzipal-Agenten-Theorie, in: Die Betriebswirtschaft (DBW), 63. Jg. (2003), S. 293–308.

Smeral, E. (1990)
Tourismus 2000, Wien (1990).

Smith, A. (1976)
An Inquiry into the Nature and Causes of The Wealth of Nations, Chicago (1976).

Sparmann, A. (2004)
„Vielleicht irgendwann", in: GEO, o. Jg. (2004), S. 96–104.

Speck, P. (2004)
Konzepte für eine neue Arbeitswelt, in: Personal, 56. Jg. (2004), Heft 6, S. 30–32.

Speckbacher, G., Bischof, J., (2000)
Die Balanced Scorecard als innovatives Managementsystem, in: Die Betriebswirtschaft (DBW), 60. Jg. (2000), S. 795–810.

Spremann, K. (1989)
Agent und Principal, in: Bamberg, G., Spremann, K., (Hrsg.), Agency Theory, Information, and Incentives, Berlin (1989), S. 3–37.

Spremann, K. (1990)
Asymmetrische Information, in: Zeitschrift für Betriebswirtschaft (ZfB), 60. Jg. (1990), S. 561–586.

Staehle, W.H. (1987)
Management: Eine verhaltenswissenschaftliche Einführung, 3. Auflage, München (1987).

Stalitza, U., Tscheulin, J. (2002)
Employability und Flexibilität gemeinsam erreichen, in: Personalwirtschaft, 6. Jg. (2002), Heft 2, S. 26–31.

Stangel-Meseke, M. (1993)
Schlüsselqualifikation in der betrieblichen Praxis: Ein Ansatz in der Psychologie, Wiesbaden (1993).

Statistisches Amt der europäischen Gemeinschaften (2000)
Special Feature on Banking, Luxemburg (2000).

Statistisches Bundesamt (2000)
Bevölkerungsentwicklung Deutschlands bis zum Jahr 2050, Wiesbaden (2000).

Statistisches Bundesamt (2002)
Datenreport 2002, Zahlen und Fakten über die Bundesrepublik Deutschland, Bonn (2002).

Statistisches Bundesamt (2003)
Bevölkerung Deutschlands bis 2050, 10. koordinierte Bevölkerungsvorausberechnung, Wiesbaden (2003).

Statistisches Bundesamt (2004)
Leben und Arbeiten in Deutschland, Ergebnisse des Mikrozensus 2003, Wiesbaden (2004).

Staudt, E., Kottmann, M. (2003)
Personalentwicklung auf neuen Wegen II, in: Personal, 55. Jg. (2003), S. 38–42.

Steevens, C. (2003)
Wie deutsche Banken das Retail Banking wiederentdecken, in: Börsen-Zeitung vom 31.07.2003.

Steevens, C. (2004)
Wie sich die Filialwelt der Banken wandelt, in: Börsen-Zeitung vom 30.11.2004.

Steffen, U. (2002)
E-Learning: der schnelle Weg zum Wissen, in: Die Bank, 42. Jg. (2002), S. 499–500.

Steffens-Duch, S., Fischer, H. (2000)
Employability: Beschäftigungsfähigkeit sichern, in: Personal, 52. Jg. (2000), Heft 10, S. 550–554.

Steppi, H. (1990)
CTB – Computer Based Training: Planung, Design und Entwicklung interaktiver Lernprogramme, 2. Auflage, Stuttgart (1990).

Steven, M. (1998)
Produktionstheorie, Wiesbaden (1998).

Steven, M., Behrens, S. (2000)
Kernkompetenzen aus produktionstheoretischer Sicht, in: Hammann, P., Freiling, J., (Hrsg.), Die Ressourcen- und Kompetenzperspektive des strategischen Managements, Wiesbaden (2000), S. 439–463.

Stickel, E. (2003a)
Die Studienkonzeption ragt aus der deutschen Hochschullandschaft heraus, in: Die SparkassenZeitung vom 04.07.2003.

Stickel, E. (2003b)
Höchste Qualität gepaart mit Nähe zur Praxis, in: Die SparkassenZeitung vom 18.07.2003.

Stickel, E. (2003c)
Die Hochschule als attraktives neues Instrument der Personalentwicklung, in: Sparkasse, 120. Jg. (2003), S. 352–354.

Stickel, E. (2004)
Dritter Bachelor-Studiengang startet, in: Die SparkassenZeitung vom 18.06.2004.

Stickler, R. (2001)
Der Strukturwandel der österreichischen Bankwirtschaft, Heidelberg (2001).

Stock, R. (2004)
Erfolgsauswirkungen der marktorientierten Gestaltung des Personalmanagements, in: Zeitschrift für betriebswirtschaftliche Forschung (zfbf), 56. Jg. (2004), S. 237–253.

Stopp, U. (2002)
Betriebliche Personalwirtschaft: zeitgemäße Personalwirtschaft – Notwendigkeit für jedes Unternehmen, 25. Auflage, Renningen-Malmsheim (2002).

Strothmann, H. (2001)
Ist eine hohe Mitarbeiterfluktuation ein Fluch oder ein Segen?, in: Sparkasse, 118. Jg. (2001), S. 106–109.

Struß, N., Thommen, J.-P. (2004)
Fit machen für den demografischen Wandel, in: Personal, 56. Jg. (2004), Heft 6, S. 14–17.

Stummer, F. (2002)
Venture-Capital-Partnerschaften, Eine Analyse auf der Basis der Neuen Institutionenökonomik, Wiesbaden (2002).

Sturn, R. (1990)
Natürliche Freiheit und soziale Kontingenz, in: Kurz, H.D., (Hrsg.), Adam Smith (1723–1790) – Ein Werk und seine Wirkungsgeschichte, Marburg (1990), S. 93–117.

Summers, R. (1985)
Services in the International Economy, in: Inman, R.P., (Hrsg.), Managing the Service Economy, Cambridge (1985), S. 27–48.

Sydow, J. (1999)
Quo Vadis Transaktionskostentheorie? – Wege, Irrwege, Auswege, in: Edeling, T., Jann, W., Wagner, D., (Hrsg.), Opladen (1999), S. 165–176.

Sydow, J. (2001)
Zwischenbetriebliche Kooperationen, in: Jost, P.-J., (Hrsg.), Der Transaktionskostenansatz in der Betriebswirtschaftslehre, Stuttgart (2001), S. 241–271.

T

Teece, D.J., Pisano, G., Shuen, A. (1997)
Dynamic Capabilities and Strategic Management, in: Strategic Management Journal, 18. Jg. (1997), S. 509–533.

Thiele, M. (1997)
Kernkompetenzorientierte Unternehmensstrukturen. Ansätze zur Neugestaltung von Geschäftsbereichsorganisationen, Wiesbaden (1997).

Thom, N., Blunck, T. (1995)
Strategisches Weiterbildungs-Controlling, in: von Landsberg, G., Weiss, R., (Hrsg.), Bildungs-Controlling, 2. Auflage, Stuttgart (1995), S. 35–46.

Thom, N., Friedli, V. (2003)
Motivation und Erhaltung von High Potentials, in: Zeitschrift für Organisation (zfo), 72. Jg. (2003), S. 68–73.

Thönneßen, J. (2001)
Wissen teilen, in: Personalwirtschaft, 5. Jg. (2001), Heft 10, S. 50–57.

Thränhardt, D. (2000)
Integration und Staatsangehörigkeitsrecht, in: Bade, K.J., Münz, R., (Hrsg.), Migrationsreport 2000, Bonn (2000), S. 141–161.

Tichy, G. (1994)
Konjunktur, 2. Auflage, Berlin (1994).

Tietmeyer, H. (2001)
Innovative Finanztechnologien und globalisierte Märkte – Herausforderungen für die europäische Geldpolitik und Finanzaufsicht, in: Rolfes, B., Fischer, T.R., (Hrsg.), Handbuch der europäischen Finanzdienstleistungsindustrie, Frankfurt a.M. (2001), S. 143–153.

Tietzel, M. (1981)
Die Ökonomie der Property Rights: Ein Überblick, in: Zeitschrift für Wirtschaftspolitik, 30. Jg. (1981), S. 207–243.

Tinbergen, J. (1984)
Kontratiev cycles and so called long waves, in: Freeman, C., (Hrsg.), Long Waves on the World Economy, London (1984), S. 13–18.

Toller, A. (2003)
Job-Chancen für Universalisten und High Potentials, in: Handelsblatt vom 14.05.2003.

Töllner, T. (2003)
Integratives Ausbildungsmarketing als Erfolgsfaktor, in: Die SparkassenZeitung vom 14.02.2003.

Töpfer, A. (1999)
Corporate Universities als Intellectual Capital, in: Personalwirtschaft, 3. Jg. (1999), S. 32–37.

Torka, W. (1996)
Personalcontrolling in der Bayerischen Vereinsbank, in: Meier, H., Schindler, U., (Hrsg.), Human Ressources in Banken, Wiesbaden (1996), S. 311–333.

Tritschler, M. (2003)
Konzept zur Steigerung der Bewerberzahlen erarbeitet, in: Die SparkassenZeitung vom 14.02.2003.

Turek, J. (2001)
Technologiegesellschaft, in: Korte, K.-R., Weidenfeld, W., (Hrsg.), Deutschland Trend Buch, Bonn (2001), S. 212–244.

U

Uttitz, P. (2003)
Sparkassen-Finanzgruppe auch für Uni-Absolventen attraktiv, in: Die SparkassenZeitung vom 05.12.2003.

V

van Gisteren, R. (2003)
Studieren vor Ort – praxisnah, dual, international, in: Die SparkassenZeitung vom 11.07.2003.

Varian, H.R. (1999)
Intermediate Microeconomics, 5. Auflage, New York (1999).

Vedder, G. (1999)
Teilzeitarbeit für Fach- und Führungskräfte, in: Personal, 51. Jg., (1999), Heft 1, S. 21–25.

Vering, J. (2001)
Sorgfältig auswählen, in: Personalwirtschaft, 5. Jg. (2001), Heft 1, S. 28–35.

Vester, M. (2001)
Milieus und soziale Gerechtigkeit, in: Korte, K.-R., Weidenfeld, W., (Hrsg.), Deutschland Trend Buch, Bonn (2001), S. 136–183.

Vogelsang, H. (2002)
Erfolgreiche Allfinanzstrategien im Sparkassensektor, in: Baxmann, U.G., (Hrsg.), Financial Services – Allfinanzkonzepte, Frankfurt a.M. (2002), S. 73–92.

Vogt, J. (1997)
Vertrauen und Kontrolle in Transaktionen: eine institutionenökonomische Analyse, Wiesbaden (1997).

von der Oelsnitz, D. (2003)
Betriebliches Lernen, in: Wirtschaftsstudium (WISU), 17. Jg. (2003), S. 647–654.

von Eckardstein, D. (1999)
Implizite Qualifizierung zwischen Steuerung und Selbstentwicklung, in: Martin, A., Nienhüser, W., Mayrhofer, W., (Hrsg.), Die Bildungsgesellschaft im Unternehmen? Festschrift für Wolfgang Weber, München (1999), S. 117–130.

von Rundstedt, E. (2004)
Kunst der sanften Trennung – Outplacement durch Unternehmen, in: Betriebswirtschaftliche Blätter, 53. Jg. (2004), S. 9–11.

von Stein, J.H., Gruber, D. (1999)
Auswirkungen von Entwicklungstendenzen im Bankenbereich auf Personal und Personalwesen, in: Siebertz, P., von Stein, J.H., (Hrsg.), Handbuch Banken und Personal, Frankfurt a.M. (1999), S. 717–732.

von Stein, J.H., Trautwein, F. (2002)
Fach- und Führungskräfteausbildung an der Universität, in: Sparkasse, 119. Jg. (2002), S. 412–414.

Voßenkaul, J., Prinz, M., (2005)
Praxisorientierte und effiziente neue Seminarstrukturen, in: Betriebswirtschaftliche Blätter, 54. Jg. (2005), S. 31–36.

Vukelic, S. (2000)
Unternehmensidentität als Ressource, Wiesbaden (2000).

W

Wagemann, E. (1928)
Konjunkturlehre, Berlin (1928).

Wagner, A. (2001)
Lernen mit neuen Medien: ein Beitrag zur Flexibilisierung der Weiterbildung im Unternehmen, München (2001).

Wagner, D. (1999)
Der Umgang mit Trennungen als Aufgabe von Personalmanagement und Unternehmenskultur, in: Siebertz, P., von Stein, J.H., (Hrsg.), Handbuch Banken und Personal, Frankfurt a.M. (1999), S. 513–549.

Walter, P., Koch, S. (2003)
s-win – vier Jahre E-Learning-Praxis in der Sparkassen-Finanzgruppe, in: Betriebswirtschaftliche Blätter, 52. Jg. (2003), S. 326–329.

Walz, R., Paul, F. (2003)
Personal von Anfang an anforderungsgerecht entwickeln, in: Die SparkassenZeitung vom 25.07.2003.

Weber, M. (2001)
Finanzmarkt und Finanzkultur, in: Korte, K.-R., Weidenfeld, W., (Hrsg.), Deutschland Trend Buch, Bonn (2001), S. 327–363.

Weber, M. (2002a)
Bankenmarkt Deutschland: I. Der Strukturwandel, in: Die Bank, 42. Jg. (2002), S. 398–404.

Weber, M. (2002b)
Bankenmarkt Deutschland: II. Perspektiven, in: Die Bank, 42. Jg. (2002), S. 456–459.

Weber, M. (2002c)
Die deutschen Banken im europäischen Bankenmarkt, in: Die Bank, 42. Jg. (2002), S. 514–520.

Weber, W. (1985)
Betriebliche Weiterbildung: empirische Analyse betrieblicher Unternehmen individueller Entscheidungen, Stuttgart (1985).

Weber, W. (1993a)
Personalentwicklung, in: Weber, W., Mayrhofer, W., Nienhüser, W., (Hrsg.), Grundbegriffe der Personalwirtschaft, Stuttgart (1993), S. 208–209.

Weber, W. (1993b)
Personalwesen, in: Weber, W., Mayrhofer, W., Nienhüser, W., (Hrsg.), Grundbegriffe der Personalwirtschaft, Stuttgart (1993), S. 220–221.

Weber, W. (1996)
Fundierung der Personalwirtschaftslehre durch Theorien menschlichen Verhaltens, in: Weber, W., (Hrsg.), Grundlagen der Personalwirtschaft, Wiesbaden (1996), S. 279–296.

Weber, W., Mayrhofer, W., Nienhüser, W. (1993)
Grundbegriffe der Personalwirtschaft, Stuttgart (1993).

Wechsung, S., Poppelreuter, S. (2004)
Effiziente Personalentwicklung durch Förderung von Schlüsselpositionen, in: Sparkasse, 121. Jg. (2004), S. 235–238.

Weibel, P.F. (1997)
Strategieumsetzung im Dienstleistungsbereich mittels Human Resource Management (HRM), in: Siegwart, H., Dubs, R., Mahari, J., (Hrsg.), Meilensteine im Management: Human Resource Management, Band 6, Wien (1997), S. 137–150.

Weibler, J., Wald, A. (2004)
10 Jahre personalwirtschaftliche Forschung – Ökonomische Hegemonie und die Krise einer Disziplin, in: Die Betriebswirtschaft (DBW), 64. Jg. (2004), S. 259–275.

Weidenfeld, W. (2001)
Geschichte und Identität, in: Korte, K.-R., Weidenfeld, W., (Hrsg.), Deutschland Trend Buch, Bonn (2001), S. 29–58.

Weingärtner, M. (1995)
Betriebliche Weiterbildung und Weiterbildungsberatung in mittelständischen Unternehmen, Köln (1995).

Weise, P. (1991)
Brandes, W., Eger, T., Kraft, M., Neue Mikroökonomie, 2. Auflage, Heidelberg (1991).

Weiss, U. (1991)
Organisation und Personalpolitik, in: von Stein, J.H., Terrahe, J., (Hrsg.), Handbuch Bankorganisation, Wiesbaden (1991), S. 625–635.

Weizsäcker, E.U. (2000)
Globale Herausforderungen an die Menschheit zu Beginn des 21. Jahrhunderts, in: Sparkasse, 117. Jg. (2000), S. 349–350.

Weizsäcker, E.U. (2001)
Einleitung, in: Enquete-Kommission des Deutschen Bundestages, (Hrsg.), Globalisierung der Weltwirtschaft, Herausforderungen und Antworten, Bonn (2001), S. 2–10.

Welteke, E. (2002)
Herausforderungen für Deutschlands Banken, in: Deutsche Bundesbank, (Hrsg.), Auszüge aus Presseartikeln, Nr. 14, o. J. (2002), S. 2–3.

Welteke, E. (2003)
Wettbewerbsfähige Banken brauchen ein wettbewerbsfähiges Umfeld, in: Deutsche Bundesbank, (Hrsg.), Auszüge aus Presseartikeln, Nr. 46, o. J. (2003), S. 3–4.

Wernerfelt, B. (1984)
A Resource-based View of the Firm, in: Strategic Management Journal, 5. Jg. (1984), S. 171–180.

Westenbaum, A. (2004)
Kernprozesse des bankbetrieblichen Wissensmanagements, in: Die Bank, 44. Jg. (2004), S. 66–71.

Wickel, S. (1995)
Banken im Wandel: Konzept für eine zukunftsorientierte Organisationsstruktur, Wiesbaden (1995).

Wilbs, D. (1997)
Rolle im Wandel – Personalmanagement im 21. Jahrhundert, in: Personalführung, 30 Jg. (1997), S. 48–52.

Wildenmann, B. (2000)
Führungskräfte selbst ausbilden, in: Personalwirtschaft, 4. Jg. (2000), S. 28–29.

Wilkening, O.S. (1989)
Bildungs-Controlling – Instrumente zur Effizienzsteigerung der Personalentwicklung, in: Riekhof, H.-C, (Hrsg.), Strategien der Personalentwicklung, Wiesbaden, (1989), S. 367–393.

Wilkening, O.S. (1997)
Bildungs-Controlling – Erfolgssteuerungssystem für Personalentwicklungsinvestitionen?, in: Riekhof, H.-C., (Hrsg.), Strategien der Personalentwicklung, Wiesbaden (1997), S. 253–278.

Williamson, O.E. (1989)
Transaction Cost Economics, in: Schmalensee, R., Willig, R.D., (Hrsg.), Handbook of Industrial Organization, 1. Jg., Amsterdam (1989), S. 135–182.

Williamson, O.E. (1990)
Die ökonomischen Institutionen des Kapitalismus, Tübingen (1990).

Williamson, O.E. (1993)
Transaktionskostenökonomik, in: Dietl, H., Erlei, C., Erlei, M., Leschke, M., (Hrsg.), Ökonomische Theorie der Institutionen. New Institutional Economies, Band 3, Münster (1993).

Willke, H. (1998)
Systemisches Wissensmanagement, Stuttgart (1998).

Willke, H. (2002)
Nagelprobe des Wissensmanagements: Zum Zusammenspiel von personalem und organisationalem Wissen, in: Götz, K., (Hrsg.), Wissensmanagement: zwischen Wissen und Nichtwissen, 4. Auflage, München (2002), S. 15–31.

Wimmer, P. (1991)
Möglichkeiten zur Dezentralisierung der Bildungsarbeit, in: Personalführung, 24. Jg. (1991), S. 490–493.

Wimmer, P., Neuberger, O. (1998)
Personalwesen 2, Stuttgart (1998).

Windsperger, J. (2001)
Strategie und Organisationsstruktur, in: Jost, P.-J., (Hrsg.), Der Transaktionskostenansatz in der Betriebswirtschaftslehre, Stuttgart (2001), S. 155–181.

Wingen, S. (2004)
Pass in Sachen Kompetenz, in: Personal, 56. Jg. (2004), Heft 5, S. 6–9.

Wißkirchen, C., Heideloff, F., von Braun, V. (2001)
Internet: Revolution zur Unzeit?, in: Die Bank, 41. Jg. (2001), S. 340–345.

Witte, J. (1998)
Beschäftigungsgesellschaften: Umsteigen mit Perspektiven, in: Die Bank, 38. Jg. (1998), S. 273–275.

Witte, J., Moog, M. (2000)
Hohe Akzeptanz der Altersteilzeit, in: Die Bank, 40. Jg. (2000), S. 35–37.

Wittkowksi, B. (2004)
Mehr Grün ins Blau und mehr Blau ins Grün, in: Börsen-Zeitung vom 06.08.2004.

Wittwer, W., Münchhausen, G. (2001)
Kompetenzentwicklung von Leiharbeitskräften, in: Personalwirtschaft, 5. Jg. (2001), Heft 6, S. 62–68.

Wolf, C. (1996)
Ausbildung in der Stuttgarter Bank – nicht Selbstzweck, sondern Mittel zum Zweck, in: Meier, H., Schindler, U., (Hrsg.), Human Resources Management in Banken: Strategien, Instrumente und Grundsatzfragen, Wiesbaden (1996), S. 171–191.

Wolf, C., Körnert, J. (2004)
Stakeholder Scorecard oder Balanced Scorecard?, in: Wirtschaftsstudium (WISU), 18. Jg. (2004), S. 649–654.

Wolf, S.A., Prüssing, M. (1998)
Arbeitszeit: Flexibel im Team, in: Die Bank, 38. Jg. (1998), S. 348–350.

Wolff, B. (2000)
Ronald Coase und die ökonomische Theorie der Organisation, in: Pies, I., Leschke, M., (Hrsg.), Ronald Coase Transaktionskosten-Ansatz, Tübingen (2000), S. 31–57.

Wolfsteiner, W. (1995)
Das Management der Kernfähigkeiten – Ein ressourcenorientierter Strategie- und Strukturansatz, St. Gallen (1995).

Wunderer, R. (2002)
Herausforderungen an das Personalwesen, in: Personal, 54. Jg. (2002), S. 14–17.

Wunderer, R., Dick, P. (2000)
Ein Blick in die Zukunft des Personalmanagements, in: Personalwirtschaft, 4. Jg. (2000), Heft 8, S. 31–37.

Wunderer, R., Dick, P. (2001)
Personalmanagement – Quo vadis?: Analysen und Prognosen bis 2010, 2. Auflage, Neuwied (2001).

Z

Zahn, E., Foschiani, S., Tilebein, M. (2000)
Wissen und Strategiekompetenz als Basis für die Wettbewerbsfähigkeit von Unternehmen, in: Hammann, P., Freiling, J., (Hrsg.), Die Ressourcen- und Kompetenzperspektive des Strategischen Managements, Wiesbaden (2000), S. 47–68.

Zedler, R. (2004)
Die doppelte Lücke, in: Personal, 56. Jg. (2004), Heft 4, S. 21–23.

Zimmer, D. (2002a)
Wissensmanagement-Projekte mit dem SIZ-Leitfaden zum Erfolg führen, in: Betriebswirtschaftliche Blätter, 51. Jg. (2002), S. 554–557.

Zimmer, D. (2002b)
Wissensmanagement erfolgreich einführen, in: Die SparkassenZeitung, vom 20. 12. 2002.

Zimmermann, C. (2000)
Balanced Scorecard im Personalbereich, in: Die SparkassenZeitung vom 22. 12. 2000.

Zimmermann, H., Krenzer, M. (2001)
„Intermediäre" Institutionen in der Perspektive neuer ökonomischer Theorieansätze, in: Wirtschaftswissenschaftliches Studium (WiSt), 30. Jg. (2001), S. 265–272.

Zink, K.J. (1992)
Quality Circles – eine zusammenfassende Betrachtung, in: Bungard, W., Wiendieck, G., Zink, K.J., (Hrsg.), Qualitätszirkel im Umbruch: Experten nehmen Stellung, Ludwigshafen (1992), S. 91–93.

Zinn, B., Stark, M. (1996)
Qualitätsmanagement in Sparkassen, in: Sparkasse, 113. Jg. (1996), S. 65–68.

zu Knyphausen, D. (1993)
Why are Firms different? Der Ressourcenorientierte Ansatz im Mittelpunkt einer aktuellen Kontroverse im Strategischen Management, in: Die Betriebswirtschaft (DBW), 53. Jg. (1993), S. 771–792.

Zwick, T. (2003)
Empirische Determinanten des Widerstandes von Mitarbeitern gegen Innovationen, in: Zeitschrift für betriebswirtschaftliche Forschung (ZfbF), 55. Jg. (2003), S. 45–55.

Zwingmann, L. (2004)
Balanced Scorecard verbessert Prozesse, in: Personal, 56. Jg. (2004), S. 50–53.

Internetressourcen

www.agvbanken.de
www.commerzbank.de
www.dsgv.de
www.dwpbank.de

FSC
www.fsc.org
MIX
Papier | Fördert gute Waldnutzung
FSC® C083411

Kolibri 360 GmbH
Ferdinand-Jühlke-Straße 7
99095 Erfurt, Deutschland
produktsicherheit@kolibri360.de